광고사전

편저 김광철

propaganda

우리나라에서 광고 용어 관련 사전이 최초로 발행된 것이 언제인지는 확실치 않지만 필자는 최소한 1972년 소책자 형태의 광고 용어 사전이 출간된 것은 알고 있다. 〈광고사전〉(한국유통경제연구소, 1972)이 그것인데, 1,300여 개의 표제어를 대상으로 정의 위주의 서술로 일관한 책이다. 한국 최초의 광고대행사로 일컬어지는 만보사(현 오리콤)가 출범한 지 3년이 되는 해였고 제일기획이나 희성산업(현 HS애드)은 출범하지도 않은 광고 산업의 태동기 즈음이었기 때문에 광고에 대한 경제계의 이해를 돕기 위해 생소한 광고 용어와 정의를 소개하는 데 역점을 둔 것으로 짐작할 수 있다.

〈광고대사전〉(코래드 광고전략연구소, 1987)은 한국 광고 산업의 압축 성장기이자 계몽기였던 1980년대 중후반의 산업 분위기를 반영하는 상징적인 사례다. 5,600여 개의 표제어에 대한 백과사전식 해설을 담고 있는 이 사전은 당시 광고 산업과 아카데미의 역량에 비추어 다소 과하게 느껴지기도 하지만 당시 사람들에게 광고에 대한 이해를 심화시킨 업적을 잊어서는 안 될 것이다. 필자가 1986년 광고대행사 코래드에 신입사원으로 입사했을 때 '광고전략연구소' 휘호를 유리창에 붙여놓은 작은 사무실에서 몇몇 연구원들이 땀 흘리며 〈광고대사전〉 편집에 몰두하고 있었다. 이 사업을 발제하고 추진했던 분들의 사명감은 귀감을 살 만한 것이었으나 이 사전은 특히 일본의 광고사전류를 전범으로 삼은 데다가 광고 용어를 체계적으로 분류하고 서 술할 만한 전문가가 부족해 사전 편제, 표제어 선정, 표제어 사이의 관계에 있어 상당한 불균형이 있었던 것도 사실이다. 필자는 이 사전이 당시 광고인들의 열정과 성취욕구가 복합적으로 작동한, 이례적인 기획 출판이라고 생각한다.

그 이후에도 몇몇 광고사전이 출판됐다. 〈광고실무 용어사전〉(서해문집, 1997), 〈광고용어사전〉(사람과책, 1999)은 〈광고대사전〉 이후의 산업의 변화 추이를 반영하는 편집물이었고 광고계 원로 신인섭 선생이 공동 편집한 〈광고매체 용어집〉(커뮤니케이션북스, 2005)은 미디어 환경 변화와 함께 기하급수적으로 늘어난 광고 미디

어 관련 용어를 정의 중심으로 정리한 소책자였다. 그 외 1996년 한국광고학회가 한국방송광고공사의 공익자금 지원으로 출간한 〈광고용어표기 및 정의〉(한국광고학회, 1996)는 학계와 업계에서 통용되는 용어를 정리하고 통일하려는 목표로 발행한 광고 용어 모음집이라고 할 수 있다. 한편 방송문화진흥회가 펴낸 〈방송대사전〉(방송문화진흥회, 1990)은 방송이라는 관점에서 다수의 광고 용어를 해설한 사례로 기억할 만하다.

오늘 출간하는 이 사전은 위에 언급한 광고 용어 관련 출판의 토대 위에서, 말하자면 선임자들이 이루어놓은 용어에 대한 정의와 해설을 거듭 참조해, 뺄 것은 빼고 보완할 것은 보완하고 덧붙일 것은 덧붙여 편집한 결과라는 것을 먼저 말해야겠다. 비록 많은 표제어가 시의성을 잃어버렸지만, 중요한 광고 개념어에 대한 정의와 해설은 아직 그 유의미성을 잃지 않고 있다. 사전 출판이 문헌 연구를 바탕으로 한다는 점에서 과거 출판된 사전의 성과를 이어받아 좀 더 현대적인 개념의 사전을 편찬한다는 것이 이 프로젝트에서 무엇보다 중요한 일이었다.

2000년 이후 본격적인 광고사전 출간이 이루어지지 않고 있는 현상은 사전 기능이 인터넷에 흡수된 것과 밀접하게 관련되어 있다. 광고용어뿐만 아니라 어느 전문 분야 용어의 정확한 의미를 알기 위해 이제 책을 뒤적일 필요가 없다. 누구라도 그 뜻을 알고 싶으면 키워드를 검색하면 되는 현실에서, 2012년 종이책 출판의 종간을 선언한 브리태니커 백과사전이 보여주는 것처럼, 사전은 이제 점증하는 인터넷의 편재성과 함께 사라져가는 출판영역이 되고 있다.

이 사전은 인터넷이라는 환경에 대응하고 그들이 제공하는 제도적인 용어 설명을 넘어, 보다 현실 반영적인 사전을 만드는 과정에서 아래와 같은 편집 방침을 갖게 됐다. 첫째, 광고를 바라보는 관점 혹은 태도라고 말할 수 있는 부분이다. 그동안의 광고사전이 광고 산업 내부의 입장에서 쓰여졌다면 이 사전은 산업 내부에서 열 발자국 정도 걸어 나와 거기서 바라본 광고의 모습을 바탕으로 한다. 광고에 대한 시각의 문제가 사전 편찬의 뼈대를 이

루는 것은 더 말할 필요가 없다. 산업과의 거리감을 유지하는 것이 이 사전의 중요한 이해관계 중 하나인 바, 이 사전은 산업의 입장만을 서술하기보다 광고 현상을 묘사하는 데 역점을 둔다. 둘째, 광고의 역사적 맥락을 강조하는 것이다. 용어에 대한 중립적인 서술과 함께 우리는 기억 저편에 있는 광고의 모습을 해설과 도판 속에 담아내려고 노력했다. 역사적, 산업적으로 중요한 의미를 갖는 광고 사례를 수집하고, 그 밖에 인용하기에 적절한 실제 사례를 조사하는 데 실로 많은 시간을 들였다. 셋째, 논란이 있을 수도 있지만 본래 광고 용어가 아닌 것을 표제어로 채택해 광고의 관점에서 설명하려고 한 것이다. 어쩌면 이 사전의 가장 큰 차별점이기도 할 것인데, 우리 주변 일상 언어의 광고적 해설이 이 전문 사전이 다루는 광고 세계를 입체적으로 이해하는 데 도움이 되리라 기대한다.

광고 용어의 역사성이란 측면에서 오늘날 가장 특징적인 현상은 인터넷 관련 용어의 폭증일 것이다. 이 사전은 이에 대해 명백히 '최소한'의 원칙을 견지했음을 아울러 밝혀둔다. 온라인 미디어 분야에서 떠오르는 수많은 새로운 용어를 빠르게 따라잡기보다 광고 환경을 이해하는 데 필요한 중요한 용어를 선택적으로 뽑아 개념적으로 서술함으로써 사전이 너무 트렌디하거나 방만해지지 않도록 했다. 이것은 미디어 관련 용어뿐만 아니라 다른 분야의 표제어 선정과 서술에도 비교적 일관되게 적용됐다.

사전은 표제어 사이의 균형과 서술의 엄격함이 요구되는 작업이고, 광고 현장의 역동성을 반영해야 하는 까닭에 아카데미와 산업의 협업으로 출판이 이루어지는 것이 바람직할 것이다. 사전 출판이 상업적 의미를 잃은 오늘날의 환경에서는 아카데미의 역할이 더욱 중요한데, 앞으로 아카데미에서의 본격적인 광고사전 출간을 기다려본다. 다분히 '저널리즘적인' 이 사전이 아카데미에서 나올지 모르는 상대적으로 '학문적인' 광고사전과 뚜렷한 대비를 이루는 모습을 보고 싶다.

이 작은 사전을 펴내는 데 오랜 시간이 걸렸다. 긴 시간 동안 필요한 시기에 이런저런 도움을 준 많은 이들이 있었다. 더 보완하고 다듬어 좀 더 완벽한 형태의 사전을 만드는 것으로 은혜를 갚으려 한다. 모든 이들에게 감사한다.

가격 price 물건 혹은 서비스의 가치를 화폐 단위로 표시한 것. 소비자 입장에서는 소비자가 상품 및 서비스를 구매하는 대가로 지불하는 금액. 기업 입장에서는 상품 및 서비스를 파는 대가로 회수하는 금액. 가격은 상품을 구입할 때 지불하는 화폐의 수량으로 표시하는 것이 보통이지만, 넓은 뜻으로는 상품 간의 교환 비율을 뜻한다. 따라서 교환의 대상이 되는 모든 상품에는 가격이 존재하며 가격은 상품에 대한 수요와 공급이 균형을 이루는 수준에서 결정된다. 이와 같이 형성되는 가격을 균형가격 또는 경쟁가격이라고 한다. 반면 한 상품에 대한 생산이 단일 또는 몇몇 기업들에 의해 독과점화되어 있는 경우, 기업들은 상품의 가격을 직접 책정하게 되는데 이때의 가격을 독과점가격이라고 한다. 오늘날 제품 구매에서 비가격요인의 중요성이 높아지고는 있지만 대부분의 경우 가격은 가장 중요한 상품 선택 요인이면서, 기업의 입장에서도 마케팅 믹스 중 수익을 낳는 것은 가격뿐이므로 이에 대한 의사결정이 중요하다. 가격은 제품의 성격을 반영하고, 마케팅 믹스의 형성 방향을 제시하는 속성 때문에 광고와도 밀접한 관계를 맺는다. 가격요인을 소구점으로 삼는 이른바 가격 소구 광고는 언제나 지배적인 광고 유형의 하나다.

가격결정 pricing 제품 혹은 서비스의 가격을 설정하는 것. 일반적으로 원가나 수요 또는 경쟁 등의 요인 중 어느 하나를 기준으로 한다. 총원가에 적정이윤을 합하여 결정하기도 하며, 경쟁 메이커 혹은 동일 상권에 위치한 경쟁 점포의 판매가에 대응하여 가격결정을 하기도 하며, 제품에 대한 소비자 수요 강도를 기준으로 하기도 한다. 그러나 이러한 방법으로 결정된 가격이라도 언제나 적정가격일 수는 없다. 소비자는 총원가에 대한 정보가 없어 이를 기준으로 결정된 가격을 적정하지 않다고 느낄 수도 있기 때문이다. 기업이 가격결정을 할 때 알아야 할 주요 정보로는 경쟁자 가격, 가격에 대한 잠재소비자 반응, 자사 및 경쟁자의 생산 코스트, 제품 계열과 각 품목의 상대적 이점, 중간상 호응 여부, 유통 기관의 코스트와 마진, 소매점 재고 수준, 판매 동향 등이다. 이에 대한 정보를 과학적인 방법으로 체계화하는 것이 가격조사이며 궁극적으로 가격은 가격조사에 기초를 둔다. 이 외에도 가격결정을 할 때에는 경쟁자 수, 경쟁 강도, 수익성, 시장 진입 난이도, 법적 규제, 수요탄력성, 가격탄력성, 구매자 인구통계학적 특성 및 사회심리학적 특성, 기타 지리적 요인 등을 고려한다.

가격경쟁 price competition 저가격을 수단으로 하는 경쟁. 경쟁관계에 있는 상품이나 서비스를 공급하는 기업들 간에 시장 확대를 위한 수단으로 가격인하를 취하는 행위. 즉, 공급할 상품이나 서비스의 판매가격을 가변적으로 조정하여 경쟁을 유리하게 전개해나가려는 전략이다. 기업이나 판매점에서 손쉽게 취할 수 있는 수단이지만 자칫하면 경쟁사의 보복을 가져오기 쉬워 극한 경쟁으로 비약되기 쉽다. 특히 과점시장에서의 가격경쟁은 다른 기업의 보복적 가격정책을 초래하고, 수요의 가격탄력성 등을 고려해 회피하려는 경향이 있다. 이에 비해 광고 판촉, 품질 향상 등 가격 이외의 수단에 의해 경쟁하는 것을 비가격경쟁이라고 한다.

가격선도 price leadership 특정 시장에서 가격의 주도권을 가진 한 기업이 상품의 가격을 먼저 결정하면 다른 경쟁 기업들이 그 가격을 기준으로 가격을 결정하는 것. 이때 시장에서 가격결정의 주도권을 가진 기업을 가격선도자, 가격선도자의 가격을 추종하는 기업을 가격추종자라고 한다. 가령 자동차 시장에서 최대 회사가 신차종의 가격을 먼저 결정하여 공표하면, 동일 계열의 차종을 출시하는 다른 회사들이 그 가격을 기초로 가격을 결정하는 것이다. 이렇게 형성된 가격은 기업 간에 판매가격에 대한 협의나 합의가 이루어진 것이 아니어서 카르텔과는 성격이 다르다. 한편 특정 산업에서 가격결정의 주도권을 갖고 있는 기업이 가격을 인상하거나 인하하면 거의 동시에 다른 기업이 같은 방향으로 가격을 추종하게 된다. A 기업이 혁신적 신제품을 출시하고, 이후 다른 기업들이 동시에 유사한 기능의 제품을 출시할 때, 보통 A 기업은 제품 개념뿐만 아니라 가격에 대해서도 추종자를 선도한다. 물론 추종 기업의 가격은 품질이나 지명도 등에 따라 선도 기업의 가격과 다소 차이가 난다.

가격 소구 price appeal

광고 캠페인의 중심 방향을 가격요인에서 찾는 소구 형태. 경쟁사 상품보다 가격이 싸다는 것을 테마로 하여 광고 캠페인을 전개하는 것이다. 예나 지금이나 가격 소구가 지배적인 광고 유형으로 남아 있는 것은 가격요인이 소비자의 구매의사결정에 가장 중요한 고려 사항이기 때문이다. 가격 소구의 방법은 대체로 세 가지로 분류할 수 있다. 경쟁사 상품 가격과 비교하면서 싸다고 하는 것. 경쟁품보다 용량이 많거나 오래 사용할 수 있어 결국 돈을 절약할 수 있다고 하는 것. 값비싼 경쟁품의 품질과 다를 게 없다고 주장하는 것. ■

가격인상 price increase

이미 결정된 가격을 높게 변경시키는 것. 기업은 전략적 이유로 마케팅 믹스를 언제나 변경할 수 있는데 가격도 필요에 따라 임의대로 올리거나 낮출 수 있다. 원자재나 임금인상으로 인해 상품 원가가 상승할 때, 경쟁품이 쇠퇴하여 시장에서 철수함에 따라 독점적 지위를 누리게 될 때 가격인상이 이루어지는 경우가 많다.

가격인하 price reduction

이미 결정된 가격을 일시적 혹은 장기적으로 낮게 변경하는 것. 가격인하는 소비자 거부감이 적고, 가격인하 수단이 다양하다는 이유로 가격인상에 비해 더 쉽게 채택되는 경향이 있다. 제품 및 서비스 단가를 인하하는 것 이외에도 구매자가 현금으로 지불할 때 가격의 일정액을 할인해주는 현금 할인, 일정량 이상을 구매할 때 일정액을 할인해주는 수량 할인, 특정 시기에 할인해주는 계절 할인도 가격 인하의 일종이다. 가격인하는 대개, 원자재의 가격인하 혹은 규모의 경제효과로 원가가 변동됐을 때, 가격 경쟁이 치열하여 경쟁 수단으로 가격을 조정할 때, 특별행사 가격 등과 같이 가격을 수단으로 판매 촉진을 실시할 때 발생한다.

가격정책 pricing policy

가격을 결정하기 위한 정책. 기업이 존속하고 발전하기 위해서는 상품을 판매하여 이윤을 얻어야 하므로 기업은 이윤을 얻을 수 있는 범위 안에서 적당한 가격을 선택해야 한다. 이때 가격 선택을 위한 다양한 방침이나 전략이 나올 수 있는데 이것을 가격정책이라고 한다. 기업은 특히 신제품을 개발한 경우나, 생산이나 수요의 조건이 크게 변동한 경우에는 여기에 적응하기 위한 가격결정, 곧 가격전략이 필요하다. 가격전략의 형태는 생산과 수요의 조건 차이에 따라 저가정책, 고가정책, 할인가격정책 등으로 구분할 수 있다. 고가정책은 단위상품당 이익을 확대시키고자 할 때 혹은 제품 이미지를 고급화하기 위해 취하는 정책이며 저가정책은 싼 가격을 수단으로 하는 가격정책으로 상품 단위당 이익은 적더라도 광범위한 소비자를 확보하여 시장점유율을 확대하고 경쟁자의 시장 진출을 막기 위한 정책이다. 할인가격정책은 표준가격을 다양한 기법으로 인하하는 정책을 말한다. 고가정책은 일반적으로 수요의 가격탄력성이 적고, 소량 다품종 생산인 경우의 가격결정에 채용된다. 저가정책은 수요의 가격탄력성이 크고, 대량 생산으로 생산비용이 절감될 수 있는 경우에 유리하다.

가격조사 price research

가격전략을 수립하기 위한 조사. 가격조사의 주요 테마는 아래와 같다. 목표 판매량을 달성하기 위한 가격은 어느 수준인가, 목표 시장점유율을 달성하기 위한 가격은 어느 수준인가, 가격을 정했을 때 경쟁자 반응은 어떨 것인가, 유통기관의 반응은 어떨 것인가, 설정하고자 하는 가격이 생산비와 마케팅 비용에 어떠한 영향을 미칠 것인가 등이다. 이러한 문제를 해결하려면 가격에 미치는 요인에 대한 조사를 해야 하며 이 조사가 바로 가격조사다. 대표적인 조사 방법으로는 구매성향 조사, 소매점 가격조사, 가격실험 등이 있다. [1] 구매성향 조사: 소비자에게 질문을 하고 그 회답을 수집, 분석하여 잠재소비자의 구매성향을 예측하는 조사. "이 제품이 500g이면 얼마까지 지급할 용의가 있습니까?"라고 질문에 대한 응답을 구하는 식이다. 조사 대상이 소비자가 아닌 유통기관일 때에는 가령 "이 제품의 소매가격이 ○○○원이라면 취급할 용의가 있습니까?"라는 질문 유형이 가능하다. [2] 소매점 가격조사: 소매점 점두에 게시된 실제 판매가격을 조사하는 방법. 소매가격은 소매점 유형, 지역, 시기 등에 따라 상당히 다른데 이를 조사하여 가격전략 수립을 위한 가격정보로 이용하는 것이다. [3] 가격실험: 제품에 후보가격을 설정하고 점포에서 실제 판매를 행하여 결과를 얻는 조사. 판매조건이 유사한 복수의 소매점을 추출하여 서로 다른 후보가격을 매긴 제품을 각기 다른 점포에서 판매를 실시하여 후보가격과 판매 결과의 상관관계를 분석하는 것을 말한다. 또는 단일 소매점에서 두 가지 이상의 후보가격을 매긴 제품을 판매할 수도 있다. 신제품 가격조사에 이용되는 기법이다. 가격조사의 목적은 이른바 적정가격을 설정하는 것이다. 여기서 적정가격이란 소비자가 심리·경제적 저항 없이 구매할 수 있는 가격으로서 상품을 소비하여 충분한 만족을 얻을 수 있을 뿐만 아니라 기업이 목표로 한 이익을 제공하는 가격을 말한다.

가격 차별화 price differentiation

마케팅 목표를 가격요인으로 성취하기 위해 가격을 경쟁사 가격과 다르게 설정하는 것. 신제품을 출시할 때 시장 침투를 위해 일

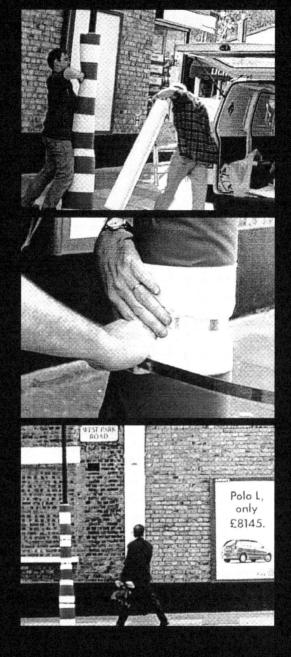

Surprisingly ordinary prices.

가격 소구
폴크스바겐 폴로
1998

시적으로 낮은 가격을 매기거나, 자사 상품의 고급 이미지를 강조하려고 의도적으로 높은 가격을 매기는 것 등이다. 그 외에도 같은 제품이나 서비스를 세분 시장별로 다르게 가격을 책정하는 것, 근본적으로 같은 기능을 가진 제품이지만 제품 특성을 달리하는 새 모델을 개발한 뒤 서로 다른 가격을 책정하는 것, 전화요금처럼 사용 시간이 원가와 관련이 없는데도 낮과 밤, 평일과 주말 사용료를 각각 다르게 책정하는 것도 가격 차별화로 볼 수 있다. 기업 입장에서 가격 차별화는 시장에 널리 알릴 필요가 있어 광고 등을 통한 촉진 활동의 대상이 되는 경우가 대부분이며 이때 메시지는 가격에 대한 직설적이고 알기 쉬운 표현으로 구성한다. "5% 저렴한 국제전화. 야간 및 공휴일에는 30% 추가 할인됩니다"라는 식이다.

가독성 readability 문자를 해독할 수 있는 정도. 쉽게 읽힐 뿐만 아니라 그 뜻을 쉽게 알아차릴 수 있을 때 가독성이 높다고 한다. 일반적으로 작은 글씨보다는 큰 글씨가, 세로로 진행하는 문장보다는 가로로 진행하는 문장이 가독성이 높다. 서체 및 바탕 색채도 가독성에 영향을 준다. 한편 가독성은 문장 구성과 이미지와의 관계, 조판과 디자인 등 모든 요인의 총합으로 나타나기 때문에 일률적으로 가독성의 높고 낮음을 결정하는 요소를 정리하기는 힘들다. 광고는 광고의 주목률 및 광고 내용의 이해도를 높이는 것이 필수적이므로 광고를 만들 때 가독성은 가장 중요한 고려 사항 중 하나로 취급된다.

가두선전 street propaganda 거리를 배회하면서 행하는 선전 행위. 이상한 복장을 하고 악기를 울리면서 뭔가를 알리는 사람, 광고지를 배포하는 사람들, 거리 도우미 공연 따위가 모두 가두선전이다. 역사상 유서 깊은 선전 활동으로 정치 홍보, 민원 호소, 가두시위도 가두선전의 일종이다.

가로짜기 출판물을 조판할 때 왼쪽에서 오른쪽으로 옆으로 읽을 수 있도록 수평으로 문자를 조판하는 것. 과거에는 교과서, 수식이나 숫자가 많은 과학 관련 출판물, 학습참고서류에서 주로 가로짜기를 했지만 오늘날에는 예전에 세로짜기를 하던 일반 서적이나 신문 등 거의 모든 출판물이 가로짜기에 기반을 두고 있다. 가로짜기는 일반적으로 세로짜기보다 가독성과 속독성이 뛰어난 것으로 지적된다. 광고는 거의 가로짜기로 편집한다.

가로형 간판 horizontal sign 가로로 길게 부착하는 간판. 문자나 도형 등을 판에 표시하거나 입체형으로 제작하여 건물의 벽면에 가로로 부착하거나 벽면 등에 직접 도료로 표시하는 광고물로 가장 흔한 간판 형태다. 점포 및 회사를 식별하게 하는 기능을 한다. 3층 이하 건물에 부착되는 간판은 서민형 생활간판으로 신고만으로 자유롭게 설치할 수 있으며 건물 정면에 판류를 이용하는 간판 또는 입체형 문자·도형 등을 부착할 수 있다. 4층 이상 건물에 설치되는 간판은 대개 상업적으로 임대하는 중대형 간판으로 광고대행사가 설치조건을 마련하고 이를 임대하는 상업매체라는 성격을 갖는다. 관련 법령에 의하면 가로형 간판은 아래와 같은 규정에 따라 표시돼야 한다. 즉, 한 업소에서 하나의 간판만을 표시해야 하고, 건물의 3층 이하의 정면에 판류형(문자·도형 등이 표시된 판을 건물의 벽면에 부착하는 것) 또는 입체형(문자·도형 등을 건물의 벽면에 직접 부착하는 것)으로 표시할 수 있다. 건물의 4층 이상에는 당해 건물명이나 당해 건물을 사용하고 있는 자의 성명·상호 또는 이를 상징하는 도형에 한하여 건물 상단 중 3면에 입체형으로 된 하나의 간판을 각각 부착할 수 있다.

가사 lyrics 노랫말. 대중문화 시대의 중요한 문학 형식으로 구성원에게 미치는 영향력이 크다. 가요, 팝의 가사가 광고 노래로 쓰일 때는 가사 내용이 대부분 광고 주제로 이어진다. 이때 사람들은 자연스럽게 광고 내용을 가사와 결부시켜 이해한다.

가상 광고 virtual advertising 가상 이미지를 방송 프로그램에 삽입하는 광고 기법. 스포츠 경기 중계방송에서 자주 볼 수 있는데 예를 들어 야구 경기에서 포수 뒤 펜스에는 아무것도 없지만 디지털 이미지를 펜스에 집어넣어 마치 광고가 경기장에 부착되어 있는 것처럼 착각을 유도하는 것이다. 카메라가 움직여도 광고는 그대로 현장에 고정되어 있어 실제 경기장에 붙어 있는 것처럼 보인다. 축구 경기에서 골포스트 좌우에 보이는 광고, 미식축구 경기장 바닥에 보이는 광고 등 많은 사례가 있다. 1990년대 중반 이후 미국에서 스포츠 중계 프로그램을 중심으로 발전해왔으며 향후에는 엔터테인먼트 프로그램, 토크쇼, 드라마 등 방송 프로그램의 모든 영역으로 확대될 것이라는 전망이 우세하다. 가상 광고는 광고주에게 새로운 광고 기회를 제공하는 측면이 있으나 광고윤리 측면에서 논란을 낳고 있는데 여기서 가장 중요한 논점은 소비자가 광고인 줄 모르고 광고를 본다는 점, 방송 제작 과정이 가상 광고로 인해 영향을 받는다는 점 따위다. 이에 일정한 규제의 필요성이 제기되어, 우리나라의 경우 방송법 시행령에 의거하여 운동 경기에 한해 가상 광고를 허용하고 있으며 또 프로그램에 가상 광고가 포함되는 경우 해당 프로그램 방송 전에 가상 광고가 포함되어 있음을 자막으로 표기하여 시청자가 명확히 알 수 있도록 해야 한다. 또 경기 장소의 선수나 심판, 관중 위에 가상 광고를 노출해서는 안 되고, 경기장에 설치되어 있는 광고판을 대체하는 방식의 가상 광고를 제외하고는 가상 광고 시간은 해당 프로그램 시간의 100분의 5를 초과할 수 없으며 노출 크기는 화면의 4분의 1을 초과할 수 없다.

가상현실 virtual reality 사람으로 하여금 오감을 통해 실제와 유사한 공간적, 시간적 체험을 제공하는 기술. 커다란 화면에서 진행되는 사건을 보면서 마치 현장에 있는 듯한 느낌을 가질 수 있는데 이를 초보적인 가상현실이라고 할 수 있다. 가상현실을 사용하는 목적은 사람들이 일상적으로 경험하기 어려운 환경을 직접 체험하지 않고서도 그 환경에 들어와 있는 것처럼 보여주고 조작할 수 있게 해주는 것이다. 구체적인 예로 항공기 훈련, 가구 배치 설계, 수술 실습, 게임 등 다양하다. 가상현실 시스템에서는 인간 참여자와 실제·가상 작업공간이 하드웨어로 상호 연결된다. 광고 표현에서는 소비자가 상품을 실제로 체험하는 듯한 감각을 불러일으키는 표현을 뜻하기도 한다. 화면 속 사건을 자신이 경험하는 듯한 환영을 유도하는 표현 따위가 그렇다.

가설 hypothesis 두 개 혹은 그 이상의 변수들 간의 관계를 나타낸 것으로 조사설계자가 실험으로 입증하고자 하는 현상을 요약한 것. 가설은 통상 "만약 A이면 B다"라는 형태로 설정한다. 예를 들면 "광고 횟수를 늘리면(A) 상품인지도가 높아진다(B)"는 식이다. 여기서 A는 선행조건, B는 결과상태를 의미한다. 조사설계에 사용되는 가설은 다음과 같은 조건을 구비해야 한다. 즉, 경험적으로 검증할 수 있어야 하고, 논리적으로 간결하여 그 표현이 간단명료해야 하며, 계량화할 수 있어야 하고, 가설검증의 결과를 광범위하게 적용할 수 있어야 한다는 것 등이다.

가수 singer 노래를 부르는 것이 직업인 예능인. 대중문화계의 인기인이자 당대 가치관을 표상하는 아이콘이며 유명인사인 동시에 팬덤의 대상이기도 하므로 광고 모델로 이상적인 존재로 여겨진다. 특히 추종자에게 강력한 영향력을 가져 그들을 소구 대상으로 하는 여러 상품의 광고 모델로 출연한다. 일반적으로 가수의 인기는 예측하기 힘든 데다 부침도 심한 편이어서 식음료 관련 상품이나, 계절상품 등 마케팅 목표가 단기간에 집중된 상품의 모델로 기용되는 경우가 많다. 오랜 기간 동안 명성을 공고히 쌓아, 모르는 사람이 없는 가수의 경우 자신의 개성과 정체성을 토대로 국제적인 패션 브랜드 및 고급품의 광고 모델로 등장할 때도 있다. ■

가시성 visibility 사람의 시선을 끄는 정도. 가시도가 높은 광고 작품은 눈에 잘 띄고 다른 것과 쉽게 구별된다.

가정법 subjunctive 사실과 관계없는 심정이나 희망 사항 등을 표현할 때 쓰는 표현 방법. 가정법의 가장 흔한 구문은 '만일 ~라면'이란 표현이다. '내 노래에 날개가 있다면', '사랑한다면', '만일 내게 큰일이 일어난다면' 등의 표현이 그 예다. '이 자동차를 산다면 당신의 품격

이 달라질 것입니다', '자녀를 사랑한다면 ○○보험을 드십시오', '젊어 보이기 원한다면 ○○를 써보세요' 등의 문장에서 보듯 광고의 미래에 대한 약속과 구매 혜택을 강조하는 속성 때문에 광고 문장에서 가장 흔한 구문법 중 하나가 가정법이다. '내일 지구가 멸망한다면…'처럼 불가능한 상황을 가정하여 주제를 강조할 때도 있다. ■

가족생활주기 family life cycle 출산·육아·노후에 이르기까지의 일련의 경로. 가족생명주기, 가족수명주기라고도 한다. 개개 가정의 발달 단계를 보면 단계마다 그 구조나 기능에 공통된 변화가 나타나는 사실에 근거하여 각 단계 및 그에 해당하는 시기의 표본을 측정한 것이 가족생활주기다. 즉, 한 가정은 독신기-신혼기-가족팽창기-가족고정기-가족축소기-후기부부기-고독생존기 등의 단계를 겪는다는 것이다. 각 단계에 필요한 상품이나 서비스를 개발해야 한다는 것이 마케팅의 관점이다.

가해성 comprehensibility 의미를 이해할 수 있는 용이함의 정도. 문자에 있어 가해성은 가독성 및 가시성과 함께 중요시된다. 가독성은 문자를 읽을 수 있는 용이함의 정도, 가시성은 독자의 시선을 끄는 정도로 정의되며 이 세 가지는 서로 밀접한 관계를 가지고 있으나 가독성과 가시성이 높다고 하여 높은 가해성이 보장되는 것은 아니며 그 역도 마찬가지다. 또한 가해성은 문자뿐만 아니라 심벌, 신호, 도면, 삽화, 일러스트레이션 및 화면 등에도 적용된다. 어느 경우에건 높은 가해성을 위한 배려가 필요하다.

각오 preparedness 앞으로 해야 할 일, 혹은 겪어야 하는 일에 대한 심적 준비 상태. 광고에 빈번히 등장하는 표현으로 대체로 광고 주체의 굳은 약속, 미래 비전, 기업 철학을 표명하는 형식으로 나타난다. "세계 정상을 향한 노력을 쉬지 않겠습니다", "세계 금융의 별이 되겠습니다", "이 세상에 없는 또 하나의 기술을 만들어가겠습니다", "200만 건설인의 다짐" 따위의 표현이다.

간접 광고 indirect action advertising 광고는 아니지만 광고효과를 일으키는 유사 광고. 대표적인 것이 이른바 피피엘(PPL: product placement)로 영화나 드라마에 상품이나 로고를 삽입하는 것이다. 주인공이 타고 다니는 자동차, 휴대전화, 의복 등은 물론 그의 애인이 다니는 회사, 그들이 놀러가는 리조트와 영화관, 주인공이 선물하는 물건, 그들이 이용하는 자판기 등 그 범위는 거의 무한하다. 간혹 상품의 '배치'를 넘어 극 내용에 협찬 상품의 기능과 우수성을 강조하는 에피소드를 극화하는 사례도 볼 수 있으며 때로는 정부정책의 홍보 수단으로 드라마 안에서 짧은 극화를 삽입하기도 한다. 가령 극중 주인공이 드라마에서

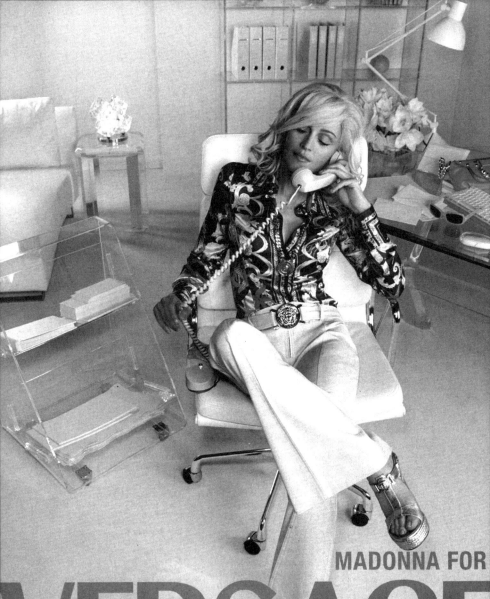

MADONNA FOR

VERSACE

가수
베르사체
2005

화란 나르당의 천연향

공해없는 무색음료
칠성사이다
롯데칠성음료(주)

일곱개의 별마다 향운이가득 칠성사이다 —
반짝이는 방울마다 향운이가득 칠성사이다 —
언 제 나 칠성 — 칠성사이다 —

칠성사이다는 과일의 에센스
(ESSENCE)로 만든 천연향음료
이므로 그맛이 합성향음료와는 전혀
다릅니다.

가수
롯데칠성음료 칠성사이다
1978

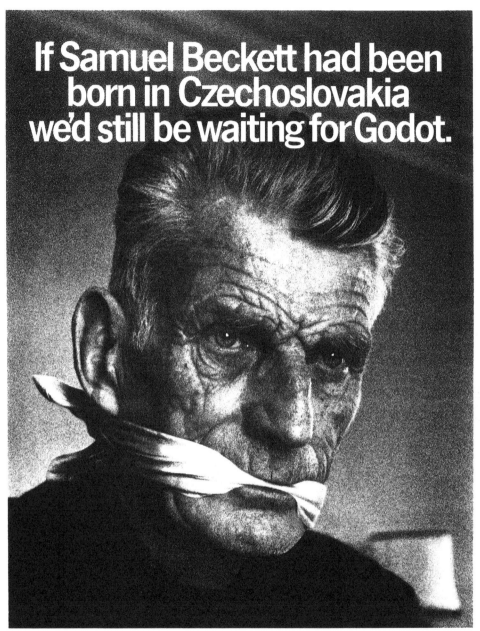

If Samuel Beckett had been born in Czechoslovakia we'd still be waiting for Godot.

Samuel Beckett's Waiting for Godot is banned in Czechoslovakia. In fact any writing that doesn't reflect the opinions of the Czech government is banned.

Luckily Beckett is not Czech. But what of those writers who are Czechs? Index on Censorship is a magazine that is committed to exposing censorship

around the world and publishing the work of censored writers, film makers and photographers. Work which you would otherwise not

be able to enjoy. To subscribe please write to us at 39c Highbury Place, London N5 1QP or you can telephone us on 01-359 0161.

Support Index on Censorship for crying out loud.

가정법
영국 인덱스온센서십
1986

금연홍보대사로 위촉되는 에피소드, 극중 조연이 흡연하는 사람에게 "공공장소에서 담배를 피우면 안 되죠"라고 지적하는 장면을 위해 정부 관련 부처가 드라마 제작비의 일부를 보조하는 식이다. 간접 광고가 각광을 받는 것은 전통매체 광고의 효과가 갈수록 떨어지고 있는 상황에서 간접 광고의 설득력에 기업이 주목하고 있으며 방송사 측에서도 제작비 마련을 위한 좋은 수단으로 인식하여 그 기법을 더욱 세련화하고 있는 것과 관련이 있다. 공공재인 성격이 강한 방송에 간접 광고가 폭넓게 유입되는 것에 대한 비판도 만만치 않은데 여기에는 간접 광고가 궁극적으로 방송 프로그램을 변질시키는 한편 소비자 자신이 스스로 느끼지 못하는 사이에 설득된다는 우려가 깔려 있다. 한편 상품 구매를 권유하는 것이 아닌 우회적인 방법으로 광고효과를 기대하는 광고도 간접 광고라고 지칭하기도 한다. 관습적인 광고 형식을 탈피한 형태로 되어 있으며 내용은 공익적 가치를 고무하거나 더 나은 생활양식을 위한 바람직한 제안을 다룬다. 미디어의 연재 기사처럼 시리즈로 실리는 경우도 있다.

간접 소구 광고 indirect appeal advertising 광고 목적을 우회적으로 소구하는 광고. 상품의 우수성을 일방적으로 내세우지 않고 소비자 정서에 호소하거나 상품과는 직접 관련이 없는 사회적 가치를 내세우는 광고가 여기에 속한다. 이와 대비되는 것이 직접 소구 광고로 제품 장점과 구매를 단도직입적으로 설득하는 광고다. 직접 소구 광고는 내용이 명료하여 소비자들이 오인할 우려가 없으나 광고주 메시지를 소비자에게 다소 강압적으로 전달한다는 약점이 있다. 간접 소구 광고의 기술적 조건은 광고 주제가 제품 속성과 관련돼야 하고 그것을 소비자가 쉽게 이해할 수 있어야 한다는 것이다.

간접화법 indirect discourse 남이 한 말을 전달하는 형식. "그분이 이 상품을 훌륭하다고 하더군요"라고 하는 식이다. 어떤 사람의 체험을 소개하는 방식으로 광고에 쓰인다.

간지 insert 일간 신문 사이에 끼워 넣는 낱장 광고물. 백화점, 슈퍼마켓, 피자 배달, 정기 사은 대잔치, 아파트 및 상가 분양, 스포츠센터 개업 따위의 광고에 주로 쓰이는 매체.

간판 signboard 점포 이름, 혹은 회사 이름 등을 적은 표지판. 역사가 깊은 광고 수단으로 표찰식 간판, 매다는 간판, 세우는 간판 등 그 형식과 모양이 무수히 많고 설치 위치, 형태, 재료도 다양하여 형태적으로 가장 복잡한 광고매체 중 하나이다. 대체적으로 간판은 아래와 같은 종류가 있다. [1] 가로형 간판: 문자·도형 등을 판에 표시하거나 입체형으로 제작하여 건물의 벽면에 가로로 길게 부착하거나 벽면 등에 직접 도료로 표시하는 광고물. [2] 세로형 간판: 건물의 벽면 또는 기둥에 세로로 길게 부착하거나 벽면 등에 직접 도료로 표시하는 광고물. [3] 돌출 간판: 판이나 이·미용 업소의 표지 등을 건물의 벽면에 돌출되게 부착하는 광고물. [4] 공연 간판: 공연·영화를 알리기 위한 내용을 판에 표시하거나 실물의 모형 등을 제작하여 당해 공연 건물의 벽면 또는 공연 건물의 부지에 지주 등을 세워 표시하는 광고물. [5] 옥상 간판: 건물의 옥상에 별도의 장방형·정방형·삼각형 또는 원형 등의 게시 시설을 설치하여 내용을 표시하거나 승강기 탑 등 건물의 옥상구조물에 직접 표시하는 광고물. [6] 지주이용 간판: 지면에 지주를 설치하여 내용을 표시한 판을 지주에 부착하는 광고물. 점포를 표시하는 간판은 기본적으로 점포를 식별하게 하는 정보 기능을 통해 고객을 점포로 끌어들이며, 간판이 기업 이미지 혹은 점포 아이덴티티를 소구한다는 측면에서 광의의 정보 디자인으로 볼 수 있다. 한편 간판이 한 구역, 나아가 도시의 시각성을 표출하기 때문에 공공 디자인 혹은 환경 디자인의 일부로 간주되기도 한다.

갈색 brown 주황과 검정을 섞은 색. 흙의 색과 유사해서 흙색이라고 부르기도 한다. 빨강과 녹색, 보라와 파랑, 파랑과 주황을 섞어도 갈색이 나온다. 광채가 사라진 색이며 갈대와 낙엽, 목재, 가죽 등에서 볼 수 있는 색이다. 자연스럽고 편안한 분위기의 색이므로 내부장식에 어울린다. 주황과 노랑 같은 밝고 경쾌한 색과 어울릴 경우 안락한 분위기가 배가되지만 갈색과 검정은 우울하고 음침한 배색이다. 갈색에서 연상되는 것은 추억, 회고와 같은 정서다. 영화, 드라마, 광고와 같은 영상 장르에서 갈색은 과거를 회상하는 장면에 자주 등장한다. 우리가 회상하는 과거의 한 장면은 이런 식으로 갈색의 정조로 나타난다. 패션에서 갈색은 자기 개성을 발산하는 젊은이의 색이 아니라 어느 것에나 무난하게 어울리는 평범한 색이며 과거를 연상시키기 때문에 유행에 뒤처진 느낌을 준다. 갈색은 또한 초콜릿, 스테이크, 커피, 맥주, 코코아의 색으로 식감과 관련이 있다. 이런 품목에 대한 광고 영상에서 많은 경우 갈색 톤이 나타나는데, 일반적으로 강한 갈색이 맛에 대한 감성을 자극하는 것으로 알려져 있다.

감독 director 광고의 제작 과정을 책임지고, 광고 전체의 영상을 완성하는 사람. 광고주나 광고대행사로부터 의뢰받은 콘티 혹은 광고 줄거리를 토대로 촬영 디테일 구성, 스태프 조직, 세트 제작, 로케이션 헌팅 등의 준비를 거쳐 촬영, 편집, 녹음을 하여 광고를 완성한다. 일반적으로 영화감독과 유사한 역할을 하지만 영화감독에 비해 예술적 권한은 적은 편이어서 대부분 기능적으로 광고를 완성하는 역할에 머문다. 영화감독이 스토리텔러로서 이야기 구조와 세부에 집중한다면 광고

감독은 영상 구성과 효과 등 시각연출에 집중하는 측면이 있다. 종래 광고감독을 마케팅 메시지의 전달자로 보는 시각도 있었지만 전략과 아이디어, 연출이 각각 전문화되어 분화함에 따라 요즘에는 아이디어를 효율적으로 시각화하는 역할에 임무가 집중되고 있다. 즉, 광고감독에게 가장 필요한 덕목은 대중의 시선을 견인할 만한 광고언어를 구성하는 세련성과 감각이다. 광고감독의 역할이 제한적이기는 하지만 광고 제작에서 감독은 여전히 가장 중요한 인물 중 하나다. 아이디어 자체는 광고가 아니고 건축으로 치면 설계도에 불과한 것으로 이것을 소비자에게 노출하는 실제 광고로 만들어내는 것은 또 다른 차원의 문제이기 때문이다. 아이디어가 독창적이라 하더라도 이것이 빛을 발하기 위해서는 모든 개별 요소를 디자인하고 그것에 통일성과 응집력을 부여하는 감독의 예술감각에 전적으로 의존해야 한다.

감사 광고 gratitude advertising 감사를 표명하는 광고. 그 대상은 보통 고객, 이해관계인, 공중 등이다. 광고주 자신의 성취에 대해 고객에게 감사를 전하는 광고도 감사 광고로 분류할 수 있다. 가장 흔한 유형으로는 "이런 모든 분들의 아낌없는 노력과 국민 여러분의 후원으로 올해 10억 달러 수출의 영광을 갖게 되었습니다. 감사합니다", "국가고객만족도 7년 연속 1위, 시공능력평가 1위 모두 감사드립니다" 따위다. 한편 특정 사고나 사건, 재난이 발생한 이후 그에 대한 관심과 성원에 감사를 표하는 광고 사례도 많다.

감성 소구 emotional appeals 인간 감성, 정서에 호소하는 광고. 사랑, 정(情), 추억, 후회, 효도, 그리움, 고독, 미움, 회한, 환희 등을 그리는 광고다. 상품 속성에 대한 이해도를 구하려 할 때 메시지 내용이 상품에 대한 설명 및 교육에 치우치게 되므로 이성 소구로 흐르는 경우가 많지만 상품 이름에 대한 기억과 지명을 목적으로 하는 경우, 나아가서는 상표에 대한 소비자 정서를 창출하고자 할 때에는 감성 소구 형태를 취하게 된다. 가령 보일러 광고를 할 때 기름값이 적게 들며 유지 관리가 쉬운 속성을 강조하는 것이 이성 소구라면 감성 소구는 추운 겨울날 연탄을 갈고 계실 부모를 생각하며 보일러를 놓아드리고 싶은 마음을 묘사하는 식이다. 가족애, 아름다운 경치, 향수를 일으키는 이미지, 즐겁고 흥겨운 청량감, 아이들의 천진한 모습 등은 모두 감성 소구 광고에 흔히 등장하는 모습이다. ■

감정 광고 emotional advertising 사람들의 감정, 파토스를 자극하는 광고. 감성 소구의 결과가 감정 광고다. 애정, 향수, 동정, 슬픔, 고독, 희망 따위의 감정을 일으킨다.

감정이입 empathy 사물이나 현상에 대해 자신의 감정을 투사하는 정신 활동. 어떤 사물이나 대상을 보고 아름답다고 느껴 감동하는 과정을 감정이입으로 설명할 수 있다. 비극을 보고 난 후 느끼는 카타르시스도 감정이입의 일종이다. 감정이입은 특정 자극에 대해 자발적으로 자신의 정서를 개입시키는 것이다. 정서적 반응으로써 감정이입은 자극에 대한 깊은 몰입을 가져오므로 광고의 관심사가 되는데, 예컨대 소비자 감성에 호소하는 감성 소구를 테마로 하는 일련의 광고는 소비자의 감정이입을 노리고 만들어진다.

감탄사 exclamation 말하는 사람의 놀람, 응답 등을 간단히 나타내는 말. '아이구야', '야호' 등. 감탄사를 광고 아이덴티티로 사용한 유명한 사례 중 하나는 1983년 시작하여 현재까지 이어지고 있는 제약 광고 "맞다, 게보린!"이다. 1992년 오렌지주스 광고에 쓰인 "따봉!"도 기억할 만하다.

개그 gag 해학이나 농담, 우스꽝스러운 말. 웃음을 무기로 시청자에게 접근할 수 있어 광고 표현의 중요한 수단이다.

개그맨 광고 gagman advertising 개그맨을 기용한 광고. 대부분 자신이 만든 유행어를 사용한 언어유희가 광고의 뼈대가 된다.

개별상표 individual brand 품목 각각에 대해 별도의 상표를 부여하는 것. 이와는 반대로 품목 전체에 공통의 상표를 부여한 것을 공동상표 혹은 패밀리 브랜드(family brand)라고 한다. 개별상표를 채택하면 여러 장점이 있는데 같은 메이커가 생산하는 여러 제품 중에 어느 하나가 실패하더라도 다른 제품에 영향을 주는 경우가 드물고, 시장 진출 시 신제품이라는 인상이 확대되며, 같은 품목을 두 가지 이상 생산할 경우 소매점에서의 진열 면적이 넓어져 경쟁에 효과적으로 대처할 수 있다는 점이다. 반면 상표마다 광고비, 판촉비 등의 부담이 큰 것이 약점이다.

개봉률 open rate 우송한 디엠(DM)에 대해 개봉된 디엠의 비율을 백분율로 나타낸 것. 디엠을 문의해오는 것을 뜻하는 인콰이어리(inquiry) 비율 등과 함께 디엠 효과를 측정하는 주요한 지표. 개봉률을 높이기 위해서는 봉투의 포맷이나 지질, 디자인 등에 대한 고려가 중요하다.

개성 personality 사람으로 하여금 환경에 특징적으로 대처하게 하여 일관적이고 지속적인 행동 패턴을 이끄는 심리적 특성. 개성은 일반적으로 개인에 따라 차이가 있으며 숨겨져 있는 경우가 많고, 행동에 영향을 주는 동시에 고착화되어 있지 않고 유동적이어서 변

"여보! 아버님댁에
보일러 놓아 드려야 겠어요."

경동보일러

감성 소구
경동 가스보일러
1991

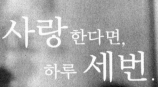

사랑 한다면,
하루 세번...

오늘도, 딸아이와 한판. 안 그래야지 하면서도,
미운 네살 키우기가 만만치 않습니다.
'세상에 태어나 받은 가장 큰 선물이 너란다...
속상한 마음에 말로는 하지 못하고,
그저 우유 한 잔 건넸습니다.
딸아이는 제 마음을 알까요?

사랑 한다면,
하루, 세번...

우유를 마시는 것은 나와 가정이 건강해지는 일!
하지만, 우리 나라는 서구선진국 대비 낮은 우유 음용량을
보이고 있습니다. 건강한 대한민국을 꿈꾸며,
서울우유가 '하루 세번' 우유 마시기 캠페인을 제안합니다.

사랑한다
사랑한다
사랑한다

Milk Mania 서울우유
www.seoulmilk.com

감성 소구
서울우유
2004

화 가능성이 있다는 특징이 있다. 소비자 개성 특성 (personality characteristics)이 구매 행동에 영향을 주리라는 가설에 따라 각 개성 특성에 따른 시장 공략이란 문제가 마케팅의 한 테마다.

개업 광고 점포 및 사업의 시작을 알리는 광고. 점포의 신장개업, 은행, 병원이나 호텔 등과 같이 서비스를 제공하는 기관의 개업 고지 광고 등이 있다. 가장 흔한 것 중 하나가 변호사 개업 인사로 일간지 1면 돌출 광고로 법률사무소 개설을 고지하는 형태로 유형화됐다. 문안은 "저는 오랫동안 봉직했던 법원을 떠나 법률사무소를 시작하게 되었습니다. 그동안 베풀어주셨던 지도와 격려, 위로에 대해 진심으로 감사드리고 앞으로도 변함없는 관심과 성원 부탁드립니다"라는 식이다. ■

개연성 probability 확실하지는 않지만 아마도 그럴 것이라고 생각되는 것. 예를 들어 사람들은 광고를 하는 상품에 대해 광고를 하지 않는 상품보다 더 믿을 수 있다고 생각한다. 광고를 하는 행위와 상품의 품질, 나아가서는 광고주의 신뢰성은 본질적으로 별 관련이 없지만 사람들은 광고를 하는 상품은 믿을 만할 것이라는 '개연성'을 느낀다. 막연한 인상이 다른 상황으로 이입되는 것으로 일종의 후광효과다.

개인 마케팅 personal marketing 개인 이미지를 관리하기 위한 마케팅 활동. 정치인 혹은 영화배우와 같은 대중 연예인 따위 계층의 이미지 관리를 위한 활동 등을 말한다. 특정인에 대한 표적고객층의 태도나 행동을 호의적으로 유지하기 위한 활동으로 개인의 명성을 창조하고 유지시키며 때로는 개인에 대한 인식을 변화시키는 기능을 수행한다. 운동선수, 변호사 같은 이들도 개인 마케팅 대상인데 이들에 대한 일반인들의 태도가 자신들의 경제적 이익과 밀접하게 연결되어 있기 때문이다. 소위 매니지먼트 회사의 활동이 바로 개인 마케팅의 구체적 사례로, 연예 매니지먼트 조직의 경우 의뢰인의 일상적인 활동을 관리하는 것은 물론 방송 및 영화 출연, 광고 및 행사 출연 등 의뢰인의 대외적 활동을 조정하고 관리한다. 개인 마케팅은 때로 호의적인 이미지 창조가 아니라 대중의 비난으로부터 의뢰인의 부정적 이미지를 최소화하는 전략을 펼치기도 한다.

개척 광고 pioneering advertising 시장에 존재하지 않는 혁신적 신제품에 대한 광고. 제품에 대한 새로운 수요를 창출하려는 목적의 광고이기 때문에 소비자는 여러 브랜드 중 어느 하나를 고르는 것이 아닌, 그 제품을 사느냐 마느냐만 선택하게 된다. 이런 경우 광고의 구실은 기본적 수요를 자극하고 개척하는 데 있으므로 기본적 수요 광고(primary demand advertising)라고도 한다.

객관식 질문 fixed alternation 조사 대상으로부터 정보를 알아내기 위한 질문 방법으로 조사 대상에게 질문과 보기를 제시하고 질문에 대한 응답으로 보기를 선택하게 하는 방법. 질문이 용이하고 응답자도 답하기가 간단하며, 그만큼 시간도 적게 들어 질문의 수가 많거나 관련 주제의 범위가 다소 넓어도 괜찮다는 것이 이 방법의 장점이다. 그러나 질문에 대한 보기를 만드는 것이 어렵다는 것이 문제점인데 보기를 만드는 조사자의 사고와 경험을 벗어나기 힘들고 모든 내용을 보기에 전부 포함시킬 수 없어서 주관식 질문과 같은 다양하고 광범위한 정보를 얻을 수 없다. 즉, 보기를 통해 질문의 의미를 명확히 할 수 있고, 응답자의 기억을 일깨워주기도 하지만, 잘못된 보기는 잘못된 결과를 가져온다. 객관식 질문에는 보기의 수에 따라 선다형과 양자택일형이 있다.

건설 광고 건설 상품, 즉 부동산 상품을 대상으로 하는 광고. 대표적으로 아파트 분양 광고, 상가 분양 광고, 택지 분양 광고 등이 있다. 건설 광고는 경제적 가치를 지닌 요소로 부동산 입지를 강조하는 경향이 두드러진다. 여기서 입지란 주택의 경우 교통 편의성, 교육환경, 녹지환경, 편의시설, 도시 기반시설을 두루 포함하며 상가의 경우 유동 인구, 배후 세대, 발전 가능성 등을 포함하는 개념이다. 소비자가 부동산을 구매할 때는 입지와 가격과 같은 요인을 면밀하게 검토하여 최대한 합리적으로 구매하려고 노력하기 때문에 논리적 설득이 용이한 신문을 주 매체로 이용한다. 한편 텔레비전에서의 건설 광고는 기업 광고 형태를 띠어 첨단, 품격, 자연 등의 속성을 강조하는 이미지 광고 형태가 대부분이다.

건축 사진 architectural photography 건축물을 대상으로 한 사진. 건축의 조형에 주목하는 순수 부문, 건축물 소개를 목적으로 하는 실용 부문으로 나뉜다. 건축 사진은 건축물이 상품이 되는 건설 광고, 관광 광고의 유력한 표현 요소다.

검색 광고 keyword advertising 인터넷 이용자가 검색 사이트를 통해 특정 키워드를 검색할 때, 검색 결과를 보여주는 페이지의 주요한 자리에 키워드와 밀접한 관련을 갖는 업체의 홈페이지를 노출하는 형태의 광고. 가령 '꽃'이란 키워드를 검색할 때, 꽃배달과 관련한 업체들의 홈페이지가 상단에 노출되는 식이다. 몇몇 조사에 의하면 검색 광고는 불특정 다수를 상대로 하는 노출형 배너 광고에 비해 유입량은 적은 편이나 인터넷 이용자의 자발적인 검색 활동의 결과로 보여지는 광고여서 소위 타깃 마케팅에 유리한 광고 방식이다. 예를 들어 사람들은 프린터 토너를 교환해야 할 필요가 있을 때, 검색 사이트를 통해 '토너'라는 키워드를 검색하면 일정한 비용을 지불하고 공간을 점유하는 검색 광고주의 홈페이지 정보를 얻을 수 있다. 이처럼 검색 광고는

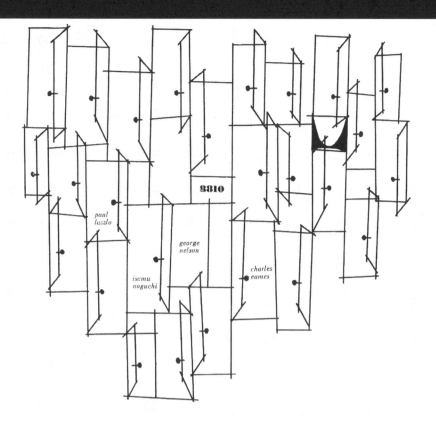

8810

paul
laszlo

george
nelson

iscmu
noguchi

charles
eames

The Herman Miller Furniture Company
has opened the doors of its new
west coast showroom at
8810 Beverly Boulevard.
Here will be found America's
foremost collection of modern furniture,
designed for Herman Miller
by George Nelson, Charles Eames,
Isamu Noguchi and Paul Laszlo.

herman iller,

zeeland, michigan

개업 광고
허먼밀러
1949

인터넷 이용자의 자발적 검색에 의한 광고이기 때문에 판매와의 연결성이 매우 높은 것이 특징이다. 인터넷 이용자들이 사용하는 모든 언어와 단어는 개념적으로 검색 광고의 키워드가 된다. 한편 사이트는 노출된 광고주의 홈페이지 리스트에 이것이 순수한 검색 결과가 아니라 일종의 광고인 것을 분명히 명시해야 하는데, 그런 표식이 없으면 사용자가 이를 순수 검색 결과로 인식할 가능성이 크기 때문이다. 일반적으로 영업 욕구가 강한 한국의 인터넷 사이트는 해외 검색 사이트에 비해 검색 결과를 보여주는 페이지 상단에 각종 형태의 검색 광고가 점유하고 있어 검색정보가 소외되는 경우가 다반사인데, 장기적으로 검색의 신뢰를 낮추는 요인이 될 수도 있어 사이트 측의 주의가 필요하다. 검색 광고는 일반적으로 전자상거래에서 고객을 자신의 사이트로 끌어들이는 가장 유용한 수단이며 특히 경쟁이 치열하고 사람들의 일상과 관계가 깊은 서비스일수록 효과적이라는 보고가 있다. 2005년을 기점으로 시장 규모에서 노출형 배너 광고를 넘어 인터넷 광고 시장을 주도하는 매체로 성장하고 있으며 향후 모바일 광고의 주요한 형태로 발전할 가능성도 있다. 가령 휴대전화 문자를 수신할 때 메시지 내용 중 광고정보 제공이 가능한 키워드를 자동으로 뽑아내어 메시지 내용과 광고 링크 정보를 함께 메시지 수신 고객에게 제공하는 문자 메시지 맞춤형 광고가 한 예가 될 수 있다. 과금 형태는 크게 두 가지로 계약 기간 동안 일정한 시피엠(CPM: Cost Per Mill), 즉 정액제 방식과 클릭 단위로 비용이 지출되는 시피시(CPC: Cost Per Click), 즉 종량제 방식이 있다.

검색로봇 search robot 인터넷에서 웹사이트나 뉴스그룹에 수록된 정보를 자동으로 검색하여 수집하는 프로그램. 검색엔진이라고 불리는 정보검색 전문 서버에서 작동된다. 검색로봇은 공개되어 있는 웹사이트에 접속하면 그 홈페이지에 연결되어 있는 모든 홈페이지에서 정보를 수집한다. 따라서 새로 만들어진 홈페이지가 기존의 홈페이지에 링크되어 있었다면 이것을 검출한다. 수집된 홈페이지에 대한 정보는 각 검색엔진에 보존되어 사용자가 검색하기 쉬운 데이터로 가공된다.

검색엔진 search engine 인터넷에서 웹사이트나 뉴스그룹에 수록된 정보를 검색하는 기능을 제공하는 사이트 혹은 그 사이트를 공개하고 있는 호스트 컴퓨터. 주요 기능은 최신 정보를 검색하는 검색로봇과 이를 통해 수집한 정보를 저장하는 데이터베이스를 검색하여 사용자의 요구에 따라 그 결과를 표시하는 것 등이다. 사용자가 검색엔진의 홈페이지에 접속하여 찾고자 하는 정보의 키워드 등을 입력하면 검색엔진이 작동 사용자가 원하는 정보와 관련된 홈페이지 리스트를 제시하는데 이 리스트는 주로 관련 정보를 공개하고 있는 홈페이지의 주소명이며 사용자가 그것을 검색하여 적당한

것을 선택하면 자동으로 해당 홈페이지에 접속된다. 세계 최대의 검색엔진은 구글(www.google.com)이다. 기존 검색엔진이 검색어의 등장 횟수만을 집계하는 방식이었다면 구글은 웹페이지의 적정성을 결정하는 데 해당 페이지를 가리키는 하이퍼링크 수를 바탕으로 했다. 웹 규모가 커질수록 구글은 더욱 정교한 알고리즘을 개발하여 2000년대 초부터 세계 최대의 웹 포털로 부상했다. 구글은 사용자들이 사용하는 단어에 상품 가치를 부여하는 방법, 즉 검색 광고를 통해 막대한 부(富)를 창출한다.

검정 black 빛이 없는 상태의 무채색. 죽음에 대한 슬픔을 상징하는 색으로 상복의 색이며 종말을 의미한다. 화가 바실리 칸딘스키(Wassily Kandinski)는 검정을 "검정의 내적 음향은 가능성이 없는 허무, 태양이 꺼진 뒤의 죽음, 미래도 희망도 없는 영원한 침묵과 같다"고 묘사했다. 프랑스어로 검은 영화라는 뜻의 '필름 누아르'(film noir)는 어둡고 잔인하며 폭력적인 범죄와 타락의 도시 세계를 그리는 영화를 말한다. 젊은 세대가 좋아하는 색이며 패션계가 선호하는 색채로 반유행 정신을 가진 검정 옷은 로큰롤과 펑크 세대가 추구하는 저항과 부정의 색이기도 하다. 검정과 흰색의 조합은 일반적으로 확고함과 진실을 연상시킨다. 흰 바탕에 검은색으로 인쇄한 문서는 빨강이나 노랑 등 유채색으로 인쇄한 것보다 신뢰도가 높으며 높은 권위를 부여받는다. 흰 종이에 검은색으로 인쇄한 텍스트의 심리 효과는 매우 큰 것으로 알려져 있다.

게슈탈트 이론 Gestalt theory 전체론적이며 역동적 입장을 강조하는 심리학 이론. 인간 경험의 궁극적인 요소는 원자적 성분으로 분해될 수 없는 일종의 '구조'라는 것을 기본 원리로 하여 개별적인 감각 데이터는 모든 감각 영역에서 전체 구조에 의해 지배된다고 본다. '게슈탈트'는 '형태'란 뜻의 독일어이며 지각의 대상을 형성하는 통일적 구조를 뜻한다. 20세기 초 막스 베르트하이머(Max Wertheimer) 등에 의해 발전됐다. 베르트하이머는 지각심리학과 관련된 다섯 가지 원칙을 제기했는데 이를 게슈탈트 법칙(Gestalt factors)이라고 한다. 그 다섯 가지 원칙은 근접성의 요인(가까운 것일수록 한데 묶어서 보는 경향이 있다), 유사성의 요인(유사한 것끼리 한 묶음으로 보는 경향이 있다), 폐쇄성의 요인(서로 합쳐지는 것은 하나로 보는 경향이 있다), 좋은 연속성의 요인(좋은 연속체를 이루는 방향으로 지각한다), 좋은 모양의 요인(좋은 형체를 이루는 방향으로 지각한다)이다. 이 법칙을 시지각에 적용한 이른바 게슈탈트 시각 원리는 시각 이미지의 효능을 평가하는 도구가 되는데, 게슈탈트 시각 원리의 주요 특징은 아래와 같다. [1] 형태·배경(figure·ground): 형태는 불명료한 배경에서 확실하게 구별된다. 즉, 눈에 비치는 전체로부터 주된 사

물(형태)과 뒷부분(배경)을 구별한다. 예를 들어 교통 표지판에 쓰인 글자는 표지판의 배경 색과 쉽게 구별된다. [2] 평형상태(equilibrium): 모든 심리계는 평형을 지향하는 경향이 있다. 자연 현상은 사물에 예상되는 형태를 부여한다. [3] 동질해당(isomorphic correspondence): 육체적 혹은 심리적인 경험이 어떤 시각 이미지에 의해 연상된다. 예를 들어 피 묻은 칼은 상처를 연상시키고, 텔레비전의 음료 광고는 갈증을 자극한다. [4] 폐쇄(closure): 닫혀진 형태는 열려진 형태보다 안정감을 준다. 본능적으로 조금 남은 틈을 채우려 하거나 미완성의 형태를 마무리하려고 한다. [5] 근접(proximity): 거리의 가깝고 먼 것에 의해 무리를 구분한다. 예를 들어 정원에 핀 꽃은 언덕에 핀 꽃보다 더 잘 보인다. [6] 지속(continuation): 지각의 유기화로 시선이 운동 방향 그 이상으로 지속된다. 예를 들어 화살표는 시선을 의도된 방향으로 이끈다. [7] 유사(similarity): 동일한 시각 단위는 모여 있을 때 함께 눈에 띈다. 유사한 물체는 모양·크기·방향 등에 의해 함께 눈에 띈다. 예를 들어 일방통행 도로에서 반대 방향으로 움직이는 자동차는 쉽게 눈에 띈다. 게슈탈트 이론은 미술에서는 바우하우스, 옵아트, 추상미술운동에 영향을 주었고 근대 시각 디자인의 주요한 철학적 배경이 됐다. 물론 광고에서도 비주얼을 다루는 그래픽 디자인과 텔레비전 광고에 응용된다.

게이트폴드 gate-fold 보다 많은 내용을, 보다 잘 눈에 띄도록 하기 위해 고안한 제본 방식. 인쇄물보다 훨씬 큰 사이즈로 인쇄한 후 이를 접어 제본한 페이지를 말한다. 크기가 커서 많은 정보를 전달할 수 있는 점 이외에도 독자가 페이지를 넘기다가 폴더를 펼쳐보게 되므로 주목효과가 높다.

게재지 voucher copy 광고가 이상 없이 게재됐음을 확인시켜주는 용도로 매체사가 광고주에게 제공하는 신문 및 잡지.

격문 written appeal 어떤 사실을 알려 사람들의 분노를 고취시키려는 목적에서 쓴 글. 주장을 내세우는 의견 광고에 이런 식의 표현이 많다. 합리적인 설득과는 거리가 멀고, 단순히 사실을 알리거나 지지자의 결속을 위해, 사회적 압력을 가하기 위한 수단으로 이런 방법을 사용한다. "하늘이 두렵지도 않은가?", "천인공노할 만행을 규탄한다", "발본색원하여 주십시오"라는 식의 어투가 일반적이다.

격언 maxim 인생을 올바로 살아가는 데 도움을 주는 경구. "하늘은 스스로 돕는 자를 돕는다"와 같이 인간 도덕과 행동 규범에 대해 만인이 공감하는 내용으로 되어 있다. 속담과 달리 화자(話者)가 명확한 경우도 많다. "상대를 알고 나를 알면 백전백승이다"(손자), "칼로 일어서는 자, 칼로 망한다"(예수), "시련은 있어도 좌절은 없다"(정주영) 등이다. 격언이 광고 카피로 등장하는 경우도 있는데 증권 광고에서 "계란을 한 바구니에 담지 말라"는 구절이 한 예다. 반대로 광고 카피가 널리 알려져 일종의 격언처럼 쓰이기도 한다. 가령 한 이동통신회사의 "차이는 인정한다, 차별엔 도전한다"란 카피가 한 예다.

견본 sample 상품 품질 및 디자인을 미리 보여주기 위한 예비 상품. 예상고객에게 상품을 실제로 체험하도록 하여 수요를 환기시키는 구실을 하는 판매 촉진 수단이다. 견본에 의한 판매 촉진은 주로 경쟁이 치열한 생필품 중 가격이 그다지 비싸지 않은 상품에서 많이 실시된다. 식료품, 조미료, 화장품, 약품, 비누, 샴푸, 세제 등이 그 예다.

견본 광고 sampling advertising 견본을 매체로 이용한 광고. 품질에 자신이 있어 그것을 사용해본 고객이면 제품을 구매할 것이라는 확신이 있는 경우에 시행한다. 이에 적합한 상품은 화장품, 치약, 조미료, 식료품과 같이 대다수 소비자가 상표충성도를 가지고 구매하는 제품이다.

결산공고 balance sheets notice 주식회사가 결산기마다 재무제표를 일간지를 통해 발표하는 것을 일컫는 말. 주식회사는 사회적 성격 때문에 결산기마다 재무제표를 공고해야 한다. 관련 규정에 의하면 관보 혹은 일간지를 이용해야 하는데 관보의 경우 수속이 불편하므로 대개 일간지를 이용한다.

경고문구 warning sign 광고에 소비자에게 고지해야 할 사항을 의무적으로 표기해야 하는 문구. 상품을 소비하는 과정에서 명백한 부작용이 초래할 가능성이 있을 때, 관련 규정에 의해 이 문구를 광고에 삽입해야 하는 경우가 있다. 담배 광고에는 "건강에 해로운 담배, 일단 흡연하게 되면 끊기가 매우 어렵습니다. 담배 연기에는 발암성 물질인 나프틸아민, 니켈, 벤젠, 비닐 크로라이드, 비소, 카드뮴이 들어 있습니다"란 문구를 삽입해야 한다. 금융위원회가 2011년 입법 예고한 바에 의하면 대출을 권유하는 대부업체의 광고에는 "과도한 빚, 고통의 시작입니다", "과도한 빚은 당신에게 큰 불행을 안겨줄 수 있습니다", "과도한 빚, 신용불량자가 되는 지름길입니다" 등의 문구 중 하나를 넣어야 한다.

경쟁 competition 시장경제력이 집중되어 있는 정도. 시장 집중의 정도에 따라 독점, 과점, 독점적 경쟁, 완전 경쟁 등으로 분류할 수 있다. 경쟁 상태에 따라 광고의 의미와 광고 활동 과정이 모두 다르다. 독점은 특정 유형의 제품을 판매하는 기업이 하나뿐이어서 다른 기업의 제품과 경쟁이 존재하지 않는 상태를 말한다. 시장이 극단적으로 집중되어 있는 상태이며 기업 입장에서 보면 가장 바람직한 상태이나 일반적으로는 독점 상태가 형성되기 전에 경쟁 상품이나 유사 상품이 출시되는 경우가 대부분이어서 사실상 독점 상태에 있는 제품은 상당히 적다. 전기나 수도와 같은 국유화 산업이나 시장 규모가 너무 작아 경쟁이 이루어지기 힘든 분야에 독점 상태가 형성되어 있다. 독점 상태에 있는 제품은 소비자가 그 제품이 존재한다는 것을 알면 될 뿐 제품의 특성이나 성능은 구매결정에 영향을 줄 수가 없으므로 광고의 필요성이 상당히 적고 그 의미도 별로 없다. 과점은 시장에 동일 유형의 제품을 공급하는 공급자가 소수인 상태를 가리키는 말이다. 과점 상태에 있는 제품은 카르텔 형성 여부에 따라 광고 활동의 양상이 다르게 나타난다. 소수 기업이 엇비슷한 정도의 시장점유율을 차지한 상태로 카르텔이 형성된다면 광고 활동은 사실상 일어나지 않지만 기업 간 경쟁이 촉발되면 광고 활동은 대단히 중요해진다. 독점적 경쟁은 시장경쟁자의 수가 많고 각 회사가 낮은 시장점유율을 차지하고 있는 상태를 말한다. 이때 소비자의 눈에 비친 상품차별화의 정도도 매우 높아 품질의 우열과 가격요인이 구매에 큰 영향을 미치게 된다. 컴퓨터 제품을 예로 들 수 있는데 제품을 출시하는 기업도 상당히 많고 성능이나 가격과 같은 차별화 요소가 큰 것을 볼 수 있다. 이때 광고의 필요성은 매우 높아지며 제품에 대한 인지도와 품질의 우수성을 강조하는 내용으로 촉진 활동을 행하게 된다. 한편 순수 경쟁은 경쟁자의 수가 대단히 많고 각자가 매우 낮은 시장점유율을 차지하고 있는 상태를 말한다. 시장경쟁자는 적어도 수백에서 수십만을 헤아릴 수 있는데, 이를테면 미장원, 커피숍 등의 경우를 예로 들 수 있겠다. 광고의 필요성은 거의 없으며 제품이나 서비스의 판매는 광고요인이 아닌 전혀 다른 차원에서 이루어진다.

경쟁 광고 competition advertising
경쟁사를 의식하여 자사 제품의 우월성을 호소하는 광고. 자사 제품의 장점 및 경쟁 제품과의 차이를 확실히 강렬하게 드러내야 하므로 광고가 공격적이고 직설적인 것이 된다. 광고 내용뿐만 아니라 표현 방법도 경쟁사의 그것과 강력하게 대비되도록 하는 것이 보통이다. 경쟁 상품에 비해 품질이 우수하거나 서비스가 탁월하고, 가격이 더 저렴하다는 광고가 대부분이나 간혹 경쟁사에 대하여 선의의 경쟁을 주장하거나 상대방의 주장을 반박하는 의견 광고 유형의 광고도 볼 수 있다. 어느 경우에든 소비자로 하여금 경쟁사의 존재와 그 비교 척도를 분명하게 알 수 있도록 구성한 광고라 할 수 있다. ■

경쟁자 competitor
동일 시장에서 동일 상품을 같은 소비자에게 제공하는 상대. 일부 독점 상태를 제외하고는 시장경쟁은 자유시장체제의 본질인 만큼 경쟁자를 상대하는 전략 수립이 마케팅의 요체가 된다. 경쟁자에 대한 고려는 우선 경쟁자가 누구인지를 확인하는 데서 출발하여 경쟁자 전략과 경쟁자 목표, 경쟁자 장점과 단점, 경쟁자 반응 양태 등을 파악하는 순서를 거친다. 일반적으로 경쟁자는 쉽게 확인할 수 있을 것으로 생각하기 쉽지만 관점에 따라 경쟁자를 파악하는 층위는 상당히 다양하다. 예를 들어 동일한 가격으로 동일한 고객에게 동일한 제품 및 서비스를 제공하는 상대방을 경쟁자로 볼 수도 있고 동일한 제품 계열을 생산하는 기업을 경쟁자로 볼 수도 있다. 때로는 소비자 예산 지출에 대해 경쟁하는 모든 기업을 경쟁자로 볼 수도 있다.

경쟁자 대항법 comparative parity method
경쟁 회사의 광고예산 책정 수준에 맞추어 광고예산을 결정하는 광고예산 결정 방법. 이 기법을 채택하게 되면 다음 세 가지 수치 중 어느 하나를 따르게 된다. 즉, 가장 중요한 경쟁자의 광고예산 매출액 비율, 자기가 속한 산업의 평균 광고비, 가장 중요한 경쟁자의 절대 광고비다. 이 방법은 예산 편성의 주요 고려 사항 중 하나인 경쟁 업체의 활동을 면밀히 분석하여 예산을 검토하며, 적용 방법이 용이한 장점이 있지만 경쟁자의 광고예산 수준이 합리적이라고 단정하기 어렵고, 자사의 문제 상황이 경쟁자와 다를 수 있으며, 광고예산 편성상 경쟁사의 움직임은 그 영향요인의 하나에 불과하다는 점에서 한계가 있다.

경쟁적 포지셔닝 competitive positioning
소비자 지각 속에 자리 잡고 있는 경쟁 제품과 비교함으로써 자기 상품의 이점을 강조하려는 포지셔닝 방법. 비교 광고를 할 때 흔히 등장하는 기법으로 과거 펩시콜라가 코카콜라에 대항하여 시음회를 개최하고, 결과를 광고로 이용한 사례가 그 전형이다. 포지셔닝 내용이 사실에 근거하고 이를 소비자가 신뢰할 만할 때 상당한 파급력을 발휘한다.

경쟁 프레젠테이션 competitive presentation
광고주의 광고 캠페인을 유치하기 위해 여러 광고대행사가 경합하는 광고전략 설명회. 광고대행사가 광고주에게 제안하는 광고전략과 이에 따른 광고 시안을 소개하는 행사로서 광고주는 여러 광고대행사 중 하나를 선정하여 광고 캠페인을 의뢰한다.

경품 premium
상품 구입 혹은 반복 구매를 유도하기 위해 구매자에게 제공하는 물품. 법적 용어로 경품은 '고객을 유인하기 위한 수단으로 그 방법의 여하를 불문하고 사업자가 공급하는 상품 또는 서비스의 거래에 부수해서 상대방에게 제공하는 물품, 금전, 그 밖의 경제상의 이익'이다. 가격 할인이나 구매 할인, 애프터서비스 등은 경품이 아니다.

Avis is only No.2 in rent a cars. So why go with us?

We try damned hard.
(When you're not the biggest, you have to.)

We just can't afford dirty ashtrays. Or half-empty gas tanks. Or worn wipers. Or unwashed cars. Or low tires. Or anything less than seat-adjusters that adjust. Heaters that heat. Defrosters that defrost.

Obviously, the thing we try hardest for is just to be nice. To start you out right with a new car, like a lively, super-torque Ford, and a pleasant smile. To know, say, where you get a good pastrami sandwich in Duluth.

Why?

Because we can't afford to take you for granted.

Go with us next time.

The line at our counter is shorter.

TIME, FEBRUARY 1, 1963

경쟁 광고
에이비스
1963

경쟁 광고
허츠
1966

Tired of the same old line?

The old line has been a lot of fun. And it brought back a sound idea: basic transportation.

At Toyota, we've had a few ideas ourselves about economy. Different ideas. In different shapes.

We realize people like saving money on cars that are attrac tive, comfortable, and suited t American highways.

That's why we build sedan Station wagons. Sporty coupe Luxurious models. Pickup Hardtops. Four-wheel-drives. People like styling and comfort.

As well as saving money.

It's that simple.

The Toyota Celica S Sporty isn't ju skin dee

There's something else people like
with their economy. A large
helping of fun.

Enter the Toyota Celica ST.
With standard equipment like
1968cc overhead cam engine,
four-on-the-floor, radial tires,

**The Celica ST interior.
Complete with woodgrain accents,
lock, tachometer, even a radio.
All standard.** Automatic, A.C. and tape optional

hood vents, racing stripes, tachometer, woodgrain accents,
reclining bucket seats, carpeting,
lock, and even a radio.

**Our Toyota
Corolla 5-speed.
No other 5-speed
comes within $1000 of it.**

Based on a comparison of manufacturers suggested retail prices

(Now *that's* fun.)

Then there's our Toyota Corolla
5-speed, and the fun of five forward speeds. Look at it. It looks,
well, *attractive*. Like the price.
In fact, no other 5-speed comes
within a thousand dollars of it.
And just for fun, it comes with a
tachometer, radial tires, mag-style
wheel covers, racing stripes, a
wood-style dash, and more. Plus
letting you charge through five
forward gears.

So if you're tired of the same
old line, remember Toyotas
come in different shapes.

We think you may decide it's
the shape of things to come.

See how much car your money can buy.
TOYOTA

83

Nobody ever got fired for buying IBM.

YES, BUT DID THEY GET PROMOTED?

"Don't rock the boat." "Why put your head above the trench?" "Play it safe." "Remember: an opportunity missed is a mistake avoided."

The argument for buying from one of the old-guard computer makers is, for many, as seductive as it is irrefutable.

They can justifiably argue that their systems will do a job that is adequate, acceptable and competent.

Adequate? Acceptable? Competent?

Come, come. Are these the words you would want on your annual performance review?

Will they single you out as one who's destined for the boardroom?

Of course they won't.

So let us look at an alternative plan of action.

When the talk turns to the purchase of new PCs, let slip to the powers that be that you've been burning the midnight oil.

Tell them your digging and delving has unearthed this extremely interesting computer manufacturer called Dell.

Tell them Dell operate a system called 'Direct Relationship Marketing'.

Tell them that, in English, this means Dell don't sell through dealers, but work directly with their customers.

Tell them this allows your company to have a direct working relationship with the people who actually design and build the PCs with no middleman muscling in to confuse matters.

Then deliver this little gem:

Tell them Dell's way of working will save substantial amounts of money. Not just in the initial purchase price or rental, but in total operating costs over the years.

Tell them Dell have systems, and everything that goes with them, from entry-level 286s to mighty networking 486 models.

Tell them you've already had a foretaste of the benefits working direct can bring.

Tell them you've spoken to Dell. You've discussed your company's business. You've outlined your objectives. And, together, you've devised a solution that'll cope more than admirably.

Tell them it can be in and working within days.

Promise them total peace of mind by announcing that with it comes a lifetime of free technical advice and support.

Tell them that if ever a snag occurs it won't be a problem, since Dell solve 90% of them over the phone there and then.

(And if they can't, they will have an engineer on the job the next working day.)

Tell them this is doubtless one reason Dell was rated way above everyone else in the prestigious Computer Weekly/Datapro user-satisfaction poll.

Now at this point some bright spark may well say "Sounds good in theory. But I'm not sure we should work with a company we don't know from Adam."

So tell them that Dell is the 7th largest PC manufacturer in the States.

Tell them they've been phenomenally successful on this side of the Atlantic too.

Tell them over half Dell's sales now go to The Times Top 1000 companies such as BP and Thorn EMI.

But *don't* tell them about this advertisement.

And don't tell them all you really did was pick up the phone or fill in the coupon.

After all, you don't want to make it look too easy, do you?

경쟁 광고
델
1990

Welcome, IBM.

Seriously.

Welcome to the most exciting and important marketplace since the computer revolution began 35 years ago.

And congratulations on your first personal computer.

Putting real computer power in the hands of the individual is already improving the way people work, think, learn, communicate and spend their leisure hours.

Computer literacy is fast becoming as fundamental a skill as reading or writing.

When we invented the first personal computer system, we estimated that over 140,000,000 people worldwide could justify the purchase of one, if only they understood its benefits.

Next year alone, we project that well over 1,000,000 will come to that understanding. Over the next decade, the growth of the personal computer will continue in logarithmic leaps.

We look forward to responsible competition in the massive effort to distribute this American technology to the world. And we appreciate the magnitude of your commitment.

Because what we are doing is increasing social capital by enhancing individual productivity.

Welcome to the task

경품 광고 premium advertising 경품 또는 상금을 거는 광고. 크게 두 가지로 구분하는데 첫째는 경품을 통해 소비자로 하여금 계속 구매를 유도하는 소비자 경품 광고로 상표충성도를 높이게 하는 것은 물론 새로운 고객을 창출하려는 목적을 갖는다. 둘째는 소매점의 상품 취급에 대한 의욕의 환기와 판매 노력에 대한 보상 등 제조업자 혹은 도매업자가 소매점에 대한 지원의 방편으로 행하는 판매점 경품 광고다. 경품 광고는 정보 제공이 부차적인 것이 될 가능성이 많고 상품의 품질 저하를 초래할 우려가 있어 경품의 제공 방법과 한도 등에 일정한 법적 규제가 있다.

경품 캠페인 premium campaign 기업이나 판매점이 소비자에게 경품 제공을 내걸고 벌이는 캠페인. 구매 의욕을 자극해 신규 수요를 개척하거나 고객을 단골로 만들기 위한 활동이지만 그 외에도 다양한 목적으로 이용된다. 이를테면 경쟁 상품에서 자기 회사 상품으로 구매 전환을 유도하기 위해, 신제품의 빠른 확산을 위해, 새로운 시장이나 기반을 마련하기 위해, 기념행사를 경축하기 위해, 광고효과를 측정하기 위해, 고객 리스트를 작성하기 위해, 구제품 처리를 촉진하기 위해 이 수단을 이용한다.

계약 광고 volume contract 횟수와 시간(전파 광고), 혹은 횟수와 면적(인쇄 광고)을 사전에 계약하여 집행하는 광고. 매체사는 광고 영업상 안정을 기할 수 있으며 광고주는 광고 게재상 우대를 받는 동시에 매체료를 절약할 수 있다.

계층지 class magazine 특정한 관심을 가진 특정 계층을 대상으로 하는 잡지. 모든 계층을 대상으로 하는 종합지와 견주어 발행 부수와 광고 게재량이 적지만 독자 수준은 비교적 높다. 특정 오디언스 집단에 배포되는 잡지이므로 전문 분야 광고에 적합한데, 예를 들어 오토바이 제조업자에게 오토바이 전문지는 가장 적절한 광고매체가 된다. 이 잡지의 독자는 직접 오토바이를 구매할 뿐만 아니라 오피니언 리더로서 입소문을 전파한다.

계획 진부화 planned obsolescence 의도적으로 제품의 물리적 수명을 단축시키거나 소비자로 하여금 제품의 물리적 수명이 다하기 전에 새로운 제품으로 교체하도록 유도하는 제품의 수명 단축 전략. 상품수명주기상 성숙기에 이르러 제품에 대한 신규 수요가 감소되는 시기에 채택할 만한 전략이다. 그 방법으로는 파손되기 쉬운 재료로 제품을 만들어 물리적 수명을 단축시키는 재료에 의한 진부화, 제품의 스타일을 빈번하게 바꾸어 기존 제품과 신제품을 구별하게 함으로써 신제품을 앞당겨 구매하게 하는 스타일에 의한 진부화, 제품의 기능을 조금씩 개선하여 아직도 제품으로서의 기능을 유지하고 있는 기존 제품의 대체를 유도하는 기능에 의한 진부화 따위가 있다.

고가전략 high price strategy 높은 가격을 수단으로 전개하는 가격전략. 일반적으로 고소득층 시장에서 취할 수 있는 가격전략이다. 초기의 높은 가격이 경쟁 기업을 유인하지 않고 소량 생산의 단위 원가가 이익을 상쇄할 만큼 높지 않을 때 채택 가능하다.

고객 customer 상점에서 물건을 사는 손님. 광의로는 제품이나 서비스를 구매하는 가구나 개인, 조직을 말한다. 기업의 경영 목표를 '고객만족', 즉 기업이 생산하는 상품 및 서비스에 대해 고객이 느끼는 효용에 두어야 한다는 생각을 구체화한 것이 이른바 고객만족경영이다. 과거 마케팅 활동의 목표가 판매량 증대를 통한 시장점유율 확대였다면 고객만족경영의 목표는 제품 차별화를 통한 시장의 창조와 고객의 만족감, 상표충성도를 높여 고객 계열화를 이루는 것이다. 고객을 소재로 하는 광고는 대체로 고객 지향의 기업이념을 설명하고, 각오를 다지는 내용이 대부분이다. 1990년대 중반 이후 2000대 초반까지 고객만족경영의 흐름을 타고, 이에 편승한 광고가 다수 만들어졌다. "럭키금성의 서류엔 결재란이 하나 더 있습니다… 고객을 위한 가치 창조 럭키금성"(럭키금성, 1993), "한 분의 고객을 위해서라도 불을 밝히겠습니다. 이곳은 고객행복 주식회사입니다. 고객행복 주식회사"(SK, 2001) 등이 대표적인 유형이다. ■

고딕체 gothic type 획의 굵기가 일정하고 세리프가 없는 서체. 원래는 12세기께 고딕 시대에 만들어져 유행하던 글자체를 가리키는 이름이었는데 20세기 초 미국에서 세리프가 없고 획의 굵기가 같은 산세리프체가 나온 이후 이것을 고딕체라고도 불렀고 이 의미가 혼동되어 일본으로 전해진 것이 유래다. 한글 고딕체는 가독성이 명조체보다 못하지만 눈에 잘 띄는 특징이 있어 타이틀, 헤드라인, 표지판 등에 많이 쓴다.

고백 confession 마음속 생각이나 미처 말하지 못한 것을 사실대로 숨김없이 말하는 것. 사실에 대한 진술이되 좀더 내면적이고 성찰적인 의미를 지닌 행위다. 공익 광고 영역에서 이런 유형의 메시지가 보는 사람의 심금을 울리는 경우가 많은데, 주로 피해자 혹은 희생자의 진술이 감정이입을 더 깊게 한다. 가령 아동 성범죄 피해자, 음주운전 사고 희생자, 마약 중독자의 가족, 에이즈 감염자 등이다. 1995년 미국 매사추세츠 보건국은 흡연 때문에 목소리를 잃은 여성 재닛 새크먼(Janet Sackman)의 기이한 음성의 고백을 통해 흡연의 잠재적 위험성을 경고하는 광고를 내보냈다. ■

럭키화재 사장 이휘영

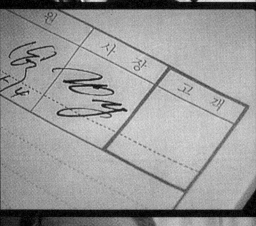

顧客을 위한 價値創造

고객을 위한 가치창조

고백
매사추세츠 보건국
1995

고속도로 광고 highway advertising 고속도로 휴게소 및 톨게이트, 도로 등에 설치한 시설물 광고. 고속도로 이용자를 대상으로 한 옥외 광고로 교통 광고의 일종이다. 보험, 전기통신, 정유 등의 업종에 적합한 매체로 평가된다. 광고가 설치되는 위치에 따라 다양한 형태로 분류할 수 있다. 그 종류로는 휴게소 표시 안내탑 광고, 휴게소 조명탑 광고, 종합정보시스템 광고, 톨게이트 정보판 광고, 톨게이트 요금표지판 광고, 고속도로 육교현판 광고, 고속도로 정보판 광고, 긴급전화대 광고 등이 있다.

고속셔터 higher shutter speed 카메라의 흔들림을 방지하고 움직임이 빠른 피사체를 촬영할 목적으로 구사되는 빠른 셔터 속도. 보통 1/250초 이상의 셔터 속도를 구사하면 빠르게 움직이는 피사체가 마치 정지되어 있는 것처럼 묘사된다. 반면 같은 피사체를 느린 셔터 속도로 촬영하면 피사체 운동감 혹은 유동감(流動感)이 표현된다.

고속 촬영 high speed cinematography 정상적인 촬영 속도인 초당 24프레임보다 빠르게 촬영하여 느린 화면으로 보이게 하는 촬영 기법. 고속 촬영에 의해 이른바 슬로모션이 만들어지는데 '고속'의 정도에 따라 재생화면 속도의 배율도 연장된다. 가령 초당 48프레임으로 촬영하면 재생 시 동작은 정상보다 2배 늘어난다. 사람 동작이나 사물 움직임을 우아하고 신비롭게 묘사하기 위해, 관찰이 어려운 순간 동작을 자세히 묘사하기 위해, 초현실감 및 희극적 효과를 얻기 위해 사용하는 영상 분야의 보편적인 기법이다. 광고 촬영도 예외는 아니다. 우유 방울이 떨어져 왕관을 만드는 유명한 장면 외에도 운동감이 강조되는 장면 촬영에 고속 촬영 기법이 폭넓게 활용된다. 예를 들어 멀리뛰기 선수가 점프하는 것을 고속 촬영하면 마치 허공을 유영하는 듯한 아름답고 서정적인 정면을 얻을 수 있다. ■

고전적 조건화 classical conditioning 한 자극과 이미 특정 반응을 유도해낸 다른 자극을 결합시켜 반응을 조건화(conditioning)시키는 과정. 반응적 조건화(respondent conditioning)라고도 한다. 이 분야의 개척자는 이반 파블로프(Ivan Pavlov)다. 그는 음식이 이미 개에게 침을 흘리게 하기 때문에 음식과 다른 자극을 연결시키면 그 자극 역시 개에게 침을 흘리게 할 것이라는 가정하에 실험했는데 그는 그 자극으로 음식을 개에게 줄 때마다 종을 울렸다. 즉, 종소리만 울려도 침을 흘리도록 개의 반응을 조건화한 것이다. 이런 것을 고전적 조건화라고 한다. 고전적 조건화는 소비자들의 습관적 구매 행위를 설명하는 데 유용할 뿐만 아니라 광고물 제작 때에도 응용되곤 한다. 긍정적인 장면을 배경으로 하여 상품을 제시함으로써 양 자극 간의 연결관계를 소비자에게 학습시키는 것이다.

고정 숏 fix shot 카메라를 움직이지 않은 채 피사체를 찍은 장면. 간결하고 정리된 느낌을 주며 카메라 움직임이 불러오는 화면의 불안정성을 피할 수 있게 해준다. 광고는 영화나 텔레비전 프로그램에 비해 단위시간당 숏이 많은데 카메라 움직임을 남용하면 광고의 안정감을 해칠 수 있어 일정한 주의가 필요하다. 반면 광고를 고정 숏으로만 채우면 영상의 활력이 떨어질 수도 있어 출연자 움직임과 카메라 앵글 등의 고려가 필요하다. ■

공고 public notice 주로 국가나 단체, 개인 등이 공중 또는 특정한 사람에게 특정한 사실을 공시하는 것. 좁은 뜻으로는 관청이나 공공단체 등이 광고나 게시 등에 의해 어떤 사항을 널리 일반 대중에게 알리는 일. 어원적으로는 신문 등의 고지란을 가리키는 말로 광고와 같은 의미로 사용되기 시작했지만 현재는 광고와 다른 의미로 사용된다. 기업 및 영리단체의 경우 법적으로 정해진 고지 행위, 예를 들면 결산 공고, 어음무효 공고 등과 같이 영리를 목적으로 하지 않는 고지를 공고라고 한다. 이처럼 공고를 하는 경우는 법률상으로도 매우 많다. 목적은 일정한 사항을 사회에 공시하거나 이해관계인으로 하여금 신청의 기회를 갖게 하기 위해서, 또는 소재가 불명한 사람에 대한 통지의 수단으로 쓰이는 경우도 있다. 방법으로는 관보나 신문에 게재하는 일이 많으며, 법원이나 시·구·읍·면의 게시판에 게시하거나 공보(公報)에 의하는 수도 있다. 법률로 정해져 있지 않으면 신문이나 기타 적당한 방법에 의해도 무방하다. 공고된 사항에 대해 일정한 절차를 밟지 않으면 실권(失權) 등의 불리한 효과가 발생하는 경우도 있다.

공공 표지판 광고 공익을 위해 설치되는 표지판에 부착한 광고. 인구시계 표지판, 교통사고 통계 표지판, 일기예보 표지판 등 공익적 목적의 표지판에 부착한 광고를 말한다. 차량 흐름이 많은 장소에 설치하며 광고 면적은 표지판 면적의 4분의 1 정도다.

공동 광고 co-operative advertising 둘 이상의 광고주가 상호이익을 고려하여 공동으로 시행하는 광고. 참여 광고주 성격에 따라 여러 형태가 있는데 대별하면 특정 광고주와 계열 판매점이 공동으로 광고하는 수직적 공동 광고와 둘 이상의 광고주가 공동으로 광고하는 수평적 공동 광고다. 항공사와 여행사가 제휴해서 실시하는 여행 광고, 특정 항공 노선 서비스를 여러 항공사가 연합하여 공동 제공할 때 실시하는 광고, 보험협회와 자동차협회가 안전운전 캠페인을 전개하는 것 등이 공동 광고의 예다. ■

공상과학 영화 science fiction film 과학적 내용과 공상의 줄거리를 테마로 하는 영화. 일반적으로 미래가 배경이 되며 공상의 내용을 특수효과로 묘사한다. 미니어처 촬영, 디지털 합성, 컴퓨터 그래픽과 컴퓨터 애니

고속 촬영
나이키
1980년대 후반

콘티넨탈, KLM, 노스웨스트 항공의 신규 가입과 함께
스카이팀이 140개의 새로운 노선으로 여러분을 모십니다.
더 작아진 세계, 더 커진 자유를 경험하세요.

언제나 앞서가는 세계적인 항공동맹체 스카이팀이 더 많은 선택과 편리함을 드릴 수 있게 되었습니다.
세계 650여개 도시로 운항, 매일 14,000편의 추가된 출발편, 390개 이상의 라운지, 그리고 마일리지 적립 기회의 확대 —
스카이팀과 함께 새로운 여행의 자유를 느껴보세요. www.skyteam.com

Caring more about you

공동 광고
스카이팀
2004

메이션 등 특수효과 기술을 이용하는 분야다. 관객에게 굉장한 스펙터클을 제공하는데 이런 시각적 쾌락이 이 분야 영화의 가장 중요한 특질이다. 비주얼 차별화와 볼거리를 중시하는 광고에서 공상과학 영화의 시각적 특징을 흡수하여 응용하는 경향은 여전하다. 소설가 조지 오웰(George Orwell)의 미래 소설 〈1984〉가 묘사한, 대중을 감시하고 조종하는 빅 브러더가 통치하는 디스토피아를 충격적으로 그리면서 개인용 컴퓨터의 등장을 알렸던 1984년 애플사의 컴퓨터 광고가 이 계열의 광고로 유명하다. ■

공식 formula

비평 용어로 개별 형식이 가지고 있는 유사한 패턴. 서부 영화의 주인공은 홀로 방황하는 외로운 총잡이이며 무협 영화의 주인공은 스승의 원한을 갚기 위해 오랫동안 무술을 연마한다. 형사 영화에서 주인공은 외롭고 고독한 존재로, 가족을 사랑하지만 충실한 가장이 될 수 없다. 형사가 범인과의 대결에서 단서를 찾는 것은 언제나 절명의 순간으로 대개 범인이 파놓은 함정에서 발견된다. 영화를 볼 때 관객은 줄거리 설정과 사건의 대립항을 쉽게 예측할 수 있는데 그것은 관객과 제작자가 '공식'을 공유하는 것과 관련이 있다. 광고에서 공식은 단순하고 직설적이다. 제약 광고에서 주인공은 심한 고통을 호소하지만 제품 사용과 함께 치유의 기쁨을 만끽한다. 세제 광고에서 주부는 만족한 표정으로 흰 와이셔츠를 바라본다. 대부분 광고는 구조적으로 유사한 공식을 갖고 있지만 광고가 달라 보이는 것은 광고제작자들이 그것을 수많은 하위형식으로 변주하기 때문이다. 어떤 의미에서는 진정한 광고 차별화는 이 공식을 전복하는 과정에서 이루어진다고 말할 수 있다. 일부 광고는 광고 메시지를 모호한 상태로 남겨 놓거나 공식을 역이용하는 식으로 인상적인 여운을 만들어낸다.

공업 디자인 industrial design

공업 제품에 관해 재료, 기구, 가공, 기능, 경제성 및 시장성 등의 여러 조건을 조정·통합하여 상품을 조형하는 것. 목적은 기능, 아름다움 및 경제성이라는 세 가지 요소를 유기적으로 결합하여 튼튼하고 쓰기 쉽고 보기에 아름다우면서도 적절한 가격의 상품을 설계하는 것이다. 광의로 공업 디자인이라고 하면 시각 디자인(visual design)과 환경 디자인(environmental design)을 포함하기도 하지만 일반적으로 상품과 관련될 때에는 상품 디자인만을 말한다.

공연 간판

공연을 알리기 위해 건물 벽면에 돌출되도록 부착한 간판. 문자나 그림 등을 표시하거나 실물 모형 등을 제작하여 설치하기도 한다. 극장 간판, 연극이나 기타 공연을 알리기 위한 간판 등 다양한 종류가 있다.

공익 광고 public advertising

사회적으로 공중에게 이익이 되는 활동을 지원하거나 실행할 것을 권장하는 광고. 공공 문제에 대한 광고, 예컨대 자원 절약, 화재 예방, 건전 소비, 선거 참여, 음주운전 추방, 마약 추방 등을 테마로 전개하는 광고다. 공공 문제에 개입하는 사회단체, 시민단체, 이념단체가 실시하는 캠페인 중에서도 공익 광고로 분류할 수 있는 광고가 상당수인데, 공중보건이나 마약 문제, 총기남용, 동물보호에 관한 광고가 대표적이다. 정부가 직접, 혹은 준정부기구가 실시하는 공익 광고는 그 개념이 좀 모호하다. 1980년대부터 공익광고협의회가 실시했던 일련의 광고가 그랬던 것처럼 정권 입장에서는 공익 광고이지만 정치적 경쟁자에게는 정권 안보를 위한 정치선전에 불과한 유형의 공익 광고가 상당히 많았다. 군사정권의 사회 혼란 방지 캠페인, 노사화합 캠페인 따위가 그렇다. 이처럼 어떤 정책과 사안에 대해 국민의 견해가 갈려 있을 때 정부 시책을 강조하는 내용의 공익 광고는 사실상 정부 광고의 성격이 더 강하게 투영된다. 따라서 정부 주도적인 공익 광고는 공동체의 보편적인 가치를 강조하는 소재, 가령 안전운전이나 근검절약, 음주운전, 인종차별 방지, 청렴사회 등과 같이 탈정치적인 주제를 택하는 것이 바람직하다. 한편 시대와 환경 변화로 인해 공익적 가치가 달라지는 경우도 있다. 공익광고협의회는 1983년 "하나씩만 낳아도 삼천리는 초만원"이란 내용의 산아 제한 캠페인을 실시했으나 2009년 저출산 시대를 맞아 출산과 양육의 가치를 담은 "동생을 선물하고 싶습니다"라는 메시지를 가진 공익 광고를 방송했다. 공익 광고를 협의로 보면 공공기관이 광고주가 되어 실시하는 광고를 말하나 넓게 보면 사회의 윤리 기준에 일치하는 모든 광고를 공익 광고로 포함시킬 수 있다. 시력이 기준에 미달되는데도 국방의 의무를 다하고 싶어 시력측정표의 숫자를 외우는 독특한 젊은이가 나오는 제약 광고, 할머니를 태우기 위해 버스정류소에서 한참을 기다리는 버스기사를 소재로 한 통신회사 광고 등이다. 자사의 경제 활동과 연관이 있는 공익적 가치를 주창하는 광고도 흔하다. "어린이는 움직이는 빨간 신호등, 브레이크만으로는 어렵습니다"(현대자동차, 1983)가 한 예다. 때로는 매체사가 에디토리얼의 한 방편으로 일련의 계몽적 성격의 사회 캠페인을 자신의 매체에 게재하거나 방송하는 경우도 있다. ■

공중 광고 sky sign

야외 공간을 이용한 광고. 애드벌룬이 대표적이다. 그 외 비행기로 공중에 글씨를 쓰는 광고, 비행기 후미에 광고 문자를 부착하는 광고, 비행기에서 전단을 뿌리는 방법, 비행선 몸통을 이용한 광고, 야간에 공중 투영기를 이용하여 연막에 영상을 투영하는 방법, 레이저를 이용하여 문자나 그림을 만들어내는 방법, 헬리콥터를 이용한 각종 광고 등이 있다.

공상과학 영화
애플 컴퓨터
1984

Would you be more careful if it was you that got pregnant?

Anyone married or single can get advice on contraception from the Family Planning Association.
Margaret Pyke House, 27-35 Mortimer Street, London W1 N 8BQ. Tel. 01-636 9135.

The Health Education Council

공익 광고
영국 보건교육위원회
1970

이 더러운 버릇

몸에 해롭다는 담배를 만들어 국민에게 파는 전매청에서 그 담배 곽에 구호로 한다는 말은 고작 "건강을 위하여 지나친 흡연을 삼갑시다."일 뿐입니다.

알고 보면 지나친 흡연만이 건강에 해로운 것은 아닙니다. 조금 피우는 담배라고 해서 건강에 이로울 턱은 없습니다. 게다가, 지나친 흡연은 늘 조금 피우는 담배로 시작됩니다.

담배를 피우는 더러운 버릇에 아직 빠져들지 않은 젊은이들은, 멋으로 한 모금 빨고 싶은 막연한 호기심이 있더라도, 아예 끝까지 참읍시다. 멋으로 빨고 싶은 상태에서 참는 것이 중독된 상태에서 참는 것보다 훨씬 더 수월하니까요.

담배곽은 이 세상에서 없어지는 것이 가장 좋고, 굳이 있어야 한다면 그 구호는 이렇게 고쳐져야 합니다.

"담배를 피우는 것은 건강에 해롭습니다."

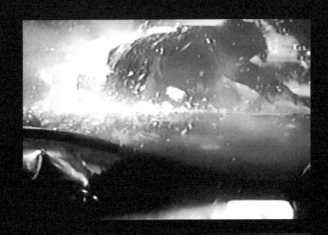

필름은 되돌릴 수 있지만
생명은 되돌릴 수 없습니다.

 공익광고협의회

공익 광고
공익광고협의회
1991

공포 영화 horror film 관객에게 공포 반응을 유도하는 영화. 공포 영화를 더욱 공포스럽게 하는 요소는 기이한 인물, 불안한 카메라, 예측할 수 없는 음향 등이다. 공포 영화는 폭력과 죽음에 대한 공포, 인간의 지식과 경험의 범위를 넘어서는, 다시 말해 무지 때문에 두려워지는 내용을 담는다. 우리 마음속에서 인지하기 어려운 불안을 조성하는 공포 영화의 기법을 광고에 적용하려는 시도가 꾸준히 있어왔다. 공포 영화 아이콘은 소비자의 불안감과 공포심에 호소하는 광고의 특징적인 요소로 자리 잡고 있는데, 가령 끔찍한 사고 장면을 묘사하면서 음주운전의 불행한 결말을 강조하는 캠페인, 전쟁의 공포와 전율을 비극적으로 보여주는 반전 광고, 기타 치안과 보험 등 재해와 연관성이 깊은 서비스 광고에 이런 표현이 등장한다.

공표명령 어떤 사실을 공개적으로 알릴 것을 법률로 강제하는 행위. 위법 행위를 한 경우에 의무자로 하여금 위법에 대한 시정 조치의 일환으로 정정 광고 또는 법 위반 사실을 공중에게 알리도록 하는 것을 말한다. 우리나라 공정거래 관계법에서는 반공정거래에 대한 제재 조치의 하나로 위반 사실에 대해 공표를 요구할 수 있다고 규정하고 있다. 또 전기통신 관련법에서도 공정한 경쟁 질서를 저해하는 행위에 대한 조치의 하나로 시정 조치를 명령받은 사실의 공표를 정하고 있다.

공항 광고 airport advertising 공항 청사 내외 및 그 주변 시설에 게첨되는 광고의 총칭. 옥외 광고에 속하며 교통 광고의 일종이다. 넓게는 공항로 주변에 설치되는 야립 빌보드를 포함시키기도 한다. 공항을 이용하는 외국인도 주요 소구 대상이므로 문안 및 디자인이 국제화되어 있는 것이 한 특징이다. 항공사, 다국적 기업, 수출 기업 등 업종에 적합한 매체. 종류에는 다음과 같은 것들이 있다. 푸시카트 광고(수화물 운반 도구인 푸시카트에 게첨되는 광고. 국내외 항공기 이용자들에게 가장 친숙한 밀착형 광고), 공항LED(공항 대합실 등에 벽면부착형, 천장걸이형으로 설치된 실내LED), 공항 와이드컬러(대합실 벽면에 설치된 대형 와이드컬러), 천장시계 광고(청사 내외부 천장에 설치된 시계판에 게첨되는 광고), 쇼케이스 광고(대합실에 설치된 광고물로 상품 전시 또는 내부 와이드컬러를 통한 광고), 모드비전 광고(화면이 상하로 움직이는 동태 광고물), 캐노피 광고(공항 내 버스, 택시 승차대 상단에 위치한 광고). 기타 공항 입구 정보판, 관광안내도, 우표자판기, 월드타임 안내판 등에도 광고가 게첨된다.

과대 광고 exaggerative advertising 상품의 편익을 과대 포장한 광고. 일차적으로 광고윤리에 반하는 것이며 궁극적으로는 반사회적 행위로 간주된다. 반사회적이라고 하는 것은 소비자나 사회에 대해 잘못된 정보를 전달함으로써 정보로서 기능을 상실할 뿐만 아니라 광고 자체에 대한 신뢰감을 상실시킨다는 뜻이다. 운동기구 광고에서 하루 10분 운동으로 키가 1~10cm 큰다는 광고를 한다고 할 때 그 약속이 실증 자료로 입증할 수 없는 광고주 주장에 불과하다면 과대 광고로 봐야 할 것이다. 또 성분 및 함량과 관련하여 소량의 유기재배 농산물을 사용했는데도 마치 모든 재료가 유기농산물인 것처럼 애매모호한 표현으로 문안을 작성하는 것도 마찬가지다. 반면 제품의 효능에 대한 주관적인 표현, "성능이 너무 좋다", "때가 잘 빠져요!" 따위의 주관적인 감정 표현은 광고의 본질에 비추어 표현의 일반적인 허용 범위를 넘지 않는 것으로 본다.

과시 ostentation 사실보다 크게 나타내 보이는 것. 이것이 소비 행위로 나타나는 것을 과시적 소비라 한다. 자신이 특정 그룹에 속해 있다는 것을 상징하여 보여주기 위한 소비 행위다. 자동차, 의류, 시계 및 장신구 등의 상품에서 이런 소비 행위가 두드러지는데 이들 상품이 구매자의 사회적 신분을 드러내는 명찰 같은 구실을 하기 때문이다. 이런 상품의 광고에서 위신과 권위, 품격 등 신분의 고귀함을 나타내는 상징어를 쉽게 발견할 수 있는 것도 같은 맥락으로 이해할 수 있다.

과장 exaggeration 실제보다 보태거나 줄여서 나타내는 수사법. 누구나 그것이 사실이 아니라는 것을 알고 있어 소비자를 오도할 목적이 아닌, 일종의 허풍으로 간주된다. 거실을 날려버릴 정도로 강력한 오디오 음향 시스템, 절벽에서 떨어졌는데도 내용물을 보호하는 여행 가방, 김치냉장고 안에서 숨을 쉬는 김치, 드넓은 초원 위에 평화롭게 자리한 아파트 단지, 너무 시원한 나머지 사람을 얼려버리는 빙과 등 그 예가 많다. 많은 경우 유머 광고에 단서를 제공한다. ■

과장 소구 exaggerated appeals 편익을 과장하는 방식의 소구 유형. 치아에서 흰빛이 쏟아져 나오는 치약 광고, 비행기와 경주하는 장면을 보여주는 자동차 광고, 눈사태 속에 질주하는 자동차를 보여주는 타이어 광고 등의 소구 방식을 말한다.

과학 사진 scientific photography 자연과학이나 과학 기술 분야의 내용을 대상으로 하는 사진. 계측이나 해석을 위한 순수 연구용 사진부터 과학 내용을 소재로 하는 교육, 보도, 출판용 사진이 여기에 해당한다. 우주 사진, 마이크로 사진, 현미경 사진, X선 사진, 적외선 사진 등이 모두 과학 사진이다. 광고에서는 과학 실험을 테마로 설정하는 경우에 이 사진을 이용한다.

관능 sense 성적 감각을 자극하는 작용. 성애에 열정과 밀접한 관계를 갖는데 직접적인 섹스어필이라기보다는 좀 더 미묘하고 비밀스러운 감성을 뜻한다. 말하자면 주류회사 캘린더에 등장하는 육감적인 여성 사진보

NO OTHER AUDIO TAPE D

과장
맥스웰
1979

다 비에 젖은 머릿결이 관능적이라 말할 수 있다. 상품에 대한 구체적인 정보가 아니라 상징적인 교환가치를 소구하는 상품, 가령 화장품이나 의류, 향수, 술 등의 광고에는 흔히 '관능적'이라 말할 수 있는 표현 요소가 넓게 산재해 있다.

관습 convention 영화나 광고에서 공통적으로 발견되는 일정한 패턴. 영화에서 귀신은 소복을 입고 입가에 피를 흘리면서 나타나며 멜로 영화의 주인공은 아름답지만 의무와 쾌락 사이에서 방황한다. 조명 및 분장, 의상 따위에서도 관습의 영향이 있다. 귀신의 산발이며 푸른빛의 조명이 음산하게 얼굴을 비춘다. 화장품 광고에서 주인공은 화면을 응시하며 행복한 표정을 짓는 반면, 의상 광고에 등장하는 인물은 대부분 무표정하다. 건설 광고에서 아파트는 초원을 배경으로 보이며 식품 광고에서 음식은 굉장한 식감을 지닌 것으로 묘사된다. 관습은 오랜 시간을 통해 형성된, 구조화된 약속 같은 것으로, 보는 사람도 별다른 거부감 없이 받아들인다. ■

관여도 involvement degree 소비자 행동과 소비자 관심이 일치되어 있는 정도. 구매 행동 등에 자신을 몰입할수록 관여도가 높다고 말한다. 관여도가 낮은 제품의 구매는 습관적으로 이루어지며 구매 후 갈등을 일으키는 일도 거의 없다. 반대로 관여도가 높은 제품에 대한 구매 행동은 좀 더 신중하고 진지하며 구매 후에도 자기 결정에 대해 불안감을 자주 느낀다. 관여도 수준에 따라 메시지 구성 방식을 다르게 조합하는 것이 필요하다는 것이 광고의 관점이다. 관여도가 낮은 제품을 광고할 때는 무의식중에 제품명을 상기할 수 있는 광고, 관여도가 높은 제품을 광고할 때는 신뢰성 있는 정보 전달 방식, 가령 전문가 추천 광고를 생각할 수 있다. 한편 광고를 통해 소비자가 느끼는 관여도 수준을 일시적으로 변화시킬 수 있는데, 예를 들어 우유 광고를 할 때 다른 회사 우유에 함유되어 있는 유해물질을 경고하는 식으로 메시지를 전개하면 소비자 관심이 증폭되어 관여도가 높아지는 결과를 낳는다.

관찰법 observation method 조사 대상에게 질문하지 않고 면접원의 관찰에 따라 필요한 정보를 얻는 조사 기법. 판매점의 재고량, 판매가격, 내점자 수, 도로 교통량, 관람자 수 등을 이 방법으로 알 수 있다. 또한 대상 세대의 생활 수준을 관찰하여 상·중·하로 구분하는 경우도 있다. 소비자 구매 행동을 객관적으로 파악하기 위해 이 방법을 이용할 때는 내점자의 행동을 주의 깊게 관찰하거나 점원과의 대화도 필요하다. 조사자의 주관이 개입될 수 있는 가능성도 있으나 동일한 조건하에서 면접 질문법에 비해 객관성이 떨어지지 않는다는 평가가 대부분이다.

광각렌즈 wide angle lens 초점 거리가 짧은 렌즈로 표준렌즈에 비해 넓은 화각을 제공한다. 더 많은 것을 필름에 담고자 할 때, 좁은 공간을 더 넓게 묘사하고자 할 때, 피사체 움직임을 빠르게 보이도록 할 때 이 렌즈를 쓴다. 이 렌즈는 원근감을 과장하기 때문에 카메라가 피사체 가까이 다가가면 피사체를 왜곡시켜 뒤틀린 영상을 만들어 대상이 우스꽝스럽게 보일 수도 있다. 광각렌즈로 촬영을 하면 대개 화면 전체가 초점이 맞는 상태가 되어 세부 묘사력이 증진된다. 초점이 이미 맞는 상태이기 때문에 카메라 움직임에 융통성을 발휘할 수 있어 이동 촬영을 하는 데 적합하다. 실내를 촬영할 때 이 렌즈를 사용하면 공간이 더 넓어 보이고 개방감을 높일 수 있다. 아파트 모델하우스를 촬영할 때 쓰는 렌즈가 광각렌즈다.

광고 advertising 광고주 의도를 담은 메시지를 메시지 대상에게 광범위하게 전달하기 위한 커뮤니케이션 활동. 이는 광고 메시지의 전달 과정에 초점을 둔 정의이며 이해관계자의 입장에 따라 광고를 보는 시각과 정의가 다소 다르다. 광고산업의 입장에서 광고란 '소비자에게 자사 상품의 판매나 서비스 제공을 궁극적인 목표로 삼고 이에 필요한 정보를 매체를 통해 유료로 전달하는 행위'를 말한다. 기업 마케팅의 입장에서 광고는 '명시된 광고주에 의해 아이디어, 상품 혹은 서비스가 비대인적으로 제시되고 촉진되는 유료 형태'다. 전자는 미국광고대행사협회(AAAA), 후자는 미국마케팅협회(AMA)가 제시한 광고에 대한 정의다. 산업 측면의 정의는 산업혁명 이후 대량 생산 체계가 확립되어 생산과 함께 대량 소비를 가능하게 하는 대량 전달, 특히 대중매체 광고를 중심으로 발전해온 역사적 과정을 반영한다. 광고는 기업이 생산한 상품 및 서비스를 소비자에게 알리고, 소비를 촉진하는 가장 중요한 수단으로 기업 존속을 위한 필수불가결한 기업 활동으로 인식되고 있으며 나아가 산업의 순환과 성장에 촉매 구실을 한다. 소비자 입장에서도 오늘날 시장에 나오는 수많은 상품 및 서비스에 대한 합리적인 소비 결정을 위해 광고가 필요한데 광고가 없다면 사실상 소비자는 자신에게 필요한 상품 및 서비스를 적절하게 선택하는 것이 불가능하다. 이런 점들이 오늘날 광고라는 제도가 분업경제 체제하에서 뿌리내리게 된 배경이다. 한편 광고는 상품에 대한 정보를 효율적으로 제공하는 것에 머물지 않고 대중의 감추어진 욕구를 자극하고 고무시키는 속성 때문에 사람들의 생활양식에 지대한 영향력을 미친다. 영국의 문화비평가 존 버거(John Berger)가 1972년 〈보는 방식〉(Way of seeing)이란 책에서 "광고는 만인이 부러워하는 사람을 등장시켜서 일반인들로 하여금 변신의 꿈을 갖게 한다. 타인을 부러워하게 만드는 상태, 다시 말하면 매력을 느끼게 하는 것, 즉 매력을 만들어내는 과정이 바로 광고다"라고 쓴 것처럼 광고는 대중의 삶에 있어서 일종의

창공에 나부끼는 눈부신 빨래

애경 크린엎

● **세척력보강**

새로운 원료와 최신 기술로 세척력이 월등히 보강되어
아무리 더러운 때일지라도 손쉽게 빨아 줍니다.

● **증백제배합**

고급 증백제를 배합하여 흰색은 더욱 희게, 원색은 더
욱 돋보이게 빨아 줍니다.

● **경제적세제**

보다 적은 양으로 보다 빨리, 보다 많이, 보다 눈부시
게 빨래 할 수 있는 경제적인 세제입니다.

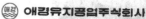

가이드라인을 제시하는 속성을 지닌다. 광고의 본질과 사회적 기능은 이렇게 사회와 기업, 소비자, 대중 사이에서 복잡한 의미를 발산하면서 작용한다.

광고 게재 거부권 매체사가 광고 게재 혹은 광고 방송을 거절할 수 있는 권리. 대체로 아래와 같은 이유로 발생한다. 첫째, 편집권에 의한 광고 게재 거부로 광고 게재 및 방영도 편집권의 일부로 보고 편집 기준에 부합하지 않는 광고를 거절하는 것이다. 둘째, 계약에 의한 광고 게재 거부로 광고 내용이 매체사 광고 게재 기준에 적합하지 않을 경우 게재를 거부할 수 있고 이때 광고 신탁자는 이의를 제기하지 않는다는 내용의 계약을 체결할 때다. 셋째, 관습에 의한 광고 게재 거부로 사회 통념과 관습에 의해 광고 게재 거부권을 행사하는 것이다. 광고 게재 거부권은 광고를 내는 사람이 자신의 주장을 표출하는 의견 광고일 때, 매체사와 대립하고 있는 주체가 자기 주장을 표출하는 경우에 거부권이 행사될 가능성이 높고 간혹 중요 광고주와의 이해관계를 반영해 특정 광고를 거부하는 경우도 있다. 이 거부권은 매체사 입장에서는 타당한 권리라고 볼 수 있지만 광고 주체의 광고할 수 있는 권리 및 국민의 알 권리와 상충하는 측면도 있다.

광고계획 advertising plan 광고 목표를 달성하기 위해 수립되는 전략 프로그램. 즉, 광고 목표를 설정하고 이를 달성하기 위해 수행해야 할 실행계획을 말한다. 다시 말해 광고계획이란 광고 목표를 설정하고 이를 달성하기 위해 수행해야 할 광고 활동, 예컨대 누구를 대상으로 메시지를 제작하여 어떻게 전달할지, 구체적으로 결정하여 이를 수행하는 데 필요한 예산과 결부시켜 작성한 광고 활동에 대한 계획이다. 일반적으로 광고계획에는 정보 수집, 제품 분석, 시장조사, 소비자 조사, 광고 목표 설정, 예산 편성, 표현전략 수립, 매체계획, 효과측정계획 등에 대한 시행안을 포함한다. 광의의 광고계획에는 광고를 할 것인지 말 것인지 결정하는 것부터 포함시킬 수 있는데, 사실상 광고가 필요하다고 해도 그 효과를 대체할 수 있는 다른 촉진 수단, 가령 가격 할인, 포장 변경, 새로운 판매원 고용 등도 있을 수 있어 이에 관한 의사결정이 중요하다. 만일 광고 활동을 하기로 결정했다면 우선 광고 목표를 설정하고, 광고 예산을 책정하며 표현전략과 매체전략을 수립하는 등 전략적 의사결정이 필요하고 실행 단계에서는 광고물을 제작하고, 매체를 선정하여 광고 일정을 작성하기 위한 계획이 필요하다. 광고계획은 광고 캠페인의 설계도와 같은 것으로 이 계획이 현실에 근거하여 합리적으로 잘 작성된 것인가 여부에 따라 광고효과가 달라질 수 있어 광고관리의 가장 중요한 과정으로 간주된다.

광고공해 advertising pollution 광고의 범람과 남용에 따라 광고가 사회적으로 공해와 같은 기능을 하는 것. 광고공해의 가장 큰 원인은 광고량의 폭발적인 증가에서 찾을 수 있다. 프랑스 출신 광고인 로베르 궤랭(Robert Guerin)이 "우리가 숨쉬는 공기는 질소와 산소, 광고로 구성되어 있다. 우리는 광고 속을 헤엄쳐 다닌다. 아침에 눈을 떠 라디오를 켜면 문안을 드리는 것은 광고다"라고 말한 바와 같이 정상적인 사회생활 속에서 광고를 피해 사는 것은 불가능하다. 신문과 잡지 등 전통적인 미디어는 물론이고, 옥외 광고와 교통 광고 등 사람들의 시선이 닿는 모든 주요 포스트는 광고로 점령되어 있다. 대도시에서 지하철을 탄다는 것은 승차권 광고, 스크린도어 광고, 래핑 광고, 액자형 광고, 모서리형 광고, 노선도 광고, 손잡이형 광고, 기둥형 광고, 동영상 광고, 방송형 청각 광고, 복합 디지털 뷰 광고, 발광다이오드 광고 등에 노출된다는 것을 뜻한다. 미디어 발달에 따라 광고는 더욱 능동적으로 사람들의 생활에 직접 간섭한다. 스팸메일과 광고 전화, 광고 문자 등이 대표적이다. 개별 광고가 광고주의 정당한 광고 활동이라 하더라도 이러한 광고 범람은 사회적으로 뚜렷한 역기능을 가져올 수도 있다. 아울러 술과 담배, 외설 상품, 사치품 등 윤리적 논란이 많은 품목을 널리 광고할 경우 사람들은 보기를 원하지 않는 광고에 불가피하게 노출되는 등 광고공해를 유발시킬 수 있다. 한편 광고는 속성상 사람들을 설득시키려 하기 때문에 오감을 통해 소비자를 가만히 놔두지 않는 점을 강조하여 광고공해로 보는 견해도 있다.

광고관리 advertising management 광고주가 광고 목적을 효율적으로 달성하기 위해 광고 활동과 관련하여 수행하는 관리 행동. 광고주가 기업인 경우 광고관리란 광고주로서의 목적 달성 수단인 마케팅 활동 중 촉진 활동의 일환으로서 수행되는 광고 활동이 가장 효율적으로 수행되도록 광고계획을 세우고, 이를 바탕으로 광고 활동이 수행되도록 통제하는 것을 말한다. 광고관리의 주체는 광고주로, 비록 광고 활동 과정에서 광고대행사 등에 업무를 위탁하더라도 광고 메시지를 개발하고, 매체의 시간과 지면을 구매하기 위한 전반적인 관리의 방향을 제시하며 이에 필요한 자금을 지원한다.

광고 교육 advertising education 광고에 대한 지식 일반 및 관련 분야에 대해 체계적으로 교수하는 일. 광고 교육에는 대체로 다음과 같은 것들이 있다. 첫째, 광고를 학문의 대상으로 삼고, 광고 현상 및 광고 형태, 광고 사(史) 등을 학생들에게 교육하는 학교 교육, 둘째, 광고업무를 효율적으로 수행하기 위해 광고 수행 기법 등을 광고 관련 회사의 직원들에게 교육하는 직무 교육, 셋째, 광고에 대한 공중의 태도를 긍정적으로 변화시키기 위해 소비자를 대상으로 하는 소비자 교육 등이다.

광고규제 advertising regulation 광고의 사회적 역기능을 줄이기 위해 광고의 한계 및 형태를 제한하는 것. 광고규제가 정당성을 갖는 전제는 광고는 불공정한 방법으로 소비자 감정을 오도할 수 있고, 특정 광고 기법은 기만을 조장하기도 하며, 특히 어린이에게 큰 영향을 준다는 점이다. 또한 광고규제는 무한경쟁으로부터 생길 수 있는 불공정한 광고 행위에 올바른 게임의 룰을 제정하는 기능도 수행한다. 광고규제에는 경품법, 약사법, 방송법 등에 의한 광고제한 규정이 있고 광고 관련 임의단체가 자율적으로 제정한 광고윤리 규정 등이 있다. 일반적으로 규제는 광고주의 광고할 자유를 제한하는 것은 물론 광고의 창의성을 일부 억제하는 결과를 가져오기도 하지만 광고규제가 존재하지 않을 때 초래할 역기능은 상상을 초월하기 때문에 광고규제는 광고의 자유와 책임 사이에서 합리적인 균형을 찾는 것이 중요하다.

광고 기능 advertising function 광고의 작용. 광의로 보면 광고는 커뮤니케이션 기능, 경제적 기능, 사회적 기능 등을 수행한다. 초기자본주의 경제 체제하에서 광고는 기업 마케팅 활동과 관련하여 주로 수단적 기능을 수행했으나 광고매체가 발달하고 광고량이 비약적으로 증대되면서 광고는 더 이상 기업과 소비자 사이의 관계로서만 작용하지 않고 이를 넘어서 경제와 문화, 나아가서는 사회 전반에도 영향을 미친다. 이는 광고 현상을 사회문화적 차원까지 확대하여 해석한 개념이다. 그러나 협의로 보면 광고는 제품 출시 등의 뉴스를 알리는 고지 기능, 제품의 효능을 설명하여 잠재소비자에게 소구하는 설득 기능, 제품의 속성 및 상표를 항상 소비자의 기억 속에 심어주기 위한 상기 기능 등을 수행한다.

광고기획서 advertising planning document 광고 활동에 관한 계획을 일목요연하게 정리한 문서. 정해진 양식은 없지만 보통 아래와 같은 내용을 포함한다. 환경 분석(경쟁환경 분석, 시장상황 분석 등), 제품 분석(제품의 특징·장점·약점 분석, 경쟁품 분석에 관한 데이터 등), 시장조사(제품에 관한 소비자 태도조사에 관한 데이터 등), 광고 목표(해당 광고 캠페인이 특정 기간 동안 달성해야 할 커뮤니케이션 과업 설정에 관한 사항), 광고전략(해당 광고 캠페인의 테마 설정 및 그에 대한 근거), 매체계획(광고 캠페인 목표를 달성하기 위한 매체계획의 수립), 크리에이티브 전략(광고 캠페인의 테마에 의거하여 광고 제작에 관한 전략의 제시 및 실제로 광고화될 광고안 제시), 효과측정계획(광고의 효율성을 알아보기 위한 사후 광고효과 측정에 관한 사항) 등.

광고 노출 advertising exposure 광고 메시지와 접촉하는 것. 가령 특정 광고가 방송되는 순간에 그 방송에 접촉하는 것이다. 따라서 광고 노출은 광고 메시지를 지각하거나 인지하는 것과는 개념이 다르다. 만약 어느 가정에 텔레비전이 켜져 있고 그 시간에 광고가 방송되고 있다면 텔레비전 주변에 있는 사람은 광고 노출 상태라고 말할 수 있다. 텔레비전이 시청자와 광고 메시지를 물리적으로 접촉시켰기 때문이다. 그러나 시청자는 그 시간에 딴 일을 할 수도 있는데 이 경우 오디언스는 광고에 '노출'은 됐지만 그 광고를 '지각'한 것은 아니다. 즉, 어떤 사람이 광고에 노출됐다고 해서 반드시 그 광고를 지각하는 것은 아니다.

광고대행사 advertising agency 광고주의 광고업무를 대행하는 회사. 광고주의 광고계획을 수립하고, 광고물을 제작하여 매체를 통해 발표하면서 그 대가로 취득하는 매체수수료 및 보수로 운영되는 조직체를 말한다. 광고주가 광고대행사를 이용하는 이유는 먼저 비용상의 문제로 광고주 자신이 직접 광고 활동을 하려면 그에 따른 인력을 채용하고 조직을 구성하는 데 많은 비용이 수반되는 데 비해 광고대행사에 광고 활동을 의뢰하면 상대적으로 적은 비용으로 양질의 서비스를 제공받을 수 있다. 광고주는 광고대행사를 이용하지 않더라도 광고예산의 많은 부분을 차지하는 매체비용을 똑같이 지불해야 하기 때문에 광고주의 입장에서 보면 광고대행사 서비스는 사실상 무료다. 광고주가 대행사를 이용하는 또 다른 이유는 서비스의 전문성 때문이다. 오늘날 광고는 단순히 매체를 구입하여 광고를 내보내는 것이 아니라 세분화된 소비자 욕구에 대응하기 위한 마케팅 활동의 주요 수단으로 인식되어 이를 효과적으로 수행하려면 여러 분야의 전문가가 필요한데 이들 전문가의 조직이 바로 광고대행사다. 이 외에도 광고대행사는 항상 다양한 정보원과 접촉하고 있어 광고주에게 유익한 정보를 제공해주며 광고주와 관련된 문제에 대한 객관적인 조언을 할 수 있다. 대행사의 주요한 조직 부문은 광고주와 연락을 유지하고 광고주의 광고 활동을 기획하는 어카운트 서비스(account service) 부문, 광고 제작을 담당하는 크리에이티브 (creative) 부문, 광고기획에 필요한 정보 자료를 조사하고 연구하는 조사 부문, 매체 및 그 밖에 경리·인사 등을 다루는 부문으로 나누어진다. 이런 조직을 구성하고 대행사는 광고주에게 기획 서비스(광고주의 마케팅 목표를 달성하기 위한 광고 목표를 수립하는 등 광고계획을 수립하고 이를 전략적으로 실행하기 위한 실행계획을 제시하는 것), 크리에이티브 서비스(각종 광고물 제작에 관한 업무를 수행하는 것), 매체계획 수립 및 매체 구입(광고 목표를 달성하기 위한 최적 매체조합을 수립하고 필요한 지면 및 시간을 매체로부터 구입하는 일), 조사 서비스(광고 활동을 하는 데 요구되는 정보를 얻기 위한 조사기획 및 집행), 머천다이징 서비스(판매 촉진 활동의 기획 및 집행) 등의 서비스를 제공한다. 광고대행사의 활동에 대한 보수는 매체수수료(commission) 이외에도 보수(fee) 및 서비스 비용(service charge) 등이 있다. 매체수료료는 광고를 매체에 게재하는 대가로 매체로부터 받는 금액인데 통상 매체비용의 15% 정도이며 대행수료료라고도 한다. 광고대행사는 다양한 기준에 따라 분류되는데, 수행하는 기능의 범위에 따라서는 종합광고대행사와 한정광고대행사, 광고주와의 관계에 따라 독립광고대행사와 하우스에이전시, 광고 지역과 관계해서는 다국적 광고대행사와 국내 광고대행사, 전국 광고대행사와 지방 광고대행사 등으로 분류된다. 또 전문 분야에 따라 일반광고대행사, 산업광고대행사, 금융광고대행사 등으로 나누기도 한다.

광고료 advertising rate 광고주가 구입한 매체 지면 또는 시간에 대해 지불하는 금액. 인쇄매체에서는 광고 크기나 색도 등에 따라 요금 단위가 달라진다. 광고의 내용과 형식, 업종, 거래 형태에 따라 광고료가 다른 경우도 있다. 즉, 같은 광고주의 광고일지라도 영업 광고와 사원모집 광고는 가격이 다르다. 또 동일한 단위 지면에 게재되더라도 광고주 업종에 따라 광고료가 차이가 난다. 방송매체에서는 시간의 길이, 시간대에 따라 요금 차이가 있다.

광고매체 advertising media 광고 메시지를 노출시킬 목적으로 이용하는 수단. 광고가 실리는 모든 수단, 텔레비전과 신문 등 대중매체는 물론이고, 교통매체, 간판, POP, 디엠(DM) 등 그 종류가 많다. 광고를 게재하거나 방송하기에 적합한 매체로 텔레비전, 라디오, 신문, 잡지를 들어 4대 매체라고 불러왔지만 잡지와 라디오는 퇴조하고 신문의 영향력도 예전 같지 않아 이 용어는 더 이상 오늘날 매체환경을 반영하지 못한다. 이에 반해 인터넷이 2000년 들어 유력한 광고매체로 떠올랐으며, 정보통신기술의 발달과 함께 무선인터넷과 휴대용 단말기가 확산됨에 따라 광고매체로서 모바일 매체의 가능성이 주목의 대상이다. 광고산업 나아가 광고 현상이라는 측면에서 광고매체는 가장 변화무쌍하게 산업을 변화시키는 요소이자 소비자의 일상생활에 지대한 영향을 주는 요인이라 할 수 있다.

광고 메시지 advertising message 잠재고객에게 전달하는 내용. 소비자 행동을 촉발시키는 내용이 포함되어 있다. 광고 메시지는 메시지 수용자인 소비자에게 정보를 전달하거나, 욕구를 자극하거나, 믿음을 주거나, 행동을 유발시킨다.

광고 목적 advertising objective 광고 의도. 광고주와 광고 성격에 따라 광고 목적도 달라지지만 보통 광고 목적이라고 하면 상품의 본원적 수요를 환기시키기 위한 정보 전달, 상품의 선택적 수요를 유발하고자 하는 설득, 상품에 대한 호의적인 태도를 유지시키기 위한

상기 중 어느 하나를 뜻한다. 상품 광고의 목적은 쉽게 말하면 사람들로 하여금 무엇인가 갖고 싶게 만든 것이다. 그것은 광고 대상이 현재 소유하고 있거나 혹은 없는 것에 대해 불만족을 느끼게 만드는 것으로 시작하는데, 이처럼 광고는 갖고 있는 것과 원하는 것 사이의 간격을 넓혀 구매욕을 불러일으키는 과정이다.

광고 목표 advertising goal 특정한 기간 동안 광고가 달성해야 할 과업. 넓게 보면 광고 목표는 기업 목적과 마케팅 목적 달성에 이바지하는 것이지만 기술적으로는 기간과 정도를 명확히 한 산출적인 목표 과업을 뜻한다. 즉, "해당 상품의 소비자 최초 상기도를 광고 방송 후 3개월 동안 30%를 달성한다"는 식이다. 이때 광고 목표는 관리의 대상이 되는 목표, 즉 효과를 측정하여 확인이 가능한 목표다. 이것의 이론적 배경이 러셀 콜리(Russel H. Colley)의 다그마(DAGMA) 이론인데, 그는 광고 목표를 커뮤니케이션 쪽에 두어 그 스케일을 인지도, 이해도, 확신도, 미지율, 행동률로 설정했다. 이처럼 광고 목표를 계량화가 가능한 수치로 설정하면 광고효과의 측정이 가능하다는 게 다그마 이론의 요체다.

광고물 advertisement 광고 메시지를 소구 대상에게 전달하기 위해 만든 광고 작품.

광고부 advertising department 기업 마케팅 부문 중에서 광고를 담당하는 부서. 광고주에 소속되어 기업의 광고와 관련된 업무를 수행한다. 기업 규모, 출시 상품 현황, 광고예산 규모, 광고업무의 광고회사와의 분담 정도에 따라 규모 및 조직 형태가 달라진다. 광고부가 수행하는 주요 기능은 대개 광고예산 편성, 마케팅 계획 수립, 경영층과 광고회사 간의 연락업무, 광고의 준비, 광고대행사 선정 및 관리업무 등이다.

광고비 advertising cost 광고 활동에 사용되는 비용. 광고매체 사용료, 광고제작비, 광고 부문 인건비 및 운영비를 포함한다.

광고 사진 advertising photography 광고 제작을 한 사진. 통상 상업 사진이라 한다. 광고 사진은 먼저 광고 목적을 사진으로 알기 쉽게 표현하여 전달한다는 점과 무엇보다도 먼저 소비자 주목을 끈다는 점이 다른 사진과 다르다. 광고 사진은 인쇄매체를 통한 광고물에서 가장 중요한 요인이 되는데, 이는 사진이 언어기호와 비교하여 구체적, 직접적이고 이미지에 의해 환기되는 강력한 현실감으로 대중의 감정이입도를 강화시키기 때문이다. 오늘날 광고 사진은 사진 장르의 모든 국면을 포괄하고 있어 광고 사진이 독립된 장르라기보다는 광고 표현 요소인 일러스트레이션으로 그 성격을 규정할 필요가 있다.

광고 시청률 개인이나 가정이 특정 광고를 시청한 비율. 일반적으로 시청률이라 하면 방송 프로그램의 시청 비율을 말하는 것인데, 광고 시청률은 특정 광고에 노출된 사람의 비율을 말한다. 광고매체의 양적 가치를 판단하는 기본적인 척도로 의미가 있다. 과거에는 개별 광고의 시청률을 측정하는 것은 비용 측면에서 문제가 있었고, 시청자들의 기억에 의존하는 시청률 조사 기법의 신뢰성에도 의문의 여지가 있었으나 오늘날에는 기계식 시청률 조사 기법이 도입되어 특정 시간에 방송되는 광고의 시청률을 측정하는 것이 가능하다. 몇 가지 실증적인 연구에 의하면 프로그램 시청률이 높으면 광고 시청률도 높은 것으로 측정되나 프로그램 시청률의 크기에 따라 광고 시청률의 편차가 있고, 특히 광고가 프로그램 앞에 방송되는가, 프로그램 뒤에 방송되는가에 따라 광고 시청률이 영향을 받는다고 한다. 프로그램 시청률과 광고 시청률의 차이는 수많은 변수들이 복합적으로 작용하는 결과로 단순하게 계량화하여 광고시청률을 예측하는 것은 매우 힘들지만 시계열 분석을 통해 매체효율을 평가하고 매체계획에 반영할 여지는 있다.

광고실증제 자신이 광고한 내용 중 사실과 관련된 주장을 실증해야 하는 제도. 광고 주체인 기업은 자기 상품이나 서비스의 장점을 최대한 강조하여 소비자에게 인식시키고자 하기 때문에 사실관계가 불분명한 내용을 내세울 우려가 있는데 그것이 결과적으로는 소비자를 오인시키거나 기만할 가능성이 있다. 따라서 사실과 관련된 주장은 그것을 타당하게 입증해야 할 필요가 있는데 이를 제도화한 것이 광고실증제다. 예를 들어 건강보조식품 광고 시 항암효과가 있다고 광고하려면 항암효과에 대한 임상시험 결과와 같은 객관적으로 인정 가능한 실증 자료를 공개해야 한다.

광고심리학 advertising psychology 광고 현상과 관련하여 작용하는 사람의 심리를 연구하는 심리학 분야. 광고는 그 목적상 의도한 메시지를 대중에게 노출시켜 소비자 의식에 소구하여 구매 행위를 유도하는데 이 과정은 필연적으로 소비자 심리와 결부되어 있다. 다시 말해 광고에 있어 심리학의 관심은 사람들은 어떤 자극에 대해 주목하는가, 어떤 자극에 대해 흥미를 느끼는가, 어떤 자극이 욕구를 불러일으키는가, 많은 메시지 중에서 특정 메시지를 기억하는 메커니즘은 무엇인가, 구매 행동을 유발하는 주요 요인은 무엇인가 등을 설명하는 것이다. 일반적으로 소비자의 구매 행동은 광고 자극 자체의 속성에 의한 것이라기보다는 광고에 노출된 사람들의 동기, 지식 또는 상품에 대한 지식, 가치관, 태도 등에 영향을 더 받는다고 한다. 아울러 커뮤니케이션 환경 변화와 함께 사람들이 주어진 정보를 어떤 방식으로 처리하는지, 그 정보 처리와 인지 과정에 대한 이해가 중요시됐는데 이러한 것들이 광고심리학

이 독립된 분야로 발전한 계기가 됐다. 또 특정 자극이 반복 제시될 때 생기는 권태감 혹은 친숙함이 구매 동기에 어떤 영향을 주는지, 광고에 대해 느끼는 선호 감정이 광고 자체에, 또한 광고가 실린 매체에 어떤 영향을 주는가도 광고심리학의 연구 대상이다.

광고예산 advertising budget 광고 활동에 쓰는 비용을 가리키는 것. 광고예산은 대개 소비재 상품을 판매하는 회사일수록 많이 지출하고 경쟁이 치열할수록, 신제품일수록 많이 지출한다. 그 규모를 결정하는 광고예산 책정법에는 다음과 같은 것이 있다. [1] 매출액 비율법: 판매액에 대한 일정 비율에 따라 광고비 예산을 계산하는 방법. 이 방법을 적용하면 광고효과의 불확실성을 피해 광고비를 일정 수준으로 통제할 수 있고, 예상판매액의 일정 비율로 억제함으로써 광고비 지출 능력이 확보되며, 각 기업이 판매액 비율 기준으로 광고비를 결정함으로써 서로 시장침식을 위한 광고 전쟁에 빠지지 않는다. [2] 경쟁사 대항법: 경쟁자의 광고예산에 근거하여 광고비를 책정하는 방법. 경쟁 회사의 광고비 수준에 맞추는 것, 혹은 업계의 광고비 전체에 대한 자사 광고비 비율을 자사의 시장점유율과 같게 하는 방법 등이다. 경쟁관계에 있는 한 회사의 광고비 증대효과는 다른 회사의 광고비 증대에 의해 상쇄되기 때문에 불필요한 광고경쟁을 회피하기 위해 경쟁자와 항상 대등한 비율로 광고비를 결정하여 시장점유율을 유지하려고 하는 전략이다. [3] 목표 과제법: 광고 목표에 따라 규모를 결정하는 것. 각 제품 시장에 대한 경쟁전략을 세운 후, 그 전략의 실행계획으로서 구체적으로 광고계획을 작성하고 그 광고계획의 단가를 계산하여 광고예산을 책정하는 방법이다. [4] 예상고객 수 기준법: 고객 1인당 광고비를 정해 예상고객의 총수에 곱한 것. [5] 이익 비율법: 이익의 실적 또는 예상액에 대한 일정 비율에 의해 광고비를 결정하는 방법. 광고비 지출 능력을 확보하는 동시에 이익에 대한 세금을 정부에 납부하기보다는 기업의 장래를 위해 이익의 일부를 광고비에 충당하려고 하는 목적이 있다. [6] 투자 이익법: 광고비를 미래를 위한 투자로 보고 광고가 가져올 투자 이익률을 산정하여, 자본 지출계획의 일부로서 광고비를 결정하는 방법. 회사 지명도를 높이기 위한 기업 광고는 물론 단기적 판매증가를 목적으로 한 제품 광고도 광고비는 계속 지출되어 누적됨으로써 장기적 효과를 가지게 되는 것이기 때문에, 광고비를 자본 지출로 간주하여 자본 이익률 기준을 광고비 책정에 적용하는 것이다. [7] 지출 가능액 설정법: 지불 능력만큼 쓰는 것. [8] 임의 증감 산출법: 상황에 따라 임의로 조정하는 방법.

광고윤리 advertising ethics 광고 행위나 광고 활동의 사회적 책임을 의미하는 개념. 광고는 본질적으로 자기 공시적이며 공공기록의 성격을 지닌다. 따라서 광고

가 정당하지 못한 방법으로 소비자를 오도한다면 이는 사회적으로 큰 해악이 된다. 역사적으로 광고윤리에 관한 문제가 제기된 것도 이 때문으로 소비자 의식의 변화와 시민단체의 영향력 증대, 그리고 기업의 사회적 책임에 대한 자기 성찰이 광고윤리에 대한 의식을 고양시켰다. 오늘날 광고 활동은 광고의 사회적 책임에 대한 윤리적인 기반 위에서 수행돼야 한다는 것에 사회적 합의를 두고 있다.

광고윤리강령 advertising ethnic principle 광고의 사회적 책임에 대한 의무를 명시한 지침 또는 기준. 역사적으로 초창기 광고가 기업 이기주의에 경도되어 최소한의 사회적 책임도 다하지 못해 광고의 사회적 해악이 제기되고, '광고는 속임수'라는 소비자 인식이 팽배해지는 등 다방면에서 도전을 받게 되자 이에 광고산업의 관련자들이 스스로 불량 광고를 추방하고 그 윤리적 지위를 향상시키기 위해 자구책을 펼 수밖에 없었는데, 그 결과로 나타난 것이 광고 정화를 위한 자주적 기관의 설치와 함께 광고윤리강령의 제정이다. 광고윤리강령 제정은 1900년대 초 미국에서 처음으로 시작된 것으로 알려져 있으며 우리나라에서는 1972년 당시 사단법인 한국광고협의회에서 광고윤리강령을 제정했다. 또한 1976년에는 한국신문협회에서 신문광고윤리강령, 신문광고윤리실천요강이 제정됐으며 각 신문사와 방송사에서도 자율적인 윤리 기준을 마련해놓고 있다. 1972년 제정된 현 광고단체연합회의 광고윤리강령의 내용은 다음과 같다. [1] 광고의 목표는 대중의 복지와 편익을 우선하는 데 두어야 한다. [2] 광고 활동은 사회 도의와 규범 및 양속(良俗)에서 벗어나서는 안 되며 사회 대중의 신뢰를 얻을 수 있어야 한다. [3] 광고 표현은 진실해야 하며 허위나 과대한 표현으로 소비자를 현혹시키지 않도록 한다. [4] 광고 내용은 타(他)를 중상하거나 비방해서는 안 되며 또한 모방이나 표절이어서도 안 된다. [5] 광고 거래는 공정하고도 자유로운 거래를 원칙으로 하며 광고 발전을 저해하는 거래 수단을 지양한다. [6] 광고의 책임은 광고주, 광고매체, 광고대행사 등 모든 관계자가 이를 공동으로 진다. [7] 구체적인 활동 기준은 국제상업회의소(ICC) 광고 활동 기준에 준하기로 한다.

광고음악 advertising music 광고에 사용되는 음악. 시엠송, 로고송, 배경음악 등이 이 범주에 속한다. 시엠송은 특별히 광고를 위해 만들어진 가사가 있는 노래를 말하며 로고송은 상품명 혹은 회사명을 연호하는 형식의 음악이다. 배경음악은 시엠송 및 로고송을 제외한, 광고에 사용하는 모든 음악을 말한다. 광고음악은 광고 메시지를 전달하는 기능을 하는 것은 물론 광고의 분위기를 형성하며, 광고 아이덴티티를 구축하기도 한다.

광고의존도 level of advertising dependence 광고를 통한 상품 판매가 전체 상품 판매에서 차지하는 비중. 광고효과가 높은 상품은 광고의존도가 높다고 할 수 있다. 일반적으로 상품의 광고의존도는 생산재가 낮으며, 소비재 가운데에서 편의품, 특히 상표선호도가 큰 편의품이 높다. 또한 회전율이 낮은 상품보다 높은 상품의 광고의존도가 높고, 기존 제품보다 신제품이 의존도가 더 크다. 광고예산 배정 시 광고의존도가 큰 상품에 중점을 두는 것이 일반적이다.

광고인 advertising man 광고산업에 종사하는 사람. 광고대행사 구성원을 중심으로 광고주 회사의 광고 관리자, 미디어 회사의 광고 담당 구성원, 광고조사 회사의 구성원, 광고 제작 회사 구성원 등을 폭넓게 포괄한다. 광고산업은 다학제적인 분야이고, 창의 산업이라는 속성이 있다. 각 분야 고유의 시스템과 전문지식이 필요한 분야이기도 하다. 각 분야 광고인은 스페셜리스트로서 서로 협력하여 일정한 책임을 지고 광고 활동 계획을 수립하고 집행해나간다.

광고 일정 advertising schedule 광고 캠페인의 집행을 위한 시간계획. 캠페인의 전 기간에 걸쳐 광고예산을 할당하는 방법. 제한된 광고예산으로 광고 목적을 최대한 달성하기 위해서는 효율적인 매체 선정과 더불어 시간적으로도 광고예산을 효율적으로 배분해야 한다는 점에서 광고전략에 있어 광고 일정이 중요하다. 광고 일정을 결정하는 데에는 소비자들이 광고를 학습하고 기억하는 비율인 학습률, 기억률과 함께 기억한 광고를 잊어버리는 망각률을 정확하게 측정하는 것이 필수적이다. 다시 말해 추가적인 노출 없이 기억된 광고 내용이 어느 정도의 기간 동안 유지될 것인가를 파악하는 것이 일정 수립의 전제가 된다. 만일 소비자들이 광고 내용을 쉽게 잊어버리는 경우라면 지속적으로 광고를 노출시키는 연속적 광고 일정이, 한번 기억한 광고 내용이 오랫동안 기억된다면 소비자의 기억률에 따른 파동적 광고 일정이 적당할 것이다. 광고 일정을 수립하는 데에는 광고예산 규모나 광고매체 특성뿐만 아니라 광고 목표, 표적고객의 라이프스타일 특성, 광고 상품의 성격, 경쟁 상황 등을 폭넓게 고려해야 한다.

광고저작권 advertising copyright 광고물의 저작자가 자신의 저작물을 독점적으로 이용하거나 이를 남에게 허락할 수 있는 권리. 광고물도 저작물성(著作物性), 즉 저작물로서 일반적 요건을 갖추고 있으므로 저작권의 보호를 받는다. 광고저작권에 관한 두 가지 쟁점은 어떤 광고물이 저작권의 보호 대상이 되느냐와 저작권이 누구에게 귀속되느냐다. 저작권 보호 대상이 되는 광고물, 즉 저작물성의 유무는 일일이 판단해야 하지만, 일반적으로 포스터, 광고 사진, 커머셜 전체 혹은 한 장면 등은 각각의 장르에서 저작권을 인정받는 반

면 슬로건이나 캐치프레이즈, 광고를 위한 아이디어 등은 저작권이 발생하지 않는다는 것이 대체적인 견해다. 한편 저작권은 저작자에게 원시적인 저작권이 발생하게 된다. 그런데 통상 광고저작물은 법인 및 단체에 속한 사람들에 의해 직무상 작성하는 저작물이면서 동시에 개인 명의가 아닌 법인 명의로 공표하기 때문에 관련 법에 의해 저작권은 기명 저작물이 아닌 한 법인이 갖게 된다. 그런데 광고주가 광고물 제작을 타인에게 의뢰하는 경우, 예를 들어 광고주가 광고대행사에 의뢰하고 광고대행사는 다시 프로덕션에 하청하는 경우, 광고물의 저작권은 광고주가 제작비를 지불함으로써 저작권이 광고주에게 있다는 것이 통념이다. 그러나 광고대행사나 프로덕션 입장에서는 광고물 저작권은 실제 저작자에게 유보되어 있고 광고주는 다만 이것의 사용 허락을 얻어 사용하고 있을 뿐이라고 주장할 수도 있다. 계약에 의해 저작권의 귀속을 명확히 하면 어떤 경우라도 계약의 내용대로 저작권이 규정된다.

광고전략 advertising strategy
광고 목표를 공략하기 위한 몇 가지 대체 안을 만들어내고 그로부터 최적 안을 도출하는 작업. 광고전략은 궁극적으로 광고 커뮤니케이션 목표를 달성하기 위한 구체적인 기획 프로그램을 말한다. 그 주요 내용은 표현전략과 매체전략이다.

광고조사 advertising research
광고계획을 수립하는 데 필요한 여러 가지 정보를 수집·처리·평가하여 합리적인 광고 의사결정을 가능하게 하는 활동. 마케팅 조사의 한 분야이므로 광의로 보면 마케팅 조사 그 자체를 광고조사로 볼 수 있다. 협의로 보는 경우 주로 광고와 직접적으로 관련되는 문제의 해결을 위해 수행되는 조사만을 뜻한다. 광고조사 영역에는 다음과 같은 것이 있다. [1] 광고의 소구점을 찾기 위한 조사: 소구점이란 광고에서 상품이나 서비스의 특징 중 소비자에게 가장 전달하고 싶은 특징을 말하는 것으로 광고는 소비자 마음을 움직여야 하기 때문에 상품의 어떤 점을 다루면 소비자를 움직여 구매 행동을 유도할 수 있는가가 관건이 되는데 광고조사를 통해 이를 알아낸다. [2] 소비자에 관한 조사: 어느 계층이 어떤 제품을 쓰는가를 알아내기 위한 조사. 제품 사용자 혹은 잠재소비자 및 경쟁품 사용자의 제품에 관한 태도는 광고 활동 및 제품 판매에 있어 중요한 정보다. [3] 매체에 관한 조사: 매체와 독자 혹은 시청자에 대한 인구통계학적 데이터를 산출하기 위한 조사. [4] 매체접촉 조사: 어떤 시청자 또는 독자가 어떤 매체와 얼마나 접촉하는가를 밝혀내는 조사. [5] 카피 테스트: 광고제작물에 대한 선호도 조사. 제작물의 광고효과를 알아보기 위해 전체 광고물 혹은 그 요인에 대해 실시하는 조사를 말한다. 게재 혹은 방송을 기준으로 사전조사와 사후조사로 나누어 살펴볼 수 있으나 협의로는 사전조사를 의미한다. [6] 광고효과 조사: 광고효과를 알아보기 위해 사후에 실시하는 조사. 이 조사를 통해 광고 목표 달성 여부가 규명된다. [7] 광고 이미지 조사: 광고에 대해 소비자가 갖는 이미지를 알아보기 위해 행하는 조사. 광고주는 이러한 광고조사를 통해 수집한 정보를 토대로 보다 합리적인 광고계획을 수립할 수 있게 된다.

광고주 advertiser
광고 활동의 주체자. 광고 활동의 주체라는 측면에서 광고주의 가장 중요한 역할은 광고가 필요하다는 것을 인식하는 것이다. 광고주는 광고의 필요성이 생기면 직접 광고 활동을 실행하거나 광고대행사를 선정하여 광고 활동이 원하는 대로 이루어질 수 있도록 대행사 활동을 관리한다. 오늘날 대중매체를 통한 광고의 대부분을 차지하는 것은 상품 광고이므로 상품을 생산하고 유통하는 기업들이 가장 대표적인 광고주 형태이나 광고를 필요로 하는 조직은 정부 및 공공단체, 사회단체, 연합회, 국제기구, 정당, 교회, 학교, 노동조합 등을 포함하며 때로는 개인이 광고주로서 광고 활동을 하기도 한다. 구체적인 활동 국면에서 광고주는 광고 목적을 명확히 하고 자신의 광고 활동을 대행할 광고대행사를 선정하는 구실을 한다. 여기서 광고 목적이란 광고를 통해 달성하려는 목표인데, 가령 신제품 출시를 알리는 것, 혹은 기존 제품의 이미지를 변경시키는 것 등이다. 광고 활동은 광고 목적을 호소력 있는 메시지로 구체화하고, 적절한 광고매체를 통해 대중에게 전달하는 과정으로, 이것을 수행하려면 많은 전문 인력이 필요하므로 광고 과정을 광고주가 자체 관리한다는 것은 사실상 불가능하고, 바람직하지도 않다. 적절한 광고대행사를 선정하고 생산적으로 협업하는 것이 광고 활동의 효율을 좌우한다는 점에서 이에 대한 합리적 의사결정이 광고주의 핵심 역할이라 할 만하다. 광고주를 광고대행사에서는 클라이언트(client) 혹은 어카운트(account)라고 부르며 방송사 등에서는 스폰서(sponsor)라고 부른다.

광고주윤리강령 ethnic principle of advertiser
1989년 한국광고주협회가 제정한 광고 활동에 대한 지침을 명시한 기준. 전문은 다음과 같다. [1] 광고주는 광고를 통해 기업의 품위를 지키며, 광고 내용에서 진실되고 유익한 정보를 소비자에게 주어야 한다. [2] 광고주는 소비자의 입장과 의견을 광고 활동의 판단 기준으로 삼으며, 소비자의 비판을 능동적으로 수용한다. [3] 광고주는 허위, 표절, 비방 등의 표현을 통해 소비자나 경쟁사에 피해를 주지 말아야 하고, 오직 창의력을 바탕으로 한 광고 표현을 위해 최선을 다한다. [4] 광고주는 경쟁사와 공정하고 자유로운 선의의 경쟁을 하며, 광고와 관련된 업무를 통해 상호협력하며 기업의 발전을 위해 노력한다. [5] 광고주는 광고 거래를 함에 있어 일방적 기준의 거래를 지양하고 효율적 광고 활동을 위해 상호 노력한다. [6] 광고의 책임은 광고와 관련된 모든 이에게 있으며 그 일차적인 책임은 광고주가 진다. [7]

광고주는 광고의 발전을 위해 협동하고 광고주의 권익을 스스로 지키며, 공동 이익을 추구한다.

광고주 표시 advertiser indication 광고물에 광고주 이름을 표시하는 것. 광고주 이름, 회사명은 회사를 구별하기 위한 명칭이기도 하지만 기업 신용 및 신뢰성을 상징하는 표시로 소비자에게 중요한 구매정보로 취급된다. 아울러 광고주 이름을 표시하지 않을 때 기만 광고가 초래될 가능성도 배제할 수 없기 때문에 모든 광고물에는 원칙적으로 광고주 표시를 하도록 되어 있다.

광고 차별화 advertising differentiation 광고를 다른 광고와 비교하여 특이화하는 것. 일차적인 목적은 자기 광고를 다른 광고 속에서 구별시키는 것이지만 궁극적으로는 상품을 경쟁사의 것보다 우월하게 보이도록 하는 것이다. 광고 차별화가 대두되는 환경에는 먼저 광고량의 계속적인 증가를 들 수 있다. 광고량 증가는 소비자로 하여금 광고의 차이점을 변별하는 것을 방해하여 계속적인 대량 노출로도 광고 메시지를 정확히 이해하고 기억하는 것을 어렵게 하고 있다. 또 다른 환경으로는 기술의 발달로 제품 간의 품질이 동질화되어 제품 차별화가 어려워지고 있는 점이다. 이런 환경에서는 광고가 제품의 장점과 효용을 강조하는 것만으로는 불충분하며 제품의 사용가치뿐만 아니라 교환가치를 제고하기 위한 메시지 구성이 중요한데 이 과정에서 광고 차별화가 나타난다. 광고 차별화는 광고주가 원하는 메시지를 창의적으로 재구성하는 것은 물론 적은 노출로도 소비자에게 뚜렷하게 어필할 수 있다는 장점이 있기 때문에 광고 크리에이티브 부문의 핵심적인 과제다.

광고책임론 responsibility of advertising 광고의 사회적 책임에 관한 이론. 광고에 대한 비판론과 옹호론이 동시에 제기되는 것과 관련하여 광고의 사회적 책임에 관한 원칙적인 기준을 뜻하기도 한다. 광고의 사회적 책임 이론에는 다음과 같은 것이 있다. 첫째, 광고정보의 진실성 이론. 광고가 제공하는 정보는 개별적인 정보의 진실성은 물론 광고 전체의 의미도 진실된 것이어야 한다. 둘째, 광고 표현의 건전성 이론. 광고 표현의 형식은 물론 광고에 담긴 메시지가 사회규범과 생활양식에 비추어 건전한 것이어야 한다. 셋째, 광고 자원의 효율성 이론. 광고에 할당되는 자원은 사회 전체의 필요에 따라 가장 적절하게 부응할 수 있는 자원의 효율성이 전제돼야 한다. 넷째, 광고 기회의 형평성 이론. 광고 자원을 이용할 수 있는 기회는 사회 구성원에게 형평의 원칙에 의거하여 부여돼야 한다.

광고 캠페인 advertising campaign 광고전략에 따라 일정 기간 동안 실시하는 일련의 광고 활동. 광고 메시지의 측면에서는 '정해진 광고 테마에 기초하여 목적한 순서대로 일련의 광고를 집행하는 활동'이다.

광고탄력성 advertising elasticity 광고비 지출액의 변화가 일으키는 매출액의 변화율을 의미하는 개념. 일반적으로 광고 활동을 하면 매출액이 늘어나는데, 단위 매출액이 클수록 광고탄력성이 크다고 한다. 광고비 투입과 매출액 증가를 도형화하면 대개는 S자형을 이룬다. 가령 A만큼의 광고비 투입은 S의 매출액을 가져온다. 그러나 광고비를 B 이상 투입한 시점부터 매출액의 증가는 눈에 띄게 감소한다. 따라서 A와 B 사이가 광고비 지출에 대한 매출액 상승 비율이 가장 높게 나타난다는 뜻인데 그 이유는 A와 B 사이의 광고탄력성이 가장 높기 때문이다.

광고탑 advertising tower 광고를 위해 설치되는 탑 모양의 구조물. 선전탑, 시계탑, 조명탑 등의 종류가 있다.

광고학 science of advertising 광고 현상 및 광고 활동을 그 연구 대상으로 하여 그에 대한 원리 혹은 원칙을 확인할 수 있는 방법으로 연구하는 학문 체계. 광고학은 광고 현상 및 광고 활동이라는 연구 대상을 가지며, 광고 주체가 누구든 광고 현상에는 동일한 양식이나 과정이 있고, 그것이 발생하는 시기 및 기간 등에 규칙성이 있을 뿐만 아니라, 그것을 과학적 방법으로 검증할 수 있다는 점에서 과학으로서의 성격을 갖는다. 광고학의 영역을 대별하면 광고 활동 및 광고 현상을 설명·예측하려는 입장에서 연구되는 기술 이론과, 광고 활동의 주체인 광고주로 하여금 광고에 대한 의사결정을 하는 데 필요한 지식이나 기법을 연구하는 규범 이론이 있다.

광고효과 advertising effect 광고 활동의 결과로 나타난 결과. 광고 관리의 입장에서 광고효과는 광고 활동에 의해 광고 목표가 달성된 정도를 말하며, 광고 목표가 어떻게 설정되느냐에 따라 광고효과도 달라지게 된다. 광고효과라는 용어는 광고 관계자마다 제각기 다른 의미로 쓰는데 그것은 각 부문에 따라 광고 목표가 다르게 설정되기 때문이다. 광고주 입장에서는 판매에 따른 이익효과를 광고효과로 보고, 광고제작자들은 메시지의 전달력, 즉 메시지 효과를 중시한다. 반면 매체 담당자들은 매체접촉효과를 광고효과와 동일시한다. 넓은 뜻으로는 광고 행위로 인해 발생하는 사회심리적 효과와 영향 등도 포함시킬 수 있다.

광고효과 측정 advertising effect measurement 광고 목표가 달성된 정도에 관한 정보를 분석하는 광고 조사. 가장 보편적인 조사 유형은 일명 카피 테스트(copy test)라고 하는 것으로 소비자가 광고에 대해 보이는 반응을 조사하는 것이다. 예컨대 소비자 패널 집단에 여러 편의 시안을 보여주고 "어떤 광고가 제품 구매에 가장 큰 영향을 줄 것이라 생각합니까?"라는 질문을 하고 답을 얻어 가장 높은 점수를 얻은 광고 시안을 택해 광고를 시행할 수 있다. 광고효과를 사후 측정하는 기법 중 하나로 상기법(recall test)은 광고에 노출된 소비자에게 특정 광고물의 내용을 상기하도록 질문하는 방법으로 질문을 받은 소비자는 자신이 기억하는 모든 것을 회답한다. 이 조사를 통해 특정 광고의 주목력과 기억도, 나아가 호감도 등을 측정할 수 있다. 한편 광고효과는 광고 활동에 따른 오디언스 전달효과만을 정확하게 측정할 뿐 광고가 판매, 이익 혹은 태도나 선호 따위에 미친 영향을 정확히 측정한다는 것은 거의 불가능하다. 이는 소비자의 구매 행위나 태도 형성에 영향을 미치는 수많은 요인 중에서 광고요인을 분리하여 측정할 수 없기 때문이다. 이를 반대로 해석하면 소비자 구매 행동에 광고요인 이외의 변수가 적은 특정 캠페인에서는 광고에 의한 판매효과를 어느 정도는 정확하게 계산할 수 있다는 가설도 성립할 수 있다.

광고효용 advertising utility 광고가 제공하는 유용한 이점. 광고는 다음과 같은 효용을 지닌다. 첫째, 소비자에게 새로운 상품과 가격에 대한 정보를 제공한다. 둘째, 광고는 인적 판매 업무를 간소화 혹은 제거시키므로 유통비용을 절감시킨다. 셋째, 제조업자와 유통업자의 책임을 명확하게 함으로써 시장경쟁체계를 고무시키고 제품의 질적 향상을 도모하게 한다. 넷째, 광고는 제품에 대해 시간효용(time utility), 장소효용(place utility), 소유효용(possession utility)을 부여함으로써 제품의 가치를 높인다. 다섯째, 광고는 매체사에 재원을 제공함으로써 기업이나 정부, 정당, 기타 사회단체들로부터 독립성을 유지할 수 있게 한다. 기타 공익 광고의 경우 사회의 여러 문제에 대해 사고하고 실천하도록 자극을 준다는 효용이 있다.

교육 education 광고가 소비자를 가르치는 것. 제품의 기능적 특장점이 별로 알려져 있지 않아 소비자를 본격적으로 계몽하고자 할 때 소비자 교육의 일환으로 광고를 내보내는 경우가 있다. 예컨대 녹차제품 광고를 하면서 녹차가 건강에 좋은 이유를 의학적 근거를 들어 자세히 설명하는 것을 말한다. 와인 광고를 할 때, "와인은 건강에도 좋은 술입니다. 순수 포도주인 와인이 건강에 좋은 이유는 와인이 바로 산성을 중화해주는 알칼리성 술이기 때문입니다"라고 계몽하는 유형이 대표적이다. 한편 현대인에게 필요한 상식과 에티켓 등을 상세히 가르치는 유형도 있다. 제품 개념이 아직 널리 알려져 있지 않은 신제품 광고를 중심으로 나타나지만 시간의 추이에 따라 광고 제품에 대한 지식이 사회적으로 확산되면 이미지 광고 형태로 전환한다. 한편 공익광고는 공익 주제에 대한 소비자 교육이라는 측면에서 살펴볼 수 있다. ■

교정 proof reading 문장과 맞춤법 등이 정확히 맞았는지 확인하고 잘못된 것을 정정하는 일. 인쇄 제작 과정에서는 레이아웃 등이 제대로 작업됐는지 따위를 확인하고 정정하는 일.

교정쇄 proof print 교정을 위한 시험 인쇄물. 컬러 상태 따위를 사전에 체크하기 위한 것이다. 문자 교정은 지시가 명확해서 실수가 별로 없으나 컬러의 경우는 필름 상태나 인쇄기 종류에 의해서도 상태가 달라지므로 이를 확인한다.

교통 광고 transit advertising 교통수단에 설치하거나 대합실, 플랫폼, 정류소 등 교통 부대시설에 전시하는 광고. 노선별로 지역별 세분화가 가능하고, 매체수명이 길어 반복효과가 높으며, 비용이 저렴하여 경제적이라는 특성이 있다. 반면 오디언스 세분화가 어렵고, 대중교통수단이 보편화되지 못한 지역에는 광고효과가 미약하며, 광고효과 측정이 어렵다는 것이 한계이다.

교환가치 exchange value 다른 상품(commodity)과 일정한 비율로 교환되는 상품의 속성. 예컨대 '쌀 1kg=광목 한 필'이라는 교환관계는 쌀 1kg의 가치를 표현하는 간단한 형태이자 쌀 1kg의 가치는 광목한 필로써 현실적으로 표현된다. 이 경우 이러한 가치의 현상 형태를 교환가치라고 부르는데, 즉 쌀 1kg의 교환가치는 광목 한 필이 된다. 카를 마르크스(Karl Marx)에 의하면 노동생산물(product)이 상품(commodity)이기 위해서는 교환을 통해 사용가치로서 봉사하게 될 다른 사람에게 이전돼야 한다. 여기서 사용가치란 인간의 욕망을 충족시키는 상품의 고유한 속성을 의미한다. 계속적인 소비를 전제로 하고 있는 자본주의 시장에 있어 광고의 일차적인 기능은 대량 소비의 창출에 있다. 이에 따라 광고는 특정 상품에 대한 사용가치를 홍보하는 것은 물론 교환가치로 인해 상품의 상징성이 강조됨으로 해서 사회적 관계에 대한 언급을 하게 된다. 교환가치가 강조될 경우 상품의 일차적 기능(사용가치)보다는 상품의 교환관계가 부각됨으로써 상품은 상징적 의미를 부여받게 된다. 오늘날 많은 광고들이 상품의 기능정보보다는 소비자에게 호소력 있는 가치나 이미지의 전달에 의존함으로써 사용가치와 더불어 상징적 교환가치를 지니도록 하고 있는데, 이러한 현상이 광고의 의미구성 방식의 이데올로기적 성격을 규명하려는 연구의 주요 탐구 대상이다.

구도 composition 공간 또는 화면 형성을 위해 소재, 형태, 색채 등 제 화면 요소를 배치하고 명암, 조화, 원근법 등을 고려하여 각 요소를 하나의 통일체로 완성하는 수단.

구매동기 조사 buying motivation research 소비자가 상품을 구매할 때의 심리 과정 조사. 상품의 구매 행동을 일으키는 심리적 동기와 그 과정을 조사하여 마케

와인은 건강에도 좋은 술입니다.

와인(포도주)은 알카리성 술

우리가 먹는 음식, 우리가 마시는 술.
그것이 대부분 산성이라는 사실을 아시는 분은 그리 많지 않습니다.
산성인 음식과 산성인 술만을 섭취하면 인체의 바란스가 깨지게 되어
인체세포가 자기도 모르게 노쇠해집니다.
순수포도주인 와인이 건강에 좋은 이유는 와인이 바로
산성을 중화해주는 알카리성 술이기 때문입니다.
와인은 음식물의 산성을 중화해서 인체의 노화를 방지해 주고
소화를 돕는 각종 무기물질이 풍부하므로
식욕을 왕성하게 해줍니다. 알카리성 술― 와인
와인은 건강에 좋은 술입니다.

OB가 만드는 순수 와인―마주앙

"OB"가 정성과 기술을 집약해서 만드는 순수와인― 마주앙.
마주앙은 와인의 본고장에서 익힌 전통적 제조방법과 양조기술,
그리고 서구의 최고급 양조용 포도를 원료로 제조된
국내 최고수준의 고급와인입니다.
귀하의 품위와 건강을 위해 순수와인 마주앙을 드십시오.

신제품 350ml
4월10일 시판

수퍼가격(세 포함) : 700ml ₩1,950/350ml ₩98

OB가 만든 순수와인 마주앙

교육
마주앙
1978

옷을 바르게 입는 데 도움을 주는 글
본디 서양 사람들의 옷의 양복을 한국 사람들에게 올바르게 착용될 수 있도록 돕기 위해서 신사복 "캠브리지"를 만들고 있는 저희 삼풍양복주식회사 학술부에서 국제 양모 사무국의 자료 협조를 받아 신사복의 모든 정보를 분석 정리하여 1979년 한해 동안에 걸쳐 주요 일간지의 월간지를 통해 여러분에게 전해 드리겠습니다.

ALL NEW WOOL
IWS 국제양모사무국

비지니스에서 성공하려면 사무복의 이런 특성을 잘 알아 둘 필요가 있습니다.

얼마 전까지만 하더라도 양복 한벌로 직장에도, 관혼상제의 예식이 있는 자리에도, 놀이 가는 데에도 입고 나가고, 심지어 집에서도 달리 입을 옷이 없어 양복 바지를 그대로 입고 지내는 것쯤은 보통이었읍니다. 나라 살림이 넉넉지 못했던 때라 그런 단벌 신사 노릇은 크게 흉잡힐 일도 아니었고, 경우에 맞춰 옷을 입지 못한 것은 오히려 당연했었읍니다. 그러나 하루가 달리 국제 교류가 잦아지는 요즈음, 경쟁이 불꽃튀는 비즈니스의 사회에서는 옷차림도 경쟁에서 이기는 데에 큰 몫을 합니다. 사무복은 세계가 공통으로 쓰는 오피셜 웨어(Official Wear)를 우리말로 흔히 부르는 이름이며 넓은 뜻으로는 남자들이 입는 옷 가운데 공적인 자리에서 입는 옷을 통틀어 말합니다. 이 옷은 신중한 느낌을 줄 수 있어야 하며 흔히 예의를 갖추어야 할 자리에 어울릴 수 있도록, 두드러진 빛깔과 무늬 그리고 지나치게 유행을 따른 디자인을 피하는 것이 좋습니다. 그 생김새는 우리가 이제까지 입어 온 보통의 양복 차림, 특히 앞서 말씀드린 정장 중에서 블랙 수트를 생각하면 쉽게 짐작할 수 있읍니다.

이 사무복은 크게 세 가지로 나눌 수 있는데 그 가운데 대표적인 것으로는 저고리 앞자락이 외줄 단추로 된 옷을 꼽습니다. 즉 일본에서는 가다마에, 서양에서는 싱글 수트라고 하는 옷을 말합니다. 싱글

싱글 수트

스리피스 수트

더블 수트

브레스티드 투피스 슈트(Single Breasted Two Piece Suit)가 온전한 이름이지만 그저 싱글이라고도 합니다. 이 옷에 같은 천의 조끼를 받쳐 입는 옷이 스리피스 슈트(Three Piece Suit)이고, 이 두 가지 옷과는 달리 저고리 앞자락이 두 줄 단추로 된 옷을 일본에서는 료마에, 서양에서는 더블 브레스티드 슈트(Double Breasted Suit)라고 하며, 보통 더블이라고도 합니다. 싱글 슈트에 비하면 상당히 고전적인 관록이 있는 옷이지만 요즘은 젊은 사람들까지도 편견에 치우치지 않고 대담하게 입는 경향이 있으나 우리나라에서는 왠지 이 옷을 유행에 민감한 멋쟁이들의 옷으로 치는 듯합니다.

사무복은 아래·위를 같은 천으로 짓는 것이 원칙이며 이 옷을 다른 옷과 구별하는 데 결정적인 몫을 하는 것은 빛깔과 무늬입니다. 검정색이 아닌 무늬 없는 천이나 무늬가 있더라도 없는 것과 마찬가지로 한

가지 톤의 천, 예를 들어 샤스킨이나 헤링본 무늬와 같은 팬시 계통의 천, 또는 가늘고 폭이 좁은 줄무늬 계통의 천, 그리고 아주 작은 체크무늬 계통의 천이 사무복에 맞습니다. 눈에 확 띄는 빛깔과 무늬로 된 옷이라도 아래·위를 같은 천으로 지은 것은 흔히 사무복으로 보는 일이 많은데 이런 옷은 아무래도 차분한 느낌을 주기가 어렵고, 좀 예의를 갖추어야 할 자리에서는 더더욱 어울리기 힘들기 때문에 사무복이랄 수가 없읍니다. 이 옷을 짓는 천의 조직은 특별히 두드러져 보이지 않고 표면이 고른 것이어야 합니다. 그래서 신사복은 보통 소모로 된 천으로 짓는 데 개버딘이나 프란넬도 많이 쓰입니다. 특히 사무복은 일상 생활에서 입고 활동하는 시간을 가장 많이 차지하는 옷이므로 튼튼해야 함은 물론 경제성이 있어야 하기 때문에 기성복이나 이지오더를 이용하는 것이 세계적인 추세입니다.

사무복의 성격에 너무 조심한 나머지 답답한 느낌을 주거나 딱딱하게 굳어진 차림이 되는 것은 좋지 않습니다. 그때그때의 패션의 흐름에 따라 가능한 범위 안에서 디자인은 물론 빛깔과 무늬를 골라 개성을 살리고 될 수 있는대로 간편하고 활동적인 멋을 나타낼 수 있어야 합니다. 그러나 무엇보다도 이웃을 입을 때는 전체적으로 청결하고 단정한 옷차림이어야 하는 것이 중요합니다. 비즈니스에 성공하기 위해서는 상대방에게 안정감과 신뢰감을 주는 일이 첫째입니다. 좀 예의를 갖추고 활동적이면서도 차분한 느낌을 주며 개성을 잘 나타낼 수 있는 단정한 옷차림이야말로 상대방의 마음을 움직이는 지름길이 됩니다.

● 다음 차례에는 자유복에 대해서 전해 드리겠습니다.

캠브리지의 진가는 입고 활동하는 동안에 확실하게 나타납니다.

CamBRIDGE 캠브리지

삼풍양복주식회사 본사 / 서울특별시 용산구 이촌동 300-27 전화 792-5116 794-4900 / 본사 직매점 / 한 강맨션 한 강쇼핑 센타 2층 전화 794-2892 · 신세계 직매점 / 신세계 백화점 3층 캠브리지 코너 전화 778-2729 미도파 직매점 / 미도파 백화점 3층 캠브리지 코너 · 소공 영업부 / 서울특별시 중구 태평로 2가 52번지 전화 28-5866 · 신촌 영업부 / 서울특별시 서대문구 창천동 29-99호 전화 33-3979 · 롯데 직매점 / 호텔 롯데 1번가 107호 · 대구 대리점 / 경상북도 대구시 중구 남밀당 58 전화 23-4659 · 부산 영업부 / 부산직할시 중구 광복동 2가 20번지 전화 22-5967

팅 전략을 전개하는 데 필요한 자료를 얻는 것이 목적이다. 소비자는 때로 자기 구매 행동의 동기를 명확하게 알지 못하는 경우가 있는데 이러한 구매 행동 동기를 발견함으로써 소비자 구매 행동 양식을 발견할 수 있다. 그 방법으로서는 면접법, 투사법, 척도법 등이 있다.

구매시점 광고 point of purchase advertising 상품이 구매되는 장소에서 이루어지는 광고. 상품과 함께 광고가 이루어지므로 구매 충동을 일으키는 데 효과적이고, 색상과 형태 등을 자유로이 사용할 수 있으며, 시장 세분화를 하는 데 적합하여, 대중매체에 의한 광고를 보완하는 데도 유리하다. 반면 전시 장소를 통제하기가 어렵고, 점포의 협력을 얻어낼 보장이 없으며, 광고가 훼손되기 쉬운 한계도 있다.

구매시점 실연 point of purchase demonstration 상품이 구매되는 장소에서 잠재고객에게 제품이나 제품의 사용을 실제로 보여주는 것. 설득력 있게 제품 개념을 전달하여 지각적 장애를 제거함으로써 촉진효과를 볼 수 있는 판매 촉진 수단이다. 식품류, 화장품 등을 판매하는 소매점에서 흔히 볼 수 있다. 효과적인 구매시점 실연은 소비자의 구매 욕구를 유발시켜 궁극적으로 구매 행동을 유도하는 핵심적인 단서를 제공해야 한다. 판매대 앞의 음료 시음장이 한 예가 될 수 있다. 일반적으로 소매점에서의 소비자 구매 행동은 상당히 즉흥적으로, 충동구매 비율이 상당히 높은데 구매 행태에 비추어 구매시점 실연은 명확하지 않은 고객 욕구와 제품 구매 사이를 연결하는 구실을 한다.

구매의사결정 과정
purchase decision making process 소비자가 제품 혹은 서비스의 구매를 행하는 과정을 의사결정 과정으로 설명한 것. 소비자의 구매의사결정 과정은 구매 중요성이나 구매의 시급성 혹은 대체상품 존재 여부, 소비자 성향 등에 따라 매우 다른 양상을 보이지만 일반적으로는 '문제인식-정보탐색-대안평가-구매결정-구매-구매 후 행동' 이라는 과정을 거친다. [1] 문제인식: 어떤 특정 시점에서 소비자가 구매 의욕을 느끼는 단계. 통상 자신이 바라는 상태와 현재 상태에 차이가 있다는 것을 인식할 때 문제를 인식한다. 예를 들어 어느 작가가 동료 작가의 집을 방문하여 그가 컴퓨터를 이용해서 글을 쓰고 있는 것을 보았을 때 작가는 컴퓨터로 글을 쓰면 속도도 빠르고 고치기도 쉽다는 생각이 들면서 구매 의욕을 느끼며 문제를 인식한다. [2] 정보탐색: 문제를 해결하기 위해 문제의 해결과 관련된 정보를 수집하는 단계. 내적 탐색과 외적 탐색이 있는데 내적 탐색은 기억 속에 남아 있는 정보를 끄집어내는 것이고 외적 탐색은 외부로부터 필요한 정보를 입수하는 것을 말한다. [3] 대안평가: 입수한 정보에 대해 나름대로의 평가 기준으로 선택대안을 평가하는 것. 자기가 구매

하고자 하는 제품의 속성을 파악하여 이를 평가 기준으로 삼는다. 컴퓨터의 경우 기억용량, 속도, 소프트웨어 이용 가능성, 교육훈련, 가격, 업그레이드 여부 등에 대한 정보를 평가한다. [4] 구매결정: 정보를 평가한 후 구매를 결정하는 단계. 그러나 구매결정이 반드시 구매로 이어지지는 않는데 구매를 방해하는 여러 상황적 요인이 존재하기 때문이다. A 상표 컴퓨터를 구매하기로 결정했다 하더라도 B 상표가 마침 세일을 실시한다면 구매결정은 연기 혹은 취소되거나 뒤바뀔 수 있다. [5] 구매: 구매결정이 이루어져도 실제로 구매에 이르기까지는 많은 상황 요인이 존재하는데 구매가 이루어지는 점포 요인도 그중 하나다. 점포 위치, 점포 외관 및 출입문, 인테리어, 진열 상태 등이 구매에 많은 영향을 미친다. [6] 구매 후 행동: 구매 후 만족 또는 불만족을 경험하는 것. 구매 후 만족을 느끼면 소비자는 상품을 재구매하며 나아가서는 상품에 대한 호의적인 입소문을 전파한다. 이러한 구매의사결정 과정은 소비자가 느끼는 관여도 정도에 따라 단계마다 다른 양상을 보인다. 관여도란 구매 행동에 자신을 몰입하는 정도를 말하는 것으로 관여도가 높을수록 목적지향적인 구매를 위해 광범위한 정보 수집과 정보 평가가 이루어진다.

구매 후 부조화 post purchase dissonance 특정제품 혹은 서비스에 대한 구매가 이루어진 후에 발생하는 불만족 상태를 일컫는 말. 구매하기 전의 기대와 구매한 후의 성과가 불일치될 때 구매 후 부조화가 발생하고 불일치한 정도가 클수록 부조화 상태도 심해진다. 구매 후 구매결정을 취소할 수 없을 때, 구매에 대한 소비자의 관여도가 높을 때, 구매 전에 마음에 드는 대안이 여러 개 있었을 때 발생하는 경우가 많다. 반면 습관적으로 구매하는 제품의 경우 구매 후 부조화는 거의 발생하지 않는다. 한편 소비자는 구매 후 부조화가 발생하면 나름대로 부조화한 상태를 해소하기 위해 스스로 정보를 취득하여 자신의 구매 행위에 정당성을 부여하거나 합리화하려는 경향을 보인다. 마케팅 담당자는 구매 후 부조화를 감소시키거나 제거하기 위해 다양한 활동을 하는데 보증판매 등을 실시하여 구매 활동에서 위험부담을 감소시키고, 광고·팸플릿 등을 통해 구매한 상품에 대한 긍정적인 정보를 제공하며, 애프터서비스를 강화하여 불만이 야기됐을 때 즉각적인 조치를 취하기도 한다.

구성 composition 주제를 구체화시킬 때 골격을 이루는 요소. 예컨대 영화는 다양한 이야기가 기승전결이라는 구성을 가진다. 광고는 일반적으로 문제가 발생하고 해결책이 제시되며 문제가 해결된 행복한 상태로 결말을 맺는 구성을 가진다. 자동차보험 광고를 예로 들면 사고가 일어나는 장면이 나온 후, 신속한 서비스가 이루어지는 장면이 이어지고 보험 혜택을 누린 가입자의 만족스러운 모습을 보여준다. 이처럼 광고 구성은

상품의 우수성을 드러내는 이야기가 구조화된 형식으로 나타난다.

구인 광고 wanted advertising 단체, 기업, 정부 등이 인적 자원을 충원하기 위해 실시하는 광고. 대표적인 것이 기업의 사원모집 광고다. 대학 졸업 시즌에 신문에 게재하는 것이 보통인데, 시기가 졸업 시즌인 것은 우리나라의 정시 채용제도와 관련이 있으며 매체가 신문인 것은 중요한 일정정보를 담고 있어 장시간 보관해야 하는 성격 때문이다. 구인 광고의 효과는 기업 이미지와 기업 비전에 따라 달라지므로 이에 대한 청사진을 제시하는 내용이 곁들여지는 경우가 많다. 기업 이외에 경찰, 군대 등의 기관도 구인 광고의 주요 주체로, 이들이 광고를 할 때에는 직무의 사회적 성격을 보여주면서 애국심, 책임감 등 공동체 가치 따위를 강조하는 형태를 띤다. ■

구전 word of mouth 입에서 입으로 전해지는 형태의 커뮤니케이션. 일반 광고정보와는 달리 쌍방향 커뮤니케이션으로 정보 수신자의 요구에 부응하는 정보를 제공할 수 있고 소집단 커뮤니케이션 형태를 띠어 수신자에게 미치는 영향력이 크다는 특징이 있다. 아울러 취득한 정보를 다른 사람에게 재전달하므로 그 효과가 증폭된다. 구전은 오늘날 이른바 소셜네트워크서비스라고 불리는 온라인 공간에서의 글쓰기와 댓글, 채팅 형태로 진화하고 있다.

구전정보 word of mouth information 사람들의 입에서 입으로 전해지는 형태의 커뮤니케이션을 통해 유통되는 정보. 모든 대화의 주제와 이슈가 구전정보에 포함되나 그것이 상품 및 서비스의 구매와 관련된 것일 때는 구전정보가 소비자 행동의 변수로 작용한다. 구전정보는 긍정정보와 부정정보로 대별되는데 긍정정보란 상품 및 서비스에 대한 호의적인 평가를 말하며 해당 제품에 대한 정보 수용자의 구매결정에 긍정적인 영향을 주는 정보다. 상품 및 서비스에 대한 부정적인 평가인 부정정보는 긍정정보보다 소비자의 주의를 강하게 끌어 정보 비중이 클 뿐만 아니라 다른 사람에게 재전달되는 과정에서 변형, 왜곡되기도 한다. 긍정정보와 부정정보 이외에도 상품 및 서비스에 관한 객관적인 정보인 중립정보가 있다.

구전효과 word of mouth effect 구전 과정에서 발생하는 구전정보가 수신자에게 미치는 커뮤니케이션 효과를 지칭하는 말. 구전정보는 쌍방향 커뮤니케이션이라는 특성이 있고 정보 수신자에게 필요한 정보를 정확하게 제공할 수 있기 때문에 신뢰성이 높은 정보다. 구전효과는 구체적으로 다음과 같은 요인에 의해 좌우된다. [1] 정보원의 전문성: 전문성이란 정보원이 대화의 주제나 이슈에 대해 올바른 대답이나 정확한 판단을 제공할 수 있다고 수용자가 지각하고 있는 정도를 말한다. 다시 말해 전문성은 정보원이 원천적으로 가지고 있는 고유의 전문성이라기보다는 수용자들이 판단하는 정보원의 전문성이다. 수용자는 정보원의 교육 정도, 경험, 능력, 지능, 사회적 지위 등과 대화의 주제나 이슈에 관한 지식과 식견 등을 기준으로 정보원의 전문성을 자각한다. 정보원의 전문성이 높을수록 구전효과는 증가한다. [2] 정보원의 신빙성: 신빙성이란 정보원이 주제나 이슈에 관해 편견 없이 순수한 동기로 의견을 제시하고 있다고 수용자가 느끼는 정도를 말한다. 즉, 정보원이 제공하는 정보의 순수성과 객관성이다. 신빙성이 높을수록 구전효과는 증가한다.

국명고지 station identification 방송의 스테이션 브레이크(station break) 시간에 자사 방송국명과 호출부호(call sign)를 알리는 것. 라디오는 아나운서가 하고 텔레비전에서는 화면에 문자로 나타냄과 동시에 아나운서가 한다. 방송 개시와 종료 시에 반드시 방송하도록 되어 있으며 예외를 제외하고 1시간에 1회 이상 하도록 정해져 있다. 대개는 프로그램과 프로그램 사이에 방송한다. 이 시간을 이용한 자막 광고를 ID 카드라고 하는데, 화면의 4분의 1을 점유해 10초 이내로 노출시킨다. 횟수는 1시간에 4회까지다.

국제 광고 international advertising 해외 고객을 대상으로 한 광고. 기업이 세계적 규모로 성장하면 국제적인 마케팅 활동을 수행하게 되는데 표적고객으로 해외 소비자를 대상으로 한 광고를 국제 광고라 한다.

국제광고전략 international advertising strategy 국제적 규모로 전개되는 광고 활동에 적용하는 광고전략. 국제적 규모로 시행되는 국제 마케팅 활동의 일부분이다. 오늘날 국제 광고가 갈수록 활발해지고 있는 원인에는 각국의 소득격차가 줄고 있으며 교통과 통신의 발달로 각국 소비자 간의 교류가 활발해지고 있는 한편, 많은 기업들이 기술혁신을 위한 비용을 세계 시장을 통해 회수하려는 경향과 세계적인 무역 및 투자 자유화 흐름에 따라 세계 경제가 국제화되는 것 따위를 들 수 있다. 국제광고전략을 크게 두 가지로 대별할 수 있는데, 표준화 전략과 현지화 전략이다. 표준화 전략은 동일한 광고전략을 모든 시장에 동일하게 적용시키는 것으로 표준화된 미디어 믹스로 동일한 광고물을 게재하거나 방송한다. 이 전략을 채택하면 지금까지 해외시장을 개척할 때 중요시된 현지 적응을 위한 비용을 절감할 수 있다. 반면 현지화 전략은 각각의 시장에 부합하는 광고전략을 독립적으로 수립하여 적용시키는 것으로 문화와 언어 차이가 상존하는 환경과 지역적으로 상이한 미디어제도와 법적 규제에 대응하려는 수단이다. 한편 표준화 전략과 현지화 전략을 절충하여 각국 소비자들의 차이점은 인정하면서도 어느 정도 표준

청년들의 자신감, 대한민국의 희망입니다

청년들이 할 수 있다는 자신감을 가지는 것은 우리나라의 새로운 희망이 될 것입니다.

2004년도 직원모집

한국전력공사

채용직종	모집분야	인 원	비 고
사 무 직	전공제한 없음	100명 내외	・세부사항은 당사 채용 홈페이지 참조 ・홈페이지 http://jbsa.kepco.co.kr ・문 의 처 인재개발원 ☎ 02-3456-4032~5
기 술 직	발전, 배전, 통신, 특수전산	500명 내외	

한국남동발전(주)

사 무 직	전공제한 없음	50명 내외	・세부사항은 당사 홈페이지 참조 ・홈페이지 http://www.koswp.co.kr ・문 의 처 인사팀 ☎ 02-3456-7121~6
기 술 직	전기, 기계		

한국중부발전(주)

사 무 직	인원・사무개발	50명 내외	・세부사항은 당사 홈페이지 참조 ・홈페이지 http://www.komipo.co.kr ・문 의 처 인사교육팀 ☎ 02-3456-1430
정보통신	정보통신개발		
발 전	전기 화공 기계발전		

한국서부발전(주)

사 무 직	인원, 세무, 상경, 전산정보처리개발	40명 내외	・발전회사 경영평가 2년 연속 1위달성 ・세부사항은 당사 홈페이지 참조 ・홈페이지 http://www.westernpower.co.kr ・문 의 처 인력개발팀 ☎ 02-3456-7671~5
기 술 직	기계, 전기, 화학발전, 통신 보험 건축계열		

한국동서발전(주)

사 무 직	인원, 세무, 법무, 상경계열	40명 내외	・세부사항은 당사 채용 홈페이지 참조 ・홈페이지 http://www.ewp.co.kr ・문 의 처 총무팀 ☎ 02-3456-842~2
기 술 직	기계, 전기, 화학발전		

한전KDN(주)

채용직종	모집분야	인 원	비 고
사 무 직	법무, 상경, 홍보	60명 내외	・기술사를 세부사항에 1개월 채용하여 지원 ・당사 지원원도_23 참조 ・홈페이지 http://www.kdn.com
기 술 직	통신 전기전자 및 제속제어		・문 의 처 총무인사팀 ☎ 02-6262-6140~1

한국석유공사

사 무 직	국제, 계약 및 금융, 석유정보・기록관리	50명 내외	・학력, 학과 및 나이제한 소지자에게 관계없이 지원 가능 ・세부 제한사항 및 채용일정 등은 홈페이지 참조
기 술 직	해외유전개발・탐사, 비즈니지스탬 운영		・홈페이지 http://www.knoc.co.kr ・문 의 처 인사팀 ☎ 02-380-2312~7

한국도로공사

사 무 직	상경, 행정, 법률, 홍보, 물류, 해외사업	250명 내외	・사무, 토질 및 포장・시설직, 기술직 단, 홍보, 해외사업 등은 일부 전공분야 제한 있음
기 술 직	토목,교통,건축,전기,조경, 기계원전,정보통신원		・홈페이지 http://www.freeway.co.kr ・문 의 처 인력개발부 ☎ 02-2230-4352~5

대한주택공사

사 무 직	법무, 상경, 기타 직렬	100명 내외	・세부사항은 공식홈페이지 참조 ・홈페이지 http://www.jugong.co.kr
기 술 직	건축, 토목계획, 기계, 전기, 조경, 토질	120명 내외	・문 의 처 인사팀 ☎ 031-738-3433~4

주택관리공단

사 무 직	법무, 경영, 회계, 사회복지, 전산	10명 내외	・모집분야 세부사항을 1개월이를 채용하여 공지 ・홈페이지 http://www.kohom.co.kr ・문 의 처 인사팀 ☎ 02-3413-2422
기 술 직	건축, 기계		

한국토지공사

채용직종	모집분야	인 원	비 고
사 무 직	경영,경제,회계 등폭넓은 전공 자격증을_3,2,#23	100명 내외	・학력, 전공제한, 자격증 보유여부에 관계없이 지원할 수 있음 ・홈페이지 http://www.klrc.co.kr ・문 의 처 인사팀 ☎ 031-738-7700~1
기 술 직	건축, 토지계획, 환경, 교통	80명 내외	

농업기반공사

행 정 직	법무, 행정, 상경, 회계	25명 내외	・학력제한 없음 ・기술사는・기술자격가산은 소지자에게 한함 ・세부제한사항 및 채용일정 등은 홈페이지 참조
기 술 직	토목	25명 내외	・홈페이지 http://www.karico.co.kr ・문 의 처 인사팀 ☎ 031-420-3354, 3706

농수산물유통공사

상경직		20명 내외	・학력제한 없음, 지역별군에 적용 ・세부사항은 홈페이지 참조 ・문 의 처 인사팀 ☎ 02-6300-1061~5
법무직			
농 직			

한국감정원

감정평가사	감정평가사 자격소지자 또는 2차 시험 합격자	30명 내외	・구체적인 지원자격, 접수기간, 전형방법, 채용일정은 우리홈페이지 홈페이지 참조
사무관련직	행정, 경영회계학, 통계학 도시계획 등	10명 내외	・홈페이지 http://www.kab.co.kr
부동산관련 전문자격자격	공인중개사 자격관기타 부동산관련 자격자	30명 내외	・문 의 처 인사팀 ☎ 02-2189-841J~6

한국공항공사

사 무 직	법무, 세무, 법정, 상경, 교육계열	30명 내외	・응시지역, 채용일정 등은 홈페이지 참조 ・연봉제근무 소지자 우대 ・홈페이지 http://www.airport.co.kr
기 술 직	통신, 전자		・문 의 처 인사팀 ☎ 02-2660-4285

▶ 필기시험 또는 면접시험 등 일자 : 2004. 3. 21(일) ※ 한국감정원은 시험일자가 다르므로 별도로 확인하여 주시기 바랍니다.

▶ 채용절차는 각 공기업별로 개별적으로 진행되며, 지원서 접수방법 및 기타 세부사항은 각 공기업 홈페이지의 「채용공고」란을 참조하시기 바랍니다.

WHAT WOULD YOU DO IN THESE SITUATIONS?

You answer a call from a neighbour who is disturbed by a domestic shouting match. When you get there the flat is wrecked, a woman is stretched out on the floor and the neighbours are crowding in. What's your first move?

You answer a call to the scene of an accident. A car has run into a petrol tanker at a junction. The driver and passenger of the car are covered in blood and are very still. The tanker driver is in a state of shock. A heavy flow of traffic is moving past at a good clip. Petrol is spreading over the road. A man is lighting a cigarette. Over to you.

PANIC VOMIT  COPE RUN
TICK HERE · TICK HERE · TICK HERE · TICK HERE

RIGHT now you may be hesitant to claim that you know how to cope with situations like these.

But after only six months with us in the Metropolitan Police you could be handling even trickier problems with confidence.

How can we be so sure?

We're careful who we take on.

You have to be British, at least 5'8" tall, intelligent and fit before we'll consider you.

You also have to have a "good character", which means we can't take a chance on you if you've been in serious trouble with the police.

We will bring out the worst in you.

Then you go to Hendon for 16 weeks of intensive training.

Quite a bit of the time is spent in classrooms, learning about law; about police procedures and about the powers of a Police Constable.

You'll do social studies. And you'll learn how to give evidence in court.

And you get practical police training from instructors who are all very experienced police officers. They set up crime and traffic incidents that would make Chief Superintendent Barlow think twice. And then they act the part of awkward members of the public. If you've got a quick temper or a sarcastic tongue they'll find it.

You'll learn how to control yourself under stress. And you'll learn where the pitfalls are for a young Police Constable, and how to avoid them.

You'll go for one week on street duty with an experienced policeman.

Then if you pass your exam, you'll be posted to one of the Metropolitan Police divisions.

During the first few weeks at a police station, you'll go out on patrol with an experienced police officer.

Then you learn what it's really all about.

Very quickly you'll realise the difference between being at Hendon and being on the ground in London.

An instructor pretending to bleed to death isn't the same as someone actually doing so outside the local bank.

On the other hand, the criminals you meet may not be quite as awkward as some of the instructors acting the part.

Just like in any other occupation, you get to know when to apply the rules and when to use your common sense.

And then, all of a sudden you're on your own. And we guarantee that by then you won't panic, run, or vomit whatever you encounter. (Well, you won't vomit where anybody can see you anyway.)

But you are still on probation until you've been in the force for two years.

During which time you'll go on various courses. You'll learn the basics of criminal investigation and you'll probably learn to drive.

And you'll learn more every day you're on street duty.

When the two years are nearly up and you're through your exam, you're all set to apply for promotion or specialisation if that's what you've decided you want.

How far you go is up to you.

The never-ending variety of things that you have to deal with as a Police Constable will keep you involved and interested for years.

A lot of constables spend their whole time in the police on street duty. They feel, quite rightly, that this is where the main police work is done.

In fact, everybody who is in the police who isn't a constable on street duty, is helping the constables on street duty, to do their job.

You help prevent people injuring one another and robbing one another.

You help them overcome all kinds of difficulties that they can't, won't or don't know how to overcome themselves.

And you can only do so if you're there on the ground, in contact with the people. You can't do it from an office.

Nobody does it just for the money.

The pay isn't sensational. But it's a lot better than it looks at first glance. You start at a minimum of £1,433 a year for a 42 hour week during your probation. Then you get a rise every year for the first six years. Besides which police pay is reviewed regularly to keep it in line with the cost of living.

If you are married you get a free house or flat or a tax paid rent allowance of up to £15.53 per week to pay for your own accommodation. Obviously if you are single you get less.

Promotion is by examination.

Once you've proved yourself as a Police Officer, there's nothing to stop you going for promotion if you want to.

You simply have to pass the promotion exam. After five years service (less in some cases) you become a Sergeant.

After another four years you may move up to Inspector.

If you do exceptionally well in your exam for Sergeant, you can apply to go to the National Police College, Bramshill, for a one year course.

A year after successfully finishing the course you'll almost certainly be an Inspector. (And this is possible before your 25th birthday.)

From an Inspector upwards promotion is by selection.

Along the way, you may decide you want to specialise. You may apply to go into the CID or the Traffic Division, the Mounted Branch or become a Dog Handler. You might fancy the River Police.

As a member of the Metropolitan Police you are automatically a member of all the many sports and social clubs run by the force. No matter what your favourite sports or hobbies are we cater for them. And our facilities are probably as good or better than you'll find anywhere.

Now, here's a challenge you've got to face right now.

The dreaded coupon.

Have you got what it takes to fill it in and send it to us?

We'd like to think we can depend on you.

LONDON'S 8,000,000 PEOPLE TAKE A LOT OF LOOKING AFTER. COME AND GIVE US A HAND.

구인 광고
런던경찰청
1974

화가 필요하다는 제한적 표준화 전략도 있다. 또 다른 입장으로 광고전략의 완전한 표준화는 불가능하며 여러 가지 상황변수에 따라 표준화할 것인지, 현지화할 것인지를 결정해야 한다는 견해도 있는데, 이에 의하면 표준화 전략이 가능한 경우는 자국과 목표시장의 경제 상황이 유사할 때, 제품 기능을 다양한 문화권에 무리 없이 적용시킬 수 있을 때, 사회적 생산기반이 유사할 때 등이다.

국제매체 international media 세계 각국에 공통적으로 배포·방송되는 매체. 미국의 시사 주간지 〈타임〉, 영국의 경제 주간지 〈이코노미스트〉, 〈보그〉와 같은 국제 패션 라이선스 잡지 등 인쇄매체와 케이블 뉴스 네트워크 CNN 등 방송매체 등이 있다. 국제매체는 대부분 영어로 발행·방송되어 각국의 의견 선도자에게 도달한다. 오늘날에는 인터넷 같은 지구적 통신망이 미디어 환경을 재편함에 따라 검색엔진 구글(www.google.com), 동영상 공유 사이트 유튜브(www.youtube.com)와 같은 새로운 국제매체가 등장하고 있다.

권위 authority 가치의 우월성을 믿도록 하는 능력. 일반적으로 어떤 사람이 사회적으로 권위를 인정받으면 그의 의견은 사회 구성원에게 중요한 참조가 된다. 저명한 문학평론가의 서평, 영화평론가의 신작 영화 소개, 음악평론가의 음반 추천이 그렇다. 개인이 아니라 미디어가 권위의 원천이 되는 경우도 흔하다. 신문의 경우 〈뉴욕 타임스〉가 제공하는 정보와 논평은 지식인 사회의 일종의 기준이 된다. 과학 분야의 〈네이처〉, 시사 보도 분야의 〈타임〉, 경제 분야의 〈이코노미스트〉 등도 유사한 구실을 한다. 식당의 등급을 매기는 것으로 유명한 〈미슐랭 가이드〉는 식당업계와 식도락가에게 권위를 가지며 상품에 대한 독자적인 조사 결과를 발표하는 미국의 〈컨슈머 리포트〉의 평가는 업계와 소비자에게 큰 영향력을 끼친다. 상품의 우월성과 메시지 진실성을 획득하기 위한 수단으로 권위자를 내세워 소구하는 광고가 많은 것은 이런 것이 단연 소비자 관심을 끌기 유리하고 상품 장점을 용이하게 알릴 수 있을 뿐만 아니라 메시지의 신뢰도를 보장받을 수 있기 때문이다. 육상 기록 보유자가 추천하는 운동화, 세계적 촬영감독이 즐겨 쓰는 카메라, 살림의 여왕이 권하는 부엌용품, 세계치과협회가 권장하는 음료, 영국 왕실에서 사용한다는 필기도구 등이 권위를 세일즈하는 광고의 전형적인 사례다. 이 밖에도 '공식후원사', '협회 공식 지정' 등 단체 이름을 내세우는 광고도 권위의 후광을 노리는 광고 형태다.

권위자 an authority 특정 분야에서 깊은 지식과 경험으로 사회적으로 인정받은 것은 물론 일정한 영향을 미칠 수 있는 사람. 광고 모델로서 권위자를 기용한다는 것은 권위자의 사회적 영향력을 산다는 것을 의미한다.

세계적인 명성의 인테리어 디자이너가 추천하는 가구는 추천자의 위상 때문에 품질에 대한 소비자의 신뢰가 그만큼 높아질 것이다. 그는 보통 인지도가 있는 인물로서 소비자에게 친숙한 경우가 많지만 사회와 떨어진 곳에서 자신만의 세계를 이룩한 장인, 학자나 예술가일 수도 있다.

권유 recommendation 어떤 일을 하도록 권하는 것. 소비자 행동의 변화를 노리는 광고는 대부분 권유의 수사법을 구사한다. "깨끗한 물을 마셔보세요", "이 마크를 확인하세요", "이 상품으로 바꾸세요", "○○라고 말하세요", "지금 신청하세요" 따위가 모두 여기에 속한다.

규범 norm 사람이 공동체 생활을 하면서 요구받는 일정한 행동양식. 전승돼온 관습, 한 사회의 도덕률, 공적인 법률 등이 모두 규범을 형성하면서 행동의 준거가 된다. 이를 따르면 바람직한 구성원으로 인정받지만, 따르지 않으면 따돌림 따위의 제재를 받는다. 규범을 규정하는 것은 구성원이 속한 사회의 문화와 이념, 역사와 법 등이 있으며, 사회마다 규범의 범위와 내용, 강도가 다르다. 관련 사회 조사에 의하면 우리나라는 집단주의 성향이 강한 대표적인 나라로 수용되는 사회적 규범이 많고, 부적절한 행동에 강한 제재가 따르는 사회다. 이에 따라 개인 간 구속력이 강력하고 불확실성을 회피하려는 성향은 약하다. 그래서 자신의 욕구나 의사보다는 주변인의 기대에 더 충실하다. 그 원인은 확실하지는 않지만 높은 인구밀도와 자원 부족, 빈번했던 외부와의 전쟁 경험 따위가 거론된다. 사람들의 소비 행위도 규범이라는 관점에서 설명할 수 있는데, 과도한 추종 소비와 유행 편식, 과시적 소비가 특히 그렇다.

그라비어 인쇄 gravure printing 화상이 凹판으로 되어 있고 판으로부터 종이에 직접 인쇄되는 방식. 실린더는 잉크가 차 있는 통 속에서 회전하는데 이때 잉크 칼이 불필요한 부분의 잉크를 닦아낸다. 실린더 위에는 무거운 압통이 놓여 있어 이 사이를 통과하는 종이에 판통의 凹판에 묻어 있던 잉크가 옮겨져 인쇄되는 방식이다. 주요 장점으로는 그러데이션이 풍부하여 사진 인쇄에 적합하며 인쇄 속도가 빠르고 잉크에 광택이 있고 컬러에 깊이감이 있어 고급 이미지를 부여할 수 있다는 점이다. 그러나 소량 인쇄 시에는 인쇄 단가가 상대적으로 높고 교정 단계에서의 색조의 수정 등이 어렵다. 주요 용도는 우표, 증권, 사진집, 미술서, 광고면, 대량 인쇄물 등이다. 종이 이외의 재료에도 고품질 인쇄가 가능하여 패키지 인쇄에도 많이 쓰인다.

그래픽 디자인 graphic design 대중을 상대로 한 시각 전달을 목적으로, 인쇄에 의해 대량 복제되는 평면적 표현에 의한 디자인을 통칭하는 말. 그래픽 디자인이 인식된 것은 20세기에 들어오면서부터이며 초기에는 '인쇄된 디자인'이란 의미로 쓰였으나 그 후 광의로 해석되어 평면적인 디자인의 시각효과를 총칭하게 됐다. 오늘날에는 인쇄매체를 통해 표현되는 디자인, 즉 포스터, 신문·잡지의 광고를 비롯하여 카탈로그·책·포장·사인·디스플레이·시아이(CI) 등의 디자인을 가리킨다. 이러한 기능의 대부분이 광고와 관련된 커뮤니케이션 활동을 위해 존재하기 때문에 상업 디자인과 같은 뜻으로 사용되는 경우도 있지만 그래픽 디자인이라고 할 때에는 인쇄의 특성을 살린 표현에 중점을 두어 인쇄물 특유의 조형과 호소력에 더 큰 의의를 부여한다. 한편 이것을 보편적인 시각전달의 문제로 파악한다는 측면에서 커뮤니케이션 디자인 또는 비주얼 디자인 혹은 시각 디자인이란 명칭 아래 추구하려는 흐름이 있으며 이때 디자인의 요소 및 표현 범위는 더욱 확장된다. 그래픽 디자인 요소는 사진, 일러스트레이션, 심벌, 타이포그래피 등이다. 오늘날에는 인터넷에서의 그래픽 디자인, 즉 웹 디자인과 모션 그래픽스 등으로 그 범위를 확장하고 있다.

그래픽 디자이너 graphic designer 메시지의 시각전달을 위한 시각 디자인 중에서 주로 인쇄와 관련한 디자인에 종사하는 사람. 대표적인 업무로는 서적 디자인, 잡지 및 신문 등 정기간행물 디자인, 카탈로그 및 기업 홍보물 디자인, 광고 디자인, 기업 아이덴티티 디자인 등이다. 광고업계에 종사하는 그래픽 디자이너를 광고 디자이너라고 부르는데, 주요 업무는 광고를 비롯하여 기업을 위한 출판물(카탈로그, 브로슈어, 연차보고서, 사보, 홍보 책자 등) 디자인, 의뢰인의 홍보 활동에 수반하는 각종 인쇄물과 프로모션물 디자인이다. 지난 세기 광고산업의 태동 이래 인쇄 광고의 황금기에 카피라이터와 디자이너의 합작으로 수많은 걸작들이 만들어졌는데, 그 자신이 광고 디자이너였던 미국의 그래픽 디자이너 폴 랜드(Paul Rand)는 광고에 있어 디자이너의 역할과 관련하여 "광고라는 무한경쟁 분야에서 디자이너가 자신을 지켜나가려면 예기치 못한 방법으로 상식을 해석함으로써 진부한 시각적 표현을 비켜가도록 힘써야 한다"고 말한 바 있다. 오늘날 광고 활동의 초점이 영상 및 온라인 광고로 이동하고 동시에 광고매체로서 인쇄매체의 위상이 하락함에 따라 광고에 있어서 그래픽 디자인의 중요성은 점점 낮아지고 있는 것이 현실이다.

그래픽 선동 graphic agitation 그래픽 디자인을 통해 정치적 견해를 표명하고 궁극적으로 시민들의 태도에 영향을 주려는 디자인 운동. 디자인이 기업 마케팅을 위한 도구로만 이용되는 것을 거부하고 그래픽 디자인을 통해 사회 변화를 추구하는 것이 목표다. 인권보호, 반전 운동, 반핵, 세계화 반대, 환경 운동, 사형제 폐지, 인종차별 철폐, 페미니즘 운동의 중요한 도구다. 중요

한 선거 국면에서 자신이 지지하는 후보를 위한 자발적인 디자인 활동도 포함한다. ■

그러데이션 gradation 사진이나 텔레비전 화면의 농담도(濃淡度)를 가리키는 말. 색조의 단계를 말하므로 계조(階調) 또는 점이(漸移)라고도 한다. 원래 그러데이션은 일정한 질서를 갖추어 변화한다는 뜻으로, 일련의 유사한 변화 과정이 단계적으로 진행되는 것을 말한다. 사진 용어로는 네거(nega)나 포지(posi) 화상의 그림자 부분에서 밝은 부분까지의 농담의 넓이를 말한다.

그로테스크 grotesque 일반적으로 '괴기한 것, 흉측하고 우스꽝스러운 것'이라는 뜻. 그로테스크란 말은 예술 일반에 있어서 초현실적 괴기성을 가리키는 용어로 쓰인다.

그룹 숏 group shot 한 프레임 안에 여러 명이 등장하는 장면. 군중을 한꺼번에 포착한 숏이다. 콘서트 관객, 경기장 응원 모습, 고지 탈환을 위해 전진하는 군인 등을 찍으면 그룹 숏이 된다. 규모의 영상을 만들어내기 때문에 화면 크기가 큰 영화에서 효과적이며, 광고에서도 간혹 많은 사람을 동원해 그룹 숏을 만들기도 하나 텔레비전 화면의 한계 때문에 사용 빈도가 그렇게 많지 않다. 그룹 숏을 사용하려면 단순히 많은 수의 사람을 보여주는 데 그치지 않고 화면의 역동성 및 긴장감을 창조하기 위한 촬영 방법의 구상이 선행돼야 한다. ■

그리드 grid 문자, 그림, 사진 등의 치수 및 비례, 위치를 정확히 재현하기 위해 그려진 바둑판 모양의 방안선. 그 결과 디자인에 통일감을 제공한다. 사용하는 시각적 요소를 그리드 시스템에 효과적으로 적용시킴으로써 디자인 계획은 지적이면서도 명확성을 획득하게 되고 이 논리 정연한 질서는 전달하고자 하는 정보에 신뢰성과 확신감을 불러일으킨다. 스위스 디자이너 요제프 뮐러 브로크만(Josef Müller-Brockmann)에 의하면 그리드 시스템에 의한 디자인은 조직화를 통해 작업을 명료화시키며, 집중해야 할 대상에 밀도 있게 접근할 수 있게 하며, 주관적인 태도 대신에 객관적인 태도를 유지하게 하고, 창조적이고 기술적인 제작 과정을 논리화시키고, 색채와 형태를 통합시키고, 평면과 공간에 대해 건축적인 구조를 돋보이게 한다. 그에게 그리드를 사용한다는 것은 디자이너로서 특정한 정신적 태도의 표현이다. 왜냐하면 디자이너는 그 시스템을 통해 자신의 작업을 구조적이고 미래지향적인 것으로 인식하기 때문이다. 일반적으로 출판물에 따라 그리드 기능도 달라지는데 예컨대 소설책은 하나의 그리드에 동일한 활자가 책의 처음부터 끝까지 채워지는 형식이다. 반면 잡지에서는 기본 그리드를 중심으로 페이지마다 다양한 변주가 이루어진다. 인쇄 광고의 경우 1960년대에 걸쳐 미국에서 펼쳐진 폴크스바겐 캠페

그래픽 선동
토미 웅게러 포스터
1967

앞서가는 해태껌

그룹 숏
해태제과 치클껌
1982

인에서 볼 수 있는 것처럼 장기 캠페인에서 단일 그리드를 사용해 레이아웃을 통일시킨 사례가 상당수다.

그린 광고 green advertising 기업의 환경 마케팅 활동의 일환으로 실시되는 광고. 유형은 대체로 자사 상품을 구매하는 것이 환경보호에 도움을 준다는 사실을 강조하거나, 자사 상품은 환경을 해치지 않는다고 강조하는 광고, 자사 상품이 반드시 환경에 좋은 제품이 아닐지라도 환경적 가치를 촉진시키는 광고, 소비자들에게 환경적으로 나쁜 관행의 예를 보여주는 광고 등으로 대별할 수 있다. 일반적으로 환경과의 관련성이 높은 상품을 생산하는 기업, 예를 들면 제지 및 펄프, 식품, 음료회사 등에서 이런 광고를 빈번하게 펼친다. 우리나라의 대표적인 그린 광고는 1984년부터 시작한 유한킴벌리의 '우리 강산 푸르게 푸르게' 캠페인이다. 이 회사는 광고 차원을 넘어 사회공헌 기업 활동의 차원에서도 나무를 심고 숲을 가꾸는 사업을 진행하는 등 생태환경을 위한 국공유림 나무 심기, 자연환경 체험교육, 연구조사 활동을 벌였다. ■

그린 마케팅 green marketing 환경을 테마로 전개하는 마케팅 활동. 넓은 의미로는 기능과 편의 위주의 소비욕구 충족에 머무르지 않고 생태환경을 포함한 인간 공동체의 이익을 지향하는 시장전략을 의미하나 기술적으로는 제품의 성분, 용기, 포장 등에 있어 공해물질을 쓰지 않거나 재활용 가능한 처리를 하는 것은 물론 환경기금을 조성하는 등 기업 활동을 환경보호라는 개념하에서 전개하는 마케팅 활동을 말한다. 그린 마케팅이 대두된 것은 산업화가 진행되어 인간의 삶은 풍요를 누릴 수 있게 됐지만 인간과 환경의 균형이 위협받게 된 현실에서 찾을 수 있다. 고도산업화는 산업 에너지의 대량 소비를 유발하여 천연자원의 고갈을 초래했고, 생태계 균형이 파괴되는 것은 물론 도시화로 인해 각종 공해가 만연되는 결과를 가져왔다. 이에 따라 환경중심주의가 대두됐는데 이것이 생존환경을 보호하고 향상시키기 위해 시민이나 정부가 벌이는 조직적인 운동의 이념적 바탕이 되고 있다. 환경중심주의에 입각한 환경 운동은 마케팅이나 소비를 반대하지는 않지만 기업 활동 내지는 마케팅 활동이 보다 생태적인 입장에서 수행되기를 요구한다. 환경 운동은 시민단체와 정부가 주체가 된다. 먼저 시민단체는 기업으로 하여금 산업시설을 조성하는 데 있어 자연을 훼손하지 않는 것을 비롯하여 공해 방지 시설에 투자하거나 회수 불능인 제품에 대해 과세하고 공해 유발 원료의 사용을 하지 말도록 하는 사회적 압력을 조성한다. 정부에서는 환경규제법과 같은 법적 규제 이외에도 조세에 의한 규제, 보조금 정책 등 다양한 환경정책을 개발하고 있다. 그린 마케팅은 단기적으로 산업폐기물 처리시설의 확충과 가동, 효율적인 생산 방법의 개발, 새로운 자원의 개발, 포장 방법의 변경 등 적지 않은 비용요인을 발생

시킨다. 그러나 사회·생태학적 균형과 인간복지의 지향이라는 보다 높은 차원의 소비자주의를 실현하는 기업의 사회적 책임과 밀접한 관련이 있어 기업이 반드시 수행해야 할 당위로 인식된다.

그린 상품 green product 환경친화적 상품. 이른바 저공해 제품, 무공해 제품, 재생 가능 제품, 재사용 가능 제품, 절약 가능 제품, 미생물 분해 제품, 천연 제품, 환경상 안전 제품, 환경 친숙 제품 등을 말한다. 그린 상품에 대해 공적 기관이 기준을 정해 표식을 부여하는 제도를 환경마크제도라 한다.

극장 광고 theater advertising 영화관 스크린을 이용하여 방영하는 광고. 대상에 대한 지리적·인구통계학적 선택성이 뛰어나고, 비용이 저렴하다는 장점이 있으나 관객이 광고에 잘 몰입하지 않고 영화 흥행에 따라 광고 노출량이 결정되는 등의 문제도 있다.

근접 촬영 피사체에 가까이 접근하여 촬영하는 것. 렌즈가 피사체에 가까이 접근할 수 있는 최단거리에서 피사체를 포착하는 것을 말한다. 대상을 확대하므로 그 특성을 정밀하게 묘사할 수 있다. 제품을 근접 촬영하면 제품의 단순한 외관뿐만 아니라 아름다움의 세부를 묘사할 수 있어 보는 사람에게 미치는 정서효과가 크다.

글래머 glamour 성적 매력이 있거나 이상적인 신체조건을 가진 여성 혹은 남성. 사진에서는 신체적 매력을 테마로 촬영하는 사진을 말한다. 글래머 사진은 섹스어필을 취하는 광고의 중요한 재료다. ■

금색 gold color 금빛을 내는 색. 행운과 돈, 권력, 귀중한 것을 상징한다. 금으로 만든 메달과 훈장 등은 그 자체가 명예다. 결혼반지를 금으로 만드는 것은 금이란 금속의 영원성 때문이다. 같은 이유로 왕관 등과 같은 권력의 상징도 금으로 만든다. 금색은 자긍심과 자기중심적 성향을 가진 색이며 호화로움과 화려함을 의미하지만 속물적인 색이기도 하다. 값싼 물건을 귀하게 보이도록 금빛 포장지로 감싸는 식이다. 인쇄에서 금색은 별색으로 인쇄하며 고급 소비재를 위한 브로슈어 표지, 하드커버 출판물을 위한 장식 색채로 사용하는 경우도 많다.

금융 광고 financial advertising 금융기관 혹은 금융상품을 대상으로 하는 광고. 은행 광고, 제2금융권 광고, 증권회사 광고, 보험회사 광고, 금융중개회사 광고, 사금융 광고 등을 말한다. 금융기관은 이런 광고 활동을 통해 기존 고객에게는 금융상품을 추가로 구입하도록 하여 거래 관계를 지속적으로 유지시키고, 아직 금융기관을 이용하지 않는 사람에게는 금융기관의 이용을 권유한다. 한편 고객이 금융기관을 선택할 때는 금융

숲을 키우는 것은 희망을

나무와 나무가 더불어 울창한 숲을 이룹니다 햇살이 부드럽게 내리쬐면 살랑살랑 나무가 손을 감싸고, 쪽빛 강물에 야생동물들이 목을 축이고, 큰 나무는 물론 키작은 나무와 이름모를 풀꽃 등 건강한 숲은 바로 나무로부터 시작됩니다. 나무는 나뭇잎에, 뿌리에, 줄기에 비로 내린 물을 저장해 줍니다. 우리 숲이 우리에게 돌려주는 물은 소양강 댐의 9배도 넘는 어마어마한 양입니다. 나무들은 우리에게 참 많은 선물을 합니다. 줄지어 서 있는 가로수들은 땀자리가 쉴 만들어주고, 자동차의 나쁜 매연을 깨끗이 세탁해 다시 돌려주기도 합니다. 나무는 우리에게 선사합니다. **지금도 우리 주위엔 고마운 우리나무가 참 많습니다** 그리운 고향의 마을의 번영과 안녕을 지켜주던 느티나무. 이제는 숲이 그리운 도시인에게 연두빛 새순으로 봄을 일 여름이면 짙푸른 녹음으로 더위를 달래줍니다. 버즘나무를 알고 계시는지요? 플라타너스라는 이름으로 더 많이 알려진 버즘나무는 생명력이 강해 날이 추우면 추운대로 더우면 더운대로, 돌봐주는 이 없어도 잘 자라줍니다. 대기 속 오염물질을 흡수해 자신의 몸 속에 넣고 맑은 공기를 대신 내어주는 이 버즘나무는 서울 가로수의 약 50%를 차지할 정도로 공해 해결에 큰 도움을 주고 있습니다. 이렇듯 우리 주변에는 흔히 볼 수 있지만 정말 고마운 우리나무들이 참으로 많습니다. 하지만 받는 것에만 익숙한 우리들이 돌보지 않는 동안 우리의 나무들은 오염에, 공해에, 산성비에 사라지고 있습니다. 마음의 고향, 삶의 터전인 숲이 그냥 이루어지는 것이 아니듯, 나무 역시 그냥 자라주지는 않습니다. **나무에게 받고만 있는 우리, 이제는 우리가 베풀 차례입니다** 우리 국토의 65%는 아직 30년 이상을 더 가꾸어야 할 산림. 이제 나무에게 필요한 것은 '심기만 하는 손' 보다는 '가꾸어 주는 손'입니다. 나무와 나무 사이를 적당하게 유지해 크게 팔 뻗을 수 있게 해주고, 골고루 햇빛이 들어 나무뿐 아니라 그 안에서 더불어 살아가는 하층식생까지 건강하게 어울려 클 수 있는 숲으로 가꾸는 일... 지금이라도 나무에게 한걸음 더 다가가 보세요. 나무를 아끼고 키우는 것, 바로 숲을 키우고 대를 이어갈 푸른 희망을 키우는 것입니다.

버즘나무 플라타너스로 더 잘 알려진 버즘나무는 뛰어난 대기오염 정화능력으로 도시의 가로수로 사랑받고 있습니다.

상수리나무 도토리나무라 불리 상수리나무는 공해에 강해 오염된 맑게 해줍니다.

는 것입니다

기가 세상을
는

소나무 액운을 막아주는 소나무는
잎은 차로, 약으로, 또 건강식으로
우리의 생활을 풍요롭게 해줍니다.

잣나무 늠름한 기상으로 소나무과의
나무 중 한국을 대표하는 소나무인
잣나무. 열매인 잣은 식용으로,
약용으로 두루 쓰입니다.

전나무 공해에 민감해 환경오염의
바로미터가 되고 있는 전나무. 잎, 수피,
나무진 등이 모두 한방 약재로
사용되고 있습니다.

느티나무 가장 짙은 녹음을 만들기로 유명한 느티나무.
마을의 번영과 안녕을 지켜주는 행운목입니다.

은행나무 지구상에서 가장 오래된
식물인 은행나무. 우리 민족과 오랜 세월
고락을 함께한 민족의 나무입니다.

3/1~8/4
160명

● **행사내용** : 숲과 물, 대기, 토양, 생태 등의 체험교육, 국악 배우기,
 숲속 음악회, 목공교실, 영화만들기, 캠프파이어 등
※ 그린캠프는 (우리강산 푸르게 푸르게) 교육기금으로 전액 지원됩니다.
※ 그린캠프는 산림청이 후원합니다.

유한킴벌리

H

글래머
원더브라
1994

ELLO OYS.

기관의 신뢰성 및 안전성을 고려하는데 이에 대응하여 금융기관에서도 이념이나 비전을 내세우는 광고 활동을 활발히 전개한다. 이렇듯 기업 광고 비중이 많은 것도 금융 광고의 한 특징이다.

긍정 소구 positive appeals 적극적으로 소비자 문제를 해결하거나 만족감의 증대를 강조하는 소구 형식. 이것을 사용하면 이렇게 좋아진다는 광고 유형이다. 이에 반해 부정 소구는 잠재고객의 불쾌감과 불안감에 호소하는 소구다.

기념일 anniversary 기념하는 날. 국가 차원에서는 정부가 제정하여 기념하는 국가기념일로 대표적으로 3·1절, 광복절 등이 있다. 단체나 회사 차원에서는 개교기념일, 창립기념일 등, 개인 차원에서는 결혼기념일, 생일 등을 들 수 있다. 스승의 날에 이 땅의 교육 문제와 스승에 대한 감사의 정을 표하는 기업 광고, 한글날에 한글 소프트웨어 개발 의지를 다지는 컴퓨터회사 광고, 3·1절에 민족 기술에의 의지를 다지는 광고, 광복절에 다국적 회사와의 일전을 선포하는 광고, 개천절에 세계화를 향한 자신들의 열정을 보여주는 광고 등은 기념일에 맞춘 광고의 사례다. 기념일이라는 시의성에 기업 비전 따위를 결합한 형태의 광고가 지배적이다. ■

기록영화 documentary film 사실을 기록하는 논픽션 영화. 형식은 상당히 다양하나 궁극적으로는 관객으로 하여금 사실에 대한 올바른 이해를 유도하려는 목적을 가진다. 기록영화와 극영화는 서로 다른 형식이지만 이 양자가 더욱 접근해서 미묘하게 융합되는 것이 최근 경향이다. 광고에서 기록영화에 대한 관심은 논픽션 영화가 제공하는 사실에 관한 묘사다. 기록영화에는 보는 사람으로 하여금 자신이 보고 있는 것이 조작됨이 없이 진실을 기록하고 있다고 느끼게 하는 요소가 있다. 광고는 통상 '꾸며진' 이야기를 전제로 하는 경우가 많지만 진실성이 관건이 되는 경우, 기록영화 문법을 의식적으로 차용한다. 가령 들고 찍은 카메라, 조악한 화질, 등장인물의 익명성, 즉흥 대사 따위다.

기만 광고 deceptive advertising 사실을 은폐하여 소비자를 속이거나 속일 우려가 있는 광고. 여기서 기만이란 일반적으로 서로 지켜야 할 신의와 성실의 의무를 저버리는 모든 행위다. 현실적으로 소비자가 속는 내용의 광고뿐만 아니라 기만 가능성이 있는 광고를 포함한다. 또 광고의 부분적인 내용은 사실일지라도 전체 인상이 기만적인 경우가 있다면 그 광고도 기만 광고로 분류하는데 소비자는 광고 전체가 발산하는 인상으로 광고를 이해하기 때문이다. 기만 광고의 유형은 무척 다양하다. 예를 들어 공공기관이 아니면서 마치 공공기관인 것처럼 표현하는 광고, 광고 상품과 직접 관련

이 없는 자료나 통계를 인용하는 광고, 국내 제품을 외국 제품으로 혹은 외국 제품을 국내 제품으로 오인시킬 우려가 있는 광고 등이다. 한편 광고문구의 해석 범위도 기만 광고를 판단하는 요인이 된다. 만약 광고 내용이 두 가지 이상으로 해석될 수 있고 그중 어느 하나라도 기만적이라면 기만 광고로 간주한다.

기부 광고 donation advertising 각급 학교 교내지, 대학촌 행사 팸플릿, 문화예술단체 행사 프로그램에 협찬 형식으로 게재되는 광고. 직접적인 광고효과를 노리거나 상품 판매를 제고한다기보다는 지역사회 혹은 커뮤니티와 호의적인 관계를 목적으로 하며, 사회공헌 활동의 일환으로 이루어지기도 한다. 따라서 광고예산의 관점에서만 게재 여부를 결정하지 않는다.

기사 중 광고 기사의 중간에 위치한 광고. 규격은 대체로 작은 편이지만 구독자가 기사에 열중하다가 순간적으로 광고를 보게 되므로 인지도가 높다.

기사 하 광고 기사 아래에 위치한 광고. 대표적으로 신문 1면의 하단 광고가 기사 하 광고다. 우리나라의 경우 신문 1면은 4단 37cm 이상의 광고물은 게재하지 않는데 광고 규격이 커지면 광고가 기사를 압도하여 신문 이미지에 영향을 주기 때문이다. 전통적인 권위지들은 신문의 가장 중요한 공간에 상업적 요소를 개입시키지 않기 위해 1면에 광고를 싣지 않는 경우도 상당했으나 신문산업의 퇴조와 함께 경영이 점차 악화되면서 광고를 게재하는 사례가 점차 늘고 있다. 〈뉴욕 타임스〉는 2009년부터 1면 광고를 허용했다. 일본의 주요 신문은 1면 기사 하 광고로 서적 광고만을 싣는다.

기업 광고 corporate advertising 잠재고객과 현존고객, 나아가 공중이 기업에 대해 좋은 이미지를 갖도록 하기 위해 실시하는 광고. 오늘날 기업은 대부분 다제품군을 출시하고 있는데, 신제품을 계속 개발하는 것이 힘들고 개별 상품을 모두 광고하기도 어렵다. 또 기술 평준화로 경쟁사보다 뛰어난 제품을 개발하기도 힘들어졌다. 이런 상황에서 기업 광고를 통해 기업 이미지를 집중적으로 조성한다면 궁극적으로 상품 판매에 긍정적인 모티브가 될 수 있다. 한편 기업 활동이 사회 구성원의 생활 수준 향상에 큰 공헌을 했지만 공해 문제, 소득 불균형 등 부작용도 만만치 않다. 이에 따라 기업의 사회적 역할에 대한 관점이 제기되어, 이에 대응하는 한 형식으로서 기업 광고의 필요성이 나타난 것이 기업 광고가 증가하게 된 주요 원인이다. 종전 기업 광고는 세계와 인류, 우주와 미래 등을 소재로 기업 사명이나 비전을 큰 스케일로 제시하는 광고가 대부분이었다. 가령 "인간과 호흡하는 기술", "2000년 문명의 실크로드가 다시 열리고 있습니다", "기아에 시달리지 않는 세상" 따위를 앞세우는 거대담론 광고다. 이런 유

"오늘은 속이 불편하구나"

참으로 어려웠던 시절.
그날도 선생님은 여김없이
두 개의 도시락을 가져 오셨습니다.

여느때는 그중 한 개를 선생님이 드시고
나머지를 우리에게 내놓곤 하셨는데,
그날은 두 개의 도시락 모두를 우리에게 주시고는
"오늘은 속이 불편하구나"하시며
교실 밖으로 나가셨습니다.

찬물 한 주발로 빈 속을 채우시고는
어린 마음을 달래시려고
그후 그렇게나 자주 속이 안 좋으셨다는 걸
깨닫게 된 것은 긴 세월이 지난 뒤였습니다.

선생님의 도시락으로 배를 채우고
선생님의 사랑으로 마음을 채운 우리는,
이제 50고개를 바라보는 완성한 중년들.

그 옛날 선생님의 꿈나무였던 우리는
기업에서, 교단에서,
공직에서, 농어촌에서,
연구기관에서, 봉사단체에서
나름대로 사람 값을 하고자 열심히 살고 있습니다.

살아 계신다면,
걸어오신 질실 평생이 한 점 티 없으실,
그래서 자랑과 보람으로 주름진 선생님의 얼굴에
아직도 피어계실 그 미소를 그리면서
그때의 제자들이 다시 되고픈 마음입니다.

의 자기중심적 광고가 여전히 만들어지는 한편에선 구성원에게 중요한 가치를 생활 속 이야기로 섬세하게 전개하는 광고가 기업 광고의 지류를 형성하고 있다. 가령 학교폭력과 같은 우리 사회의 어두운 면을 드러내면서 이를 해결하기 위한 방안을 공동체 차원에서 모색하는 캠페인류의 광고가 그렇다. 수산과 항만 산업이라는 자신들의 터전을 물방울이 '바다가 좋다'라는 글자로 형상화시킨 동원산업의 1991년 기업 광고는 메시지 과잉에 빠져 있는 수많은 기업 광고들과 여러 면에서 구별되는, 한국 기업 광고의 수작이라 평가할 만하다. 이 광고는 제37회 칸 국제광고제 동사자상을 수상했다. ■

기업문화 corporate culture 기업에 소속되어 있는 구성원들이 공동으로 가지고 있는 공유가치와 그것이 투영된 행동양식. 여기서 공유가치란 기업이 지향하고자 하는 기업이념을 의미하고 행동양식은 기업이념이 조직 구성원에 의해 인지되어 실천적으로 나타나는 행동 스타일을 뜻하나 반드시 양자가 순서대로 작용하지는 않는다. 기업은 성장함에 따라 사내·외적으로 작용하는 문화기능이 변화하게 되어 이에 적응할 수 있는 새로운 기업문화를 규정할 필요가 있다. 기업문화는 기업이념, 경영이념, 경영철학, 기업정신, 기업목표, 사훈, 사시(社是), 기업상(像)이란 용어와 혼동되기도 하나 기업문화는 이런 것들을 포함하는 광의의 뜻으로 쓰인다. 시아이(CI: corporate identity)나 기업 광고 등이 기업 이미지를 심어주는 수단이라는 점에서 기업문화와 연관을 갖는다.

기업 보이스 corporate voice 기업을 사운드로 대표하는 심벌. 통상 회사를 나타내는 상징은 마크, 로고타이프, 기업 컬러 등 시각적인 것이 주류를 이루어왔으나 영상 광고를 중심으로 사운드를 상징으로 이용하는 사례가 생겼다. 성우의 목소리일 수도, 특별히 만든 음향 효과일 수도 있다.

기업 생태계 corporate ecosystem 기술 발전과 시장 통합의 흐름 속에서 기업 사이의 상호의존성이 커지면서 종래 사업 모델과는 다른 사업 환경을 조성해야 할 필요성에 따라 나타난 움직임으로 단선적인 이익 중심적인 사고에서 벗어나 다양한 시장 참여자와의 협업을 통해 건강한 시장 환경을 창조하려는 개념. 몇 가지 유형이 있는데, 예를 들면 애플사의 오픈마켓 앱스토어와 같이 플랫폼 모델을 형성하는 것으로 이용자와 개발자를 연결시켜 생태계 전반의 상생을 창조하는 것을 들 수 있다. 또 검색업체 구글(www.google.com)의 지도 서비스 어스처럼 특화된 서비스를 개방하여 공동체 후생을 증진하는 동시에 기업 이미지를 높여 새로운 사업 기회를 창출하는 모델도 있다. 그 외 기업의 외부에서 아이디어를 구하고, 내부 자원을 개방하는 개방형

협업 모델도 있다. 이 개념은 장기적인 이익을 노리는 유형의 사업 모델이라기보다는 오늘날 기업 경영이 공동체가 추구하는 가치를 존중하려는 흐름으로 파악할 필요가 있다.

기업 영화 corporate film 기업 홍보 등 목적을 위해 제작되는 일련의 영상물. 주로 사업 내용이나 신제품 출시와 같은 내용을 일반 혹은 관계자에게 홍보하기 위해 제작되는 경우가 대부분이나 사원 교육용 영상물 혹은 사내 보고용 영상물, 행사에 상영하기 위해 제작되는 행사 영상물 등도 기업 영화의 범주에 속한다. 통상 10분 내외의 분량으로 다큐멘터리, 드라마 등 다양한 형식으로 제작한다. 기업 영화라는 용어는 흔히 홍보 영화와 혼용된다. 홍보 영화는 기업 및 조직체의 홍보를 위해 제작되는 영화를 뜻하는 영상물이란 뜻으로 기업뿐만 아니라 정부, 지방자치단체, 위원회, 정부 투자기관 등 영리를 목적으로 하지 않는 모든 조직체를 포함하므로 기업 영화를 포괄하는 개념이다.

기업 이미지 corporate image 사람들이 기업에 대해 가지는 인상 혹은 지각. 공중이 기업에 대해 느끼는 인상이므로 기업에서는 이를 효과적으로 관리하려고 한다. 기업 이미지는 회사에 대한 소비자 태도와 기업이 출시하는 제품 이미지에 영향을 준다.

기업 전용서체 corporate typeface 기업 커뮤니케이션 활동에 있어 통일된 기업 아이덴티티를 정립하려는 의도로 개발하는 서체. 로고와 심벌 등을 넘어 활자체를 기업 아이덴티티의 정립 수단으로 활용하는 것이다. 최근의 온라인, 모바일 환경 속에서 소비자와의 대면 커뮤니케이션의 중요성이 갈수록 증대되는 환경과 특히 서체 제작 관련 소프트웨어의 발달로 서체 한 벌을 완성하는 데 소요되는 시간과 비용이 현저하게 감소하여 기업 입장에서 전용서체를 도입하는 것이 현실적인 선택 수단으로 등장했다. 우리나라의 본격적인 기업 전용서체는 현대카드사가 2004년 5월 선보인 일명 '유앤아이'(Youandi)체로, 네덜란드 디자인 회사 토탈아이덴티티가 제작한 영문 서체와 그것을 토대로 서체 디자인 회사 산돌커뮤니케이션이 제작한 한글 서체로 구성된 서체다. 그 외 대표적인 전용서체로는 이동통신회사 KT의 올레체, 포털 사이트 네이버(www.naver.com)와 다음(www.daum.net)의 나눔글꼴과 다음체, 아모레퍼시픽의 아리따글꼴, 전자상거래 회사 옥션의 옥션고딕 등이 있다. 회사는 이 전용서체를 홍보 및 광고는 물론 제품 디자인과 사인을 포함하여 전사적인 글자 정보체계 안에서 사용한다. 조선일보사와 한겨레신문사의 조선일보명조체와 한겨레결체도 일종의 전용서체이며 서울시가 2009년 발표한 서울한강체와 서울남산체로 구성된 서울체 또한 대표적인 전용서체 도입 사례다.

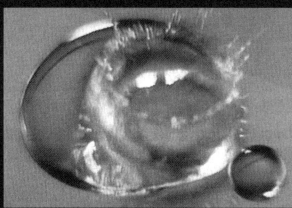

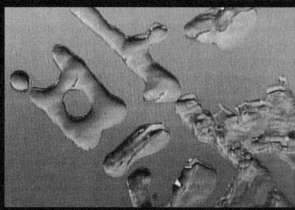

바다를 소중히, 미래를 소중히~

⊕동원산업(주)

태어날 때부터
마라톤을
시작한 형진이

남보다 수십배 느리지만
멈추지 않고 인생을 달리는 아이
세상이 그어놓은 선을 넘을 때가
마라톤의 완주인 아이
형진이에게 결승선이 멀지 않았다고
손짓해 주시겠습니까?

투모로우 팩토리는 이 세상, 수많은 형진이의 내일을 만들어주고 싶어요. 장애인을 위한 마라톤 구간별 서비스 같은
기술로, 그리고 변함없는 마음으로... 투모로우 팩토리는 내일을 잃어버린 사람들에게 희망을 주는 방법을 계속 만들어낼거에요.
거기엔 여러분도 한 몫하셔야 하구요. 아, 그러면 여러분도 투모로우 팩토리가 되는 건가요?

희망이 부족한 곳이면 어디든 달려갑니다. 투모로우팩토리

대한민국을 새롭게 하는 힘
SK Telecom

세상을 아름답게 하는 정보통신, 부족한 희망을 채워가는 SK텔레콤

▶모바일미아/채팅&어린이 찾기 캠페인　▶긴급 재난문자방송 서비스　▶아름다운 통화 캠페인　▶1004♥사랑나눔 캠페인　▶i-Kids 서비스　▶국제로밍 Global Safety 서비스

기업 커뮤니케이션 corporate communication 기업이 외부로 발신하는 정보전달 활동. 정보 그 자체로서 광고 및 홍보, 이벤트를 포함해 상품, 포장, 명함, 건물, 차량과 같은 실체가 발신하는 정보, 그 외에도 주주, 경영자, 종업원 등 기업 조직원이 전달하는 정보를 모두 포함한다. 종래 기업은 양질의 상품 및 서비스를 개발하고 광고를 중심으로 한 상품 광고에 치중해왔는데 상품 및 서비스의 판매에 기업 이미지가 점차 영향을 주는 환경이 도래함에 따라 적절한 기업 커뮤니케이션 활동을 요청받고 있다. 사실상 기업은 소비자, 소비자단체, 주주, 투자자, 채권자, 지역사회 주민, 금융기관, 지방자치단체, 언론, 정부, 공공단체 등에 둘러싸여 있으며 이들은 모두 어떤 기업에 관해 특정한 기업 이미지를 가지고 있고 그것이 기업에 불리하게 형성된다면 장기적으로 기업 목적 달성에 부정적인 작용을 할 것이다. 기업 이미지는 크게 이념 이미지, 행동 이미지, 시각 이미지가 결합되어 형성된다. 여기서 이념 이미지란 기업의 경영이념, 경영신조, 슬로건 및 사풍 따위를 말하고, 행동 이미지란 제품 개발, 광고, 홍보, 판매, 유통, 사원 교육, 환경 대책, 인사, 노무, 노동환경 등 사원 개개인의 행동은 물론 기업 전체의 행동을 말하며 시각 이미지는 상품, 포장, 차량, 옥외 광고, 간판, 공업 디자인 등 시각적으로 지각되는 이미지의 총체를 뜻한다. 기업 이미지는 이처럼 기업이념과 기업이념에 따른 기업 행동이 공중으로부터 평가받고, 시각 이미지에 대한 공중의 인식이 결합되어 종합적으로 형성된다. 이런 기업 이미지를 관리해 바람직한 공중관계를 만들어 기업 목적을 달성하기 위한 것이 기업 커뮤니케이션 활동이다.

기업 컬러 corporate color 기업 커뮤니케이션 활동 속에서 자사의 아이덴티티를 소구하기 위해 전략적으로 이용하는 색채. 대표적인 것이 코카콜라의 빨강.

기하학 geometry 원형, 삼각형, 사각형 등 규칙적 패턴과 각도를 가진 형태. 삼각형으로 된 교통표지판, 원형으로 된 회사 로고 등은 모두 기하학 형태로 표현한 전달매체다.

기호 sign 어떤 대상의 의미를 나타내는 표시. 특정 사고나 사항을 나타내는 부호나 표식. 어느 정도는 보편적인 의미를 띠는 경우가 많다. 즉, 하트(♥)는 사랑, 녹색은 자연, 해골은 죽음을 나타내는 기호다. 현대 일상생활에서 보는 도로표지판과 교통신호, 지도상의 표식, 일기예보에서의 날씨 기호, 종합경기장의 픽토그램 따위도 우리가 이해하는 기호의 일종이다. 기업의 상표도 기호처럼 작용한다. 가령 스포츠 회사 나이키, 아디다스, 퓨마 등은 자사 고유의 심벌 소비자로 하여금 특유의 이미지와 연상 작용을 하도록 한다. 코카콜라, 리바이스, 말버러 담배 등은 광고를 넘어 대중문화의 한 부분으로서 미국을 상징하는 기호이기도 하다. 광고기호학에서는 시청자에게 시청각의 영향을 주는 모든 요소들을 일종의 언어적 기호로 보고 있는데 예컨대 하나의 광고 텍스트는 광고 문안 등의 언어기호와 사진, 영상, 일러스트레이션 등의 영상기호, 그리고 음악, 음향, 대사 등과 같은 음성기호로 구성되어 있다는 것이다. 한편 페르디낭 드 소쉬르(Ferdinand de Saussure)에 의하면 어떤 대상을 의미적으로 대신하는 기호의 내적 관계를 기표와 기의를 구분함으로써 드러낼 수 있다고 한다. 여기서 기표(signifier)란 기호를 구성하고 있는 물리적 실체인 말, 그림, 문자 등을 말하며, 기의(signified)란 기표에 내재되어 있는 의미를 말한다. 예를 들어 광고에 등장하는 젊은 여성 모델(기호)이 말하는 대사(기표)가 가지고 있는 의미(기의)는 광고의 맥락뿐만 아니라 사회 구성원들에게 공통적으로 작용하는 의미전달 체계 속에서 해석할 수 있다.

ㄴ

나이 age 살아온 햇수로 세대를 나누는 기준. 세대 간 차이에 따른 문화 감수성이 극히 대비되는 우리나라에서 특히 '나이'가 테마가 되는 광고 캠페인이 많다. 개별 광고로 회자되는 사례로는 1982년 제과업체 해태제과 알로에껌 광고의 '17세 이상만 씹어주세요'라는 슬로건, 브랜드 컨셉트 차원에서는 1999년 이동통신회사 SK텔레콤의 브랜드 키워드였던 '처음 만나는 자유, 스무 살의 011 TTL'을 대표적으로 꼽을 수 있다. 이 외에도 금기에 도전하는 젊은 세대, 이른바 '신세대'를 찬양하는 따위의 광고는 셀 수 없이 많다. 1990년대에 저널리즘에 의해 만들어진 용어 '386세대'(30대, 80년대 학번, 60년대 출생)도 연령을 기준으로 한 세대 구분으로 볼 수 있으나 여기엔 1980년대 민주화 세대라는 문화정치적 의미가 깔려 있다. 이른바 P세대, X세대, N세대 따위도 물리적 연령에 당대의 특징적 사회 가치관을 투영시킨 세대 구분으로, 광고를 만드는 과정에서 이들의 가치관을 반영한다거나, 광고 타깃을 질적으로 구분할 때 참조할 만한 단서로 취급되는 등 이런저런 측면에서 광고와 관련을 맺는다. ■

난색 warm color 심리적으로 따뜻한 느낌을 주는 색. 심리적 주관에 의한 것이어서 '따뜻한 색'(난색)과 '차가운 색'(한색)을 객관적으로 구분하는 것은 쉬운 일이 아니지만 공통된 시각 경험의 누적으로 고착된 색의 이미지로 이해할 수 있다. 즉, 불꽃 색채는 따뜻하고 얼음 색채는 차갑다. 난색에 속하는 주요 색은 빨강, 주황, 노랑 등이다.

낭만 romance 정서적으로 사물을 파악하는 심리 상태. 혹은 그런 심리 상태로 인한 감미로운 분위기. 낭만은 서정적이고 비현실적이며 어느 정도 환상적인 것으로 사리 판단을 냉철하게 하는 이성(理性)과는 대조적인 상태. 또한 남녀 간 사랑의 감정으로 애틋하고 아련한 감정 상태를 수식하는 단어이기도 하다. 광고의 기저에 흐르는 흔한 감성 중 하나이며 이런 유형의 광고에서 카피는 차라리 시(詩)와 유사한 것이 된다. 그러나 낭만을 광고에서 표현하는 것이 그렇게 쉬운 일이 아니다. 낭만 광고가 만드는 여백의 모호성이 문제가 되기도 하지만, 광고 의도가 뚜렷해지면 낭만성은 퇴색되어 흔적만 남는다.

낯설게하기 defamiliarization 어떤 사건이나 상황을 묘사할 때 친숙하거나 새롭지 않은 언어, 사물, 관념, 상황을 두드러지게 돋보이게 하여 보는 사람에게 일종의 거리감을 느끼게 하는 기법. 러시아의 형식주의자 빅토르 보리소비치 시클롭스키(Viktor Borisovich Shklovsky)가 제기한 이론이며, 독일 극작가 베르톨트 브레히트(Bertolt Brecht)의 서사극 이론의 바탕이 되는 극작 기법이다. 가령 연극에서 관객의 몰입을 방해하는 장치를 두어 관객으로 하여금 극중 현실에 비판적 거리감을 취하도록 만드는 것이다. 브레히트는 이를 소격효과(疏隔效果)라고 했다. 이 기법은 문학, 연극, 영화, 드라마 등의 재현 장르에서 관습적인 지각 방식을 변화시킴으로써 일상적인 것으로 넘겨버렸던 것에 대한 각성을 일으켜 최소한 우리가 보고 있는 사건의 의미를 새로운 시각으로 바라보도록 하는 구실을 한다. 광고는 일반적으로 유형화된 메시지 형식을 취하지만, 때때로 형식 전복을 통해 상황을 생소한 방식으로 묘사함으로써 오디언스로 하여금 광고 내용 혹은 상품과 의미 있는 거리감을 창조하여 화제를 일으키곤 한다. 1998년 한미은행이 전개한 일련의 광고 캠페인을 예로 들 수 있는데 한 부부의 거실 대화를 소재로 한 이 은행 광고의 에피소드는 상황이 너무 일상적이어서 무척 이질적으로 보인다. 이때 시청자는 광고가 묘사하는 상황에 빠져드는 대신 그것을 관찰하면서 광고 에피소드를 자신의 방식대로 받아들인다. ■

내레이션 narration 방송이나 영화에서 사건을 묘사하거나 줄거리를 말하는 것. 일반적으로 내레이션은 등장인물이 아닌 화면 밖 목소리로 구사되는 해설이다. 기

티티엘

스무살의 011

튼튼하기에
고객이 찾는 은행이 있습니다

알차고 튼튼한 —
한미은행   KorAm Bank

낮설게하기
한미은행
1998

록영화나 홍보 영화에서 어떤 상황이나 주제에 대해 설명을 할 때 성우나 그 분야의 전문가가 중립적인 입장에서 내레이션을 한다. 픽션 영화에서 내레이션은 등장인물과 그들이 처한 상황에 대한 사실을 알려주고 시간의 간격이 생긴 동안에 발생한 일을 요약하며 미래에 일어날 사건을 암시하기도 한다. 때때로 내레이션은 화면 연속성을 부여하는 구실도 하는데 화면에서 벌어지는 사건이 연속적이지 않더라도 내레이션을 이용하면 관객은 이야기가 연속적이라고 느낀다. 광고에서 내레이션은 영화에서처럼 관찰자 시점의 목소리를 뜻하기도 하지만 대개는 광고주 메시지의 전달자 역할을 한다. 이때 들리는 목소리는 제3자인 전문 성우이거나 시청자에게 잘 알려진 전속 모델이다.

내레이터 narrator 해설하는 사람. 대개는 3인칭이지만 1인칭으로 등장하는 경우도 있다. 대부분 내레이터는 화면에 나오지 않는데 드물게 화면에 해설자가 등장하기도 한다.

내비게이션 navigation 목적지에 정확하게 도착할 수 있도록 유도하는 항법장치. 항공기, 선박 등에 사용되며 자동차 편의장치에 도입되면서 일상생활에도 널리 쓰이는 기술이 됐다. 미국이 위성 위치확인 시스템, 즉 GPS(global positioning system) 위성을 개방한 2000년 이후부터 세계적으로 민간업체에 의해 GPS 내비게이션 제품이 대거 출시됐다. 최근 내비게이션은 DMB 방송 수신은 물론 동영상 및 MP3 재생 등 멀티미디어 엔터테인먼트 기기로 발전하고 있으며 DMB 방송망을 이용하여 교통정보를 수신해서 최단거리 주행거리를 안내할 수 있다. 전자지도를 탑재한 휴대전화기 역시 동일한 기능을 수행하는데 이에 따라 주행정보와 지역정보를 결합한 광고가 활성화할 가능성이 커졌다.

내의 connotation 화면이나 음성에 의한 기호의 일차적인 의미가 아니라 그것이 담고 있는 의미를 지칭하는 말. 예를 들어 광고에서 행복한 가족의 모습은 제품 사용에 대한 만족, 제품 사용으로 인한 화목, 나아가서는 제품 구매가 가정의 행복과 연결되는 것까지를 내포한다. 내의는 광고의 심층 분석 혹은 기호학적 광고 분석에 중요한 개념이다.

내지 광고 inside advertising 표지에 게재되는 광고를 제외한 잡지 안쪽 페이지에 게재되는 광고. 표지에 실리는 표지 광고와 비교하는 의미로 쓰인다.

네거 텔레시네 nega telecine 네거필름에서 직접 비디오로 전환하는 방식. 네거필름에서 바로 전환하므로 포지티브 단계로 재현상하는 과정에서 생기는 화질 손실을 막을 수 있고 그 과정이 매우 빨라 방송 광고는 거

의 이 과정을 거친다. 네거 텔레시네가 되기 전까지는 네거필름을 현상한 포지필름으로부터 비디오테이프로 전환할 수밖에 없어 필름 특유의 세밀한 재현성이 부족하다는 결점이 있었다. 네거 텔레시네가 이런 문제를 해결해주었는데, 즉 35mm 필름으로 촬영한 최적 상태의 영상을 화질 손실 없이 전환할 수 있게 된 것이다.

네거티브 캠페인 negative campaign 자신의 장점보다는 경쟁자의 약점을 공략하는 캠페인 전략. 상대방의 약점을 크게 부각하고 그것의 정당하지 못함을 역설한다. 공격의 대상이 되는 것은 상대방의 제품 결함, 불공정 행위, 위법 사실 등이며 이를 단순한 고지 형식으로 분명하게 알리는 방식을 취한다. 대개 경쟁자의 반격이 이어지고 언론의 취재 대상이 되면서 사회적 논란으로 확대되는 수순을 거치며 법적 송사로 이어지는 경우도 있다. 네거티브 캠페인이 벌어지면 소비자는 더 좋은 것보다는 덜 나쁜 것을 선택하게 되어 바람직한 소구 방법이라고는 볼 수 없지만 중요한 쟁점이 공개되고 여론의 지지를 얻는 과정에서 옥석이 가려지는 순기능도 있다. 네거티브 캠페인은 시장에서 경쟁자 수가 적고 품질 차이가 현격하지 않을 때, 어떤 이슈에 대해 서로 대립하는 위치에 있을 때 일어날 가능성이 높다. 이 캠페인은 선거 광고에서 특히 중요한 소구 방식이다. 이념체계로 경쟁하는 선거에서 네거티브 캠페인은 유권자로 하여금 상대방과 자신을 명확히 구분하게 하는 유용한 수단이다.

네거 편집 negative cutting 촬영 원본인 네거필름으로 편집하는 일. 네거필름은 잘못 다루면 필름에 상처가 생길 위험성이 있어 일단 네거티브를 현상하여 작업용 필름인 러시를 만들어 편집 작업을 하고 편집 완료된 러시필름을 가지고 다시 네거필름과 정확히 맞추어 편집을 하게 되는데 이것을 네거 편집이라고 한다. 초창기 텔레비전 광고 제작 방식으로 오늘날 광고에서는 네거 편집을 하지 않는다.

네온사인 neon sign 네온관으로 만든 야간 점등용 사인. 주입되어 있는 가스와 유리관 내벽에 칠해진 형광도료의 성분에 따라 여러 종류의 색깔을 만들어낼 수 있으며, 이런 색색의 네온관을 여러 형태로 배열하여 문자 및 도형을 만들고, 여기에 전기적 조작에 의한 프로그램을 적용시켜 다양한 패턴을 만든다. 옥외 광고물의 사인 간판 등으로 널리 쓰인다. 네온사인의 특징으로는 다음과 같은 것들이 있다. 첫째, 다른 옥외매체에 비해 규모가 커서 웅장한 표현을 할 수 있다. 상표 및 마크 등을 커다란 스케일로 제시하여 기업 사세 시시 및 심벌화를 이룩할 수 있으며 그 결과로 기업 이미지의 강력한 표출이 가능하다. 둘째, 색채나 디자인의 다양한 표현이 가능하여 차별화된 광고 표현을 할 수 있다. 그 외 도시야경 및 도시미관 창출에 기여하는 공

익적 성격도 있다.

네트워크 network □ 서로 다른 지역에 있는 두 개 혹은 그 이상의 방송국들이 동시에 같은 프로그램을 방송하는 시스템. 네트워크를 통해 프로그램을 송출하는 방송국을 키국(key station), 수신하는 방송국을 가맹국이라고 한다. 브이티아르(VTR)나 녹음테이프를 전달함으로써 행해지는 동시 방송 및 시차 방송은 순수한 의미로 네트워크라고 하지 않는다. 네트워크는 개별 방송국이 자체적으로 제작하여 방영하는 프로그램 수준보다 월등히 뛰어나면서도 저렴한 가격으로 양질의 프로그램을 방영할 수 있다는 장점이 있다. 따라서 네트워크 가맹국은 프로그램을 자체 제작하거나 구입하는 것보다 훨씬 경제적으로 프로그램을 방영할 수 있고 시청률도 높일 수 있다. 대표적인 네트워크는 미국의 ABC, CBS, NBC 등이며 우리나라의 경우는 KBS와 MBC가 있다. 한편 위성 등을 통해 전국 케이블 시스템에 프로그램을 공급하는 프로그램 공급자(program provider)들은 케이블 네트워크라고 하는데 그 개념은 공중파 방송의 경우와 거의 유사하나 프로그램 공급자별로 채널이 전문화되어 있다는 것이 특성이다. □ 컴퓨터들이 파일을 공유하거나 교환하는 등 서로 유기적으로 동작할 수 있도록 각종 하드웨어와 소프트웨어를 사용하여 이들을 연결한 시스템. 컴퓨터에 의해 작동되는 데이터 통신망을 말한다.

노랑 yellow 빨강, 파랑과 함께 일차색 중 하나. 일차색이란 다른 색을 섞어서 만들 수 없는 색이다. 노랑은 밝은 색이며, 낙관적이고 유쾌하다. 스마일 운동의 로고가 노랑이다. 태양을 상징하는 노랑은 일반적으로 즐겁고 흥겨운 인상을 주는데 가령 주황과 빨강과 배색한 노랑은 삶의 환희와 에너지를 표현한다. 심리적으로 노랑은 회색 다음으로 불안정한 색이다. 회색은 검정도 아니고 흰색도 아니어서 불안정하다면 노랑은 다른 색의 영향을 크게 받기 때문에 불안하다. 다른 색이 섞이면 노랑은 쉽게 주황, 갈색, 녹색이 된다. 지각 측면에서 노랑은 멀리서도 잘 보이는 대표적인 색이다.

노벨티 novelty 상호나 브랜드명을 적어 잠재소비자에게 무료로 제공하는 물품. 라이터, 캘린더, 성냥, 열쇠고리, 수건, 메모지, 재떨이, 수첩, 볼펜, 화장지 등이 여기에 속하며 넓게 해석하여 독립적인 매체로 분류하기도 한다.

노브랜드 no brand 브랜드 이름이 없는 제품. 일반적으로 가격이 저렴하다.

노출 exposure □ 매체가 오디언스와 광고 메시지를 물리적으로 접촉시켜주는 것. 여기서 노출은 광고 메시지가 오디언스의 가시 영역에 들어와 있는 상태를 말하는

것으로 실제로 오디언스가 그 광고를 인지하거나 지각하는 것과는 다른 개념이다. □ 영상의 포착을 위해 필름면에 광선을 투여하는 것. 명암을 정확하게 재현하려면 노출이 부족하거나 많아서는 안 된다. 노출은 렌즈를 통과하는 광량, 조리개 및 셔터 속도에 의해 조절되는데 광량이 부족하거나 노출 시간이 짧아 발생하는 노출 부족 현상은 영상을 전반적으로 어둡게 만든다. 반대로 광량이 많거나 노출 시간이 정상보다 초과될 때는 노출 과다 현상이 생겨 화면을 지나치게 밝게 만들거나 영상 디테일이 사라지게 한다. 노출 부족과 노출 과다는 물론 의도적으로 사용할 수도 있다. 특히 광고에서는 노출 조절을 통해 미술효과를 얻으려는 시도가 흔하다. 적절한 노출 과다는 깨끗하고 경쾌한 분위기를 묘사하는 데 적합하며 반대로 노출 부족 현상을 이용하면 어둡고 침울한 톤의 영상을 얻을 수 있다. 화장품 광고에서 전속 모델의 클로즈업을 찍을 때 노출을 적절히 높여 얼굴에 투사하면 피부가 보기 좋게 표백되어 잡티 없는 얼굴을 묘사할 수 있다.

노출량 impressions 임프레션. 모든 광고 노출의 누계를 뜻하는 매체 용어. 지아르피(GRP: gross rating points)와 같은 개념이나 백분율로 표시되지 않고 개인이나 가구의 수로 표시된다. 노출량은 두 가지 방법 중 하나로 계산할 수 있다. 주어진 모집단에게 전달된 지아르피를 그 모집단 그룹의 일원으로 곱하는 방식과 스케줄상의 각 광고물에 의해 전달된 오디언스 합계를 더하는 방식이다.

노출 보정 exposure compensation 노출계나 카메라가 측정한 노출치대로 촬영하지 않고 작가의 의도에 맞게 촬영하기 위해 노출을 변화시키는 것. 노출계나 카메라는 평균적인 노출을 기계적으로 계산하는데 그것에 변화를 주어 명암을 강조하는 등의 시도를 할 때 노출 보정을 한다. 또 자동노출 카메라에서 피사체와 배경에 명암 차가 클수록 카메라 노출계의 지시대로 촬영하면 피사체가 노출 부족이나 노출 과다로 나타날 때가 있다. 만약 피사체보다 배경이 현저하게 어두우면 카메라가 지시하는 노출치보다 더 낮은 노출을 택해야 피사체에 정상적인 노출이 구현된다. 같은 방식으로 배경이 피사체보다 현저히 밝은 경우에는 어느 정도 노출을 오버시켜야 하는데 이처럼 노출치를 수정하는 것을 노출 보정이라고 한다.

노출 측정 exposure measurement 촬영 시 광량을 측정하는 일. 노출을 측정하는 방법에는 피사체에 비치는 각 광원의 광량을 측정하는 직사광 측정법과 카메라 렌즈가 받아들이는 광선을 측정하는 반사광 측정법, 스포트 노출계를 하이라이트 부분과 그늘진 부분을 측정하여 그 중간치를 택하거나, 표준 그레이카드를 피사체 위에 놓고 하프톤이 노출 광선의 중간에 자

리 잡게 노출을 맞추는 방법도 있다.

녹색 green 파랑과 노랑의 혼합색. 자연과 생산을 연상시키며 환경의식, 나아가서는 기술사회에 대한 거부를 나타낸다. 봄이 되면 산천을 뒤덮는 색이며 시들고 황량한 것과 대조를 이룬다. 친환경을 강조하는 아파트 광고, 식품 광고에서 볼 수 있는 지배색이며 일반적으로 녹색의 싱그러움과 생명력이 두드러지게 보인다. 색채학에서 녹색은 중립적인 색에 속해 빨강이 뜨겁고 파랑이 차갑다면 녹색은 적당한 온도다. 이렇게 녹색은 극단 사이의 중립으로 마음을 편안하게 해주며 안정적인 느낌을 준다. 종교적으로 녹색은 이슬람의 색으로 아랍연맹의 회원국은 국기에 녹색을 사용한다. 이는 이슬람의 내세적 유토피아가 아름다운 자연의 낙원, 녹색으로 가득한 영원한 오아시스인 것과 연결된다. 녹색은 농도에 따라 많은 종류가 있다. 어둡고 탁한 녹색은 음울한 느낌을 주지만 밝은 녹색은 신록과 에메랄드, 녹색 바다를 떠올리게 한다.

녹음 sound recording 음을 기록하는 일. 테이프에 자기적으로 녹음하는 방식, 음반에 기계적으로 녹음하는 방식, 필름에 광학적으로 녹음하는 방식, 콤팩트디스크나 디지털 테이프에 디지털 신호로 녹음하는 방식 등이 있다. 오늘날에는 당연히 디지털 방식이다. 동시녹음에서 녹음은 행위의 현장에서 이루어지며 후시녹음으로는 얻기 어려운 생생한 라이브즘을 녹음할 수 있다. 실연 혹은 증언 광고와 같이 사실성이 중요한 광고를 만들 때, 라이브를 녹음하기 위해 제작진은 이동형 녹음장비로 현장에서 동시녹음한다. 후시녹음, 즉 스튜디오 녹음은 음악과 내레이션, 녹음 작업의 최종적인 완성을 위한 믹스 작업을 두루 포함한다. 사운드 요소를 거의 완벽하게 통제할 수 있기 때문에 음질 자체는 후시녹음이 우수하다.

논설 광고 논쟁이 되는 이슈에 대해 특정 주장을 전개하여 여론을 유리하게 조성하기 위해 실시하는 광고. 옹호 광고가 기업 활동과 밀접한 관련이 있는 사회적 이슈에 관해 기업 입장을 전달하기 위한 광고라면 논설 광고는 기업뿐만 아니라 개인 및 조직체의 주장을 포함하므로 옹호 광고보다 넓은 개념이다. 의견 광고에 속한다.

농약 광고 agricultural chemical advertising 광고 품목이 농약인 광고. 농업 종사자를 대상으로 하는 농업 광고의 일종이다. 표적고객이 농업 종사자로 한정되므로 농민이 보는 잡지나 신문 등의 매체에 광고가 실린다. 농약은 오용과 남용의 부작용이 심각하고 생태에도 영향을 주기 때문에 표현 규제의 대상이 된다.

농업 광고 agricultural advertising 농가 및 농업 종사자를 대상으로 한 광고. 광의로는 농가를 대상으로 한 모든 광고를 포함시킬 수도 있지만 농업 광고라고 하면 농약이나 농기구 등과 같은 농업용품류를 판매하기 위해 농업 종사자나 농업 생산 단위를 대상으로 한 광고를 말한다. 농업 광고의 대상이 되는 물품은 일반 소비재와는 달리 산업용품이라는 특성이 있으므로 농업 광고도 산업 광고의 일반적 특징을 갖는다.

누드 nude 벌거벗은 모양. 회화 및 사진에서는 신체 곡선과 같은 조형을 추구하는 장르로 인식되며 이때 누드는 미적 표현 대상으로서의 육체를 말한다. 대중 저널리즘에서는 성적 자극을 일으키기 위한 대상으로서 육체를 뜻하기도 한다. 광고에서 누드는 깨끗함, 순결, 순수, 건강을 암시하는 상징으로 자주 이용된다. 오늘날 누드는 전위예술의 예에서 볼 수 있듯 사회의 터부에 도전한다는 의미와 문명의 외피를 버리고 자연으로 회귀하려는 사상을 부분적으로 담고 있다. 광고에서 누드 표현은 사회의 성 관념에 커다란 영향을 받는다. ■

눈맞춤 eye contacting 방송이나 지면에 등장하는 인물이 시청자 혹은 독자와 눈을 맞추는 것. 잡지 표지의 인물이 그런 것처럼 일련의 정서적 감응을 일으키기 때문에 많은 경우 광고 모델은 독자와 눈을 정면으로 맞춘다. 패션 광고가 대표적으로 그렇다. 몸을 돌린 상태로 고개를 젖혀 카메라를 바라보면 신체의 양감을 보기 좋게 묘사할 수 있어 패션 광고 및 패션 화보 촬영에서 흔하게 볼 수 있다. 일반 상품 광고에서도 등장 인물이 소비자를 똑바로 쳐다보며 말을 건네는 것이 그렇지 않은 경우보다 호소력이 뛰어나다. ■

뉴스 news □ 사회의 많은 사람들이 중요하게 생각하는 사실이나 의견의 시의적인 보도. 신문, 방송, 잡지 등 전통적인 저널리즘의 이 본유의 기능으로 사람들은 이를 통해 세상이 어떻게 돌아가고 있는지 알 수 있게 된다. 뉴스는 일반적으로 새로운 사실이고, 대중의 관심을 돋우는 것이며 사회적 맥락을 가진 정보다. 무엇을 알릴 것인지 취재를 통해 그것을 뉴스화하고, 그것을 일정한 형태로 구성하여 배포하는 것이 언론사 고유의 구실이었으나 뉴스의 유통 플랫폼으로서 인터넷이 등장하면서 뉴스 작성과 배포가 완전히 새롭게 정의됐다. 검색업체 구글(www.google.com)을 예로 들면, 특정 검색어가 입력창에 입력되는 빈도를 자동으로 분류하여 어떤 뉴스가 사용자의 관심을 가장 많이 끌고 있는지 파악한 뒤, 이를 토대로 웹소스와 여러 미디어가 제공하는 뉴스를 실시간으로 업데이트하여 서비스한다. 소위 맞춤형 뉴스도 인터넷 시대의 추세다. 웹에서 가장 많이 입력된 검색어, 광고주가 선호하는 키워드, 웹에 해당 주제에 대한 기사가 존재하는지 알고리즘을 통해 파악하여 뉴스를 서비스하는 형태다. 이처럼 온라인으로 배포되는 뉴스는 언론사 데스크의 판단이 아니라 검색정보 통계로 결정된다는 특징이 있다. 이것이 언론사의 뉴스 생산에도 지대한 영향을 미친다. □ 광고가 제공하는 새로운 정보. 광고도 일종의 뉴스 성격을 띠는데 일부 광고의 경우 소비자에게 중요한 내용을 담고 있다는 점에서 그렇다. 신제품 출시, 가격 인하, 정기 세일, 경품 제공, 주택분양 안내, 구인 광고, 모집 광고, 결산 공고 등은 사실에 관한 보도와 같이 소비자에게 가치 있는 경제정보로 간주되곤 한다. 그 외 광고의 주된 테마인 상품 장점을 다양한 형태로 전달하는 행위도 뉴스의 범주에 포함시키기도 한다. 광고가 제공하는 뉴스가 소비자에게 의미 있게 받아들여지려면 정보가 새로운 것이어야 하고 그 내용이 소비자의 경제적 이익과 관련을 맺어야 한다.

뉴스 가치 news value 뉴스의 영향력을 규정하는 척도. 일반적으로 중요도와 흥미도에 따라 뉴스 가치가 결정된다. 중요도란 뉴스의 시의성, 접근성, 근접성, 저명성, 영향력 등의 요소에 의해 결정된다. 예컨대 오래된 것보다는 최근 사실에 관한 뉴스가 가치가 높다. 흥미도는 독자가 관심을 가지는 정도로 인간적 흥미나 경제적 이익, 성(性) 등의 요소에 의해 판가름 난다.

뉴스 사진 news photography 주로 신문과 잡지 등에 싣기 위해 찍는 사진. 보도 사진 또는 포토저널리즘을 뜻한다. 뉴스 사진은 속보성, 현장성, 기록성이 특징이며 시간이 지나면 다큐멘터리 사진의 성격도 띤다.

뉴스 스탠드 서큘레이션 news stand circulation 가판에서 팔린 신문이나 잡지의 부수. 종합지보다는 스포츠신문, 연예신문이 뉴스 스탠드 판매 비율이 높다. 또 조간보다는 석간이 높다.

뉴스 영화 newsreel 시사적으로 발생하는 사건을 담은 기록영화. 역사적으로 뉴스 영화 시대가 열린 것은 제1차 세계대전 당시 전장의 생생한 장면을 담아 공개하면서부터다. 뉴스 영화는 극영화와 달리 배우나 무대 장치, 각본이 필요 없는 대신 기동성 있는 카메라 배치, 기민한 편집 등 많은 점에서 극영화와는 다른 관점에서 제작된다. 뉴스 영화는 사건을 담는 기록매체로서 오랫동안 각광받았으나 1980년대 이후 방송에서 전자 장비가 도입되면서 퇴조하여 오늘날에는 '대한뉴스'가 그런 것처럼 과거에 대한 집단 기억의 의미로만 남아 있다. 기업 영화, 홍보 영화 제작에 뉴스 영화의 기법이 쓰이곤 한다.

뉴에이지 음악 new age music 클래식과 포크뮤직을 포함하는 광범위한 음악 장르를 포괄하는 연주음악으로 일반적으로 비트가 제거되어 있어 서정성이 깊고, 명상음악적인 성격이 강한 음악 장르. 클래식의 정돈됨과 포크의 서정성, 재즈의 자유분방함 등이 결합되어 신시사이저 등의 전자악기 및 피아노, 기타, 클라리넷, 플루트 등 어쿠스틱 악기 등으로 연주되는 현대적인 감성의 낭만적인 음악이라고 할 수 있다. 1980년대 후반 이래 우리나라에 소개되어 널리 인기를 끌었으며 광고음악으로 무수히 쓰였다.

뉴욕 페스티벌 New York Festival 1957년 시작한 국제 광고제. 시상 카테고리와 미디어가 가장 다양한 광고제로 알려져 있으며 현재는 국제어워드그룹유한회사(IAG)가 운영한다. 세계 여러 나라에서 출품하는 작품을 대상으로 각 나라를 대표하는 300여명의 심사위원이 참여하는 심사 과정을 통해 이른바 '월드 베스트 작품'(World Best Works)을 선정한다. '월드 베스트 광고'(World's Best Advertising) 부문에서 주최 측은 예술, 테크닉, 아방가르드, 콜래터럴(Collateral), 디자인, 디지털 & 인터랙티브, 히스패닉 미국 광고, 마케팅, 통합 미디어 캠페인, 옥외, 피아르(PR), 공공서비스, 인쇄, 라디오 분야의 수상작을 선정한다. 이 외 '월드 베스트 라디오 프로그램'(World's Best Radio Programs)과 '월드 베스트 텔레비전 & 필름'(World's Best Television & Films) 부문을 두고 있으며 텔레비전 & 필름 부문에서는 뉴스, 스포츠, 다큐멘터리, 정보, 오락 프로그램뿐만 아니라 뮤직비디오, 인포머셜, 홍보영상, 오프닝 및 ID 영상 분야의 최고작을 선정한다. 뉴욕 광고제는 매년, 수상작 이미지를 수록한 광고연감을 발행한다.

니 숏 knee shot 인물의 무릎에서부터 머리까지를 포착한 장면. 다리가 움직이지 않으면 인물의 연기 영역을 포착할 수 있다. 방송 드라마와 광고에서 가장 많이 볼 수 있는 장면이기도 하다.

니치마켓 niche market 기존의 세분 시장 틈 사이에 소비자 욕구가 존재하는 더욱 세분화된 시장. 이 시장을 위한 마케팅을 니치 마케팅이라고 한다. 어떤 기준에 의해 전체 시장을 몇 개의 동질적인 분야로 구획하고 세분화된 시장의 특질을 추출하여 관리 가능한 시장으로 나누는 것을 시장 세분화라고 하는데 세분 시장을 식별하는 목적은 소비자의 욕구 식별과 이로 인한 표적 설정에 있다. 이에 비해 니치마켓은 아직 충족되지 못한 욕구가 있는 작은 시장이며 이러한 시장은 하나의 세분 시장 속에서도 존재할 수 있다. 다시 말해 니치마켓은 시장 기회를 찾기 위한 목적으로 소비자의 독특한 새로운 욕구를 찾아 시장 세분화의 기준을 더욱 많이 적용하여 설정한 상대적으로 작은 시장을 말한다. 소비자 욕구가 점점 더 섬세하게 분화되는 추세와 맞물려 니치마켓이 각광받고 있으나 일반적으로 그 규모가 작고 시장 자체도 동태적이기 때문에 신속성과 전문성이 수반되지 않으면 실패할 우려가 높은 시장이다.

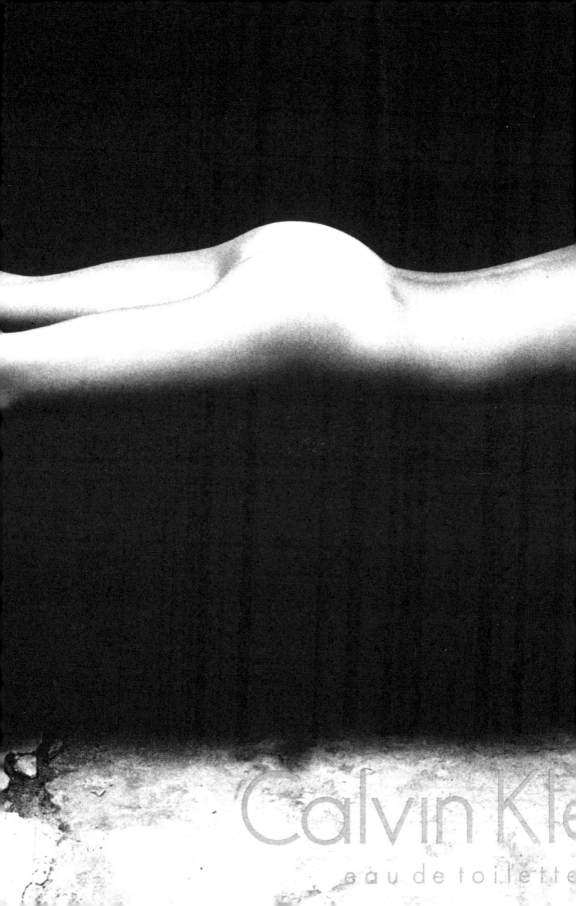

누드
캘빈클라인
1993

RALPH
LAUREN

The Big Pony

AVAILABLE EXCLUSIVELY AT RALPH LAUREN STORES AND POLO.COM

눈맞춤
DKNY
1992

니치마켓 추구자 market nicher 특정 산업을 지배하는 시장선도자와 직접 경쟁하는 것을 피하고 시장선도자가 상대하지 않는 규모가 작은 세분 시장에서 마케팅 활동을 하는 회사. 시장을 지배하는 시장선도자 입장에서는 규모가 미미한 니치마켓이 매력적이지 않을 수 있지만 자원 가용성이 높지 않은 중소회사는 시장의 틈새를 찾아 자원을 집중적으로 투입하면 이 시장에서 경쟁적 우위를 가질 수 있다.

ㄴ

다국적 광고대행사

multi-national advertising agency 여러 나라에 걸쳐 지사를 두고 있는 국제적 규모의 광고대행사. 광고주가 다국적 기업화 됨에 따라 광고대행을 맡고 있던 광고대행사가 마케팅 활동을 서비스하기 위해 광고주 활동 지역에 진출하는 것이 광고대행사가 다국적화되는 이유다.

다그마 DAGMA 광고 목표를 구체적으로 설정하면 광고효과 측정이 가능하다는 이론. 1961년 러셀 콜리(Russel H. Colley)가 발표한 연구 주제(Defining Advertising Goals for Measured Advertising Results)의 머리글자를 딴 것이다. 이론의 중심이 되는 것은 광고 목표인데 광고 목표를 계량화 가능한 수치로 정한다면 광고효과를 측정할 수 있다는 것이 요체다. 여기서 광고 효과 측정은 커뮤니케이션의 효과만 측정할 뿐 판매 결과는 고려하지 않는다. 다그마 이론에 의하면 광고는 판매의 결과도 아니고 판매를 창출하는 것도 아니다. 콜리는 이 이론을 통해 광고 목표란 광고에서 합리적으로 기대할 수 있는 결과를 서술한 것이어야 하며 모든 마케팅 수단이 함께 작용되어 나타나는 결과여서는 안 된다고 밝혔다. 콜리는 광고 목표를 설정하는 데 요구되는 지침을 다음과 같이 제시한다. 첫째, 광고 목표란 광고에서 합리적으로 기대할 수 있는 결과를 서술한 것이어야 한다. 둘째, 목표는 측정 가능한 용어를 사용하여, 글로 표현돼야 한다. 셋째, 진척 상황을 측정할 수 있는 최초의 기준이 있어야 한다. 넷째, 목표는 시장 기회를 합리적으로 분석한 것에 근거하여 결정돼야 한다. 이를 위해 가능한 자료를 수집하고 평가해야 하며 예감, 희망 또는 과거 성과를 단순히 연장한 것에 근거해서는 안 된다.

다다이즘 dadaism 1910년대 중반 이후 유럽의 전위적인 예술가들이 관습적인 예술에 반발하면서 본능과 불합리성을 추구한 문화 운동. 이야기와 논리를 부정하고 사람과 사물에 대한 새로운 조망과 시각을 제공했는데 모나리자 그림에 콧수염을 그린 마르셀 뒤샹(Marcel Duchamp)의 작품에서 보듯 예술 개념을 조롱하는 반예술적 표현이 중요한 특징이다. 패러디의 한 형식으로서 광고에 응용되는 경우가 있다.

다단 무작위 추출 multi stage sampling 무작위 추출을 단계별로 반복하여 표본을 추출하는 방식. 이를테면 모집단 지역에서 우선 몇몇 시·도·읍·면을 무작위로 추출하고 다음에는 그 지역 내에서 동·통 등 소지역을 무작위로 추출하고 마지막으로 그 소지역 내에서 표본을 무작위 추출하는 식이다. 여기서 시·도·읍·면을 1차 추출단위, 동·통을 2차 추출단위, 소지역 내의 표본을 3차 추출단위라고 한다. 단계 수에 따라서 2단무작위추출, 3단 무작위 추출 등으로 불린다. 마케팅 조사에서 다단 무작위 추출이 이용되는 것은 단순 무작위 추출이 비록 조사 정확도를 보장하지만 추출표본이 분산되어 시간과 비용이 많이 들기 때문이다. 그러나 단계 수가 높아질수록 표본오차가 커지는 약점이 있으므로 3단계까지가 한계다.

다면 광고 multiple page advertising 여러 페이지에 연속적으로 구성된 인쇄 광고. 멀티플 페이지 광고. 멀티플 광고라고도 한다. 잡지의 경우 8페이지 혹은 10페이지와 같은 여러 페이지로 이어진 광고를 뜻한다. 많은 정보를 전달할 필요가 있을 때, 지면 편집을 통해 독자에게 강렬한 인상을 주기 위해, 경쟁자의 다면 광고에 대항하기 위해 이 광고를 실행한다.

다이렉트 마케팅 direct marketing 중간유통을 거치지 않은 생산자와 소비자, 생산자와 소매점 간 직접거래를 뜻하는 말. 생산자 직판, 카탈로그 등에 의한 통신판매, 새로운 미디어를 이용한 무점포 판매가 이에 해당한다. 생산자 입장에서는 중간상의 유통마진을 절약할 수 있으나 직접유통에 소요되는 비용이 만만치 않으므로 이에 대한 고려가 필요하다.

다이어그램 diagram 시각전달을 위해 단순화된 기호, 점, 선으로 그린 도식. 말이나 글로 표현하기 어려운 내용을 설명할 때 유용하며 특히 언어를 초월한 커뮤니케이션 수단으로 채택하는 경우가 많다. 그 종류로는 도표, 그래프 등의 통계 다이어그램을 비롯하여 기업체 조직도나 동물 진화 과정을 설명하는 계통 다이어그램, 인체구조 도해 등의 해부 다이어그램 등이 있다. 지하철 노선도, 행사 예정표, 통계지도 등이 대표적인 다이어그램이다.

다중 노출 multiple exposure 한 번 노출된 단일 프레임이 여러 번의 재노출을 받아 결과적으로 한 프레임 안에 여러 영상이 겹치게 하는 사진 기법.

다중 영상 multi image 하나의 화면에 둘 이상의 영상이 독립적으로 담겨 있는 것. 다중 영상은 합성을 통해 이루어진다. 다중 영상을 구사하게 되는 이유는 동시에 일어나고 있는 각각의 행위를 중첩시켜 한꺼번에 보여주기 위함이다. 광고에서도 가끔 쓰는 기법으로 가령 화면의 중간을 경계로 좌우에 각기 다른 영상을 보여주는 것 등이다.

다중 카메라 multi camera 복수의 카메라로 한 장면을 촬영하는 것. 방송 스튜디오 제작의 표준 시스템이다. 이 방식을 택하면 이벤트가 벌어지는 시간과 프로그램이 제작되는 시간이 일치되어 경제적이고 집약적인 제작을 할 수 있다. 다만 화면 선택이 즉시 이루어지기 때문에 카메라 위치나 각도, 화면 사이즈와 같은 화면 구성 요소를 섬세하게 통제하기는 힘들다. 영화에서는 다시 재현하기 힘든 동작이나 이벤트를 찍을 때 여러 대 카메라를 동원한다. 구조물 폭파, 자동차 전복 장면 등이 그 예다. 광고는 거의 한 대 카메라로 촬영하지만 예외적으로 대규모 스턴트 장면 따위에서 다중 카메라를 이용할 때가 있다.

다차원 척도법 multi-dimensional scaling method 시장 혹은 제품의 공통적인 항목을 척도화하여 수평과 수직선으로 설정하고 해당되는 상품을 그 척도에 맞게 위치 지우는 기법. 시장 기회 발견, 포지셔닝 수립, 표적 시장 설정, 광고의 소구점 발견 등에 유용하다. 척도의 설정이 충분히 객관적이어야 한다는 것이 이 기법의 전제다.

다큐멘터리 documentary 허구가 아닌 현실을 직접 다루면서 현실의 허구적인 해석 대신 현실 그대로를 전달하는 장르. 다큐멘터리가 현실을 다룬다고 해도 있는 그대로의 현실이 아니라 취사 선택한 현실이고 또한 그것에 형식을 부여해야 하므로 다큐멘터리는 감독 혹은 제작자가 현실을 어떻게 보고 있는가가 매우 중요하다. 영화사를 통해 다큐멘터리가 생동감 넘쳤던 시

기는 1960년대 프랑스와 미국이었는데 이 시기 다큐멘터리스트들은 기동성 있는 장비를 들고 대상과 사건에 접근했고 선입견이나 극적 스토리 구성, 영화 기법과 편집 방식을 배제하면서 서툴러 보이지만 인간 본성의 진실에 근접한 영화를 만들었다. 오늘날에는 사회적 테마나 쟁점에 대한 주장을 담은 주목할 만한 다큐멘터리가 등장하고 있으며, 특히 감독이 영화 주인공처럼 현실에 뛰어들어 정치적 견해를 밝히는 마이클 무어(Michael Moore)의 연작이 유명하다. 광고 자체는 다큐멘터리가 아니지만 그 방법론에 입각한 작업이 나오기도 하는데, 특히 공익 광고 영역에서 그렇다. 예컨대 에이즈(AIDS)로 죽어가는 젊은이의 최후를 담은 짧은 영상은 그 어떤 주장이나 논설보다 질병에 대한 사회적 관심을 강렬하게 환기시킨다.

다큐멘터리 사진 documentary photography 기록 사진. 과거에는 보도 사진의 한 종류로 사실을 기록하고 보도하는 사진이란 의미가 강했으나 오늘날에는 현실 참여 경향의 사진이 주류를 이루고 있다. 광고에서 기록 사진이 등장하는 양상은 대략 아래와 같다. 첫째는 과거에 일어난 역사적 이벤트를 기록한 사진을 이용하는 것. 우주선 아폴로 11호의 달표면 착륙 사진, 라이트 형제의 처녀 동력비행 사진 등이 예인데 제작자들은 사건의 보편적 의미를 자신의 광고 의도와 연결시킨다. 둘째는 과거의 기억을 담은 이미지를 이용하는 것으로, 궁핍했지만 순수했던 시절의 향수를 불러일으키는 소재로 이용하는 식이다. ■

단 column 인쇄물 지면을 가로나 세로로 나눈 구분. 광고료를 산정하는 기본 단위. 우리나라 주요 일간신문의 경우 현재 15단으로 되어 있으며 신문면 크기는 세로 51cm, 가로 37cm다. 그러므로 신문 1단은 세로 3.4cm에 가로 37cm인 직사각형 면적이다. 한 편의 광고는 때때로 각기 다른 여러 단으로 제작되어 게재된다. ■

단색 monochrome 한 가지 색. 가령 흑백 사진이나 영상 혹은 갈색 영상 등이다. 현실을 모사하는 천연색과 달리 모노크롬은 실제로는 우리가 볼 수 없는 색이다. 컬러필름이 등장하지 않았던 시절의 현존하는 영상은 모노크롬인데, 이처럼 모노크롬은 과거에 있었던 일을 상징하는 기제로 흔히 쓰인다.

단순 무작위 추출 simple random sampling 조사 대상을 모집단에서 직접 무작위로 추출하는 것. 가장 단순한 랜덤 샘플링(random sampling), 즉 조사 대상자 전체에 일련번호를 붙이고 난수표 따위를 이용하여 샘플을 선정하는 방법이다. 예를 들어 A 종합병원의 의료 서비스에 대한 태도를 조사하기 위해 지난 1개월간 환자 총수인 1000명으로부터 20명을 단순 무

1956년 한강 : 한겨울, 꽁꽁언 한강에 모여든 아이들의 정겨운 한때

되돌아 오게 하고 싶습니다.
추억 속에서 흐르던 깨끗한 한강 물 —

동심의 기억 한 귀퉁이에 우리는 누구나 하나쯤 가슴 속에 흐르는 강을 품고 있습니다.
한 여름 시원한 물장구도, 한 겨울 신나던 썰매판의 추억도 어머니의 넉넉함으로 감싸 안던 곳, 한강 —
그러나 지금은 희미하게 기억나는 빛바랜 유년의 추억 속에서만 맑은 물줄기로 남아 있을 뿐.
수천년 유구하던 그 강물이 불과 수십년 시간의 흐름 속에서 제 모습을 잃고 다음 세대로 흐르고 있습니다.
늘 우리 생활의 한복판을 투명하게 흐르던 한강의 옛 모습, 이제 우리 손으로 되살려야 할 때입니다.

인간과 자연을 존중하는 녹색경영, 삼성전자가 실천하고 있습니다.

삼성전자 6개 전사업장 환경친화기업 선정

삼성전자 6개 전사업장(수원전자단지, 기흥사업장, 부천사업장, 온양사업장,
구미사업장, 광주사업장)이 환경부로부터 환경친화 기업으로 선정됐습니다.
삼성전자는 인간과 자연을 존중하는 녹색경영을 바탕으로, 각종 오염원
배출의 법정규제치 보다 훨씬 까다로운 기준을 적용한 자율적인 환경개선

활동을 통해 대기, 수질, 폐기물오염을 최소화하고 있습니다. 또한
범국민적인 환경의식 고취와 생활환경개선을 위해 한강 청소선기증,
환경연수원 건립, 그린홈 콘서트 등 다양한 환경 캠페인을 벌여오고
있습니다. 환경을 지키는 녹색경영·삼성전자가 앞장서고 있습니다.

· 수원전자단지   · 기흥 사업장   · 부천 사업장   · 온양 사업장   · 구미 사업장   · 광주 사업장

Smart & Soft

SAMSUNG
삼성전자

다큐멘터리 사진
삼성전자
1996

13 일간스포츠 1999년 10월 23일 (토요일)   www.dailysports.co.kr   제9489호

남자?

여자?

차태현 조성모 감우성 이창훈 (왼쪽부터 시계방향)   채림 배두나 추자현 신은경 (오른쪽부터 역시계방향)

알려고 하지마 다쳐!

연예계 '퓨전스타' 전성시대
보호본능 차태현 조성모 인기 상한가
선머슴같은 채림 배두나도 안방 점령

20 세기말의 대표적인 말과 트렌드 중 하나가 바로 퓨전 현상이다. 다원화 문화가 유입되면서 새로운 틀을 창출하는 퓨전의 대중화 스타 선언에도 영향을 미치고 있다. 즉 남자스타에게서 여자 분위기의 부드러움이, 여자 스타에게서 초남성적인 터프함이 우선적인 매력으로 부각되고 있다.

여성스러움을 기대하는 남자에 맞서고 여자에게 남성스러움을 기대하는 편광이라는 최근 스타선호의 트렌드 화 수 있다. 여자 차차보다는 '현실감 진지함'보다 '솔직발랄'을 선호하는 경향도 한몫하고 있다.

▲부드럽고 귀여운 남자들의 전성시대 = 기존 인기 드라마에 올려 있는 퓨전 남자 스타 1세에 올려 있는 사람들의 모반 불과 얼마 전까지만 해도 그들의 사실이 부각됐다는 사실을 알게 된다.

드라마 MBC TV (애마)에서 차태현이 말했던 '저놈이 의사였나' 에 기준으로 보면 관계가 빈정대는 전형적인 조연이었다. 여자로 인기 연기가 펼쳐지는 부드러워 파워를 수 있다. 시청자들은 안에 얼마 그런 차태현의 코믹스러움과 함께 차태현의 모범됨과 귀여움으로 성을 주었다. SBS TV (웨이 무게)에서도 차태현은 진지한 송파됨으로 주독을 받았다. 현재 방영중인 MBC TV (사랑을 당신을) 에서 차태현은 코믹함을 버린 대신

▲여자는 오로지기 터프해야 매력적 = 난공불락의 집투년의 인기 여성을 위협하는 채림. 뉘성처럼 파오른 새얼굴 배두나의 추자현. 둘의 인기 배두나의 '선머슴 같은'매력이 터프한 여자로 인기를 끌었다. 채림의 결국 인기모양의 SBS TV 사이스인데성의

채림은 SBS TV (청춘)의 의적 포스이 이은경보다 버트럼고 MBC TV (구라)가 채정 사랑함글까의 구임을 큰근에(김영애) 역시 '보이나뿐 배여성 유감없이 발휘하며 안방 팬들의 사랑을 받았으며.

PCS 018 CF기 리프시킨 카피 '묻지마 다쳐'가 김청운의 입에서 나오며 차태현의 추녀들을 한 것도 이런 흐름과 무관하지 않아 보인다.

[김재흥 기자]

얇은 사 고운 치마폭
날개 펼쳐 나비될레라

최근 이탈리아 밀라노에서 열린 2000년 봄여름 컬렉션에서 선보인 런던 브랜드의 아르날 드레스 컬렉션 출여인 모습이다. 여성의 곡선미가 아름답다. 유명 브랜드 편다의 지난 달 30일 자 주식 9억달러어 1조8백90억원)를 프라다 베네통사 팔아치워 총체를 모으는다. (밀라노=AP연합)

기 네 스

가장 많이 팔린 향수

할리우드 섹시스타 마릴린 먼로가 유일하게 입고 자는 잠옷(?)으로 꼽혀온 향수 '샤넬 넘버 5'. 못 남성의 호기심을 자극한 이 향수는 세계에서 가장 많이 팔린 디자이너 브랜드 향수. 통계 집계된도 후에예 세계에서 한해에 1천만한 이상 팔린 나온 것으로 집계됐다. 샤넬 넘버5는 1925년 프랑스의 유명 디자이너 코코 샤넬이 만든 것. 향수에 들어간 성분은 무려 80여가지가 넘는다. 디자이너의 이름을 붙인 향수도 샤넬 넘버5가 최초.

"게레로와 마약 복용한 여인 구하고 싶다"
OJ 심슨, 경찰에 구조전화

토 픽

세기의 재판으로 화제를 모았던 미식축구 스타 OJ 심슨(52)이 마약소동을 일으켰다. 심슨은 지난 10일(이하 현지시간) 마이애미 데이드 카운티에 있는 여자친구 크리스티 프로디(35)의 집에서 경찰에 긴급 구조전화를 걸어 "코카인과 마약 복용한 여인을 구하고 싶다"고 말했다. LA대법에서 뛰다가 은 단짝이 제롬에게 1일 코카인을

간수에게 성적학대를 받고 있다 불법함에 따라 주말부터 119(현지시간) 공연 해외지역 11일(현지시) 변경했다. 이같은 사실은 26년에 지난 9일 불법 농인 성적학대를 받았다는 AP통신의 보도로 드러났는데 대부분이 수감자는 간수의 보복이 두려워 말을 이를 꺼리고 있다는 것.

간수가 여죄수 성적학대
美교도소 일대 조사

미국 버지니아주 최대 여성교도소인 블리바니교도소의 수감자들이

사 15만여 명과 3천만달러(여 연회원이 모든다는 복음에 달했다. 12일(현지시) 담당인원에 의하면 이들은 8천7백60달러(약 천만원)는 복권 1년씩으로 공동으로 구매했고 당첨을 수령치하했 개설과에 분서 남치형 우승로 신상되한다는 것.

(조무데지니=AP연합)

복권 공동구매 368억원 담첨

브라질 상파울루의 판사와 직원

"장수비결은 술과 담배"

영국 112세 노인 매일 담배3갑 - 위스키 1ℓ 씩 해치워

장수비결은 술과 담배?
14세기 초로도 우리 10세에 넘게 살고 있는 영국 한 노인이 "술과 담배"를 장수의 비결이라고 밝혀와 화제가됐을 눈길을 끌고 있다.

화제의 발음자사 은 이름난 미국의 주간지 '위클리 드는뉴스' 최신호를 통해 밝혀진 주인공은 올해 112세인 갑방 웨스 영국 서부

부 밑스브보 지방의 외딴 산기슭에 홀로 오두막집을 짓고 살고 있는 이 노인은 위클리 월드 뉴스의 인터뷰에서 "15세때부터 하루도 지르지 않고 매일 위스키 독한 스트레스 담배 3갑과 1ℓ 의 위스키 한잔씩을 해치우고 담배 밝혀 화제들을을 교촌 놀라게 했다.

1887년 6월13일 출생된 웨스 노인은 15살되던 1902년 어느 날 남 스판에서 술과 담배를 만들어 방한 심촌서 '오애 살면면 술과 담배를 즐기다'는 말에 복심을을 술 담배에 손을 대기 시작했다는 것. 웨스 노인은 이세부터 하루도 빠지지 않고 하루 3갑의 담배를 피우는가 하면 매주 위스키 잔병원을 거르지 않고 마셔왔다고 한다.

이러한 기억도 나지 않을 정도로 아득한 옛

15세때부터… 여태 잔병치레도 안해

날에 세상을 떠나 오 마을도 이미 사망했는 데, 100세에 넘게 살아온 세월이 믿는기는 웨스 노인에게 술과 담배를 제공하는 사람은 이웃 노인 손자.

"1주일에 무번씩 먹을 건과 담배, 술을 손자 가 실을 가져다주지."

괴상한 담배를 마시는 술의 아니 좋는 웨스 노인은 거의 온종일 집안에 있는데 오두막을 엎어서 자유롭게 뛰노는 여섯필물들의 재롱을 가슴게 있는 것이 유일한 소일거리다.
그는 여태껏 그렇게 많은 담배와 술에 담뇨 했으면서도 잔병치레 한 번 하지 않았다고 한다.

삶아온 세월만큼이나 장수비결 또한 신비로운 웨스 노인이다.

(박민경기자=pistol)

97년간 하루 담배 3갑과 위스키 1병씩을 마시면서도 무병장수하는 112세의 웨스 노인

'피라미드앞 '아이다' 황금빛 공연

베르디 오페라 '아이다'가 12일(현지시간) 이집트 카이로 언근의 기자 피라미드 앞에 실치되 특설 무대에서 막을 올렸다. 1871년 카이로에서 초연된 오페라 '아이다'는 고대 이집트 문군 라디메스와 이디오피아 누배여 출신 노예 아이다의 사랑을 그린 웅장한 드라마. 특히 공연을 피라미드를 배경으로 출연진들의 멋진 의상과 심금을, 특대자연와의 현화합을 보냈다.

(카이로=AP연합)

작위로 추출한다고 할 때, 조사자가 마음대로 20명을 뽑는다면 조사자 주관에 의해 표본추출이 영향을 받는다. 따라서 1000명에 001, 002, … 999, 000으로 일련번호를 부여하고 난수표로부터 세 자릿수를 20개 뽑아 조사 대상자를 선택하게 되는데, 여기에서 선택된 환자가 비로소 단순 무작위 추출에 의한 표본자료가 되는 것이다. 방법론상으로는 가장 간단하고 표본오차도 매우 적지만 모집단이 많을 경우 일련번호 부여 작업에 시간이 많이 걸리고 추출된 표본은 지역별로 분산되므로 실지 조사에서 시간과 비용이 많이 든다.

단순화 simplification 광고가 전달할 정보를 축약하여 간결화시킨 형태로 집약하는 것. 전달정보를 가장 핵심적인 것으로 최소화시키는 것을 말한다. 상품의 장점이 10가지라고 할 때 이것을 모두 전달하는 게 아니라 그 중 가장 중요한 한 가지 장점만을, 그것도 가장 단순한 형태로 전달하는 것이다. 이로써 메시지에 집중도가 높아져 소비자가 광고를 기억할 가능성이 높아진다.

단어연상법 word association test 피조사자에게 계속해서 단어를 제시하고 그 순간에 머리에 떠오르는 연상어를 대답하게 하는 투사식 태도 조사의 일종. 피조사자로 하여금 생각할 여유를 주지 않는 것이 중요한데 충분한 시간이 있으면 최초 연상 이외의 단어를 말할 가능성이 높다. 단어연상법에는 자극이 되는 단어를 피조사자에게 제시하고 이에 대한 자유로운 연상에 의해 처음으로 떠오르는 말을 응답하는 방식인 자유연상법(free association test)과 각 단어에 단일의 반응이 아닌 둘 또는 셋의 단어를 연상해내도록 하는 계속적 단어연상법(successive word association test), 응답자가 엉뚱한 대답을 하지 않도록 연상 방향을 제한하는 통제연상법(controlled association test), 응답자에게 제품 종류와 광고 주제를 제시하고 회사 명칭을 연상하게 하는 식의 삼중연상법(triple association test) 등 여러 종류가 있다.

단체 광고 기업이나 정부 이외의 조직이 광고주인 광고. 사회단체의 광고가 대표적인 유형으로, 가령 국제 환경 네트워크 그린피스가 자신의 이념을 전파하기 위해 펼치는 광고 캠페인을 들 수 있다. 예를 들어 항공사 노동조합이 파업을 벌이면서 조종사의 과로를 유발하는 회사의 관행이 개선될 때까지 자기 회사 비행기를 이용하지 말 것을 호소하는 광고를 내보내는 것을 말한다. 민간 교육단체나 총기 규제를 위한 단체도 자신이 사회적으로 바람직하다고 생각하는 방식으로 광고 활동을 할 수 있다. 이렇게 사람들의 생각을 변화시키거나 입법을 촉진하기 위한 각종 사회단체의 광고, 이익단체가 사회적 쟁점에 대해 의견을 표명하는 광고를 포함하여 넓게는 임시적으로 구성되는 위원회에 의한 광고, 동호회 등이 사회적 관심사에 대해 의견을 표명하는 식

의 광고도 단체 광고에 속한다. ■

달력 calendar 1년 365일을 순서대로 표시한 인쇄물. 월 단위로 된 월력이 많지만 하루에 한 장씩 떼는 일력, 주 단위로 된 것, 3개월 단위로 된 것, 1년을 한 장으로 표시한 것 등 다양한 종류가 있다. 벽에 매다는 것, 책상 위에 올려놓은 것, 다이어리 형식으로 된 것도 있다. 달력은 사람들에게 매우 중요한 일정정보를 제공하기 때문에 업종에 따라서는 자신의 로고 등을 표시한 달력을 만들어 고객에게 무료로 제공하는 것을 중요하게 생각한다. 기업뿐만 아니라 회계사, 세무사, 변호사 등 고객 접촉이 잦은 개인사업자 등도 신년인사를 대신해서 탁상형 달력을 제공한다. 본격적인 광고매체로 보기는 어렵지만 사람들이 매일 쳐다보는 달력에 인쇄된 사명은 일종의 인지효과를 가져다준다. 종이가 귀하던 시절, 지역구 국회의원은 자신의 증명사진과 약력을 인쇄한 한 장짜리 연력(年歷)을 집집마다 배포했다. 인심도 얻고 홍보를 할 수 있는 매체였기 때문이다. ■

달리 숏 dolly shot 이동 촬영을 위해 레일을 설치하고 그 위로 카메라를 이동시키면서 촬영한 장면. 카메라가 피사체 쪽으로 이동하는 것을 달리 인(dolly in), 피사체로부터 멀어지는 것을 달리 아웃(dolly out) 혹은 달리 백(dolly back)이라 한다. 달리 숏은 줌 숏과는 달리 공간적 입체감과 운동감을 효과적으로 표현할 수 있다. 이런 공간감을 창조하는 것이 시각적 완성도와 관련이 깊어 광고 촬영에서는 단순히 피사체를 확대하거나 축소시키는 줌 숏보다 한 장면 안에서 시각적 변화를 풍부하게 묘사하는 달리 숏을 선호한다.

담배 광고 cigarette advertising 담배를 대상으로 한 광고. 현대의 가장 대표적인 기호품이며 소비자들이 대부분 높은 상표충성도를 가지고 지명 구매를 하는 상품이다. 상품의 품질보다는 상표가 가진 이미지가 소비자에게 더 호소력 있는 가치로 인식되는 분야이기에 상표 이미지 형성을 위한 장기적이고도 전략적인 캠페인이 벌어지는 분야다. 그 대표적인 예를 서부 영화의 아이콘, 즉 미국 서부의 거친 자연과 고독한 카우보이 이미지를 변주하는 말버러 캠페인에서 볼 수 있다. ■

대도구 set pieces 무대장치에 필요한 도구들을 통칭한 말. 벽, 기둥, 나무 모양의 장치, 기둥 모양의 장치 등 배경용으로 쓰이는 도구들을 말하며 흔히 세트 또는 장치라고도 부른다.

대량 소비 mass consumption 대중 소비자가 획일적인 소비 행동으로 어떤 상품을 대량으로 소비하는 것. 여기에는 대량 생산과 대량 유통 등 합리적인 판매기구와 상품정보의 전달을 위한 매스 커뮤니케이션 발달이 전제되어 있다. 또 대량 소비가 가능하기 위해서는 기

All in favor
of gun control
raise your hand.

All against,
raise both.

단체 광고
플로리다 총기규제연합
1995

Stay in school.

Friends of Public Education · 1·800·353·4374

단체 광고
공공교육의 친구들
1995

FEBRUARY **PIRELLI**

Thursday Friday Saturday Sunday Monday Tuesday Wednesday Thursday Friday Saturday Sunday Monday Tuesday Wednesday Thursday Friday

1 2 3 4 5 6 7 8 9 10 11 12 13 14 15 16

Saturday Sunday Monday Tuesday Wednesday Thursday Friday Saturday Sunday Monday Tuesday Wednesday

17 18 19 20 21 22 23 24 25 26 27 28

Come to Marlbor

Marlboro Red or Longhorn 100's—
you get a lot to like.

Country.

Marlboro
FILTER CIGARETTES

Marlboro
100's

담배 광고
말버러
1973

본적으로 소비자인 대중이 가처분소득을 소유하고 있을 것, 소비자의 신용에 의해 상품 구매가 가능할 것 등의 경제적 조건이 충족돼야 한다. 현대 사회의 한 특징으로서 대량 소비는 마케팅의 존재의의를 논리적으로 뒷받침해준다. 시장수요 예측과 이에 적합한 상품의 생산과 유통, 수요의 환기와 수요의 창조라는 마케팅의 핵심 기능이 대량 소비 사회의 하부구조를 이룬다는 것이다.

대비 contrast 성질이 반대가 되는 것을 비교하기 위해 그 요소들을 나란히 배치하는 것. ■

대사 dialogue 영화, 연극 등에서 출연자들이 주고받는 대화. 영화나 드라마에서 대사는 화면 안에서 포착할 수도 있으며 보이스 오버, 즉 화면 밖 대사로 표현할 수도 있다. 영화에서 배우의 연기는 대사와 동작으로 이루어져 있으며 영화 내러티브는 거의 대사로 설명된다. 연극 대사가 암시적이고 양식적이며 그것을 연기하는 배우에 의해 매번 다르게 해석되는 데 반해 영화 대사는 직접적이고 현실적이며 촬영되는 순간 영원히 고정된다. 광고에서 대사는 광고에 등장하는 인물들이 주고받는 대화. 이른바 대화형 광고, 생활양식적 광고에서 대사는 광고 카피로서 상품의 성격과 장점을 소구하는 수단으로 등장한다. 문제를 느낀 한 사람이 고통을 호소하자 다른 사람이 해결책을 제시하며 해피엔딩이 되는 광고에서 대사는 광고 주제를 직접적이고 명료하게 이해시키는 장치가 된다.

대안 디자인 alternative design 기업의 이익을 위해 봉사하는 디자인 활동에 대항하여 디자인의 범사회적 역할과 그 기능에 천착하는 디자인 운동. 1976년 런던 왕립예술학교에서 디자이너들이 '필요를 위한 디자인'이라는 모임을 가진 이후에 구체화된 움직임이다. 디자인을 통해 산업화의 폐해성과 그 역기능을 고발하는 것은 물론, 소외계층을 위한 디자인 활동, 제3세계 저개발국에 대한 무료 디자인 서비스 등이 그 주요 활동이다. 자신의 디자인에 대한 저작권 및 특허권을 거부하고 원하는 사람이면 누구나 자신의 디자인을 이용할 수 있도록 하는 경우도 있다.

대인 커뮤니케이션 interpersonal communication 개인과 개인이 서로 인접하여 듣기와 말하기 형태로 전개하는 커뮤니케이션 형태. 불특정 사회구성원 간에 대량적으로 이루어지는 매스 커뮤니케이션과 상대적인 의미를 지니며 대면 커뮤니케이션(face to face communication)이라고도 한다. 대인 커뮤니케이션은 다음과 같은 특성을 갖는다. 물리적 인접성으로 두 사람 이상이 같은 장소에 존재하고 있어야 하고, 지향적 상호 작용으로 서로가 상대방의 존재를 인식하고 있을 뿐만 아니라 서로 상호 작용을 할 의사가 있어야

한다. 또 메시지 교환의 성격이 쌍방적이어서 매스 커뮤니케이션과 구별되며, 커뮤니케이션 상황이 비형식적으로서 서로 주고받는 메시지 내용이나 형식 또는 메시지 교환 횟수 등을 통제하는 규칙이 비교적 적은 데서 초래되는 커뮤니케이션의 비조직성도 대인 커뮤니케이션의 특성이다. 동창 모임, 미용실, 동호회, 반상회를 비롯하여 불특정 다수의 개인 회합 등이 대인 커뮤니케이션이 이루어지는 공간인데, 온라인에서 소통하는 개인 간 대화, 이를 테면 이메일, 블로그뿐만 아니라 페이스북(www.facebook.com) 등 소셜네트워크 서비스 등에서 이뤄지는 대화도 대인 커뮤니케이션이라 볼 수 있다.

대자보 hand-written poster 공공시설의 외벽 혹은 사람들의 통행이 많은 거리에서 자신의 의견을 써서 게시하는 전달 형태. 학생 운동과 노동 운동의 수단으로서 활발히 이용되고 있는 것에서 보듯 주로 선전 수단으로 이용되고 있으며 때로는 뉴스를 전달하는 구실도 한다.

대중 masses 대중사회를 이루는 구성원. 테크놀로지와 매스 커뮤니케이션이 고도로 발달한 자본주의 체제에서 대중은 이질적인 익명의 개인으로 존재하고, 개인 간의 상호작용이나 경험의 교류가 없어 집단적인 규범이 존재하지 않고, 계층과 직업이 서로 달라 조직화되어 있지 않다. 이런 대중의 성격은 매스 커뮤니케이션에 의해 확대재생산되어 제도화된다.

대중문화 mass culture 고급 문화에 대한 상대적 개념으로 대중이 수용하는 문화 현상을 통칭하는 개념. 대중문화의 일반적 특징은 수용자 수가 많고, 예술성보다는 상품적인 성격이 강하고, 분업에 의해 대량 생산되며, 유행성이 강하다는 것이다. 대중문화를 전달하는 매개체인 대중매체의 발달은 대중문화를 현대의 지배적인 문화 양식으로 탈바꿈시켰는데 그것은 대중의 기호에 맞는 것이라면 무엇이든 대량 생산하고 대량 전달했기 때문이다.

대중소비사회 mass consumption society 소비력을 지닌 중산층의 확대로 소비가 대량으로 이루어지는 사회를 지칭한 말. 미국의 경제학자 월트 로스토(Walt Whitman Rostow)가 1960년 〈경제 성장의 단계〉에서 경제 성장의 마지막 단계를 고도 대중소비시대(the age of high mass consumption)로 명명한 데서 생긴 말이다. 그에 의하면 대중소비사회란 국민소득이 상승함에 따라 자유재량소득이 증가하고 그에 비례하여 소비자 대중에 의한 대량 소비가 이루어져 소비생활 구조가 변화하는 동시에 기술혁신과 더불어 대량 생산 체제가 확립되어 노동의 질적 변화를 가져와 결국 소비력 있는 중산층이 증가하는 시스템이 순환되는 사회다.

ㄷ

대지 base sheet 대지 작업이 이루어지는 레이아웃 용지. 두터운 마닐라지 위에 원고 사이즈, 사진과 일러스트레이션 크기와 위치, 카피 위치, 선 등을 표시한 뒤 그 위에 트레이싱지를 씌우고 지시할 사항을 적는다. 광고 규격과 보더 라인, 카피와 사진, 일러스트레이션 크기와 위치를 배열하고 글씨의 서체와 규격, 컬러 등 하나의 완성된 광고물을 만들기 위한 모든 요소가 대지 작업을 통해 구체화된다. 이 대지를 제판 카메라로 찍어 필름을 만든다. 1990년대 중반 이후 컴퓨터 작업이 일반화된 이후 대지 작업은 사실상 사라졌다.

대체수요 substitute demand 어떤 제품이 시간 경과와 더불어 진부화되면 새로운 것을 구입할 필요가 생기는데 이렇게 교환에 의해 생기는 수요를 가리킨다. 승용차나 의복처럼 기능이나 품질 면에서는 바꿀 필요가 없는데도 심리적인 이유로 대체수요가 생기는 경우도 있다. 한편 제품이 이미 포화 상태로 보급되어 있다면 이론적으로 신규수요는 존재하지 않고 대체수요만 있게 된다. 기본적 수요 광고(primary demand advertising)가 현재는 시장에 존재하지 않는 혁신적 신제품의 새로운 수요를 창조하는 광고라면 대체수요 광고는 대체상품을 구매할 것을 소구하는 광고로 이전 상품과의 비교라는 맥락에서 신상품의 상대적으로 우수한 기능에 초점을 맞춘다. 컴퓨터 광고, 디지털 카메라 광고 등이 예다.

대칭 symmetry 형태가 수직, 수평 혹은 대각선을 중심으로 균등히 분할되어 있는 형태. 자연에서 널리 찾아볼 수 있는 형상으로 인간이나 동물, 곤충은 기본적으로 좌우동형 대칭 구조를 가지고 있다. 피라미드와 그리스 건축, 마야 문명에서 보듯 대칭 구조는 시각적 균형 추구를 위한 가장 오래된 방법이다.

대학신문 university newspaper 학생, 교수, 직원, 졸업생 등 대학 구성원을 주된 독자로 하고 주로 학생이 편집하여 발행하는 신문. 다루는 내용으로는 학교 관련 뉴스, 학사행정 고지 이외에도 대학 공동체의 관심사에 대한 취재, 논문, 르포 등이 있다. 제작에 있어서는 학생 자치회나 학생들로 구성된 편집위원회에 위임되기도 한다. 대학신문은 입시 안내나 기업 광고, 기업 구인 광고 부문의 중요한 매체다.

대한민국광고대상 Korea Advertising Award 1994년 제정되어 해마다 개최되는 국내 최대 광고상. 광고 유관단체의 협의체인 한국광고단체연합회가 주최한다. 제정 취지는 우수한 광고를 발굴·공표하여 광고 위상을 높이고, 광고인의 질적 향상과 광고인의 자질을 배양하고, 광고산업의 경쟁력을 향상하는 데 있다. 출품 분야는 신문, 텔레비전, 잡지, 라디오 부문의 업종별로 분류되어 있고, 옥외 광고는 광고 형태별로 출품할 수 있다. 각 부문을 통합하여 가장 우수한 광고에 대해 대상을 수여하고 신문, 텔레비전, 잡지, 라디오, 옥외 부문의 금상, 은상, 동상이 각각 수여된다. 광고 크리에이티브의 개별적 독창성보다는 메시지의 공익성을 중시하여 대형 광고주의 노출이 많은 공익적 캠페인이 주요 상을 받는 경향이 뚜렷하다.

대행수수료 agency commission 광고대행사가 광고물을 매체에 게재 혹은 방송하는 대가로 획득하는 수수료. 매체사가 광고대행사에 지불하며 대행사 수입의 대부분을 차지한다.

대화 conversation 마주 대하여 주고받는 이야기. 광고 형식으로서 대화형 광고는 대화 과정을 통해 제품 개념과 속성, 소구점이 드러나도록 의도된 것이다. 가장 기본적인 형식인 2인 대화를 예로 들면 대화를 시작하는 사람이 어떤 문제를 느끼고 이에 대해 의견을 구하거나 불만을 호소하면 상대방은 일종의 해결의 조언자로서 문제해결의 단서를 제공하는 형식으로 되어 있다. 장바구니를 든 두 명의 주부가 냉장고에 대해 대화를 하는데, 냉장고에 서리가 끼는 문제에 대한 것이다. 계속되는 대화를 통해 성에 없는 냉장고에 대한 정보와 추천이 이어진다. 잠복근무 중인 두 명의 형사는 과도한 업무에 피로하기만 하다. "긴장의 연속이로군." "쭉 한 잔 어때!" "알면서 그러슈. 위장병으로 고생한 지가 벌써 몇 년째유." "치료하면 되잖아?" "나았다 하면 또 도지구." "잡혔어가 있잖아!" "맞아." 주머니 속의 액체 위장약 겔포스. "위장병 잡혔어!" 위장병 예방과 치료에 겔포스.(보령제약 겔포스, 1983) 이런 설정이 대화형 광고의 전형이다. 흔히 토막극 광고, 드라마 광고와 결합한다. ■

댓글 reply 인터넷의 원문에 대해 자신의 의견 등을 짤막하게 올리는 글. 사회적 쟁점이 되어 네티즌의 관심을 끄는 경우 수많은 댓글이 홍수를 이루어, 여론의 장이 펼쳐진다. 인터넷의 익명성 뒤에 숨어 욕설을 일삼거나 허위 사실을 전파하는 소위 '악플'의 부작용을 고려하더라도, 그것조차 쟁점에 대한 동시대 여론의 단면을 생생하게 보여주는 측면이 있어 주의 깊게 바라볼 필요가 있다. 인터넷 댓글은 발언권이 사실상 없었던 이 사회 구성원들이 자기 의견을 자유롭게 표명하는 광장으로, 실질적으로 여론 형성에 큰 영향을 미치고 있으며 사회 의제를 설정하는 데 있어 과거 이 기능을 사실상 독점해온 신문과 방송 등 기존 미디어의 아성을 일부 대체하고 있다.

더미 dummy 점포 장식에 이용되는 의장 진열물. 또는 패키지, 북 디자인 등에서 실물의 느낌을 보기 위해 만들어지는 모형.

Perception.

Reality.

If you still think a Rolling Stone reader's idea of standard equipment is flowers on the door panels and incense in the ashtrays, consider this: Rolling Stone households own 5,199,000 automobiles. If you've got cars to sell, welcome to the fast lane. Source Simmons 1984

대화
삼성전자 하이콜드 냉장고
1977

더빙 dubbing 녹음 작업을 지칭하는 용어. 다음과 같은 작업을 모두 더빙이라 한다. 대사, 배경음악, 현장음, 음향효과 등 여러 음원을 믹스(mix)하는 작업. 녹음되어 있는 내용을 그대로 복사하는 작업. 성우나 배우가 편집이 끝난 화면을 보면서 대사를 녹음하는 작업. 외국어 대사나 해설을 우리말로 또는 그 반대로 바꾸는 작업.

더치 도어 Dutch door 페이지가 위아래로 갈라지도록 분리되어 있는 폴더. 원래는 상하 2단으로 되어 있어 따로따로 여닫는 문을 뜻한다.

데몬스트레이션 demonstration 상품의 기능, 효능을 직접 보여주기 위한 의도의 실연 행위. 백화점, 슈퍼마켓, 세일즈 쇼 등 유동고객이 많은 곳에서 이루어진다. 그 목적으로는 고객을 주목시켜 멈추게 하고, 판매와 병행할 수 있으므로 매상을 높이고, 상품을 잘 이해시킬 수 있고, 고객 반응을 즉각 알 수 있어 향후 제품개발에 중요한 참고가 되는 것 등이다.

데몬스트레이션 광고 demonstration advertising 실연을 테마로 한 광고. 논리적 소구 방식의 대표적인 형태로 제품 기능을 보여주면서 소비자가 합리적인 판단을 내릴 수 있도록 제품정보를 제공하는 유형이다. 제품 기능이 핵심이므로 제품이 경쟁자와 비교해서 강력한 장점을 가지고 있을 때 효과가 높다. 데몬스트레이션은 크게 두 가지 방법으로 이루어진다. 첫째, 설명. 생리대의 뛰어난 흡수력을 소비자에게 설득하고 싶을 때 생리대에 액체를 붓고 그것이 흡수되는 과정과 흡수된 것을 확인하기 위해 손으로 문질러본 후 깨끗한 손을 보여주는 식이다. 방향제 광고에서 눈을 가린 고양이가 제품이 옆에 있을 땐 가만히 앉아 있다가 제품이 없어지자 갑자기 생선 냄새를 인식하고 몸을 움직인다. 둘째, 비교. 경쟁사 생리대와 자사 생리대에 똑같이 액체를 붓고 손으로 확인한다. 자기 회사 제품은 표면이 보송보송하나 경쟁사 제품은 액체가 묻어 나온다. 기능을 강조하는 대부분의 광고에서 데몬스트레이션의 속성을 쉽게 발견할 수 있는데, 가령 "알칼리성을 알아보는 리트머스 시험지입니다. 파란색이 짙을수록 피부에 더 강한 자극을 줍니다. 대부분의 비누는 알칼리성입니다"(유니레버 도브, 1995), "기름때 제거, 비교해봅시다"(옥시 옥시싹싹, 2003), "무세제 세탁기의 탁월한 세탁력, 직접 보여드리겠습니다"(대우일렉트로닉스 마이더스, 2003) 같은 유형이다. 데몬스트레이션을 하려면 먼저 데몬스트레이션 자체가 흥미 있어야 하고, 무엇보다 데몬스트레이션 내용을 최종적으로 증명할 수 있어야 한다. 데몬스트레이션 광고는 오인 가능성 때문에 광고 규제 대상이 된다. 자동차 안전성을 강조하려고 자동차 충돌 장면을 보여준다고 할 때 실험을 조작하거나 결과를 과장하는 것은 소비자를 오도하는 것이므로 실험은 공정하게 설계돼야 하며 그 과정도 소비자 이익에 부합해야 한다. ■

데몬스트레이션 릴 demonstration reel 광고대행사나 광고 프로덕션의 주요 광고 작품을 모아놓은 작품집. 회사의 경력을 소개하는 자료로 쓰인다.

데시벨 dB decibel 음의 세기를 측정하는 단위. 전화의 발명자인 벨(A. G. Bell)을 기념하여 명명된 말. 일상적인 대화는 약 65dB이고 100피트 내에서 통과하는 제트엔진 소음은 약 130dB이다.

데이터뱅크 data bank 이용자가 원하는 정보를 필요한 때에 즉시 제공할 수 있도록 각종 자료를 수집, 정리, 저장해두는 자료은행. 형태는 대략 두 가지로 다수 일반 이용자가 이용할 수 있도록 설계된 데이터 축적 시스템 또는 정보센터와 기업 또는 조직체에 필요한 관련 데이터를 체계화한 집중 정보 시스템으로 대별된다.

데이터베이스 data base 상호 연관된 정보의 집합으로 공동으로 사용할 자료를 위해 컴퓨터가 접근할 수 있는 매체에 통합, 저장한 운영 데이터의 집합. 불특정 다수 이용자에게 필요한 정보를 제공하거나 특정 조직 내에서 필요한 정보를 체계적으로 정리·축적하여 조직 내의 이용자에게 필요한 정보를 제공하는 정보서비스 시스템의 핵심에 해당된다. 데이터의 검색 시스템과 합쳐져서 데이터베이스 시스템이라고도 하며 통상 데이터뱅크와 동의어로 사용된다. 정보에 대한 필요성 증대와 정보통신 시스템 발달로 데이터베이스 시스템이 급격하게 확산됐는데 그 서비스 영역이 국내는 물론 국외까지 포괄하고 있어 개인 혹은 단일 조직 차원으로는 취득하기 힘든 자료를 신속하게 검색할 수 있어서 그 이용 범위가 지극히 다양한 양상으로 발전하고 있다. 한편 데이터베이스를 구축하고 이를 검색 시스템을 통해 이용자에게 서비스하는 데 있어 그 주체가 영리 기업이 아니라 수없이 많은 개인의 참여로 이루어지는 경우도 있는데, 이런 경우 데이터베이스는 이른바 집단지성의 산물로 규정하기도 한다. 다국적 온라인 백과사전 서비스인 위키피디아(www.wikipedia.org)가 대표적으로 그렇다.

데이터베이스 마케팅 data base marketing 고객정보, 경쟁사 정보, 산업정보 등 시장의 각종 1차 데이터를 직접 수집하여 분석하고 그것을 기초로 수립하는 마케팅 전략의 하나. 어느 고객이 무엇을 얼마나 자주 구매했는지, 어느 매장에서 어떤 제품을 구매했는지, 언제 재구매·대체구매할 것인지 등과 같은 데이터를 가지고 고객 성향을 분석하고 필요한 마케팅 전략을 수립하는 것이다.

데몬스트레이션 광고
앰비 퍼
1980

도달률 reach 1회 이상 광고물에 노출된 사람의 비율. 광고 메시지의 확산을 나타내는 지표로서 주어진 기간 내에 광고에 노출된 개인이나 가구 수를 백분율로 나타낸 것이다. 가령 특정 타깃 오디언스에 대한 구독률이 A 잡지가 20%, B 잡지가 15%, C 잡지가 10%이고 중복분, 즉 한 사람이 두 권 이상을 읽는 비율이 10%라면 도달률은 35%가 된다. 다시 말해 도달률은 총 도달분에서 중복분을 제외한 것이다. 다시 말해 위 세 잡지는 특정 타깃 오디언스의 35%에 도달된 것이다.

도매상 wholesaler 재판매 혹은 사업을 목적으로 하는 자에게 재화나 서비스를 판매하는 유통기관. 소매상과 달리 최종소비자를 고객으로 하지 않고 다른 도매상이나 소매상을 고객으로 하기 때문에 소매 거래에 비해 상권이 크고 상점 규모도 크다. 유통기관으로서 도매상은 판매와 촉진 기능, 대량 구입 및 소량 판매 기능, 보관 및 수송 기능, 시장정보 수집 기능 등을 수행한다. 한편 도매상에는 상품 소유권을 취득하는 상인 도매상과 소유권을 취득하지 않는 대리 중간상이 있으며, 제조업자가 소유하고 있는 계열 도매상과 그렇지 않은 독립 중간상 등으로 분류할 수 있다.

도메인 이름 domain name 인터넷에 접속된 모든 호스트 컴퓨터를 일정한 체계에 따라 계층적으로 분류하여 개개의 호스트 컴퓨터 주소를 나타내기 위해 표시한 이름. 일반적으로 3개의 영어 단어가 점으로 구분되어 표시된다. 예를 들어 삼성그룹은 samsung.co.kr라는 도메인 이름을 가지고 있는데 여기서 samsung은 서비스를 제공하는 기업의 이름을 뜻하며 co는 서비스를 제공하는 기관의 종류를 나타내는 기호로서 사기업(commercial)을 의미한다. kr는 국가코드로 한국(Korea)을 뜻한다. 한편 기관기호로서 com은 국제적으로 통용되어 국가코드 없이도 해당 홈페이지에 접근할 수 있다. 인터넷 서점 아마존의 amazon.com 등이 예다. 인터넷이 확산되면서 도메인 이름은 가상공간에서의 기업 활동에 매우 중요한 요인이 되고 있으며 광고주 이름을 대신하여 기업을 표시하는 대표적인 상징기호로 등장했다. 이베이(www.ebay.com), 구글(www.google.com)과 같은 인터넷 기업이 예다.

도메인명 시스템 DNS domain name system 도메인명으로 인터넷 호스트 컴퓨터에 접속할 수 있도록 하는 도메인명 관리 시스템. 인터넷에서 호스트 컴퓨터에 접속하려면 호스트 컴퓨터의 아이피 주소를 알아야 하는데 이 주소는 숫자로 구성되어 있어 외우기 불편하다. 따라서 외우기 쉬운 도메인명을 입력하여 이것을 도메인명 서버가 아이피 주소로 변환, 호스트 컴퓨터에 접속하게 된다. 도메인명 시스템은 이런 구실을 하는 도메인명 서버를 관리하는 시스템이다. 이 시스템은 전 세계에 분산되어 있는 도메인명 서버들을 연결하여 분산 데이터베이스로 작동시켜 수시로 변하는 도메인명들을 실시간으로 인터넷 사용자들이 사용할 수 있도록 한다.

도미넌트 컬러 dominant color 여러 색을 배색했을 때 그중 전체 분위기를 이끄는 지배적인 색. 코카콜라의 빨강, 펩시콜라의 파랑, DHL의 노랑, 비씨카드의 빨강, SK주유소의 빨강, 레모나의 노랑, 풀무원의 초록, 게토레이의 초록, 농심 신라면 포장지의 빨강.

도미노 domino 광고 제작 기법의 하나로서 미리 세워놓은 골패 중 맨 처음 것을 쓰러뜨리면 다른 골패들이 순서대로 쓰러지는 현상을 이용한 기법. 이 분야 전문 디자이너에 의해 정밀하게 배열되며, 그것들이 연달아 넘어질 때 새로운 형상을 만든다.

도전 광고 challenge advertising 경쟁 기업을 상대로 도전적인 내용과 메시지로 구성한 광고. 경쟁상품을 공격하거나 특정 사회적 이슈로 경쟁사와 분쟁이 발생했을 때 자사를 옹호하고 경쟁사를 공격하는 내용이다. 도전 광고가 경쟁사 상품을 상대로 전개될 때는 비교 광고 형태를 띠게 되며, 사회적 이슈에 대해 경쟁사를 공격하는 형식으로 전개될 때는 의견 광고 형태가 된다. 대개 경쟁사의 반격이 있게 되므로 사전에 광고 시기 및 규모, 메시지 강도를 면밀하게 검토할 필요가 있다.

독립광고대행사 independent advertising agency 특정 광고주나 매체사의 지배하에 있지 않고 독립적으로 운영되는 광고대행사.

독립변수 independent variables 관찰하고자 하는 원인이라고 가정한 변수. 반대로 독립변수의 영향을 받아 변화되리라고 가정한 변수를 종속변수(dependent variable)라고 한다. 광고 횟수를 늘리면 소비자 인지도가 높아진다는 가설을 검증한다고 할 때, 광고 횟수는 소비자 인지도가 높아지는 원인이 되는 변수이므로 독립변수이고, 소비자 인지도는 관찰하고자 하는 현상의 원인이자 독립변수(광고 횟수)에 영향을 받아 변화하므로 종속변수가 된다.

독립 잡지 independent magazine 잡지산업의 외부에서 발행하는 소규모 잡지. 대량 부수와 판매를 통해 광고 미디어로서 가치를 증대시켜 광고 수주를 통해 이윤을 창출하는 상업 잡지와는 달리 발행인 집단의 이상이나 철학 등 에디토리얼의 가치에 우선순위를 둔 잡지가 대부분이다. '독립'이라는 말 속에는 기성 출판 체제 안에서 일반적인 잡지가 수익을 목표로 대중 영합적인 콘텐츠를 관습적인 형태로 조직하여 발행하는 데 비해 독립 잡지는 발행 주체의 이상과 비전을 표출하기 위해 대안적인 내용과 형식을 담아낸다는 함의가 있다. 또한 잡지의 자본이라는 측면에서 광고주나 기업 등에 의존하지 않고 자금을 스스로 조달하여 발행하는 잡지를 뜻하기도 하는데, 대개는 광고에 기대는 잡지들이 결국은 광고주를 위한 잡지로 전락하거나 최소한 광고주에 반하지 않는 잡지가 되는 것에 대한 반작용이라는 의미를 가진다. 따라서 자본의 영향력 아래에 있는 잡지는 그 내용이 어떠하든 독립 잡지가 될 수 없는데, 자본의 성격이 궁극적으로 잡지의 내용을 규정하기 때문이다. 독립 잡지는 모든 면에서 대중 잡지와는 상대적인 성격을 가져, 외형적으로는 발행 부수가 적고, 제작진이 소수이며, 광고가 없거나 적고, 내용적으로는 가치 지향적이다. 소수 그룹이 만들며 보는 사람도 소수여서 광고매체로서는 큰 의미가 없지만 문화 다양성이란 관점에서 평가할 만하며, 캐나다의 반세계화, 반자본주의 이념 잡지 〈애드버스터스〉처럼 세계적인 영향력을 가지는 경우도 있다. 이 잡지의 발행인 칼레 라슨(Kalle Lasn)은 2011년 국제 금융 자본을 공격하기 위한 이른바 '월가를 점령하라'(Occupy Wall Street)라는 운동을 제안했다. 문화, 예술 영역에서 소그룹이 자신의 이상과 취향을 반영하는 잡지가 독립 잡지의 대부분을 차지하고, 자신이 속한 커뮤니티의 소소한 관심사를 온건하고 소박하게 반영하는 잡지도 꽤 있다. 자본의 취약성 탓에 장기간 안정적으로 발행하는 경우는 드물다. ■

독립 프로덕션 independent production 특정 기업이나 방송국, 영화사에 소속되어 있지 않고 독립적으로 운영되는 프로덕션. 주로 방송이나 영화를 제작하는 제작사를 독립 프로덕션이라고 부른다. 독립 프로덕션의 효용은 제작 전문사로서 방송국 혹은 영화사와의 제작 분업을 통해 불필요한 제작예산의 지출을 억제할 수 있고 특히 제작의 질을 높일 수 있다는 것이다. 광고 제작을 전문으로 하는 프로덕션도 독립 프로덕션의 범주에 속한다.

독백 monologue 등장인물이 혼자 하는 말. 대개는 내적인 심리 상태를 홀로 중얼거리는 주관적인 대사를 뜻한다.

독점 monopoly 특정 유형의 상품을 판매하는 기업이 단 하나뿐인 상태. 시장이 극단적으로 집중되어 있는 상태이며 기업 입장에서 보면 가장 바람직한 상태이지만 일반적으로는 독점 상태가 형성되기 전에 경쟁 상품이나 유사상품이 출시되는 경우가 대부분이어서 사실상 독점 상태에 있는 제품은 상당히 적다. 전기나 수도와 같은 국유화 산업이나 시장 규모가 너무 작아 경쟁이 이루어지기 힘든 분야에 독점 상태가 형성되어 있다. 독점 상태에 있는 제품은 소비자가 그 제품이 존재한다는 것을 알면 될 뿐 제품 특성이나 성능은 구매결

정에 영향을 줄 수가 없으므로 광고 필요성이 적다. 그러나 독점 상태가 해제되어 경쟁 제품이 출현하게 되면 치열한 광고전이 펼쳐진다.

돌출 간판 건물 벽면에 돌출되도록 부착한 간판. 가로형 간판과 더불어 상업지역에서 볼 수 있는 대표적인 간판 형태로 점포 및 회사를 식별하게 하는 기능을 한다. 그러나 가로형 간판과는 달리 높은 곳에 설치되므로 안전이 중요시되어 사전 허가를 받아야 한다. 다만 병원, 약국, 이용실, 미용실의 표지 등은 도로 통행에 지장이 없는 범위 안에서 설치할 수 있다. 관련 규정에 돌출 간판의 설치 방법이 상세히 기술되어 있는데, 옥외 광고물 등 관리법 시행령에 따르면 간판의 하단과 지면과의 간격은 3m(인도가 없는 경우에는 4m) 이상이어야 하고, 그 상단은 당해 건물의 벽면 높이를 초과해서는 안 된다. 또 간판의 바깥쪽 끝부분은 벽면으로부터 1.2m를 초과할 수 없고, 세로의 길이는 20m(상업지역은 30m) 이내여야 하고, 간판의 두께는 50cm 이내여야 한다. 다만, 이·미용업소의 표지등은 그 바깥쪽 끝부분이 벽면으로부터 50cm를 초과하여 돌출하게 해서는 안 되며 두께는 지름 30cm 이내, 세로의 길이는 150cm 이내여야 한다. 형광등 혹은 네온 조명을 통해 야간에도 뚜렷이 보이도록 하는 것이 일반적이다.

돌출 광고 side box advertising 기사면 하부의 좌우, 기사 중간, 만화 옆 등 통상적인 광고지면이 아닌 곳에 게재되는 박스형 광고. 규격은 신문사마다 다르며 여타 광고 형식보다 주목률이 높아 매체료는 평균 가격보다 비싼 편이다.

동감 운동감. 사진에서는 스냅 사진이나 인물 사진에서 피사체가 움직이는 것처럼 묘사하는 것을 말한다. 피사체 자세, 셔터 속도, 카메라 움직임 등의 요소를 이용하여 피사체 운동감을 만들어낸다. 영상에서는 이와 함께 고속 촬영과 저속 촬영, 편집에 의해서도 피사체 운동감을 조절할 수 있다. 일러스트레이션에서는 주로 선의 변주에 의해 속도감을 표현한다. ■

동기 motive 내적으로 활성화된 상태의 욕구(need). 모든 행동의 바탕이 되는 욕구가 자극을 받아 활성화되면 동기로 변한다. 마케팅에서 동기는 소비자 구매 활동을 추동하는 중요한 심리적 변인으로, 욕구가 구매 행동의 원동력인 것에 비해 동기는 욕구가 발생되고 난 후 광고 메시지나 입소문 혹은 준거집단 추천 등에 의해 구매 행동에 필요한 구체적인 정보까지를 취득하는 단계를 말한다. 따라서 동기는 구매 행동 여부에 직접적으로 영향을 미칠 뿐만 아니라 특정 브랜드의 선택에까지도 작용한다.

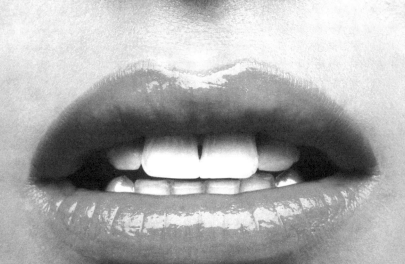

ADBUSTERS

Dying For Decadence

I, TERRORIST

UK £4.00 · US/CAN $7.95 · ¥1400
ISSN 0847-9090

9 770847 909002   04

VOL. 12 NO. 4 JUL/AUG 2004

독립 잡지
애드버스터스
2004

Action is having an electronic fuel-injected 2.0-liter engine take you from 0 to 60 in 11.0 seconds.

Action is stopping on radial tires with 4-wheel disc brakes.

Action is taking a corner with rack-and-pinion steering in a mid-engine car and feeling closer to the road than the white line.

The **Action**

Action is a 5-speed gearbox.

Action is a light, fiberglass roof you can take off in less than a minute.

Action is sporting a built-in roll bar.

Action is 13 of the wildest colors you've ever seen. From Zambezi Green to Signal Orange.

Action is 29 miles to the gal-

lon and a cruising range of more than 400 miles on one tank of gas.

Action is finally stopping for gas and having all the station attendants wanting to wait on you.

Action is what you get every time you step into a mid-engine Porsche 914.

Porsche

동기부여 motivation 동기에 의해 유발된 심리적 긴장 상태를 일컫는 말. 한편 동기는 목적의식이 결부되어 있고, 활성화된 욕구의 해소 방법이 설정된 상태의 욕구다. 인간 행동을 학습(learning) 현상으로 설명하려는 견해와 함께 그것을 동기의 실현으로 보는 견해가 만만치 않은데 마케팅에서는 소비자의 욕구(need)가 자극을 받아 활성화된 동기의 요인이 되는 요소를 규명하는 것과 소비자에게 적절하게 동기를 유발시키는 것이 주요 관심사다.

동기조사 motivation research 상품 구매, 상점의 선택 등 소비자 구매 행동의 심리적 요인을 밝히기 위해 행하는 조사. 때로 소비자는 자기 구매 행동의 동기를 명확하게 알지 못하는 경우가 있어 그 동기를 발견함으로써 소비자 행동양식을 밝힐 수 있다. 동기조사에 주로 이용되는 조사 방법은 면접법(심층면접법, 집단면접법), 투사법(단어연상법, 문장완성법, 약화법), 척도법 등이 있다.

동물 animal 인간에게 호감을 준다는 이른바 3비(3B)인 아기(baby), 미인(beauty), 동물(beast)의 하나. 광고에서는 개, 고양이, 새, 소 등과 같은 인간 친화적인 동물의 비중이 단연 높다. 동물을 촬영하는 데는 카메라 테크닉도 중요하지만 동물 습성에 관한 생태적인 지식도 필요하다. 동물을 의인화한 캐릭터로 광고를 만드는 것은 유사 이래 가장 흔한 광고 기법 중 하나다. 한국 광고에서 가장 유명한 동물 캐릭터 중 하나는 '우리 집 강아지, 뽀삐'(유한킴벌리 뽀삐화장지, 1982)다. ■

동물 촬영 animal shooting 동물을 찍는 것. 다양한 사례가 있으나 크게 구분하면 조련이 가능한 동물을 대상으로 한 촬영과 그것이 불가능한 촬영이 있다. 개, 고양이와 같은 애완동물을 비롯하여 호랑이, 사자, 코끼리 등은 어느 정도 조련을 할 수 있어 촬영 내용에 맞게 이들의 행동을 통제하는 것이 가능하다. 파충류, 어류 등은 조련이 불가능해서 야생 그대로 촬영할 수밖에 없다.

동시녹음 synchronous recording 촬영과 동시에 녹음을 하는 것. 종류는 촬영과 녹음을 카메라에 의해서 필름이나 테이프에 녹음까지 같이 하는 단일 방식 동시녹음과 카메라와 녹음기를 분리시키는 분리 방식 동시녹음으로 대별된다. 촬영 및 편집이 끝난 후 전용 스튜디오에서 일괄 더빙하는 후시녹음에 비해 음질이 떨어질 우려가 있으나 현장성이 강조되어 녹음효과는 월등하다.

동요 children's song 어린이 노래. 아기를 재우기 위해 부르거나, 아이들이 놀이와 함께 부르는 노래이며 단순한 멜로디와 가사가 특징이다. 누구나 이 노래를 알고 있고, 아이들의 때묻지 않은 순수함과 어린 시절에 대

한 향수 따위의 감성을 담아낼 수 있어 광고 노래로 자주 등장한다. 이때 가장 중요한 것은 물론 노래의 인지도다. 동요가 커다란 화제를 모은 광고 중 하나로 "아빠 힘내세요, 우리가 있잖아요. 아빠 힘내세요, 우리가 있어요"(BC카드, 2004)를 들 수 있다. 만화영화 〈우주소년 짱가〉의 주제가를 사용한 "어디선가 누군가에 무슨 일이 생기면…"(데이콤 터치터치 002, 1998)도 기억할 만하다.

동적 편집 dynamic editing 서로 다른 화면들 중 뚜렷한 대조나 유사성 등을 지닌 두 화면을 서로 연결시키는 편집 기법. 시간이나 장소의 연속성이 없는 연결이면서도 보는 사람의 감정을 불규칙적으로 고양시키는 효과를 가져온다. 영화 초창기에 충격적인 인상이나 율동적인 내재율을 조성하기 위해 주로 기록영화나 선전 영화에 쓰였다. 오늘날 대표적인 동적 편집 유형으로는 뮤직비디오 편집을 들 수 있다. 일종의 비약적인 화면의 연결이지만 전체적인 연속성은 유지돼야 보는 사람이 일관성을 가질 수 있다. 뮤직비디오에서는 음악이 연속성을 유지시켜 주는 구실을 한다.

동화 fairy tale 어린이를 위해 동심을 바탕으로 하여 지은 이야기. 전래 민담이나 전설 등을 어린이가 읽어도 좋은 이야기로 꾸민 것이며, 독일의 그림 동화, 덴마크의 안데르센 동화에도 그런 예가 적지 않다. 전 세계 아동들에게 가장 널리 알려진 동화는 〈벌거숭이 임금님〉 〈인어공주〉 〈성냥팔이 소녀〉 〈미운 오리 새끼〉 〈빨간 구두〉 등으로 유명한 안데르센 동화다. 1975년 출시한 당시 농심라면의 포장지에는 볏단을 들고 마주 선 두 명의 농부가 그려져 있었는데, 이는 추수가 끝난 후 형과 아우가 서로를 위하는 마음에서 한밤중에 상대방의 벼 낟가리에 볏단을 가져다 놓는다는 내용의 전래 동화 〈의좋은 형제〉의 한 장면을 묘사한 것이다. 이 회사는 그 후 '형님 먼저, 아우 먼저'라는 광고 캠페인을 전개했다. 이처럼 동화를 극화하여 광고를 만들거나 마케팅 모티브를 차용하는 사례를 비교적 흔하게 발견할 수 있다. ■

드라마 광고 dramatized advertising 드라마 형식을 차용한 광고. 일정한 플롯을 따라 이야기가 진행되며 그 과정에서 직간접으로 상품을 제시한다. 연속극처럼 시리즈 형식을 띠는 경우도 있다.

드로잉 drawing 선으로 그리는 회화 표현. 소묘(素描)라고도 하며 프랑스어로는 데생(dessin)이라고 한다. 연필, 목탄, 크레용 등을 사용하여 대상의 인상을 묘사하거나 작가의 이상을 자유롭게 표현하는 방법이다. 그 결과 그림은 자유롭고 순수하며 직접적이고 가식이 없다. 자연발생적인 솔직함과 단순함이 가져오는 호소력 때문에 인쇄 광고의 일러스트레이션이나 영상 분야

농심은 천심 !

동화
농심공업주식회사 농심라면
1976

의 애니메이션 등에서 드로잉 특유의 표현법을 흔히 볼 수 있다. ■

들고 찍기 hand held shooting 카메라를 지지대에 고정하지 않고 들거나 어깨에 메는 방법으로 촬영하는 것. 화면이 안정적이지 않지만 실재감과 현장성, 속도의 감정을 증대시킬 수 있다. 사람들이 사물을 보는 방식과 유사한 시각을 만들어내는 촬영이며, 다큐멘터리 화면처럼 우리가 보고 있는 장면이 실재하는 것이라는 느낌을 창조한다. 실제로 어떤 인물을 고정 카메라로 찍는 것과 들고 찍기로 찍는 것은 그 결과가 미묘하게 다르다. 카메라와 대상 사이에 관계를 미밀하게 묘사할 수 있어 광고 촬영은 물론 여타 영상 분야에서 널리 쓰인다.

등간 척도 interval scale 속성에 대한 순위를 부여하되 순위 사이의 간격이 동일한 척도. 등간 척도에 의해 얻어진 측정치는 측정 대상이 갖는 양적인 정도의 차이를 나타내준다. 측정 대상의 속성에 따라 각 대상을 크고 작고 또는 같은 것으로 그들의 지위를 부여할 뿐만 아니라 그 구별되는 단위의 차이, 즉 간격이 동일한 것을 말한다. 등간 척도에 따라 구별되는 각 대상의 거리가 1, 2, 3 등으로 규정됐다면 1과 2, 2와 3의 간격이 1로서 동일하다는 것이다. 그러나 순위 사이의 비율계산은 할 수 없는데 등간 척도의 대표적인 사례라고 할 수 있는 온도계 측정치에서 섭씨 100°가 섭씨 0°보다 100배 더 뜨겁지 않은 것과 같다. 등간 척도는 물가지수나 생산성 지수 등의 측정에 주로 이용된다.

등록상표 registered trademark 상표법에 의해 특허청에 등록된 상표. 등록된 상표는 R나 TM 등 약호를 붙여 등록됐다는 것을 나타내기도 한다. 우리나라 상표법은 선원등록주의(先願登錄主義)를 채택하고 있어 먼저 등록한 자에게 등록이 허가되고 10년 동안 그 권리를 인정하며 10년마다 갱신할 수 있다. 독일 등 북유럽 여러 나라에서는 우리나라와 같이 선원등록주의를 택하고 있으나 미국 등에서는 선사용주의(先使用主義)를 채택하고 있어 상표를 현실로 업무상 사용하고 있어야 그 등록을 인정해준다. 우리나라 등록상표 중 현재까지 존속하는 가장 오래된 것은 1954년 5월 샘표식품주식회사의 간장 상품을 대상으로 등록한 상표다. 외국인 상표 중에는 1954년 9월 미국 펩시코주식회사의 펩시콜라 상표가 가장 오래되었다. 그 외 현존하는 업종별 최고 상표는 주류는 주식회사 진로(1954년 9월), 화장품은 주식회사 아모레퍼시픽(1959년 3월), 자동차는 크라이슬러 닷지(1954년 11월), 의류는 제일모직 주식회사(1966년 5월), 담배는 필립모리스의 팔러먼트(1955년 6월) 등이다.

디렉토리 광고 directory advertising 인명부, 즉 디렉토리를 매체로 이용한 광고. 통상 전화번호부를 매체로 하는 광고를 말한다. 매체수명이 길고, 접촉 빈도가 높은 이점이 있으나 대상 계층이 전화 보유자로 한정되어 있다.

디센더 라인 descender line 알파벳에서 디센더를 갖는 글자(g, j, p, q, y) 밑변에 놓여진 가상 선.

디스토션 distortion 광각렌즈의 왜곡 현상을 일컫는 말. 원근감이 극단적으로 과장되어 영상이 일그러지는 것.

디스플레이 display □ 커뮤니케이션 수단으로서 공간 전시. 일차적인 목적은 상품에 대한 구매의욕을 높이는 것이다. 다른 매체와 본질적으로 다른 점은 환경이 중요시된다는 것이다. 따라서 사람의 동태나 시각을 고려하여 디자인하며, 조명, 자연광선 등이 고려된다. 상품이 중심이 될 때는 상품이 지니고 있는 색채나 구조를 바르게 보일 수 있도록 자연광선이나 또는 그것과 같은 성격의 조명이 필요하다. 디스플레이는 상품, 쇼카드, POP, 기타 진열기구 등으로 표현되며 연출효과를 위해 조명, 음악 등이 가미되고 간혹 후각과 미각, 촉각 등에 의존하는 경우도 있다. □ 스크린의 화상 표시. 텔레비전 수상기, 컴퓨터 등의 스크린에 문자나 도형을 나타내는 장치를 말한다. 진공관, 발광다이오드(LED), 액정디스플레이(LCD) 등이 있다.

디스플레이 디자이너 display designer 디스플레이 디자인을 직업으로 삼는 사람. 디스플레이는 단순히 진열, 장식이라는 뜻만이 아니라 공간조형과 입체구성에 의해 광고 목적을 표현하는 것을 의미하고, 그 목적은 직접 또는 암시 등의 심리적 효과로 상품에 대한 구매의욕을 높이려는 것으로, 상품 판매에서 중요한 역할을 차지하게 됐기 때문에 이것을 전문적으로 담당하는 사람이 필요하게 됐는데 이들이 디스플레이 디자이너다.

디엠 DM direct mail advertising 광고물을 표적고객에게 전달하는 수단으로 우편발송 시스템을 이용하는 직접 광고. 우편 광고, 우송 광고, 통신 광고라는 말로도 쓰인다. 다른 광고가 불특정 다수를 향해 노출시키는 것이라면 디엠은 광고 대상을 먼저 선정한다는 점에서 근본적인 차이가 있다. 디엠을 통해 보내는 내용물로는 편지, 엽서, 카탈로그, 리플릿, 팸플릿, 브로슈어, 사보 등이 있으며 여기에 앙케트, 설문지, 초대권, 가격표, 회신서, 샘플 등을 포함시키기도 한다.

디오라마 diorama 하나의 장면이나 풍경을 일정 공간 안에 입체적 구경거리로 구성한 것. 무대장치적인 원근법과 조명 연출에 의한 전시 방법이다. 한편 파노라마

드로잉
나이키
1992

sharon Stone's chair .

Made to order furniture. Recycled timber furniture made to your own specifications. Collingwood: 9419 4866. South Yarra: 9827 0899. Fitzroy: 9419 3418. Ancient Modes (panorama)는 전경(全景)이라는 뜻인데 다면적으로 볼 수 있는 조감도적인 구성으로 배경과 근경을 합성한 전망식 실경 전시다. 디오라마가 한 화면을 대상으로 한 입체 전시인 데 반해 파노라마는 전경을 담고 있다는 점에서 구별된다.

디자이너 designer 디자인을 직업으로 하는 사람. 그래픽 디자이너, 패션 디자이너, 상품 디자이너, 광고 디자이너, 편집 디자이너, 영상 디자이너 등 직능에 따라 명칭이 다양하고 담당하는 업무도 다르다. 광고에서 디자이너는 보통 인쇄 광고 제작을 담당하는 사람으로 카피라이터 등과 팀을 이루어 인쇄 광고의 비주얼에 해당하는 부분을 맡아 일러스트레이터, 포토그래퍼, 스타일리스트 등 프리랜서들과 함께 광고를 만든다.

디자인 design 재료와 기능에 아름다움과 조화를 고려하여 하나의 형태 혹은 형식으로 통합하는 계획 및 설계. 어떤 목적을 달성하기 위해 여러 조형 요소 가운데서 의도적으로 선택하여 그것을 합리적으로 구성하여 유기적인 통일을 얻기 위한 활동이며, 그 결과의 실체가 곧 디자인이다. 영역에 따라 공업 디자인, 산업 디자인, 그래픽 디자인, 패키지 디자인, 인테리어 디자인, 디스플레이 디자인 등으로 나뉘며 구사하는 형식에 따라 입체 디자인, 평면 디자인 등으로 구분하기도 한다. 또 인간의 원초적인 세 가지 행위와 연관 지어, 인간 생활에 필요한 정보와 지식을 보다 정확하게 전달하기 위한 시각 디자인(visual design), 인간 생활에 필요한 제품 및 도구를 생산하기 위한 제품 디자인(product design), 인간 생활에 필요한 환경 및 공간을 보다 적합하게 창조하기 위한 환경 디자인(environment design)으로 대별하기도 한다.

디자인 표시 디자인에 관한 기업 및 소비자의 관심을 높여 경쟁을 촉진하려는 의도로 상품에 특정한 표시를 부여하는 제도. 대표적인 것이 '좋은 디자인'(good design) 상품에 표시되는 G마크와 저공해 상품에 부여되는 환경마크가 있다. G마크는 산업 디자인의 개발과 촉진 그리고 상품 디자인의 향상을 위해 제도화된 것이며 환경마크는 세계적인 차원에서 벌어지는 환경 운동에 대처하기 위한 디자인 제도로 저공해 상품의 개발과 소비를 촉진하려는 것이 목적이다.

디자인 컨셉트 design concept 디자인이 내세우는 주장이나 견해. 디자인 아이디어, 디자인 계획과 비슷한 의미로 쓰이나 특정 디자인이 추구하는 고유 메시지를 뜻하는 경우가 많다.

디졸브 dissolve 한 화면이 사라짐과 동시에 다른 화면이 점차로 나타나는 장면전환 기법. 화면의 밀도가 점점 감소하는 것과 동시에 다른 화면의 밀도가 높아져서 서서히 장면이 전환되는 것을 말한다. 디졸브는 연결되는 두 장면이 서로 밀접하게 관련이 있음을 상징하는 심리효과를 만든다. 미인의 피부와 화장품 용기를 깊게 디졸브하면 화장품과 피부의 상관관계가 밀접하게 맺어진다.

디지털 digital 연속적인 물리량을 1과 0으로 표현하는 신호. 연속적인 아날로그 표시에 대해 1과 0의 숫자로 나타내는 것을 디지털 표시라고 한다. 디지털 신호를 이용하는 기술이 급속히 늘고 있는데 이를테면 디지털 통신, 디지털 레코딩, 디지털 카메라, 디지털 텔레비전 등으로 '디지털'을 접두어로 붙여 부른다.

디지털 녹음 digital sound recording 음을 디지털로 기록하는 녹음 방식. 재생할 때는 아날로그 전환 과정을 통해 디지털 신호를 음파로 다시 바꾼다. 디지털녹음은 고음질 재생이 가능하며 시스템 자체 소음이 전혀 없다는 장점이 있다. 테이프 등을 이용하는 아날로그 녹음을 완전히 대체했다.

디지털 사진 digital photography 디지털 카메라로 촬영한 사진 이미지. 엄밀하게는 디지털 카메라로 찍은 사진을 말하나 광의로는 기존 필름이나 사진을 스캐너를 이용하여 디지털 이미지로 바꾸어 디지털 프로세스를 거치는 작업도 디지털 사진의 범주에 포함시킨다. 기존 사진과 비교할 때 각종 영상효과와 합성 등의 특수효과와 쉽게 접목할 수 있으며 색조 조절을 통해 사진의 질을 향상시킬 수 있고, 이미지를 원격지로 전송할 수 있는 점, 여러 번 복사를 하거나 다중합성을 해도 화질이 떨어지지 않는 점, 촬영 즉시 확인할 수 있어 촬영의 실패를 방지할 수 있는 점 등의 여러 장점이 있다.

디지털 인쇄 digital printing 디지털 정보로 되어 있는 파일을 전용 프린터로 인쇄하는 방식. 오프셋 인쇄가 편집 데이터를 인쇄판으로 옮긴 후 인쇄기에 걸어 인쇄한다면 디지털 인쇄는 중간 과정을 거치지 않고 파일을 직접 종이로 인쇄한다. 디지털 인쇄의 가장 중요한 특성은 작업 과정이 단순하고 소량 인쇄가 용이해서 이른바 주문형 인쇄(print on demand)에 적합하다는 것이다. 가변 데이터 인쇄, 즉 인쇄 내용을 부수마다 일부 변경하여 인쇄할 수 있는 것도 디지털 인쇄의 특성 중 하나다. 주문형 인쇄 시스템을 도입하면 필요한 부수만큼만 인쇄할 수 있어 재고 부담이 없는 출판을 이룩할 수 있으며 데이터만 있으면 절판된 도서도 적은 비용으로 언제나 인쇄할 수 있다. 표준화된 대량 인쇄 시스템인 오프셋 인쇄와 견줘 인쇄 품질은 다소 떨어지고, 인쇄용지의 다양성이 부족하나 관련 기술이 빠르게 발전하고 있으므로 조만간 이들 문제를 극복할 수 있으리라 보인다. 인쇄물 시안의 교정용 인쇄로도 널리 활용된다. 오늘날 인쇄 현장에서 디지털 인쇄는 오프셋에 의한 대량 인쇄가 커버하지 못하는 디지털 방식에 의한 소량 주문형 경인쇄를 통칭하는 용어로 쓰이고 있으나 인쇄기는 물론 인쇄 과정도 디지털화될 것이 확실시되므로 디지털 인쇄가 포괄하는 개념도 더욱 확장될 것이다.

디지털 카메라 digital camera 필름 대신 이미지 센서를 이용하여 영상을 기록하는 카메라. 영상신호를 메모리 카드나 하드디스크에 디지털 신호로 기록한다. 촬영한 결과를 즉시 확인할 수 있어 필름 카메라 촬영의 불확실성을 제거할 수 있고 필름에 영상을 기록하고 현상, 인화하는 데 많은 비용과 시간이 들었던 것에 비해 디지털 카메라는 데이터를 지우고 반복 촬영하는 것이 용이하여 경제성이 뛰어난 장점도 있다. 디지털 카메라는 필름에 비해 CCD의 다이내믹 레인지(dynamic range) 범위가 좁아 노출 허용 범위가 제한된다는 문제와 고속 연속 촬영이 불편한 것이 한계로 지적됐으나 기술 발전으로 이를 극복하여 현재는 아날로그 필름 카메라를 대체했다.

디테일 detail 화면, 사진, 그림 등을 구성하는 세부.

라디오 radio 방송국에서 발신되는 전파를 수신하여 음성으로 복원하는 기계, 또는 그 시스템. 사용하는 주파수에 따라서 중파방송(AM), 단파방송(해외방송), 초단파방송(FM) 등이 있다. 텔레비전이 등장하기 전까지는 홈엔터테인먼트의 중심으로 활약했으며 뉴스 등 정보 프로그램은 물론 드라마와 스포츠 중계방송, 시청자 참여 오락 프로그램 등 방송하는 프로그램도 무척 다양했다. 전속 성우, 아나운서, 라디오 드라마에 얽힌 전설적인 이야기들이 라디오 시대의 영화를 상징하는 에피소드로 남아 있다. 뉴스와 오락(AM), 음악(FM)으로 대별할 수 있는 오늘날 라디오 방송에서 청취자의 시시콜콜한 사연이 전파를 타는 것은 예나 지금이나 여전하다. 라디오는 이렇게 사람과 세상을 이어주는 개인적 매체로 청취자와 장기간 특별한 관계를 맺는다. 최근에는 인터넷, 모바일 미디어와 결합해 라디오 수상기가 없어도 언제 어디서나 라디오 방송을 청취할 수 있게 되어 라디오의 편재적인 속성이 더욱 강화되는 추세에 있으며 휴대전화의 문자 기능을 이용한 실시간 시청자 의견과 '보이는 라디오' 등 기술 발달에 따른 새로운 서비스가 등장하고 있다.

라디오 광고 radio advertising 라디오를 매체로 이용한 광고. 청각생리학적, 음향심리학적으로 보면 가장 수면학습적 효과가 높아 잠재의식에의 접근을 특징으로 한다. 즉, 라디오 광고를 통해 구두 전달에 의한 독특한 이해와 기억효과를 얻을 수 있다. 장점을 요약하면 라디오는 다른 일을 하면서 듣는 매체이므로 광고가 별다른 저항을 받지 않고, 청각에 호소하여 정서적 소구에 적합하며 광고비가 저렴하고 제작 기간도 짧아 광고 활동을 비교적 손쉽게 할 수 있다는 것이다. 형태로는 프로그램 제공 형식의 프로그램 광고와 토막 광고, 일기예보나 교통정보 스폿, 시보 스폿 등이 있다. 라디오 광고의 가장 주목할 만한 점은 청취자의 성향을 세분화할 수 있다는 것인데 가령 오전 시간에 방송하는 주부 대상의 사연 프로그램과 전문 팝음악 프로그램의 청취자는 상당히 다르다. 또한 프로그램의 진행자, 디제이의 개성에 따라서도 청취자 성향을 세분화할 수 있다. 광고매체로서 라디오는 영상매체와 온라인매체에 밀려 주변 매체로 인식되는 경향이 있으며 광고주에게는 단지 보조매체로 이용되는 추세다. 우리나라 라디오 광고의 기억할 만한 사례는 1983년 시작한 대우전자의 '우리의 소리를 찾아서' 캠페인으로 '야경꾼 딱딱이 소리', '고란사 풍경 소리', '변사의 소리' 등 잊혀져가는 100여 편의 소리를 시리즈로 담아냈다. 아래는 그 한 편이다. "(통통배 소리) 섬마을 처녀가 뭍으로 가네. 이장님 중매로 선보러 가네. 사진으로만 만난 신랑감 얼굴을 식구들 몰래 그려보다가, 처녀는 혼자서 낯을 붉히네. 통통배 소리처럼, 처녀 가슴은 자꾸만 뛰네. 우리의 소리를 찾아서."(대우전자, 1983)

라벨 label 상품에 부착되어 있는 모든 표시. 손으로 쓴 것은 물론 인쇄된 것도 있고 그림이나 디자인 등 도형으로 표시된 것도 있다. 상품에 부착되는 간단한 꼬리표(tag)일 수도 있고 포장의 일부가 되도록 정교하게 디자인한 그래픽일 수도 있다. 상표명만 나타내는 경우도 있고 상품에 관한 많은 정보를 담고 있는 것도 있다. 라벨은 상품이나 상표의 식별 수단을 제공하고, 매력적인 그래픽을 통해 판매를 촉진시키는 기능을 한다. 따라서 그 형태와 내용을 해당 상품에 어울리게 결정하고 이를 적절하게 제작하는 것이 중요한데 우선 눈에 띄게 디자인하여 상품을 식별할 수 있도록 해야 하고, 표현 방법에 번잡함이 없으며, 기타 법적 규제 조건에 부합해야 한다. 부착되는 위치에 따라 상품의 몸통에 부착되는 밴드 라벨(band label), 뒷면에 부착되는 백 라벨(back label), 상자에 붙이는 박스 라벨(box label), 뚜껑에 붙이는 캡 라벨(cap label), 상품의 최상부에 붙이는 톱 라벨(top label) 등으로 분류된다.

라벨 디자인 label design 라벨을 목적에 맞게 디자인하는 것. 관련 조사에 따르면 평균적인 내방객은 진열대에서 5~7초 동안 라벨을 훑어보고 라벨의 핵심 메시지로서 2~3개의 단어나 문장을 읽는다. 따라서 많은 경쟁품들이 진열되어 있는 구매 환경을 고려하여 내방객으로 하여금 라벨을 인식하고 메시지를 파악할 수 있도록 디자인하는 것이 중요하다. 라벨 디자인에서 고려해야 할 사항은 라벨 모양, 크기, 색채, 타이포그래피, 인쇄 방법 등이 있는데, 이 모든 것은 결국 제품 성격을 반영하고 타깃 소비자에게 소구하기 위한 방편의 요소로 기능한다. 가령 무공해 식품의 라벨에서는 많은 인쇄 재료를 동원한 감각적이고 요란한 디자인보다는 소박하고 기능적이며 재활용 가능성을 고려한 라벨 디자인이 제품 성격에 부합한다고 볼 수 있다. 라벨 모양은 독립적인 하나의 구성 요소이자 전체 포장 디자인과 연계되어 있는데 보통 라벨에 제품 이름과 특징이 인쇄되어 있지만 라벨 모양만 가지고도 제품 성격을 알 수 있도록 하는 경우도 있다.

라스트 숏 last shot 영화나 텔레비전 프로그램, 방송 광고 등의 마지막 장면. 광고에서는 제품 디스플레이 장면이나 출연자의 추천 메시지, 기억에 남는 육성 카피가 라스트 숏으로 구성될 때가 많다.

라이브 live 실제음 혹은 실제 연주나 대사. 방송에서는 생방송을 말한다.

라이브 서비스 live service 인터넷에서 실시간으로 제공되는 서비스. 인터넷 서비스는 보통 해당 서버 컴퓨터에 저장되어 있는 자료를 열람하거나 다운로드 받는 식의 축적된 정보에 접근하는 것이지만 라이브 서비스는 방송처럼 실시간으로 제공되는 정보 서비스다. 즉, 정보를 제공하는 시간과 이를 이용하는 시간의 차가 없는 형태의 서비스 방식으로, 대표적으로 생방송 뉴스 서비스와 라이브 콘서트, 스포츠 중계 등이 있다. 이것이 방송과 다른 점은 방송이 시청자에게 정보를 일방향으로 제공하는 데 비해 인터넷에서는 서비스 참가자들이 정보제공자와 실시간으로 의사소통이 가능한 쌍방향 형태의 서비스라는 것이다. 즉각적인 시청자 의견이나 반응, 여론조사가 가능한데, 예를 들어 스포츠 중계 방송의 경우 응원 메시지를 실시간으로 보낼 수 있다.

라이프 사이클 life cycle 수명주기 혹은 생애주기. 사람, 가족은 물론 상품이나 서비스도 수명주기를 가진다. 일반적으로 가족은 독신기-신혼기-가족 팽창기-가족 고정기-가족 축소기-후기 부부기-고독 생존기라는 과정을 거친다. 한편 상품은 도입기-성장기-성숙기-쇠퇴기의 과정을 거친다.

라이프스타일 lifestyle □ 주어진 문화·경제적 조건하에서 나타나는 생활 및 행동 양태. 개인 행위에 큰 영향을 주는 것은 물론 사람마다 각기 다른 양상을 보인다

는 점에서 사회심리학의 중요한 연구 분야다. 개인의 라이프스타일 특성이 상품 구매 행위에 커다란 영향을 주기 때문에 라이프스타일 특성을 측정하고 유형화하여 그에 어울리는 전략을 수립하는 것이 중요한 과제가 된다. 이처럼 라이프스타일 특성은 마케팅 전략 개발에 유용하게 이용될 수 있어 이를 측정하는 것이 매우 중요한데 라이프스타일 특성은 연령, 소득, 직업과 기술이 고정된 척도가 존재하지 않으므로 근본적으로 인구통계학적 특성과 구별되는 성격을 갖는다. □ 가치관 때문에 나타나는 다양한 생활양식, 사고양식 등 생활의 모든 측면의 문화·심리적 차이를 나타낸 말. 라이프스타일은 생활 속에서 나타나는 개인 혹은 사회 가치관의 반영이어서 시대에 따라 그 양상이 다르고 세대 간의 차이도 상당하다. 특히 여성의 사회적 위상 변화에 따른 생활양식의 변화가 두드러진다. 한 사회의 라이프스타일을 변화시키는 주역은 이른바 '신세대'로 그들은 새로운 가치 체계와 양식을 능동적으로 흡수하여 사회를 변화시킨다. 이러한 라이프스타일이 소비 행위에 영향을 미치므로 기업 마케팅의 관심사가 되기도 하지만 기업 활동의 결과가 구성원의 라이프스타일에 영향을 주기도 하므로 양자의 상호 작용에 의해 한 사회의 의식구조가 변모하는 결과를 낳는다. 사회 관계를 첨예하게 묘사하는 광고는 사회 구성원의 라이프스타일을 묘사하면서 광고 상품의 의미를 부각하는 전략을 쓴다. 가령 젊은이들의 유쾌하고 거침없는 행동양식을 곁들여 강조하는 청량음료 광고는 이것이 거침없는 젊은 층을 위한 제품임을, 한 가족의 행복한 바닷가 여행을 묘사하는 자동차 신차 광고는 이 제품이 새로운 형태의 여가 생활을 즐기는 가정을 위한 것임을 상징적으로 암시한다.

라이프스타일 디스플레이 life style display 라이프스타일을 암시하는 디스플레이. 특정 고객층의 관심 및 태도 등을 반영하는 진열 방식이다. 젊은이 모습의 마네킹에 테니스복을 입혀 스포츠카 사진을 배경으로 한 진열은 젊고 능동적인 라이프스타일을 암시하는 것이다. 이 방식을 쓰면 특정 라이프스타일을 추구하는 상점으로서 특별한 이미지를 심을 수 있다.

라인 애니메이션 line animation 선으로 이루어진 애니메이션. 일반적인 애니메이션이 2차원 개념인 면을 표현하는 데 비해 라인 애니메이션은 평면 위에 선만으로 움직임을 구현한다. 라인 애니메이션은 셀을 완성하기 전에 질적인 상태를 미리 검토하기 위한 테스트 애니메이션으로 시작됐으나 선의 미학에 착안하여 그 자체로 독특한 특징을 갖는 애니메이션으로 발전했다. 수채물감, 목탄, 사인펜 등 다양한 그래픽 재료를 사용한다.

래미네이션 lamination 책이나 잡지, 팸플릿 표지 등에 사용되는 필름을 이용한 포장 방법. 목적은 내열성, 내

마모성, 방습성을 높이기 위한 것이며 표면에 그라비어 인쇄를 할 수 있어 디자인적으로도 빼어나다. 접착제를 도포하거나 접착용 필름을 사용하여 가열·가압하는 등의 방법이 있다.

래핑 광고 wrapping advertising 광고를 출력하여 주로 대형 건물이나 차량에 씌우는 형태의 광고. 가장 흔한 것이 버스 외부에 광고를 덮는 것이 있으며 그 외 지하철 차량, 지하철 내부 등을 이용하기도 한다. 초대형 스티커나 현수막으로 대형 건물 전체를 감싸는 것도 래핑 광고의 주요 형식으로 특정 이벤트와 관련해서 짧은 기간 동안의 노출을 목표로 실시한다. 가령 어느 전자업체가 가전 전시회 개막을 앞두고 전시회장 근처 빌딩에 자사가 전시에 출품하는 제품을 광고하는 식이다. 월드컵 경기, 올림픽 경기 등 스포츠 이벤트뿐만 아니라 대형 국제회의나 국가 간 정치 행사가 있을 때 이런 유형의 래핑 광고를 흔히 볼 수 있다. 대부분 대형 건물의 상징성 때문에 광고를 오래 기억하는 점을 노린다.

랙 디스플레이 rack display 선반 또는 망(網) 선반을 이용한 디스플레이를 일컫는 말. 선반은 보통 강철이나 철선으로 만들어지고 때로는 나무나 두꺼운 종이로 제작되는 경우도 있는데 어떤 경우에도 상품을 안정적으로 저장해야 하고 구매자가 상품을 꺼내기 쉬우며 또 상품을 꺼낸 후 다른 상품이 스스로 그곳에 미끄러져 내려오는 기능도 함께 지니도록 설계돼야 한다. 따라서 랙 디스플레이에 적합한 상품은 포장이나 상품 외관이 뛰어나서 구매의욕을 불러일으킬 수 있도록 디자인된 것이다.

랙 포커스 rack focus 영상 촬영에서 두 개 이상의 피사체에 대해 초점을 수동으로 이동시키는 촬영 기법. 전면에 있는 물체에 초점을 맞추어 촬영하다가 후면에 있는 물체로 초점을 이동시켜 촬영하는 것을 말한다. 렌즈가 갖는 피사계 심도의 깊이감을 이용한 기법으로 두 피사체 사이의 관계 및 심리묘사를 표현하는 데 흔히 이용된다.

랜덤 액세스 random access 불특정한 순서로 기억되어 있는 정보를 어느 것이나 동일한 시간에 검색할 수 있다는 뜻의 통신 용어. 특정 정보를 기억장치에 기록하거나 읽어낼 때 기억장치 내의 다른 정보를 참조하여 찾는 것이 아니라 직접 그 정보를 찾는다. 그러므로 다른 검색은 필요하지 않고 그 정보가 어디에 있든지 동일한 시간에 접근할 수 있다. 예를 들어 비디오의 어느 부분을 검색하려면 되감기나 빨리 보내기를 하여 그 부분에 접근하는 데 비해 랜덤 액세스는 직접 접근이 가능하여 정보가 어디에 위치하든 접근 시간이 동일하다.

러시 rush 작업용 필름. 촬영이 끝난 원본 필름을 현상한 후 검토용 혹은 가편집용으로 사용하기 위해 재인화된 필름을 말한다. 원본 네거티브에서 인화된 포지티브 프린트를 의미하지만 광고 현장에서는 재료의 의미는 탈락하고 단순히 편집 과정에서의 가편집본을 가리킨다.

러프 rough 아이디어를 시각적으로 간략하게 형상화하기 위해 연필로 대충 그린 스케치. 아이디어 스케치, 러프 스케치, 러프 콘티(rough conti)라고도 한다. 제작팀 내부에서 아이디어 채택 여부를 논의하기 위해 광고주 실무선에 보여주기 위한 의도로 그린다.

레이아웃 layout 시각전달을 위해 문자, 사진, 일러스트레이션 등의 시각 요소를 일정한 공간 내에 효과적으로 배열하여 시선을 유도하는 작업. 넓게는 모든 그래픽 디자인의 대상이 되는 인쇄물의 작성과 관련한 기술을 뜻하나 광고에서는 문자와 사진 및 일러스트 등의 요소를 배열하는 기술을 뜻한다. 좋은 레이아웃은 시각적으로 독특할 뿐 아니라 기능적인 목적에 합치돼야 한다. 이를 위해서는 미적 조형성, 가독성, 통일성 등을 고려해야 한다.

레저빌리티 legibility 문자의 가독 난이도를 뜻하는 말. 오독(誤讀)을 하는 경우 '그 문자나 문장은 레저빌리티가 낮다'고 한다. 판독성이라고 번역하기도 한다.

레터링 lettering 기존 서체를 정확하게 옮기거나 가독성이 높은 문자를 조화롭게 구성하는 것. 즉, 문자 디자인. 좁은 뜻으로는 새로운 독특한 문자를 창안하는 것을 말한다. 이때는 타이포그래피(typography)와 상대적인 뜻으로 쓰인다.

레트로 retro 추억, 향수, 기억, 회상의 감정. 복고적인 감수성에 집중하는 경향을 뜻하기도 한다.

레트로 광고 retrospection advertising 과거에 대한 기억과 향수를 테마로 한 광고. 그 구조는 한 사회 구성원의 집단 기억을 재구성하는 형태다.

렌더링 rendering 컴퓨터 애니메이션에서 모델링한 피사체 및 배경, 조명, 텍스처 등을 모아 2차원의 최종 화면을 만드는 과정. 컴퓨터 애니메이션 제작에서 최종 편집의 전 단계다. 많은 명령과 수치들을 계산해야 하므로 오랜 시간이 걸리는데 모델 숫자와 매핑된 텍스처의 양, 해상도의 높고 낮음에 따라 렌더링 시간이 결정된다. 아울러 제품의 완성을 상상한 외관, 즉 3차원의 모습을 2차원으로 묘사한 정밀 모형도를 렌더링이라고도 한다. 재질, 형태, 색채 등을 묘사하는데 실물과 조금도 다르지 않게 표현하기 때문에 광고 일러스트레이션에 사용하는 기법이다.

렌즈 lens 피사체로부터 반사된 빛을 굴절시키는 투명 유리체. 렌즈는 카메라 몸체 앞부분에 원통 모양으로 붙어 있으며 모양과 크기가 달라도 카메라의 눈으로 피사체를 재현한다는 같은 기능을 수행한다. 렌즈에는 보통 초점거리에 따라 광각렌즈와 표준렌즈, 망원렌즈와 줌렌즈로 대별된다. 표준렌즈는 사람의 시각과 가장 유사하게 영상을 포착하는 렌즈로 프레임 대각선의 두 배에 해당하는 초점거리와 약 25° 내외의 수평각을 가졌다. 광각렌즈는 초점거리가 짧은 렌즈로서 표준렌즈에 비해 넓은 화각을 제공한다. 광각렌즈는 표준렌즈로 찍은 것보다 피사체를 더 작게 기록하며 피사체 주위의 배경을 더 넓게 포착한다. 망원렌즈는 멀리 떨어져 있는 물체를 확대하는 렌즈다. 이 렌즈로 찍은 화면은 원근감이 축소되어 화면이 마치 압축된 듯한 느낌을 준다. 그 외 줌렌즈는 초점거리가 고정되어 있지 않아 초점을 조절하지 않으면서도 하나의 렌즈로 광각에서 망원까지 촬영할 수 있도록 만든 것이다. 촬영 대상이나 목적에 따라 렌즈를 선택할 필요가 있는데, 실내 인테리어를 촬영할 때 광각렌즈를 사용하면 공간이 더 넓게 보이며 인물을 촬영할 때 표준렌즈를 사용하면 우리가 일상적으로 보는 편안한 시각을 얻는다. 반면 인물 촬영에서 80mm 정도의 렌즈를 사용하면 뒷배경이 희미해지면서 인물에 초점이 맞혀 온화한 화상을 얻을 수 있다.

렌즈 구경 lens aperture 렌즈를 통해 입사하는 광선의 양을 조절하는 구멍. 렌즈에는 광선의 양을 조절하기 위해 다양한 넓이로 광선을 차단하는 조리개라는 기구가 있는데 렌즈 구경은 바로 이 조리개가 만드는 공간이다. 렌즈의 조리개를 최대로 열면 최대 구경이 되어 카메라 렌즈는 가장 많은 광선을 받아들인다. 반대로 조리개를 최대로 닫으면 조리개가 최대로 오그라들어 적은 양의 광선만이 렌즈를 통과한다. 조리개의 크기는 일반적으로 f/stop으로 표시하며 카메라 렌즈 위에 1~32(1, 1.4, 2, 2.8, 4, 5.6, 8, 11, 16, 22, 32)의 숫자로 표시되어 있어 필요에 따라 조절하도록 되어 있다. f/stop 크기가 작을수록 조리개가 크게 열려 렌즈 구경이 커져 빛을 많이 받아들인다. 반대로 f/stop 크기가 클수록 조리개가 렌즈를 닫아 렌즈 구경이 좁아져 빛을 적게 받아들인다. 렌즈의 질은 카메라가 빛을 얼마나 많이 통과시키느냐에 따라 결정된다. 빛을 많이 통과시키는 렌즈를 밝은 렌즈라고 하고 빛을 적게 통과시키는 렌즈를 어두운 렌즈라고 한다. 일반적으로 망원렌즈는 광각렌즈에 비해 렌즈가 어둡다. 보통 15개 이상의 유리로 이루어진 줌렌즈도 단초점 렌즈에 비해 어둡다. 렌즈 밝기는 해상도를 결정하기 때문에 촬영에서 중요한 변수다.

렌즈 속도 lens speed 빛을 받아들이는 렌즈의 능력을 뜻하는 말. 조리개 크기가 클수록, 즉 조리개 눈금이 작은 단위일수록 렌즈 속도는 빨라진다. 속도가 빠른 렌즈일수록 적은 양의 빛으로도 영상을 선명하게 찍을 수 있다. 망원렌즈가 표준렌즈보다 렌즈 속도가 느리며, 줌렌즈 역시 표준렌즈보다 속도가 느리다. 같은 구경이라면 렌즈 속도가 빠른 것이 고성능이다.

로고 마크 logomark 회사명이나 상표명 등 그 명칭을 나타내는 일련의 문자 전체를 디자인하여 심벌화한 것. 워드마크(word mark) 혹은 심벌로고(symbol logo)라고 부르기도 한다. 로고마크는 심벌마크가 갖는 도형성과 로고타이프가 갖는 판독성을 통합한 것이다. 로고마크는 독창적으로 디자인되어 정보과잉의 사회에서 커뮤니케이션 경로를 단축시키는 기능을 수행한다.

로고타이프 logotype 일관된 이미지로 읽힐 수 있도록 개성적으로 디자인한 도안문자. 일반적으로 로고타이프는 마크와 세트로 사용되는데 로고타이프의 판독성과 마크의 도형성을 하나로 통합하려는 의도다. 로고타이프는 사명 로고타이프(corporate logotype)와 상표 로고타이프(brand logotype) 등으로 대별된다. 사명 로고타이프는 기업이념이나 행동을 상징화하고 기호화한 것으로 기업 이미지 연출에 중요한 요소이기 때문에 일정한 성격의 서체로 디자인되며 그 수명도 비교적 길다. 이에 반해 상표 로고타이프는 각각의 상품의 디자인된 상표명으로 상품의 성격에 어울리는 서체 및 디자인으로 구성되며, 수명은 상품수명에 의해 좌우된다.

로드 사인 road sign 고속도로 주변에 설치된 옥외 광고물. 하이웨이 사인이라고도 한다.

로맨틱 코미디 romantic comedy 남녀 관계를 다루되, 주인공들이 서로에 대한 오해로 많은 시행착오를 겪지만 난관을 극복하고 마지막에는 결국 결합하게 된다는 내용의 영화 양식. 응용 형식으로 처음에는 결합되어 있던 두 남녀가 헤어졌다가 나중에 다시 만난다는 형식도 있다. 어떤 경우에든 두 남녀가 서로를 좋아하고 있다는 점, 그리고 그들의 시행착오의 과정이 희극적으로 다루어진다는 점이다. 현대 영화를 대표하는 영화 장르로 젊은 관객의 라이프스타일에 맞추어 각본을 변주하면서 세계적으로 흥행력을 과시하고 있다. 남녀 간의 굴곡 많은 사랑 이야기를 코믹한 터치로 그리는 일련의 광고는 기본적으로 로맨틱 코미디의 공식을 따른다. 젊은 계층의 생활양식을 그리는 광고가 특히 그러한데, 주인공들의 감정은 결코 미적지근한 흔적을 남기는 법 없이 경쾌한 속도감과 감각으로 유쾌하게 그려진다.

로비 lobby 정치나 입법기관, 행정기관과의 교섭을 목적으로 입법, 행정 시책 등에 대해 기업 및 산업계나 이해 집단 혹은 시민단체, 개인이 영향력을 주는 활동. 기업에 로비는 홍보와 비슷한 의미로 받아들여지고 있으나 홍보가 커뮤니케이션 수단을 통해 자사에 대한 공중의 호의적 태도를 창조하고 유지하는 활동인 반면, 로비는 어떤 특정한 사안에 대해 주로 정치인이나 정책 결정자를 대상으로 자사에 유리한 정책이나 결정이 시행되도록 하는 활동이란 점에서 홍보가 로비를 포함한다고 볼 수 있다. 따라서 로비 활동을 하는 로비스트는 해당 분야에 관한 전문지식을 갖추고 있어야 하며 고위층에 접근할 수 있어야 하므로 폭넓은 인맥을 소유하고 있어야 한다. 우리나라에서는 본격적인 의미의 로비가 도입되는 추세에 있으나 특히 미국 등지에서는 로비 활동이 법적으로 인정되는 한편 등록 의무 및 수지결산의 공표 의무를 통해 그 활동이 법적 테두리 안에서 이루어지도록 유도하고 있다.

로열티 royalty 특허권, 저작권 또는 공업 소유권의 사용료. 일반적으로 특허나 저작권 또는 공업 소유권의 포괄적 사용 허락의 경우에 이 용어를 사용하는 반면 개별 사안의 구체적인 권리 사용료에 대해서는 라이선스 피(license fee)라는 용어를 쓰는 경우도 많다. 저작권의 인세나 연극·예술작품 상연료, 영화 원작료와 같은 것뿐만 아니라 라이선스 계약에 의한 상표나 기술 이전에 따른 사용료, 광산이나 광구의 사용료 등 경제·산업계에서도 광범위하게 쓰인다.

로 콘트라스트 low contrast 한 장면에서 가장 밝은 부분과 가장 어두운 부분의 격차가 미미하여 콘트라스트가 거의 표현되지 못하는 상태를 지칭하는 용어. 보통은 명암비가 낮은 것을 뜻하지만 색채 대비가 낮은 것도 포함시킨다. 이와는 반대로 밝은 부분과 어두운 부분의 차이가 큰 것을 하이 콘트라스트(high contrast)라고 부르는데, 이 상태에서는 영상의 느낌이 강렬하고 남성적이다.

로컬 local □ 서울에 있는 중앙국(key station)에 상대되는 개념으로 지방 소도시에 있는 방송국. □ 로컬 프로그램(local program). 일기예보 등처럼 그 서비스 지역 안에서만 방송하기 위해 제작되는 프로그램. □ 방송 프로그램이나 광고 등이 그것을 방송하는 방송국 서비스 지역 내에서만 한정되는 것. 예를 들면 스폰서 희망에 따라 광고를 서울 지역에만 방송하는 것을 서울 로컬이라는 식으로 부른다.

로컬 광고 local advertising 지역 방송국에 제한되어 방송되는 광고. 대체로 소매상들의 지역 광고주가 이용하는 광고다. 이에 반해 전국에 방송망을 가진 방송 본국에서 전국을 통해 실시하는 광고를 네트워크 광고

라 한다.

로컬 방송 local broadcasting 각 지방 방송국의 자체 방송. 중앙국(key station)의 네트워크 방송에 대응하는 말로서 지방 방송이라고도 한다. 그 내용은 주로 지방자치단체 취재, 지방산업 현황 보도, 지역 소비자 교육, 지역사회 교육, 지방 예술 활동 보도 등이다.

로케이션 location 야외의 현지에서 찍는 촬영. 영화나 드라마, 광고의 배경이 바닷가, 운동장, 도시의 거리 등과 같이 야외로 설정되어 있을 때 그와 같은 배경을 인공적으로 조성하기 어려우므로 로케이션 촬영을 한다. 현실이 촬영 배경이 되어 리얼리티를 고조시키며 스튜디오라는 좁은 공간에서는 찍기 어려운 영상을 얻을 수 있다. 로케이션 광고 촬영의 중요 유형은 이른바 장소 특정적인 광고, 가령 백두산이나 만리장성, 피라미드 같은 장소를 찍는 광고다. 이때는 그 장소가 가지는 의미와 특성이 광고 컨셉트를 결정한다. 한편 로케이션 촬영에서는 스튜디오에서 얻을 수 있는 양질의 조명과 오디오를 기대하기 힘들고 날씨나 장비 고장 등 불가항력적인 이유로 제작 일정이 지연되어 비용의 상승을 초래하기도 한다. 또한 구경 인파를 통제하기가 쉽지 않고 사전에 촬영 허가를 받아야 하는 등 제작 과정도 복잡하다. 로케이션은 장소의 위치 및 특성에 따라 완성도가 좌우되는데 현장이 연출자 의도에 부합해야 한다는 것은 말할 것도 없고, 제작진 수송이나 주변 소음 상태, 혼잡도 등과 같은 복합적인 여건이 고려돼야 한다. ■

로케이션 헌팅 location hunting 촬영에 합당한 장소를 찾아다니는 것. 제작진과 캐스트의 이동을 생각해서 될 수 있는 한 가까운 거리이면서 변화 있는 장면을 찍을 수 있는 장소를 선정한다.

로 키 low key 화면의 일부를 제외한 나머지 부분을 어둡게 연출한 조명. 화면 전체의 명도를 밝은 상태로 연출한 하이 키(high key)가 명쾌하고 청결한 인상을 주는 반면 로 키에서는 안정되고 묵직한 인상을 주며 때로는 극적인 면, 신비성, 범죄 장면 같은 분위기를 느끼게 한다.

로토스코핑 rotoscoping 애니메이션 이미지와 실사 동화상(live action) 이미지를 합성시키는 기법. 셀(cell)에 그려진 후 촬영된 애니메이션 원본에 동화상의 이미지를 합성하여 이미지를 완성하는 것으로 애니메이션만으로는 표현하기 어려운 이미지를 구현할 때 주로 사용된다. 기차가 달리는 장면을 표현할 때 증기 기관이 연기를 내뿜어 연기가 치솟아 오르면서 허공에서 사라지는 장면에서 애니메이션만으로는 연기를 실감나게 묘사하는 것이 사실상 매우 힘들다. 이때 기차

백두산 천지에서 작가 김주영

맑고 깨끗한 맛
칠성사이다

롯데칠성

로케이션
롯데칠성음료 칠성사이다
1993

만을 애니메이션으로 완성한 뒤 실제 연기가 나오는 장면을 애니메이션과 합성하면 더욱 실제와 유사한 장면을 구현할 수 있다. 그 외에도 애니메이션 표현을 최대한 현실과 유사하게 끌어올리고자 할 때도 이 방법을 쓴다. 히틀러의 연설 모습을 애니메이션으로 재현하고자 하면 히틀러의 실제 연설 화면을 그대로 한 프레임씩 셀 위에 전사하면 실제 이미지와 거의 동일한 수준의 애니메이션을 구현할 수 있다.

론칭 광고 launching advertising 신제품 출시 광고. 신제품을 대상으로 하기 때문에 특히 잠재소비자에게 제품의 개념과 상표를 확실하게 주지시켜야 한다는 조건이 있다. ■

롱 숏 long shot 인물의 연기 범위 전체를 담은 장면. 카메라가 포착하는 범위가 넓어 마치 연극의 공연을 보는 것처럼 시청자로 하여금 전체적인 움직임을 한눈에 알아보게 한다. 광고에서 롱 숏은 광고의 배경을 묘사하는 구실을 하지만 롱 숏으로만 되어 있는 광고도 간혹 있다. ■

롱테이크 long take 긴 숏. 한 숏의 길이를 매우 길게 하여 촬영하는 방법. 일명 시퀀스 숏(sequence shot)이라고도 한다. 롱테이크는 이야기 진행과 인물의 액션을 연출자 의도에 따라 재구성하기 위해 한 시퀀스를 여러 개의 짧은 숏으로 나누는 것과는 반대로 한 시퀀스 전체를 등장인물에게 위임하는 방식이면서 사건의 해석에 대한 관객의 동참을 유도하는 기법이기도 하다. 영화에서는 4~5분, 때로는 10분 이상을 한 숏으로 처리하는 경우도 있다. 오늘날 영화나 드라마에서는 롱테이크보다 짧은 숏을 정교하게 편집하는 기법이 대세를 이루고 있지만 주제가 충분히 극적이고, 배우들이 훌륭한 경우 롱테이크로 찍은 화면은 매우 진실해 보인다. 광고에서 롱테이크는 광고 전체를 한 숏으로 찍는 이른바 원 숏, 원 신(one shot, one scene) 광고를 지칭하는 용어로 사용된다. 그렇게 흔한 기법은 아니지만 적절한 아이디어가 뒷받침되면 아이러니와 유머가 뒤섞인 인상적인 광고가 창조되곤 한다. 광고가 데몬스트레이션을 할 경우, 예를 들어 제품 기능을 실증할 때 실연 과정을 중간에서 커트하지 않고 그 시작과 끝을 한 화면으로 연결해서 보여준다면 사건의 인과관계를 의심 없이 표현할 수 있다.

루즈 숏 loose shot 피사체가 프레임을 꽉 채우지 않고 느슨하게 위치되어 있어 피사체의 배경이 피사체보다 더 비중 있게 묘사되는 장면. 타이트 숏(tight shot)에 반대되는 개념이다.

리드 lead 헤드라인이 제시한 테마 혹은 아이디어를 확대 전개하여 독자들의 흥미를 증폭시켜 광고 본문으로 유도하는 구실을 하는 카피의 서두 부분. 카피가 여러 절로 이루어진 경우는 제1절이 이에 해당되고, 그 외에도 서브 헤드(sub head), 본문의 표제 등이 리드로 기능하기도 한다.

리모트 컨트롤 촬영 remote control shooting 원격 장치로 카메라를 조작하여 촬영하는 방법. 일반적으로 촬영은 촬영기사가 카메라를 휴대하여 셔터를 손으로 누르는 것으로 이루어지지만 리모트 컨트롤 촬영은 조절기구를 사용하여 피사체를 포착하는 것이다. 사진에서는 전파를 이용한 라디오 컨트롤 장치로 촬영을 할 수 있고 영화나 텔레비전에서는 캠리모트 시스템(cam remote system)을 이용한 리모트 컨트롤 촬영과 스카이캠(sky cam), 모션 컨트롤 시스템(motion control system) 등을 이용한 다양한 방식이 있다. 리모트 컨트롤 촬영을 통해 공중 촬영과 같은 영상도 얻을 수 있지만 화면 합성을 위한 기계적인 반복 촬영을 할 때도 유용하다.

리뷰보드 review board 광고대행사의 크리에이티브 향상을 위해 광고 제작물을 공개적으로 검토하고 평가하는 기구. 리뷰 대상에는 특정 캠페인 및 프레젠테이션은 물론 특정 제작물을 포함한다.

리액션 숏 reaction shot 인물이 보이는 반응 장면. 인물과 인물의 반응 장면은 정확하게 구사돼야 혼란을 초래하지 않는다. 예를 들어 두 사람의 논쟁 장면을 한 사람씩 화면에 포착한다고 할 때 인물의 반응 장면이 정확하게 묘사돼야 연속성이 유지되며 혼란이 없다.

리얼리티 reality 사실성, 현실성을 뜻하는 말. 영화나 텔레비전, 사진과 같은 재현 장르에서 리얼리티는 재현된 것의 그럴듯함을 의미한다. '리얼리티가 있다'고 말하는 것은 재현된 것이 마치 실제 사건이나 공간인 것처럼 보인다는 뜻이다. 리얼리티는 재현 장르가 갖는 가공성을 배제하는 것을 뜻하기도 한다. 예컨대 가공의 공간과 훈련된 연기자, 시간의 왜곡이 아닌 실제의 현실을 있는 그대로 응시하여 포착하는 것을 말하는 것이다. 평범한 주부가 화면에 등장하여 자신만의 말투로 특정 세제를 사용한 경험담을 말하는 광고를 보고 소비자가 리얼하다고 느낄 수 있는데 그것은 출연자 신분이나 화면 연출, 메시지 구성에 '연출'이 들어 있지 않은 것으로 소비자가 느낀다는 의미다. 광고에서 리얼리티는 이런 식으로 광고 내용의 진실성을 강화한다. 관습적인 촬영에서 싱크대에서 주인공의 앞모습이 필요하다고 생각하면 감독은 세트를 뜯어내고 카메라를 옮겨 인물의 정면을 찍지만, 사실상 사람의 시선으로 과일을 씻는 사람의 앞 모습을 볼 수 없으므로 리얼리티라는 관점에서는 인물의 허리춤을 보여주는 것만으로 충분하다.

KIA 기아자동차
자동차 전문기업

'98년 1월 7일

전혀 다른 승용차가
세상에 나옵니다

변하자, 생각을 바꾸자!

첨단 엔진 기술로 소음을 근본적으로 잡은 조용한 승용차
대 가족이 타도 넉넉한 승용차
듀얼 슬라이딩 도어로 타고 내리기 더 욱 편리한 승용차
실내에서 이동이 자유로운 승용차
공간을 자유롭게 변형할 수 있어 활용도가 넓은 승용차
생각을 바꾸면 카니발이 보입니다.

20% 이상 연비를 향상시킨 한국 최초의 터보차저 인터쿨러 DOHC
16밸브 디젤엔진 탑재

승용차의 새로운 선택-
Carnival

기아사랑회
080-222-2000
02-7888-114-9

JOHN WEST
RED SALMON

리얼타임 real time 시스템에 입력된 데이터 처리가 명령과 동시에 이루어지는 것. 컴퓨터 그래픽의 경우 데이터가 많으면 한 프레임의 영상을 만드는 데 시간이 오래 걸리지만, 데이터가 적은 경우나 처리 속도가 빠른 컴퓨터를 사용할 경우 리얼타임으로 볼 수 있다.

리터치 retouch 촬영 이미지의 상태를 향상시키기 위한 이미지 보정 작업. 가령 인물의 주름을 제거하거나 피부 톤을 정리하는 것, 그림자를 없애거나 삽입하는 것. 또는 컬러 인쇄 제판 시 필름의 색 수정, 핀홀을 메우거나 흠을 없애는 등의 수정 작업을 말한다.

리포트 report 방송, 신문 등의 보도 기사. 리포트 형식을 가진 광고에서 가장 중요한 것은 형식의 완결성으로 광고 전개 및 카피 작성 등이 모두 보도 기사처럼 작성되며 언론인 출신 유명인사를 출연시키기도 한다. 예를 들어 "여기는 한반도 땅끝마을. 누비라2가 국토를 종단합니다. 800㎞ 쉬지 않고 달려온 파워 노믹스 누비라2. 그 힘과 연비를 직접 확인했습니다. 휴전선에서 백지연입니다"(대우자동차 누비라2, 2000)와 같은 식이다. 이 형식은 소비자의 착각을 유도하기 위한 것이기보다는 리포트 형식의 신뢰도를 흡수하려는 전략의 산물이다.

리플릿 leaflet 일반적으로 한 장짜리 전단. 대개 한 장짜리이며, 크기는 손에 들고 읽을 수 있는 정도이고, 용지는 그다지 두껍지 않은 점 등이다. 형식으로서는 간단한 인쇄물이지만 이용도가 높아 광고 전단 또는 기술자료 따위의 각종 설명서 등에 널리 이용된다. 내용이 풍부하다는 점에서는 팸플릿과 비교할 수는 없으나 대량 배포에 유용하다.

리허설 rehearsal 예행 연습. 촬영에 앞서 출연자 연기, 카메라의 초점 조절, 카메라 움직임, 촬영 각도 등을 미리 연습해보는 것을 뜻한다. 이 단계에서는 출연자를 비롯하여 스태프가 실제 촬영 때와 똑같은 행동을 취하면서 반복과 수정을 거듭한다. 광고는 인물의 사소한 동작부터 표정의 미묘함까지 치밀하게 계획되어 있고 카메라 동작도 마찬가지여서 리허설이 한층 더 중요하다. 한편 어린이나 동물을 촬영할 때는 리허설에서의 연습이 실제 촬영 시에 재현된다는 보장이 없고, 집중력 저하 등 리허설 과정이 오히려 역작용을 일으키는 경우가 많아 리허설보다는 반복 촬영에 중점을 둔다.

립싱크 lip sync 화면에 맞추어 대사를 녹음하는 일. 배우의 입술 움직임에 맞춰 발음과 억양을 조절하여 녹음하는 것을 말한다.

마네킹 mannequin 의상이나 액세서리 등을 전시하기 위한 인체 모형. 재질과 디자인에 따라 다양한 종류가 있다. 디스플레이의 주요 소재다.

마스터 샘플 master sample 미리 추출되어 있는 표본. 같은 모집단을 대상으로 시간을 두고 몇 개의 조사를 할 경우 그때마다 표본 추출을 하는 것은 시간과 경비 면에서 비효율적이므로 마스터 샘플을 이용하는 경우가 많다. 단, 시간이 오래 경과하면 전·출입 등으로 오차가 발생할 가능성이 있으므로 일정한 주기로 갱신하는 것이 원칙이다.

마스터 신 master scene 한 번에 하나의 신(scene) 전체를 촬영하는 것. 이러한 촬영을 마스터 신 촬영이라고 한다. 일반적으로 마스터 신은 장시간 촬영으로 출연자와 배경 전체를 담는다. 그다음 동일한 상황을 클로즈업 등 다른 앵글과 크기로 찍어 편집 시 이를 적절히 섞는다. 때로는 마스터 신을 촬영하는 동안 여러 대 카메라를 이용하여 다른 숏을 찍기도 한다. 이 방식은 한 신을 촬영할 때 카메라나 조명 위치를 바꾸는 데 필요한 시간 지연 없이 신속하게 촬영할 수 있고 배우는 연기 연속성을 쉽게 유지할 수 있는 이점이 있다. 영화와 드라마를 찍을 때 쓰이는 기본적인 기법이지만 광고에서도 마스터 신을 찍은 후 세부 촬영을 하는 경우가 있다.

마스터 테이프 master tape 촬영이나 녹음 원본이 수록되어 있는 테이프.

마인드 셰어 mind share 시장점유율과 달리 광고 상품 혹은 기업에 대한 소비자 인식상의 점유율을 말한다. 광고효과 측정에 있어 중요한 개념인 동시에 구매 행위와의 상관관계가 깊어 소비자 행동 연구의 주요한 테마다.

마젠타 magenta 삼원색을 구성하는 빨강(Magenta), 파랑(cyan), 노랑(Yellow) 중 하나인 기본색으로서의 빨간색.

마진 margin □ 매출총이익, 당기순이익 등 경제 행위의 결과로 취득한 이익. □ 잡지, 서적 등에 있어서 페이지의 여백. 상단 여백을 헤드(head), 하단 여백을 테일(tail), 바깥 여백을 포에지(fore edge), 내측 여백을 백(back)이라고 한다. □ 광고면의 여백. 광고가 인쇄된 부분과 종이의 가장자리 사이의 공백 부분을 지칭한다.

마초 macho 남성적이고 남성다움을 뜻하는 말. 스페인의 '남자'에서 나온 말로, 지역적으로는 성적 매력이 물씬 풍기는 남성을 가리키기도 한다. 보통은 남성적 기질을 지나치게 강조하는 심리적 경향, 나아가서는 여성에 대해 우월적 의식을 갖는 증상을 가리킨다. 마초 근성이란 어떤 일이든 힘으로 해결하려 하고 약자는 강자에게 복종해야 하며 여성은 남성이 보호해야 할 대상으로 여기는 사고방식을 말한다. 광고언어를 분석하면 이런 유의 메시지가 적지 않은 것을 알 수 있다. 가령 '강한 것이 살아남는다', '절대 강자', '세계를 지배한다', '대한민국을 대표한다', '세상을 지배하는 힘이 있다', '천상천하 유아독존', '이 남자, 강한 남자. 세상이 내 발 아래 있다' 등이 예다. 마초 감성이란 이와 같이 권력을 강조하는 형태를 띤다. 자아도취에 빠지기 쉬운 것도 마초 감성의 한 특징이다.

마케팅 marketing 상품이나 서비스를 소비자에게 이전하는 활동. 마케팅 목적을 달성하기 위해서는 소비자 욕구를 면밀히 파악하고 그 결과를 제품계획에 반영시키며 가장 적절한 방법으로 소비자에게 제품을 구매하도록 호소해야 한다. 이와 관련한 모든 활동을 마케팅이라고 부른다.

마케팅 계획 marketing plan 마케팅 목표를 달성하기 위한 지침. 마케팅 계획은 시장에 대한 분석 및 전망 분석, 그리고 목표 달성을 위한 마케팅 전략, 마케팅 전략을 수행하기 위한 실행 프로그램, 마케팅 활동의 결과로 나타나는 추정 손익, 그리고 마케팅 계획 집행 과정을 관리하기 위한 통제계획 모두를 포함한다.

마케팅 관리 marketing management 개인이나 단체의 필요를 충족시키기 위한 교환이 이루어지도록, 제품이나 서비스의 개념 설정, 가격결정, 판촉정책, 유통정책 등을 계획·집행 및 통제하는 활동. 여기서 계획이란 적절한 마케팅 전략을 수립하는 과정, 집행이란 그 계획을 실행하는 것, 통제란 집행 결과를 분석하여 계획에 반영시키는 것을 말한다. 이 활동은 마케팅 관리 과정을 통해 구체적으로 실행된다. 마케팅 관리 과정은 시장을 분석하여 마케팅 기회를 포착하고(마케팅 기회 분석), 마케팅 조사를 통해 목표시장을 선정하며(마케팅 조사와 목표시장 선정), 목표시장에서의 마케팅 전략을 수립하고(마케팅 전략 수립), 마케팅 전략을 집행하기 위한 구체적인 마케팅 프로그램을 작성하며(마케팅 프로그램 작성), 프로그램된 마케팅 활동을 조직하고 실시하며 그 결과를 통제하는(조직, 집행, 통제) 일련의 활동을 말한다.

마케팅 모델 marketing model 마케팅 환경을 단순화하여 몇 가지 변수의 조합으로 구성, 마케팅 현상을 개념화한 것. 가령 회사의 매출액과 광고비의 관계를 나타내는 모델을 만들어 그 회사의 이익을 최대로 하는 광고비를 산출하는 것 등이다. 마케팅 모델 구축의 목적은 실질적인 측면에서 향후 예측을 가능하게 하여 마케팅 의사결정의 범위를 설정하는 것과 이론적인 측면에서 가설의 일반화를 제공하는 것이다.

마케팅 목표 marketing goal 마케팅 활동이 계획 기간 안에 달성하려는 양적·질적 성과. 질적인 마케팅 목표는 '기업 이미지를 개선한다'는 식으로 나타낼 수도 있으나 가능하면 계량화될 수 있는 수치로 규정해야 하는데 그렇게 해야만 목표의 달성 여부를 평가할 수 있다. 양적인 마케팅 목표는 대부분 시장점유율, 매출액, 수익성이라는 세 가지 기준으로 설정된다. 시장점유율은 마케팅 비용이나 수익성과 연동되며, 비용을 많이 지출할수록 시장점유율은 높아지나 수익성은 마케팅 비용이 상승할수록 악화될 우려가 있다.

마케팅 믹스 marketing mix 마케팅 목표를 달성하기 위해 마케팅 수단을 결합하는 일. 마케팅 믹스를 구성하는 네 가지 요소는 상품정책, 가격정책, 촉진, 유통경로가 있으며, 이들의 전략결정에 있어 하부 시스템을 이루는 것이 시장조사와 소비자조사다.

마케팅 전략 marketing strategy 표적시장에서 특정한 마케팅 목표를 달성하기 위해 수립되는 전략. 마케팅 전략은 보통 마케팅 목표와 표적시장, 경쟁전략과 마케팅 믹스를 포함한다. 마케팅 목표는 마케팅 활동이 계획 기간 안에 달성하려는 성과를 말하며 목표의 달성 여부를 평가할 수 있도록 하기 위해 계량화될 수 있는 수치로 규정하는 것이 보통이다. 표적시장은 어떤 대상을 표적고객으로 삼을 것인가를 선정하는 것이다. 보통 표적시장을 선정하기 위해 시장을 세분화하여, 분류된 여러 세분 시장에서 하나의 세분 시장을 선택하는 과정을 거친다. 경쟁전략은 경쟁사에 대한 대응방안을 말한다. 마케팅 믹스는 가격, 제품, 유통, 촉진 등 여러 마케팅 요소들을 효과적으로 조합하는 것을 말한다. 마케팅 전략에는 대표적으로 차별화 전략, 집중전략, 저가전략, 선제전략, 시너지 전략 등이 있다.

마케팅 조사 marketing research 마케팅 과정과 관련된 자료를 과학적으로 분석, 규명하는 활동. 미국마케팅협회(American Marketing Association)는 마케팅 조사를 "생산자로부터 소비자에게 재화 및 용역을 이전하고 판매하는 데 관련된 문제에 대해 모든 사실을 규명하고 기록하고 분석하는 활동"이라고 폭넓게 정의한다. 이 정의에 따르면 마케팅 조사는 상품 및 서비스 마케팅의 모든 문제를 다루는 영역이다. 마케팅 조사의 목적은 마케팅 문제의 해결과 입증을 도와주는 자료를 제공함으로써 마케팅 활동의 바탕이 되는 의사결정이 합리적으로 이루어지도록 하는 것으로 구체적으로는 다음과 같은 목적으로 마케팅 조사가 이루어진다. [1] 저렴한 총비용의 투입으로 공장 생산계획과 이익을 창출하는 잠재적 판매 가능성을 조정하는 데 필요한 자료의 수집과 분석, [2] 유통경로, 가격 및 제품, 촉진 등에 관한 효율적인 종합적 마케팅 전략 수립에 필요한 자료의 수집과 분석, [3] 특정 마케팅 활동의 계획, 지휘 및 통제에 필요한 자료의 수집과 분석, [4] 내부 및 외부자료의 수집과 분석 등이다. 마케팅 조사는 단기적으로 적지 않은 비용을 발생시키지만 조사를 함으로써 생기는 효용이 그것을 상쇄하고 남음이 있기에 오늘날 마케팅 조사는 마케팅 활동의 기본 과정으로 인식된다. 다시 말해 신제품 개발, 판매 증진, 유통정책, 광고 활동 등 여러 분야에 관한 객관적인 정보를 제공하여 기업으로 하여금 당면한 문제에 대한 합리적 의사결정을 내리는 데 기여하여 이익 창출 혹은 이윤 증대를 가져온다는 것이다.

마케팅 환경 marketing environment 마케팅 활동에 영향을 주는 환경. 마케팅 환경을 미시환경과 거시환경으로 나누어 본다면 미시환경이란 기업이 고객을 상대로 마케팅 활동을 전개하는 데 영향을 주는 요인으로 기업, 유통기관, 고객, 경쟁사, 공중을 의미한다. 이에 반해 거시환경은 미시환경 내의 모든 행위자에게 영향을 주는 인구통계적, 경제적, 자연적, 기술적, 정치적, 문화적 제반 영향요인을 말한다. 마케팅 관리자의 과업은 고객에게 유용한 상품 및 서비스를 제공하는 것으로 출발하지만 마케팅 성공 여부는 기업의 다른 부분과 유통기관, 경쟁사 및 공중 등에 의해 판가름된다. 따라서 마케팅 관리자는 표적고객 욕구에 집중해야 하는 것은 물론 마케팅의 성패를 좌우하는 이러한 기관을 늘 염두에 두어야 하는데 이들이 마케팅 환경의 미시환경을 구성한다. 거시환경은 시장의 성격을 규정하는 인구통계적 환경을 비롯하여 구매자 구매력과 소비 행태를 말하는 경제적 환경, 기업이 투입하는 자원과 기업 활동으로 인해 영향을 받는 생태인 자연적 환경, 새로운 시장 기회를 제공하는 기술 환경, 정부기관 및 압력 단체 등으로 구성된 정치 환경, 사회 가치관과 풍속 및 종교 등과 관련된 문화적 환경 등 기업 마케팅 활동에 간접적인 영향을 미치는 환경요인을 말한다.

마크 mark 상품이나 회사 표지를 도형적으로 디자인한 것. 로고타이프(logotype)와 결합하여 사용하는 경우가 대부분이다. 마크를 일반 상품의 표지로 사용하면 트레이드마크(trade mark)가 된다. 트레이드마크, 즉 상표는 디자인 형태에 따라 문자 상표, 도형 상표, 기호 상표로 분류하기도 한다. 한편 무형의 서비스 상품에 사용되는 상호 등은 트레이드마크와 구별하여 서비스마크(service mark)라고 한다.

망원렌즈 telephoto lens 멀리 있는 대상을 찍을 수 있도록 설계한 렌즈. 원경의 피사체를 확대하기 위한 촬영에서 유용하며 보통 85mm~1000mm 렌즈가 이에 해당한다. 85mm~135mm 사이의 약한 망원렌즈는 카메라와 피사체 간의 편안한 거리를 허용하므로 인물 촬영에 유용하다.

망원효과 telephoto effect 망원렌즈를 사용할 때 발생되는 원근감의 상실이나 배경이 두드러지는 효과 등을 말한다. 피사체와 배경이 지나치게 가깝게 보이는 현상이 대표적이며, 고도의 밀도감과 같은 특유의 분위기를 창출하므로 사진과 영화, 광고 등의 여러 재현 장르에서 다양하게 사용한다. ■

매거진 magazine □ 잡지. □ 촬영을 위해 영화 카메라에 생필름을 장착하는 필름통.

매거진 픽처 magazine picture 잡지 사진. 속보를 다루는 신문 사진과는 달리 포토 스토리 혹은 포토 에세이 형식을 빌려 주제에 대한 심층적 접근을 특징으로 한다.

매스 미디어 mass media 매스 커뮤니케이션을 위한 매체. 전통적인 정의에 의하면 매스 미디어는 "수많은 다양한 사람들에게 신속하고 효과적으로 메시지를 전달하는 조직화된 수단"이다. 다시 말해 매스 미디어는 대량 전달, 즉 다수의 수용자에게 대량 정보를 동시에 전달할 수 있는 수단이며 그것이 매스 커뮤니케이션의 전제가 된다는 것이다. 불특정의 모든 대상에게 대량 정보를 전달하는 매체로는 텔레비전, 라디오, 신문, 잡지, 영화, 정보통신, 서적 등이 있다. 매스 미디어는 그 감각 양식에 따라 크게 시각적(신문, 잡지), 청각적(라디오, 음반), 시청각적(영화, 텔레비전)인 것으로 나눌 수 있다. 이러한 매스 미디어는 대인 커뮤니케이션 매체인 대화나 회의, 또는 전화나 편지 등과는 다른 여러 특징을 지니고 있는데 주요 특징으로는 정보를 빠르게 전달할 수 있는 대량성과 신속성 등을 들 수 있다. 매스 미디어의 단점은 메시지 전달 방향이 대체로 일방적이라는 점, 수용자 참여가 제한되어 있다는 점, 피드백이 간접적이고 지연적이라는 점 등이다.

매스 미디어 조사 mass media research 매스 미디어에 대한 수용자의 접촉 상황을 조사하는 것. 시청률 조사, 독자 조사 등이 대표적인 예다. 이 조사는 기업의 마케팅, 광고, 판매 촉진 활동 등을 계획할 때 매스 미디어를 어떻게 효율적으로 조합시켜 활용해야 할지에 대한 기초자료로 활용된다.

매스 커뮤니케이션 mass communication □ 불특정 사회 구성원 간 또는 다양한 사회적 집단 간의 상호의 사를 교환하고 그 가운데 공통의 의미를 나누어 갖는 사회 현상. 대인 커뮤니케이션과는 달리 하나의 메시지가 복제되어 불특정 다수 수신자에게 동시에 전달되는 커뮤니케이션 형식이다. 일반적으로 신문이나 텔레비전 등의 대중매체에 의해 메시지가 전달되는 사회 커뮤니케이션 형태를 띠고 있다. □ 대중 전달의 수단이 되는 매체를 통칭하는 개념. 이 경우 매스컴이라 한다. 현대사회의 구조는 대량 생산(mass production), 매스 커뮤니케이션(mass communication), 대량 소비(mass consumption)와 같은 도식으로 설명할 수 있는데 매스 커뮤니케이션은 대량 생산과 대량 소비를 연결하는 통로로서 구실을 한다.

매체 media 특정 작용, 신호, 의미를 다른 곳으로 전달하는 매개체. 광의로는 커뮤니케이션 양식, 미디어, 커뮤니케이션 형태 또는 메시지 운반체를 모두 포함하는 개념이지만 보통 매체라고 하면 메시지를 수용자에게 전달하기 위한 수단을 말하는 것으로 이른바 메시지 용기(message vehicle)로서의 매체를 뜻한다. 대표적인 것으로는 신문, 텔레비전, 잡지, 영화, 서적 같은 것을 들 수 있다. 메시지 용기로서의 매체는 그 형태에 따라 메시지 종류를 규정한다. 예를 들어 라디오는 사진이나 영상을 사용할 수 없으며, 영화에서는 문자만을 사용할 수 없다. 마찬가지로 신문은 소리를 사용할 수 없다. 이렇듯 매체는 메시지 기호에 의해 제약을

망원효과
사브
1980년대

망원효과
다이니폰인쇄(디자인: 가메쿠라 유사쿠)
1962

받는 특성이 있다. 광고에서 매체는 광고주의 메시지를 수신자인 잠재고객에게 전달하는 메시지 운반체를 의미한다. 즉, 다양한 형태의 광고 메시지를 소비자에게 노출시킬 목적으로 이용하는 수단이다. 텔레비전, 신문 등 대중매체는 물론이고 간판, 빌보드, 로드 사인, 교통수단, 영화, POP, 디엠(DM) 등 수많은 종류가 있다. 이 중 전통적으로 광고를 게재하거나 방송하기에 적합한 매체로 텔레비전, 라디오, 신문, 잡지를 손꼽아 이를 4대 광고매체라고 불렀다. 최근에는 광고매체로서 전통매체 특히 라디오와 잡지가 퇴조하는 가운데, 인터넷이 중요한 매체로 자리 잡았으며 관련 기술의 발달로 휴대전화와 같은 모바일 미디어가 중요한 광고매체로 떠오르고 있다.

매체계획 media planning 광고 목표를 달성하기 위해 매체와 관련된 여러 가지 사항들을 종합 검토하여 구체적인 실행계획을 수립하는 일. 매체계획은 다음과 같은 기본 활동을 포함한다. 첫째, 광고 목표 설정. 광고 목표는 매체계획의 절차와 실행을 실질적으로 지배하는 요소다. 둘째, 광고 목표를 실행 가능한 매체 목표로 전환시키는 것. 매체 목표는 광고 목표를 달성하기 위해 매체 부문이 이룩해야 할 구체적인 계수 목표다. 셋째, 매체전략의 수립. 이는 여러 대체 안 가운데에서 매체 목표를 달성하기 위해 선택된 일련의 행동계획을 말한다. 여기에는 '잠재고객의 도달 범위를 어느 정도로 할 것인가, 어느 매체에 광고를 게재할 것인가, 잠재고객에게 일정 기간 동안 몇 회 노출시킬 것인가, 언제 광고를 집행할 것인가, 어느 시장과 지역에 집중할 것인가, 각 매체에 어느 정도의 광고비를 투입할 것인가' 등에 관한 사항을 포함한다. 일반적으로 매체계획을 수립하는 데 고려해야 하는 요소에는 다음과 같은 것들이 있다. [1] 타깃 오디언스: 특정 표적집단 특성은 매체 선택과 운용에 영향을 준다. 표적집단이 '농촌에 거주하는 농업 종사자'로 설정된다면 매체는 농업 관련 업계지 및 해당 지역을 커버리지로 하는 전파매체를 선택할 것이다. [2] 광고지역: 매체계획을 수립하려면 지역별로 표적집단을 설정하고 거기에 따라 타깃에 적절한 매체 노출을 할당할 필요가 있다. [3] 상품: 상품 및 서비스 종류 또한 매체계획 수립에 영향을 미친다. 예를 들어 청량음료와 같이 불특정 다수를 대상으로 대량 판매를 목표로 하는 상품의 경우에는 대량 전달에 유리한 매체를 선정해야 한다. [4] 광고 메시지: 광고 크리에이티브가 제공하는 광고 형태 및 특성 역시 매체계획의 주요 고려 사항이다. 강력한 데몬스트레이션을 제공하고자 한다면 거기에 유리한 매체를 선정해야 한다. [5] 경쟁: 경쟁사 및 경쟁 상품의 매체전략에 대응해야 한다. 과거 우리나라에서는 매체 종류가 많지 않아 선택할 수 있는 대체안의 범위가 제한적이었고 매체효과를 측정할 수 있는 조사 기법도 발달하지 않아 과학적인 매체계획 수립이라는 과정이 체계적으로 이루어지

지 못했지만 매체환경이 점차 선진국형으로 이전되는 과정에서 시청률 조사, 발행부수공사와 같이 매체효과 측정을 위한 수단이 도입되어 이 분야에 대한 인식이 빠르게 제고되고 있는 추세다.

매체 목표 media objective 광고 목표를 이루기 위해 매체가 수행하는 기준. 각 매체가 도달하고자 하는 수요자에 대한 확산과 영향을 평가하는 기준을 의미한다.

매체 믹스 media mix 소구 대상에게 특정 메시지를 전달하기 위해 각 매체의 특성을 고려하여 가장 효율이 높은 매체의 조합을 이루는 것. 인구통계학적으로 같은 특성을 지닌 소비자들이라도 각 개인의 매체 접촉 행태는 매우 다양할 뿐만 아니라, 각 매체 유형들이 가지는 단점을 보완하기 위해 매체 믹스를 구성하는 것이 일반적이다.

매체 비이클 media vehicle 각 매체에 속하는 특정 브랜드를 일컫는 말. 전파매체의 경우 특정 프로그램, 인쇄매체의 경우에는 특정 신문, 특정 잡지다. 매체 타입(media type)의 하위 개념이자 매체 유닛(media unit)의 상위 개념이다.

매체수명 media life 매체가 오디언스에게 노출, 전달되는 기간. 매체 전달력을 나타내는 기준. 가령 텔레비전 광고는 광고가 방송될 때 오디언스가 가정에 있지 않으면 광고를 시청할 수 없으며, 시청했다 하더라도 방송이 끝나는 순간에 그 수명을 다하게 되므로 매체수명이 아주 짧다. 반면 잡지는 대개 월 단위로 발행되므로 매체수명이 상대적으로 길다. 매체수명은 개별 매체의 유효 전달 기간만을 의미할 뿐 전달효과와는 무관하므로 매체수명이 곧 광고효과를 지시하는 것은 아니다.

매체예산 media budget 매체비용으로 책정된 예산. 광고예산의 대부분이 사실상 매체예산이다.

매체 오디언스 media audience 특정 매체에 노출된 오디언스. 방송매체의 경우에는 광고를 시청한 사람, 잡지매체의 경우 특정 광고를 본 사람이 매체 오디언스가 된다. 매체별로 그 전달 대상인 잠재소비자가 있는데, 인쇄매체는 독자(reader), 라디오는 청취자(listener), 텔레비전은 시청자(viewer), 옥외매체는 보는 사람(seer), 교통 광고는 승객(passenger)이다. 이들은 특정 광고 메시지에 노출될 가능성이 높고, 특별히 광고 메시지에 노출된 사람을 매체 오디언스라고 한다.

매체 유닛 media unit 광고 메시지가 매체를 통해 방송 혹은 게재되는 단위 형태를 일컫는 말. 텔레비전은 15초, 30초 등 광고 길이에 따라 유닛이 정해지고, 잡지

인 경우에는 표2, 표3 등 각종 유닛이 있다. 신문의 경우에도 1단, 15단, 전면 광고 등 지면 크기에 따라 유닛이 정해진다. 매체계획에 있어서 담당자는 처음 매체 클래스(media class), 즉 텔레비전을 이용할 것인가, 신문과 잡지를 이용할 것인가 등을 결정한다. 다음으로 텔레비전을 이용할 경우 어떤 프로그램을 선택할 것인가를 결정한다. 즉, 매체 비이클(media vehicle)을 선택하는 것이다. 그 후 매체 유닛을 선택한다. 매체 유닛을 결정하는 데에는 광고 목표가 크게 영향을 미친다. 가령 상품에 대한 정보전달을 목표로 하면 광고가 길어지거나 커지게 되므로 긴 시간, 넓은 지면이 필요하다.

매체조사 media research 광고매체로서 매체의 가치를 평가하기 위해 실시하는 조사. 매체계획을 수립하기 위해서는 각 매체 유형, 각 매체기관의 매체가치를 나타내는 정보가 필요하므로 이와 관련된 정보를 수집·분석·평가하는 조사가 매체조사다. 인쇄매체의 경우 해당 매체의 부수, 열독률, 회독률 등을 고려하고, 전파매체의 경우 프로그램 시청률 등을 조사한 후 매체 비용과 연계시켜 매체가치를 평가한다. 매체조사는 광고대행사가 수행하는 경우도 있으나 원칙적으로는 각 매체기관이 광고주나 광고대행사에 자기 매체의 우수성을 입증하는 자료로 제시하기 위해 직접 조사를 하는 것이 보통이다. 이 경우 광고대행사나 광고주는 이런 자료를 입수하여 분석만 하면 되지만 매체 측 자료는 편파적인 것도 있으므로, 예컨대 신문의 경우라면 발행부수공사기관의 보고자료를 이용하기도 한다.

매체 타입 media type 매체 유형. 신문, 잡지, 라디오, 텔레비전 매체 등은 각각 하나의 매체 타입이다. 때로 매체 비이클(media vehicle)과 혼동되나 양자 간의 차이는 다음과 같다. 예컨대 신문의 경우 매체 타입은 신문 유형, 즉 전국지, 블록지, 지방지, 영자지, 업계지별로 분류된다. 반면 매체 비이클은 신문매체 중 특정 브랜드 신문을 가리키는 것으로 ○○일보, ○○신문 등이 그것이다. 광고 집행 시에는 매체 타입과 매체 비이클을 결정한 다음에 광고 단위(advertising unit)를 고려한다. 광고 단위는 전 10단 광고, 전 5단 광고, 또는 30초 스폿, 20초 스폿이라고 하듯이 광고의 크기를 나타내는 단위를 뜻한다. 매체계획의 입안자는 어떤 광고 대상을 공략함에 있어서 매체 타입, 매체 비이클, 광고 단위와 매체전략·전술 차례로 입안하여 간다.

매체 프로필 media profile 특정 매체의 부수·시청률뿐만 아니라 구독자·청취자의 인구통계학적 특성을 상세히 기술해놓아 매체계획 수립 시 기본적인 자료 구실을 하는 조사자료.

매출액 비율법 percentage-of-sales method 전년도의 매출액에 일정 비율을 곱하여 얻은 금액을 차기연도의 광고예산으로 결정하는 광고예산 결정 기법. 곱하는 비율은 경쟁 상황 및 산업 평균 비율에 따라 임의로 정하게 되는데, 예를 들어 작년도 매출액이 100억원이었고 이의 5%를 적정예산으로 설정할 경우, 광고예산은 100억원×0.05=5억원이 된다. 매출액 비율법은 판매량을 고려해서 광고비를 산정하므로 재무적으로 안전하고, 전체 산업의 대부분이 이 방법을 사용한다면 광고경쟁이 과열될 우려가 없으며, 기법을 사용하기도 간단하다는 이점이 있으므로 대체로 이 방법을 많이 사용한다. 그러나 이 기법은 광고에 의해 해결해야 할 문제와 목표를 간과하고 있으며, 경쟁사의 도전에 재빨리 대응할 수 없다는 것이 약점이다.

매핑 mapping 컴퓨터 애니메이션에서 모델을 사실적으로 보이기 위해 2차원 이미지를 3차원의 굴곡이 있는 표면 위로 옮겨 표현하는 것. 평면상에서 작성한 무늬와 질감을 입체 위로 변환시키는 작업이며 이 작업을 통해 모델은 사실성을 획득한다.

맥시멀리즘 maximalism 미니멀리즘(minimalism)과는 대조적으로 사용할 수 있는 색채와 소재를 동원하여 최대한 장식적으로 표현하려는 경향. 화려하고 풍부한 디테일을 특징으로 하는 이 흐름은 복고적인 감성의 연장선상에서 다채로운 감정을 표현하는 데 적합하다.

멀티미디어 multimedia 문자와 화상, 음성, 애니메이션 등 각기 다른 시청각 미디어를 한 대의 컴퓨터로 통합하는 시스템. 종전의 컴퓨터 기능에 영상정보와 음성정보 처리 기능을 덧붙여 대화형으로 사용하도록 한 것이다. 따라서 멀티미디어는 화상과 음성정보를 동시에 이용할 수 있어 정보 이용의 효율성이 높고 비교적 낮은 비용으로 시간과 장소의 제약을 초월하여 이용할 수 있으며 사용자 중심의 소프트웨어이므로 사용하기 편하며 인간의 사고 과정이나 일상적인 활동을 지원한다는 장점이 있다.

멀티미디어 광고 multimedia advertising 매체로서 멀티미디어를 이용하는 광고. 보통 그래픽과 동영상, 음성 처리 기능이 통합된 컴퓨터를 매체로 이용하는 광고를 말한다. 인터넷 광고, 온라인 광고 등 다양한 명칭이 있는데 이를 총칭하는 말이 멀티미디어 광고다. 기존의 4대 매체(텔레비전, 신문, 라디오, 잡지)와 비교하여 시공간 제약이 없이 소비자에게 접근할 수 있으며, 쌍방향 커뮤니케이션을 구현할 수 있고, 효과 측정이 용이하고, 홈쇼핑과 같은 새로운 유통망과 결합되어 촉진 효과를 높일 수 있는 특징을 갖는다. 다만 대상이 멀티미디어 이용자에 제한되고 국제적으로 확장되는 온라인 미디어의 경우 언어 장벽이 있는 등의 한계가 있다.

멀티 스폿 multi spot 하나의 광고를 여러 편 만들어 동시에 내보내는 광고 기법. 동일한 컨셉트와 구성을 가지고 있어 소비자는 어느 것을 보든 유사한 느낌을 받는다. 등장인물, 소재 등을 다양하게 변주할 수 있으므로 여러 취향의 소비자에게 어필할 수 있다. 크리에이티브 측면에서 멀티 스폿은 미시적인 소재에 집중할 수 있어 간결하면서도 강렬한 표현을 할 수 있는 장점이 있지만 광고 형식과 주제가 서로 유기적으로 연결되어 있지 않으면 소비자 혼란을 초래할 수도 있다.

멀티플 광고 multiple advertising 광고가 여러 페이지에 걸쳐 연속적으로 이루어지는 광고. 조형적 표현에서 각 페이지의 광고가 서로의 연관성을 가지고 있으며 내용 측면에서도 각 광고가 서로 유기적인 체제를 구축하고 있는 경우가 대부분이다.

메시지 message 커뮤니케이션의 기본적인 구성 요소의 하나로 커뮤니케이션 과정에서 전달되는 것. 커뮤니케이션 송신자가 수신자에게 전달하는 것. 매스 커뮤니케이션에서 사용되는 메시지는 그 표현 형태에 따라 음향, 음성, 영상, 문자 등으로 분류된다. 라디오 및 음반 등은 음성에 의한 커뮤니케이션이고, 사진과 텔레비전은 주로 영상에, 또 신문 및 잡지 등은 주로 문자에 의한 커뮤니케이션에 속한다. 일반적으로 언어는 이성적, 추상적 사고를 가능하게 하는 특징이 있으므로 음성 표현이나 문자는 이성적, 추상적 관념을 전달하는 데 적당하고, 영상은 현실을 구상적으로 표현하는 특징이 있어 감성적인 메시지를 전달하는 데 적당하다. 광고 메시지는 광고주인 수신자가 소비자인 송신자에게 전달하는 것으로 그 목적은 상품의 판매 촉진을 위한 것이다. 전통적으로 가장 대표적인 광고 메시지의 전달매체로는 시청각에 호소하는 텔레비전과 주로 문자와 사진에 호소하는 신문이 꼽혔다. 오늘날에는 송신자의 참여를 특징으로 하는 쌍방향 매체인 온라인매체가 광고 메시지를 송신하는 주요 매체로 등장했다.

메이크업 make up 연출 의도에 맞게 출연자 얼굴이나 신체를 화장하는 일. 외모를 정돈하기 위한 간단한 작업이나 얼굴의 땀을 닦아주는 등의 단순한 일부터 특이한 형상을 창조하기 위한 것까지 모두 포함된다. 일반적으로 메이크업은 목적에 따라 다음 세 가지로 나뉜다. 첫째, 윤곽을 강조하거나 카메라에 적절한 피부색으로 만들기 위한 단순 메이크업, 둘째, 여러 가지 신체적인 결함을 눈에 띄지 않게 하는 수정 메이크업, 셋째, 극중 인물의 성격에 맞는 형상을 만드는 성격 메이크업이다. 메이크업은 배우의 외모를 촬영에 적합하게 만드는 것은 물론 배우로 하여금 캐릭터에 근접하도록 한다. 또한 메이크업은 출연자를 실제 등장인물처럼 보이게 만든다는 점에서, 배우를 특정한 배역으로 전환시키는 데 중요한 구실을 하며 때로는 현실에서 볼 수

없는 인물을 창조하기도 한다. 최근 기술적으로 메이크업에 주목할 만한 발전이 있었는데 최근 디지털 메이크업이 한 예다. 디지털 메이크업은 컴퓨터로 스캔 받은 배우의 이미지를 이용하여 실제로 분장하기 전에 다양한 분장 절차를 시험해볼 수 있는 방식을 말한다. ■

메이크업 아티스트 make up artist 메이크업을 전문적으로 담당하는 사람. 광고에서는 스타일리스트 (stylist)가 겸하기도 한다. 화장품, 패션 광고처럼 표현상 메이크업이 중요하게 취급되는 경우나 특수분장이 필요한 경우에는 전문적인 메이크업 아티스트가 필요하다. 프리랜서가 보통이다.

메일링리스트 mailing list □ 디엠(DM)의 대상, 즉 수취인 리스트. 디엠 메시지의 효과 여부와 함께 디엠의 성패를 좌우하는 것이 바로 이 리스트의 정확성이다. 대개 리스트 확보와 시간 경과에 따르는 리스트 수정이 디엠 업무의 가장 큰 부분이다. □ 수취인에게 일괄적으로 전자우편을 전송하기 위해 사용하는 전자우편 취인 목록을 말한다. 이 목록에 포함된 사용자에게 일괄적으로 전자우편을 보낼 수 있다.

멤버십 membership 회원 자격. 회원제 클럽은 소수 회원만 입장을 허락하는 제도, 회원제 카드는 자격이 되는 사람에게만 회원 자격을 주는 카드 서비스다. 어느 경우든 특별히 선택된 소수만이 이를 누릴 수 있다는 것을 강조한다. 일부 광고는 이러한 멤버십의 속성을 끌어들여 상품이나 서비스의 품격을 강조하고 소비자의 만족도를 높이려 한다. 사치품, 고가 내구 소비재, 건설 광고, 회원제 서비스 광고에서 비교적 흔하게 찾아볼 수 있다. 가령 "최고를 아는 소수를 위해 많은 분을 모시지는 않습니다", "귀한 분께만 권합니다", "대한민국 1%" 등의 표현을 강조하는 광고들이다.

면접조사법 interviewing method 면접원이 조사 대상자를 직접 방문하여 조사를 실시하는 기법. 면접자와 응답자가 서로 직접 상호작용을 하므로 면접법의 장점 및 단점이 발생한다. 이처럼 면접법은 면접원의 자질에 큰 영향을 받는다. 이 조사의 장점은 조사 대상자의 태도에 따라 신축적으로 대처할 수 있다는 점, 다른 조사 방법보다 응답률이 높다는 점, 면접원이 존재하기 때문에 조사에 동기부여가 가능하여 조사의 신뢰도가 높아진다는 점, 대화 내용 이외에 조사 대상자의 태도를 관찰할 수 있다는 점 등이다. 반면 조사비가 상대적으로 많이 들고, 면접원의 훈련 유지가 어려우며, 조사 대상자의 익명성이 침해되어 왜곡의 우려가 있으며, 조사 기간이 많이 걸린다는 것이 단점이다.

면 지정 인쇄매체에 게재할 광고면을 광고주가 임의로 지정하는 것. 그 이유는 광고주목률, 광고 내용과 기사 내

메이크업
나이키
1997

용 등을 고려한 때문이다.

명도 brightness 색의 밝기의 정도. 같은 색상이라도 명암에 따라 색이 다르게 나타난다.

명령문 imperative sentence 말하는 사람이 상대방에게 어떤 행동을 하도록 요구하는 문장. '~해라', '~하지 마라'라고 하는 형식이다. 상대방의 주어는 보통 생략한다. 즉, '옳은 일을 해라'(Do the right thing), '문을 닫아라'(Close the door)와 같다. 의미가 명료하여 오해의 여지가 없으며, 수식을 배제한 간결한 표현이 특징이다. "변화를 두려워 마라!", "고개를 숙여라!", "끌리면 오라", "망설이지 마라" 등과 같이 광고에서도 흔히 쓰이는 수사법이다.

□ **명목 척도 nominal scale** 측정 대상의 특성을 분류하거나 확인할 목적으로 숫자 등을 부여하는 척도. 측정 대상을 상호배타적인 집단으로 구분하는 데 이용된다. 예를 들어 A 상표를 1, B 상표를 2, C 상표를 3 등으로 분류하는 식인데, 이때 1, 2, 3은 그 상표가 무엇인지 알게 해주기만 할 뿐이며 측정 대상의 양적·질적인 특성과는 무관하다. 상표에 부여하는 숫자나 기호는 단지 각각이 나타내는 범주를 가리킬 뿐 어떤 의미를 가질 수 없으며, 오로지 범주를 가리키는 이름으로 사용될 뿐이다. 명목 척도는 상표 구분, 상점의 형태 구분, 상표인지 여부, 조사 대상 소비자의 성별 구분, 직업 구분 등에 이용된다.

명암비 shadow rate 피사체 혹은 화면의 가장 밝은 부분과 가장 어두운 부분과의 비율. 명암 차라고도 한다. 이 차이가 클수록 콘트라스트가 강한 화면이 되고 차이가 작을수록 콘트라스트가 약한 화면이 된다. 명암비는 필름 관용도와 관련이 있는데 관용도는 선명한 영상을 만들어낼 수 있는 노출 범위를 의미하는 것이므로 관용도가 높은 필름을 사용할수록 높은 명암비를 얻을 수 있다.

명언 famous saying 유명한 말. "악법도 법이다" 등과 같이 유명한 사람의 말, 혹은 문장에서 유래하는 경우가 많다. 불변의 진리라기보다는 세태에 교훈이 되는 말이어서 광고 주제 혹은 중요 문장(key sentence)이 되기도 한다. 가령 "눈 덮인 들길 걸어갈제, 아무렇게나 하지 말세다. 마침내 뒷사람의 길이 되리니"(대우증권, 2001)는 서산 대사가 남긴 말이다. 2004년 한 카메라 회사는 전설적인 보도 사진가 로버트 카파(Robert Capa)의 어록으로 광고를 만들었다. "당신의 사진이 충분히 만족스럽지 못하다면 당신은 사막 안으로 충분히 들어가지 못한 것이다."(올림푸스 E 시스템, 2004)

명예훼손 defamation 어떤 사람의 명예를 실추하기 위해 조롱, 경멸하는 행위. 명예훼손은 개인의 정신적인 인격권을 훼손하는 대표적인 행위로 각종 법률에 의해 금지되고 있다. 명예란 원래 개인의 인격적 가치와 관련된 개념이지만 명예를 보호받을 권리는 자연인으로서의 개인 이외에도 법인, 비영리단체도 그 권리를 인정받는다. 또 사망한 사람도 명예훼손으로부터 보호받는다. 명예훼손은 주로 언론 및 출판 분야에서 보도 및 출판의 결과로 발생하는 경우가 대부분이다. 한편 광고 내용이 타인의 명예를 훼손하는 경우를 예상할 수 있다. 광고 관련 명예훼손은 경쟁사를 부당하게 공격하는 광고뿐만 아니라 초상권 침해, 음란성, 저작권 침해와 같은 문제와 결부되기도 한다. 특히 어떤 이슈에 관해 자신의 주장을 공표하는 의견 광고나 경쟁사 제품과 자신의 제품을 비교하는 비교 광고의 경우 명예훼손 분쟁이 일어날 가능성이 높다.

명조체 Myungjo Che 붓글씨에서 느껴지는 부드러움과 기계적인 정갈함이 느껴지는 서체로 가독성이 뛰어나 서적 등 출판물이나 광고의 보디카피에 많이 이용되는 글씨체. '명조'(明朝)는 중국 명조시대를 말하는 것이지만 사실 명조체는 조선의 궁서체 중에서 해서체를 기본으로 정리한 글자체이며 획의 굵기가 다양해서 기계적인 명조체와는 관련이 없다. 이런 배경 외에도 이 서체가 한글 서체의 대표적인 본문체란 의미에서, 최근에는 바탕체라 부르기도 한다. 명조체의 특성은 세로 획의 첫 부분에 일종의 세리프(부리)가 있고, 세로 획이 가로 획보다 굵으며, 붓글씨의 영향을 받아 획의 첫 부분과 마지막 부분에 돌기가 있다는 점이다. 한국의 신문과 월간지, 교과서, 소설 등 거의 모든 서적의 본문 서체로 쓰이며, 제목용 서체인 고딕체와 함께 한국을 대표하는 서체로 꼽힌다. 텍스트를 명조체로 조판하면 가독성과 판독성이 뛰어난 페이지를 얻을 수 있어 대부분의 광고는 명조체를 기본 서체로 사용한다. 1960년대 최정호가 그린 원도를 바탕으로 '산돌명조', '윤명조', 'SM명조' 등 서체회사에 따라 다양한 명조체가 개발되어 있다.

명품 광고 luxury goods advertising 부유층을 대상으로 한 고가 소비재 광고. 명품이란 제품 본연의 품질이 관건이라기보다는 당대 소비자의 심리, 욕구와 더 깊은 관련을 맺기 때문에 명품 광고는 기능과 품질보다는 브랜드 고유의 이미지를 창조하는 데 역점을 둔다. 따라서 제품정보는 부차적인 것이고, 품격과 자부심 혹은 신비감을 조성하기 위한 단순한 이미지에 의존한다. 의류, 핸드백, 구두, 시계 같은 사치 소비재 광고에 등장하는 인물은 여신처럼 초월적인 존재로 그려지고 광고 자체도 양식적이다. 브랜드마다 자신의 이미지를 시간의 흐름 속에서 켜켜이 쌓아 올리는 것이 관건이므로 표현의 일관성도 매우 중요하다. ■

모노그램 monogram □ 이름의 이니셜을 조합하여 장식화한 것. 개인이나 가문의 소유물에 그 권위를 과시하거나 장식효과를 노릴 때 사용했다. 원래는 하나의 문자로 이루어진 문양이었으나 이후 두 개 혹은 그 이상의 문자들을 조합하여 만든 문양이나 표지를 뜻하게 됐다. □ 디자인에서는 회사명의 이니셜을 뜻한다. 모노그램을 회사 마크로 사용할 때는 이를 문자마크라고 한다.

모노크롬 monochrome 단색. 사진이나 영화의 경우는 흑백 사진이나 흑백 영화를 말한다. 회화에서는 묵화와 같은 단채화를 지칭한다.

모노톤 monotone 사진, 영화에서 하나의 색만을 부각시키는 것. 갈색 모노톤은 과거와 추억, 붉은색 모노톤은 피와 열정, 흑백 모노톤은 회상 등의 심리효과를 창출한다.

모니터 monitor □ 프로그램이나 광고가 제대로 방송되고 있는지 감시하고 확인하는 일. 혹은 방송을 정기적으로 시청하여 그에 대해 비평하는 사람. □ 텔레비전 수상기나 스피커를 가리켜 모니터라고도 한다.

모델 model 광고에 등장하여 상품을 소비자에게 소개하거나 상품가치를 제시하는 사람. 커뮤니케이션 측면에서는 기업 메시지를 전달하는 메신저이며, 마케팅 관점에서는 일종의 세일즈맨이다. 광고 모델은 광고 메시지 구성에 영향을 주고, 광고 인상을 창출하며, 광고 소구점을 설정하는 데 중요한 참고가 되며, 광고 제작 예산을 좌우한다는 점에서 표현전략의 중요한 요소다. 광고주가 광고 모델을 기용하는 이유는 소비자로 하여금 제품에 대한 의미 있는 태도를 갖도록 유도하는 역할을 기대하기 때문이다. 모델이 광고에 등장하는 유형은 대체로 제품 구매를 직접적으로 권유하는 프리젠터, 드라마화된 광고의 배역, 제품과 관련한 경험담을 진술하는 증언자, 패션 광고에서처럼 상표 이미지의 투영자 등으로 나누어볼 수 있다. 거의 모든 모델은 일반에 널리 알려진 유명인, 상품에 관해 전문적인 지식이나 경험이 있는 것으로 여겨지는 전문인, 실제로 상품을 사서 쓰는 일반 소비자, 광고주 회사의 임직원 중의 하나다. ■

모델광고 model advertising 광고 모델이 등장하는 광고. 오늘날 대부분의 광고에는 여러 유형의 인물이 등장하여 직접 혹은 간접적으로 상품의 기능 및 장점을 소구하는 형태를 취한다. 제품에 사회적 의미를 부여하고 소비자로 하여금 상품에 대해 감정적인 태도 반응을 일으켜 광고물의 주목효과를 극대화하는 데 광고 모델의 효용성이 부단히 입증됐기 때문이다. 모델 광고의 구체적인 효용은 아래와 같다. 즉, 소비자로 하여금 신뢰감 및 정서성을 높이는 데 유리하며, 브랜드 지명도를 높이고 기억을 보조시키는 효과가 크고, 광고 모델에 따라 단기간 내에 인지도를 끌어올릴 수 있다.

모델링 modeling 사물의 형태를 형상화하는 일. 애니메이션 분야에서는 컴퓨터 애니메이션 제작 과정 중 3차원 물체를 컴퓨터로 그리는 작업을 말한다.

모델 에이전시 model agency 캐스팅을 전문적으로 담당하는 대행사. 광고주나 광고대행사에 모델을 추천하고 모델료 중 일부를 커미션으로 취득한다.

모델전략 model strategy 광고 모델의 캐스팅에 관한 전략적인 방침. 모델전략에는 표현전략에 부합하는 광고 모델을 선정하는 일 이외에도, 캠페인상에서 모델의 비중을 부여하고, 광고 모델을 적기에 교체하는 일 등을 포함한다.

모바일 광고 mobile advertising 이동형 매체를 이용한 광고. 과거에는 자동차, DMB 등 이동매체에 탑재하는 광고를 의미하는 용어였으나 휴대전화와 태블릿 단말기에 인터넷이 연결되어 개인 이동매체의 정보 활용성이 획기적으로 높아지고, 이들 기기의 보급이 급격히 확산됨에 따라 이 매체를 플랫폼으로 하는 광고를 일컫는 용어가 됐다. 기술적으로 인터넷 광고 유형을 모두 흡수할 수 있는 데다 이동매체가 제공하는 여러 유형의 위치기반 서비스를 이용하여 개인 맞춤형 광고를 제공할 수 있는 결정적인 장점이 있어 장기적으로 인터넷 광고를 상당 부분 차지할 것으로 점쳐진다. 현재 지배적인 형태는 모바일 기기에 최적화한 온라인 광고 유형으로 가령 유튜브는 메인 홈페이지 상단에 배너 형태로 노출되는 광고와 안드로이드폰용 유튜브 응용프로그램(애플리케이션) 실행 시 노출되는 동영상 광고 따위를 내보낸다. 통신기술의 발달로 새로운 개념의 광고가 다수 나타날 가능성이 충분하다.

모바일 뉴스 mobile news 모바일 기기에 서비스되는 뉴스. 스마트폰과 같은 휴대 가능한 기기에서 볼 수 있는 뉴스이며 대개 방송, 신문, 잡지사 같은 정보 제공 회사가 콘텐츠를 서비스한다. 스마트폰과 아이패드(iPad)와 같은 태블릿 단말기가 빠른 속도로 보급되면서 나타난 서비스 형태이며 향후 뉴스 유통에서 무시할 수 없는 형식이 될 것으로 예측된다. 주요 뉴스 제공 사업자, 신문사와 방송사들은 애플리케이션 형태로 뉴스 콘텐츠를 서비스하고 있는데, 뉴스 제공 회사 입장에서는 모바일이라는 플랫폼이 새로운 수익 모델로 떠오르길 기대해 볼 수 있다. 구체적으로 이용자가 돈을 지불하고 뉴스를 내려받는 유료 애플리케이션, 일반적인 정기구독료 개념의 월 정액 방식, 뉴스를 보려는 이용자에게 광고를 노출시키는 방식 등이 있다.

Louis Vuitton. Monogram Vernis.

Available exclusively in Louis Vuitton shops and select Neiman Marcus, Saks Fifth Avenue, Mac
Bloomingdale's, Marshall Field's, Dayton's, Holt Renfrew & Ogilvy stores.
For information: 1.800.285.2255

LOUIS VUITTON

대우전자

디자인의
중심은
인간입니다.

대우전자 회장 **배 순 훈**

* **세계의 존경받는 기업 - 대우전자**
대우전자는 국내기업으로는 유일하게 美「포춘」誌의
'세계의 존경받는 기업'으로 선정되었습니다.

21세기 첨단 지식산업인 디자인- 디자인은 인간생활을 보다 편리하게 해주는 것에서부터 출발합니다.
단순하면서도 생활에 편리함을 주는 디자인, 인간생활에 기본을 둔 디자인- 대우전자는 더욱 새로워진
탱크디자인으로 21세기 지식산업사회를 이끌어가는 세계가전의 중심이 되겠습니다.

[TANK]
디자인이 바로 기술입니다

모델
대우전자
1997

모방 광고 imitation advertising 이미 공표된 표현으로부터 어떤 요소를 차용하여 만든 광고. 영상의 구성 형식, 즉 포맷을 빌려오는 것을 포함하여 카피나 일러스트레이션 또는 사진과 같은 광고 구성 요소를 모방하는 것, 촬영 기술 등 독창적인 제작 기법을 모방하는 등 그 양상이 다양하다. 인기 드라마나 시추에이션 코미디 등의 상황을 차용하여 만든 광고가 한 예로 그것이 이미 오디언스에게 충분히 인지되어 있기 때문에 오디언스가 광고를 쉽게 이해하고 기억할 수 있으리라 추론하는 것이다. 이미 널리 알려진 영화의 표현 요소를 흉내 내어 제작하는 사례도 많다.

모병 광고 army recruiting advertising 군인을 충원하기 위한 광고. 엉클 샘이라 불리는 별이 그려진 모자를 쓴 노인이 오른 손 검지로 당신을 지목하는 그림에 'I want you'라는 글자가 새겨진 모병 포스터가 유명하다. 공동체가 지켜야 하는 이념, 국가와 사회 수호를 위한 희생과 봉사 정신, 평화 수호를 위한 당신의 역할을 강조한다. ■

모성애 maternal love 자식에 대한 어머니의 사랑. 본능적이고 무조건적인 성격을 지닌다. 상대방에게 느끼는 측은지심, 보호본능도 넓은 의미의 모성애라 볼 수 있다. 문학, 예술, 영화, 드라마, 광고의 흔한 소재이지만 유형화되어 있어 다소간 상투적인 인상을 만들기도 한다. "뭐라고 말하면 좋을까? 난 아직 느낄 수 없어요. 내가 엄마란 사실이…", "우리 아기, 소중하게 키우리라", "엄마의 손길로 전해드립니다", "엄마의 마음입니다" 같은 유형이다.

모션 컨트롤 시스템 motion control system 카메라 동작을 제어하여 보다 정밀한 촬영이 가능하도록 설계한 촬영 시스템. 카메라와 피사체 움직임을 정교하게 통제할 수 있으므로 다중합성 촬영을 위한 도구로 널리 쓰이고 있다. 이 시스템은 촬영 시스템과 컴퓨터 그래픽 사이의 데이터 변환을 통해 카메라 움직임을 컴퓨터 그래픽에서 재현할 수 있는 기능도 가지고 있다.

모집단 population 조사 대상자 전부를 지칭하는 말. 조사를 하여 어떤 결론을 얻으려 하는 대상을 조사 대상의 집합이라고 하며, 이 조사 대상의 집합에서 어떤 추출확률에 따라 일정한 방법으로 일부를 추출한다고 결정했을 때, 이 집합을 모집단이라고 한다. 모집단은 예컨대 '7월 15일부터 30일까지 A 지역의 슈퍼마켓 내에서 B 제품을 구매한 모든 소비자'로 표현된다. 이 경우 요소(element)는 B 제품을 구매한 소비자가 되고 표본 단위는 슈퍼마켓, 범위는 A 지역, 기간은 7월 15일부터 30일까지로 설정되는데, 이러한 요소와 표본 단위, 범위 및 시기 중 하나만 빠져도 완전한 모집단이 성립되지 않는다. 모집단 전체를 조사하는 것을 전

수조사(全數調査)라고 하나 비용과 시간의 문제 때문에 거의 불가능하다. 이와는 상대적으로 모집단에서 일부를 추출해서 조사하여 그 결과로 모집단을 추정하는 것을 표본조사라고 하며 오늘날의 조사는 대부분 이 방법을 쓴다.

모크업 mock-up 디자이너가 아이디어를 구체화하는 과정에서 본인이나 상사, 광고주 등에게 미리 시각적인 확인을 할 수 있도록 매우 정밀하게 제작한 시안.

목표과제법 task method 광고주가 이룩해야 할 목표와 이를 위해 수행해야 할 과업을 먼저 결정하고, 각 과업 수행에 필요한 예산을 총괄하여 광고예산을 결정하는 방법. 예를 들어 목표 수준의 상표인지도를 달성하는 데 15주의 텔레비전 광고 캠페인이 필요하고, 일정 수준의 대리점 지원을 위해 4회의 신문 광고가 필요하다고 할 때, 텔레비전 광고 캠페인의 매체비가 1억원, 신문매체비가 5000만원이라면 총 광고예산은 1억5000만원이 된다. 그러므로 목표과제법에서는 광고 목표를 어떻게 설정하느냐에 따라 광고예산이 달라진다. 이 방법은 예산의 할당이 목표의 관점에서 이루어지고, 그 절차가 체계적이어서 합리적인 방법으로 인정되고 있으나 일단 목표를 설정하는 것이 쉽지 않고, 목표를 달성하는 데 필요한 예산 규모를 책정하는 것이 어렵다는 점, 즉 사용한 광고비와 과업이 이룩된 정도 사이의 관계를 정확히 추정하기가 매우 어렵다는 한계가 있다.

몰드 mold 형틀에 넣어서 똑같이 만든 상품의 모형. 광고 제작 시 실제 제품을 촬영하기 곤란한 경우나 특수효과 촬영을 위해 이를 만들어 사용한다. 예컨대 실제 제품의 표면이나 모양이 깨끗하지 않을 때 몰드를 만들어 찍으면 최상의 결과를 얻을 수 있다. 또 촬영이 진행되면서 변형되기 쉬운 제품, 즉 아이스크림이나 비누 등을 촬영할 때, 촬영하기에 너무 작거나 큰 경우 몰드를 이용하면 촬영을 쉽게 진행할 수 있다.

몰래카메라 hidden camera 피사체 몰래 찍는 방법. 상황에 대한 인물의 반응을 꾸밈없이 포착할 수 있는 것이 특징이다. 광고가 보여주는 상황은 통상 '연출'된 이야기라는 점에서 만들어진 현실에 불과하지만 몰래카메라가 보여주는 생생한 행동 양태는 광고의 진실성을 강화하는 요소로 작용한다.

몸짓언어 body language 신체언어. 몸짓, 표정, 손짓 등 신체동작으로 의사나 감정을 표현하는 행위를 말한다. 언어에 의하지 않는다는 의미로 일종의 '침묵의 언어'다. 문화권마다 그 의미가 다르지만 통신의 발달로 만국 공통 몸짓언어도 상당수다. 가운뎃손가락을 올려 상대방을 경멸하는 행위, 두 팔을 이용해 하트(♥) 모양

Russian armour entering Kabul.

Next?

Will Russian tanks roar across the plains of Germany?

Will crises erupt somewhere so remote we all have to scour maps to find out where it is?

Will one of our NATO allies call for moral support on its borders?

Will we be asked to join an international peace-keeping force to separate the sides in a civil war?

Frankly, your guess is as good as ours.

The world is so unstable it could go critical at any time without so much as a warning light.

This is why we have made the Army much more mobile.

And why we always try to recruit the type of young man who can add calmness and good humour to a tense situation.

Now we need another 900 young Officers whom these men will follow, if necessary, to the ends of the earth.

A job with no guarantee of success.

You may well argue that your joining the Army would not have saved one life in Afghanistan.

We would go further, it might not save anyone's life, including your own.

On the other hand, it might.

It might, if enough like-minded men join with you, help to prevent a nuclear war.

And it might, just might, hold the world together long enough for the powers of freedom and sweet reasonableness to prevail.

Some hopes?

Perhaps. But the alternative is no hope at all.

Hoping for the best, preparing for the worst.

Your part in this will be to prepare for a war everyone prays will never happen.

Depending on the job you choose, you will rehearse battle tactics in Germany.

Confront heat in Cyprus, Belize or Hong Kong.

And heat of a different sort in Northern Ireland.

You will practise, repair, train and try to forge links with your men that will withstand fire.

Occasionally, you may be asked to clamber into a VC10 on the way to, well, somewhere like monitoring a cease-fire in Rhodesia.

But more often, the worst enemy your men will face will be boredom, when it will take all your skills as a teacher and manager to motivate them.

Then it will be difficult to remember that you are still protecting your country and all you love most.

An easy question to dodge.

The question is, are you prepared to take the job on for three years or longer?

No one will accuse you if you don't.

Women won't send you white feathers and children won't ask what you did in the war.

All we ask is that every young man at least takes the question seriously and answers it to the satisfaction of his own conscience.

This way we are bound to get our 900 new Officers.

If you are undecided but want to take the matter a stage further without committing yourself in any way, write to Major John Floyd, Army Officer Entry, Department A7, Lansdowne House, Berkeley Square, London W1X 6AA.

Tell him your date of birth, your educational qualifications and why you want to join us.

He will send you booklets to give you a far larger picture of the life and, if you like, put you in touch with people who can tell you more about the career.

Army Officer

을 만드는 것 따위가 그렇다.

몹 신 mob scene 대규모 인원이 동원된 장면. ■

몽타주 montage □ 사진 용어로 여러 이미지를 한 프레임 안에 배열하는 기법. 영화에서는 영화 편집, 즉 모든 숏과 시퀀스를 최종적인 영화로 배열하는 과정을 뜻한다. □ 초기 러시아 영화감독들의 실험적인 편집 이론. 세르게이 에이젠슈타인(Sergei Eigenstein)의 몽타주 이론은 이른바 '충돌의 편집'으로 요약되는데 그에게 편집이란 장면의 섬세한 연결이 아니라 서로 다른 두 개의 숏이 '충돌'해 새로운 관념을 창출하는 행위다. 다시 말해 한 장면(A)과 다른 장면(B)이 연결될 때 전혀 새로운 의미(C)를 창조할 수 있다는 것이다. 오늘날 대부분의 광고가 상품에 대한 정보를 직접적으로 전달한다기보다는 소비자에게 호소력 있는 가치나 이미지를 집약적으로 조성하려고 하는데, 이처럼 광고가 짧은 러닝타임 안에 개개의 장면을 결합시켜 의미 있는 이미지를 창조하려 한다는 점에서 광고를 몽타주 이론의 관점에서 조명할 수 있다. 가령 자동차 광고에서 여명을 질주하는 자동차 장면에 창가를 응시하는 여인의 클로즈업을 이어 붙이는 것이 한 예인데 이런 편집이 자동차를 소유한다는 것의 의미를 새롭게 환기시킨다는 것이다. ■

무가지 free newspaper·magazine 비매품인 신문이나 잡지. 무료 배포를 목적으로 발간한 것을 말한다. 시사 뉴스 및 연예정보를 제공하는 타블로이드 일간지, 안내 광고 형태의 작은 광고를 모아놓은 생활정보지 등이 있다. 그 외 정부에서 발간하는 관보나 정부투자기관 혹은 공익단체, 협회 등에서 발간하는 신문 및 잡지에 무가지가 더러 있다. 기업이 발간하는 사보 등은 대개 무가지다.

무드 광고 mood advertising 상품의 적극적인 판매를 주제로 하지 않고 광고 분위기에 의해 욕구를 자극하려는 표현 기법. 광고 수신자의 기분을 잘 이용한 광고라 할 수 있다. 무드란 침투성이 있는 일시적 감정적인 상태라고도 할 수 있는 것으로 사람들의 감정적 경험에 대해 감정적인 채색을 하는 것이다. 무드가 갖는 뚜렷한 성격을 명백히 한다는 것은 매우 어려운데, 대강 긴장의 정도, 즐거움 또는 불쾌함의 양면이 수반하는 것이라 생각할 수 있다.

무료 부수 free circulation 독자들에게 무료로 제공되는 부수. 기증지, 보급지, 확장지, 구독료가 미불된 정기구독지 등이 여기에 포함된다. 발행부수공사기구에서 조사하는 판매 부수에서 무료 부수는 제외되지만 무료 부수도 광고효과에 영향을 미칠 수 있기 때문에 무료 부수에 대한 논란이 상존한다.

무빙레터 moving letter 전광판 등에서 문자가 변하게 하는 방식의 옥외매체. 신문사의 뉴스 속보판이나 점포 윈도에 이용된다.

무성 영화 silent movie 소리를 사용하지 않는 영화. 역사적 맥락과 특수성을 고려할 때 무성 영화를 단순히 발성 영화 이전의 역사적 배경으로만 보는 것보다는 무성 영화라는 장르의 독립성과 독자적인 예술적 성취를 주목할 만하다. 무성 영화 시대에는 영화예술의 본질이 영상에 있다고 보고 독자적 미학을 맹렬히 개척했는데, 그리하여 영상의 시각적 특성에 기반을 둔 독일의 표현주의, 러시아의 몽타주 이론, 전위 영화 등이 무성 영화 시대를 장식했다. 이 시기에 성행했던 영화 장르는 스펙터클, 멜로드라마, 코미디 등이었으며 그중 특히 코미디가 보편적인 장르였다. 코미디는 언어의 도움 없이 모든 관객을 즐겁게 할 수 있다는 점에서 언어를 뛰어넘는 새로운 표현양식을 창조할 수 있었다. 무성 영화는 사라졌지만 뮤직비디오와 단편 영화, 광고 등에 무성 영화의 형식·미학적 흔적이 남아 있는 것은 주목할 만하다. 광고 카피가 없는 순수 시각적 광고는 만국 공통어로서 영상언어의 본질을 추구했던 무성 영화의 유산으로 평가할 만하다.

무아레 moire 인쇄 시 망판이 겹쳐서 생기는 줄무늬. 인쇄 실패의 대표적인 사례다.

무작위 추출 random sampling 전체 조사 대상, 즉 모집단에서 실제로 조사하기 위한 대상, 즉 표본을 무작위로 추출하는 방식. 확률 표본 추출(probability sampling)이라고도 한다. 무작위 추출의 통계학적인 의의는 조사 대상으로 뽑힐 확률을 같게 함으로써 표본의 대표성을 확보하는 것이다. 구체적으로는 추출 단위에 일련번호를 붙이고 난수표에 의해 필요한 난수를 추출하여 그것과 번호가 일치한 추출 단위를 뽑는 것이다. 한편 무작위 추출에도 단순 무작위 추출, 다단 무작위 추출 등 여러 종류가 있다.

무점포판매 non-store retailer 점포를 상설로 설치·운영하지 않은 채 판매 활동을 하는 소매 형태. 주요 형태로는 우편판매, 방문판매, 자동판매기 등이 있으며, 케이블 텔레비전을 이용한 홈쇼핑과 인터넷 상거래도 이에 속한다. 우편판매는 가장 오래된 무점포판매 형태로 카탈로그 등으로 정보를 얻고 전화 등으로 주문하는 시스템이다. 방문판매는 판매원이 소비자의 가정을 방문하여 상품을 판매하는 방식이다. 오늘날에는 홈쇼핑과 인터넷 상거래가 무점포판매를 대표한다.

무카피 광고 non-copy advertising 카피가 없는 광고. 전통적으로 광고는 헤드라인과 보디카피 등으로 오디언스의 주의를 끌고 상품에 대한 개념을 명확히 하여

Are you a she, or a sheep?

Some London shopping streets make you feel like an extra in a cast-of-thousands spectacular. Some London shopping streets make you feel as though the whole world is treading on your toes, grabbing your bargain, hailing your cab and screaming down your ear.

That's some London Streets. Migraine Alleys. Not Wigmore Street.

Wigmore Street is four minutes walk from Oxford Circus.

Wigmore Street is where you'll find Debenham and Freebody. A quiet shop. Calm. What shopping was like before the flocks hit town. Or before shops ever opened on Saturday mornings, a time when we stay shut.

There are lots of beautiful clothes to try on in our spacious store. The cream of European couturiers including Givenchy, Ricci, Paton and Valentino.

But we also have 6 guinea dresses and 13 guinea coats. And desirable furs hats, lingerie, separates, baby and children's clothes. Shoes, stockings, knitwear, handbags and gifts. Cosmetics, china and glass, a limitless linen department, and a very chic hairdresser.

And, if all that gives you an appetite, we've a delicious restaurant called "The Golden Pheasant".

Next time you're in town, start your shopping trip in Wigmore Street. At Debenham and Freebody.

And don't be surprised if you find everything you need in our shop.

Including your patience, your equilibrium and your self-respect.

Debenham & Freebody

Wigmore Street, W.1. 01-580 4444

A step up from Oxford Street.

구매의욕을 일으켜왔으나 일부 업종에서 무카피 광고의 흐름이 꾸준히 있어왔다. 무카피 광고는 메시지의 해독에 소비자 참여를 유도하는 방식이며 소비자 고유의 인식을 통해 풍부한 감성을 이끌어내는 기법이라고 말할 수 있다. ■

문자마크 mark of letter 문자를 도형으로 형상화하여 기업의 마크로서 삼은 것. 문자마크 디자인의 조건으로는 도형으로서 주목을 끌 수 있어야 하며, 개성적 디자인으로 기억하기 쉬워야 하고, 업종이나 제품을 자연스럽게 연상시켜야 할 것 등이다.

문장완성법 sentence completion 피조사자에게 불완전한 문장을 제시하고, 최초로 생각나는 단어를 이용하여 완전한 문장을 만들도록 하는 태도조사 기법. 투사식 조사 기법의 일종으로 응답자가 작성한 단어를 해석하여 응답자의 태도를 조사하는 기법이다. 응답자 개개인에 따라 차이가 있더라도 많은 자료를 종합적으로 분석하면 응답자들의 공통적인 감정 및 반응을 도출할 수 있다는 가정이 전제된다. 제시되는 문장은 이를테면 "인스턴트커피를 마시는 사람을 보면 ____는 생각이 든다", "인스턴트커피가 레귤러 커피보다 좋은 점은 ____이다"라는 식으로 구성되며 응답자는 비록 어법이나 문법과 정확하게 맞지 않더라도 생각나는 단어를 적는다. 이를 통해 조사자는 사람들의 인스턴트커피에 대한 태도를 알아볼 수 있다. 문장완성법에서 문장의 주어를 가능한 한 3인칭으로 설정하는 것이 보통이다. 1인칭이나 2인칭은 응답자의 심리적 저항을 가져올 가능성이 높기 때문이다.

문제해결 problems & solutions 제품이 소비자가 당면한 문제를 해결하는 장면을 보여주면서 제품효용을 제시하는 광고 형식. 다소의 차이가 있지만 그 형식은 먼저 문제가 발생하고 어떤 동기로 제품이 제시되며 문제가 해결된다는 구성이다. 주인공에게 문제가 생길 때 그 문제는 소비자에게 익숙한 생활 속에서 나타나며 이에 따라 주인공은 곤란한 처지에 놓이거나 심리적 혹은 육체적 괴로움을 경험한다. 그다음, 제품이 나타나는데 느닷없이 등장하기도 하고 주인공 주변의 동료, 친지로부터 제시될 수도 있고 전속 모델 혹은 그 분야의 전문가에 의해 제시될 수도 있다. 이제, 주인공을 괴롭히던 문제는 해소됐으며 문제를 해결한 것에 대한 혜택이 이어진다. 기술적 측면에서 이 광고는 문제를 해결하는 상황에서 타당성과 그럴듯함을 갖춰야 한다. 상품이 상투적으로 등장하면 광고 전체가 진부해지기 때문에 크리에이티브는 상품이 제시되는 상황을 어떻게 제안할 것인지에 초점을 맞춘다.

뮤지컬 musical 노래와 춤을 테마로 하는 영화 장르. 볼 만한 의상과 무대장치, 화려한 안무를 특징으로 한다.

뮤지컬 드라마 혹은 뮤지컬 영화와 같은 형식의 광고가 간혹 만들어지는데, 짧은 러닝타임 때문에 일정한 표현의 한계가 있으나 흥겹고 경쾌한 분위기가 어우러지는 특유의 분위기를 창조하기도 한다.

뮤직비디오 music video 음악과 영상을 융합한 5분 내외의 작품. 지금은 거의 사라진 뮤지컬 장르의 현대적인 변용이라고 보는 시각도 있다. 가장 전위적인 표현을 보여주는 영상 분야이며 첨단 영상 기법이 쉼 없이 실험되는 장르이기도 하다. 음악이 위주가 되는 광고는 그 형태와 표현 수법에서 뮤직비디오와 유사한 특성을 갖는데, 1980년대 중반 이후 뮤직비디오 장르의 대중적 확산에 힘입어 이런 유형의 광고가 다수 만들어졌다. 이 장르의 기법적 특징으로는 역동적 이미지, 빠르고 급작스러운 컷, 단절된 삽화식 이미지의 나열 등이다. 최근 유튜브(www.youtube.com), 비메오(www.vimeo.com)와 같은 지구적인 동영상 공유 사이트가 등장하면서 뮤직비디오를 본격적인 마케팅 수단으로 삼으려는 시도도 주목할 만하다. 예를 들어 자동차 회사가 신차를 출시하면서 아티스트와 협업하여 신차 생산 과정을 뮤직비디오 형식으로 만들어 동영상 공유 사이트를 통해 노출시키는 것이다.

미니멀리즘 minimalism 단순성의 미학을 추구하는 경향. 장식적이고 주관적인 요소를 피하고 최소한의 요소로 표현하고 싶은 것을 간결하고 직접적으로 형상화한다. 그 결과 형태와 색채는 극도로 단순화되어 이른바 생략과 절제의 미가 창조된다. '극소주의'라는 명칭이 의미하는 바와 같이 일반적으로 차갑고 몰개성적이며 제작 방식도 단순성을 추구하여 실재와 본질을 강조한다. 1950년 후반 미국의 회화와 조각 부문에서 나타난 경향이었으며 그 후 건축과 패션, 디자인 분야로 확산됐다. ■

미니어처 miniature 실제로 찍기 힘든 장면을 촬영하기 위해 만든 축소 모형. 대형 건물의 화재, 비행기 폭발, 여객선 침몰 장면 따위를 촬영할 때 이용한다.

미디어 독점 media monopoly 소수 미디어가 미디어 시장을 지배하는 형태. 자본주의 체제에서 기업 집중 등을 통해 소수 미디어가 군소 미디어를 흡수하여 마치 거대 기업이 상품시장을 독점하는 것과 같이 미디어 시장을 장악하는 것을 의미한다. 미디어 독점이 발생하면 결과적으로 여론을 독점, 통제하여 언론 자유를 침해하거나 손쉽게 카르텔을 조직하여 구독료나 광고료를 인상할 우려가 있다. 미디어 독점은 대부분 중앙의 미디어가 지방의 동일 계열 미디어를 흡수하는 체인 및 네트워크, 한 지역 내에서 여러 유형의 미디어를 소유하는 복합 소유, 동일 지역의 동일 미디어가 사실상 공동 경영되는 형태로 나타난다.

무카피 광고
폴크스바겐 폴로
1997

무카피 광고
메르세데스 벤츠
1997

VOLVO
A car you can believe in.

安全についての資料「ボルボの安全対策」「Saved My Life」を差し上げます。部数に限りがございますので品切れの節はご容赦ください。フリーダイヤル■0120-55-1500、またはハガキでご請求ください。 ボ-ルボ・カ-ズ・ジャパン 株式会社 〒107 東京都港区赤坂 11 26 C5 ツリ-

미니멀리즘
볼보
1996

미디어렙 media rep 미디어 레프리젠터티브(media representative)의 약어. 특정 매체사에 전속되어 시간 혹은 지면을 광고주나 광고대행사에 판매하고 그 대가로 수수료를 취득하는 회사. 미디어렙의 기능은 매체사가 본연의 신문, 방송 제작에 전념할 수 있게 해주고, 전문적인 영업 활동을 전개하여 매체사의 경영 합리화에 도움을 주며, 광고주나 광고대행사와 돈독한 관계를 유지하여 원활한 판매 활동을 하는 것 등이다. 매체사 수가 많고, 영토가 넓은 미국에 많은 미디어렙이 있으며 우리나라에서도 인쇄매체를 중심으로 미디어렙 형태가 존재한다. 또 국내 전파 광고 독점영업권을 가진 한국방송광고공사도 특수한 형태의 미디어렙이라고 할 수 있다.

미디어 바이어 media buyer 광고주를 위해 매체 시간이나 지면을 구입하는 사람. 매체 구매에는 전문적인 경험과 지식이 필요하므로 인쇄매체의 스페이스 바이어(space buyer), 전파매체의 타임 바이어(time buyer)로 나누어 역할을 수행한다.

미디어 플래너 media planner 한정된 매체예산으로 최대 광고효과를 얻기 위해 가장 유효 적절한 미디어 믹스 계획을 수립하는 사람.

미디엄 롱 숏 medium long shot 롱 숏(long shot)과 미디엄 숏(medium shot)의 중간 정도의 화면.

미디엄 숏 medium shot 인물의 허리 바로 아래부터 상체를 포착하는 정도 크기의 화면. 롱 숏과 클로즈업의 중간 크기인 데서 미디엄 숏이라고 한다. 한편 바스트 숏은 인물의 가슴을 중심으로 상반신을 포착한 화면을 말한다. 미디엄 숏과 바스트 숏은 피사체를 비슷한 크기로 포착하므로 서로 엄밀하게 구별되지 않는 경향이 있다. 아울러 웨이스트 숏은 인물의 허리 위부터 상반신을 포착한 화면을 말하므로 역시 미디엄 숏과 구별하기가 쉽지 않다. 미디엄 숏은 연기를 제한된 범위 내에서 비교적 큰 크기로 묘사할 수 있기 때문에 텔레비전 촬영에 주로 쓰인다. 통상 시청자에게 편안한 크기로 받아들여지므로 광고에서 다양하게 응용될 여지가 있으나 실제적으로 광고에서 미디엄 숏은 클로즈업의 연장, 즉 미디엄 클로즈업으로 받아들여지는 경향이 짙다. 인물을 포착하면서 그 배경도 어느 정도 묘사할 수 있어 상황을 설명하기 위한 의도로 주로 쓰일 때가 많고 인물이 제품을 손에 들고 말하는 장면이 미디엄 숏으로 처리되는 사례도 많다.

미속도 촬영 time laps photography 표준속도 촬영에 비해 훨씬 긴 간격으로, 1회에 1프레임씩 촬영하는 기법. 프레임 촬영, 콤마 촬영이라고도 한다. 이 영상을 재현하면 실제로는 오랜 시간이 걸리는 현상이 순식간에 재현된다. 가장 대표적인 것이 식물이 순식간에 성장하는 장면, 꽃이 피는 장면 등이다.

미시 마케팅 micro marketing 마케팅 시스템을 기업의 마케팅 전략에 한정하여 파악하고 서브 시스템인 제품계획, 가격정책, 프로모션, 유통정책의 효율성을 기업관리적 측면에서 분석하는 마케팅 시스템. 이에 반해 거시 마케팅은 기업 활동과 소비자 행동의 상호작용뿐만 아니라 그들을 둘러싼 외부환경, 즉 정부·문화·사회로부터의 영향을 마케팅의 주요 변수로 삼는 시스템이다.

믹서 mixer 두 가지 이상의 음원을 하나의 음으로 합치는 장치. 독립된 복수 입력단자와 각각의 레벨 컨트롤(level control)을 갖추어 음원을 혼합하여 하나의 출력으로 만드는 기기를 말한다. 즉, 따로 입력되어 있는 배경음악, 내레이션, 음향효과, 대사 등을 단일 음대로 합치는 기기다.

믹스 mix 대사, 내레이션, 음악, 음향효과 등 모든 음원을 합성하는 일. 여기저기 녹음되어 있는 다양한 음원을 '섞어' 하나의 음향으로 완성하는 것을 말한다.

민족주의 nationalism 민족에 기반을 둔 공동체 형성을 목표로, 이것을 창건하고 확대하려는 정신 상태나 활동. 인류 보편적인 문화나 제도를 대신하여 자신들 고유의 의식과 문화를 강조하고, 이에 대해 긍지를 느껴야 한다는 감정을 말한다. 일국주의 및 국가지상주의와 결합하여 다른 국가를 배격하고 적대할 수도 있는 다소간 비합리적이고 맹목적인 이념이기도 하다. 정신대라고 쓰인 어깨띠를 두른 한복 입은 여성을 내세우고 "우리의 꽃다운 처녀들을 끌어다 짓밟아버린 나라가 있었습니다. 역사는 되풀이될 수 있습니다. 정복당할 것인가, 정복할 것인가"(국제상사 프로스펙스, 1994)라는 메시지를 구성한 광고는 양자택일의 생존논리를 강조한 민족주의 광고의 대표적인 사례로 회자된다. 민족주의는 이처럼 다른 나라와의 관계 속에서 더욱 증폭되는 경향이 있다. "일본 휴대폰이 되는 곳은 일본 땅이고, 한국 휴대폰이 되는 곳은 한국 땅입니다."(KTF, 2002)도 양국 사이의 영토 문제를 소재로 삼은 광고다. 보다 넓게는 대한민국의 위대한 역사와 단일민족의 신화, 고유의 문화의 탁월성, 세계 제패에 대한 열망 등 민족주의의 외연을 강조하는 광고가 상당히 많은 것이 한국 광고의 한 특징이다. 가령 "만주 벌판을 달렸던 우리 역사를 생각합니다", "땅은 우리 땅이 아니지만 석유는 우리의 석유입니다" 따위를 내세우는 광고들이다. 민족주의 감정은 한 나라 안에서는 자연스러운 것일 수도 있으나 타자와의 관계 속에서 예상하기 힘든 격정을 초래할 수 있는 이념인 만큼 광고효과를 위해 이를 지나치게 자극하는 것이 바람직한 것인지 생각해볼 필요가 있다. ■

민족주의
국제상사 프로스펙스
1994

정복 당할 것인가?
정복할 것인가?
역사는 되풀이 될 수도 있습니다.

바스트 숏 bust shot 인물을 대상으로 했을 때 가슴을 중심으로 한 상반신에 해당하는 화면.

바이럴 마케팅 viral marketing 온라인에서 네티즌의 자발적 연쇄 반응을 노리는 마케팅 활동. 바이럴 광고(viral advertising)라고도 한다. '바이럴'(viral)이란 '바이러스'(virus)의 형용어로 사람들 사이에 마치 바이러스처럼 퍼져나간다는 의미. 입소문, 즉 구전(word of mouth)에 의존하는 마케팅 방식이며, 오늘날 구전은 인터넷의 소셜네트워크망을 통해 순식간에, 광범위하게 확산하기 때문에 바이럴 마케팅의 효용이 강조되는 추세다. 주요 수단은 동영상, 플래시 게임, 전자책, 브랜드 소프트웨어, 이미지, 텍스트 등이다. 네티즌의 자발적 반응을 이끌어내기 위한 독특하고, 흥미로운 내용, 즉 저변에서 화제가 될 만한 콘텐츠를 만들어내는 것이 관건이 된다. 믹서기의 분쇄력을 보여주는 방법으로 최신 태블릿 단말기를 믹서기에 넣어 갈아서 가루로 만들어버리는 과정을 동영상으로 만드는 방법 따위다. 이것을 유튜브(www.youtube.com)나 비메오(www.vimeo.com) 같은 동영상 공유 사이트에 게시하여 조회 수를 높이고 내려받기와 동영상 공유, 댓글을 유도한다. 동영상 바이럴 광고의 형식은 단편영화 형식으로 극화한 것, 다큐멘터리, 플래시몹 같은 약속된 집단 해프닝, 몰래카메라 등으로 매우 다양하다.

박애 광고 philanthropic advertising 사회적으로 가치 있는 문제의 해결을 위해 도움을 요청하는 광고. 기금조성 캠페인, 자원봉사자 모집, 기부금 요청 광고 등이 대표적인 박애 광고다. 대개 관련 활동을 벌이는 조직체가 실시하는 광고를 말하며 그중 적십자사가 벌이는 헌혈 캠페인, 앰네스티, 유니세프위원회의 아동 권리 캠페인 등이 대표적이다. ■

반론보도 청구권 언론사의 보도 내용에 대해 그 정정을 요구하는 권리. 광의의 반론권의 범위에 속하며 언론에 대해 이해당사자가 스스로 작성한 반박문을 게재할 수 있도록 요구할 수 있는 권리를 포함한다. 이 권리는 언론의 명예훼손이나 오보에 대응하는 개인의 권리 행사라는 측면에서 정당성이 있으나 언론의 자유를 침해할 가능성도 있는 것이 사실이다. 이 권리가 인정되는 것은 사실적 주장에 한한다. 즉, 비평이나 사설, 평론과 같은 의견이나 가치판단에 대해서는 반론보도 청구권이 배제되는데 이는 언론의 비판 기능을 보호하기 위한 것이다. 한편 광고의 내용과 관련해서 그 내용에 관해 반론보도를 청구할 수 있느냐라는 문제를 생각해볼 수 있다. 광고 내용이 사실과 다르거나 명예훼손에 해당하는 내용이 포함될 때 광고의 게재로 인해 피해를 받는 사람이 생길 수 있다. 이때 피해자는 광고주나 언론기관을 상대로 법적 구제수단을 강구할 수는 있으나 반론보도 청구권을 행사할 수는 없다는 게 통설이다. 광고는 계약에 의해 광고주 주장을 그대로 게재하는 것에 불과하기 때문이다.

반송률 return percentage 디엠(DM) 용어로서 회답 수 또는 회답률을 가리키는 말. 디엠은 반송률로서 그 효과를 측정할 수 있어 디엠 이용자는 언제나 반송률에 관심을 가진다.

반어법 irony 속마음과 반대되는 표현을 쓰는 수사법. 그 결과 의미가 분명해지고 강한 인상을 남길 수 있다. 실수한 사람에게 "잘한다, 잘해"라고 말하는 것 따위다. "손이 예쁘면 좋은 아내가 아니래요", "맛없는 두유입니다. 단맛, 짠맛에 길들여진 사람에게는 그렇습니다" 등이 반어적 표현의 한 사례다. 광고는 상품이나 서비스의 장점과 그것을 향유했을 때의 혜택을 강조하는 것이 보통이지만 자신의 단점만을 집중적으로 보여주는 반어적 광고 사례도 있다. 널리 알려진 사례가 네덜란드 암스테르담 한스브링커버짓호텔(Hans Brinker Budget Hotel)의 캠페인이다. 요지는 투

Now
will
you
care?

Photo:Ray Rathborne

박애 광고
영국 구세군
1968

"When our children were dying you did nothing to help. Now God help your children."

The Kurdish district of Garmiyan in the mountains of north-eastern Iraq used to be a pretty place.

There were wheat fields and apricot orchards. The gardens grew melons and pomegranates and grapes. Most houses had a cow tethered outside.

One April morning in 1988, the mountainsides echoed to the drone of Iraqi bombers and the flat thud of chemical bombs.

A white cloud drifted among the apricot blossom. Whoever breathed it, died.

Later that day, a group of Kurdish guerillas came across a procession of people, blistered and burned, stumbling silently from a stricken village.

Azad Abdulla was one of the guerillas. "Can you imagine," he asks, "what it's like to die this way? If it's cyanide you get dizzy and choke. If it's mustard gas your skin blisters and your lungs begin to bleed and you drown in your own blood."

Abdulla laughed when we showed him a leaflet which tells Americans in Saudi Arabia how to survive a chemical attack.

(It's reproduced here.)

It advises turning off the air-conditioning and standing under a running shower.

But the Kurdish villagers had no such luxuries.

Instead, they had to evolve their own crude methods of coping with poison gas attacks.

They would retreat into a cave after having lit a fire at its mouth. They would climb to the tops of mountains. They would wet turbans and wrap them round their faces.

On that April morning there had been no time to take even these crude measures.

Azad Abdulla and his companions found a small boy and girl clinging to each other. While running away through a wheat field they had come under attack from an Iraqi helicopter and become separated from their parents. The parents had died but the children did not know this.

They kept saying that when it grew

light they would go and look for them. They thought it was night. They did not realise that they were blind.

Almost to the day (on April 12th 1988), Junior Foreign Office Minister David Mellor was forecasting that British industry would soon find "a large market in Iraq".

Was he unaware that Saddam Hussein was systematically gassing Iraq's Kurdish minority? Hardly.

Only three weeks earlier, more than 5,000 men, women and children had died horribly in an Iraqi poison gas attack on the Kurdish town of Halabja. The atrocity received worldwide TV and newspaper coverage.

"Bodies lie in the dirt streets or sprawled in rooms and courtyards of the deserted villas, preserved at the moment of death in a modern version of the disaster that struck Pompeii. A father died in the dust trying to protect his child from the white clouds of cyanide vapour. A mother lies

cradling her baby alongside a minibus that lies sideways across the road, hit while trying to flee. Yards away, a mother, father and daughter lie side

by side. In a cellar a family crouches together." (Washington Times, March 23rd 1988).

The world was shocked. But not shocked enough to do anything effective. While the USA condemned Iraq's use of chemical weapons, calls for sterner action were resisted.

According to James Adams, Defence Correspondent of the Sunday Times, such western impotence must have acted as an incentive to President Saddam Hussein.

The world's inaction is a subject about which we at Amnesty International find it difficult to remain polite.

For years we have been exposing atrocities committed by the Iraqi government. Nothing effective has ever been done.

On 8th September 1988, five months after Halabja, Amnesty appealed directly to the United Nations Security Council to stop the

massacre of Kurdish civilians by Iraq. Nothing effective was done.

A year after Halabja, we published a report detailing how an eyewitness saw a baby seized as a hostage and deliberately deprived of milk to force its parents to divulge information.

How children as young as 5 years old had been tortured in front of their families.

We revealed that at least thirty different forms of torture were in use in Iraqi prisons, ranging from beatings to burning, electric shocks and mutilation. Torturers had gouged out the eyes of their victims, cut off their noses, ears, breasts and penises, and axed limbs. Objects were inserted into the vaginas of young women, causing the hymen to break. Some of these methods had been used on children.

The report failed to move the United Nations Commission on Human Rights which, days after its publication, voted not to investigate human rights violations in Iraq.

(After expressions of concern from another UN body in August 1990, we are still awaiting effective action.)

Saddam Hussein's annexation of Kuwait seems to have taken many people by surprise. Why?

Why be surprised by the savagery of the Iraqi regime that daily tortures and kills Kuwaiti citizens?

Why be surprised that westerners trapped by the invasion are now helpless hostages?

Why be surprised that it is now young Britons who face the chemical weapons that wiped out thousands of defenceless Kurdish villagers?

Yes, we told you so. In '80, '81, '82, '83, '84, '85, '86, '87, '88 and '89. And you did nothing effective to help.

You. Margaret Thatcher, did nothing effective. You, George Bush, did nothing effective. You - yes you - reading this advertisement, did nothing effective.

Right now you have a choice. Get offended, or get involved.

This advertisement is an appeal for more members and more money. But we must tell you frankly that there is now little Amnesty can do for the people trapped in Iraq and Kuwait, be they Kuwaitis, Westerners, Asians or the 4 million Iraqi Kurds who are also living in fear.

So why should you join us?

Because we failed with Iraq. Failed to make any impact on Saddam Hussein. Failed to stir the United Nations into doing anything effective. Failed to reach enough ordinary people, like you, who were willing to channel their outrage into constructive action.

God knows how many lives this failure will yet cost.

We have got to make it impossible in future for governments to ignore the genocide of helpless women and children. It must become morally unacceptable for governments to look at photographs of dead children from places like Halabja and then carry on 'business as usual' with their murderers.

That's why you should join us and, if you can afford it, make a donation to our campaign funds. (Small donations gratefully received, business-people please think big.)

"We were screaming till we could not speak," says Azad Abdulla, "and yet no-one listened." It's you he's talking to. If you can hear what he's saying, clip the coupon.

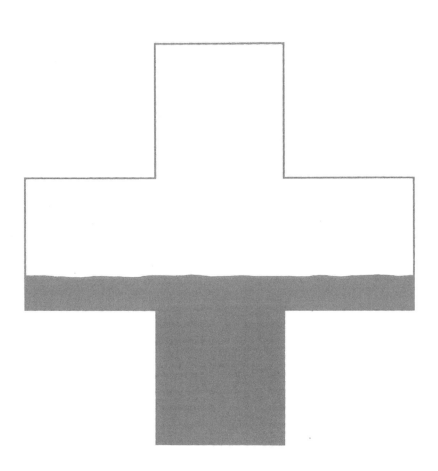

WE NEED YOUR BLOOD.
PLEASE CALL ✚ 02-30 30 96

박애 광고
적십자
1997

The disadvantages of advertising Benson & Hedges 100's.

BENSON & HEDGES

Oh, you've had your disadvantages with our longer cigarette...now we've come head on with ours. If you think we have a space problem here...imagine the disaster on match book covers.

Notwithstanding, Benson & Hedges 100's, regular and menthol, have become the most popular new cigarette, maybe of all time. Perhaps all those extra puffs had something to do with it.

NOT AMERICA'S FAVORITE PAPER

반어법
빌리지보이스
1996

반어법
한스브링커르버짓호텔
1997

The
HansBrinker
Budget Hotel
Amsterdam
(31) 20-6220687

* not included

숙객이 경험할 만한 가공할 열악함을 드라마틱하게 보여주는 것으로 이것을 강조하면 할수록 저가 호텔이라는 성격이 더 강하게 드러난다. ■

반영웅 antihero 비영웅적이고 약한 모습을 보이는 영화 캐릭터. 〈택시 드라이버〉(Taxi Driver, 1976)의 로버트 드니로(Robert De Niro)처럼 영화에서 반영웅은 타락한 세상과 대결하는 모습으로 등장한다. 이때 반영웅은 분노와 탐욕, 때로는 우유부단한 성격도 보이지만 결정적인 순간에는 거칠고 강하다. 반영웅을 낭만적인 존재로 그리려는 경향도 있는데 〈우리에게 내일은 없다〉(Bonnie and Clyde, 1967)의 주인공 보니와 클라이드가 대표적인 예다. 문제를 해결하는 데 있어 윤리적으로 올바른 선택을 내리는 영웅과 달리 반영웅은 때론 엉뚱하고 불가해한 행동, 상식적이지 않은 선택을 내리곤 한다. 광고에 나오는 인물 유형은 보통 신용할 만한 추천자, 화목한 가정의 구성원, 높은 평판의 의견선도자, 성공한 사회인이 대부분이지만 일부 광고에서는 사회에 부적응하는 소외된 인물이나 소수자 하위 문화에 속하는 반영웅적인 캐릭터가 등장하기도 한다. 상품 속성에 따라 드물게는 상업 광고에서도 볼 수 있지만 신념이나 가치를 파는 공익 광고에서 상대적으로 더 많이 등장하는데 가령 약물중독자, 수형자, 범죄인 등 사회의 어두운 단면을 드러내는 소외된 인물들이다.

반전 reversal 극의 흐름이 어느 순간 역전되어 형세가 완전히 뒤바뀌는 것. 소설이나 영화 작법에서 대단원에 나타나는 반전은 독자들에게 강렬한 카타르시스를 주는 중요한 기제다. 광고에서도 유용하게 이용할 수 있는 기법으로 반전이 나타날 때 시청자는 충격적 아이러니를 경험하게 된다. 예를 들어 행복한 표정의 노인이 턱시도 차림으로 춤을 추고 있는 장면이 클로즈업으로 보여질 때 시청자는 귀족 노인의 여유 있는 한순간을 보고 있다고 생각하지만 카메라가 느린 속도로 줌아웃하면 어느 순간 허름한 전철 한편에서 구걸 공연을 하는 장면인 것이 밝혀진다. 노인 복지에 대한 관심을 촉구하는 이 공익 광고의 반전은 시청자로 하여금 일상의 부산함 속에 감춰져 있는 노인 문제의 심각성을 일깨우는 촉매제 구실을 한다. 영국의 일간지 〈가디언〉의 1986년 광고에서는 험악한 모습의 청년이 노인을 향하여 위압적으로 달려간다. 남자는 노인을 거칠게 공격하는 듯 보이지만 결국 이 청년의 행동은 노인의 머리 위로 떨어지는 공사장 잔해물로부터 노인을 구하려는 행동이었다. 이 광고의 반전은 사건과 현상을 바라보는 언론 기관의 시점(point of view)의 의미를 말해준다. 반전은 극적인 심리효과를 노리는 광고에서 볼 수 있는 기법이며 아이디어에 따라 기발한 유머 광고가 되는 경우도 있다. ■

반전 광고 antiwar advertising 전쟁에 반대하는 내용의 광고. 전쟁의 참혹함과 부당성을 고발하고 폭로하는 것이 주요 내용이다. 대부분 반전 시민단체나 개인의 의견 광고 형태를 띤다. 그래픽 디자인 부문에서는 반전 포스터 제작이 활발한데 그래픽 디자인 역사에 뚜렷한 족적을 남긴 주목할 만한 작품 다수가 이 분야에서 나왔다. ■

발행 부수 circulation 정기간행물이 발행하는 간행물 부수. 발행 부수는 독자의 수효를 의미하며, 또한 한 나라의 모든 정기간행물의 총 발행 부수가 인구 혹은 기타의 기준과 비교될 때는 보급률을 의미하게 된다. 발행 부수에는 보급지, 게재지, 증정지, 보관지 등의 부수도 적지 않게 포함되어 있어 해석하기에 따라 그 의미가 달라지기 때문에 발행 부수 산출방법에 따른 종류를 이해하는 것이 중요하다. 일반적으로 발행부수는 인쇄 부수(윤전기에 용지를 걸어서 인쇄를 시작하여 윤전기를 세울 때까지 인쇄된 총 부수), 발행 부수(인쇄 부수에서 파손지와 인쇄 불량지를 제외한 부수), 발송 부수(발행 부수에서 실제로 각 보급소에 발송된 부수), 판매 부수(발송 부수에서 보급지, 증정지 등 무가지를 제외한 유가 부수와 우송된 유가 부수를 합한 부수) 등으로 분류된다. 이들 가운데 가장 중요한 것은 판매 부수, 즉 유가 부수로 사회에 대한 영향력과 광고매체로서의 가치를 판가름하는 유용한 기준이다.

발행 부수 공사 circulation audit 신문 및 잡지의 발행부수를 발행부수공사기구(Audit Bureau of Circulation)가 주체가 되어 확인하는 일. 발행부수공사기구에 의한 공사는 각 나라의 광고 환경이나 매체 환경 등에 따라 다양하다.

발행부수공사기구
ABC audit bureau of circulation 신문 및 잡지의 발행 부수를 조사하고 인증하는 기관. 광고주, 광고대행사, 매체사를 회원으로 하여 구성되는 비영리단체다. 이 기구의 목적은 제3자의 입장에서 정기간행물의 발행 부수에 대한 객관적인 수량적 자료를 회원들에게 제공하여 광고주 및 광고대행사의 마케팅 활동에 기여함과 동시에 매체 평가의 적정화를 꾀하는 데 있다. 발행부수공사기구의 기능과 역할에는 다음과 같은 것들이 있다. 첫째, 광고주와 매체사 사이의 관계를 원활하게 유지시켜주며, 이들 사이에서 발생할 수 있는 무질서와 불합리성을 제거해준다. 둘째, 광고주가 광고매체를 선택하는 데 있어 신뢰성 있는 정보를 제공해준다. 셋째, 매체사의 광고요금에 대한 무질서한 경쟁을 피하게 하여 공정한 광고요금이 책정될 수 있게 도움을 준다. 넷째, 매체사의 경영 합리화를 위한 자료를 제공해준다.

반전
가디언
1986

반전 광고
프랑스 핵실험 반대 포스터(디자인: U.G. 사토)
1995

반전 광고
반전 포스터(디자인: 후쿠다 시게오)
1976

방송 broadcasting 무선 및 유선에 의한 매스 커뮤니케이션. 현대사회의 지배적인 커뮤니케이션 수단이며, 출판 및 영화와 더불어 대중문화를 창조하는 강력한 엔진이다. 여론을 전파하는 도구로서 신문매체를 압도하고 있으며, 동시대 사람들의 교양과 여가생활을 통합하는 데 핵심적인 구실을 한다. 커뮤니케이션의 한 형태로서 방송의 특성은 대체로 다음과 같다. 첫째, 정보를 제공받는 시청자의 선택이 제한적이다. 방송은 편성의 의도에 따라 일방적으로 시청자에게 제시되며 시청자는 그것을 볼 것인가, 보지 않을 것인가를 결정할 수 있을 뿐이다. 상대적으로 신문의 경우, 신문을 보는 데 소비하는 시간을 독자가 임의로 조절할 수 있으며 어떤 부분은 읽지 않거나 반복해서 볼 수 있는 등 정보 수용에 있어 방송보다 더 넓은 선택을 할 수 있다. 둘째, 방송은 정보를 제공하는 시간과 그것을 시청자가 수용하는 시간의 지체가 없는 동시성을 갖고 있다. 따라서 어떤 매체보다 신속한 보도가 가능하다. 셋째, 방송은 시간의 제약을 많이 받으므로 신문처럼 지면을 임의로 늘리거나 줄일 수 없어 융통성이 비교적 적다는 특성이 있다. 넷째, 방송은 인쇄매체와 비교하여 비언어적 정보를 많이 전달하는 특성이 있어 시청자에게 미치는 영향이 상대적으로 크다. 예컨대 텔레비전은 시청자의 시청각에 호소하므로 자극을 더욱 강력하게 소구할 수 있다. 그외에도 방송은 문자를 몰라도 시청 가능하여 교육 정도나 문맹과 상관없이 수용된다. 한편, 신문과 비교하여 볼 때 일정한 단위 시간에 정보를 전달하는 양이 상대적으로 적어 심층보도가 어려운 점도 방송의 특성이다. 방송은 표시 형태에 따라서 음성을 중심으로 한 라디오 방송과 음성 및 영상을 전달하는 텔레비전 방송으로 대별할 수 있다. 사용 주파수대에 따라서는 표준방송, 단파방송, 초단파방송으로 분류한다. 표준방송은 535~1605㎑의 중파 주파수를 사용하기 때문에 중파방송이라고도 하는데 이것이 보통 말하는 라디오 방송이다. FM 방송은 텔레비전과 함께 VHF(초단파)의 일부를 사용한다. 텔레비전 방송은 초단파(VHF)와 극초단파(UHF)를 사용한다. 방송이 내보내는 프로그램의 종류로는 뉴스 및 심층보도 프로그램, 드라마, 오락 프로그램, 교양 및 다큐멘터리, 영화, 생활정보 프로그램 등이 있으며 프로그램은 아니지만 방송 콘텐츠의 주요 부분을 이루는 것이 바로 방송 광고로 우리나라의 경우 전체 방송 시간의 10% 미만까지 광고 방송이 가능하다.

방송 광고 broadcasting advertising 방송매체를 이용한 광고. 대표적으로 텔레비전 광고와 라디오 광고가 있으며 신문 광고를 비롯한 인쇄매체 광고와 함께 가장 보편적인 광고 형식이다. 우리나라 방송법이 규정하는 방송 광고는 모두 일곱 가지다. 방송 프로그램 광고(방송 프로그램의 전후에 편성되는 광고), 중간 광고(1개의 동일한 방송 프로그램이 시작한 후부터 종료되기 전까지 사이에 그 방송 프로그램을 중단하고 편성되는 광고), 토막 광고(방송 프로그램과 방송 프로그램 사이에 편성되는 광고), 자막 광고(방송 프로그램과 관계없이 문자 또는 그림으로 나타내는 광고), 시보 광고(현재 시간 고지 시 함께 방송되는 광고), 가상 광고(방송 프로그램에 컴퓨터 그래픽을 이용하여 만든 가상의 이미지를 삽입하는 형태의 광고), 간접 광고(방송 프로그램 안에서 상품을 소품으로 활용하여 그 상품을 노출시키는 형태의 광고). 방송 광고는 인쇄 광고에 비해 호소력이 강하고 시청자 의식과 감각에 깊이 작용하여 인간의 욕구와 생활양식에 지대한 영향을 미친다. 또한 표현 형식이 다양하고 강력하며 즉시성, 즉 동시성이 뛰어나고, 반복 소구가 용이하다는 특성이 있다. 그러나 텔레비전 매체는 가격이 비싸서 광고비 부담이 크고, 전체 시청자에게 무차별로 노출시키므로 표적소비자에게 정확하게 접근시키는 것이 힘든 약점도 있다. 우리나라의 경우 방송의 영향력이 상당히 크고, 전국 방송이 압도적이며, 신문 등의 미디어가 인터넷 등 온라인 미디어에 의해 주변화되고 있어, 대량 전달을 위한 가장 유효한 수단 중 하나로 인정받고 있다.

방송 광고 시간 전체 방송 시간대 중 광고가 허용되는 시간의 양. 광고 방송의 지나친 팽창을 막기 위해 나라마다 법령으로 방송 광고 허용 시간을 정하고 있다. 우리나라 지상파 방송의 경우 총 광고 시간은 방송 프로그램 시간의 10%를 초과할 수 없고, 토막 광고 횟수는 라디오는 매 시간 4회 이내, 텔레비전은 매 시간 2회 이내로 하고, 매회의 광고 시간은 라디오는 1분 20초 이내, 텔레비전은 1분 30초 이내이며, 라디오 방송에 있어서 매 시간 총 광고 시간은 5분을 초과할 수 없다. 자막 광고의 경우, 횟수는 매 시간 4회 이내, 매회 10초 이내다.

방송국 broadcasting station 방송 프로그램을 전문적으로 송출하는 회사. 다양하게 분류할 수 있는데 우선 소유 형태에 따라 국영 방송국, 공영 방송국, 민영 방송국으로 나뉜다. 국영 방송국은 국가 예산 및 수신세를 재원으로 국가가 직접 관리하고 운영하는 방송국을 말한다. 1973년 한국방송공사 설립 이전의 KBS가 일종의 국영 방송국이었다. 공영 방송국은 청취자로부터 징수하는 시청료 등을 주 재원으로, 영리를 목적으로 하지 않고 공공의 복리를 위해 방송을 하는 방송국을 말한다. 우리나라 KBS, 영국 BBC, 일본 NHK, 오스트레일리아 ABC 등이 대표적인 공영 방송국이다. 민영 방송국 혹은 상업 방송국은 영리를 목적으로 방송을 하며 수입원을 광고료에 의존하는 방송국을 말한다. 대부분 민간 사기업이 경영의 주체가 되기 때문에 상업 방송국이라고도 한다. 우리나라의 MBC나 SBS는 회사 조직이 주식회사이고 광고료가 주된 재원이 된다는 점에서 민영 방송국과 흡사하나 법률에 의해 개인이나 영리를 목적으로 하는 단체의 방송국 지분을 일정하게 제한하고, 광고판매가 한국방송광고공사에 위탁되어 있는 등 공공성이 강조되고 있다. 방송국은 저널리스트부터 제작 프로듀서, 아나운서 등 방송국 소속 직원뿐만 아니라 방송의 주요 출연자인 탤런트와 영화배우, 가수, 코미디언 등 대중예술인이 활동하는 무대이며 학자와 예술가, 소설가 등 지식인 사회를 구성하는 주요 인사들이 대중과 만나는 장이기도 하다. 어느 사회에서나 방송국은 중요한 문화기관이자 표현기관으로서 동시대 정보와 지식, 풍속을 전파하는 구실을 한다.

방송국 운영자 cable system operator 허가받은 지역 내에서 일정한 방송 시스템을 갖추고 케이블 가입자에게 프로그램 서비스를 송출하는 케이블 사업자. 이때 제공되는 프로그램은 대부분 프로그램 공급자 (program provider)로부터 패키지 형식으로 공급받아 가입자에게 제공한다. 따라서 실질적인 의미에서 방송국 운영자는 프로그램 송출 권한과 가입자 관리 권한을 갖는다. 방송국 운영자의 주 수입원은 가입자가 부담하는 시청료다. 한편 두 개 이상의 지역에서 방송국을 운영하는 복수 방송국 운영자를 엠에스오(MSO: Multiple System Operator)라고 한다.

방송권 right of broadcasting 저작재산권의 기본적인 권리의 하나로 방송에 의한 저작물에 대해 저작재산권자가 갖는 권리. 예를 들어 소설가가 자신의 작품을 영화화하거나 연극화하는 권리와 더불어 드라마화하여 방송할 수 있는 권리를 갖는데 이는 방송국은 그의 허락이 없으면 방송할 수 없다는 것이다. 원작자, 각본자, 무대장치자, 배경음악 작곡가 등이 방송권을 갖는다. 또 한편으로는 스포츠 중계, 음악 콘서트, 문화행사 등을 독점 방송하는 권리, 전파법이나 방송법의 기준에 따라서 방송업자에게 부여된 전파 발사권이라는 의미로도 쓰인다.

방송시급 time class 시청률을 기준으로 하여 하루의 방송 시간을 몇 개의 시간대로 나누어 광고요금의 차등을 두는 방송 시간 구분.

방송요금 time rate 방송 광고를 할 때 광고주가 지불하는 매체 사용료. 방송 시간의 길이 및 시청률에서 산출되는 시간대의 가치 등의 요소로 결정되는 것이 통례다. 방송 시간에 의한 구분은 이용하는 시간이 길수록 그 시간에 비례하여 요금이 누진된다는 의미다. 시청률에 의한 구분은 가장 시청률이 높을수록 요금이 높아지는 요금체계다. 상업 방송의 경우 방송요금이 방송국 운영을 지탱하는 가장 큰 재원이다.

방송저작권 copyright originating from broadcast 저작인접권의 하나로 방송사업자에게 인정된 세 가지 권리. 방송사업자는 그 방송을 수신하여 녹음·녹화하거나 사진을 복제하는 행위에 대한 허가권, 그 방송을 수신하여 재방송 또는 유선방송하는 행위에 대한 허가권, 그 방송을 수신하여 영상확대장치를 통해 대중에게 전달하는 행위에 대한 허가권을 갖는다.

방송 프로그램 broadcasting program 전파를 통해 방송되어 가정의 텔레비전 수상기에 전달되는 일정한 주제를 가진 방송 단위. 일반적으로는 프로그램 또는 프로라고 한다. 분류 기준에 따라 다양하게 구분할 수 있다. 먼저 방송되는 내용에 따라 보도 프로그램, 교양 프로그램, 오락 프로그램으로 구분된다. 보도 프로그램은 시사에 관한 속보 또는 해설을 목적으로 하는 프로그램이며 교양 프로그램은 공중의 일반적 교양의 향상 및 교육을 목적으로 하는 프로그램이다. 오락 프로그램은 명랑 생활을 위한 방송이다. 방송 행정상으로는 편성의 주기를 기준으로 정규 프로그램, 임시 프로그램, 특집 프로그램의 구분이 있고, 방송망에서 전국으로 방송되는 것을 네트워크 프로그램(network program), 특정 지역에만 방송되는 것을 로컬 프로그램(local program)이라고 한다. 방송이 실시되는 장소를 기준으로 할 때 스튜디오 프로그램(studio program)과 중계 프로그램으로 나누어지고, 즉시 방송하는 것을 생방송 프로그램, 그렇지 않은 것은 녹화 방송 프로그램이라고 한다. 특정 방송 프로그램이 시청자의 호응을 받고 있는가라는 양적 지표는 시청률이다. 시청률은 프로그램의 생성과 존속과 폐지, 포맷 변경 등에 지대한 영향을 미치며 나아가서는 광고 수주와 직접 연결되므로 방송국 운영에 영향을 주는 매우 중대한 지표로 작용한다.

배경 background 주요 액션이 벌어지는 전경 뒤의 공간. 배경은 분위기 설정, 화면 구도 등을 결정하는 요소다.

배경음악 BGM background music 광고에 사용되는 음악. 보통 배경음악이라고 하면 시엠송과 로고송을 제외하고 광고 전반에 깔리는 음악을 말한다. 기존 음악을 발췌하여 사용할 때가 많은데, 이 경우 음악이 가진 특유의 개성과 분위기가 광고로 전이되어 광고 제작자들이 원하는 이미지를 창출할 수 있다. 가령 눈이 펑펑 내리는 들판에서 남녀 간의 사랑이 로맨틱하게 묘사되는 광고를 만들 때, 영화 〈러브 스토리〉(Love Story, 1970)를 위해 프랜시스 레이(Francis Lai)가 작곡한 테마곡을 배경음악으로 사용하는 식이다. 광고는 각기 나름대로의 감정, 가령 즐겁거나 우울하거나, 감성적이거나 코믹하거나 등등의 분위기를 갖는데 배경음악을 잘 사용하면 기대한 효과를 만족스럽게

ㅂ

얻어낼 수 있다. 배경음악이 광고효과에 미치는 영향은 가늠하기 어렵다. 다만 음악이 광고에 대한 정서적 호의도를 증진시키고 때때로 차별화 수단으로 이용될 수 있어 비교적 중요한 제작 수단으로 취급된다.

배경 조명 background lighting 중심이 되는 연기 영역의 후면인 배경을 비추는 조명. 피사체보다 밝거나 어둡게 비추어 전경의 피사체를 강조하기 위한 조명이다.

배너 광고 banner advertising 인터넷 사이트의 지정 위치에 게재되는 띠 형태의 광고. 인터넷에서 가장 일반적인 형태의 광고이며 다른 광고는 이 광고의 변형이라고 봐도 무방하다. 이용자의 주목을 끌기 위해 흥미를 유발할 수 있도록 만들며, 배너 광고를 클릭하면 바로 회사나 제품에 관련된 홈페이지가 나타나도록 링크되어 있다. 한편 배너 안에 동영상과 사운드가 추가되고 다른 페이지로 이동하지 않고 배너 안에서 이벤트나 회원 가입을 할 수 있게 하는 배너 광고를 리치 미디어 배너 광고라고 부른다. 즉, 리치 미디어 배너는 배너 광고가 확장한 형태다. 배너 광고 형태는 상당히 다양한데, 사이트 초기화면의 고정된 곳에 위치하는 고정형 배너 외에도 사용자가 마우스 행동에 따라 배너가 변형되는 참여형 배너, 동영상 등 멀티미디어를 구현한 동영상 배너, 팝업 등 강제성을 띠는 배너 등이 있다. 그 외 관련 기술이 발달하면서 페이지를 가로질러 날아다니거나, 떠다니거나, 커서를 따라 광고가 움직이거나, 커서가 광고 이미지로 변하기도 하는 유형의 광고도 있다. 이러한 플로팅 광고는 사용자의 부정적 반응에도 불구하고 짧은 시간 안에 브랜드 인지를 창출하는 데 효과적인 것으로 조사되고 있다. 배너의 유형이 다양해지면서 일부 배너 광고는 사용자의 클릭 없이도 효과를 얻을 수 있다. 주요 포털사이트 초기화면에 게재되는 동영상 영화 배너가 대표적으로 그렇다. 사용자는 초기화면에 노출되는 것만으로 영화 및 배우에 대한 정보뿐만 아니라 영화의 전제적인 분위기를 인지하면서 영화를 볼 것인지 말 것인지 판단한다. 이렇게 배너 광고는 상품 및 서비스 브랜딩의 주요 수단이 되었다.

배색 color combination 색의 짜임. 두 색 이상의 색을 섞어서 한 색만으로는 만들어낼 수 없는 색채심리적, 색채생리적 효과를 만들어내는 일. 가령 파랑이 녹색, 빨강과 배색되면 호감을 일으키고 조화롭게 느껴진다. 보라와 배색되면 상상력을 연상시키고, 검정과 배색되면 남성적이고 위대하게 느껴진다. 빨강의 경우 분홍과 만나면 순수한 사랑, 보라와 만나면 유혹적으로 느껴진다. 빨강이 검정과 만나면 공격적이고 폭력적이 된다. 디자인의 관점에서 배색에는 질서와 균형 감각이 중요하다. 가령 색 사이의 색상, 색조에 의한 동일, 유사, 반대라는 생각은 질서미를 추구하는 배색이다. 한편 기호나 이미지를 관련시켜 보는 사람의 욕구를 일

으키는 배색을 생각해볼 수도 있다. 핸드크림 니베아(NIVEA)는 순수와 안정을 뜻하는 파랑과 흰색의 배색으로 된 제품으로 유명하다.

배음 background noise 배경소음. 혼잡한 거리에서 들리는 차 소리나 사람 음성처럼 오디오에 삽입되어 구분하기 힘든 음향을 말한다. 리얼리티를 위해 이 음향에 대한 고려가 있어야 한다.

버그아이 bug eye 접사에 사용되는 초광각 렌즈. 일명 어안렌즈(fish eye lens)라고도 한다.

버내큘러 vernacular 일반적으로 제도적인 디자인 과정을 거쳐 만들어진 것이 아닌 보통 사람들의 생활 속에서 생성하고 이어지는 디자인을 뜻하는 개념. 미학적 세련성과는 관련이 없지만 나름의 기능성과 합리성을 가진다. 짚을 엮어 만든 달걀 꾸러미, 나무에 홈을 넣은 빨래판 등이 전승된 버내큘러 디자인의 예라면 길거리에서 흔히 볼 수 있는 제멋대로인 상점 간판, 벽에 붙여진 전단 등은 서민들의 필요에 의해 형성된 동시대 버내큘러 사례라고 볼 수 있다. 보통 사람들의 삶의 맥락과 맞닿아 있고, 필요에 의해 자연발생적으로 나타나는 현상이므로 장식과 꾸밈이 없고 단순하고 솔직하다. 저자성(著者性)과 창의성을 강조하는 엘리트 디자인, 소비자를 대상화하는 전략지향적 디자인에 대한 반작용으로 디자인의 본질적 필요와 기능을 추구하려는 움직임이 일어나면서 강조되는 개념이다.

버디 영화 buddy films 남자들의 우정을 다룬 영화. 영화에서 그들은 고난과 갈등 속에서 서로를 격려하며 결국 위기를 함께 극복한다. 조지 로이 힐(George Roy Hill) 감독이 연출한 〈내일을 향해 쏴라〉(Butch Cassidy and the Sundance Kid, 1969)에서 폴 뉴먼(Paul Newman)과 로버트 레드퍼드(Robert Redford)가 두 주인공으로 나와 이 장르의 상징이 됐다. 이기적인 동생과 자폐증 형의 형제애를 다룬 배리 레빈슨(Barry Levinson) 감독의 〈레인맨〉(Rain Man, 1988), 두 세대의 갈등과 화해를 그린 마틴 스코세이지(Martin Scorsese) 감독의 〈컬러 오브 머니〉(The Color of Money, 1986) 등도 버디 영화의 범주에 속한다. 이처럼 버디 영화는 두 친구 사이뿐만 아니라 동생과 형, 아버지와 아들의 관계를 포함하는 장르를 포함한다. 이런 영화에서 남자들의 우정이란 탐욕으로 얼룩진 세상을 헤쳐나가는 아름다운 인간애의 발현이다. 남자 사이 우정을 버디 영화에서처럼 낭만적으로 묘사하는 광고도 있다. 담배 광고, 주류 광고 등 상징적인 이미지 상품의 주요 소재가 될 때 남자들의 우정은 영화에서처럼 낭만적이다.

버티컬 바이 vertical buy 비슷한 계층의 독자를 대상으로 발매되는 복수의 잡지 지면을 광고매체로서 한꺼번에 구입하는 일. 도달률보다 도달 빈도가 중요할 때 구사하는 매체전략이다. 이와는 반대로 호라이즌틀 바이(horizontal buy)는 독자층과 내용이 다른 각 잡지의 지면을 구입하는 것으로 특정 지역 전체에 도달시키려는 목적으로 실시한다.

벌룬 balloon 만화 등에서 인물의 대화나 생각을 구획 짓는 테두리. ■

베이스라인 baseline 알파벳에서 대소문자의 밑변에 놓여진 가상 선.

베이직 서비스 basic service 케이블 텔레비전 가입자가 월 기본 시청료만 지불하면 추가요금을 내지 않고 시청할 수 있는 프로그램 서비스. 이때 베이직 서비스를 제공하는 케이블 네트워크의 수입은 자체 편성하는 광고수입과 케이블 텔레비전 방송국으로부터 지급받는 프로그램 사용료이다. 따라서 베이직 케이블 네트워크는 최대한의 케이블 텔레비전 방송국을 확보해야 하는데 각 방송국의 가입 가구 수가 바로 베이직 케이블 네트워크의 확보 가구 수가 되기 때문이다.

벽보 통행이 많은 장소의 벽이나 게시판에 붙이는 기사나 광고, 홍보 포스터. 과거에는 뉴스나 대자보 등이 벽보의 중요한 부분을 차지했으나 최근에는 개인 광고와 영화 및 공연 포스터, 세일 전단 등이 벽보의 대부분을 이룬다.

변형 광고 □ 특정 상표 혹은 특정 상품과 관련된 연상을 개발하여 제시함으로써 소비자의 상품 경험 자체를 바꾸는, 즉 변형시키는 구실을 하는 광고(transformational advertising). 따라서 변형 광고는 광고와 상품 경험이 단단하게 연결되어 소비자가 그 상품을 사용할 때마다 광고의 연상을 떠올리지 않을 수 없으며, 광고의 대상이 되는 상품의 객관적인 묘사보다는 상품 경험이 더 극적으로 표현된다는 특징을 지닌다. 이 광고의 핵심은 상품과 관련된 연상을 개발하는 데 있으므로 상품 경험에 대한 긍정적인 연상을 만들어낼 때만이 변형 광고가 성립한다. 청량음료 광고의 경우 시원하다거나 새롭다거나 하는 긍정적인 연상을 광고에 제시되는 상품의 사용 장면을 통해 만들어낼 수 있어야 한다. 또 이러한 상품 경험과 상표 사이의 연상도 창조해야 하는데, 광고에 나타난 상품 경험과 상표 사이에 단단한 연결고리를 구축함으로써 광고를 보거나 들을 때 오디언스가 갖게 되는 긍정적인 감정이 상표에 연결돼야 한다는 것이다. □ 일반적인 광고 규격을 일탈한 광고(variational advertising). 가령 기사 하 광고나 전면 광고 같은 흔히 볼 수 있는 형태를 떠나 'U'자형,

'T'자형, 곡선형 등 종래 볼 수 없는 형태로 광고를 싣는 것을 말한다. 일률적인 광고 규격과 광고 위치에서 탈피한 광고로 독자의 주의를 강하게 끌 수 있어 광고주 선호가 높지만 편집의 이해관계와 상충된다는 것이 난점이다. 편집의 권위와 안정감을 중시하는 고급지보다는 광고에 더 많이 의존하는 매체일수록 변형 광고를 수용할 가능성이 높다.

보더라인 border line 광고물을 감싸는 선. 독자의 시선을 지면 안에 묶어 주변의 다른 광고나 기사로의 시선 이동을 막고 구획 정리를 하는 등의 기능을 수행한다. 굵기와 형식에 따라 광고 이미지를 변화시킨다.

보디카피 body copy 인쇄매체 광고의 본문. 헤드라인을 읽고 난 독자가 보다 구체적인 정보를 필요로 할 때 읽는 부분. 보디 텍스트(body text), 텍스트(text), 텍스트 카피(text copy)라는 별칭도 있다. 보디카피는 소구 대상의 흥미를 끌면서 소구점을 유효하게 전달하여 소비자 행동을 촉발하는 기능을 수행한다. 보디카피의 가장 일반적인 유형은 서론, 본론, 결론으로 이어지는 이야기형이다. 서론은 헤드라인에서 유발된 관심을 증폭시키고, 상품에 대한 약속을 제시하는 부분이다. 본론은 상품에 대한 독자의 욕구를 환기시키는 부분으로 왜 이 상품이 당신에게 필요한지 이유를 제시한다. 결론은 구매 행동을 촉구하거나 반복하여 컨셉트를 강조한다. 이 이야기는 자연스럽게 한 호흡으로 읽히는 글이어야 한다. 그 외 상품의 장점을 항목별로 나누어 제시하는 스타일의 보디카피도 있다. 보통 판매에 도움이 되는 특징의 우선순위를 정하고 중요한 차례로 나열한다. 인쇄 광고의 전성기에 쓰여진 전설적인 보디카피들은 설득 메시지를 탁월한 리듬의 문장으로 표현한, 놀라운 글쓰기를 보여주었지만 헤드라인과 로고만으로 크리에이티브 해결책을 찾아야 하는 오늘날 보디카피의 존재감은 미미한 것이 현실이다. 비주얼 시대의 컨셉트 광고 흐름 속에서 보디카피는 대부분 인터넷 페이지의 상세정보 제공 형태로 옮겨갔다.

보라 purple 빨강과 파랑을 혼합한 색. 자색(紫色)이라고 한다. 바이올렛(violet)은 '제비꽃'의 이름이면서 보라를 나타내는 이름이다. 꽃 이름인 라일락(lilac)은 연보라색을 뜻한다. 빨강이나 노랑, 녹색과 달리 자연에서 그렇게 보편적이지 않아서 인위적이고 부자연스러운 색이며 동시에 독창적이고 비관습적이며 일시적 유행과 무관한 색이다. 보라는 가장 개인적인 색이며 자유분방함, 허영과 불륜을 상징하기도 한다. 1970년대 서구에서는 남성과 여성의 결합이라는 의미로 보라색이 페미니즘 운동을 상징하기도 했다.

보색 complementary colors 기본색의 반대색. 두 가지 색을 합해 흑색 또는 회색 등의 무채색이 되는 경우

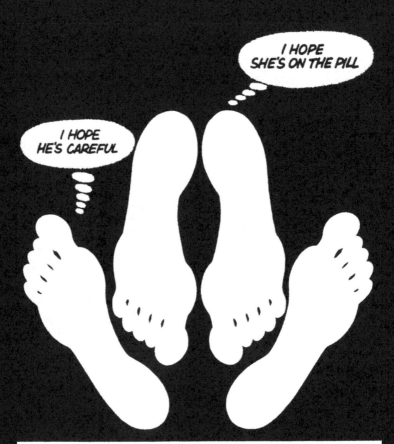

그 두 색은 보색이 된다. 빨강과 녹색, 파랑과 주황, 노랑과 보라가 보색 관계다.

보색대비 complementary colors contrast 보색 관계인 두 색을 나란히 놓았을 때 서로의 영향으로 각 색의 채도가 높아 보이는 색채 대비. 서로 보색 관계인 빨강과 녹색을 나란히 놓으면 각 색이 더 선명해 보인다.

보이스 오버 voice over 연기자나 해설자 등이 화면에 보이지 않는 상태에서 대사나 해설 등의 목소리가 들리는 것.

보조광선 fill light 키라이트(key light), 즉 주광선에 의해 생긴 그림자 부분을 제거하거나 부드럽게 하기 위해 사용하는 부차적인 광선. 키라이트, 역광(back light)과 함께 기본 조명 중의 하나로 키라이트 때문에 생긴 그림자를 처리하는 보충 조명이라고 할 수 있다. 대개는 키라이트 반대쪽의 순광이나 측광이며 키라이트보다 약간 낮게 비춘다. 이상적인 보조광선은 노출에 영향을 주지 않아야 하고, 스스로가 그림자를 만들지 않으며, 키라이트 효과도 감소시키지 않아야 한다.

보편적 시청권 시청자에게 속한 권리로 사회 구성원의 주요 관심사인 이벤트 등의 프로그램을 시청할 수 있는 권리를 말한다. 가령 월드컵 경기나 올림픽 경기와 같이 전 국민의 관심이 몰리는 이벤트는 국민 누구나 이를 볼 수 있어야 하는데, 전국 방송망을 갖추지 못한 방송사업자가 독점 방송권을 가지고 있다면 일부 국민은 이를 시청하지 못할 수도 있다. 이에 따라 이 권리를 다른 방송사에 재판매하는 등에 있어 일정한 규제의 필요성이 제기되어 관련 규정이 현재 방송법에 명시되어 있다. 즉, 방송통신위원회는 보편적시청권보장위원회의 심의를 거쳐 국민적 관심이 매우 큰 체육경기대회, 그 밖의 주요 행사를 고시해야 하고 중계권자는 일반 국민이 이를 시청할 수 있도록 중계방송권을 다른 방송사업자에게도 공정하고 합리적인 가격으로 차별 없이 제공해야 한다. 보편적 시청권은 광고 편성과 광고요금에 큰 영향을 미치므로 광고주 및 광고대행사 입장에서도 중요한 이해관계를 갖는 개념이다.

볼드 bold 보통의 글자보다 두껍고 무거운 중량을 가진 글자. 볼드 페이스(bold face) 혹은 약하여 BF라고 표시하기도 한다.

부감 숏 high angle shot 피사체를 위에서 내려다본 시점으로 포착한 장면. 이벤트나 사건, 인물을 관찰자적 입장에서 조망할 수 있게 해주며 무슨 일이 벌어지는지 확실히 알게 해준다. 부감 숏 중에서도 피사체 직각 위에서 피사체를 찍은 장면을 새의 시선에서 본 장면이란 뜻으로 버즈 아이 뷰 숏(bird's eye view shot)이라

고 부른다. 이 숏으로 인물을 찍으면 머리와 어깨 윗부분만이 보이며 빌딩 숲을 촬영하면 옥상 부분과 빌딩 사이사이에 보이는 도로와 자동차 지붕만이 보이게 된다. 부감 숏은 기하학적 아름다움과 회화적인 조형미를 표현할 수 있기 때문에 광고나 영화에서 자주 볼 수 있다. ■

부당 광고 unfair advertising 광고 내용과 형식이 정당하지 않아 소비자를 오인하거나 기만하는 광고. 사실을 날조하거나 왜곡하여 경쟁사를 비방하고 소비자를 기만하며 공정한 거래를 저해하고 소비자의 판단을 오도하는 광고를 말한다. 부당 광고에는 다음과 같은 광고를 포함한다. [1] 허위·과장 광고: 허위의 내용 또는 과장된 내용에 의해 소비자를 오인시킴으로써 소비자의 합리적 선택을 방해할 우려가 있는 광고를 말한다. 소비자의 합리적 선택을 위해서 광고는 사실에 근거해야만 하는데 광고 내용이 사실에 위배되는지의 여부가 허위·과장 광고를 판단하는 근거가 된다. 여기서 사실이란 광고 내용 전체의 진실성뿐만 아니라 부분의 진실성까지 포함한다. 또 광고 내용이 객관적으로 증명되지 않는 사실을 다룰 때에도 광고의 진실성에 위배되는 것으로 본다. [2] 기만 광고: 사실을 은폐하거나 기만적인 방법으로 소비자를 속이거나 속일 우려가 있는 광고를 말한다. 여기서 기만이란 일반적으로 서로 지켜야 할 신의를 저버리는 모든 행위로서 소비자가 상품 및 서비스에 관해 착오를 일으키게 할 우려가 있는 것을 포함한다. [3] 부당 비교 광고: 경쟁사 및 경쟁상품과 자사의 상품을 비교하여 자사 상품의 우수성을 제시함에 있어 부당한 방법을 사용하는 광고 유형을 말한다. 비교 광고는 비교 항목이 공정하고 적절하게 선정돼야 하고 비교 방법도 공정해야만 한다. 따라서 유리한 것만 드러내기 위해 비교 대상 항목을 작위적으로 선정하거나 객관적으로 인정된 근거 없이 자신의 상품이 더 우수하다고 주장하는 것은 부당한 비교 광고에 속한다. [4] 비방 광고: 경쟁사에 대해 객관적으로 인정된 근거 없는 내용으로 비방하거나 경쟁사의 불리한 사실만을 광고하여 비방하는 것을 말한다. 보통 비교 광고의 형식으로 나타나는데 다양한 특성을 갖는 상품을 비교하여 장단점을 제시하는 과정에서 고의적으로 경쟁사를 비방하는 것을 말한다. 부당 광고는 소비자의 합리적 판단을 저해한다는 점에서 광고 규제의 대상이지만, 그 한계를 명확히 하여 광고를 부당 광고라 판단하는 것이 그렇게 쉬운 일은 아니다.

부당 비교 광고 unfair comparison advertising 부당한 방법의 비교 광고. 공정한 방법에 의하지 않고 자기 상표의 우월성을 일방적으로 강조하는 광고. 대체로 부당 비교는 두 가지 양상을 띤다. 첫째는 비교 방법이 부당한 광고다. 속성을 비교하는 데 있어 자기에게 유리한 것만 비교하는 것이다. 예를 들어 자사 상표

Heineken tastes tremendous

IMPORTED HEINEKEN. IN BOTTLES, ON DRAFT AND DARK BEER.

부감 숏
하이네켄
1970

의 장점을 부각시키기 위해 비교 대상을 작위적으로 선정하여 경쟁 상품을 전체적으로 왜곡시키는 것을 말한다. 공정한 비교 광고가 되려면 비교 대상이 되는 상품 혹은 서비스의 전체적인 모습이 정확하게 전달돼야 한다. 둘째는 객관적 근거가 결여된 광고로 예컨대 객관적으로 인정된 근거 없이 막연히 자기 상표가 경쟁사 상표에 비해 우월하다고 주장하는 광고를 말한다. 비교 내용을 입증할 수 있는 객관적인 자료를 제시하지 못하면 부당 비교 광고로 간주된다. 이러한 부당 비교 광고는 궁극적으로 소비자를 오인하게 할 가능성이 높아 관련 법률과 규정으로 규제되고 있다.

부당 표시 사실에 대해 다르게 혹은 사실을 과장하거나 모호하게 표시하여 결과적으로 소비자를 오인시킬 우려가 있는 표시. 여기서 표시란 사업자가 자신의 상품이나 서비스에 대한 사항 등을 상품이나 용기, 포장 등에 표기하는 표시를 말한다. 그 유형은 상당히 많지만 한 가지만 예를 들면 사업자가 규모, 연혁, 생산시설, 수상경력, 사업계획, 실적 등에 관한 사실을 표시할 때, 이를 부당하게 표시하는 것이 있다. 자사 생산 규모가 국내에서만 가장 큰 규모인데도 '세계 최대 규모'라고 표시하는 경우, 혹은 자사 상호가 정부기관과 직접적인 관련이 없는데도 자신을 가령 '중앙고시연수원'이라고 표시하여 마치 국가에서 인정한 기관인 것처럼 소비자를 오인하게 하는 경우 등이다.

부동산 광고 real estate advertising 부동산을 대상으로 하는 광고. 통상 분양 광고라 불리며 아파트 분양 광고, 상가 분양 광고, 택지 분양 광고 등을 포함한다. 부동산 상품의 품질은 입지와 같은 경제적 가치로 인식되어 부동산 광고는 주로 입지를 강조하는 내용이 대부분이며 부수적으로 시행자 및 시공자의 신뢰성을 내세운다. 여기서 입지란 주택의 경우 교통 편의성, 교육환경, 녹지환경, 편의시설, 도시 기반시설을 두루 포함하며 상가의 경우 유동인구, 배후세대, 상권 형성 여부, 발전 가능성 등이다. 소비자들이 부동산을 구매할 때는 입지와 가격과 같은 요인을 검토하여 최대한 합리적인 구매를 하려고 노력하기 때문에 부동산 광고는 논리적 설득이 용이한 신문을 주 매체로 이용하려는 경향이 있다. 한편 부동산 광고는 허위·과장의 우려가 있고 그에 따른 부작용도 심각하기 때문에 각종 광고 심의규정에서 광고 내용에 관한 표현을 규제하고 있는데, 가령 근거 없이 투자수익을 보장하거나 투기를 조장하는 표현, '장기 저리 융자'와 같은 모호한 금융 혜택에 관한 표현, '근거리', '도보통학 가능', '시내 10분 거리' 등 거리나 위치에 관한 불명확한 표현 '바이오', '그린' 등의 용어로 건강하고 쾌적한 주택 환경인 양 오도하는 표현 등을 금지하고 있다.

부정문 negative sentence 어떤 것을 부정하는 문장. '…(은)는 아니다'라는 식의 문장이다. 광고에서 이런 문장을 사용할 때는 대부분 소비자 인식 속에 자리 잡고 있는 상품에 대한 고정관념을 일깨우고 새로운 개념을 심어주기 위한 것이다. 부정문 광고의 전범으로는 "침대는 가구가 아닙니다. 침대는 과학입니다"(에이스침대, 1993)를 들 수 있다. ■

부정 소구 negative appeals 소비자의 불안감, 공포, 불쾌감 등의 감정에 호소하는 소구. 상품이나 서비스를 구매하지 않을 때 일어나는 부정적인 결과를 보여주어 구매를 유도하는 방식이다. 실제로 제품을 구매하지 않을 때 불행이 초래되는 것을 소비자들이 실감할 수 있어야 하므로 부정 소구를 사용할 만한 상품이 그렇게 많은 편은 아니다. 보험 광고를 포함한 금융 광고, 안전 시스템 광고 등의 부분에서 부정 소구가 상대적으로 활발하다. 1997년 어느 방범 시스템 광고에서 익명의 절도 피해자가 등장해 "제 평생이 털리는 데 딱 15분밖에 안 걸렸습니다. 설마 하고 방심한 게 그게 바로 문제였죠", "안 당해보면 몰라요, 도둑이 들고 난 뒤가 더 무섭다는 걸 이번에 알았어요. 어떻게 나한테 이런 일이 생겼는지"(캡스, 1997)란 증언을 내보낸 것이 부정 소구의 전형이라 할 만하다. 부정 소구를 중요한 소구 방식으로 취급하는 부문은 공익 광고다. 교통사고로 사망한 희생자의 이야기를 그린 음주운전 예방 캠페인, 마약 남용의 참담한 결과를 보여주는 마약 방지 캠페인 등이 예다. 이 소구는 소비자에 대한 위협이라는 성격이 내재되어 있기 때문에 상품에 따라 바람직하지 않은 소구로 간주되어 광고 제작과 방송에 많은 규제를 받는다. 의약품 광고가 특히 그렇다. 소비자의 지식 수준이 높거나 해당 상품에 대한 지식이 널리 알려져 있는 경우, 부정 소구의 효용은 미약하다. ■

북 디자인 book design 서적을 만들기 위한 디자인. 책의 외형을 이루는 요소, 표지 및 내지의 레이아웃과 타이포그래피, 장정 따위를 디자인하는 것은 물론 책의 스타일과 포맷, 콘텐츠를 구조화하는 과정을 포함한다. 책은 역사적으로 지식을 전파하는 인쇄물의 가장 전통적인 양식이며, 그 형식이 유형화되어 있기 때문에 사람들의 독서 행태를 존중하면서도 신선한 독서 경험을 선사하는 디자이너의 역량이 중요하다. 일반적으로 상업 출판, 즉 서점 판매대에 진열되는 책에서 북 디자인은 일종의 포장 디자인의 성격을 가진다. 단지 북 디자인의 매력 때문에 사람들은 책을 사지는 않지만 출판계에서는 수많은 책 중에서 사람들의 눈에 띄게 하고, 콘텐츠 가치를 증진시키는 북 디자인이 현실적으로 책의 판매에 적지 않은 영향을 준다고 평가한다. 북 디자인은 책 한 권의 디자인뿐만 아니라 가령 출판사의 아이덴티티를 반영하는 연대기적이고 지속적인 디자인 개념 또한 중요하다. 북 디자인은 그래픽 디자인의 중

캡스

대전시 대덕구 사업자 이민섭(가명)

CAPS

캡스

부정 소구
캡스
1997

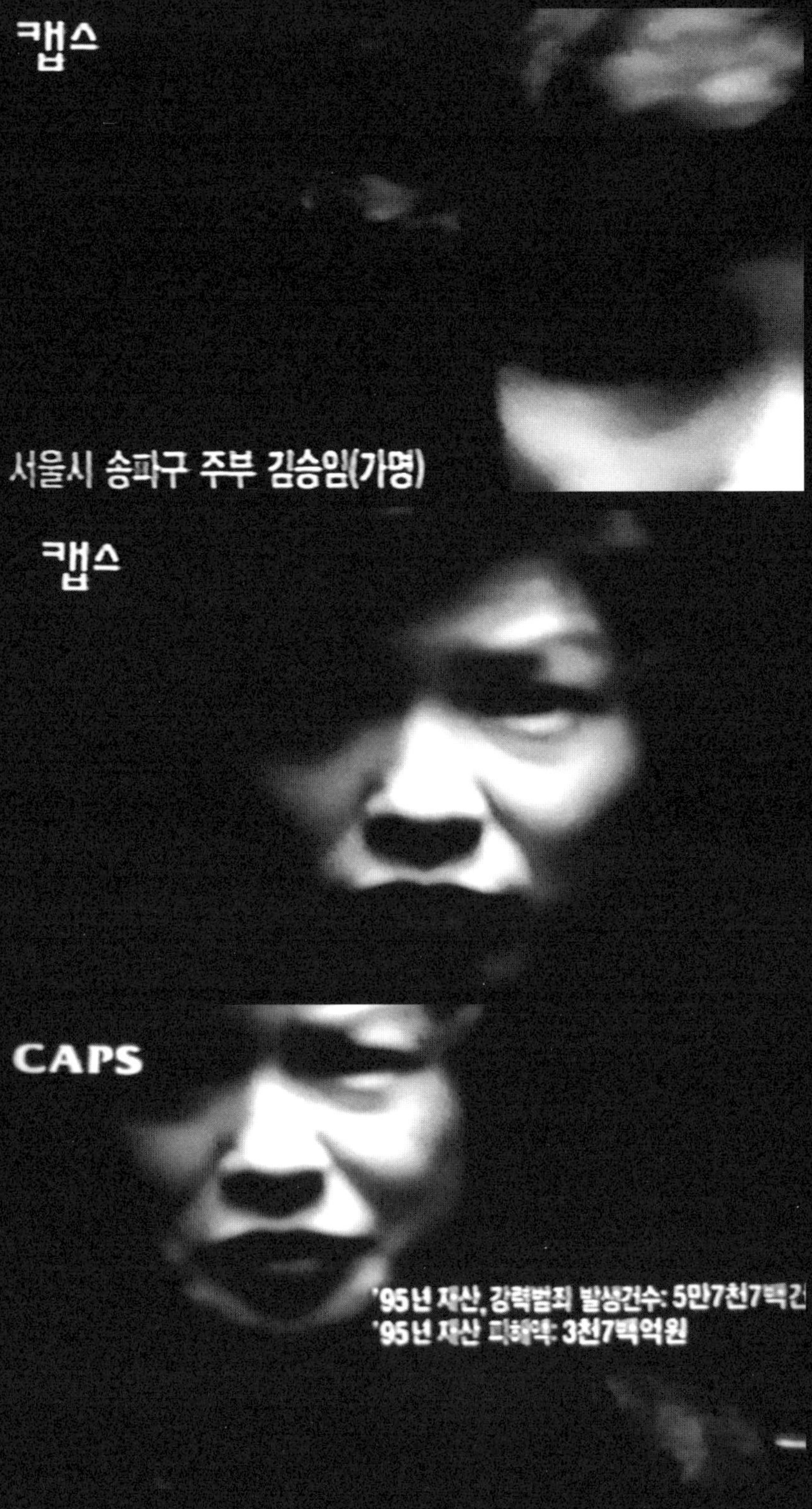

캡스

서울시 송파구 주부 김승임(가명)

캡스

CAPS

'95년 재산, 강력범죄 발생건수: 5만7천7백건
'95년 재산 피해액: 3천7백억원

부정 소구
캡스
1997

요한 부분이며, 광고 디자인과는 영역이 다르다. 따라서 기업 출판물, 즉 연차보고서, 사사(社史), 제품설명 책자 등을 만들 때 홍보나 판촉과는 다른 북 디자인의 논리와 프로세스가 필요하다.

북마크 bookmark 인터넷에서 자주 접속하는 사이트의 주소를 단 한 번의 클릭만으로 해당 사이트에 접속하게 해주는 기능. 책 사이에 끼워두는 책갈피라는 의미다. 북마크를 지정하면 해당 사이트에 즉시 접속되므로 접속 시간이 크게 단축된다. 대부분의 웹브라우저들이 이 기능을 제공한다.

분산분석 analysis of variance 종속변수를 변화시키는 몇 개의 독립변수를 설정하고 이 독립변수들이 종속변수의 변화에 어떻게 작용하는지를 분석하는 통계학적인 기법. 예를 들어 매출액(종속변수)을 높이기 위한 광고 활동(독립변수 A)과 사은품 증정(독립변수 B)이 있다면 이들 독립변수들이 어떻게 종속변수(매출액)를 변화시키는지 각각 실험한 뒤 그 효과를 검증하여 광고 활동이나 사은품 증정 방법 중 하나를 선택하는 것이다. 이와 같이 분산분석은 채택 가능한 마케팅 전략의 통계학적 비교분석을 통해 의사결정에 도움이 되는 정보를 제공해주는 기법이다.

분산 조명 폭넓은 영역에 빛을 확산하는 조명. 넓은 영역에 균등한 정도로 빛을 비추는 것. 분산 조명을 하면 공간 전체가 밝아지나 강한 그림자는 생기지 않고 어두운 부분과 밝은 부분에 급격한 편차가 나타나지 않는다. 분산 조명을 얻기 위해서는 통상 플러드 라이트를 쓰는데 이를 사용하면 조명기와 가까운 영역일수록 많은 양의 광선을 받아 밝게 되고 광원과 사물의 거리가 멀어질수록 밝기가 점점 저하되어 어두워진다. 분산 조명과 반대로 광선을 의도하는 부분에만 집중하여 투여하는 조명을 지향 조명이라고 한다. 지향 조명을 위해서는 명암이 뚜렷한 빛을 만들고 밝은 하이라이트를 연출하는 스포트라이트를 사용한다.

분홍 pink 빨강과 흰색을 혼합한 중간색. 여성적이며 예민한 감각의 색이지만 일반인이 그렇게 선호하지는 않는 색이다. 이 색은 피부를 연상시키면서 에로틱한 느낌을 불러일으키고, 흰색과 배색되면 순결을, 검정과 배색되면 유혹을 상징한다.

브랜드 이미지 전략 brand image strategy 소비자의 욕구 충족을 심미적인 차별화에 기준을 두고 소비자들에게 상징적인 제품을 연상시킴으로써 궁극적으로 자기 회사의 브랜드 이미지를 높여 브랜드 선호도를 증가시키는 것을 목적으로 하는 전략. 이 전략은 제품 특성보다도 명성이나 이미지가 훨씬 중요한 구실을 할 수 있고, 따라서 제품의 개성을 소비자에게 어떻게 심어주

느냐가 전략의 주요 초점이 된다.

브레인 스토밍 brain storming 여러 사람이 모여 자유로운 발상으로 아이디어를 내는 아이디어 창조 기법. 정상적인 사고방식으로는 내기 어려운 기발하고 독창적인 아이디어를 도출하는 데 목적이 있다. 한 사람씩 돌아가며 자신의 아이디어를 말하는데 듣는 사람은 그 아이디어를 토대로 자유롭게 발전시키는 것이 이 방법의 요체다. 많은 아이디어가 발표되기 전까지 판단을 보류하고, 질보다 양을 우선시하며, 의외의 아이디어까지 수용하고, 아이디어를 자유롭게 변형하는 식으로 진행된다. 자유롭고 분방한 분위기가 매우 중요하며 일반적으로 사회자와 기록자가 있다. 참가하는 인원은 7명 정도가 적당하고 참여자 출신은 다양한 것이 좋다고 한다.

브로드사이드 broadside 비교적 사이즈가 큰 한 장의 인쇄물. 접는 선을 무시하고 인쇄하는데 이에 반해 접는 선에 맞추어 인쇄하는 것을 폴더(folder)라고 한다.

브로슈어 brochure 안내서, 설명서 등의 용도로 쓰이는 소형 팸플릿.

브리프 brief 광고전략의 중요한 사항을 압축하여 정리한 서류. 광고주와 광고대행사 사이에 광고 방향에 대해 상호 합의하는 일종의 광고기획 양식이며, 광고대행사 안에서는 광고기획 담당자가 크리에이티브 파트에 광고 제작을 의뢰하는 제작 방향 지시서다. 브리프를 작성하면 다자간에 벌어지는 광고업무에 불필요한 혼란을 예방하는 데 도움이 된다.

브이시아르 광고 VCR commercial 비디오 시스템으로 제작한 영상 광고. 간단히 말해 비디오카메라로 찍은 광고다. 일반적인 텔레비전 광고가 필름 카메라를 이용하여 필름에 이미지를 담는 것에 비해 이 광고는 비디오카메라를 이용하여 테이프에 이미지를 기록한다. 필름 광고에 비해 이미지 품질이 다소 떨어지긴 하지만 제작비가 저렴하고 제작 기간이 짧아 지방 광고 및 소매 광고, 홈쇼핑 광고 등에 널리 이용된다. 현상과 텔레시네 과정이 필요 없어 촬영 후 현장에서 즉시 확인이 가능하고 장비가 간단하여 예고 없이 벌어지는 사건을 포착할 수 있는 등 기동성이 뛰어난 장점도 있다.

블라인드 테스트 blind test 피조사자에게 상표나 로고, 포장 등을 가리거나 밝히지 않은 채 조사하는 기법. 상표를 알리지 않고 두 가지 상표의 콜라를 마시게 하여 상표를 알아맞히게 하는 것 따위다. 테스트 제품이 둘 이상일 때는 똑같은 형태의 용기나 포장으로 하고 제품 코드번호만 부여하여 식별하도록 한다. 품질 테스트 이외에도 광고효과 테스트 등에 자주 쓰인다.

블랙코미디 black comedy 아이러니한 상황이나 사건을 통해 웃음을 유발하는 하위 코미디 장르. 냉소적이며 음울하고 때로는 공포스러운 유머 감각에 기초한다. 코미디의 일종이므로 웃음을 끌어내는 것이 목적이지만 인간과 세계의 모순성, 부조리함을 느끼게 하는 역설적인 유머를 사용한다. 세상에 대한 기울어진 시선을 담는 부조리한 특성 때문에 세태 비판이나 정치 사회적인 메시지를 담는 경우가 많다.

블러 blur 이미지 초점을 탈초점 상태로 만드는 표현 기법. 만약 숲을 배경으로 카메라를 보고 있는 인물 사진이 있다고 할 때 인물은 그대로 두고 배경만 블러를 실행시키면 배경이 탈초점 상태로 되어 시야 심도가 낮은 사진이 되는데 마치 망원렌즈를 이용하여 촬영한 것처럼 된다. 동화상에도 적용되어 이미 찍은 결과를 보정하거나 특정 이미지 영역을 강조하기 위해 이 기법을 쓰기도 한다. 블러에는 한 방향만 이동한 것같이 초점을 약하게 만드는 모션 블러(motion blur)와 방사 방향이나 회전 방향에 블러를 만드는 레이디얼 블러(radial blur) 등의 종류가 있다.

블로그 blog 웹(web)과 로그(log)의 합성 조어로 자신의 일상이나 견해 등을 상시적으로 게시하는 개인 홈페이지. 개인의 소소한 일상을 일기장처럼 기록하는 신변잡기류부터 특정 영역의 정보와 소식을 게시하거나 특정 견해와 태도를 표명하는 형태까지 블로그가 다루는 영역은 사실상 무제한이다. 신제품 소식을 알리거나 소비자 대상 이벤트를 실시하는 등 기업 홍보 활동의 주요 플랫폼으로 사용되고 있기도 하다. 블로그는 온라인 세계에서 네티즌 사이에 정보와 의견이 교환되는 가장 중요한 채널 중 하나로 트위터(www.twitter.com)와 페이스북(www.facebook.com) 등으로 대표되는 네트워크서비스 등과 함께 동시대의 개인 간 커뮤니케이션 방식을 새롭게 정의하는 미디어다. 미디어로서 블로그의 가장 큰 특징은 블로그 운영자가 전하는 소식이나 견해가 특정 의도로 편집된 것이 아니라 개인의 진실한 표명에 가깝다는 것으로, 블로그가 갖는 전달력의 원천이 된다. 구글(www.google.com), 야후(www.yahoo.com), 네이버(www.naver.com), 다음(www.daum.net) 등 대부분의 포털사이트가 서비스형 블로그를 운영하며 워드프레스(www.wordpress.org), 인덱스지빗(www.indexhibit.org), 이글루스(www.egloos.com) 등은 설치형 블로그 서비스를 운영한다.

블로킹 blocking 화면에 공간감을 만들기 위해 카메라 프레임 내에 인물과 사물을 배열시키거나 카메라 혹은 조명 등의 기재를 적절한 곳에 배치시키는 예행연습.

블록 광고 block advertising □ 일정한 시간대에 일정량의 광고를 묶어서 방송하는 방식의 광고. □ 배포 지역이 여러 지역에 걸쳐 있는 블록지(block paper)에 게재되는 광고. 지방 광고나 전국 광고의 중간 정도 경제권을 대상으로 한 광고를 말한다.

블리드 bleed 인쇄물의 마무리 사이즈에 여백을 남기지 않고 그림이나 사진이 꽉 차고 끝을 넘어서도 이미지가 연장되는 인상을 주도록 하는 것.

비가격경쟁 non-price competition 판매 경쟁의 수단으로서 가격 이외의 요소를 지칭하는 말. 품질 경쟁, 판촉 경쟁, 광고 경쟁, 애프터서비스 경쟁 등이 여기에 속한다. 비가격경쟁은 지속적인 신뢰를 창출할 수 있고 경쟁사가 동일한 수단으로 대항하기 어렵다는 점에서 가격경쟁보다 효과적인 경우가 많다.

비가시 편집 invisible editing 비가시 편집(非可視編輯). 동작과 동작의 연결이 자연스러워 마치 연속적으로 이루어지는 한 동작처럼 보이게 하는 영상 편집 기법. 말 그대로 '보이지 않는 편집'이란 뜻으로 액션과 사건 진행이 정교하게 연결되어 있으므로 관객은 장면과 장면의 연결이나 카메라 위치 등을 전혀 의식하지 못한다. 대화 장면을 찍을 때 한 대의 카메라로 두 사람의 대화 장면을 반복하여 여러 번 찍더라도 액션과 리액션을 세심하게 이어 붙이면 관객은 마치 두 사람의 대화를 엿보는 것 같은 연속성을 느낀다. 이야기 진행에 깊이 몰입하게 하는 특성이 있어 플롯이 중심이 되는 극영화의 보편적인 편집 방식으로 널리 쓰인다. 또한 능숙한 비가시 편집은 시간과 공간을 효과적으로 압축할 수 있어 광고 편집에도 유용하게 활용된다. 대화 장면으로 이루어진 광고, 드라마 위주의 광고 등은 기본적으로 비가시 편집 기법으로 장면이 짜인다.

비계획 구매 unplanned purchasing 사전계획에 의해 상품을 구매하는 것이 아닌 상점에서의 상품 진열, 광고 연상 등 때문에 즉석에서 이루어지는 구매를 일컫는 말. 충동구매(impulse buying)와 유사한 개념이지만 비계획 구매가 반드시 비합리적 구매는 아니라는 점에서 충동구매보다 광의로 본다. 비계획 구매의 유형에는 제품의 다양성이나 신기함 때문에 즉흥적으로 구매가 이루어지는 순수 충동구매와 구매 의사가 없었으나 진열된 상품을 보자마자 필요성이 상기되어 구매하게 되는 상기효과에 의한 구매, 상점 내에서 촉진되고 있는 신제품을 보고 구매하는 제시효과에 의한 구매, 특별 행사가 벌어지고 있는 상점을 방문했지만 어떤 제품을 구매할 것인지 미리 결정하지 않았을 때 발생하는 계획적 충동구매 등으로 분류할 수 있다.

비교 광고 comparison advertising 광고주 상표의 한 가지 이상의 특징을 다른 경쟁 상표와 비교하여 제시하는 광고. 과거에는 광고에 경쟁사의 동의 없이 경쟁사 이름과 상표를 거론하는 것을 비도덕적인 것으로 간주하여 결과적으로 모든 광고의 신뢰성을 떨어뜨리는 것으로 보았으나 유사 제품이 범람하여 소비자가 제품 선택에 혼란을 겪는 오늘날 시장 환경에서 비교 광고는 제품의 차별적 우위성을 보다 정확하고 설득력 있게 제시하는 순기능을 폭넓게 인정받고 있다. 비교 광고는 그 형식과 내용에 따라 다양한 형태로 분류할 수 있다. 먼저 직접 비교 광고는 경쟁사 상표를 직접적으로 드러내는 형식의 비교 광고이며 간접 비교 광고는 경쟁사 상표를 보여주지 않는 비교 광고다. 직접 유사 비교 광고는 자사의 제품을 경쟁사의 제품과 직접 비교하면서 자사의 제품이 경쟁사의 제품과 유사하다고 소구하는 광고다. 직접 우월 비교 광고는 자사의 상표를 경쟁사의 상표와 직접 비교하면서 자사의 상표가 경쟁사의 상표와 다르다고 소구하는 광고다. 마찬가지로 경쟁사의 상표를 거론하지는 않지만 최고의 품질을 자랑하는 '특정' 상표와 성능이 비슷하다고 소구하는 광고를 간접 유사 비교 광고, '특정' 상표보다 성능이 우수하다고 소구하는 광고를 간접 우월 비교 광고라고 한다. 비교 광고의 효과에 대해서는 그 효과를 부정적으로 보는 견해도 있는데 특히 직접 비교 광고는 소비자에게 거부감을 유발할 수 있다는 지적도 있다. 그러나 일반적으로는 비교 광고가 단순 광고에 비해 구매 의도를 긍정적으로 형성하는 것으로 연구되고 있다. 특히 신뢰성이 높은 정보원이 메시지를 제공할 때 그렇지 않은 경우보다 상표에 대한 태도 및 구매 의도 형성이라는 측면에서 더욱 효과적이라고 한다. ■

비디오 video 영상이나 텔레비전의 영상신호 또는 그 기기나 회로 등을 통칭한 말. 음성신호나 그 기기를 가리키는 오디오와 상대적인 개념이다.

비디오 광고 video advertising 영화, 다큐멘터리 등의 비디오 타이틀(video title)을 매체로 이용하는 광고. 통상은 영화가 시작되기 전 예고편 전후에 광고를 삽입하는 형태다. 이 광고의 특별한 장점은 불특정 다수를 상대로 한 텔레비전과는 대조적으로 소구 대상이 되는 계층에 비교적 정확하게 도달할 수 있다는 점이다. 또 비용이 상대적으로 저렴하기 때문에 노출 빈도를 획기적으로 높일 수 있다. 2000년 이후 비디오가 디브이디로 대체되면서 사라진 광고 형태다.

비례 proportion 부분과 전체 사이의 크기의 관계. 2차원에서는 가로와 세로의 관계가 비례를 결정한다. 시각적 균형 추구를 위한 전통적인 방법으로 비례의 개념이 발달했는데 비례에 따라 안정감과 통일감, 흥분감, 이질감 따위의 인상이 조성된다. 흔히 비례는 형태를 보다 아름답게 보이기 위해, 의미 전달을 보다 명료하게 하기 위해, 보다 나은 인상을 형성하기 위해 이용한다.

비방 광고 slander advertising 경쟁사 상표 혹은 경쟁 기업에 관해 객관적으로 인정된 근거 없는 내용으로 비방하거나 경쟁사에 불리한 사실만을 강조하여 비방하는 광고. 일반적으로 비교 광고 형식으로 나타나는데 다양한 특성을 갖는 상품 및 서비스의 특징을 비교하여 장단점을 제시하는 과정에서 상대를 비방하게 되는 경우가 많다. 비교 광고의 한 유형으로 비방 광고를 규제하는 경우도 있으나 비교 광고와 비방 광고는 그 경계가 애매한 것이 현실이다. 비방 광고는 실질적으로 허위·과장 광고로 분류되어 공정거래법의 규제 대상인데 공정거래법에서는 비방 광고를 판단하는 기준으로 경쟁 사업자의 것에 대해 객관적으로 인정된 근거 없는 내용으로 광고하는 경우(객관적으로 인정된 근거 없이 막연히 자사 상표가 경쟁사 상표에 비해 우월하다고 주장하는 광고)와 경쟁 사업자의 것에 대해 불리한 사실만을 광고하는 경우(비교항목 선정이 공정하지 못한 광고. 자사 상표의 장점을 부각시키기 위해 비교 대상을 작위적으로 선정하여 경쟁 상품을 전체적으로 왜곡시키는 것)를 들고 있다. 가치 대결의 성격이 짙은 정치 광고, 특히 선거 광고에서 비방 광고는 선거 캠페인의 중요한 테마가 되기도 한다. 선거 광고로서 비방 광고는 제기된 이슈에 관한 상대의 약점과 위선을 폭로하는 목적 이외에도 지지 유권자의 단결을 유도하는 기능을 한다. 단순히 상대를 조롱하는 형태의 선거 광고도 흔한데, 가령 "우리나라엔 딴나라당이 있습니다"(새정치국민회의, 1998), "우리나라에는 헌정치 궁민회의가 있습니다"(한나라당, 1998) 같은 것이다.

비보조 회상법 unaided recall 조사 대상자에게 어떠한 보기나 암시도 주지 않고 상표, 광고 등을 기억하게끔 하는 조사 방법. 이 경우 제일 먼저 응답한 것을 최초인지(top of mind)라고 한다. 조사 결과는 신용할 만하나 비협조적인 조사 대상자에겐 응답을 기대하기 힘들다.

비상업 광고 non-commercial advertising 상품의 촉진을 목적으로 하지 않는 비상업 메시지를 전달하는 광고. 정치적 이슈, 종교적 견해, 특별한 태도나 관점을 주장하거나 호소하는 광고다. 대표적인 유형으로는 의견 광고, 옹호 광고, 정치 광고, 정부 광고, 공익 광고 등이다. 현대 광고에서 비상업 광고의 중요성이 제기되는 이유는 비상업 분야의 제 문제에 대한 광고의 효용이 높아진 것과 관련이 있다. 광고의 전달력이 강화되면서 비상업 메시지의 주체들이 광고 형식을 적극 채용하게 됐는데, 이를 테면 비상업 광고의 대표 격이라고 할 수 있는 정치 광고나 선거 광고의 경우, 그 광고 전략에 따라 정치 여론이 바뀌기도 하고 당락이 좌우되는

ㅂ

WHAT'S YOURS CALLED?

YUGO
(So do we. 71.5 mph with the Mistral behind us.)

SEAT
(Yes, we've got four of those as well.)

COLT
(You get the power of two grown-up horses in our little thoroughbred.)

PANDA
(With bumpers front and rear we've been a protected species for years.)

POLO
(We've got a hole in the middle too. It's called a sunroof.)

NISSAN
(Nice huts, but will they last as long as a 2CV?)

CITROËN 2CV DOLLY
(What a sensible little name.)

The Citroën 2CV Dolly (now in blue and yellow) at £3,245. For your nearest
dealer dial 100 and ask for Freefone Citroën UK or write to Citroën Freepost at the address below.
Ask your dealer about 0% or finance available throughout November.

같은 800cc라면 어떤 차를 타시겠습니까?

458만원 VS 299만원

자동차 할부금 월 17만7천여원	자동차 할부금 월 9만6천여원
연비 리터당 21.5Km	연비 리터당 24.1Km
연간유지비 224만 9천원	연간유지비 208만 9천원
"……………"	급커브에도 넘어지지 않는 안정된 스타일
"……………"	한겨울에도 단번에 걸리는 시동
"……………"	55만 고객이 인정한 고장없는 품질

같은 800cc 다, 159만원이나 더 주고 타시겠습니까?
티코는 299만원! 월 9만 6천여원이면 티코의
오너가 됩니다. 2000년까지 티코의 자존심을
지켜갈 티코- 국내 최고 연비와 유지비 아래
드는 티코가말로 진정한 국민차입니다.

경우도 생기면서 비상업 광고에 대한 인식이 달라지고 있는 것이다.

비세분화 마케팅 non-segmentation marketing 시장을 다양한 욕구의 집합체가 아니라 동질적인 하나의 덩어리라고 가정하고 가장 많은 수의 소비자에게 알맞은 대표적인 단일 상품과 표준화된 마케팅 믹스를 개발하여 마케팅 활동을 수행하는 것. 비세분화 마케팅에서는 시장 세분화가 필요 없거나 무시되므로 세분화에 따른 비용이 절감되고 상품도 한 가지만 생산되기 때문에 생산에 따른 비용도 절감되고, 마케팅 믹스가 표준화되어 있으므로 비용의 경제를 이룩할 수 있다. 그러나 사실상 고객의 욕구가 동질화되어 있는 경우가 드물고, 한 가지 상품으로 모든 고객을 상대할 수 있는 분야가 많지 않으므로 비세분화 마케팅을 수행할 수 있는 경우는 고객의 욕구가 동질적이어서 시장 세분화가 필요 없는 분야에 국한된다. 이와는 반대로 시장을 세분화하여 동질적인 소비자 집단을 구분하고 그들의 욕구에 부합하는 마케팅 믹스를 개발하고 적용하는 것을 세분화 마케팅이라고 한다.

비약법 평탄하게 서술하던 문장의 흐름을 갑자기 새로운 국면으로 전개하는 수사법. 시(詩) 작법의 주요 기법이다. 이때 독자는 비약적인 문장 속에서 그 틈을 스스로 메운다. "든든하다. 늘 곁에서 챙겨준다. 우유는 남편이다"와 같은 광고 문안에서처럼 인과관계가 무시되는 것도 비약법의 한 특징이다.

비영업 광고 상품 및 서비스의 촉진을 목적으로 하지 않는 광고. 비영업광고는 광고 형태 및 광고 목적 등이 판매 촉진을 목표로 하는 영업 광고와 상당히 다르다. 첫째, 비영업 광고의 광고 내용은 정치적 신념, 사회 문제, 종교적 입장, 사회 쟁점 등에 대한 태도나 주장이다. 둘째, 광고 주체는 대개 비영리 조직체다. 셋째, 비영업 광고의 광고 목적은 어떤 사회적 가치나 사상, 쟁점에 대해 호의적인 태도를 형성하게 하거나 그것과 관련된 구체적인 행동을 하도록 설득하는 것이다. 넷째, 비영업 광고의 목적은 광고 주체의 정체성 및 사명과 관련이 있다. 즉, 광고 주체는 정치, 복지, 자선, 종교, 환경, 건강, 봉사, 질서 등의 사명을 가지고 광고 활동을 한다.

비유 figure of speech 어떤 사물에 대해 그와 비슷한 성격을 가진 다른 사물을 끌어들여 빗대는 것. 수사법으로서 비유법은 표현하고자 하는 대상을 다른 대상에 비겨서 표현하는 방법을 말한다. 광고 수사법 측면에서는 상품이나 서비스의 장점을 유추 대상에 빗대어 표현함으로써 보다 이해하기 쉬우며 인상적인 형태로 메시지를 구성하는 방법을 말한다. ■

비율 척도 ratio scale 속성에 대한 순위를 부여하되 순위 사이의 간격이 동일할 뿐만 아니라 측정값 사이의 비율계산이 가능하여 실질적인 값을 갖는 척도. 속성에 대한 순위의 부여와 순위와 순위 사이의 비율계산이 가능한 척도다. A사의 발행 부수가 100, B사의 발행 부수가 50이라면 A사는 B사보다 발행 부수가 높을 뿐만 아니라 A사는 B사에 비해 2배의 발행 부수를 가지고 있다고 할 수 있다. 시장점유율, 가격, 소비자의 수, 생산원가 등 객관적으로 계량화가 가능한 변수는 비율척도로 측정할 수 있다.

비주얼 스캔들 visual scandal 시각적 충격을 일으키기 위해 도모하는 시각 표현 장치나 수법. 사람들이 전혀 예상하지 못하는 기발한 발상으로 사람들의 의식에 강하게 기억시키려는 수법을 말한다. 프랑스 출신 그래픽 아티스트 레몽 사비냐크(Raymond Savignac)가 1950년 즈음 두 개의 이질적인 이미지를 결합하여 사람들의 눈을 끄는 새로운 시각 표현법을 고안한 데서 유래한 용어다. 그는 동물과 상품의 의인화와 위치의 전도 등 독창적인 방식으로 기발한 유머를 표현했다. 현대 광고에서 가장 획기적인 비주얼 스캔들 사례는 이탈리아 출신 사진가 올리비에로 토스카니(Oliviero Toscani)가 이탈리아 의류회사 베네통을 위해 만든 일련의 광고 시리즈를 들 수 있을 것이다. 토스카니는 이 캠페인에서 에이즈와 인종 문제, 종교, 환경 등 사회의 여러 부문에 대한 첨예한 문제의식을 논쟁적인 방식으로 담아냈는데 그 소재는 신부와 수녀의 키스, 에이즈로 죽어가는 남자와 가족들, 총에 맞아 사망한 보스니아 병사의 옷가지 등이었다. ■

비차별화 마케팅 undifferentiated marketing 세분 시장 간의 차이를 무시하고 단일한 마케팅 믹스로 전체 시장을 상대하는 마케팅. 소비자의 욕구가 동질하다는 전제하에 출발하므로 욕구의 차이점보다는 공통점을 찾아 모든 소비자에게 소구할 수 있는 한 가지 마케팅 믹스를 조합하는 데 주력한다. 소비자 욕구가 다양한 분야에서는 실효성이 없으므로 설탕, 소금, 휘발유와 같은 기초 제품과 농산물 등의 분야에 제한적으로 실시된다. 이런 마케팅을 구사하는 기업에서는 경쟁사 제품과 자사의 제품을 소비자에게 구별시키기 위해 큰 노력을 하는데 사실상 제품 차별화가 어려운 경우에도 제품 간의 조그만 차이를 강조하여 엄청난 촉진 활동을 하는 예도 있다. 비차별화 마케팅의 가장 큰 효용은 경제성이다. 전체 시장을 하나의 시장으로 간주하므로 시장 세분화의 필요가 없고 하나의 제품만 생산하므로 대량 생산을 통한 규모의 경제를 이룩할 수 있고, 유통 및 촉진에서도 하나의 프로그램만 있으면 되므로 마케팅 비용을 줄일 수 있다.

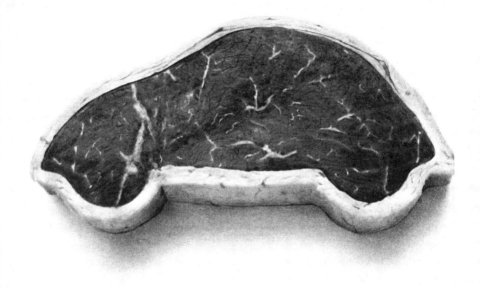

Can you still get prime quality for $1.26 a pound?

A pound of Volkswagen isn't cheap compared to other cars. But what you pay for is the quality. Prime quality.

Just look at what you get for your money:

13 pounds of paint, some of it in places you can't even see. (So you can leave a Volkswagen out overnight and it won't spoil.)

A watertight, airtight, sealed steel bottom that protects against rocks,

*DIN 70030

rain, rust and rot.

Over 1,000 inspections per one Beetle.

1,014 inspectors who are so finicky that they reject parts you could easily ride around with and not even detect there was anything wrong.

Electronic Diagnosis that tells you what's right and wrong with important parts of your car.

A 1600 cc aluminum-magnesium engine that gets 25* miles to a gallon

of regular gasoline.

Volkswagen's traditionally high resale value.

Over 22,000 changes and improvements on a car that was well built to begin with.

What with all the care we take in building every single Volkswagen, we'd like to call it a filet mignon of a car. Only one problem. It's too tough.

Few things in life work as well as a Volkswagen.

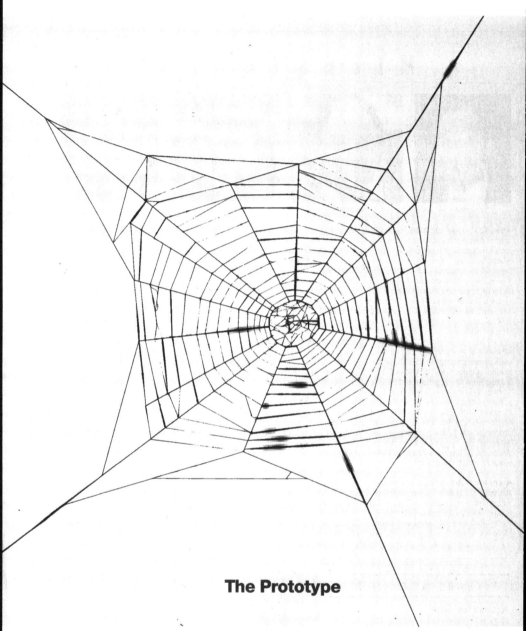

The Prototype

At BMW, form has never overridden function. Innovativ[e]
lightweight engineering techniques are used sparingly [to]
improve driveability, not marketability. In the new 5 Seri[es]
an aluminium suspension wasn't just used because th[...]

For more information visit your local BMW dealer or http://www.bmw.com

비유
베엠베(BMW)
1997

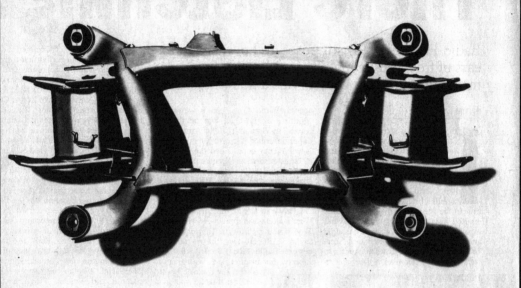

The Finished Article

5% weight advantage over steel sounded good, but because a lighter, more agile suspension rebounds faster to provide the driver with a far superior feel for the road.

Freude am Fahren

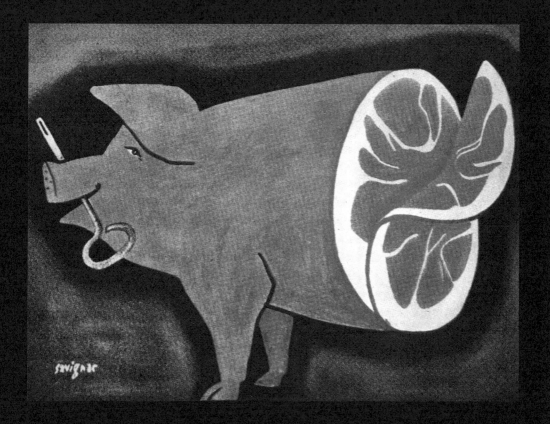

비주얼 스캔들
레몽 사비냐크 '햄' 포스터
1950

비주얼 스캔들
베네통
1991

UNITED COLORS
OF BENETTON.

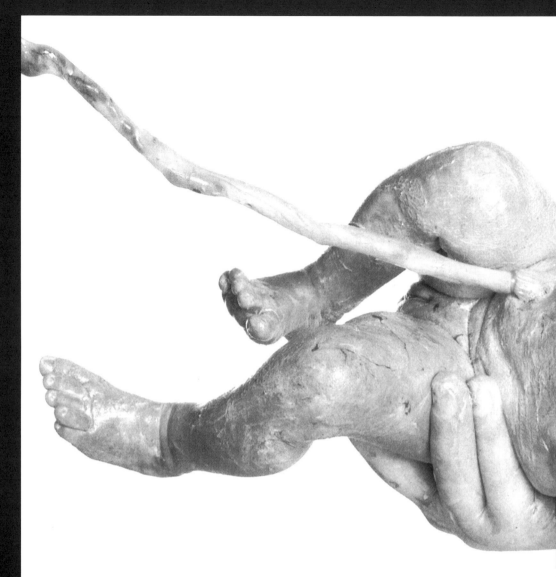

UNITED COLORS
OF BENETTON.

비주얼 스캔들
베네통
1991

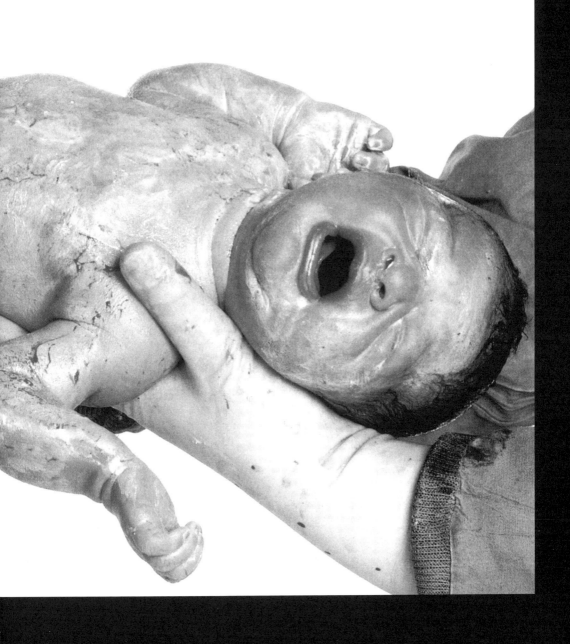

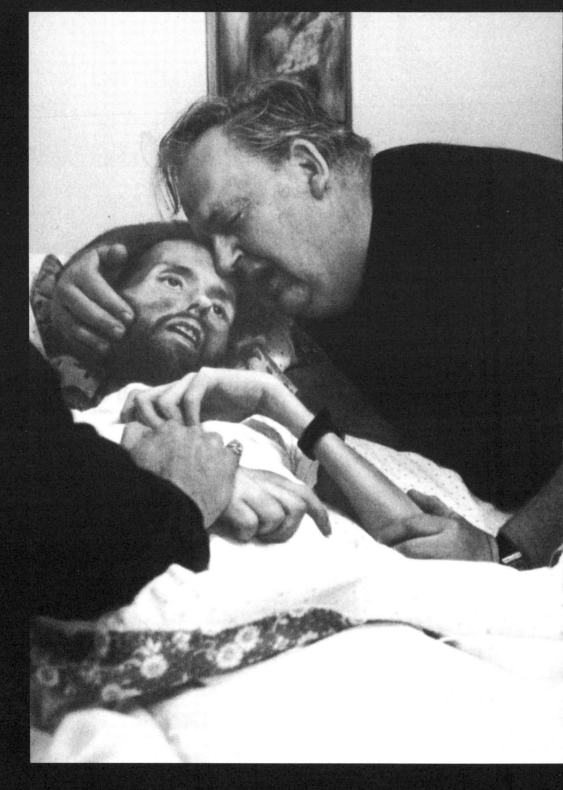

비주얼 스캔들
베네통
1992

UNITED COLORS
OF BENETTON.

비탐색품 unsought goods 소비자에게 잘 알려져 있지 않거나 알려져 있더라도 소비자들이 자발적으로 찾지 않는 제품 유형. 비탐색품은 소비자들이 적극적으로 탐색하지 않아 주로 인적 판매에 의해 판매가 이루어진다.

비포 앤드 애프터 before and after 사용 전과 사용 후 결과를 보여주는 소구 기법. 전후 비교를 통해 상품 효능을 드라마틱하게 제시한다. 사례는 굉장히 많은데 가장 대표적인 것으로 패션 가발의 사용 전후 비교, 미용 성형의 시술 전후 비교, 다이어트 제품의 복용 전후 비교, 헤어스타일링 상품의 사용 전후 비교, 시스템 가구의 설치 전후 비교, 안경이나 콘택트렌즈의 착용 전후 비교, 브래지어나 거들 등 기능성 속옷의 착용 전후 비교, 무선 인터넷의 설치 전후 비교 등을 들 수 있다. ■

빅 모델 big model 일반에게 널리 알려져 있는 광고 모델. 일반적으로 셀러브리티, 즉 유명인사를 말한다. 영화, 방송, 가요계의 톱스타를 비롯해 스포츠 스타, 베스트셀러 작가, 국제적 예술가 등 각 분야에서 인지도와 명망을 쌓은 인물이다. 그들의 유명세와 개성을 이용하면 광고효과를 기대할 만하므로 크리에이티브는 이들의 개성을 상품 속성과 연결시키는 데 주력한다. 빅 모델 전략이란 빅 모델의 인지도와 매력을 광고의 테마로 하여 전개하는 광고 캠페인을 말한다.

빅 클로즈업 big close up 일반적인 클로즈업보다 더한 클로즈업. 예컨대 인물의 얼굴 전체를 찍은 장면을 클로즈업이라고 할 때 빅 클로즈업은 얼굴 중의 일부, 즉 입술이나 눈만을 포착하여 더 확대한 것을 말한다.

빈도 frequency 특정 광고매체 또는 광고 메시지에 접촉한 세대 또는 개인이 평균 몇 번 접촉했는지를 숫자로 나타낸 것. 광고 메시지의 도달 깊이를 나타내는 지표다. 빈도는 도달률(reach)과 항상 함께 사용하는 용어다. 빈도를 수식으로 나타내면 빈도=GRP/도달률(reach)인데, 가령 프로그램 A의 주당 평균 시청률이 30%이고 4주간 도달률이 52%라면 빈도는 2.3회다. 즉, 오디언스는 4주간 약 2.3회 광고 메시지를 접촉한 것이다. 이처럼 빈도는 광고 메시지의 도달의 깊이를 나타낸다.

빈티지 vintage 일반적으로 낡은 스타일을 지칭하는 개념. 구식의 느낌과 남루하고 초라한 개성을 포괄적으로 의미하는데 오늘날에는 틀에 박힌 것을 탈피하고 빈곤과 여유를 강조하는 경향을 뜻하는 용어로 쓰인다. 빈티지는 소외된 것에 미적 가치를 부여하는 흐름으로 한편으로는 현대 물질주의에 대한 반항의 표현이기도 하다.

빈티지 광고 vintage advertising 빈티지 경향을 두드러지게 강조하는 광고. 광고는 통상 화려하고 고급스러우며 첨단 지향의 표현을 선호하지만 빈티지 광고는 오히려 촌스럽고 낡아 보이는 감성에 집중한다. 오래전 유행했던 아이콘과 의외의 표현을 특징으로 하기 때문에 전체적으로 키치적인 모습을 띠는 경우가 많다.

빌링 billing 광고대행사의 광고 취급고. 일반 회사의 매출액에 해당하는 개념이다.

빌보드 billboard 대형 옥외 광고탑, 대형 광고 패널.

빨강 red 가시 스펙트럼에서 620~760nm에 위치한 색. 불과 피를 연상시키는 색이며, 열정과 사랑을 나타낸다. 빨강에 노랑을 섞으면 주황이 되고, 파랑을 섞으면 보라가 된다. 중국에서는 행운을 상징하여 중국 음식점의 인테리어는 대부분 빨강이며, 아이들에게도 빨간 옷을 입히고, 결혼식과 잔치에서도 여자는 빨간 옷을 입는다. 빨강은 또한 노동자 계급을 나타내는 색으로 혁명과 사회주의를 상징한다. 노동자 집회에서 시위대는 머리에 빨간 띠를 두르고, 사회주의를 표방하는 나라의 국기의 지배색은 빨강이다. 도시의 안내 체계 안에서 빨강은 금지와 정지를 나타내는 색이다. 교통신호등의 빨간 불빛이 들어오면 누구나 멈추어야 한다. 그 외 소화기, 긴급정지, 주의, 경보기 등에 빨간색이 쓰인다. 광고에서 가장 흔히 쓰이는 색도 빨강이다. 환희와 복지, 삶의 기쁨을 은유하는 색으로 빨강이 널리 쓰였고, 간판과 네온사인 등에도 광범위하게 쓰이며, 상품 포장 등에도 흔하게 볼 수 있는 색이다. 텔레비전, 인쇄 광고에서 빨강은 시각적으로 관심을 불러일으키기에 유리하지만 빨간색으로 인쇄된 글씨의 신뢰도는 검은색보다 높지 않다.

삐라 전단. 영어 bill(광고지, 전단)의 일본어 발음에서 유래한 용어. 우리나라에서는 남북한이 서로 상대방 지역에 날려 보내는 선전지, 즉 체제 선전용 인쇄물을 가리키는 말로 한정되어 쓰인다. 목적은 체제 선전, 민심 교란, 주민 선동 등이다. 비행기에서 살포하는 방법, 풍선에 넣고 날려 보내는 방법 등이 있다. 과거에 이것을 주워 학교나 경찰서에 갖다 주면 연필 한 자루씩 상품으로 받곤 했다.

BEFORE
This is me before I started listening to KFAC. Overweight, poor, unhappy and alone.

AFTER
This is I after 16 short years as a KFAC listener. Rich, trim and sexy.

How classical music changed my life.

The other day at Ma Maison, as I was waiting for the attendant to retrieve my chocolate brown 450 SLC, the Saudi prince I'd been noshing with said, "Say, Bill, how did an unassuming guy like yourself come to be so rich, so trim, so…sexy?"

My eyes grew misty. "It wasn't always this way, Ahmed, old buddy…"

My mind raced back to the Bad Time, before the investment tips, the real estate empire, before Dino bought my screenplay and I bought my Columbia 50…

Once I was a lot like you.

Working at a nowhere job, hitting the singles bars, watching situation comedies in my free time. I tipped the scales at a hefty 232, but my bank balance couldn't have tipped the bus boy at the Midnight Mission.

Finally, I hit bottom…picked up by the Castaic police for barreling my old heap the wrong way over some parking lot spikes.

My last friend in this lonely world, Hardy Gustavsen, set me straight while he was driving me back to L.A.

"Bill, get hold of yourself! Start listening to KFAC!"

"Gosh, Hardy, don't they play classical music? I'm not sure I cotton to that high brow stuff!"

Aside from a couple of summers at Tanglewood and Aspen, and one semester in Casals' Master Class…
I knew absolutely nothing about classical music.

"Bill, who would be wrong if you got better?"

Looking into his steely blue eyes, I realized Hardy was right. I resolved to give KFAC a shot.

At first, it was quite painful. Listening to all those 100-piece groups was confusing—I was used to having the drums on the right and the bass on the left and the singer in the middle. All those semidemihemiquavers made my head spin.

But I started to feel the beneficial effects of classical music listening in just one short week.

In no time, I was using napkins with every meal, I switched from Bourbon to an unpretentious Montrachet and I became able to hear sirens even with my car windows rolled up.

Soon I was spending every night with KFAC and a good book, like Aquinas' *Summa Theologica*.

I realized that some of the wealthiest, most famous people in this world listened to classical music—Napoleon, Bismark, George Washington, Beethoven…and many others who are yet alive today.

Then I met Marlene. The first girl who knew there was more to *Also Sprach Zarathustra* than the theme from *2001*. And I fell in love.

Today, I'm on top of the world with a wonderful wife, close friends in high places and a promising career in foreign currency manipulation.

Can classical music do for you what it did for me?

A few years back, scientific studies showed that when dairy cows are played classical music the quantity and quality of their milk dramatically improves.

Now if it can do that for plain old moo cows, imagine what it can do for you!

You might use it to control disgusting personal habits and make fun new friends. The possibilities are endless!

Can you afford KFAC?

Is lox kosher?

Even though marketing surveys show that KFAC's audience is the most affluent assemblage of nice people in Southern California, yes, you *can* afford KFAC! Thanks to their Special Introductory Offer, you can listen FREE OF CHARGE for as *many hours as you like* without obligation!

Begin the KFAC habit today.

Remember, the longest journey begins by getting dressed. Don't let this opportunity slip through your fingers. Tune to KFAC right NOW, while you're thinking about it.

And get ready for a spectacular improvement in your life.

Warn your family and friends that you may start dressing for dinner.

You may lose your taste for beer nuts.

And the next time you're on the freeway thinking about playing with your nose, you'll find yourself asking: "Really. Would a KFAC listener do this?"

KFAC
1330 AM/92.3 FM

BEFORE

A Coty Cremestick turned Alice Pearce

비포 앤드 애프터
코티 크리메스틱
1978

AFTER

o Joey Heatherton.

thought lipsticks weren't important, eh?
Cremestick trick: they're moisturizing.
re never greasy.
 They're on in a stroke.
e Pearce.

Some luscious Cremestick colors:

POPPY LOVE
Wear it.
But watch it!

PINK ME UP
That's what it's called.
That's what it does.

WET APRICOT
Much nicer than
dry apricot.

SUN SHIMMER O
For come-hit
highlights.

And:

人

사각 dutch angle 카메라를 기울여 촬영한 화면의 각도. 화면이 수평이나 수직이 아니라 기울어져 보이므로 화면을 보는 사람으로 하여금 긴장감을 자아내거나 기이한 조형의 영상을 창조할 수 있다.

사각 숏 dutch angle shot 카메라를 기울여 화면이 전체적으로 기울어지게 촬영한 화면. 지진과 같은 재난, 폭동이나 화재, 조난 등의 혼란함을 극적으로 표현하기 위해 이 숏이 효과적으로 사용될 수 있다. 또 높은 산 위에서 스키를 타고 내려오는 장면과 같은 일반적인 사각 구도에서 그 경사를 좀 더 극적으로 표현하기 위한 일종의 눈속임의 의도로 카메라를 기울여 촬영하기도 한다. 사각 앵글은 광각렌즈를 이용하여 앙각으로 촬영할 때가 가장 효과적이다. 광각렌즈를 이용한 앙각 시점은 피사체와 배경 간의 간격을 크게 하여 원근감을 극대화시킬 수 있어 극단적인 사각의 느낌을 표현할 수 있다.

사고 notification 사고(社告). 매체에서 공지 사항을 독자에게 알리기 위해 게재하거나 방송하는 기사. 신문이나 잡지의 경우 일반 기사 및 광고와 구별하여 박스 기사 등으로 처리하고, 방송에서는 아나운스에 자막을 합쳐 방송한다.

사과 광고 apology advertising 사과를 내용으로 한 광고. 상표권이나 저작권의 침해, 혹은 불공정거래의 결과로 게재하는 경우와 사회적 물의 혹은 안전사고를 일으킨 조직체가 일반을 상대로 용서를 구하는 식의 형태가 있다. 자사가 생산한 제품의 함량과 원산지가 잘못된 사실이 드러난 경우, 대형 안전사고, 구성원이 조직 활동과 관련한 범죄 행위에 연루된 경우, 기타 기업이나 조직의 비리 사건이 발생한 경우 등 사과 광고의 사례는 무척 다양하다. 신문의 기사 하 광고 형태가 대부분이며 통상 "고객 여러분께 고개 숙여 깊이 사과드립니다", "무어라 사죄의 말씀을 드려야 할지 송구스러울 따름입니다", "소비자 여러분께 진심으로 사죄드립니다", "국민 여러분께 머리 숙여 사죄드립니다", "고객감동으로 거듭나겠습니다" 따위의 형식적으로 유형화되어 있는 경우가 대부분이다. 사과 광고의 명의는 단순히 기업이나 조직명일 때도 있지만 임직원 일동 등 구성원 전체 명의일 때도 있고, 대표이사, 회장, 총장 등 조직의 책임자일 때도 있다. ■

사과 광고 게재명령권 사과 광고의 게재를 명령할 수 있는 권리. 언론 보도나 기타 불법 행위 등으로 개인의 명예를 침해당한 경우 금전 배상에 의한 보상 이외에도 사과 광고 게재를 요구할 수 있는데 법원이 이를 타당하다고 판단하여 강제하는 것이 사과 광고 게재명령권이다. 이 권리는 명예훼손에 대한 구제수단으로 의의가 있으나 1991년 헌법재판소가 사죄 광고를 강제하는 것은 위헌이라는 판결을 내림에 따라 현재는 채택되지 않고 있다. 헌법재판소는 사과라는 행위는 윤리적 판단과 감정에 따른 의사 표현으로 자발적인 것이어야 하는데 이것을 강요하는 것은 신념에 반해 윤리적 판단을 하는 등 양심의 자유를 제약하고 인격의 존엄을 해친다는 판결을 내렸다.

사망 광고 사망을 알리는 광고. 검은 테로 주변을 두르고 사망한 사람의 이름과 사망 장소, 일시, 유족 명단 및 발인 일시, 장지 등을 표시한다. 부고(訃告) 혹은 부고 광고(訃告廣告)라고도 한다. 한글과 한문을 혼용하기도 하나 아직도 한문만으로 쓰는 예가 적지 않다. 경제계를 비롯하여 사회 저명인사 그룹 외에는 이를 이용하는 사례가 많지 않지만 구미에서는 일종의 안내 광고 형태로 일반인이 흔히 이용한다.

사명감 sense of mission 주어진 임무를 잘 수행하려는 마음가짐. 여기서 사명(mission)이란 조직이나 개인에게 맡겨진 임무로 달성해야 할 목표다. 사명이 광고 전면에 나타나는 경우는 대부분 기업 광고 형태를

謝罪의 말씀

8月 5日 下午 8時 22分, 서울을 出發한 弊社소속 괌行 801便 航空機의 不意의 事故로 인하여 悲痛에 잠기신 乘客 및 乘務員 家族 여러분께 무어라 謝罪의 말씀을 드려야 할지 그저 悚懼스러울 따름입니다.

弊社에서는 6日 아침 事故 收拾을 爲하여 特別機를 現地에 急派하는 한편, 韓國政府當局과 美國政府當局의 緊密한 協助下에 우선 乘客 및 乘務員의 迅速한 救護 作業에 最善의 努力을 기울이고 있습니다.

아직, 正確한 事故 原因은 밝혀지고 있지 않지만, 그저 悚懼스럽고 哀痛한 마음 뿐이며 우선 迅速한 事後 收拾 및 負傷者 救護를 위하여 最善을 다하겠습니다. 이번 事故로 不幸하게도 幽明을 달리하신 犧牲者 여러분의 冥福을 빌며, 아울러 遺家族 여러분께 深甚한 哀悼를 표합니다.

國民 여러분께 心慮를 끼쳐드려 罪悚하오며, 弊社 任職員 一同은 最善의 事後 收拾을 위해 渾身의 힘을 다하겠으며, 再三 머리숙여 謝罪의 말씀을 올립니다.

1997年 8月 7日

취한다. 기업의 일방적인 메시지 혹은 자기만족에 머무르기 쉽지만 하고 싶은 말을 직설적으로 할 수 있기 때문에 여전히 이런 광고가 상당수 만들어진다. "에너지 독립국의 꿈. 온 국민의 간절한 꿈이었기에, 누군가는 꼭 해야 할 일이었기에, SK주식회사가 하고 있습니다"(SK주식회사, 2005), "바람이 불어도 누군가는 흔들리지 않고 있어야 합니다. 할 말은 하는 신문"(조선일보, 2000), "급변하는 금융환경에서도 흔들리지 않고 모두에게 힘이 되는 세계 경쟁력을 갖춘 금융그룹, 대한민국에도 있어야 합니다. 이제, 신한이 만들겠습니다"(신한금융지주회사, 2004)와 같은 광고다. 대부분은 소비자 일상이나 관심과 연결시키기 힘든, 광고주 중심의 표현이다.

사보 company publication, company magazine
조직이 그 구성원이나 조직과 관계된 공중과의 접촉을 유지하기 위해 발행하는 간행물. 기업의 사보, 비영리 기관의 기관지, 각종 단체 및 협회의 협회보 등을 포함하나 협의로 말할 때는 기업체 사보만을 지칭한다. 배포 대상에 따라 사내보와 사외보로 나뉘며 사내와 사외에 동시에 배포하는 사내외보가 있다. 사보는 조직원에 대해서는 기업이념이나 목표, 기업 현황을 알려주거나 주지시켜 회사 방침에의 협력을 유도하고 공중에 대해서는 회사에 대한 선의의 태도를 형성하게 하는 기능을 한다. 사보는 상업매체와 달리 시장경쟁을 하지 않는 매체이기 때문에 형식과 내용을 자유롭게 구성할 수 있는 것은 물론 용도에 따라 다양한 형태로 발행할 수 있다. 가령 VIP를 대상으로 한 사외보를 소장욕구를 불러일으킬 만한 고급 재질의 카탈로그 형태로 만드는 식이다. 사보의 최근 추세는 기업 메시지를 직접 전달하기보다는 자신의 영역 안에서 독자에게 유용한 문화 및 생활 콘텐츠를 담는 것이다. 타이어회사가 여행 잡지를 만들거나 지방 은행이 그 지역의 전통문화를 다루는 문화 잡지를, 식품회사가 요리 잡지를 만드는 것이 한 예다.

사선 구도 oblique composition
피사체나 글자 등을 사각으로 기울여 배치한 구도. 수평, 수직 구도보다 가독성과 안정감이 부족하나 보는 사람으로 하여금 집중과 긴장을 느끼게 한다. 그리 편안한 구도가 아니어서 일시적인 주의를 끄는 데 효과적이다. 고지를 위한 광고, 포스터 등에 주로 등장한다. ■

사실 fact
실제로 있는 일. 그 자체가 객관적이고, 공정한 것이며 대체로 입증할 수 있는 것이다. 일반적으로 '진실' 하고는 그 성격이 다른데, 사실이 있는 그대로의 현상이라면 진실은 사실이 구성하고 있는 현상의 맥락을 특정 가치관으로 재구성하는 것이기 때문이다. 따라서 모든 사실이 진실인 것은 아니다. 광고는 광고주가 임의로 조각하는 메시지로 구성되어 있어 메시지가 실제로 사실인지가 매우 중요하다. '지난해 시장점유율 1위를 기록했습니다' 혹은 '100억불 수출 달성' 같은 것은 쉽게 검증할 수 있는 사실이지만, '소비자 만족도 1위' 같은 것은 조사 주체, 조사 기간, 질문 유형에 따라 결과가 달라질 수 있는 다소 불완전한 사실이다. 광고가 주장하는 것이 과연 사실인지는 비교 광고에서 특히 쟁점이 된다. 자기 상품의 우월성을 부각시키기 위해 비교 대상 내용이나 항목을 조작적으로 선별하거나, 부분적인 우월성을 바탕으로 상품 전체의 우월성을 주장하거나, 상품의 성능 및 기능 또는 등급이 전혀 다른 것을 비교 대상으로 할 때, 광고 메시지는 부분적으로 사실에 불과한 것을 과대 포장한 것이 되어 표현 규제 대상이 된다. 광고 내용의 사실성은 관련 이해당사자와의 관계에서 복잡한 양상으로 전개되는 경우도 많다. 어느 자동차회사가 자사가 출시한 하이브리드 자동차의 친환경성을 강조하기 위해 젖소가 하루에 배출하는 이산화탄소 배출량과 자동차 주행거리 1km당 배출량을 비교하면서 '젖소보다도 적은 이산화탄소 배출량'이라는 문구를 사용한 광고가 있다고 하자. 이 광고가 제시한 자료는 적어도 사실에 근거한 것이지만 낙농업계 입장에서는 젖소는 하루 배출량을 제시하면서 자동차는 하루에 1km만 주행하는 것이 아님에도 km당 배출량을 단순 비교한 것이며 자동차 제조 과정에서 발생하는 탄소는 고려하지 않은 일방적인 주장에 불과하다. 광고가 제시하는 사실은 이처럼 판단 주체, 판단 기준에 따라 종종 해석이 엇갈린다.

사용가치 use value
인간의 욕망을 충족시키는 상품의 고유한 속성. 사용가치는 상품 자체가 가지고 있는 물리적인 특성을 말하는 것으로, 예컨대 쌀이라는 상품은 소비자들에게 식량으로서의 사용가치가 있으며 자동차는 이동 수단으로서의 사용가치가 있다. 그런데 자본주의 체제하에서 새로운 사용 가치를 가진 상품이 끊임없이 등장하는 것은 소비자의 욕망이나 욕구 때문이기도 하지만 기업이 광고 등을 통해 새로운 상품의 사용가치를 전파하고 이에 따라 소비자의 욕구가 작동해 대량 소비를 촉진하는 속성 때문이기도 하다.

사용자명 username
통신이나 네트워크에 접속할 때 신원 확인을 위한 문자열. 네트워크 접속 시 이것과 함께 패스워드를 입력해야 접속이 허가된다. 글자 수에 제한이 있기 때문에 별칭이나 약어, 알파벳과 숫자의 조합으로 지어 사용한다.

사운드 sound
영상 제작물의 청각적인 요소. 대사와 음악, 음향효과, 자연음 등이 사운드의 주된 요소이며, 넓게는 침묵 같은 소리가 없는 상태도 사운드의 구성요소다. 광고 사운드는 영화나 텔레비전 분야와 비교하여 현격히 다른 특성을 갖는데, 우선 짧은 시간 동안 소비자를 설득해야 하므로 사운드가 설득 기능을 수행하

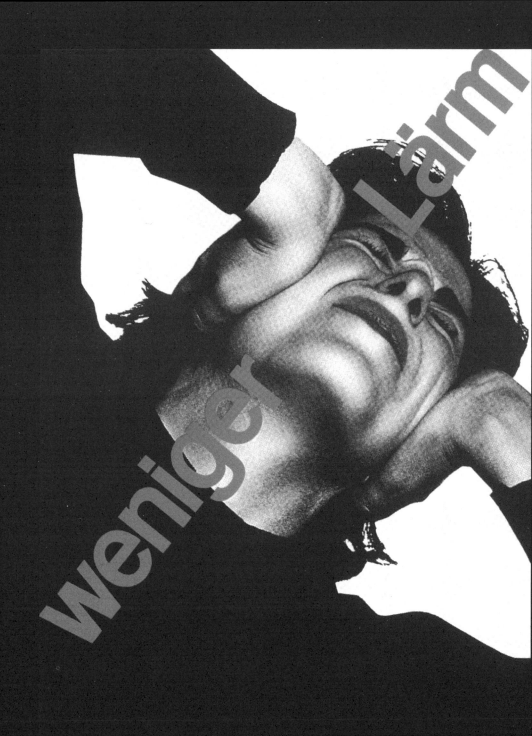

사선 구도
"소음을 줄이자"(디자인: 요제프 뮐러 브로크만)
1960

고, 다분히 상징적이며, 광고 차별화의 수단으로 작용한다는 점이다. 때로는 사운드가 광고 아이덴티티를 만들기도 하는데 어떤 로고송이나 광고 노래가 장시간 노출되면 그것이 광고주와 광고, 광고제품의 연상과 강하게 결합되어 사람들은 음악만 듣고도 상품을 떠올린다.

사운드 이펙트 sound effect 대사, 음악, 보이스오버 등을 제외한 모든 음향. 협의로는 특수한 효과를 위해 특수한 방법으로 가공한 '음향효과'를 말한다. 크게 분류하면 실재하는 소리와 실재하지 않는 소리가 있다. 실재하는 소리란 빗소리, 바람 소리, 환호 소리, 비행기 소리, 도시소음 등으로 대사와 함께 녹음하기 부적절한 것들이다. 동시녹음을 할 때에는 녹음기가 대사에 집중하므로 위 음향들은 부차적인 것이 되어 일반적으로 이를 따로 녹음하여 촬영 후 믹스(mix) 단계에서 합성한다. 그러나 실제 녹음하기가 어려운 경우 이를테면 화산 폭발, 우주선 발사 소리 등은 이와 유사한 소리를 만들거나 이런 종류의 음원을 보유하고 있는 사운드 라이브러리에서 임대한다. 한편 실제로 녹음했을 때 관객들의 관념적인 기대와 다른 경우가 있는데 이때에도 위와 같은 방법을 택한다. 우주 유영, 공룡의 울부짖음, 심해 공간 등은 녹음할 수 없는 소리로 이때에는 다양한 음원을 소스(source)로 하여 음향을 만들어야 한다. 과거에는 생활 주변 기구를 이용하여 이를 만들었으나 오늘날에는 음원 모듈(module), 신시사이저, 샘플러(sampler) 등을 이용한다.

사이버 마케팅 cyber marketing 컴퓨터 통신이 이루어지는 가상공간 속에서 기업과 소비자 사이에 쌍방향 커뮤니케이션을 통해 전개되는 마케팅 활동. 인터넷 공간에서 이뤄지는 소비자조사, 기업 홍보, 광고, 상품판매와 대금결제 등을 포함한 온라인 유통이 사이버 마케팅의 주요 사례다. 사이버 마케팅은 기존 매체의 커뮤니케이션 방식의 한계를 뛰어넘는 쌍방향 커뮤니케이션이라는 특성을 가진다. 그 결과로 마케팅 활동에 소요되는 비용을 절감할 수 있고 정보를 임의로 조절할 수 있으며 마케팅 과정에 소요되는 시간을 단축할 수 있다. 또 소비자가 필요로 하는 정보를 수시로 제공할 수 있는 것은 물론 소비자 피드백이 가능하므로 빠르게 기업의 반응을 보여줄 수 있다. 과거에는 접속 환경 개선의 문제, 검색도구의 간편성 문제, 언어장벽 문제 등이 사이버 마케팅의 과제였으나 관련 기술의 발달로 인터넷이 현대 생활의 보편적인 미디어가 됨에 따라 기업 마케팅의 일상적인 수단이 되었다.

사이버 스페이스 cyber space 컴퓨터로 제어할 수 있는 가상의 공간 개념. '컴퓨터로 자동제어한다'는 의미의 사이버네이트(cybernate)와 '공간'이라는 뜻인 스페이스(space)의 합성어다. 컴퓨터가 다른 컴퓨터와 커뮤니케이션을 할 때 유선이나 무선으로 연결된 가상의 공간이 형성되며 그 공간에서 실제 커뮤니케이션이 이루어지는데 이 모든 과정은 컴퓨터에 의해 제어된다. 즉, 사이버 스페이스는 컴퓨터 네트워크로 구성된 가상의 커뮤니케이션 공간이다. 사이버 스페이스는 다음과 같은 특징을 갖는데 첫째, 문자, 음성, 정지화면, 동영상 등의 멀티미디어 정보를 제공할 수 있는 텔레비전이나 라디오의 기능, 즉 방송 기능을 수행한다. 따라서 정보를 제공하는 주체는 이 공간을 통해 시간과 공간의 제약을 벗어나 자신들의 의사를 보다 강력한 방법으로 전달할 수 있다. 둘째, 정보 흐름이 쌍방향이다. 이러한 특성 때문에 이전의 매체에서는 볼 수 없었던 온라인 쇼핑, 홈뱅킹, 마케팅 리서치 등이 구현된다. 셋째, 이 공간 내에서 유통되는 모든 정보를 자료로 보관할 수 있는 정보출판 기능이다. 시공의 개념을 뛰어넘는 광의의 전자출판이 이 공간에서 이루어진다.

사이트 site 인터넷 서비스를 제공하는 가상의 공간을 지칭하는 개념. 인터넷에서 주소를 가지고 있는 홈페이지를 말하는 것으로 때로는 호스트 전체가 하나의 사이트가 될 수도 있으며 하나의 호스트에 독자적으로 주소를 갖는 많은 사이트가 존재할 수도 있다. 사이트란 말은 월드와이드웹(www) 개념과 맞물려 있으므로 보통 웹사이트라고 부른다.

사인 sign 옥내·외의 간판 표지류. 점포환경과 관련된다는 의미에서 사인 디스플레이라고 부르기도 한다. 매장 안에서 쓰이는 안내판 등을 특별히 서비스 사인이라고 지칭하는 경우도 있다. 본래의 뜻은 신호, 기호, 서명 등이다.

사전 광고 pre-advertising 신제품 발매 또는 새 점포 개점 등 새로운 것을 내놓기에 앞서 실시하는 광고. 신제품 발매 이전에 제품에 대한 관심과 흥미를 불러일으키기 위한 광고이며 발매 광고와는 다르다. 표현 내용에 있어서도 발매하기 전까지는 상품명이나 가격을 비밀로 해둔다든가 용도는 분명히 밝혀두면서도 어떤 종류의 제품인지를 숨겨둠으로써 신제품에 대한 호기심을 자아내는 방법을 취하기도 한다. 사전 광고의 효과에 대해 단적으로 말할 수는 없지만 제품이 획기적이고 사람들의 주목을 끌 만한 것이라면 사전 광고를 실시하는 것이 좋을 것이다. 사전 광고는 발매를 위한 일체의 준비가 완료된 뒤에 실시하는 것이 바람직하며 비교적 단기간 내에 발매 광고 등으로 대체된다.

사전 작곡 pre-composition 편집 이전에 음악을 완성하는 것. 주로 대사에 의존하지 않고 리듬 혹은 비트에 맞추어 영상을 편집해야 할 때 음악을 미리 만든다. 텔레비전 광고에서는 리듬에 의존해 영상 흐름상 전후 관계가 불분명한 짧은 그림을 연속적으로 결합하여 한 편의 광고를 편집하는 경우가 많은데 이때에는 미리 음악을 만들어 거기에 맞추어 영상을 편집하면 영상과 음악이 자로 잰 듯 싱크가 일치한다. 출연자가 직접 노래를 부르는 경우에도 립싱크를 음악과 정확하게 일치시켜야 하기 때문에 사전 작곡을 하는 경우가 많다.

사진 photography 피사체를 정지 화면으로 기록하는 기술. 매체로서 사진의 가장 중요한 기능은 리얼리티를 기록하는 강력한 도구로 현실을 복제할 뿐만 아니라 현상의 이면에 숨어 있는 의미를 밝혀주고 복잡다단한 사건의 핵심을 간결하게 묘사한다는 점이다. 이때 사진은 보는 사람으로 하여금 강렬한 대리체험과 감정이입을 촉발하여 사건의 의미를 환기하도록 한다. 사진은 또한 현대 예술의 중요한 장르 중 하나로 사진가의 미학적 방법론을 통해 우리를 둘러싼 세상을 새롭게 조망하게 하고, 사물의 의미를 재정의하는 심미적 기능을 한다. 기록매체로서 사진은 언제나 과거의 이벤트를 오늘의 시점으로 재생하는데, 이미 사라져버린 사건과 풍경, 풍속 따위에 대한 단순한 회고뿐만 아니라 현재의 시점에서도 여러 의미를 발산하는 다의적 속성이 그 특성이다. 가령 얼어붙은 한강 철교가 보이는 겨울 한강에서 썰매를 타면서 즐거워하는 소년들을 포착한 한 장의 스냅은 개발의 속도전 속에 사라진 유토피아, 나아가 산업화된 우리 삶의 조건에 대한 다양한 감상평을 자아낸다. 광고를 위해 찍는 광고 사진은 크게 보아 설득 기능을 하는 사진으로 분류할 수 있다. 제품과 소비자의 관계 속에서 벌어지는 최신 라이프스타일을 찍는 것이 가장 흔한 유형인데, 이때 사진은 제품 사용과 관련한 사회심리적 편익을 간결하고 핵심적으로 묘사한다.

사진가 photographer 사진을 촬영하는 사람. 다큐멘터리 사진, 패션 사진, 생태 사진, 스포츠 사진, 연예 사진, 보도저널리즘 등 많은 분야에서 일한다. 광고 사진은 그 분야가 넓고, 표현의 주안점도 제각기 다르기 때문에 자동차 사진, 패션 사진, 시계 사진, 보석 사진, 누드 사진, 요리 사진, 풍경 사진, 초상 사진 등 각 분야를 전문적으로 찍는 사진가와 협업하는 방식으로 촬영을 한다.

사진 촬영 photography shooting 피사체를 카메라로 기록하는 일련의 작업. 사진 촬영은 아래와 같은 과정으로 이루어진다. [1] 노출: 촬영의 첫 단계다. 적정 노출이란 완벽한 사진을 얻기 위한 가장 알맞은 노출을 뜻한다. 이를 구하기 위해서는 노출계를 쓰거나 노출기가 내장된 카메라를 사용한다. [2] 초점: 최근에는 자동 초점 카메라가 일반적이어서 언제나 초점이 선명하고 노출까지 정확한 사진을 찍을 수 있게 됐지만, 이는 어디까지나 영상을 맺게 하는 구실에만 적합할 뿐, 표현 목적에 따라 앞부분에만 초점을 맞추고 뒤를 흐리게 하거나, 반대로 뒷부분에 초점을 맞추고 앞부분을 흐리게 하거나, 때로는 화면 구석구석을 뚜렷이 묘사

하거나 할 때는 초점에 대한 계획이 필요하다. [3] 셔터와 조리개: 셔터를 움직인다는 것은 카메라로 들어오는 빛의 양을 조절해주는 동시에 피사체의 움직임을 조절한다는 뜻이다. 셔터 속도가 빠르면 피사체의 움직임이 정지되고, 셔터 속도가 느려지면 움직임이 느껴지지만, 그 대신 형체는 흐려지며 심하면 형체조차 알아볼 수 없게 되기도 한다. 조리개는 카메라로 들어오는 빛의 양을 조절해주는 동시에 피사계 심도(depth of field)를 조절해준다. 조리개를 열수록 피사계 심도가 얕아져 초점이 맞은 부분이 좁아지므로, 초점이 맞은 부분만 또렷이 보이고 나머지는 흐려진다. 따라서 주된 피사체와 함께 그 배경을 뚜렷이 나타내고자 할 때는 조리개를 조이고, 주된 피사체만을 강조하고 배경을 약화시키려면 조리개를 열어준다. [4] 렌즈: 렌즈의 촬영 범위는 초점거리가 짧은 광각렌즈일수록 사각이 넓어지고, 망원렌즈일수록 사각이 좁아지므로, 광범위의 촬영에는 광각렌즈를, 먼 곳의 일부를 촬영할 때는 망원렌즈를 사용한다. 렌즈는 근거리에 있는 것일수록 크게, 원거리의 것일수록 작게 비추지만, 초점거리가 짧은 렌즈일수록 원근감을 과장한다.

사진 특수기법 photography special technique 일반 촬영으로는 불가능한 효과를 얻기 위한 사진 기법. 대체로 아래와 같은 기법이 있다. 포토그램(photogram)은 카메라를 사용하지 않고 인화지 등 감광 재료 위에 피사체를 올려놓고 감광시켜 사진을 얻는 기법이고, 포토 콜라주(photo collage)는 인쇄물인 그림이나 사진을 잘라 붙여서 추상적인 화면을 구성하는 기법이다. 포토 몽타주(photo montage)는 복수의 영상을 한 화면 내에 합성하는 것이며, 솔라리제이션 포토(solarization photo)는 필름 또는 인화지를 현상할 때 반전용 노광을 주어 화상의 명암을 반전시키는 기법이다. 하이콘트라스트 포토(high contrast photo)는 중간 톤을 생략하여 콘트라스트를 강조하고, 흑과 백으로만 표현한 사진으로 판화적인 효과를 얻는 방법을 말한다. 필름을 사용하는 광학 시절의 기법이며 디지털 카메라가 대세가 된 오늘날에는 예술 사진 분야 등에서 제한적으로 이용한다.

사체 slanted typeface 기울어진 서체. 운동감을 주는 서체로 세일 광고 등 임팩트가 필요한 곳에 주로 쓰인다. 한편 이탤릭체는 사체이지만 물리적으로 글자를 기울인 것이 아니라 원래부터 사체로 디자인된 것이다.

사투리 dialect 어느 한 지역에서만 쓰는 말. 일반적으로 표준어가 아닌 말로 일명 방언이라고 한다. 가령 경상도, 전라도, 강원도, 제주도, 함경도 등 지역 단위로 독자적으로 형성된 것이다. 사투리는 장소의 정체성을 드러내는 중요한 상징으로 만약 광고에 등장하는 어떤 사람이 특정 사투리를 사용한다면 광고는 그 지역에 관한

이야기인 것을 직접적으로 나타내는 것이 된다. 예를 들어 광고에 등장한 중국 연변 조선족의 사투리는 고향을 그리워하는 광고 내용의 진실성과 현실감을 뒷받침하는 요인이 된다. 이처럼 사투리는 광고에서 향토의 정서를 전달하는 수단으로 활용되는 것이 대부분이다.

4피 4P 마케팅의 전통적인 네 가지 기본 요소를 가리키는 말. 상품(product), 가격(price), 유통(place), 판매 촉진(promotion)의 머리글자를 딴 용어.

사회공헌 public contribution 기업의 중요한 목표로서 사회의 발전에 기여하는 활동. 불우이웃 돕기, 학교나 병원 등 시설 기부, 학자금 지원, 공익적 캠페인 활동 등이 사회공헌의 중요한 범주다. 이런 활동은 기업에 대한 일반의 태도를 유리하게 조성하기 위한 피아르(PR)라는 성격도 있지만 최근에는 사회적 책임 경영의 일환으로 인식되고 있다. 기업 광고의 내용이 사회공헌 활동으로 채워지는 경우도 상당히 많다. 1990년대 들어 이런 유형의 광고가 다수 등장했는데, 1992년 삼성은 93년까지 전국 20대 도시에 탁아소를 세워 일하는 주부들을 지원하는 탁아 사업을 펼치는 내용의 기업 광고를 내보냈다. 럭키금성은 종합사회복지관 건립 사업으로 지역 사회의 자립 기반을 돕는 종합사회복지관 건립 사업을 광고 형태로 알렸으며(1994), 1998년 SK텔레콤은 '다시 노래하라, 학교야!'라는 헤드라인의 광고를 통해 검찰청과 함께 아이들이 마음 놓고 다닐 수 있는 학교를 만들기 위한 '자녀 안심하고 학교 보내기 운동' 캠페인 활동을 펼쳤다. ■

산업 광고 industrial advertising 생산재 제조자인 광고주가 그것의 구매자나 이용자를 대상으로 하는 광고. 선박, 트럭, 복사기 등 산업용품을 대상으로 한 광고를 말한다. 산업용품은 소비재와 비교할 때 구매자 수가 적고, 구매의사결정이 합리적이며 구매동기에 있어서도 기업의 이윤추구가 목표라는 점이 크게 다르다. 이에 따라 산업 광고도 일반 광고와 비교할 때 큰 차이가 있는데 가장 두드러진 것이 합리적이고 논리적 소구가 중심이 된다는 것이다. 산업용품의 구매는 기업효율이라는 목표에 의해 평가되기 때문이다. 한편 고가의 투자적 성격을 갖는 상품의 경우 제품 성능이나 효용을 사후적으로 판단할 수밖에 없는 점 때문에 이미 그와 같은 제품을 구매한 기업의 행동을 그대로 모방하는 사례도 있다. 반면 상품의 품질이 기업 전체에 그다지 영향을 미치지 않는 제품, 예를 들면 복사지 등 문구류 등의 경우에는 구매결정이 일상화되는 사례도 있어 이에 대한 고려가 필요하다.

산업광고대행사 industrial advertising agency 산업용품을 생산하는 기업의 광고 활동만을 전담하여 서비스하는 광고대행사. 산업용품은 기관차, 용광로, 중기

계 등과 같이 개인 소비자가 아닌 기업에 판매되는 상품을 말한다. 산업광고대행사가 대두된 가장 큰 이유는 상품구매 과정이 일반 소비재와는 판이하게 다르므로 일반 광고대행사의 서비스만으로는 부족하며 광고 담당자가 해당 제품에 대한 전문적인 지식을 갖추어야 하기 때문이다.

산업 사진 industrial photography 산업정보나 사업계획의 홍보를 위한 사진. 촬영의 대상은 똑같을 수도 있지만 일반 소비자를 대상으로 하는 것이 아니기 때문에 현장이나 제품의 정확한 재현을 특징으로 한다.

산업 시장 industrial market 생산재의 구매가 이뤄지는 시장. 소비자 시장과 상대적인 개념이며 생산자 시장 혹은 기업 시장이라고도 한다. 산업 시장은 소비자 시장과 견주어 구매자 수가 적고, 구매 규모가 크며, 공급자와 고객의 관계가 밀접하고, 지리적 집중성이 있고, 수요가 비탄력적이며, 전문적인 구매가 이루어지고, 구매 방식이 다양하다는 특징이 있다.

산업 영화 industrial movie 기업정보나 사업계획의 홍보, 제품 판촉을 위해 만들어지는 영상. 기업의 연혁을 알리거나 특정 상품의 판촉을 위해, 혹은 행사에서의 상영을 위해 제작한다.

산업용품 industrial products 구매자가 제품이나 서비스를 생산할 목적으로 구매하는 제품. 항공기, 선박, 기중기 등이다. 반대로 소비자나 가정이 소비를 목적으로 구매하는 제품은 소비용품이라고 한다. 한편 동일한 제품이라도 사는 사람과 용도에 따라서 다르게 구분되는데 예를 들어 컴퓨터를 개인이 사면 소비용품이지만 기업이 사면 산업용품이다. 산업용품은 소비용품에 비해 구매자의 수가 적고 구매결정이 합리적이며, 구매동기도 구매자가 속한 기업의 합리적 이윤 추구라는 점 등의 차이가 있다. 산업용품의 광고는 일단 타깃이 제한되어 있고 타깃의 인적 사항까지 구체적으로 파악할 수 있으며 구매 과정도 소비용품 광고와 상당히 구분된다. 산업용품을 대상으로 하는 광고를 산업 광고라고 한다.

3비 3B 소비자에게 호감을 주는 광고의 세 가지 소재인 아기(baby), 동물(beast), 미인(beauty)을 지칭하는 말.

상기 테스트 recall test 피조사자의 기억에 의존하여 질문에 응답하게 하는 조사 방법. 기억 재생 테스트라고도 한다. 이때 피조사자는 모르는 것에 대해선 대답할 수 없으므로 과대 상기에 대한 우려는 없다. 면접조사를 하지 않으면 불가능한 조사다.

다시 노래하라, 학교야!

여자에게도 사나이보다 더한 우정이 존재한다는 걸 알려준 것도 너였고, 혼자선생님에 대한 첫사랑을 품게 만든 것도 너였다. 외국인이 길을 물어도

당황하지 않고 대답할 수 있게 해준 것도 너였다. 앵커우먼을 꿈꾸게 한 것도 너였고, 자신감을 넣어 준 것도 너였다. 나에게 시를 배워고, 나에게

예절을 배웠다. 넌 그렇게 친절했고, 의젓했고, 믿음직스러웠다. 사람들은 너를 '학교'라 불렀고, 넌 사람들의 희망이었다. 하지만 학교폭력이 생기면서

사람들은 널 외면했다. 널 겁내기도 하고 심지어 피하기도 한다. 너에게 잘못이 있는 것도 아닌데, 결국 부모의 잘못이고, 가정의 잘못이고, 사회의

잘못인데… 널 대하기가 미안하고 부끄럽다. 지금이라도 다시 힘내라! 그리고 웃어라! 학교폭력이 사라진 예전의 정겨운 모습이 정말 보고 싶다. 이젠

모두가 널 도울거다. 가정에서 사회에서, 부모들이 형제들이 서로 앞서 널 도울거다. 다시 웃어라, 학교야! 그리고 예전처럼 다시 노래하라, 학교야!

마음이 통하면 세상은 더 따뜻해집니다

자녀 안심하고 학교 보내기 운동

아이들이 마음놓고 다닐 수 있는 학교, 아이들이 웃으며 다닐 수 있는 학교를 만들기 위해 SK텔레콤은 검찰청과 함께 '자녀 안심하고 학교보내기 운동'을 펼치고 있습니다.
지난 한해 학교폭력으로 단속된 인원만 39,833명. 피해학생이 주는 곳새를 넘을 것으로 추정됩니다. SK텔레콤은 몸과 마음을 병들게 하는 학교폭력으로부터 아이들을 지키기 위해 힘을 보태고 있습니다.

무라나라 정보통신의 미래

SK Telecom

학교폭력 신고·상담 - 대검찰청 (02)3480-2828 / 지방검찰청 (지역번호없이)1588-2828

사회공헌
SK텔레콤
1998

상업 디자인 commercial design 인쇄 광고, 포스터 등 광고물 디자인을 비롯하여 패키지, POP, 디스플레이 등을 포함한 디자인을 총칭하는 용어. 한편 공업 디자인(industrial design)은 공업 제품의 디자인을, 그래픽 디자인(graphic design)은 인쇄물을 위한 디자인을 의미한다.

상업 사진 commercial photography 상업적 성격을 지닌 사진의 총칭. 사진이 필요한 사람이 사진가에게 의뢰하여 그 대가를 지불하는 모든 사진이 상업 사진의 범주에 속한다. 상업 사진의 대표적인 유형은 광고 사진이며 그 외에도 산업 사진, 결혼 사진, 기업 및 단체의 행사기록 사진도 상업 사진이다.

상점충성도 store loyalty 소비자가 구매 행위를 할 때 특정 상점에서 반복 구매하는 정도. 특정 상점에 대한 소비자의 평가 우선순위가 높을수록 상점충성도가 높다고 볼 수 있다. 상점의 입장에서는 자기 상점에 충성하는 소비자를 많이 확보하는 것이 이익과 직결되기 때문에 상점에 대한 소비자 충성도를 높이기 위해 제품 구색이나 진열뿐만 아니라 쾌적한 쇼핑 환경을 조성한다.

상표 brand 사업자가 자사 상품임을 표시하고 타인의 상품과 구별하기 위해 사용하는 이름 및 상징. 광의의 상표는 상표명 및 등록상표뿐만 아니라 상품 식별 수단의 모든 것을 포함한다. 여기서 상표명(brand name)이란 상표의 일부로서 발음할 수 있는 것을 말하며 등록상표란 법적으로 배타적으로 쓸 수 있는 상표다. 한편 상호(trade name)는 회사의 이름으로 상표와 혼동되는 일도 있지만 기업 자체를 식별하기 위한 이름으로 상표와는 다르다. 상표는 자사 상품을 경쟁사 상품과 구별하게 하는 기능 이외에도 제조자나 판매업자, 소비자에게 각각 나름대로의 편익을 제공한다. 제조업자에게는 상표가 하나의 제품으로 인식되므로 효과적으로 신제품을 시장에 내놓을 수 있고, 매스 미디어를 통해 쉽게 광고할 수 있어 상표충성도를 유지하게 해준다. 판매업자에게는 상품의 취급을 용이하게 하며, 자신의 이미지에 맞는 상표를 취급함으로써 점포 이미지를 형성할 수 있게 해준다. 또 소비자에게는 쇼핑 편의를 제공하고, 특정 상표에 대한 의사 표시를 명백히 하게 한다는 편익을 제공한다. 서비스업의 경우 기업 식별 수단으로 쓰이는 회사명, 상징, 슬로건, 로고 및 그 특징을 나타내는 것을 특별히 서비스마크(service mark)라고 한다.

상표관리자 brand manager 특정 상표의 개발에서 판매에 이르기까지 모든 과정을 관리하는 상표별 마케팅 담당자. 그 직무는 상품별 마케팅 담당자인 상품관리자(product manager)와 비슷하다.

상표권 right of trade mark 상표를 상품 혹은 영업과의 관계에서 독점적으로 사용할 수 있는 권리. 공업소유권의 하나이며 무형재산권으로 인정된다. 우리나라의 상표권은 등록에 의해 발생하고 상표권의 존속 기간은 등록일로부터 10년이며 10년마다 갱신할 수 있다. 상표가 명성을 얻으면 상표의 신용은 절대적이 되어 중요한 무형재산이 되는데 이 경우 재산권의 일종으로서 담보에 제공될 수도, 양도할 수도 있다.

상표명 brand name 상표 이름. 상표명의 일반적인 조건은 부르기 쉽고, 기억하기 쉬우며, 제품이 제공하는 편익을 암시하고 있어야 하며, 회사 이미지와 일치해야 하고, 등록상표로서 법의 보호를 받을 수 있어야 한다는 점이다. 이를 위해 이름의 의미, 소리의 느낌, 연상 작용 등을 고려한다. 아이디어의 중요한 원천이 상표 이름에서 연유한 것이 상당히 흔한데, 대부분 상표명에서 나오는 연상을 카피화한 것이다. 예를 들어 "프리랜서는 프리랜서를 입는다"(에스콰이아 프리랜서, 1995), "우리 집에 가야겠다. 우리 은행에 가야겠다. 우리 집을 장만할 때 가장 먼저 우리은행과 상의하세요"(우리은행, 2004)와 같은 식이다.

상표명 테스트 brand name test 상표명을 결정하거나 기존 상표에 대한 태도를 알아보기 위해 실시하는 조사. 상표에 대한 이해도, 지각도, 선호도 등을 측정한다. 상표명을 결정하기 위한 테스트의 경우 일반적으로는 몇 가지 후보 상표명을 예상 소비자에게 보여 상표명에 대한 의견, 인상을 응답하게 하는 방법을 쓴다. 여기에 덧붙여 글씨체나 포장의 디자인까지 포함하여 테스트하는 경우도 있다.

상표 이미지 brand image 소비자가 특정한 상표에 대해 가지고 있는 신념. 소비자가 상표를 구매한 후 겪는 경험에 의해 이미지가 형성되기도 하지만 기업 이미지와 광고, 입소문 등에도 영향을 받는다.

상표 인지 brand recognition 상표명을 들었거나 봄으로써 기억하고 있는 정도. 상표를 기억하고 있으므로 구매가 일어날 가능성이 높지만 상표충성도란 측면에서는 가장 낮은 수준의 충성도를 의미한다. 일반적으로 상표 인지보다 높은 충성도 수준을 상표 선호(brand preference)라 하고 그보다 더 높은 충성도 수준을 상표 집착(brand insistence)이라고 한다. 상표 집착은 그 상표만을 구매하는 것이며 그것이 없을 때는 대체품도 사지 않는 상태다.

상표전략 brand strategy 기업이 상표와 관련하여 수립하고 집행하는 전략. 기업은 최소한 세 가지 측면에서 상표에 관한 결정을 내린다. 첫째, 상표를 부여할 것인가, 부여하지 않을 것인가. 상표를 부여하지 않는 것을 무상표 전략이라 하고 이러한 상품을 노브랜드(no brand) 혹은 제네릭 브랜드(generic brand) 상품이라 한다. 둘째, 누구의 상표를 달 것인가. 즉, 생산자 상표를 달 것인가, 유통업자 상표를 달 것인가. 전자를 생산자 상표(producer's brand), 후자를 유통업체 상표(private brand)라고 한다. 셋째, 개별상표(individual brand)를 달 것인가, 공동상표(family brand)를 달 것인가. 개별상표란 품목 각각에 대해 별도의 상표를 다는 것을, 공동상표란 한 제조업체가 생산하는 모든 품목에 같은 상표를 부여하는 것을 말한다.

상표 전환 brand switch 소비자가 종래에 구매하던 상표를 다른 상표로 바꾸어 구매하는 행위.

상표점유율 brand share 특정 상표가 시장에서 차지하고 있는 판매 비율.

상표충성도 brand royalty 특정 상표의 상품을 반복 구입하는 정도. 소비자가 특정 상표의 상품에 대해 강한 선호도를 가지고 빈번히 구입하는 경우 상표충성도가 높다고 말한다. 상표충성도가 형성되면 당분간 그 소비자에 관한 한 독점 상태에 있다고도 할 수 있다. 상표충성도는 상품의 품질 이외에도 다른 여러 요인에 의해 형성된다. 상표충성도는 기업의 상표 자산의 핵심이므로 어떤 기업이든 상표충실도를 제고하기 위해 노력한다. 이때 기능적 품질은 물론이고 감각적인 호의를 창조하는 상품 디자인, 이상적인 이미지 형성을 위한 다양한 커뮤니케이션 활동이 중요하다. 시장을 선도하는 상품은 소비자의 상표충성도가 높고 견고하다. 상표충실도, 그냥 영어로 브랜드 로열티라고도 한다.

상표확장전략 brand extension strategy 기존의 상표명을 확장하여 다른 제품을 출시할 때, 상표명을 그대로 혹은 약간 변형해서 부여하는 전략. 이렇게 해서 형성된 상표군을 공동상표(family brand)라고 부른다. 기업이 이 전략을 수행하는 이유는 신제품 출시에 따른 비용을 절감할 수 있으며, 신제품의 성공적인 시장 진입 가능성이 높을 뿐만 아니라, 원래 상표의 이미지도 강화할 수 있기 때문이다.

상품 광고 merchandise advertising 상품에 대한 장점을 잠재소비자에게 설득하여 해당 상품을 구매하도록 유도하는 광고. 제품의 직접적인 판매 촉진이 가장 큰 목적이지만 오늘날의 상품 광고는 상품에 주의를 기울이게 함으로써 상품을 기억하게 하거나 신뢰하게 만들어 결국 상품을 구매하도록 유도하는 우회적인 소구 방식을 따른다. 대중매체를 이용하는 대부분의 광고가 상품 광고다. 상품 광고의 효과는 해당 상품의 매출액과 관련을 가지므로 상품 광고의 전제조건은 상품의 품질이 좋아야 한다는 것이다. 한편 상품 광고는 광고 주체가 누구냐에 따라 생산자 광고(producer's advertising)와 소매 광고(retailer's advertising)로 대별된다. 생산자 광고는 상품을 생산한 기업이 주체가 되어 전국을 대상으로 실시하는 상품 광고이며, 소매 광고는 지방 소매점이 광고주가 되어 해당 상권을 대상으로 실시하는 상품 광고다.

상품 대체 product substitution 신제품의 도전으로 기존 제품이 쇠퇴하여 신제품이 기존 제품의 시장을 점유하는 과정. 이때 새롭게 등장하는 신제품을 대체상품이라고 한다. 상품 대체가 발생하는 이유는 기존 제품이 나쁘기 때문이 아니라 신제품이 상대적으로 더 좋아 판매가 신장되어 그 결과 기존 제품이 상품수명주기상 쇠퇴기에 접어들기 때문이다. 이와 같은 대체의 패턴은 상호 경합적인 상품의 시장점유율의 변화에 따라 파악할 수 있는데 기능상품의 경우에는 기능당 가격의 역수인 기능 대 가격비, 기호상품의 경우에는 충족된 효용과 가격을 비교한 효용 대 가격비에 의해 대체의 속도를 가늠할 수 있다. 즉, 기능 대 가격비, 효용 대 가격비가 높을수록 대체의 속도가 빨라진다. 한편 상품대체는 석탄 대 석유, 음반 대 MP3 플레이어와 같은 순수 대체적 상품 사이에만 성립하는 것이 아니다. 이를테면 인터넷이 보급됨으로써 순수 대체상품인 신문과 잡지가 사양화하기도 하지만 소비자의 인터넷 사용 때문에 텔레비전 시청 시간이 줄어든다면 인터넷과 텔레비전이 대체관계에 있다고 볼 수 있다.

상품수명주기 product life cycle 한 상품이 시장에 도입되고 성장하여 결국 폐기될 때까지의 성쇠 과정을 판매액과 시간과의 관계로 나타낸 것. 일반적인 상품수명주기는 도입기(상품이 개발되어 시장에 진출하는 시기), 성장기(상품에 대한 수요가 급격히 늘고 상품의 가치도 안정되어 판매가 급증하는 시기), 성숙기(상품에 대한 수요가 포화에 이른 시기. 신규수요는 적고 대체수요가 많이 이루어지는 시기), 쇠퇴기(대체상품이 출현하고 소비자 선호가 변모하여 수요가 감퇴하는 시기)라는 패턴을 가진다. 이 사이클은 몇 개월의 단기간인 것에서부터 수십 년에 이르는 장기적인 것도 있으나 산업 발전에 따라 경쟁이 치열해지고 소비자 욕구가 다양화됨에 따라 점점 단축되는 경향이 있다.

상품 테스트 product test 상품의 종류나 진위를 식별하고 품질을 측정하는 조사. 품질감정, 상품검사, 상품감정, 상품식별, 상품감별이라고도 한다. 상품이 적절하게 검사되면 생산 면에서 품질 향상이 촉진되고 조악한 상품이 시장에 제공되지 않으므로, 마케팅 면에서 거래가 원활화되어 소비자의 적정한 상품 선택을 가능하게 하고 사용 및 소비의 합리화를 가능하게 하여 소비자 이익을 증진시키게 된다. 소비자 보호 행정의 관점에서도 불량품 및 결함상품 등을 배제하여 소비자의 안전을 도모하기 위해서도 필요하다. 상품 테스트에는 그 주체에 따라 다음과 같은 것들이 있다. 첫째는 감시 테스트로 시판되고 있는 상품의 법정 안전기준이나 표시기준 및 규격·용량 등에의 합치 여부를 확인·대조하기 위해 행정 감독관청이 실시하는 검사이며, 둘째는 감별 테스트로 국공립 혹은 민간단체가 문제가 된 상품의 고발 내용의 타당성을 판정하기 위해, 민간 혹은 기업이 의뢰한 특정 제품의 성능 및 효능·효과를 측정하기 위해, 비교 테스트로서 소비자의 현명한 선택을 지원하기 위해 소비용품을 주요 상품별로 그 품질과 성능을 각 특성에 따라 우열을 비교하여 등급화하는 검사다. 비교 테스트는 소비자단체가 실시한다. 또 품질관리 측면에서 자사가 출시하는 제품 중 불량품을 가려내는 상품검사도 상품 테스트의 일종이다.

상호 trade name 회사 이름. 기업 자체를 식별하기 위한 것으로 상표와는 성격이 다르다. 예를 들어 자동차회사 혼다(Honda)는 상호이며 어코드(Accord)는 혼다의 상표다. 반면 은행, 증권회사, 항공사 등 서비스회사의 상호는 그 자체가 상표인 성격이 강하다. 상호가 중심이 되는 광고 아이디어는 서비스회사의 서비스 개념과 기업이념을 전달하는 광고인 경우가 대부분이다.

색 보정 color compensation 의도한 색을 만들기 위한 색 수정 활동. 촬영에서는 색 보정 필터를 사용하여 색균형 상태를 만드는 작업, 후반 작업에서는 전반적인 색 조정 작업을 말한다. 광고에서 색 보정은 주로 필름을 비디오로 옮기는 텔레시네 혹은 편집 단계에서 색의 명도를 변화시키거나 색질을 통제하는 것을 의미한다. 디지털 카메라로 촬영한 이미지를 어도비, 포토샵과 같은 응용 프로그램을 통해 색을 조정하고 수정하는 것도 색보정 작업이다.

색상 hue 색의 3속성의 하나로 적, 황, 녹, 청과 같은 색조.

색온도 color temperature 광원에서부터 분류되는 다양한 분광을 나타내는 단위. 켈빈 온도(Kelvin scale), 즉 °K로 표시한다. 인간의 눈은 가시광선을 백색으로 인식하지만 사실은 짙은 청색에서 밝은 적색까지 퍼져 있다. 해 뜨기 전은 푸른색이 강하고 붉은빛이 결여되어 있으며, 해가 뜨고 질 때에는 푸른빛이 약하다. 자연광의 경우 시간과 날씨에 따라, 인공광의 경우 광원과 전압 등에 따라 색온도가 변한다. 컬러필름은 인간의 눈과 같은 순응 작용이 없기 때문에 촬영 시 색온도의 변화가 촬영 결과에 직접적인 영향을 미친다.

색채계획 color planning 배색계획. 색채계획의 의미는 단순히 현실을 풍부하게 재현하는 범위를 넘어 주제와 관련된 미학적 표현의 수단으로서 색을 다루는 것

을 말한다. 색채계획의 가장 일반적인 방법은 개별 색채가 가지고 있는 고유한 연상을 확장시키는 것이다. 행복한 가정의 거실은 선명하고 밝은 색을, 불행한 가정의 적막함을 나타낼 때는 짙은 콘트라스트를 띠는 무채색, 과거를 회상할 때는 흑백이나 세피아 계열의 모노톤, 꿈 장면은 옅은 파스텔톤으로 처리하는 식인데 이 같은 색 사용은 사람들 사이에 형성되어 있는 관습을 따르는 것이다. 또 색의 상관관계를 이용하는 일반적인 방법은 대조되는 색이나 조화로운 색을 사용하는 것이다. 전자가 선명하고 인상적인 색 대비를 보여준다면 후자는 화면에 통일감을 부여하고 안정감을 가져다준다. 개별 색의 채도도 인상에 영향을 준다. 낮은 채도는 화면을 자연스럽게 만들지만 때로는 지나치게 평범하여 주의를 끌지 못한다. 반면 높은 채도의 색은 강한 인상을 줄 수 있지만 원색을 지나치게 강조하면 산만한 결과를 가져온다. 오늘날의 색채계획은 상품 및 광고, 영상에 대한 것뿐만 아니라 기업 이미지에 부합하는 일관된 색채계획까지 포함한다.

색채 연상 color association 어떤 색채가 평균적으로 특정한 의미를 상징하여 사람들에게 받아들여지는 것. 백색은 순결, 검정은 절망, 빨강은 정열, 노랑은 희망과 황금, 초록은 자연, 보라는 신비와 불안 등의 구체적인 연상을 갖는다.

색채 인지 color recognition 사람이 색을 인지하는 것. 보통은 재현된 색 그대로 파악하게 된다. 조명에 의해 색이 변하게 되더라도 광원을 직접 보지 않으면 조명이 가해진 상태의 색을 사물의 색으로 파악한다. 녹색 조명을 받은 회색 상자는 녹색으로 보이므로 그 상자를 녹색 상자로 인식한다. 시지각의 경험으로 사물 고유의 색을 이미 알고 있는 경우에는 경험에 의해 색을 파악한다. 푸른 얼굴을 한 사람이 화면에 보이면 사람들은 조명 광선이 푸르다고 생각한다. 우체통, 군복, 피부, 낙엽, 잔디 등은 이미 그 색이 확고히 인지되어 있기 때문에 조명, 필터 등으로 색을 변화시키더라도 고유의 색으로 생각하려는 경향이 있다.

샌드위치맨 sandwich man 간판을 가슴과 등에 달고 거리를 걸어다니며 광고를 하는 사람. 샌드위치와 비슷한 데서 생긴 이름이며 기발한 복장으로 사람의 눈길을 끌어 선전효과를 높인다.

생산자 광고 producers advertising 상품을 생산한 기업이 주체가 되어 실시하는 광고. 대중매체를 통한 광고의 대표적인 유형이며 소매점이 광고주가 되어 해당 상권을 대상으로 행하는 광고인 소매 광고와 구별하기 위한 분류. 생산자인 기업은 일반적으로 소비자와 직접 대면하여 판매를 하기보다는 도매상과 소매상 등 일련의 유통기관을 통해 위탁판매하는 방식을 취하지

만 광고에 있어서는 최종소비자를 대상으로 광고 활동을 한다. 이는 소비자로 하여금 회사명과 상품명을 알게 하고 상품의 우수성을 소구하여 상품을 구매하도록 하고 나아가서는 상표충성도에 이르는 일련의 소비자 태도 형성을 노리기 때문이다. 생산자 광고는 보통 전국 소비자가 소구 대상이 되어 전국 단위로 광고 활동이 이루어진다. 상품이 신제품일 때 생산자 광고의 목표는 시장점유율의 확대이며 시장에서 압도적인 우위를 차지한 때에는 신규수요를 창출하여 시장을 확대하기 위한 광고 활동을 한다.

생 시엠 live commercial 라이브 커머셜. 방송 광고 초창기에 성행한 생방송 광고. 간단한 배경 앞에 테이블을 놓고 아나운서나 탤런트가 제품을 보여주며 설명하는 식이었는데 이것을 생방송으로 내보냈다. 제품이 음료일 때는 마시기도 하고, 의류일 때는 걸쳐보기도 했다. 오늘날 홈쇼핑 채널에서 방송하는 상품판매 프로그램이 생 시엠의 변형 버전이라고 할 만하다.

생활양식 광고 life style advertising 소비자의 생활양식 또는 생활의식에 초점을 맞춘 형식의 광고. 제품 자체보다는 소비자의 라이프스타일에 집중한 것이다. ■

생활정보지 생활에 필요한 정보를 안내 광고 형태로 제공하는 신문. 생활용품의 판매 및 교환, 구인 및 구직 정보, 부동산 매매 및 임대차 정보, 중고자동차 매매 정보, 금융대출, 기타 용역 서비스 안내 등 생활에 관련된 다양한 정보를 기사로 한다. 통상 권역별로 발행되어 해당 지역사회의 정보를 게재하는 것을 원칙으로 한다. 광고 게재비가 매우 저렴하여 서민을 위한 광고매체이자, 일상생활에 필요한 정보가 광고 형태로 모이는 커뮤니티로서 의미가 있다. 발행사 수입의 원천은 정보를 게재하는 대가인 게재료다.

서버 server 컴퓨터 네트워크에서 다른 컴퓨터에 정보 서비스를 제공하는 컴퓨터나 소프트웨어. 반대로 서버로부터 정보를 제공받는 컴퓨터나 소프트웨어를 클라이언트(client)라고 한다. 인터넷에서 월드와이드웹(www) 정보를 제공하는 컴퓨터를 월드와이드웹 서버 혹은 줄여서 웹서버라고 한다. 컴퓨터가 서버로 기능하기 위해서는 서버 기능을 제공하는 소프트웨어가 필요하며 이 서버 프로그램이 동작할 때 서버로서 서비스를 제공할 수 있다. 마찬가지로 서버로부터 정보를 제공받으려면 클라이언트 소프트웨어가 필요한데 인터넷을 예로 들면 마이크로소프트사의 익스플로러 등이다. 이 프로그램들은 월드와이드웹에서 작동하므로 웹클라이언트 혹은 웹브라우저라고 한다.

서브 헤드 sub headline 헤드라인을 보완하는 작은 헤드라인. 서브 타이틀이라고도 하며 대개는 헤드라인과

보디카피 사이에 위치한다. 헤드라인을 보충하여 헤드라인의 길이를 짧게 해주며 헤드라인을 구체화하고, 헤드라인에서 언급한 핵심 개념을 강화하며, 아울러 보디카피를 내용별로 단락을 지어 구획하여 광고의 내용을 한눈에 알아볼 수 있게 하는 기능도 한다. 활자 크기는 헤드라인보다 작고 보디카피보다 크다.

서비스 service 고객에게 제공되는 무형의 활동으로 일반적으로 저장되거나 운반될 수 없는 특징을 갖는 상품. 서비스는 유형의 재화와 직접 비교되는 특징을 가지고 있는데, 즉 무형성(서비스는 무형의 상품으로 감각 기관으로 느껴지지 않는다), 동시성(서비스는 생산과 소비가 동시에 이루어진다), 비표준성(서비스는 유형의 제품처럼 표준화되어 있지 않다), 소멸성(서비스는 보관할 수 없고 소멸된다) 등이 그것이다. 가장 넓은 의미의 서비스 산업은 3차 산업이며, 3차 산업은 농업과 광공업을 제외한 모든 산업을 포함하고 있어 그 범위가 지극히 넓다.

서비스마크 service mark 자기가 제공하는 서비스와 타인의 서비스를 식별하기 위해 사용하는 독자적 영업 표지. 기업 식별 수단으로 쓰이는 표지나 회사명, 상징, 슬로건, 캐릭터명, 로고 및 그 특징을 나타내는 것을 모두 포함한다. 구체적으로 보험, 금융, 방송, 통신, 영화, 호텔, 레스토랑, 전기 및 가스 공급자 등이 사용하는 마크가 이에 속한다. 이 마크는 서비스 자체에 직접 붙일 수가 없기 때문에 광고나 간판, 거래 서류 등에 간접적으로 사용한다.

서열 척도 ordinal scale 측정 대상 간의 순위관계를 밝혀주는 것으로서 측정 대상 간의 대소(大小)나 높고 낮음 등의 순위를 부여하는 척도. 예를 들어 3개의 광고에 대해 가장 선호하는 순서대로 1, 2, 3의 숫자를 부여하는 것을 말한다. 이때 3개 광고에 대한 선호도의 순위가 드러나지만 순위 간의 양적인 평가는 할 수 없다. 즉, 1이 2보다 더 선호되는 것은 알 수 있지만 어느 정도나 더 선호되는지 그 강도는 알 수 없다. 즉, A〉B〉C라고 할 때 A가 B보다 더 많고 B가 C보다 얼마나 많으냐 하는 차이의 문제를 고려하지 않는다는 뜻이다.

서적 광고 book advertising 일반적으로 책 광고. 전형적인 다품종 소량 생산의 형태로 시장이 이루어져 있으며 대부분 신문을 주된 매체로 삼는다. 서적 광고는 특별한 소구 방법을 구사하는 대신 책 제목과 내용, 필자 약력, 때로는 영화 광고처럼 평론가 혹은 언론의 한 줄짜리 소개 글 등의 요소를 집어넣는 넓은 의미의 책 소개 형식으로 되어 있다. 책 판매에서 가장 중요한 것은 저자의 지명도, 책 내용의 흥미도와 참신함이다. 서적 광고도 이를 강조하는 데 초점을 둔다.

ㅅ

서정 lyric 주로 문학 등의 예술 장르에서 주관적 감정이나 정서를 그리는 것. 사람이 느끼는 감성적인 것이라 말할 수 있는데, 가령 그리움, 환희, 기쁨과 슬픔, 기다림, 추억과 향수와 같은 감정이다. 서정시는 이런 정서를 리듬감 있는 운문 형태로 표현한 문학이다. 상품의 논리적 맥락과 상관없이 순수하게 감정에 몰두하는 광고가 많은 것이 한국 광고의 한 특징이다. 인간관계 속에서 나타나는 가족애, 이별의 상처, 재회의 기쁨, 우정과 사랑 등도 광고의 흔한 소재이며, 시 형식과 유사한 운문 형태의 광고 카피도 자주 찾아볼 수 있다.

서체 typeface 인쇄용 활자체. 다양한 분류 기준이 있으나 한글은 크게 명조체(바탕)와 고딕체(돋움)로 대별한다. 명조는 본문용 서체로 많이 쓰이며 모든 교과서와 신문, 잡지, 소설 등 단행본의 본문체다. 세로획과 가로획의 굵기에 대비가 있으며, 세리프가 있다. 한글을 대표하는 서체이자 본문용 서체라는 뜻에서 바탕체라고도 한다. 고딕은 획의 굵기가 일정하고 세리프가 없는 서체로 주목도가 높아 표지판이나 출판물의 헤드라인용 서체로 주로 쓰이며 캡션과 같은 짧은 글에도 적당하다. 눈에 쉽게 띄는 특성이 있어 고딕을 돋움이라 칭하기도 한다. 대부분의 한글 서체 디자인은 명조와 고딕을 바탕으로 그것을 나름의 관점으로 변형하는 과정이라 할 수 있다. 라틴 알파벳의 경우 일반적으로 세리프의 유무에 따라, 세리프와 산세리프(세리프가 없는 서체)로 나눌 수 있고 텍스트(본문체), 디스플레이(헤드라인체)로 분류하기도 한다.

서체 디자인 typeface design 글씨체를 디자인하는 일. 서체는 인쇄물의 가독성과 인상(印象)을 좌우하기 때문에 전통적으로 그래픽 디자인의 중대 관심사로 간주되어 왔다. 서체를 디자인하는 과정은 일반적으로 서체 컨셉트를 정하는 것이 우선이고, 스케치를 거듭하여 서체 특성을 요약하는 과정을 거친다. 이 드로잉에는 서체 특성의 핵심적인 요소가 드러나야 한다. 그 후 미세 조정을 통해 문자 세트를 확장하거나, 문장부호 등을 추가하여 하나의 서체를 완성한다. 하나의 서체를 디자인한다는 것은 다양한 굵기와 폭을 가진 다양한 하위 서체, 즉 하나의 서체가족(type family)을 디자인한다는 것을 뜻한다. 라틴 알파벳 활자체의 경우, 굵기에 따라 레귤러(regular), 라이트(light), 미디엄(medium), 볼드(bold) 등을 추가할 수 있고, 기울어진 서체 이탤릭(italic)을 포함시켜 보통 10여 개의 서체로 서체가족을 형성한다.

서큘레이션 circulation 매체의 전달 유포 정도를 의미하는 용어. 서큘레이션에는 여러 가지 의미가 있으나 어느 경우에나 매체의 평가에 이용된다. 신문이나 잡지의 서큘레이션은 발행 부수 또는 판매 부수라는 의미를 갖는다. 라디오, 텔레비전의 경우는 어느 시점에서 사용되고 있는 세트 수 또는 일정 지역 안의 라디오 및 텔레비전의 소유 세트 수를 말한다. 옥외 광고에서는 특정 옥외 광고를 볼 기회를 가진 보행자 수 또는 차량 수를 말하며, 교통 광고에서는 광고 게재 중의 승객 수를 말한다. 극장 광고에서는 영화관 입장자 수가 된다. 서큘레이션 개념을 신문과 잡지 등 인쇄매체에만 적용하고 다른 매체에 대해서는 오디언스(audience) 개념을 적용하는 경우도 있다.

선거 광고 election advertising 선거에 참가한 후보자나 정당이 유권자에게 지지를 호소하는 광고 활동. 입후보한 정치인의 이념과 정책 등을 유권자에게 효과적으로 전달하여 유권자를 지지의 입장에 서게 하는 기능을 한다. 미국의 마케팅 학자인 필립 코틀러(Philip Kotler)는 '정치 후보도 하나의 상품'이라고 정의하면서 마치 비누를 만들어 세련되게 포장하고 광고를 통해 소비자들에게 호의적인 상품 이미지를 창출해내듯이 선거에 입후보한 정치인들을 메시지로 잘 포장하고 채색함으로써 유권자 지지를 얻는 것으로 선거 광고를 설명한다. 선거 광고는 상품 광고와는 차원이 다른 정치적 이해관계가 결부되어 있어 상호 비방을 포함한 치열한 광고경쟁이 벌어지는 것이 보통이다. 선거 광고의 유형에는 지지 광고, 추천 광고, 정견 광고, 사퇴 광고, 성명 광고, 해명 광고, 폭로 광고, 당선사례 광고 등이 있다.

선동 agitation 언어와 같은 상징을 통해 다른 사람들의 생각이나 신념을 의도하는 방향으로 바꾸는 행위. 기존 이데올로기에 대립하는 방향으로 작용하는 것이 일반적이다. 선동은 선전과 비슷하나 선전이 상대적으로 메시지의 논리적 구성을 강조하는 반면, 선동은 증오와 공포, 애정 등 인간 감정에 호소하는 경향이 짙다.

선매품 shopping goods 소비자들이 경쟁제품을 여러 점포에서 가격, 품질, 스타일, 색상, 기능 등에 대해 많은 비교를 한 후에 구입하는 제품. 의류, 가전, 가구, 구두 등이 여기에 해당한다.

선수 lines 인쇄물의 1인치 안에 들어 있는 망점의 수. 만일 133선으로 제판되어 있다면 1인치 속에 133개의 점이 0.17mm 간격으로 집합되어 있다는 뜻이다. 일반적으로 선이 많을수록 해상력이 높아진다. 신문 인쇄의 경우 65선 내지 80선, 카탈로그는 150선 내지 175선을 주로 사용한다. 선 수의 결정은 인쇄용지와 인쇄 방법, 인쇄기 등의 요인에 영향을 받는다.

선예도 sharpness 화상이 선명하게 보이는 정도. 일반적으로 초점, 색채, 필름 입상성 등으로 화상 디테일이 명료한 정도를 말한다. 화상이 선명하여 이미지가 뚜렷할수록 선예도가 높다고 말한다. 선예도는 해상도와 깊은 관련이 있으나 이 두 가지가 같더라도 색채 및 콘트라스트 정도, 피사체 특성에 의해 선예도가 다르게 느껴지는데 콘트라스트가 클수록, 채도가 높을수록, 색상이 대비될수록 선예도가 높게 보인다.

선전 propaganda 정보 및 이미지를 의도적으로 통제하여 대상의 태도를 창조하고 변화시키는 행위. 역사적으로 종교의 포교 활동에서 발생했고 정치 사상을 보급하는 데 주로 사용됐으며 산업의 발전과 더불어 상업 광고의 형태를 제공했다. 넓은 의미로는 가족계획, 보건위생과 같은 사회복지 캠페인까지 포함시키기도 하나 대개는 정치적 설득 커뮤니케이션으로 선전의 범위를 국한시킨다. 선전의 유형에는 정치단체나 정당들의 선전 활동, 즉 선거에 이기기 위한 제반 활동과 정부나 정권이 국내외에서 벌이는 선전 활동, 즉 그 정통성을 홍보하거나 국민 사기를 높이는 일 등이 있다. 오늘날 선전이라는 용어에는 사실을 사실대로 알리는 대신 발신자 의도에 부합하는 메시지를 용의주도하게 구성하고 전파한다는 다소 부정적인 의미가 내포되어 있다.

선전 영화 propaganda film 관객을 설득하여 특정한 관점을 갖도록 하려는 영화. 관객에게 어떤 가치를 호소하여 태도를 변화시키려는 계몽 영화의 일종으로 정치적인 주제를 주로 다루지만 공중도덕, 보건위생 등의 공익 캠페인을 주제로 삼기도 한다.

선전탑 광고탑을 설치하여 탑면에 문자나 도형 등을 표시하는 옥외 광고물. 각종 행사 고지용으로 이용한다.

선전효과 propaganda effect 선전의 주체가 선전의 수용자로부터 의도한 반응. 즉, 태도변용이나 행동을 불러일으킨 것. 선전효과는 그 선전의 목적이나 의도에 따라 다르지만 선전 목적이 대부분 수용자의 태도를 변용시키는 데 있으므로, 수용자가 선전 메시지에 노출되어 그 결과로 일으킨 태도변용의 폭을 선전의 효과로 보아도 무방하다. 여기서 태도변용이란 새로운 태도의 형성, 기존 태도의 강화, 기존 태도의 변화를 통칭하는 개념이다. 또 태도의 차원에 따라 인식적 태도의 변용과 정서적 태도의 변용으로 나누어볼 수 있는데 이에 따라 선전효과도 이와 같은 태도의 유형에 따라 분류할 수도 있다. 한편 선전효과를 결정하는 요인은 선전 메시지뿐만 아니라, 선전 주체의 공신력, 선전매체의 특성 및 수용자 성향 등을 포함한다. 따라서 높은 선전효과를 얻기 위해서는 이러한 모든 요인을 조직적으로 통제해야만 한다.

선호조사 preference survey 소비자들의 선호를 측정하기 위해 실시하는 조사. 선호(preference)란 비교 가능한 대상에 대해 사람들이 느끼는 상대적인 가치평가라고 말할 수 있다. 선호조사의 당위성은 아래와 같은데, 즉 모든 소비자를 상대로 공략할 수는 없으므로 목표집단을 선별하기 위해 조사를 통해 선호집단을 분류할 필요가 있다. 또 시장 저항이 있는 경우에 부정적 선호의 결정요인을 파악하여 선호 유도를 할 목적으로 선호를 측정한다. 아울러 선호는 시간에 따라 변하기 마련인데, 이런 선호 변화에 맞추어 제품 및 서비스를 조정하기 위해 선호를 측정해야 한다. 선호를 측정하는 가장 쉬운 방법은 단순순위법(simple rank method)으로 가령 A, B, C 세 가지 대상이 있을 때 선호에 따라 순위를 부여해달라고 요청하는 것이다. 응답 결과 A>B>C 등과 같은 순위를 알 수 있다. 다만 대상의 수가 많으면 선호순위를 결정하기 어렵고, 대상 사이의 상대적인 선호만을 측정할 뿐 선호의 절대적인 값을 측정할 수는 없다. 쌍대비교법(paired comparison)은 한 쌍의 대상 가운데 더 선호하는 것을 응답하게 하여 비교 대상의 순위를 알아내는 방식으로, 예컨대 AB, AC, BC의 조합을 제시하고 응답자가 A>B, A>C, B>C라고 응답하면 A>B>C라고 추정하는 것이다. 만약 A>B, A<C, B>C고 응답하면 선호순위를 정할 수 없다는 난점이 있으나 회답하기 쉽고 대상이 많더라도 두 가지에만 집중할 수 있다는 장점이 있다. 단일평점법(monadic ratings)은 하나의 척도상에서 여러 제품의 가치를 평가하여 응답하도록 하는 조사로 이에 쓰이는 척도로는 흔히 7점 척도가 쓰인다. 만일 응답자가 A=7, B=4, C=3이라고 응답했다면 이로써 선호순위는 물론 선호의 강도도 계량적으로 측정할 수 있다.

설득 광고 persuasive advertising 소비자를 설득하는 형식의 광고. 소비자의 합리적 이성에 호소하는 논리적 광고다. 소비자를 설득하기 위한 메시지 전달에 적합한 신문 광고 등에 흔히 나타나는 유형이다.

설득 커뮤니케이션 persuasive communication 타인의 행동이나 태도를 변형시키기 위한 커뮤니케이션. 사실상 모든 커뮤니케이션이 설득적인 요소를 가지고 있긴 하지만 설득 자체가 커뮤니케이션의 가장 큰 목적인 분야를 설득 커뮤니케이션으로 분류한다. 예컨대 방송은 그 목표가 뉴스 전달과 오락정보 제공이어서 설득을 목표로 한다고 볼 수 없다. 하지만 광고는 설득이 가장 중요한 커뮤니케이션 목표다. 광고 외에도 피아르(PR)와 선전 등이 설득 커뮤니케이션의 대표적인 유형이다. 광고는 상품에 대한 소비자의 태도변용을 유도하여 궁극적으로 구매 행동을 유발시키기 위한 커뮤니케이션이란 점에서, 피아르는 공중의 이해와 협력을 위해 커뮤니케이션 수단을 통해 설득하는 행위란 점에서, 선전은 의도한 반응을 타인으로부터 얻을 목적으로 커뮤니케이션 수단을 사용한다는 점에서 설득 커뮤니케이션의 조건을 충족한다.

ㅅ

설명 explanation 어떤 대상이나 개념에 대해 알기 쉽게 밝혀 말하는 전달 방식. 혁신적 신제품에 대한 광고에서 메시지는 제품 개념과 기능에 대한 설명과 교육이 중심이 된다. 과장이나 강조, 기교를 배제한 사실 전달을 위한 논리적인 접근이다.

설문지 questionnaire 질문 및 응답, 관찰 결과 등 조사 기록을 위해 이용되는 문서. 일반적으로 설문지를 작성할 때는 표준화된 설문서를 작성하는 것이 원칙인데 그것은 여러 명의 면접자(interviewer)를 이용하더라도 설문의 일관성이 있어 응답자들의 응답이 비교 가능하기 때문이다. 또 표준화된 설문을 사용하면 자료의 처리나 분석에 많은 시간과 노력을 절감할 수 있다. 설문지는 일반적으로 아래의 내용을 포함하는데, 조사에 대한 협조요청(조사자나 조사기관의 소개, 조사의 취지 설명), 식별자료(응답자의 이름, 주소, 면접자의 이름, 면접 일시), 지시사항(각 항목에 대한 응답 방법이나 응답 순서의 소개), 정보획득(실제 설문 문항), 응답자의 분류를 위한 자료(응답자의 인구통계학적 변수들) 등이다. 양식은 크게 두 가지로 심층면접법이나 집단면접에서는 응답의 양이 많으므로 조사항목마다 응답기록을 모두 적을 수 있게 한 것과, 각 질문의 응답란을 정확하게 고정화시켜 집계에 용이하게 작성한 양식 등이다. 특히 후자를 구성적 설문지(structured questionnaire)라고 부른다.

섬네일 thumbnail 아이디어를 그림이나 문자로 간략하게 시각화한 것. 즉, 최초 아이디어를 대충 그린 것이다. 섬네일은 원고로 사용하기 위한 목적이 아니라 아이디어를 구체적으로 설명하려는 의도로 그려진다. 이것을 그릴 때는 회사나 상품 슬로건, 로고타이프, 브랜드마크, 상품 및 피사체 크기 및 비례, 잡지의 경우에는 제본되는 쪽이나 센터 스프레드의 경우 가운데 겹쳐지는 부분 등을 대략적으로 표현해야 한다. 에스키스(esquisse) 혹은 미니어처 등으로도 불리고 러프(rough)라는 용어와도 구별 없이 쓰인다.

성 sex 사전적으로는 남녀의 구분. 성애, 성적 도발, 성적 매력, 성적 충동이라 할 때 성은 섹스를 말한다. 성적 감성을 자극하는 표현을 테마로 전개하는 소구를 성적 소구 혹은 섹스어필이라고 한다. 성은 인간의 기본 욕구이자 생명의 원천으로서 오래전부터 광고의 주된 표현 수단이었는데 특히 사회적으로 성 인식이 개방되고 성적 터부가 사라지는 추세와 맞물려 일부 광고에서는 대범한 성적 표현을 추구하고 있다. 향수 광고, 의류 광고, 주류 광고의 상당 부분이 성적 연상에 의존한다.

성명 announcement 단체나 개인이 어떤 사항에 대한 자신의 의견을 발표하는 일. 그 목적은 논란이 되고 있는 쟁점에 대해 공중을 상대로 입장을 공표하고 공중으로 하여금 그 입장에 동조하도록 설득하는 것이다. 성명서가 신문 광고로 실릴 때도 많은데 "~에 대한 우리의 입장", "~시도를 즉각 중단하라", "~한 5가지 이유"처럼 자신의 주장을 단순하게 나열하는 형식이 많다. 성명의 주체는 협회, 노동조합, 사회단체, 시민단체, 기업 등 이익 집단일 경우가 많지만 정부, 개인일 때도 있다.

성명권 right of name 자기의 성명에 대해 지니는 법률상의 이익. 타인의 성명을 허락받지 않고 영리적 목적으로 사용할 때 성명권이 침해받은 것이다. 보호받는 권리로서 성명에는 실명뿐만 아니라 예명과 필명도 포함된다. 성명권은 개인이 자신의 의사에 반해 함부로 공표되지 않을 권리인 프라이버시권에 포함되며 자신의 인격적 이익의 향수를 목적으로 하는 인격권의 일부다.

성분 ingredient 전체를 이루는 어느 한 부분. 가령 인삼에는 사포닌이란 성분이 있어 항암 및 항산화, 콜레스테롤 저하에 효과가 있다. 게의 껍질에 있는 키토산 성분 역시 항산화 작용을 돕는 것으로 알려져 있다. 의약품, 영양제 등은 이처럼 그 성분이 효능에 중요한 구실을 하는데 이런 유형의 제품을 광고할 때에는 그 효능 및 효과를 설명하기 위해 성분요인을 제시하는 것에 중점을 둔다. 성분 혹은 원료는 식품 및 음료 광고의 주요 테마가 되기도 한다. 양상은 크게 두 가지로 가령 순수한 원료만을 사용했다거나 특별히 특정 성분을 함유한다는 식의 광고와, 소비자가 일반적으로 꺼려 하는 성분을 넣지 않았다고 강조하는 광고다. 식품 광고에서는 특히 후자가 많은데, 콩나물 제품에 유전자 변형 콩을 쓰지 않았다고 설명하는 두부 광고, 화학조미료 성분 MSG를 넣지 않았다는 조미료 광고, 설탕 성분을 완전히 뺐다는 초콜릿 광고, 무방부제 유기농임을 강조하는 햄 광고, 오렌지 외에는 아무것도 넣지 않았다는 오렌지주스 광고 등이다. 그 외 성분요인이 빈번히 강조되는 분야는 비누, 샴푸, 화장품 등 미용제품 분야다. 한편 성분 혹은 원료의 구성비가 순수하게 한 가지로만 되어 있는 상태를 강조하는 광고 표현도 상당하다. 가령 "100% 천연수로 만든 순수한 맥주"라고 할 때는 원료 성분이 오직 천연수이며 다른 것은 아무것도 첨가되지 않았다는 뜻이다. "100% 제주도산 당근이라 조금 비쌉니다", "100% 유기농 원료로 만들었죠"라는 식의 표현도 마찬가지다. ■

성역할 sex role 남자 혹은 여자로서의 인식을 명확히 하는 것. 성역할의 사회화 과정은 태어나서 죽을 때까지 지속되는 것으로 자아정체감과 다른 사람과의 관계를 성에 따라 다르게 정해주는 기능을 한다. 예컨대 남편은 사회생활을 하는 것으로 가족을 부양하고 책임지며 아내는 남편을 내조하면서 가사를 돌봐 화목한 가정을 만드는 역할을 한다는 것이다. 이처럼 남자는 활동적

ㅅ

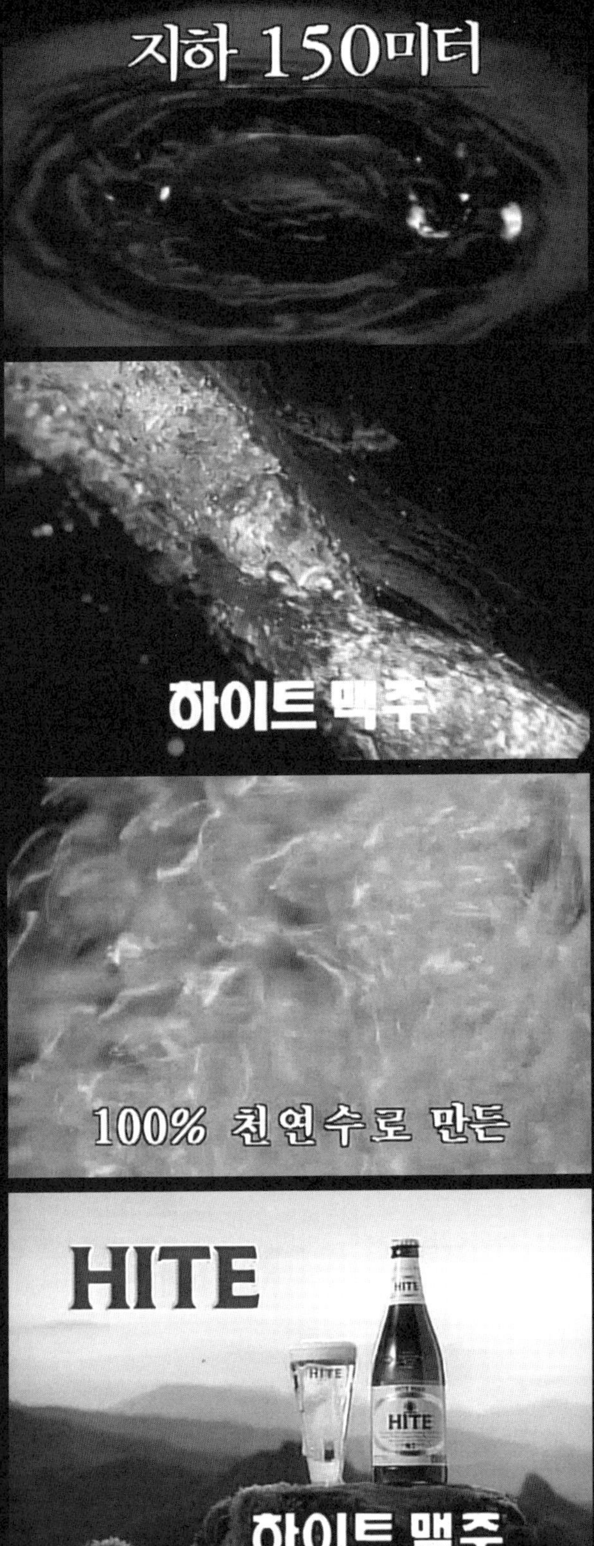

지하 150미터

하이트 맥주

100% 천연수로 만든

HITE

하이트 맥주

성분
조선맥주 하이트
1993

이고 자기 발전을 추구하고 독립적이며 목적의식이 있는 존재이며 여자는 섬세하고 감정적이며 자기희생적인 존재처럼 여겨진다. 이러한 성역할은 한 사회가 가진 성에 대한 편견이자 남자와 여자는 애초부터 다르게 태어났으므로 사는 모습도 다르고 사고방식도 다르다는 고정관념이기도 하다. 현실을 모방하는 광고는 사회의 성관념을 광고를 통해 재현한다. 피로한 남편을 걱정하는 아내, 가장으로서 떳떳해지고 싶은 남편, 사랑받고 싶어하는 여자 등이 성역할을 보여주는 광고의 단면이다. 최근 광고에서 남자는 사랑하는 여자를 위해 음식을 만들고, 설거지를 하며 깨끗한 빨래를 위해 고민하는 등 과거의 강하고 책임감 있는 모습에서 감성적이며 가정적인 인물로 대체되는 경향을 보인다. 그러나 여성은 여성성에 대한 고정관념이 여전히 뚜렷해서 광고 속 역할의 다양성이 제한적이다. 이처럼 광고에서 성역할은 사회구성원의 인식 변화와 함께 변화한다고 볼 수 있다.

성우 voice talent 목소리 연기자. 광고에서 성우는 등장인물 목소리를 연기하거나 보이스 오버 및 상표 이름과 광고주 이름 등을 낭독하는 역할을 한다. 특정 상표 혹은 특정 기업의 광고에 성우가 전속으로 활동하는 경우도 있다.

성인 광고 adult advertising 주로 성(性) 관련 상품이나 서비스에 대한 광고. 일부 신문, 주로 스포츠신문이나 인터넷 사이트 등에서 '남性의 꼿꼿한 자신감 회복', '촉촉한 여자로 사랑받는 법' 따위의 문안으로 호소하는 광고를 말한다.

성적 소구 sex appeal 성적인 자극이나 암시로 소구하는 방법. 성적 자극을 느끼도록 신체를 노출하거나 성적 연상이 일어나도록 하는 표현으로 제시된다. 여성이 탁자 위에 놓인 음료를 엎드리는 듯한 자세로 마시는 장면, 성행위 동작과 유사한 몸짓으로 춤을 추는 장면, 오르가슴과 유사한 몽롱한 표정의 인물, 남녀가 침대에서 서로 아이스크림을 먹여주는 장면, 성행위를 연상시키는 규칙적인 신음 소리, 립스틱을 바르는 여인의 유혹적인 표정 따위가 흔히 볼 수 있는 섹스어필 광고의 대표적인 아이콘이다. 광고 카피로 기억할 만한 것은 가령 미국 영화배우 브룩 실즈가 모델로 등장한 청바지 광고 "나와 캘빈 사이에 뭐가 있는지 아세요? 아무것도 없어요"(캘빈클라인 진, 1980) 등이 있다. 섹스어필은 광고 표현의 유력한 수단이나 여론의 저항을 초래하는 경우도 있어 성적 표현과 사회적 허용치가 균형을 이루어야 한다. 제품의 속성과 표현 내용 사이의 적절한 모티브를 찾아내는 것이 기술적 과제다. ■

세뇌 brainwashing 본디 가지고 있던 생각을 새로운 생각으로 바꾸는 일. 영어로는 브레인워싱(brain-washing), 즉 뇌를 세척한다는 뜻이다. 세뇌는 보통 머릿속에 들어 있는 기존 관념이나 습관을 버리고 새로운 체제의 입장으로 전이하도록 하는 사상개조 활동을 의미한다. 공산주의 사상학습의 수단으로 간주되지만 공산주의든 아니든 독재국가의 정치 과정 중에 흔히 나타나는 통치전략이기도 하다. 세뇌는 세뇌 대상이 진심으로 어떤 사상에 심취하여 깊이 설득된 상태이며 강요에 못 이긴 거짓 고백 따위는 세뇌라고 볼 수 없다. 주장에 담긴 메시지를 전파하는 광고 활동도 광의의 세뇌 활동으로 볼 수 있다. 'brainwashing by TV commercials'란 관용구가 암시하는 것처럼 광고 메시지 또한 인간의 신념을 궁극적으로 변화시킬 가능성이 있는데 장시간, 반복적으로 노출된 광고 메시지가 뇌리에 각인된 상태에서 실제 상표 경험이 호의적으로 뒷받침될 때 개인의 인식이 실제로 바뀔 수 있다는 것이다. "삼성이 만들면 다릅니다"란 주장이 한 예인데 사회 구성원 중 많은 사람이 실제로 그렇게 믿고 있다면 어떤 과정으로든 광고에 의한 세뇌 작용이 일어난 것으로 봐야 한다.

세대시청률 household audience rating 가정이 특정 프로그램을 시청 혹은 청취하는 비율을 백분율로 나타낸 것. 텔레비전을 소유한 10세대 중 특정 시간에 특정 프로그램을 5세대가 시청했다면 세대시청률은 50%다. 텔레비전 프로그램 또는 광고의 시청률은 측정 단위에 따라 개인시청률과 세대시청률의 두 가지로 나타낼 수 있다. 프로그램 A의 개인시청률은 일반 개인이 같은 날 같은 시각에 A 프로그램을 본 사람 수를, 세대시청률은 일반 세대가 같은 날 같은 시각에 A를 본 세대 수를 나타낸다. 실제로 텔레비전은 세대 단위로 보는 경우가 많기 때문에 세대시청률로 시청률을 측정하는 경우가 많고 시청률이라 하면 세대시청률을 가리키는 것이 통례이다. 또한 세대시청률과 개인시청률은 거의 항상 비례관계에 있다. 라디오의 경우는 개인적으로 청취하는 실태를 반영하여 개인시청률이 이용되고 있다.

세로짜기 출판물을 조판할 때 활자를 위에서 아래로 배열하는 방식. 읽을 때 글자는 위에서 아래로, 행은 오른쪽에서 왼쪽으로 읽는다. 영문 활자는 세로짜기를 할 수 없으나 한글, 한문, 일어 등은 세로짜기를 할 수 있다. 필사를 할 때에는 흘려 쓸 수 있어 속기가 가능하다.

세로형 간판 vertical sign 판에 표시하거나 입체형으로 제작하여 건물 벽면 또는 기둥에 길게 부착하는 간판. 벽면에 직접 페인트로 그리기도 한다. 점포 및 회사 등을 식별하는 기능을 한다. 규정에 의하면 원칙적으로 1층 출입구 양측에 각각 하나의 간판만을 표시하도록 되어 있으나 건물 이름이나 건물을 사용하고 있는 업체의 상호를 표시하는 것에 한하여 건물 측면에 입체형으로 된 하나의 간판을 표시할 수 있다.

To ensure our Belgian chocolates

LOSE

none of their smoothness, we strictly

CONTROL

their temperature and humidity.

Häagen-Dazs

FRESH CREAM ICE CREAM

Dedicated to Pleasure

Calvin Klein Jeans

성적 소구
캘빈클라인 진
1980

세리프 serif 영문 활자 기둥의 위아래 끝을 맺음장식하는 돌출된 부분. 구문 로마체의 주요한 특징으로 그 기원은 로마의 석공이 들쑥날쑥하게 균형이 잡히지 않은 글자 모습을 보다 정확하게 정렬시키기 위해 석판에 있는 글씨의 획 상하 말단부에 가는 실선 부분을 표시한 데서 유래한다고 한다. 세리프는 이처럼 획선의 처음과 끝을 명확히 하고 시각적으로 선을 나란히 유도하는 구실을 하여 가독성을 향상시켜준다. 세리프의 유무 및 그 형태가 서체 분류의 기준이 되는데 세리프가 있는 대표적인 서체로는 가라몽, 타임스 로만, 이집션, 보도니, 센추리 등이다. 세리프가 없는 서체를 산체리프체라고 하는데, 대표적으로 프랭클린 고딕, 푸투라, 헬베티카, 유니버스 등이 있다. 세리프의 유무, 세리프 형태는 서체 표정에 커다란 변화를 주기 때문에 서체 디자인 및 그래픽 디자인에 있어 중요한 요소다.

세분화 마케팅 segment marketing 시장이 다양한 욕구를 지닌 다층적인 집단으로 구성되어 있다는 전제하에 시장을 동질적인 소비자 집단으로 나누고 마케팅 믹스를 개발하여 마케팅 활동을 수행하는 것. 이때 두 개 이상의 세분 시장을 표적으로 삼는 것을 복수 세분 시장 마케팅, 하나의 세분 시장만을 표적시장으로 삼는 것을 집중화 마케팅이라고 한다. 복수 세분 시장 마케팅은 두 개 이상의 세분 시장에 대해 각각 서로 다른 마케팅 믹스를 적용하므로 비세분화 마케팅에 비해 총매출액을 늘릴 수 있다는 장점이 있다. 반면 이 방법은 시장 세분화에 따른 비용 이외에도 개별적인 마케팅 믹스의 개발에 따른 비용이 많이 든다. 이에 반해 집중화 마케팅은 기업이 하나의 세분 시장만을 상대하므로 표적시장을 전문화할 수 있지만 모든 마케팅 노력을 한 세분 시장에 집중하므로 실패에 따른 위험 부담이 크다.

세일즈 불러틴 sales bulletin 판매 촉진을 위해 잠재소비자를 대상으로 하여 정기적으로 발행되는 간행물. 신상품 정보가 주 내용이다.

세트 디자인 set design 세트 내에 필요한 구조물을 설치하고 대도구 및 소도구를 적절히 배치하는 일. 세트 디자이너가 이 일을 한다.

세트 촬영 set shooting 촬영을 위해 설치한 세트를 배경으로 실시하는 촬영. 세트는 촬영만을 위한 장소이므로 배경과 조명을 빠르게 설치할 수 있고 야외 촬영에서 발생하는 촬영을 방해하는 여러 요인을 봉쇄할 수 있으므로 신속하게 촬영을 행할 수 있다는 이점이 있다. 배경이나 조명 그리고 오디오에 대한 거의 완벽한 통제가 가능하여 양질의 영상을 얻을 수 있는 것도 세트 촬영의 장점이다. 반면 세트는 면적이 제한되어 있어 공간을 넓게 쓰는 카메라 움직임을 제한하는 단점이 있다. 일반적으로 집 안의 거실, 좁은 규모의 사무공간 등이 배경이 되는 광고에서는 거의 대부분 세트 촬영으로 이루어진다.

세피아 필터 sepia filter 화면 전체가 갈색톤으로 보이도록 촬영하기 위해 사용하는 필터. 오래된 영상처럼 보이도록 하거나 과거를 회상하는 장면 등 메마르고 퇴색한 이미지를 나타내는 데 사용한다.

센터 스프레드 center spread 신문이나 중철 제본 인쇄물의 한가운데 양면. 좌우 페이지의 어긋남이 없고 면이 넓어 표현의 여지가 많으며 독자가 펴보기 좋아 광고 지면으로 유용하다. 잡지의 센터 스프레드는 거의 전면 광고 형태이나 신문의 경우 기사 하단 센터 스프레드의 빈도가 높다. ■

셀링포인트 selling point 소비자에게 상품을 판매할 때 강조하는 가장 중요한 장점. 이를테면 내구성, 디자인, 안전성, 고품질, 저가격 등이다. 이 같은 특징 중 잠재 소비자의 구매심리에 특별히 부합하는 것을 선택하고 그것을 강조할 경우 셀링포인트가 소구점이 된다.

셀 애니메이션 cell animation 셀 위에 그린 여러 장의 그림을 카메라로 촬영하여 움직임을 만드는 애니메이션의 한 종류. 여기서 셀이라는 말은 셀룰로오스 아세테이트로 된 투명판을 의미하지만 오늘날에는 재료에 대한 명칭으로는 쓰여지지 않는다. 셀 애니메이션은 작가가 셀 위에 그린 연속적인 그림을 한 프레임씩 끊어서 촬영한 후 정상 속도로 재생함으로써 연속적인 움직임을 창조하는 방식이다. 애니메이션의 가장 일반적인 형태이며 애니메이션이라고 말할 때는 셀 애니메이션을 지칭하는 것이 통례다. 월트디즈니(Walt Disney)사에서 만든 대부분의 장편 애니메이션 영화들이 셀 방식을 이용한 것이다. 셀 애니메이션은 어린이에게 인기가 많고 제작 기법도 극히 다양하고 다채로운 표현 방법이 가능하기 때문에 광고 제작에 다양하게 응용된다. 어린이를 소구 대상으로 하는 제품 광고에 주로 쓰이지만 기업 피아르(PR), 공익 광고 등에도 자주 이용된다. ■

셔터 shutter 카메라 내에서 필름의 프레임이 일정 시간 동안 노출되도록 조리개를 여닫는 장치. 셔터를 열었다 닫음으로써 필름에 빛을 노출시켜 필름에 이미지가 포착된다. 사진기의 경우 모든 사진기는 포컬 플레인 셔터(focal plane shutter) 방식으로 되어 있다. 이 셔터는 필름 바로 앞에서 수평으로 움직이는, 간격이 벌어진 막으로 되어 있는데, 막이 한쪽에서 다른 쪽으로 움직이면서 열린 틈으로 렌즈를 통해 들어오는 이미지에 필름을 노출시킨다. 한편 막이 움직이는 속도에 비례하여 벌어지는 틈의 넓이가 셔터 속도를 결정하게 한다. 영화 카메라에서 셔터는 필름의 각 프레임이

ㅅ

IT 리더들 ⟨3⟩

희망은
불황보다
강하다

"튀어야 산다"… 파격의 승부사

MP3 명가 일군 '레인콤' 양덕준

▶양덕준은 1951년 대구에서 자넘으로 태어났다. 결혼한 때까지 아버지와 겸상 밥상에서 식사를 하지 못할 정도로 엄격한 유교적 집안 교육을 받았다.

이사에서 정년까지 버티기 어려운 요즘, 40대 중반 한발을 고려한다. '대로운 인생을 기획할 길은 없을까', 봉사 회사에 승승장구래도 때문 자기만의 사업을 구상하기도 한다.

레인콤의 양덕준(53) 사장, 그는 잘나가는 대기업 임원이었다. 그것도 심정 장치 이사였다. 하지만 그의 자우분방한 그들 삼성 융탄티에 남겨두지 않았다. 사우와 내 휴먼금처에도 자기 방식에 출단티를 피웠다. 결국 삼성을 티쳐나왔다. 그리고 99년 레인콤을 설립한 뒤 세계 정상급 크린 MP3플레이어 제조 업체로 올라섰다. '튀어야 생존한다'. 그의 성공언이다.

■파격과 엉뚱함을 즐긴다

2002년 봄, 양덕준은 직원들의 머리를 유심히 살폈다. 불쑥이러면 머리에 뭔들 볼 품 집입 테니, 웬사한 사람을 한눈에 찾을 수 없었다. '아, 이들이 스스로 눈치를 보는거나, 스스로 규제를 만드는 것이나.'

다음날 양덕준은 자기 머리를 초록색으로 물들였다. 50대라서 파격적인 변신이었다. 그라자 여직원들 사이에서 나리가 났다. 임주일이 지나서 한 여직원이 팡크 머리를 하고 나타났다. 그 때부터 하나둘씩 직원들의 머리는 자유롭게 재단되었다.

직원들에서 정제된 출퇴근 시간이 따로 없다. 얼티즌부터 출근시간을 넘겨아 시간쯤이나 10시쯤 회사에 나타나기도 한다. 선 집원에서 출근시간을 물어보

더나 "대략 9시쯤"이란다. 자율성과 유연성을 보여주는 대목이다.

대구에서 태어난 그의 어린시절은 평등함으로 가득 찼다. 초등학교 시절의 꿈은 헬리콥터를 만드는 일이었다. 그러서 돼네 곳곳을 놀아다니며 고절 모으기에 열중했다.

영남대 응용화학과를 졸업한 그는 삼성전자가 반도체 요원을 모집하는 연구직으로 입사했다. 하지만 연구분야가 성격에 맞지 않았다. 30대 들어 마케팅 쪽으로 방향을 틀었다. 적성에 맞았다. 그

부족함 없던 대기업 이사
40대 후반에 엉뚱한 창업

포커판선 돈 절대 안잃어
파격적인 제품으로 성공

신이 나서 일했다. 그 결과 비메모리 반도체 부문 아시아 시장점유율 1위 실적을 이뤘었다. 그 공로로 99년 비메모리 마케팅 수출담당 이사로 승진했다.

■튀는 모델로 대비 터트렸다

언젠가 디지털에서 큰 변화가 올 것으로 예감한 그는 과감히 안정된 직장을 버리고 99년 레인콤을 차렸다. 처음에는 MP3플레이어에 회사에 반도체칩 기술을 공급하는 업부터 했다. 하지만 제조회사가 쉽게 레인콤의 제공하는 기술을 잘 이해하지 못했다. 결국 제품 양산까지 책임지는 쪽이 편했다.

그는 "앞으로도 치밀한 계산이나 운영에 의한 서비스보다 동물적인 감각과 육감으로 제참화와 서비스에 충실할 것"이라고 말했다.

그는 도박을 결심했다. 사내 포커게임에서도 잘 지지 않았다. 승부사 기질이 나오는 순간이었다. 제품은 첨저히 비대칭으로 만들었다. 대개 전자제품은 버튼 등이 좌우대칭에 따라서다. 첫 제품이 출시되자 레인콤 홈페이지에는 '파격적'이란 소비자 글들이 올라왔다.

그에게 가장 큰 도전은 2001년에 찾아왔다. 미국 최대 전자제품 할인점 베스트바이에 진출하는 것이었다. 베스트바이에 진출하면 미국시장의 반응을 연봉다고 할 정도였다. 그해 6월, 베스트바이에서 뜻밖의 제안이 늘어왔다.

7월 20일까지 플래시메모리타입 MP3플레이어 제80000개를 만들어 500개 베스트바이 매장에 납품하라는. 구미를 당기는 제안이었지만 레인콤이 하기엔 벽찼다. 그는 "베스트바이에서 우리 능력을 시험해보리고 했다"고 회상했다.

"무조건 해내다." 그의 결심이 섰다. 어차피 후발주자인 마당에 큰 모험을 해야 했다. 3개월 동안 모든 직원이 밤 사이서 먹고 자는 지옥훈련이 반복됐다. 그리고 '프리즘'이란 제품을 만들어 납품했다. 프리짐엔 금시 다른 모델 대자보다 시간됐지만 시장에 신선한 충격을 주었다. 베스트바이는 양덕준에게 이렇게 제안했다. "앞으로 우리가 완판할 제조규제를 맺자." 대박이 터지는 순간이었다.

그는 "앞으로도 치밀한 계산이나 운영에 의한 서비스보다 동물적인 감각과 육감으로 제참화와 서비스에 충실할 것"이라고 말했다.

정선구 기자
sungu@joongang.co.kr

▶터보테크는 중국법인을 봄해 다운슬라이(sd-1250), 심버폰 (sd-820), 뷰아폰(sd-860) 등 자사 인기모델 휴대전화를 중국시장에서 판매한다. 이 휴대전화기늘은 LG전자의 자체 개발주문생산 (ODM)과 주문자상표부착생산 (OEM)방식으로 중국서 생산된다.

▶KTF가 MP3폰 컬처서비스를 세계 최초로 선보였다. MP3폰이어가 아닌 휴대전화에 컬처서비스를 제공하는 것은 이번이 처음이다. MP3 지마순 매직엔사이트 (www.magicn.com)에서 내려받으면 된다. KTF는 또 농협중앙회와 공동으로 낙농가에서 목장관리 정보를 휴대전화로 받아보는 '그린콤' 서비스도 5000여 낙농가에 보급한다. 문의 0502-381-1000.

▶팬택은 대국의 유럽통화방식 (GSM) 이동통신시장의 TA오텐지에 발리폰 G300과 최신 화소 카메라폰 G400, 지문인식폰 G1100, 3D사운드 폰 GF200 등을 공급한다. 대국은 연간 휴대전화 700만여

▶제이에이앤터넷인터넷게임사와 함께 개발하고 있는 온라인 게임 '셈무 온라인'(www.shenmue-online...)

제작발표회를 했다. 셈무는 21세기의 대표적인 비디오게임 지난해 2월부터 온라인게임으로의 세계를 구현하는 것에... 산렜되고 있다. 두 회사는... 트로 위해 게임내 100... 법 마케팅비 300억원을 고 있으며 특히 '써추얼 유명한 세가의 게임감독... 가 참여했다. 이 게임은 게 베스트에 올림한다.

말하는 휴대전화 출시
팬택앤큐리텔 신제품 P1

말하는 휴대전화가 나왔다.

팬택앤큐리텔은 국내 최초로 문자·음성인식 기능을 갖춘 '말하는 디지털 카메라폰' P1을 출시했다고 23일 밝혔다. 이 폰(사진)시지을 알파·숫자음은 물론 전자시전 검색 단어까지 음성으로 읽어서 운전자나 시각장애인들에게 유용하다고 회사 측은 설명했다.

이 제품은 말하는 기능을 위해 문자

정보를 음성정보로 변환... 성인식 TTS(Text to Sp... 적용했다.

또 와이드 LCD를 채... LCD를 보면서 디지털... LCD가 장착돼 있다. M... 20차까지 다르로드한 데... 어도도 사용할 수 있다.

직접 입어 넣어 읽을 수... 에몬은 물론 달음까지 읽... 영어사전·저장 단어 수... 기능도 있다.

산더미 정보가 주머니에 '쏙'

휴대용 저장 장치들

저장장치의 진화가 눈부시다. 과거 엄지손가락 플로피(FDD)나 CD몸 통은 뒤전으로 밀려나고 있다. 이들은 FDD나 CD롬 대신 정보를 담고, 사진 한장에 데이터를 넣어넣 보관 기능을 가진 신개념 저장 장치들이 속속 선보이고 있다.

●웹스토리지 = 유씨는 가끔 USB의 한계를 절감한다. 시험을 앞두고 그룹스터디를 할 때다. 친구들과 자료공유가 어렵기 때문이다. e-메일로 주고받기에는 자료의 용량이 크고, 친구들과 USB 교환은 번거롭다. 이럴때 유씨는 웹스토리지 서비스를 이용한다. 유씨는 "한달 100M 정도로 2000원이어서 부담도 없다"고 말했다.

최근엔 한글 워드 내장한 USB도 등장
공유 가능한 웹하드 사용도 증가추세

웹스토리지는 별도의 하드웨어 없이 인터넷상에 저장공간을 마련해 각종 자료를 올려놓거나 내려받는 서비스다. 인터넷만 연결되면 언제 어디서나 데이터를 관리할 수 있고, 친구에게 아이디를 알려줘 자료를 공유할 수도 있다. 서비스업체도 50여개에 달린다. 데이콤이 서비스하는 웹하드

값 깎아주고 선물도 주고
제주 많은 이동통신 멤버십 카드

통신카드가 편리한 곳

항목	할인율(%)
●SK텔레콤	
아웃백스테이크·TGIF·푸르덴·베네치아스·브레이크 등	20
패밀리스·훈천 일부	50
메가박스·CGV·롯데시네마 등 1300개 멤버십	20
●KTF	
베니건스·TGIF·VIPS·스카이락·KFC·크라운베이커리 등	20
유성·PC방·카푸치노·바이더웨이·GS25 등	
인터넷몰·홈쇼핑에서만	10~15
빅앤트레일·이동복거래서	2천원
●LG텔레콤	
LG25	15
TGIF·북그날드·파파이스·뿌레·씨즐러·비스·그린비안·치킨스·싱싱회·피자·카페나	20
나무골·샤보텔·절섬달·로진	
200~오천불루·밸리·리뷰하이 이 분스버림몰·바이다로별 주문만화로사	10

Power of Innovation

모두 더 짙은 수영복만 찾을 때
혼자서 전신수영복을 입었다
지금은 대부분 그의 생각을 따른다

은행이 앞서가야
손님의 기쁨이 커집니다

Power of Innovation - 하나은행

최고의 기록을 위해서는 언제나 앞선 생각이 필요하듯
하나은행은 은행에서 증권, 보험, 부동산, 신탁, 해외투자까지-
늘 앞선 생각으로 당신에게 더 큰 기쁨을 드리겠습니다

Power of Innovation

🌿 하나은행   Hana Bank

연속적으로 움직여 노출 위치로 옮겨지는 동안 빛을 차단하는 장치를 말하며 작동 원리는 사진기 셔터와 동일하다. 셔터가 필름이 움직이는 동안 빛을 완전히 차단하지 못하면 필름에 기록되는 화상은 마치 번지는 듯한 느낌을 주게 된다.

셔터 속도 shutter speed 셔터가 작동하는 시간의 길이. 즉, 셔터가 열려 있는 시간적 길이로 그 속도에 따라 노출 시간이 결정된다. 보통 1초의 일부로 표시하며 1초에서 시작하는데 1, 1/2, 1/4, 1/8, 1/15, 1/30, 1/60, 1/125, 1/250, 1/500, 1/1000, 1/2000 등으로 표시된다. 각각의 셔터 속도는 뒤따르는 다음 셔터 속도에 비해 두 배의 길이다. 1/15초의 속도는 1/30초에 비해 두 배로 느린 속도이며 필름에 두 배의 빛을 더 주게 되고 마찬가지로 1/60초의 셔터 속도에 비해 네 배로 느린 속도이며 필름에 네 배의 빛을 더 주게 된다.

소구 appeal 구매욕을 자극하기 위해 상품 특성이나 우월성을 호소하여 공감을 구하는 것. 넓게는 어떤 사건이나 운동의 취지를 대중에게 알리고 호소하거나 동감을 얻으려고 하는 것을 말한다. 어떤 소구 방법을 사용하느냐 하는 것은 특히 광고와 같은 설득 커뮤니케이션에서 매우 중요한 문제인데 방식에 따라 소구효과가 크게 엇갈리기 때문이다. 여기서 소구 방법이란 자신의 주장이나 결론을 수용자가 받아들이도록 호소하는 방식이다. 광고 소구의 방법으로는 해설에 중점을 두는 본질 소구, 타사 제품과 비교해서 자사 제품의 특성을 강조하는 특유 소구, 광고 대상자의 감각이나 정서에 호소하는 감정 소구, 지적 이해를 구하는 이성 소구 등이 있다. 또 소구 형식을 긍정 소구와 부정 소구로 나누기도 하는데 긍정 소구는 어떤 상품이나 서비스를 구매하면 어떠한 이익이나 만족을 얻을 수 있다는 약속인 반면 부정 소구란 불이익이나 괴로움 등을 피할 수 있다는 약속이다. 하나의 광고에 여러 개 소구를 제시할 수도 있으나 연구에 의하면 단일 광고에 단일 소구를 내세우는 것이 더 효과적이라고 한다.

소구 대상 메시지를 전달해야 할 대상. 상품 종류나 성격에 따라 소구 대상이 달라지는 것이 보통이다. 대부분 잠재소비자가 소구 대상이지만 때로는 종업원, 주주, 판매점, 거래선 등이 소구 대상일 때도 있다. 대상이 되는 소비자를 분류한 후 그들의 공통 특성을 추출하여 이를 토대로 광고 메시지를 구성한다.

소구력 appeal power 잠재소비자의 마음을 움직이게 하고 관심을 갖게 하는 힘. 소구점이 예리한 것이 소구력을 증가시키고 소비자로 하여금 구매동기를 자극하는 조건이 된다. 일반적으로 소구점이 많아지면 소구력은 약화되고 소구점을 좁히면 좁힐수록 소구력은 커진다.

소구점 appeal point 상품의 특징 중 소비자에게 가장 전달하고 싶은 특징. 소구점이 많으면 고객의 구매동기를 자극시키는 유인으로서의 힘이 분산될 우려가 있으므로 호소력을 높이기 위해 소구점을 좁히려는 경향이 있다.

소매 광고 retail advertising 소매점이 실시하는 광고. 대개 도달되는 지역 범위가 좁고, 기대되는 광고효과가 빨리 나타나며, 광고 내용에 가격이 널리 이용된다는 특성이 있다. 소비자 입장에서도 구체적인 상품, 특정 상점 및 새로운 것에 관심을 가지고 접촉하려는 경향을 보인다. 한편 소매점은 이 광고를 수행함으로써 방문 고객을 증대시켜 판매 증대를 도모하는 것 이외에도 상점의 명성을 높이고, 판매량의 안정화를 꾀하는 등의 효과를 본다. 소매 광고는 소매상이 수행하는 경우가 많아 비효율적인 면이 없지 않다. 그러므로 오늘날에는 전국 광고를 하는 생산자와 제휴하여 그들로부터 거래점 지원의 일환으로 광고 지원을 받는 예가 많다. 한편 전국적인 규모로 연쇄점을 운영하는 경우에는 전국 광고를 할 수도 있다. 백화점 광고가 대표적으로 그렇다.

소매상 retailer 최종소비자에게 직접 판매하는 것을 주업무로 하는 유통기관. 소매 활동은 소매상점에서의 판매뿐만 아니라 호별 방문, 통신판매 등 최종소비자에게 행하는 판매 및 서비스에 대한 제반 활동도 포함한다. 소매상은 소비자에게 상품 및 서비스에 대한 필요를 파악하고, 보관 및 배달업무를 담당하며, 상품 및 서비스에 대한 정보를 제공하고, 품질보증과 애프터서비스를 제공하는 등의 기능을 한다. 한편 소매상은 메이커 등 공급자를 위해서도 많은 기능을 수행하는데 소비자의 욕구를 파악하여 정보를 제공하고, 재고유지 비용을 분담하며, 시장정보를 제공해주고 인적 판매 및 광고를 분담하는 것 등이다.

소비구매력 consumer buying power 소비자가 가처분소득 중에서 소비에 지출하는 지불 능력을 지칭하는 말. 구매력은 소득 수준에 좌우되나 소득 수준이 일정한 수준까지 상승하면 식품비 등 기초적인 지출 비율이 줄고 내구 소비재, 레저 등에 대한 지출이 증가한다. 소득 수준이 평균적으로 상승하여 소득평준화가 실현되면 중산소득층이 두터워져 소비에 대한 지출이 왕성해지고 나아가 소비재 관련 산업이 활발해지는 것은 물론 국민총지출이 늘어나 경제성장의 주요 원인이 된다.

소비성향 propensity of consume 가처분소득에 대한 소비의 비율. 이와는 반대로 가처분소득에 대한 저축의 비율을 저축성향이라고 한다. 가처분소득이 전부 소비로 지출되는 경우를 1이라고 할 때, 소득 수준이 지극히 낮으면 의식주에 대한 기초소비를 위해 저축을 찾거나 차용하여 소비하므로 1보다 커지지만 대개의 경우 가처분소득은 소비와 저축으로 나뉘어 지출되므로 1보다 작다. 일반적으로 소득이 증가함에 따라 소비도 증가하는데 소비의 증가 비율은 소득이 커짐에 따라 작아지는 경향이 있다 이런 경우 소득증가분에 대한 소비 증가분의 비율을 한계소비성향이라고 한다.

소비용품 consumer products 최종소비자가 소비를 목적으로 구매하는 제품. 가령 백화점에 있는 모든 제품이 소비용품이다. 소비용품과 대비되는 제품은 산업용품(industrial products)으로 구매자가 제품이나 서비스를 생산할 목적으로 구매하는 제품을 말한다.

소비자 광고 consumer advertising 기업 등이 영리를 목적으로 제품이나 서비스를 판매하기 위해 실시하는 광고로서 광고 대상이 일반 소비자인 광고. 대중매체를 통한 광고의 대부분이 소비자 광고다. 소비자 광고는 광고 내용에 따라 상품 광고와 기업 광고로 분류된다. 상품 광고는 소비자 광고의 대표적인 유형으로 상품 및 서비스의 판매 촉진을 위해 상품을 객체로 하는 광고이며 상품의 장점을 설득하여 소비자로 하여금 그것을 구매하도록 유도하는 구실을 한다. 기업 광고는 기업에 대한 소비자의 태도를 호의적으로 형성시킬 의도로 실시하는 광고다. 개별상표에 대한 판매 촉진보다는 기업 이미지를 향상시켜 소비자나 기타 공중과의 관계를 좀더 밀접하게 유지시키려는 것이 목적이다.

소비자 주권 consumer sovereignty 모든 경제 활동의 궁극적인 목표는 소비자 욕구를 충족시켜주는 데 있으며 경제 행위를 궁극적으로 규정하는 것은 소비자 자신이라는 뜻. 이는 자유기업체제를 전제로 하는 경제 시스템이 공중의 이익을 증진하는 데 이바지하지 못했기 때문에 태동된 소비자 운동의 결과로 생긴 개념이다. 소비자주의(consumerism)의 대두와 더불어 소비자 중심의 생산과 유통, 프로모션 등을 강조할 때 많이 쓰이는 개념이다.

소비자충성도 consumer loyalty 소비자가 상표 혹은 점포에 대해 갖는 선호의 일관성 정도. 충성도가 높다는 것은 상표나 점포를 전환하려는 의사가 없다는 것을 의미한다. 그것이 높을수록 선호의 강도가 높다. 상표에 대해서는 상표충성도(brand royalty), 점포에 대해서는 점포충성도(store royalty)라고 한다.

소비자 패널 consumer panel 특정 내용을 정기적으로 조사하기 위해 선정된 소비자그룹. 조사 주제에 따라 소비자 패널을 대략 몇 가지로 나누어볼 수 있는데 가정에서 어떠한 상품을 구입했는지를 계속적으로 기입하는 소비자 패널, 방송 프로그램이나 광고에 대한 의견을 제시하는 소비자 패널, 상품의 성능을 보고하는 소비자 패널, 가지고 있는 상품을 보고하는 소비자 패

널 등이다.

소비자 포지셔닝 consumer positioning 제품과 소비자 욕구를 연결시키는 데 있어서 소비자가 추구하는 이점과 제품 특성을 관련시키는 포지셔닝 방법. 소비자 포지셔닝은 제품 사용자인 소비자 욕구에 근거하여 포지셔닝이 이루어진다.

소비자 행동 consumer behavior 상품구매 등과 관련된 소비자 의사결정 과정에서 나타나는 행동을 가리키는 말. 여기서 소비자는 개인에게 국한되지 않고 집단이나 조직 등 의사결정 단위를 가리키는 것이 보통이며 의사결정 과정도 구매 전뿐만 아니라 구매 후도 포함시킨다. 소비자 행동은 심리학 및 마케팅의 한 영역으로 자리 잡고 있는데 소비자 행동을 연구하는 분야를 소비자행동론이라고 한다. 소비자 행동은 일반적으로 환경적 영향요인과 심리적 영향요인이 결합되어 이루어지며 구매 행동에 이르게 된다.

소비자 행동 모델 consumer behavior model 상품 구입과 관련하여 소비자가 나타내는 행동의 성향을 형식화한 것. 누가 어떤 방법으로 왜 상품을 구입하는가와 같은 내용의 조사를 통해 소비자 구매 행동을 파악하는 것이다.

소비자 현상 consumer contest 소비자를 대상으로 한 현상(懸賞). 판매 촉진을 위한 하나의 자극이다. 구체적인 방법으로는 상품의 포장이나 용기 등에 응모권을 넣는 방법, 상품의 포장 등에 문제를 출제하는 방법, 상품을 구입함으로써 해답을 쉽게 구할 수 있는 문제를 광고에서 출제하는 방법, 상품 구입자나 거래 상대방을 대상으로 하여 경연 등의 콘테스트를 실시하는 방법 등이 있다.

소셜네트워크서비스 SNS social network service 온라인 공간에서 이용자로 하여금 인적 네트워크를 구축할 수 있도록 하는 서비스. 인맥관리서비스 혹은 사회연결망서비스, 커뮤니티형 웹사이트라는 용어로 설명하기도 한다. 서비스의 요체는 절차를 통해 참가자끼리 특정 관계를 형성하고, 그 범위를 점점 더 넓혀서 결국은 참가자 사이의 광범위한 상호 작용을 긴밀한 방식으로 중계하는 것이다. 페이스북(www.facebook.com), 트위터(www.twitter.com), 마이스페이스(www.myspace.com), 싸이월드(www.cyworld.com) 등이 이 서비스를 대표하는 웹사이트다. 소셜네트워크서비스가 제공하는 것은 일차적으로는 사람과 사람 사이의 연결이지만, 그 연결이란 것이 참가자들이 일상 속에서 얻은 정보나 의견을 공유할 수 있는 링크 구조를 뜻하는 것이어서, 전 세계 수많은 사람들이 참여하는 소셜네트워크서비스는

오늘날 정보유통에 지대한 영향을 끼치는 존재가 되고 있다. 그 요인은 참가자 개인이 정보발신자 구실을 하는 1인 미디어라는 것, 네트워크 안에서 정보를 순식간에 광범위하게 전파할 수 있다는 점, 키워드 기반의 검색정보보다 정보의 신뢰성이 높다는 점 따위가 그 주된 요인이라 할 수 있다. 많은 기업이 소셜네트워크서비스 안에서 자신의 활동을 알리거나 특정 상품 혹은 이벤트에 대한 정보를 제공하고 있으며, 소셜네트워크를 기반으로 한 이른바 소셜커머스도 새로운 유형의 전자상거래로 떠올랐다. 소셜네트워크서비스는 기업 활동뿐만 아니라 사회운동의 플랫폼으로도 주목받고 있는데 정보 연결이 사회 여론을 형성하고 증폭하며 네트워크 안에서 참여를 이끌어낼 가능성 때문이다. 소셜네트워크서비스를 제공하는 웹사이트는 효과적인 광고매체이기도 하다. 일부 사이트는 이용자들의 인구통계학적 특성을 분류하고 이용자의 관심사를 유형화하여 타깃을 선별하는데, 가령 가입자 프로파일과 활동 기록을 토대로 광고주가 지정한 요건에 부합하는 이용자를 찾아주는 것이다.

소집단 커뮤니케이션 small group communication

소집단 내에서 이루어지는 대인 커뮤니케이션. 대인 커뮤니케이션의 한 형태이면서, 소집단이라는 특수한 커뮤니케이션 상황에서 여러 사람들 상호 간에 이루어진다는 특성을 갖는다. 소집단 커뮤니케이션이라고 할 때 소집단은 '어떤 공동 목적(common goals)을 달성하기 위해 구성원들 사이에 일정한 형태의 조직구조를 가진 상호의존 관계에서 서로 영향을 주고받으면서 교호작용을 하는 개인들의 집합'이라고 정의된다. 소집단 커뮤니케이션은 마케팅에서 말하는 준거집단(reference group)이란 성격을 가지며 준거집단 내의 커뮤니케이션이 개인의 태도에 영향을 준다는 관점에서 마케팅 및 광고 커뮤니케이션과 관련이 있다.

소품 props

촬영에 필요한 각종 소도구 및 장식용품. 화분, 거울, 액자, 꽃병, 커튼, 스탠드 등.

소프트 포커스 soft focus

필터나 기타 재료를 렌즈 앞에 부착하거나 후반 작업에서의 조정을 통해 해상도를 일부러 감소시켜 낭만적이고 꿈 같은 영상을 표현하는 영상 기법. 피사체의 경계가 희미해지고, 빛을 확산하여 전체적으로 몽환적인 이미지를 만들어낸다. 사진, 영화 등 영상 재현 장르에서 흔히 볼 수 있으나 오늘날의 관점에서는 다소 상투적인 이미지를 만들어내는 기법이다. ■

속담 proverb

민간의 지혜가 응축되어 내려온 경구. 서민생활 속에서 만들어진 것이나 고전에서 연유된 것도 있다. "오는 말이 고와야 가는 말이 곱다", "비 온 뒤에 땅이 굳는다", "등잔 밑이 어둡다", "뛰는 놈 위에 나는 놈 있다", "낮말은 새가 듣고 밤말은 쥐가 듣는다", "원숭이도 나무에서 떨어질 때가 있다", "똥 묻은 개가 겨 묻은 개 나무란다", "선무당이 사람 잡는다", "지렁이도 밟으면 꿈틀거린다", "짚신도 짝이 있다", "급할수록 돌아가라" 등 그 종류가 많다. 특유의 간결성과 교훈성 그리고 만인에게 잘 알려져 있기 때문에 광고 카피로도 응용되곤 한다. 한 식품회사의 "콩 심은 데 콩이 납니다"라는 헤드라인이 그런 예다.

속편 sequel

오리지널의 플롯과 등장인물을 기용하여 만드는 영화나 드라마. 보통 오리지널 제목을 그대로 쓰며 뒤에 숫자를 붙여 속편임을 명확히 한다. 흥행산업에서 속편이 활발하게 제작되는 이유는 오리지널의 명성에 기대어 흥행의 불확실성을 상당히 줄일 수 있기 때문이다. 아울러 스토리와 등장인물의 성격이 이미 정해져 있어 제작 기간을 줄일 수 있는 장점도 있다. 광고업계도 속편 제작을 활발히 하는 편인데 오리지널 광고가 인기를 끌거나 광고효과를 기대 이상으로 거둘 경우 대부분 속편 광고가 이어진다. 영화와 마찬가지로 등장인물과 플롯을 전편과 동일하게 유지하는데, 사람들로 하여금 광고를 보고 오리지널을 떠올리도록 하기 위해서다.

손글씨 handwriting

손으로 쓴 글씨. 인쇄를 위한 글씨의 기계화 과정이랄 수 있는 활자체처럼 일률적이지도, 공식적이지도 않은, 모든 개인이 저마다 가진 고유의 글씨체라 할 수 있다. 따라서 광고에서 손글씨를 두드러지게 사용하면 격식에 얽매이지 않은 자유롭고 개인적이며, 때로는 비밀스러운 분위기가 느껴진다. 활자체가 권위를 기반으로 하는 공식적인 세계를 표상한다면 손글씨는 이것과 반대로 빈틈없이 조직된 세계에서 일탈하려는 자유와 순수를 표상한다. ■

쇼룸 show room

상품을 전시하여 즉매(卽賣), 실연, 시식 등을 하고 상품 소개와 보급을 위해 홍보를 하기 위한 장소. 유동인구가 많은 백화점이나 쇼핑 아케이드를 임대하는 경우와 자기 회사 입구나 전시실을 이용하는 경우도 있다. 단순히 상품을 진열하는 것에서 탈피하여 상품의 실연, 혹은 테스트를 통해 상품의 우수성을 입증하는 방법도 많이 쓰인다.

쇼릴 show reel

클라이언트에게 제시할 목적으로 제작한 소개용 영상물. 일종의 데몬스트레이션 릴(demonstration reel)로 광고대행사나 광고 프로덕션의 주요 광고물을 모아놓은 작품집이다. 회사의 경력을 소개하거나 연출자의 역대 작품을 소개하는 용도로 쓰인다.

쇼 스탠드 show stand

점포의 전시용구로 신문, 잡지의 광고 또는 그 복사물 등을 넣어서 게시하기 위해 칸막이 이식이나 벽에 기대어 세우게 한 용구.

소프트 포커스
피렐리
1972

손글씨
리바이스(부분)
2010

SUGAO

姉の弱点に学んで、わたしはキレイになる。

キユーピーハーフ

손글씨
큐피 하프
2005

쇼윈도 show window 행인에게 상점을 주목시켜 상점 안으로 유인하기 위해 도로 면에 설치한 디스플레이. 이에 더해 자사 이미지를 잠재소비자에게 누적시키려는 목적으로 이용한다.

쇼케이스 show case 매장에서 상품을 전시하기 위해 사용하는 진열기구. 과거에는 상품을 보호하는 기능이 우선했으나 구매의욕을 고취시키는 기능으로 전환되고 있다.

숏 shot 촬영의 기본단위로 한 번에 촬영한 화면. 숏의 분류 체계는 연출자나 프로듀서, 촬영감독 등이 서로의 의도를 정확하게 주고받기 위한 수단으로 발전했다. 숏을 분류하는 기준은 피사체 크기와 숫자, 각도, 카메라 움직임 등 상당히 다양하다. 가장 기본적인 숏 분류는 피사체를 크기를 기준으로 나누는 것으로 피사체를 크게 찍는 클로즈업부터 바스트 숏, 미디엄 숏, 니숏, 풀 숏, 롱 숏, 익스트림 롱 숏 등의 종류가 있다. 익스트림 롱 숏은 아주 먼 거리에서 피사체를 찍은 화면으로 강 건너에서 바라본 도시, 하늘에서 바라본 건물 등을 말하는데 앞으로 벌어질 사건의 배경을 보여주는 구실을 한다. 클로즈업은 피사체를 확대한 화면으로 인물을 클로즈업하면 그의 심리 상태를 섬세하게 묘사할 수 있다. 숏은 단순히 장면을 구분하기 위한 기준이 아니라 그 종류에 따라 다양한 심리적 효과가 발생하고 결국 메시지 전달력에 영향을 준다는 면에서 광고 제작자의 관심 대상이 된다.

수면효과 sleeper effect 커뮤니케이션 발생 즉시 수신자에게 영향을 주는 것이 아닌 일정한 기간이 경과한 후에 커뮤니케이션 효과가 나타나는 현상. 일반적으로 일정량의 광고 자극과 제품의 사용 경험이 결합되어 나타난다.

수사법 rhetoric 수사의 방법. 언어 표현을 실현하는 도구로 크게 비유법과 강조법으로 나눌 수 있다. 비유법은 두 사물을 비유함으로써 의미를 성취하는 기법으로 직유법, 은유법, 의인법 등이 있으며 강조법은 내용의 두드러진 변화를 추구하기 위한 것으로 과장법, 대조법, 역설법 등이 있다. 광고 문장 나아가 광고 표현의 수법이기도 하다.

수요 demand 구매력이 뒷받침된 욕구. 욕구(want)란 필요를 충족시키기 위한 구체적인 해결 방법을 말한다. 한편 필요(needs)란 기본적인 만족이 충족되지 않은 상태인데 가령 어떤 사람이 더위를 심하게 느낀다고 할 때 그 사람은 시원했으면 좋겠다는 '필요'를 느낀다. 따라서 그는 에어컨을 사고 싶다는 '욕구'를 느낀다. 즉, 욕구는 필요가 해결 방법으로 표시된 것을 말한다. 한편 이 사람이 에어컨을 살 의사도 있고 그것을 살 만한 지급 능력이 있다고 하면 비로소 '수요'가 된다. 즉, 수요는 구매력이 뒷받침된 구매 욕구다. 이런 수요를 마케팅의 관점에서 파악한 것이 시장수요다.

수요 예측 demand forecast 특정 상품에 대한 수요를 추정하는 것. 예측의 대상이 되는 것은 잠재수요, 판매가능액, 판매예상액 등이다. 잠재수요란 일정 기간 동안에 해당 상품의 판매자가 소비자에게 팔 수 있는 최대 매출액의 합계를 뜻한다. 판매가능액이란 한 기업이 해당 상품에 대해 최대한 마케팅 노력을 투입했을 때 판매할 수 있는 최대 매출액을 의미하며, 판매예상액은 일정한 환경하에 일정 기간 동안 일상적인 마케팅 노력을 투입할 때 예상되는 해당 상품의 매출액을 뜻한다. 일반적으로 수요 예측이라고 할 때는 이 세 가지 중 하나를 추정하는 것이다.

수용자 receiver 메시지를 수신하고 반응을 하는 개인이나 집단. 일반적으로 수용자는 발신자가 보내는 메시지를 수동적으로 받아들이는 존재로 여겨지나 기능적 관점에서 수용자는 발신자와 상호작용을 하게 된다. 매스 커뮤니케이션에서 수용자는 매스(mass) 혹은 매스 오디언스로 불리는데 매스 오디언스는 비교적 다수이고 이질적인 익명의 수용자다. 하지만 매스 오디언스라 하더라도 피동적이며 상호 유리된 존재가 아닌 능동적으로 정보를 추구하고 집단의 성원으로서 주어진 정보에 대해 서로 다른 반응을 보이는 주체적인 성격이 최근 강조되고 있다. 특히 매스 커뮤니케이션 수단으로 급부상하고 있는 온라인 미디어에서는 주체적 참여자로서 수용자의 활동이 매스 미디어의 존재 양식을 근본적으로 재정의하고 있다. 광고 메시지의 수용자는 주로 매스 미디어를 통해 접촉되는 잠재고객이며 마케팅에서는 광고 메시지의 수용자를 표적시장, 타깃 오디언스 등으로 부른다.

수중 사진 underwater photography 물속에서 찍은 사진. 수중 또는 바다 밑 동식물 등을 찍은 사진을 말한다. 물속에서는 물의 굴절률 때문에 실제 피사체보다 크게 보이고 거리는 가깝게 보인다. 수면에 대해 태양의 각도가 기울거나 파도가 있으면 반사와 굴절이 심하여 물속은 어두워지고, 물속에 미세 부유물이 많으면 빛이 산란하여 투명도가 저하된다. 이런 현상은 일정한 데이터를 낼 수 없고 촬영할 때마다 노출계를 써서 정확한 노출 설정을 하는 것이 필요하다.

수출 광고 export advertising 외국 시장에 상품을 팔기 위해 외국에서 실시하는 광고. 광고주가 직접 수출 광고 매체를 사용하는 경우도 있지만 대부분은 광고대행사 국제광고부나 현지 광고대행사를 이용한다.

슈퍼임포즈 super impose □ 텔레비전의 자막 광고 □ 두 개 이상의 화면을 복합시켜 하나의 화면으로 만드는 합성 기법. 배경에 타이틀과 이름, 설명문자 등을 중첩시키거나, 두 개 이상의 화면을 중첩 또는 동일한 피사체를 다른 각도에서 촬영한 화면과 중첩시키기도 하는 등 그 구사 방법이 다양하다. 만일 디졸브(dissolve) 조작 시 중간에서 조작을 정지하면 슈퍼임포즈가 된다. ■

스냅 촬영 snap shot 연출하지 않고 재빨리 찍는 수법. 기록성을 중시하는 촬영이나 다큐멘터리 수법으로 묘사하고자 할 때 구도나 화질에 어려움이 있더라도 생동감과 리얼리티를 표현할 수 있다. ■

스니크 인 sneak in 해설이나 대사 등이 진행되고 있는 사이에 음악이나 효과음을 서서히 삽입시켜 점점 확대해가는 오디오 연출 용어. 이와 반대로 스니크 아웃(sneak out)은 해설이나 대사가 진행되는 도중에 음악이나 효과음이 어느새 작아져 마침내는 사라져버리게 한다는 용어. 스니크(sneak)라는 말은 '살금살금 도망가다'라는 뜻이다. 페이드 인(fade in), 페이드 아웃(fade out)과 같은 비슷한 기법이 있지만 이에 비해 타이밍상에서도 넉넉하고 표현상 더욱 풍부한 맛이 있다.

스릴러 thriller 관객의 공포심리를 자극하는 영화나 드라마. 미스터리 영화나 범죄 영화, 때에 따라서는 모험 영화, 첩보 영화 등도 스릴러로 본다. 이야기 전개는 대개 문제 해결을 뒤로하고 관객의 관심을 유지시키면서 서스펜스를 점증시킨다. 스릴러는 영화뿐만 아니라 연극, 소설에서도 찾아볼 수 있으며 드물지만 광고가 스릴러 성격을 갖는 경우도 있다. 시청자의 공포심리를 자극하거나 불안감을 증폭시키는 유형의 광고가 그렇다.

스마트텔레비전 smart television 인터넷과 연결한 텔레비전이라는 의미로 기존 텔레비전 기능에 인터넷 공간의 콘텐츠와 소셜네트워킹 기능을 텔레비전을 통해 구현할 수 있게 된 서비스. 검색과 애플리케이션으로 수동적이던 텔레비전 시청 패턴을 완전히 바꾸어 놓을 것으로 기대되고 있다. 가령 검색 사이트 구글(Google)이 주도하는 구글텔레비전은 안드로이드마켓을 통해 애플리케이션을 다운받아 텔레비전에서 활용할 수 있다. 이처럼 텔레비전에 웹 환경을 구현하면 인터넷 브라우징이나 검색, 게임 등 피시에서 사용하던 기능을 텔레비전에서 실행할 수 있으며, 음성인식과 동작인식 등 텔레비전의 인터페이스를 크게 개선할 가능성도 점쳐진다. 스마트티브이는 기존 방송산업에 커다란 변화를 가져올 잠재력을 가진 것으로 평가되는데, 즉 사람들이 영상전화, 소셜네트워크서비스의 텔레비전 애플리케이션을 이용하게 되면서 실시간 텔레비전

시청이 줄어들 뿐만 아니라, 광고를 피하게 해주는 애플리케이션도 쉽게 설치할 수 있어 방송 광고의 가치 하락을 예상할 수 있다. 이에 따라 방송사업자의 비즈니스 모델, 즉 광고 수입으로 프로그램을 제작하고 시청자를 모아 다시 광고를 파는 방식의 변화가 불가피할 것으로 예측하는 시각도 있다. 반대로 텔레비전 제조사, 응용 프로그램 개발자, 콘텐츠 제공자 입장에서는 관련 서비스를 제공하면서 광고를 노출시킬 수 있는 여지가 넓어 장기적으로 의미 있는 광고매체로 자리 잡을 여지도 있다. 예를 들어 제조사는 자신의 텔레비전을 구매하는 사람들에게 자신의 계열 영화사의 인기 영화를 무료로 보여주고 중간에 광고를 노출시킬 수 있고, 게임 애플리케이션을 제공하는 회사 역시 광고를 게임 안에 배치할 수 있다. 2010년 인터넷 접속 기능을 가진 구글텔레비전이 출시된 이후 글로벌 텔레비전 제조사와 피시 제조사, 모바일 기기와 애플리케이션 시장 참여자들이 이 시장을 두고 경쟁하고 있다.

스마트폰 smart phone 고기능 휴대전화를 지칭하는 용어. 초기에는 휴대전화 기능에 피디에이(PDA: personal digital assistant) 기능을 결합한 휴대전화를 지칭했으나 이후 포터블 미디어 플레이어, 카메라, 고해상 터치스크린, 웹브라우저, GPS 내비게이션, 와이파이 등의 서비스를 추가한 모델이 등장했다. 이로서 사용자는 휴대전화가 터지는 곳이라면 언제 어디서든 전화, 웹 검색, 채팅, 이메일 전송뿐만 아니라 금융거래, 증권거래 등의 업무를 할 수 있다. 2007년 애플사가 아이폰(iPhone) 1세대 모델을 출시하고 2008년 일종의 응용 프로그램 시장인 이른바 앱스토어(App Store)를 출범시키면서 급속히 보급됐다. 주어진 기능만을 사용하던 기존 피처폰과 견주어 수많은 응용 프로그램을 선택해 자신만의 인터페이스를 만들 수 있고, 원한다면 직접 응용 프로그램을 제작할 수 있는 점 등이 스마트폰의 기능적 특징이다. 세계적으로 보급 대수가 획기적으로 확산하는 추세와 맞물려 광고매체로서의 기능도 주목받고 있는데, 검색 광고와 배너 광고 등 일반적인 인터넷 광고 유형 이외에도 응용 프로그램을 이용한 광고가 특히 관심의 대상이다. 기기에 내장된 위치기반 정보와 소셜네트워크서비스(SNS: social network service), 응용 프로그램과 결합해 과거에 존재하지 않았던 새로운 형태의 광고가 다수 등장할 것으로 보인다. 애플의 아이오에스(iOS), 구글의 안드로이드(Android) 등 모바일 운영체제를 장악하기 위한 경쟁이 치열하다.

스케일링 scaling 사진이나 아트워크의 원고 전체를 일정한 비율로 확대하거나 축소하는 것. 면적 전체를 그대로 확대 및 축소하는 것.

ㅅ

FOOT

슈퍼임포즈
아디다스
1996

No surprises so far.

스냅 촬영
세인즈베리
1992

스크린 screen □ 영화가 영사되는 막. 또한 텔레비전 수상기의 화면. 텔레비전 스크린에 나타나는 영상은 1초에 30프레임이며 525개의 주사선으로 그려진다. □ 인쇄물의 망점을 여러 형태로 배열한 유리판이나 필름. 평행선, 십자선, 파형선, 단선, 이중망 등 종류가 다양하다.

스크립트 script 영화 촬영대본. 때로는 라디오, 텔레비전의 방송용 대본. 광고에서는 글로 쓴 광고안. 광고 아이디어는 스케치 혹은 러프(rough) 형태로 그려서 제시하는 것이 보통이나 아이디어 수가 많고, 형식을 따질 필요가 없을 때 아이디어 개요 등을 글로 적어 회의에 소개한다. 정해진 양식은 없으며 대개 간략하게 제작의도 및 스토리를 기술한다.

스타 star 대중적 인기가 높은 인물. 대중문화의 예능인으로서 영화배우, 가수 등이 대다수를 차지한다. 영화에서 스타는 전국적, 나아가서는 국제적 지명도와 인기를 지녀 주로 주인공으로 활약하는 인물이다. 그들은 연기력이나 연기술의 전문성 때문이 아니라 자신의 이미지와 개인적 매력으로 대중의 관심을 끈다. 스타의 이런 속성을 흥행산업의 이해관계와 일치시킨 것이 스타 시스템이다. 스타는 대중문화 산업의 경제적 이익과 불가분의 관계를 맺고 있어 스타의 발굴과 육성이 산업의 효율성을 위해 매우 중요한 과제로 대두됐다. 이른바 매니지먼트 산업은 스타를 선발하고 표준화하며 약점을 보완하고 다듬는, 한마디로 스타를 만들어내는 공장 같은 곳이다. 대중문화산업 구조 안에서 스타는 하나의 상품으로, 프랑스 비평가 에드가 모랭(Edgar Morin)이 그의 책 〈스타〉(Les Stars)에서 지적했듯이 스타에게는 가격이 있고, 그 가격은 수요와 공급의 변동에 따라 규칙적으로 변화한다. 오늘날 스타의 생활은 항상 상업적 효과, 즉 선전효과를 발생시키는데 스타의 생활양식 자체가 상품이 되기 때문이다. 스타가 광고주 상품의 메신저로 이상적인 조건을 가진 존재로 평가받는 것도 스타의 이런 속성, 즉 대중소비사회의 우상으로서 스타의 성격이 점점 더 구조화되는 것과 불가분의 관련을 맺는다.

스타 시스템 star system 스타의 대중적인 호소력을 집중적으로 조성하고 선전하여 경제적 이익을 보려는 영화 제작 시스템. 이때 관객은 영화 내용이나 감독의 명성보다는 스타의 출연 여부만 확인하고 영화 관람을 결정한다. 영화 속에서 스타 연기자의 존재 여부는 영화의 다른 면, 플롯이나 감독의 세계관보다 더 중요하다. 스타 시스템은 할리우드에서 시작됐지만 음악산업과 텔레비전 등 대중문화산업으로 확산됐고 광고산업도 스타 시스템을 적극적으로 받아들였다. 광고에서 스타는 상품의 장점을 설득하기보다는 자신의 생활양식 속에 상품의 존재를 부각시키는 전략을 주로 쓴다. "매혹의 입술을 지니세요. 할리우드 스타들처럼", "그녀가 입으면 유행이 된다", "그는 무엇으로 사는가?"라는 식의 광고 등은 시스템 안에서 스타 이미지를 세일즈하는 흔한 사례다.

스타 이미지 star image 대중이 스타에게 느끼는 고유한 성격. 스타는 자신의 실제 성격과 상관없이 어떤 이미지가 형성되는 것이 보통인데 외모와 말투뿐만 아니라 공적 영역에서의 활동 등에 영향을 받는다. 영화배우를 예로 들면 로버트 레드퍼드(Robert Redford)는 귀족 이미지, 잭 니컬슨(Jack Nichoson)은 반항아 이미지, 메리 픽퍼드(Mary Pickford)는 순진한 말괄량이 이미지, 그레타 가르보(Greta Garbo)는 성스러운 이미지를 가진다. 마찬가지로 서태지는 반항아적 혁신자, 최진실은 영리한 수다쟁이, 안성기는 가정적이고 온화한 남편이라는 이미지를 갖는다. 예외가 있기는 하지만 스타 이미지는 광고에서 더욱 확대재생산된다. 이런 점은 한국 광고에 등장했던 국제적인 스타의 경우에서 쉽게 확인할 수 있다. 샤론 스톤(Sharon Stone)은 치명적인 요부, 브래드 핏(Brad Pitt)은 유쾌한 난봉꾼, 멕 라이언(Meg Ryan)은 귀여운 말괄량이, 주윤발(周潤發)은 의리를 위해 싸우는 액션 영웅, 장국영(張國榮)은 섬세하고 쉽게 상처받는 유형 등이다.

스타일리스트 stylist 의상, 헤어스타일, 메이크업 등을 맡아 출연자의 분위기를 연출하는 사람. 최신 유행은 물론 시대 고증에도 일가견이 있어야 하며 나아가 연출 및 촬영에 관해서도 어느 정도 지식이 필요하다.

스타 캠페인 star campaign 스타를 기용한 광고 캠페인. 스타의 인지도에 기대고 그의 매력성을 조성하여 소비자로 하여금 광고 상품을 살 만한 것으로 여기도록 만드는 전략으로 오늘날 보편적인 소구 방법 중 하나다. 스타가 출연한 광고는 그렇지 않은 광고에 비해 더 쉽게 주목을 받으며 상품 개념을 더 잘 전달할 수 있고 나아가서는 광고주와 상표에 대한 신뢰성을 높이는 데 유리하다. 광고 모델의 명성과 이미지를 광고 상품의 이미지와 동일시하려는 소비자 성향도 스타 캠페인이 성행하는 요인이다. 스타 캠페인은 화장품, 패션, 미용 등 아름다움을 세일즈하는 업종에서 흔했지만 최근에는 건설 광고, 식품 광고, 금융 광고, 컴퓨터 광고 등 업종에 상관없이 광범위하게 확산되는 추세를 보이고 있다. ■

스태프 staff □ 영화, 방송, 광고 제작 분야에서는 출연자 이외의 제작진을 부르는 용어. 현장 제작에 참여하는 인원을 말하지만 넓게는 광고 제작에 직접적인 영향을 미치는 제작 기획 부문의 인력을 포함한다. 이벤트, 프로모션, 행사에서는 행사의 기획 및 진행을 담당하

디지털 유목민 센스

국내유일 지상파 DMB 내장형 12.1" 와이드 노트북　　센스 Q30 블루 오션 탄생!

- Blue Ocean
- Silver Road
- Red Carpet

방송 시청에서 녹화까지!　고화질, 고음질의 TV 방송 시청은 물론 녹화(60GB로 약 200시간), 영상 캡쳐까지
방송과 인터넷을 동시에!　드라마를 보면서 인터넷 검색, 파일 편집, e-mail 전송 등 다양한 기능까지
편리한 DMB 업그레이드　새로운 DMB 서비스가 나올 때마다 손쉽게 DMB 소프트웨어 업그레이드까지
초소형, 초경량　한손에 쏙 잡히는 초소형 사이즈(28.8cmX19.8cmX1.8cm, 최박부 기준)에 오래 들고 다녀도 가뿐한 초경량(1.15kg)

디지털 유목민
SENS

삼성전자

우리의 대표브랜드-삼성

강한 녀석이 재밌어졌다!

V가 돌아왔다! 700만 화소의 승자 삼성 케녹스 V10

V 업그레이드 동영상 이어찍기,손떨림방지,자체 동영상편집,화면캡쳐 등 다양한 동영상연출
V 라이브 히스토그램 LCD창에 뜨는 실시간 노출조정으로 단 한번에 원하는 촬영

V 텍스트 문자인식 타이핑 필요없이 책,신문 등 촬영 후, 문자가 바로 텍스트파일로 저장
V 눈부신 스타일 노블와인, 밀크실버, 인디고블루 3가지 컬러로 스타일리쉬한 body

2005 케녹스 Happy Start 페스티벌 (1.17 ▶ 2.28)
· U-CA5 구매시, 128MB 메모리 증정   · V10 구매시, 생쇼나이트 가방
· 알파5 구매시, 256MB 메모리 증정   · 알파7 구매시, 256MB 메모리 증정
NAVER 검색창에서 삼성케녹스 를 치고, 케녹스 페스티벌에 참여하세요!

케녹스 유카5 탄생!
· 최대 15배줌이 가능한 500만화소
· 빛이 적어도 선명하게 찍히는 SF7기능
· 핸드폰 충전기로 편리하게 충전가능
· 포토프라임 등 다양한 특수효과

삼성케녹스
KENOX

스타 캠페인
삼성케녹스
2005

스타 캠페인
올림푸스
2004

대한민국 투톱 여배우
드디어 스폰서를 밝히다!

그녀들에게 쇼핑의 특별대우와 파격적인 서비스를 제공하는 스폰서, S전격 공개!

▶그녀들의 쇼핑스폰서 S 현대백화점 5% 할인쿠폰 제공, 2-3개월 무이자 할부, Top Class 프로그램 제공, 무료주차쿠폰 제공, 사용액에 따라 이벤트 초대

▶그녀들의 혜택스폰서 S 현대홈쇼핑/Hmall 5% 추가 혜택, 뷰티·헤어·스파·휘트니스클럽 10~20% 할인, 영화예매 및 놀이공원 할인, 항공권 5~7% 할인

▶그녀들의 포인트스폰서 S 적립된 세 가지 포인트로 현대백화점 상품권 및 사은품 교환, 현대홈쇼핑/Hmall에서 상품 구매, 차 살 때 최고 200만원까지 할인

SPONSORED BY S

스타 캠페인
현대카드
2004

는 사람을 말한다. □ 기업 경영에서는 기업 행위에 대해 의사결정자에게 조언을 하는 기관을 뜻한다. 회사의 정책결정과 집행을 하는 라인(line)에 대해 올바른 의사결정과 집행을 돕기 위해 전문적으로 조언하는 기관이다.

스탠드업 광고 stand-up advertising 광고 출연자가 카메라 앞에서 제품 뉴스를 직설적으로 알리는 형식의 광고. 상품 추천자가 서서 말한다고 하여 스탠드업이라 한다. 광고효과가 추천자의 전달력에 좌우되므로 출연자 선정이 광고 제작의 중대한 요소가 된다. 역대 스탠드업 광고 중에서 기억할 만한 것 중 하나는 연기자 박상원이 출연한 침대 광고로 그는 카메라 앞에 서서 "안녕하세요. 박상원입니다. 침대를 구입하실 땐, 반드시 속을 확인하신 후에 고르셔야 합니다. 침대는 가구가 아닙니다"(에이스침대, 1994)라는 멘트를 했다.

스탠디 standee 극장 매표소 혹은 출입구 등에 세우는 영화 선전판. 주연배우의 모습 등을 모형구조물로 제작하여 극장 주변 눈에 잘 띄는 곳에 세워놓는다. 한 개 영화관에 여러 스크린이 있는 멀티플렉스 극장이 다수 등장함에 따라 각광받게 된 매체이다. 크기는 대략 가로 1m, 세로 2m. 분류로는 POP 광고다.

스테이션 브레이크 station break 프로그램과 프로그램 사이의 짧은 공백시간을 지칭하는 말. 이 시간에 국명 고지와 토막 광고를 방송한다.

스토리보드 story board 광고의 주요 장면을 그림이나 사진 등으로 정리한 계획표. 광고의 주요 장면과 함께 카피와 음악, 음향효과를 자세히 표시한다. 스토리보드는 용도에 따라 여러 가지가 있는데 제작 과정에 따라 필요한 스토리보드 형태가 모두 다르다. 러프 보드(rough board)는 광고 아이디어를 대략적으로 시각화한 것이다. 아이디어 골격만 표현할 뿐, 다른 세세한 묘사는 생략하며 아이디어 기록이라는 의미만 있다. 프레젠테이션 보드(presentation board)는 광고주에게 제시하는 스토리보드다. 광고주는 완성될 광고물을 유추하는 것이 어려워 완성될 광고와 최대한 유사하게 구성하여 광고주 이해를 돕는다. 촬영 콘티(shooting conti)는 촬영을 위한 스토리보드로 카메라워크 등 촬영에 필요한 모든 요소를 그림 혹은 메모 형태로 표시한 것이다.

스토리텔링 storytelling 이미지, 글을 통해 이야기를 만들어 전달하는 것. 소설과 희곡, 영화 등이 플롯이라는 구조 속에서 이야기 형식을 만들어내는 대표적인 재현 장르이지만 음악과 영상, 광고에서도 이야기를 만들어내는 예는 흔하다. 창조적인 이야기는 감동적이고, 심금을 울리며, 최소한 재미있다. 30초 내외의 광고가 전달하는 이야기는 상품을 둘러싼 개념 중심의 이야기인 경우가 많고 줄거리 이면에 상품의 의미를 중층화시키는 전략을 주로 사용한다. 어쨌든 이야기가 인상적일 때 광고는 소비자에게 각인되어 오랜 시간 뇌리에 남아 있을 공산이 크다. 비록 줄거리를 가지지 않더라도 광고의 배경과 표현 기호가 특정한 이야기를 함축하는 경우도 물론 있다. ■

스토퍼 stopper 보는 사람의 시선을 붙잡아 다른 데로 옮기지 못하게 하는 요소. 생각 없이 매체를 접하는 사람의 주의를 끌어 멈추게 한다는 뜻이다.

스톱모션 stop motion 영상에서 단일 프레임을 반복 재생하여 움직임을 멈추게 하여 마치 화면을 사진처럼 보이게 하는 정지화면 효과. 스톱 프레임(stop frame), 홀드 프레임(hold frame), 프리즈 프레임(freeze frame)이라고도 한다. 갑작스러운 행위의 정지로 시간의 흐름 속에서 화면만을 고정시키므로 특정의 시간을 강조하거나 극적인 충격효과를 주게 된다.

스튜디오 studio 촬영 및 녹음 등이 이루어지는 설비. 방송 스튜디오, 사진 스튜디오, 광고 스튜디오, 녹음 스튜디오, 시엠송 스튜디오 등이 있다. 영상 제작을 위한 스튜디오는 외부로부터 독립, 차음되고 언제나 일정한 조건을 유지할 수 있는 바닥이 필요하다. 또한 벽면에는 배경이 되는 커튼을 매단 설비나 무한원(無限遠)을 내기 위한 호리촌트 시설이 되어 있다.

스튜디오 촬영 studio shooting 스튜디오에서 촬영을 하는 것. 스튜디오는 날씨나 시간에 영향받지 않고 집약적으로 촬영을 할 수 있어 방송, 광고, 영화 부문에서 일상적으로 촬영이 이루어지는 곳이다. 광고를 스튜디오에서 촬영하는가, 야외에서 촬영하는가는 스토리보드에 따라 결정되는데 보통 배경이 거실, 부엌, 사무실, 화장실 정도의 실내라면 스튜디오 안에 세트를 만들어 촬영을 할 때가 대부분이다. 반면 배경이 운동장, 유적지, 해변, 초원 같은 야외일 때는 스튜디오에서 찍는 것이 사실상 불가능하다.

스티커 광고 sticker advertising 스티커에 광고 문안 및 도형 등을 표시하여 필요한 곳에 붙이는 광고. 광고가 새겨진 스티커를 업종과 관련된 장소에 붙여놓으면 서비스가 필요한 상황에 닥쳤을 때 자연스럽게 광고에 노출될 수 있도록 한다. 아파트 현관문 손잡이 부근에 열쇠점포 스티커를 붙이는 것이 한 예다. 배달 요식업, 하수도 관련업, 이삿짐센터, 열쇠 및 하수도 관련업 등 서민형 생활 광고가 대부분이다.

스펙터클 spectacle □ 장관 혹은 볼거리. 영화에서는 관객을 압도하는 매혹적인 구경거리를 말한다. 거대한

스토리텔링
리바이스
1994

스케일의 서사 영화나 역사 영화를 두고 스펙터클 영화라고 부르기도 한다. 거부할 수 없는 시청각적 쾌락을 선사한다. □ 프랑스의 상황주의자 기 드보르(Guy Debord)가 정교화한 개념으로 '구경거리'를 뜻하는 개념. 이때 스펙터클은 텔레비전, 전람회, 영화, 광고 등 모든 것을 포괄하며 광범위하게 말하면 자본주의 사회에서 이뤄지는 상품 소비와 선전이 구경거리가 돼버린 상태를 말한다. 드보르에 의하면 자본주의 사회 속에서 인간은 자신의 주체적 삶을 영위하기보다는 '스펙터클'의 흐름 속에 단순히 삶을 '시청'하는 존재로 전락한다.

스폿 광고 spot advertising 방송 프로그램과 프로그램 사이, 즉 스테이션 브레이크(station break)에 방송되는 광고. 토막 광고라고도 부른다. 프로그램 전후에 방송되는 프로그램 광고와 더불어 방송 광고의 대표적인 형태다. 스폿 광고는 비용이 저렴하고, 매체 운용을 신축적으로 할 수 있어 시기별, 지역별, 시장별로 선택적 노출이 가능한 장점이 있다.

스폿 캠페인 spot campaign 특정 지역 또는 특정 기간 동안에 스폿만으로 실시하는 캠페인. 따라서 스폿 캠페인은 라디오, 텔레비전을 이용하여 전국적이 아니라 국지적으로 하는 광고 캠페인을 가리킨다. 예를 들면 전국적인 판로를 가진 상품이 어떤 지방에서 경쟁 상품에 뒤지고 있는 경우, 그 지방의 라디오, 텔레비전 광고에 중점을 두어 판매 촉진을 하는 것이다.

스페이스 space 광고를 게재할 장소의 크기. 주로 신문이나 잡지 등 인쇄매체 광고면을 지칭할 때 이 용어를 쓰지만 아래와 같은 다양한 용례도 있다. 인쇄 용어로 자(字)나 행(行) 사이에 간격을 두기 위해 채우는 것, 디자인에서는 여백을 화이트 스페이스(white space)나 블랙 스페이스(black space)로 부르는 것, 또 생활 공간을 조성하는 것을 스페이스 디자인이라고 부르는 것.

스펙 spec 주로 기계 제품의 중요한 제원. 디지털 카메라의 화소, 텔레비전의 주사선수, 오디오의 출력, 컴퓨터의 메모리, 냉장고의 용량, 자동차의 배기량, 카메라의 렌즈 구경 등을 말한다. 카메라, 텔레비전과 같은 이른바 디지털 가전제품을 비롯하여 휴대전화, 컴퓨터 등 IT제품, 자동차 등과 같은 내구 소비재 등을 광고할 때 성능을 설명하려면 스펙을 거론할 수밖에 없는데 이때에는 기술적인 내용을 알기 쉬운 소비자 언어로 전환하는 것이 중요한 과제가 된다.

스포츠 마케팅 sports marketing 스포츠를 테마로 전개하는 마케팅 활동. 교통 통신과 방송기술의 발달로 국제 스포츠 행사가 지구촌의 관심사가 되는 한편 스포츠 스타들이 유력한 마케팅 도구로 등장하면서 나타난 용어다. 유명 선수와 계약하여 광고에 출연시키는 것은 물론 관련 상품을 출시하는 등의 마케팅이 활발하게 벌어지고 있다.

스포츠신문 sports newspaper 스포츠 보도를 주목적으로 하는 신문. 스포츠 이외에도 영화, 예능 기사가 상당 부분을 차지하고 있어 대중 레저 신문의 색채가 짙다. 보통 일간지와는 달리 정기구독보다는 가판 위주로 배포된다. 스포츠용품 이외에도 구독자 특성을 반영하여 영화, 주류, 음료, 복권, 비디오, 콘서트 등의 광고가 주로 실린다.

스폰서 sponsor 전파매체의 광고주. 광고를 하고 매체료를 지불함으로써 결과적으로 해당 프로그램을 후원한다는 의미에서 이런 명칭이 생겼다. 행사의 재정적 후원자도 스폰서라고 부른다.

스핀 spin 홍보에 있어 여론을 유리하게 이끌기 위한 선전의 한 형태. 전통적인 홍보 활동이 사실을 근거로 한 공보 활동에 근거한다면 스핀은 늘 그렇지는 않지만 때로 여론조작에 가까운 활동을 포함한다. '휘어지다'라는 뜻을 가진 '스핀'이란 단어가 암시하는 것처럼 부정적인 의미를 가진 저널리즘 용어다. 이런 활동에 종사하는 전문가를 스핀 닥터(spin doctor), 이런 활동이 펼쳐지는 장소를 스핀 룸(spin room)이라고 부른다. 정치 영역에서, 특히 선거 캠페인 시 이와 유사한 활동이 광범위하게 펼쳐지는데, 쟁점을 단순화시키는 한편 유권자들에게 호소력 있는 어휘를 개발하여 미디어를 통해 상대의 주장을 무력화시키고 자신의 주장을 확산시킨다. 여론의 추이와 밀접한 이해관계를 갖는 기업에서도 스핀을 위한 전문가를 활용하는 경우가 있다.

슬라이드 광고 slide commercial 슬라이드 몇 컷을 이용하여 만든 방송 광고. 소구력은 약하나 제작비가 매우 싸고 제작 기간도 짧아 소매 광고 혹은 바겐세일 등 간단한 고지 광고에 이용할 수 있다.

슬랩스틱 slapstick 시끄럽고 요란하면서도 과장되고 우스운 행위로 이루어진 익살극. 무성 영화기에 성행했던 대표적인 영화 장르다. 광고 소재로도 가끔 쓰인다.

슬로건 slogan 기업의 주장이나 상품 특성을 장기간 반복하여 사용하는 간결한 말 혹은 문장. 헤드라인이나 보디카피는 서로 유기적 관계에 의해 목적을 달성하나 슬로건은 독자적으로 전달하고자 하는 내용 전체를 함축한다. 한편 캐치프레이즈는 주의를 끌기 위한 말로서 헤드라인에 해당되는 것으로 슬로건과는 다르다. 슬로건을 기업 슬로건, 캠페인 슬로건, 상품 슬로건으로 분류하는데 시간 경과에 따라 상품 슬로건이 캠페인 슬로건, 나아가 기업 슬로건화 되기도 한다. 기업 슬로건은 기업 정체성과 비전을 표현한 것으로 "믿을 수 있는 친구"(삼성), "대한민국을 새롭게 하는 힘"(SK텔레콤), "건강 100세를 추구하는 일동제약", "Just do it"(나이키) 등이 예다. 캠페인 슬로건은 특정 캠페인을 관통하는 키워드로 "함께 가요, 희망으로"(삼성), "Think New"(LG), "SK텔레콤을 쓴다는 것"(SK텔레콤), "즐거운 꿈, 즐거운 인생"(로또) 등을 말한다. 상품 슬로건은 특정 상품에 대해 장기간 사용하는 슬로건으로 "침대는 가구가 아닙니다"(에이스침대), "갈증해소를 위한 음료"(게토레이) 등이다. 한편 1999년 3월 미국의 광고 전문지 〈애드 에이지〉는 20세기 10대 슬로건을 다음과 같이 선정했다. 1. "Diamonds are forever"(다이아몬드는 영원히, 드비어스), 2. "Just do it"(저스트 두 잇, 나이키), 3. "The pause that refreshes"(상쾌한 이 순간, 코카콜라), 4. "Tastes great, less filling"(포만감 없는 환상의 맛, 밀러 라이트), 5. "We try harder"(더 열심히 합니다, 에이비스), 6. "Good to the last drop"(마지막 한 방울까지 좋다, 맥스웰하우스), 7. "Breakfast of champions"(챔피언의 아침 식사, 휘티스), 8. "Does she… or doesn't she?"(그녀는 한 걸까… 안 한 걸까, 클레롤), 9. "When it rains it pours"(왔다 하면 장대비, 모턴 솔트), 10. "Where's the beef?"(고기는 어디?, 웬디스).

슬로모션 slow-motion 느린 동작이란 뜻으로 피사체 움직임을 실제보다 매우 느린 동작으로 보이게 하는 영상 기법. 모든 대상은 우리가 일반적으로 인지하는 동작 속도가 있는데 그것을 대단히 느리게 변화시키면 새로운 시각 체험과 더불어 대상의 의미를 재인식하는 데 도움이 된다. 자연 다큐멘터리에서 곤충이나 조류가 나는 모습을 슬로모션으로 표현하는 것이 한 예다. 일반적으로 슬로모션은 스포츠 브랜드 광고에서 보여지듯이 신체 동작의 시(詩)적 아름다움과 우아함을 강조한다. ■

시각 소구 visual appeal 시각적인 자극을 주어 구매 의욕을 증진시키는 것. 광고 비주얼의 중요한 고려사항이며 특히 일러스트레이션, 광고 사진, 커머셜 분야의 핵심이다.

시각언어 visual language 시각 요소로 의사를 소통시키는 언어. 시각언어의 사고방식은 근대적 조형 예술의 일반 개념으로 이전부터 존재하긴 했지만 20세기 전반 이후 활발하게 논의됐는데 이 시기 시각언어 연구에 큰 공헌을 한 것이 바우하우스(Bauhaus)의 조형 이론이다. 바우하우스 이론은 주관에 치우치지 않은 객관적인 시각 방식의 기초를 다지고 시각전달의 언어성, 즉 시각전달의 객관성을 탐구한 것이었다. 시각언

어의 종류는 조형예술, 영화, 사진, 텔레비전 등 인간의 시각에 의한 생활이나 경험을 재현시킨 것인데 상업 디자인 혹은 광고 디자인에서 시각언어의 사고방식이 중요시되고 있는 것은 당연한 일이다.

시각전달 visual communication 영상, 디자인, 문자와 같이 시지각에 의존하는 커뮤니케이션. 청각이나 촉각, 미각, 후각에 의한 커뮤니케이션과 구별하기 위한 용어다. 인쇄 광고처럼 시각 전달에 의해서만 커뮤니케이션이 이루어지는 경우와 텔레비전 광고같이 다른 감각 요소와 결합되어 시각전달이 이루어지는 경우가 있다.

시계탑 clock tower 통행인에게 시간을 알려주기 위해 아파트단지, 철도역 광장 등에 설치되는 탑. 대형 건물 주변이나 도로 중앙 분리화단에 설치되는 경우도 있다. 시계 하단에 광고를 게재할 수 있다. 통행인에게 자연스럽게 광고를 노출시킬 수 있는 반면 면적이 제한되어 있으므로 기업 로고만을 표시하는 경우가 많다. 광고효과 이외에 시각 표시라는 공익 서비스로 기업 이미지를 높이는 구실도 한다. 탑 높이는 통상 6~7m이다.

시너지 효과 synergy effect 두 가지 이상의 수단을 결합시켜 각 수단이 가져올 효과의 산술적인 합계보다 더 큰 효과를 얻는 것. 예컨대 마케팅 계획 수립 때 전략에 따라 마케팅 수단을 적절히 결합하는 것이 중요한데 최적의 조합으로 마케팅 믹스를 구성할 경우 그 효과는 각 수단의 산술적인 합계보다 훨씬 더 크다.

시리즈 광고 series of advertising 하나의 테마로 복수 광고를 제작하여 순차적으로 게재하거나 방송하는 것. 적어도 몇 개월에 걸쳐 노출시키며 길면 몇 년, 심지어 10년 이상 계속되는 경우도 있다. 시리즈 광고는 일련의 광고에 지속적으로 나타나는 핵심 표현 요소가 분명히 드러나는데 그것은 디자인 정책일 수도 있고 동일한 헤드라인일 수도 있고 동일한 광고 모델일 수도 있다. 말버러 담배, 앱솔루트 보드카 광고 등이 시리즈 광고의 전형이다.

시보 광고 time signal advertising 텔레비전이나 라디오의 시보 시간을 이용한 광고. 방송법에서는 '현재 시간 고지 시에 함께 방송되는 광고'로 규정하고 있다. 라디오의 경우는 아나운스로 협찬사의 회사명과 짧은 커머셜이 삽입되며, 텔레비전 역시 짧은 커머셜이 방송된 후 시계 모양의 화면 일부에 상표나 회사의 로고가 보여진 상태에서 아나운스로 협찬사를 표시한다. 대표적인 예는 텔레비전의 저녁 9시 뉴스 직전의 시보 광고다. 일종의 인지광고 형태로 동일 시간대에 오랜 기간 지속적으로 노출시키는 것이 보통이다. 광고의 횟수는 방송법에 의해 매 시간 2회 이내, 매회 10초 이내 실시

ㅅ

슬로모션
나이키

할 수 있으며 단, 지상파 방송사업자의 텔레비전 방송 채널의 경우에는 매 시간 2회 이내, 매회 10초 이내, 매일 10회 이내로 제한되어 있다.

시사 preview 방송에 앞서 광고주와 광고대행사 관계자들이 모여 광고의 승인 여부를 검토하는 회의. 광고를 만들 때는 사전에 제작의 세부 사항까지 충분히 논의하지만 촬영과 편집, 녹음 결과에 따라 결과는 천차만별이다. 시사는 제작의 최종 결과물을 확인해 제작 의도가 제대로 구현됐는지 검토하는 모임이다. 그 결과에 따라 방송 전에 광고 일부를 수정하는 경우도 많다.

시사 current topics 시사(時事). 현재 쟁점이 되고 있는 사회적 의제에 초점을 맞출 때, 광고는 시사적인 것에 자신의 입장이나 견해 따위를 코멘트하는 형식이 된다. 기업 광고의 경우 쟁점에 대해 사회의 지배적 여론에 반하는 의견을 내는 것은 사실상 불가능하고, 말하자면 소극적 여론 형성에 기여할 뿐이다. 기업 광고 형태가 대부분이지만, 시사 문제에 판촉 수단을 끌어들이는 경우도 있다. 광고 소재가 되는 주요 시사 이슈로는 학교 폭력, 빈곤 문제, 청년 실업, 동반성장, 공정사회 등 우리 사회의 과제부터 정부가 추진하는 새로운 정책 목표까지 무척 다양하다.

시아이 CI corporate identity 기업 이미지와 커뮤니케이션 시스템을 계획적으로 만들어내는 디자인 전략. 사실상 기업은 여러 시장에 대해 여러 가지 상품을 출시하고 있어, 개별 상품의 판매에만 몰두한다면 소비자가 느끼는 기업 전체 이미지는 모호한 상태에 머물 가능성이 있다. 기업으로서는 광고를 포함한 기업 커뮤니케이션을 기업 전체로서 수행해야 할 필요가 있는데, 소비자로 하여금 자신에 대해 일관된 이미지를 가능한 한 호의적으로 느끼게 하는 것이 중요하기 때문이다. 아울러 조직 안에서 구성원 사이에 기업이 추구하는 가치를 공유하기 위한 목적도 중요한 측면 중 하나다. 협의로 시아이는 시각을 통해 기업 이미지의 통일화를 노리는 전략으로 이해할 수 있으며, 1950년대 IBM이 근대적인 시아이 개념을 도입, 회사 마크와 쇼룸의 인테리어, 편지지, 봉투에 이르기까지 모든 아이템을 통일적으로 디자인하여 주목을 끌었다. 이러한 시각 이미지의 통일을 위한 활동을 비주얼 아이덴티티(Visual Identity)라고 부르기도 한다. 우리나라 기업의 시아이 도입 사례는 보통 기업의 국제화 과정에서 필수불가결하게 제기된 시각 이미지 통일이라는 과제를 해결하는 과정이라고 볼 수 있다. 1993년 삼성그룹은 그동안 수십 개 계열사들이 체계 없이 사용하던 다양한 로고와 심벌 등을 통일하는 대규모 리뉴얼 작업을 통해 파란색 타원에 삼성의 영문자가 박힌 새로운 로고를 등장시켰다. 1995년 럭키금성도 새로운 회사 이름 LG를 새로운 로고로 등장시켰는데, 영문자 LG와 함께 '미래의 얼굴'이라는 심벌을 함께 사용하는 방식이었다. 우리나라는 특히 재벌이라는 기업 선단식 운영이라는 측면 이외에도, 글로벌화 과정 속에서 회사 이름을 포함하여 그 이미지를 세계인에게 친숙하게 바꿔야 할 필요성 때문에 시아이에 대한 고려와 관심이 상당히 높다고 할 수 있다.

시안 comprehensive layout 특정 아이디어에 대해 광고주 승인을 받을 목적으로, 실제 광고물과 최대한 유사하게 제작한 예비 광고물. 광고주 입장에서는 아이디어의 대략적인 스케치인 섬네일(thumbnail)만 가지고는 실제 광고물의 결과를 가늠하기 어렵고, 광고 제작자 입장에서는 광고 아이디어를 구체적이고도 분명하게 할 필요성이 있어 시안을 만든다.

시에이티브이 CATV □ 케이블 텔레비전(cable television). 기존 텔레비전 방송국의 프로그램 전송에 그치지 않고 자체 제작 프로그램 송출, 각종 전용 프로그램 중계, 그 외 정보를 다채널로 제공하는 정보통신망. 케이블 텔레비전 시스템의 주요한 특징은 우선 채널 수가 많다는 것으로 기존의 텔레비전은 인접한 주파수 대역에서의 전파 간섭으로 6~7개의 채널밖에 사용할 수 없으나 정보의 고속전송을 가능하게 하는 동축케이블 및 광케이블을 채택하여 수백 채널까지 확장이 가능하다. 따라서 제공되는 프로그램이 극도로 다양해서 시청자의 선택권이 적극적으로 행사된다. 또한 케이블 텔레비전은 쌍방향 기능을 주요한 특징으로 하여 홈쇼핑, 방범 및 방재 시스템까지 영역을 확장시킬 수 있다. 그리고 지역에 적합한 로컬 서비스를 제공할 수 있으므로 지역문화를 선도하고 지역정보화에 기여하여 결국 지역경제와 지방자치를 활성화시키는 효용도 있다. □ 지역 공동 안테나 텔레비전으로 높은 곳에 고성능 안테나를 설치, 가입 가구에 유선으로 연결하여 난시청을 해결해주는 초기 유선 텔레비전을 지칭하는 말.

시에프 CF 커머셜 필름(commercial film)의 머리글자를 딴 용어. 영화 카메라로 촬영한 광고라는 뜻이며 오늘날 가장 보편적인 광고인 텔레비전 광고를 말한다.

시엠 CM 커머셜 메시지(commercial message)의 머리글자를 딴 용어. 일반적으로 방송 광고를 지칭하는 용어다.

시엠 라이터 CM writer 방송 광고의 카피를 쓰는 카피라이터. 방송 광고 전문 카피라이터를 특별히 구별하여 부르는 명칭이다.

시엠송 CM song 광고 노래. 메시지 재생효과와 인지 기억도가 탁월하여 광고주 선호가 높다. 시엠송에는 이른바 속효성, 보편성, 선동성의 효과가 있다고 한다. 가요 형식을 광고화한 것, 제품을 직접 설명하는 유형, 제품명만을 연호하는 유형 등이 있다. 미국에서는 징글(jingle)이라고 하며 어린이 제품 일반과 식품, 제과, 음료 등 이른바 편의품의 광고 제작에 흔히 등장한다. 우리나라는 특히 시엠송에 대한 소비자 선호가 높아 수많은 시엠송 광고가 만들어졌으며 업종도 유통, 전자, 제약, 식품, 제과, 정유, 금융 등은 물론 기업 광고 등에도 널리 쓰인다. 1970년대 후반에 만들어진 몇몇 시엠송은 대중문화의 한 부분으로 학생들의 야유회에서 수건돌리기를 한 뒤에 시엠송 이어 부르기가 유행일 정도로 큰 인기를 끌었다. 고등학생들의 퀴즈 프로그램 '장학퀴즈'의 단독 제공 광고 "이겼다 또 이겼다. 승리의 스마트. 선경의 학생복지 스마트 스마트"(선경, 1977), 코미디언 구봉서와 곽규석이 라면 한 그릇을 두고 부른 "형님 먼저 드시오 농심 라면, 아우 먼저 들게나 농심 라면…"(농심, 1977) 등은 그 시절의 연대기로 기억되는 시엠송이다. 그중 젊은 세대가 가장 좋아했던 시엠송은 가수이자 작곡가 윤형주가 만든 음료 광고 "하늘에서 별을 따다, 하늘에서 달을 따다 두 손에 담아드려요. 아름다운 날들이여 사랑스런 눈동자여 오~ 오란씨, 오란씨 파인"(동아제약, 오란씨)과 작곡가 강근식이 작곡한 아이스크림 광고 "열두시에 만나요 부라보콘, 둘이서 만나요 부라보콘, 살짜쿵 데이트, 해태 부라보콘"(해태제과, 부라보콘) 등 낭만적 가요 형식의 광고 노래다. 이들 시엠송은 당대의 젊은 소비 세대의 감수성과 생활양식을 반영하는 새로운 유형의 문화 아이콘이었다. ■

시엠 제작 CM production 방송 광고를 만드는 일. 광고주 의뢰로 시작하여 광고대행사의 기획과 전문 프로덕션의 제작 등 각기 독립된 여러 회사의 협업으로 이루어진다. 전파매체를 통해 방송되는 것을 전제로 제작하고, 방송에 노출하면서 많은 광고비를 발생시키기 때문에 광고계획상 필요한 시기에 충분한 시장 검토를 거친 뒤 제작한다. 제작 과정은 촬영(production)을 기준으로 촬영 전 단계인 프리 프로덕션(pre production)과 촬영 후 단계인 포스트 프로덕션(post production)으로 나누어볼 수 있다. 프리 프로덕션은 광고 목표 설정을 시작으로 하여 크리에이티브 컨셉트, 광고 아이디어 개발과 같은 주로 전략 및 기획을 설정하는 단계를 말한다. 실제로 광고를 연출할 연출자 및 출연자를 선정하는 일도 이 단계에서 이루어지며, 광고 아이디어가 장소 특정적 요소를 담고 있다면 촬영지를 알아보는 일이 프리 프로덕션의 중요한 과정이 된다. 프로덕션은 광고 촬영 단계다. 광고 아이디어를 시각화하는 과정으로 시엠 제작의 하이라이트에 해당한다. 촬영은 연출자가 기획하고 진행하며 프로듀서는 연출이 크리에이티브 가이드라인과 부합하도록 협의한다. 제작의 전 과정을 통해 가장 많은 인원이 동원되며 짧은 시간 안에 촬영이 종료되기 때문에 높은 집중력이 요구되

는 단계다. 다음은 촬영 후 현상, 텔레시네, 편집, 녹음 등 광고 완성을 위한 마무리 단계인 포스트 프로덕션 과정이다. 현상은 촬영이 끝난 필름을 처리하여 네거티브(negative)를 만드는 작업이며 텔레시네는 광학적으로 필름에 기록된 이미지를 전기적인 신호로 변환하여 디지털 이미지로 기록하는 과정이다. 편집은 촬영된 영상을 러닝타임에 맞게 이어 붙여 영상을 완성하는 과정, 녹음은 오디오에 해당하는 부분을 제작하는 과정이다. 스튜디오에서 녹음을 완료하고 그것을 편집된 영상에 더빙하면 시엠은 일단 완성된다. 라디오 시엠은 영상 제작을 생략하므로 제작이 좀 더 단출하지만 개념적인 과정은 거의 유사하다.

시엠 편집 CM editing 촬영한 영상을 의도에 맞게 결합하는 일. 오디언스에게 보여질 영상을 구성하는 작업, 즉 광고의 '그림'을 완성하는 과정이다. 시엠은 방송이나 영화에 견주어 그 형태와 기능이 달라 편집 조건과 절차가 다소 다르다. 광고는 형식이 다양하며, 러닝타임이 짧고 소비자에게 반복 노출된다. 이런 점 때문에 광고 편집은 사건의 설명을 중심으로 이루어지는 영화나 드라마와는 달리 상대적으로 '편집의 자유'를 더 누리는 경향이 있다. 또 광고는 영화와 달리 전자신호로 제어되는 장치에 의해 편집이 이루어진다. 최근의 디지털 영상 장비는 과거에는 전혀 불가능했던 시각효과를 만들어내는데 이것을 광고 차별화의 수단으로 삼을 때에는 촬영 자체보다는 합성 작업을 포함한 영상 편집 과정을 더 중요한 제작 과정으로 간주하기도 한다. 광고 편집의 일반적인 과정은 아래와 같다. 먼저 찍은 화면 중에서 출연자 연기, 카메라워크 등 모든 조건이 만족스러운 화면을 골라낸다. 다음, 실제 편집 전에 예비 편집을 해본다. 다음, 예비 편집을 토대로 화면을 정밀하게 연결하고 필요한 영상효과를 처리한다. 컷별로 밝기와 색채를 조정하여 화질을 안정시키고 필요한 자막을 삽입한다.

시엠 플래너 CM planner 방송 광고의 기획자. 시엠 제작의 관리자로서 아이디어를 고안하고 구체화하는 한편 제작 스태프를 조직하고 제작 일정과 예산을 관리한다. 종래 프로듀서와 역할이 비슷하지만 프로듀서가 광고 제작의 기획보다는 프로듀싱, 즉 실행과 관리에 무게가 느껴지는 데 비해 시엠 플래너라는 용어에는 광고 제작의 플래닝(planning), 즉 크리에이티브에 강조점이 실려 있다.

시장 market 욕구의 충족을 위해 교환과 거래에 참가하고자 하는 잠재고객 전체. 경제학의 관점에서 시장이란 증권 시장, 주택 시장과 같이 특정 상품을 거래하고자 하는 판매자 집단과 구매자 집단을 의미하지만 기업 측에서 보면 판매자는 기업이 되고 소비자는 시장이 된다. 시장은 통상 상품 시장(자동차 시장, 컴퓨터 시장

오란·씨 파인
오란·씨

시엠송
동아제약 오란씨
976-1977

등), 인구통계학적 시장(유스마켓, 노인 시장 등), 지리적 시장(미국 시장 등), 효익 시장(미용 시장, 건강 시장 등) 등으로 분류한다. 시장의 개념을 좀 더 확장하면 노동 시장, 유권자 시장 등도 포함시킬 수 있다.

시장도전자 market challenger 현재 가장 큰 시장점유율을 가지고 있지는 않지만 시장선도자와 경합하는 회사. 시장선도자가 시장에서 우월적인 지위를 누리고 있어 시장을 지배하는 회사라면 도전자는 선도자의 위치를 노리고 경쟁하는 회사다. 시장도전자가 취할 수 있는 전략은 크게 두 가지다. 시장선도자에게 도전하여 치열한 경쟁을 벌이거나, 추종자로서의 지위를 안정적으로 유지하는 것. 일반적으로 고정비가 많이 소요되는 산업이나 재고 유지비가 높은 산업, 수요가 감퇴하고 있는 산업에서 치열한 경쟁이 벌어진다. 자동차 산업, 주류산업, 정유산업, 이동통신산업이 그 예다.

시장선도자 market leader 시장을 지배하는 회사. 가격, 유통, 제품 개발, 촉진 등 마케팅 활동을 선도하며 시장을 지배한다. 선도자는 일반적으로 다음과 같은 마케팅 활동을 한다. 첫째, 총수요 확대를 통한 매출액 확대. 총수요가 증가하면 시장점유율이 가장 큰 시장선도자가 가장 큰 이익을 보기 때문에 수요 확대를 통해 매출액을 확대하려고 한다. 둘째, 시장점유율 유지 혹은 확대 전략. 다양한 신제품 개발, 유통 계열화, 강력한 촉진 등을 통해 기존의 시장점유율을 유지하거나 확대하여 시장선도자의 지위를 계속적으로 유지하는 전략이다.

시장 세분화 market segmentation 시장을 몇 개의 동질적인 분야로 세분화하고 세분화된 시장의 특질을 추출하여 마케팅 믹스를 전개하는 전략. 이렇게 나누어진 부분 시장을 세분 시장이라 하고 이 중에서도 기업이 마케팅 믹스를 개발하여 상대하려는 세분 시장을 표적 시장이라 한다. 만일 특정 제품에 대한 소비자 욕구가 다양하지 않다면 기업은 한 가지 제품만 출시하고 전체 시장을 상대로 한 마케팅 전략을 수행할 것이다. 휘발유, 전기, 수도 서비스 등이 그 예다. 휘발유 제품을 예로 들면, 휘발유에 대한 소비자의 욕구는 그다지 다양하지 않기 때문에 휘발유를 공급하는 회사는 한 가지 브랜드를 출시하고 대량 생산, 대량 유통, 대량 광고를 통한 시장공략을 추구한다. 그러나 일반 소비재나 서비스 상품은 소득 수준이 높아지는 것과 비례하여 제품으로부터 얻고자 하는 제품 편익이 갈수록 다양화되는 경향을 보이고 있어 시장 세분화 전략이 보다 일반화되고 있는 추세다. 시장을 세분화하는 기준에는 여러 가지가 있다. 첫째, 지리적 세분화는 국가, 지방, 도, 도시, 주거지, 기후조건, 인구밀도, 입지조건과 같은 지리적 변수를 기준으로 한 세분화를 말한다. 둘째, 인구통계학적 세분화는 연령, 성별, 직업, 소득, 교육, 종교, 인종과 같은 인구통계학적 변수를 기준으로 한 세분화다. 셋째, 사회심리학적 세분화는 라이프스타일, 개성, 태도 등 사회심리학적 변수를 기준으로 한 세분화다. 넷째, 행동분석적 세분화는 추구하는 편익, 사용량, 상표충성도와 같은 행동분석적 변수를 기준으로 한 세분화를 말한다. 시장 세분화는 광고와도 깊은 관련을 맺는데 세분 시장의 욕구에 부응하여 광고 내용을 일관성 있게 구성할 수 있어 소비자가 제품을 분명히 인식하고 경쟁사 제품과 구별할 수 있게 된다. 가령 구매에 심리적 변수가 크게 작용하는 브랜드 의류 제품은 사회심리학적 세분화를 통해 표적시장을 결정하는데, 잠재소비자의 개성과 라이프스타일을 어떻게 파악하는가에 따라 광고 이야기, 광고 배경, 음악, 광고 모델 등이 달라진다.

시장 실사 market survey 기존 자료로는 필요한 정보를 얻을 수 없을 때 시행하는 직접적인 데이터 수집 행위. 시장조사(marketing research)와 동의어로 사용되는 경우도 있으나 엄밀히 구분하면 시장 실사는 새로운 자료 수집의 수단으로 인식되며 조사 기법적인 측면에서는 실태조사를 의미한다. 따라서 시장조사보다 협의의 개념으로 쓰이는 용어다.

시장점유율 market share 전 업계의 동종 상품 판매량에서 자사 상품 판매량이 차지하는 비율. 기업 경영의 입장에서는 경쟁상의 지위를 나타내주는 지표이며 공공정책의 관점에서는 시장집중도를 가리키는 지표다.

시장추종자 market follower 전체 시장의 일부를 점유하고 있으면서 시장선도자를 추종하는 회사. 시장추종자는 선도자의 마케팅 활동을 모방하면서 일부 시장을 점유하는 데 마케팅 비용을 적게 들여도 수익성을 높일 수 있기 때문이다. 시장추종자가 취할 수 있는 마케팅 활동은 크게 세 가지다. 시장선도자의 마케팅 활동을 유사하게 모방하는 추종 활동, 선도자 시장 이외의 남은 시장을 겨냥하는 활동, 시장선도자와 전면적 경합은 피하면서 특정 부문에 자원을 집중하여 품질과 가격 측면에서 시장선도자와 경쟁할 수 있는 제품을 내놓는 활동 등이다.

시점 숏 POV point-of-view 등장인물의 시점으로 보이는 장면. 사건을 조망하는 객관적 시점이 아닌 사건 참여자의 눈에 보이는 주관적인 장면을 말한다. 이때 시청자는 마치 사건 현장에 있는 듯한 느낌을 갖게 된다. 너무 남발하면 사건 전개를 시청자들이 파악하는 것이 힘들어 객관적인 숏과 적절히 편집할 필요가 있다. 빌딩 서스펜스, 미스터리 혹은 공포 영화에서 주로 이용한다.

ㅅ

시즐 sizzle 구매 의욕을 돋우기 위해 관능을 자극하는 표현 기법. 시즐이란 프라이팬으로 고기를 구울 때 지글지글 익는 소리를 뜻한다. 식품 광고에서 제품을 최대한 먹음직스럽게 표현하여 시청각적으로 자극을 주는 것 따위다.

시청률 ratings 개인 혹은 가정이 특정 프로그램을 시청하는 비율을 백분율로 나타낸 것. 전체 텔레비전 보유 가구 5곳 중 A 프로그램을 시청하는 가구가 2곳, B 프로그램을 시청하는 가구가 1곳, C 프로그램을 시청하는 가구가 1곳, 나머지 1곳은 텔레비전을 시청하지 않는다고 할 때 A 프로그램의 시청률은 40%, B 프로그램의 시청률은 20%, C 프로그램의 시청률은 20%다. 시청률은 표본조사를 통해 집계되므로 실제적인 오디언스의 추정치다.

시청률 조사 rating research 개인이나 세대가 특정 시간에 특정 프로그램을 어느 정도 시청하고 있는지를 조사하는 것. 방송사에는 프로그램에 대한 시청자 수용 정도를 알 수 있고 적절한 시간에 적절한 프로그램이 편성되고 있는지 이해할 수 있는 자료가 된다. 광고주에게는 자신이 제공하고 있는 프로그램을 얼마나 많은 사람이 보고 있는지, 어떤 계층의 사람이 보고 있는지를 파악할 수 있는 자료다. 상업방송이 발달한 미국의 경우, 시청률 조사는 편성의 필요에 의해서가 아니라 광고주 요구로 시작됐는데, 광고주 입장에서 한정된 광고예산으로 효과적인 광고 노출을 원했고 그것을 시청률을 통해 확인하고자 했기 때문이다. 시청률 조사는 우선 그 주체에 따라 공유형 조사와 주문형 조사로 대별할 수 있다. 주문형 조사는 고객이 원하는 방식으로 시청률을 조사하여 그 결과를 주문한 고객에게만 제공하는 방식의 조사를 말한다. 공유형 조사는 이용자가 공동으로 비용을 지불하고 그 결과를 공동으로 이용하는 방식을 말한다. 개별 시청률 조사기관이 조사를 하여 다수의 이용자에게 이를 판매하는 방식도 일종의 공유형 조사로 본다. 대표적인 시청률 조사 방법으로는 일기식, 기계식, 상기법, 전화법, 피플미터 등이 있다. [1] 일기법(diary method): 텔레비전이나 라디오를 청취할 때마다 시청 당사자가 조사표에 해당 방송국과 프로그램명 등을 적는 방식의 조사 기법. 비용이 저렴하고 방식이 복잡하지 않지만 조사표에 기입된 정보의 신뢰도를 검증할 방법이 없다는 것이 이 기법의 한계다. [2] 기계식: 표본으로 선정된 가정에 기계적 기록장치를 설치하여 자동적으로 시청 상황을 기록하는 조사 기법. 정확한 표본을 설계할 수 있고, 기억에 의존하지 않으며, 일기법보다 신속하게 결과를 얻을 수 있고, 계속 조사를 할 수 있는 장점이 있으나 기계를 설치했기 때문에 시청습관이 왜곡될 가능성이 있고, 개인 시청정보가 얻어지지 않으며, 비용이 많이 든다는 단점이 있다. [3] 전화법(telephone survey): 전화를 이용한 조사 방법. 질문과 응답을 전화를 통해 주고받아 결과를 설문지에 동시 기입하는 것. 면접조사법에 비해 시간과 비용을 크게 절감할 수 있고, 신속하고 효율적으로 정보를 획득할 수 있으며 면접이 어려운 경우도 조사할 수 있을 뿐만 아니라 전화와 컴퓨터를 이용하면 전화걸기와 질문, 응답을 자동화할 수 있다는 장점이 있다. 이 방법의 한계는 표본 추출 시에 나타나는 모집단의 불완전성이다. [4] 상기법: 방문조사나 전화조사를 통해 전날 혹은 몇 시간 전의 시청 상황을 생각해내게 하여 이를 조사원이 기록하는 방식의 조사 기법. 전체 방송 시간에 대해 조사를 할 수 있고 계층별 분석이 가능하나 기억에 의존한다는 점이 신뢰도에 영향을 준다. [5] 피플미터(people meter): 선정된 표본의 세대에 시청기록을 자동으로 기록하는 기계장치를 수상기에 부착하는 방식으로 세대시청률뿐 아니라 개인 시청률까지 파악할 수 있는 기법. 개인시청률을 파악할 수 있으므로 시청률의 인구통계학적 특성을 분석할 수 있으며 초단위의 시청률을 획득할 수 있다. 미터 설치가 복잡하며 비용이 많이 들고, 시청률을 알아내려면 시청자가 핸드세트를 조작하는 등의 협조가 요구되어 표본세대의 협조 우호도에 따라 신뢰도가 좌우되는 것이 이 기법의 약점이다.

시청점유율 share hut 특정 시간에 특정 프로그램을 시청하고 있는 가정의 비율을 백분율로 나타낸 것. 시청점유율은 텔레비전이 보급된 모든 가구가 아니라 그 시간에 실제 텔레비전을 시청하고 있는 세대에 대한 프로그램의 상대적인 시청률을 말한다. 텔레비전 보유 가구 5곳 중 4곳이 텔레비전을 시청하고 있고 그중 2가구가 A 프로그램을 시청하고 있다면 A 프로그램의 시청점유율은 50%다.

시피아르 CPR cost per reach 광고비 효율성을 평가하기 위한 지수의 하나로서 도달률(reach) 1%를 얻는 데 필요한 광고비를 수식으로 나타낸 것. 시피피(CPP)가 광고 노출의 중복분을 무시하는 데 비해 시피아르는 광고 노출의 중복분을 제외한 순수한 도달률을 기준으로 투입된 광고비 효율성을 분석하는 도구다. 이를 수식으로 나타내면 '시피아르=광고비/도달률'이다. 예컨대 월 400지아르피(GRP)를 얻는 데 1억원의 광고비가 투입됐다고 할 때, 추정된 도달률이 80%라면, 시피피는 25만원(1억원÷400)이지만, 시피아르는 125만원(1억원÷80)이다. 이처럼 시피아르는 실제 도달된 범위를 기준으로 광고비용의 효율성을 평가한다.

시피엠 CPM cost per mill 1000명의 개인 혹은 가구에 광고 메시지를 전달하는 데 드는 비용. 가령 10만 부 발행하는 잡지의 1회 광고 요금이 100만원이라면 1000명, 즉 1000부당의 광고비인 시피엠은 1만원이 된다. 시피엠은 매체 가치를 경비 측면에서 평가하는 지표이자, 광고효과의 경비효율을 표시하는 기준으로 이용된다.

시피피 CPP cost per rating point 시청률을 이용하여 매체 비이클의 효율을 평가하는 척도로 시청률 혹은 지아르피(GRP) 단위당 광고비를 표시하는 숫자. 즉, 시피피는 광고비를 시청률이나 지아르피로 나눈 값이다. 이를 수식으로 나타내면 '시피피=광고비/지아르피(혹은 시청률)'다. 만약 특정 프로그램의 요금이 600만원이고 시청률이 20%라면 이 프로그램의 시피피는 30만원이다. 만약 광고주가 텔레비전에서 한 달간 300 지아르피를 얻었는데 이때 투입한 광고비가 6000만원이었다면 시피피는 20만원이다. 1000명당 도달 광고비를 의미하는 시피엠이 오디언스 숫자를 척도로 매체효율을 평가하는 것이라면 시피피는 오디언스보다는 시청률을 이용하여 매체효율을 평가하는 기준이다.

식별 테스트 difference test 피조사자에게 두 가지 제품을 시험적으로 사용하게 한 뒤 같은 것을 골라내게 하는 조사 방법. 가장 일반적인 것이 다음 두 가지다. [1] 두 개의 컵에 A 콜라, 한 개의 컵에 B 콜라를 넣어 마시게 하고 다른 콜라를 맞추는 방법인 3점 시험법 [2] 처음에 A 콜라를 마시고, 다음에 두 개의 컵에 A, B 콜라를 마시게 하여 처음 콜라와 같은 것을 맞추게 하는 방법인 1·2점 시험법.

신 scene 몇 개의 숏(shot)이 모여서 이룬 장면. 주인공이 음료를 마시는 장면을 촬영한다면, 그 장면을 여러 각도에서 몇 개의 숏으로 나누어 찍을 수 있지만 그 숏들은 전부 주인공이 음료를 마시는 신(scene)이다.

신년 광고 연말연시 기간 동안 새해의 의미를 새기는 내용으로 실시하는 광고. 일반적으로 송구영신, 즉 묵은 해를 보내고 새해를 맞이하자는 것이 주 포인트다. 기업 광고 형태가 많다. 과거에는 잡지나 신문 신년호에 한복을 입은 등장인물이 세배를 드리는 동작을 하고 "새해 복 많이 받으세요" 하는 식의 문안을 곁들이는 광고가 일반적이었다. 신년 광고 중 널리 회자된 사례 중 하나는 "여러분, 모두 부자 되세요"(BC카드, 2002) 캠페인이다. ■

신디케이트 조사 syndicated program 조사회사가 조사 결과를 클라이언트에게 판매하기 위해 독자적으로 실시하는 조사. 대표적인 것이 시청률 조사, 매체조사 등이다.

신문 newspaper 사회 저변의 뉴스와 의견을 전달하고자 정기적인 간격을 두고 발행되는 매체. 매스 커뮤니케이션으로서 신문은 정보 제공자가 개인이 아닌 조직이며, 영리성을 지닌 상업적 커뮤니케이션 활동이면서 동시에 공공성을 지닌 문화 커뮤니케이션이라는 특성을 가진다. 신문은 신문지라는 인쇄매체를 사용하여 불특정 다수와 커뮤니케이션하는데, 그 내용은 주로 시사적이고 대중적 관심이 있는 뉴스다. 전통적으로 신문은 권위의 뉴스 미디어로서 영향력과 신뢰도 측면에서 다른 매체를 압도해왔으나, 인터넷과 모바일로 대표할 수 있는 새로운 미디어의 등장으로 세계적 차원에서 신문의 위기 시대를 맞고 있다. 가구의 정기구독률과 개인별 평균 신문 열독량은 큰 폭으로 감소하고 있으며 30대 이하 세대는 뉴스 접촉이 거의 인터넷과 모바일을 통해 이루어지므로 신문 독자는 점점 더 노령화돼간다. 한국언론진흥재단의 조사에 의하면 한국 가구의 신문 구독률은 2008년 36.8%로 12년 전인 1996년 69.3%에 비해 거의 절반으로 줄었다. 만 10살 이상 국민의 하루 평균 신문 열독량도 1987년 최대 10.7분을 기록했던 것이 2005년에는 2.7분으로 75% 줄었다. 신문산업의 2008년 매출액 또한 10년 전인 1999년과 견줘 21% 감소했다. 신문의 당파적 보도와 자사 이해관계에 의한 편파 보도, 광고주 편향 보도는 신문의 가장 큰 덕목으로 여겨진 신뢰의 위기를 증폭시키는 요인이다. 미국 여론조사기관 퓨리서치센터의 2004년 조사에 의하면 미국 전국 및 지방매체 언론인 응답자의 40% 이상이 독자들의 낮은 언론 신뢰도를 현재의 미국 언론이 직면한 최대의 도전으로 보고 있다. 전국 매체 언론인의 66%가 손익계산을 따져야 한다는 압력이 뉴스 보도의 질을 '심각하게 해치고 있다'고 응답하여 1995년 조사 때보다 25%포인트 높아졌다. 또 86%의 언론인들은 광고 등 상업적 압력 때문에 미국 언론매체들이 복잡한 사안을 피하고 있다고 느낀다. 한국의 신문도 별반 다르지 않다. 신문은 방송이나 인터넷에 비해 신뢰도가 높지 않으며 특히 고학력 중산층의 신문 논조에 대한 비판적 시각은 주목할 만하다. 2008년 한국언론재단의 '언론수용자 의식조사'에 의하면 특정 사안에 대해 각 매체가 똑같이 보도했을 때 가장 신뢰하는 매체로 신문을 지목한 비율이 16%에 불과하여 텔레비전(60.7%)과 인터넷(20%)에 큰 폭으로 뒤졌다. 같은 조사에서 언론수용자들은 신문 기사에 대해 '정치적으로 편파적'(4점 만점에 2.77)이며, '부유층과 권력층 입장을 대변'(2.74)하고 '국민 이익보다 자사 이익을 우선시'(2.72)하며 '선정적이고 흥미 위주로 뉴스를 편집'(2.66)한다고 답변했다. 그럼에도 불구하고 신문은 어느 사회에서나 뉴스를 생산하는 가장 조직적인 대규모 조직이어서, 이른바 디지털 신문, 모바일 신문 등 새로운 통신 기기에 뉴스를 서비스하는 것으로 영향력을 유지하고 수익을 다변화하는 방향으로 앞길을 모색하고 있다.

신문 광고 newspaper advertising 신문에 실리는 광고. 신문 광고는 독자의 매체 접촉이 능동적이기 때문에 설득적 소구에 적합한 점, 내용을 임의로 구성할 수 있으므로 심층 정보를 제공할 수 있다는 점, 배포 지역이 명확하여 지역별 광고에 유리하다는 점, 도달 범위가 비교적 넓다는 점, 어떤 규모의 광고예산으로도 광고 게재가 가능하다는 점, 독자 대부분이 정기독자여서 광고 노출이 안정적이라는 점 등 많은 이점을 가지고 있다. 하지만 매체수명이 짧아 광고효과가 길지 않고, 인쇄의 질이 떨어지며, 독자의 계층적 선택이 어렵고, 우리나라의 경우 신문광고료와 발행 부수가 불명확해 매체계획 수립에 장애가 되는 한계도 있다. 전반적인 신문매체의 퇴조 경향과 함께 광고매체로서의 가치는 점점 하락하는 추세다.

신문광고료 newspaper advertising rate 신문 광고 게재료. 신문매체의 사용요금은 보통 면적을 단위로 하지만 발행 부수와 광고 종류에 따라 차이가 있다. 신문광고료는 원칙적으로 발행 부수나 광고가 도달할 것으로 예측되는 독자 수 및 구독자 특성에 따라 결정되는 것이 원칙이다. 발행 부수가 많거나 독자의 구매력이 높은 신문의 광고료는 그렇지 않은 신문보다 광고료가 비싸다. 신문사에 따라서는 광고 내용에 따라 광고요금이 달라지며, 광고주 업종에 따라서도 요금을 달리할 때도 있다. 또 게재되는 면에 따라서, 컬러냐 흑백이냐 여부에 따라서, 광고가 게재될 면을 지정하여 요청하느냐의 여부에 따라서 광고료가 달라진다. 우리나라는 이에 더해 광고주마다 적용되는 단가가 서로 약간 다르고, 일반 제품, 출판, 제약, 부동산, 공공단체나 기업의 성명 광고 등에 대한 적용단가가 모두 달라 광고매체 가운데 가장 복잡한 단가체계를 가지고 있다.

신문 삽지 광고 newspaper insert 신문에 끼워 보내는 광고물. 지역별 세분화가 용이하고 비용이 매우 저렴하며, 상점의 특매 광고 등에는 즉시효과가 크다는 특징이 있다.

신제품 new product 기존 제품과 다른 새로운 제품. 좁게는 기술 혁신의 결과 지금까지 시장에 존재하지 않았던 혁신 제품을 신제품으로 보지만, 넓게는 혁신 제품은 물론 기능을 개선한 제품, 경쟁사 제품을 모방하여 새로 생산한 제품, 다른 회사로부터 제품 품목이나 제품 계열을 인수하여 새로 생산하는 제품과 같이 기업으로서 처음으로 생산하는 제품을 모두 신제품으로 본다. 한편 기업이 계속하여 신제품을 개발해야 하는 이유는 경쟁에 효과적으로 대처하기 위해 제품 차별화를 추구해야 하기 때문이기도 하고, 신제품은 스스로 상징적 중요성(symbolic importance)을 가지고 있어서 자사의 이미지를 제고하기 위해 신제품이 필요한 측면도 있다. 신제품 개발은 통상 상품에 대한 아이디어 창출 과정과 신제품의 사업성 분석 과정, 제품 개발 과정, 시험 마케팅(test marketing) 과정, 상품화 과정을 포괄한다. 이러한 과정을 통해 신제품이 개발되어

출시된다는 뜻이다. 신제품을 촉진하기 위해선 제품의 새로운 개념을 소비자에게 널리 알려야 하기 때문에 광고의 필요성이 가장 높은 제품이다.

실루엣 silhouette □ 디자인에서는 검은색의 그림자 그림을 뜻한다. 어떤 형상의 윤곽을 그린 다음 그 가운데를 검게 칠한 그림이다. 검은 종이 따위를 그림 형태로 오려낸 것도 일종의 실루엣이다. □ 사진에서는 인물 등의 피사체를 일부의 역광으로 노출을 적게 주고 촬영하여 그 피사체의 형태만이 검게 나오게 한 사진을 말한다. ■

실크스크린 인쇄 silk screen printing 프레임에 실크 등을 부착시켜 필요한 화상 이외의 부분이 막히도록 한 후 고무롤러로 잉크를 일정한 힘으로 문질러 막히지 않은 실과 실 사이로 잉크가 새어나와 인쇄되는 방식. 원리는 등사판과 같으나 등사판이 종이를 이용하는 것에 비해, 실크 혹은 다른 섬유를 이용하기 때문에 실크스크린이란 명칭이 붙었다. 다른 판식에 비해 잉크가 많이 묻기 때문에 색상이 강하고 선명한 것이 특징이며, 단순명쾌하고 강렬한 시각효과를 얻을 수 있어 일찍부터 포스터 등 상업미술에 많이 이용됐다. 실크스크린은 다른 판법이 모두 판재에 판을 만든 다음 전사에 의해 인쇄가 되는 것에 비해, 잉크가 스크린의 망점을 통하여 인쇄되는 공정을 취하고 있으므로 인쇄의 대상이 넓고 인쇄 시 압력이 작은 이점이 있다. 이 방식의 또 다른 장점은 다양성이다. 유성잉크, 수성잉크, 합성수지계 잉크로 나무, 유리, 금속, 플라스틱, 섬유, 콜크, 천, 전자회로판 등 어떠한 표면, 어떠한 두께에도 인쇄가 가능하며, 인쇄 준비 시간이 빠르다는 장점도 있다. 오늘날에는 실크 대신 화학섬유를 이용하는 경우가 많아 실크스크린이란 용어 대신 스크린 프린트라는 용어를 쓰기도 한다.

실화 true story 실제로 있었던 이야기. 유명 대학에 수석으로 입학한 검정고시 출신의 이야기를 광고로 극화한 학습지 광고, 열악한 환경에서 불굴의 노력으로 전국대회에서 준우승한 시골 농구팀을 극화한 스포츠 음료 광고, 외지로 팔려간 진돗개가 주인을 찾아 돌아간 일화를 그린 컴퓨터 유통체인 광고, 960번의 도전 끝에 운전면허증을 딴 벽지의 할머니가 등장하는 자동차 광고 등이 그 예다. 역사적 인물의 일화를 그리는 경우도 있다. 제11회 베를린 올림픽 마라톤에서 손기정과 경쟁한 영국 선수 어니스트 하퍼의 스포츠맨십을 소개하는 다큐멘터리 형식의 스포츠 브랜드 광고가 그렇다. 실화는 대중의 관심을 끌기 쉽고 실제 인물이 주는 현실감을 유효하게 환기시킬 수 있다는 장점이 있다. ■

실험 experiment 실제로 해보며 측정하는 일. 논리적 소구의 한 방법으로 상품의 우수성을 실증하려는 광고

안녕하세요 ?
항상 변함없이 저희 오리표 씽크를 아껴 주신
데 대하여 감사드립니다.
새해에도 보다나은 품질 개선으로 여러분의
사랑을 받을 수 있는 좋은 친구가 될것을 약
속드리오며 오리표 씽크의 전 사원이 여러분
가정의 행복을 기원합니다.

신년 광고
오리표씽크
1977

실루엣
컬럼비아레코드(디자인: 밀턴 글레이저)
1966

실루엣
애플 아이팟
2005

What's it like to be raped as a 3 year old? A victim explains.

I FIRST remember being sexually abused by my father when I was about 3. It may have happened before, I don't know.

I can see it now, me lying in bed, with that big face coming towards me. He'd kiss me goodnight, but he didn't stop at kissing.

He used to tell me it was our secret. And if I ever told anyone about it I'd be sent away.

But even as a child I knew something wasn't right. It was those words, "I'll protect you." How could he be protecting me? He was bloody hurting me.

It's strange really, he was my enemy, but at the same time my only friend in the world. He made me depend on him. He controlled me. My body was his toy for more than 9 years.

At school I found it hard to mix. I felt different. I'd never let anyone get close to me. In the changing rooms after P.E. I hated people seeing my naked body. I was so ashamed, thought they might be able to tell what had been happening to me and call me a poofter.

Even when I managed to find a girlfriend I still wasn't sure if I was heterosexual. I was terribly rough with her. I suppose I wanted to be in control of someone, like my father was with me.

Sex terrified me. Having an orgasm just made me think of what my father did inside of me. And that big smiling face.

I met someone else eventually. We got married. After 2 years she left me. She said I was cold and didn't understand her.

But that's how I was. I just wasn't aware of causing or feeling mental or physical pain. Something inside me had been switched off long ago. There were times when I could actually cut myself with a knife and not feel a thing.

After the divorce, I turned to drink. It was a way of escaping. But I still suffered deep depressions.

Last year, my father finally died. I think that's what made me contact the NSPCC. I was 53 years old, and it was the first time I'd ever told anyone about my childhood.

Once a week for 6 months a Child Protection Officer worked with me. He got me to tell him everything about my experience. Talking about it was very painful. For over 40 years I guess I'd been trying not to think about it.

Eventually though, it started to work. He made me realise that what happened wasn't my fault.

For the first time I can ever remember I actually began to feel good about myself. It was just like being let out of a dark and lonely cell.

I'll never forget what happened to me. But at least I can start to live my life.

For further information on the work of the NSPCC, or to make a donation, please write to: NSPCC, 67 Saffron Hill, London, EC1N 8RS or call 071 242 1626.

To report a suspected case of child abuse, call the NSPCC Child Protection Helpline on 0800 800 500.

NSPCC
Act Now For Children.

에서 실험을 중요한 방편으로 이용한다. "칠성사이다엔 카페인은 없습니다. 5일 후 과연 어떤 일이 벌어질까요?"(롯데칠성음료 칠성사이다, 1999), "아락실이 다른 이유 직접 확인해볼까요? 섬유소가 8배나 불어나네요"(부광약품 아락실, 2004), "왼쪽엔 레인OK를 칠했고 오른쪽엔 칠하지 않았습니다. 보이시죠? 이 확실한 차이 놀랍지 않습니까?"(옥시 레인OK, 1999)처럼 소비자에게 실험 결과를 제시하는 유형의 광고가 그렇다. 실험 광고의 유효성은 소비자로 하여금 자신이 보고 있는 실험이 공정한 절차와 방법으로 이루어지고 있고, 따라서 그 결과도 공정한 것임을 확신시키는 것이다. 비교 광고의 중요한 수단이다.

심도 depth of field 초점이 선명하게 포착되는 영역. 촬영 시 한곳에 초점을 맞추면 초점이 정확하게 일치한 특정 포인트를 중심으로 하여 그 포인트 앞뒤로 초점이 맞는 부분이 형성되는데 이를 심도라고 한다. 한 인물을 향하여 초점을 맞출 때 그 인물의 앞뒤로 초점이 맞는 공간이 형성되어 그 공간에 있는 여타의 피사체들도 모두 초점이 맞는 상태가 되며 그 공간을 벗어난 피사체들은 모두 탈초점 상태가 된다면 바로 초점이 맞는 공간의 범위가 심도다. 초점이 맞는 범위가 넓을 때 심도가 깊다고 하고 그 범위가 좁을 때는 심도가 얕다고 한다. 심도가 깊은 화면은 화면의 거의 전 부분에 걸쳐 초점이 선명하게 드러나므로 심도가 얕은 화면에 비해 더 많은 정보를 화면에 담을 수 있다. 반면 심도가 얕은 영상은 특정한 포인트에만 초점이 정확하게 유지되고 다른 부분은 탈초점 상태가 되므로 그 포인트에 시선이 집중되는 효과를 노릴 수 있다.

심벌마크 symbol mark 기업이나 브랜드를 나타내는 표식을 도형적으로 시각화한 것. 기업의 존재를 나타내는 표식으로서 이 마크가 붙어 있는 인쇄물이나 상품은 그 기업이 발신인이며 책임자임을 의미한다. 다시 말해 이 마크는 판매하고자 하는 상품이나 서비스에 대한 품질 보증의 표시이며, 소비자는 이에 따라 과거의 경험이나 그 자체가 가지고 있는 암시적인 힘에 의해 회사의 신용을 나름대로 평가하게 된다. 이 마크를 비주얼 컨셉트로 하는 광고도 있는데 대부분은 인지효과를 노리는 이미지 광고 형태다. 최근에는 특정 캠페인을 전개할 때 그 캠페인을 전개하는 동안 특별히 의장을 선택, 각 매체의 광고에 공통의 심벌로 이용하기도 하는데 이것도 심벌마크라고 부른다. ■

심층면접법 depth interview 피조사자의 내면 깊숙한 심리적 상태를 조사하기 위해 한 사람의 응답자를 대상으로 하는 면접조사법. 목적은 응답자의 태도와 행동에 내재하는 보다 근본적인 동인을 밝히는 데 있다. 여타의 조사 방법이 대개 표준화되어 있어 예측 가능한 결과만을 도식적으로 도출하는 데 비해 알려지지 않은 심리를 포착하는 데 유용한 조사 기법이다. 조사는 숙련된 조사자가 자유로운 분위기 속에서 피조사자와 대화를 나누는 형식으로 진행되며 통상 2시간 내에 면접이 끝난다. 보통은 부드러운 주변 이야기로 시작하여 말하는 동안 자연스럽게 원하는 논점에 도달되도록 유도하는 것이 이상적이다. 이 기법은 알려지지 않은 새로운 행동 원인을 찾아낼 수 있고, 조사자가 통찰하도록 자극을 주며 피조사자 태도에 조사자가 적절한 대응을 할 수 있는 장점이 있으나 시간이 많이 걸리고, 면접원에게 심리학적 지식이 요구되며, 해석의 문제가 수반되기 때문에 한꺼번에 많은 사람을 대상으로 조사할 수는 없다는 제약이 따른다. 한편 포커스그룹 인터뷰(focus group interview), 즉 집중집단면접은 심층면접을 집단적으로 실시하는 것이다.

싱크 synch 동조화(synchronism)의 약자로 영상과 오디오의 동조라는 뜻으로 쓰인다.

ㅅ

Glamour

아기 baby 인간에게 호감을 주는 이른바 3비(3B)인 아기(baby), 미인(beauty), 동물(beast)의 하나. 때 묻지 않은 순수한 존재이며 모성의 대상이다. 또 아이는 가능태로서 언젠가는 기성세대를 이어 이 사회의 주인공으로 활약할 존재다. 광고에서 아기는 대체로 이러한 성격으로 그려진다. ■

아나운서 announcer 방송에서 소정의 목적에 의해 필요한 정보를 알리는 사람. 라디오나 텔레비전 등 매스컴의 영역이 확대되면서 고유한 직업으로 자리 잡게 됐다. 라디오 시절에는 음악이나 드라마를 제외한 거의 모든 프로그램에 걸쳐 아나운서의 역할이 절대적인 비중을 차지했다. 텔레비전의 등장과 함께 목소리만이 아닌 영상에 의해 다양한 프로그램이 제작되면서 다소 그 역할이 분산된 감은 있지만 기본적인 영역 자체는 변함없이 유지되고 있다. 프로그램 성격에 따라 리포터, 내레이터, 뉴스 캐스터, 스포츠 캐스터, MC 등의 다양한 역할을 수행하며 최근에는 오락 프로그램의 주요 멤버로 활동하는 경우도 있다. 아나운서가 광고에 등장할 때는 대부분 신뢰성 있는 정보전달자라는 이미지를 갖는다.

아날로그 analogue □ 0과 1이라는 신호로 구성된 디지털과는 달리 연속적으로 변화하는 물리량을 나타내는 것. □ 수사법 측면에서는 일반적으로 낡은 것, 사라져가는 문화 등을 뜻한다. CD나 MP3는 디지털 물건이지만 LP는 아날로그적인 것이다. 기술 고도화에 따른 첨단 강박증에 대한 반작용으로 오래된 것들을 새롭게 조명하고 추억하는 문화가 나타나고 있는데 영화, 음악, 텔레비전 드라마, 패션, 광고에서도 이런 경향이 하나의 지류를 형성하고 있다.

아라카르트 대행사 a la carte agency 광고주 요청에 근거하여 광고 서비스의 일부만을 제공하는 광고대행사. 어느 시점에 특정 광고 서비스를 제공해줄 것을 의뢰받고 이를 단발로 수행하는 광고대행사를 말한다. 이때 광고대행사는 광고주와 약정 요금인 보수(fee)의 규모를 협의하고 그 금액을 지급받는다. 광고주가 아라카르트 대행사를 이용하는 이유는 종합광고대행사가 기능별로 전문화를 이루지 못해 양질의 서비스를 제공받지 못하기 때문이기도 하고, 종합광고대행사를 이용할 때보다 광고예산을 상당 부분 절감할 수 있기 때문이기도 하다.

아역 child actor 아동 연기자. 영화나 드라마에 출연하는 아동을 말하나 광고에서도 자주 볼 수 있다. 아이는 일반적으로 천진함, 솔직함, 순수함을 표상하는 아이콘이다.

아웃포커스 out of focus 초점이 맞지 않은 사진이나 화면. 꿈같고 신비한 광경, 회상, 추억 등을 표현하기 위해 의도적으로 아웃포커스, 즉 탈초점 상태로 촬영할 때도 있다. 모호하고 신비로운 영상을 창출한다.

아이디어 idea 광고 표현의 기본이 되는 착상. 광고 제작에서 광고 목표와 표현전략 등은 '영감'이 아닌 '논리'의 영역으로 광고가 나아가야 할 방향을 지시할 뿐 그 자체는 광고가 아니다. 아이디어는 표현전략이라는 뼈대에 살을 붙여 실제 광고를 만드는 작업으로 광고 제작에 있어 가장 창의적인 부분이다. 아이디어를 발상하는 첫 번째 과정은 자료수집 단계로 아이디어 개발에 필요한 자료를 모으는 것이다. 표현 컨셉트와 관련 있는 각종 자료, 예컨대 글, 그림, 사진, 영상 등 각종 이미지를 수집하고 그것으로부터 뭔가를 착상한다. 둘째, 숙성 단계로 수집된 자료와 아이디어의 여러 요소를 결합시키거나 분리하여 실제로 광고 아이디어가 될 수 있는지 검토한다. 셋째는 구성 단계로 실제로 아이디어를 의도에 맞게 배열하는 것이다. 넷째, 검토 단계로 여러 개의 아이디어가 실제로 광고 컨셉트와 정확하게 부합하는지를 확인한다. 컨셉트를 잘 반영하는 아이디어

아기
LG텔레콤
1997

뱃속의 아기 건강까지
챙겨주는 냉장고는 언제 나올까?

뱃 속의 아기 건강이 늘 걱정인 엄마의 마음. 가족의
영양 식단이 고민인 주부의 마음. 그 마음에서 삼성전자의 기술은 시작됩니다.
손잡이를 잡는 순간 지문을 통해 철분이 부족한 임산부에게는 미역국,
소간, 굴 등의 철분이 가득한 식단을 음성으로 제안해 주는 꿈의 냉장고.
그 기술을 위해 36.5℃의 마음에서 시작하겠습니다.
세상을 따뜻하고, 행복하게 만드는 기술을 연구하고 또 연구하겠습니다.

이 세상에 없는 또 하나의 기술을 만들어 가겠습니다

또 하나의　　삼성전자　**SAMSUNG**

아기
삼성전자
2005

의 우열을 가려 최종적으로 몇 개 아이디어를 선발한다. 광고에서는 집단이 참여하여 아이디어를 발상하는 집약적 아이디어 개발 방식을 취하는데 이를 대표하는 것이 브레인 스토밍(brain storming)이다. 한 사람씩 돌아가며 자신의 아이디어를 발표하면 다른 사람들이 자유롭게 발전시키는 것으로 정상적인 사고방식으로는 생각해내기 어려운 독창적인 아이디어를 도출하는 데 유용하다. 광고 현장에서 아이디어는 다양한 양상으로 구체화된다. 광고 내용의 핵심으로서 착상을 예기하지 않은 방식으로 제시하는 '빅 아이디어' 유형부터, 부분적으로 광고 메시지를 강화하는 데 도움을 주는 '작은' 아이디어를 적용하는 유형까지, 아이디어는 무수히 많은 경우의 수를 가지고 적용된다.

아이디 카드 identification card 텔레비전 방송 국명고지(局名告知) 시간에 텔레비전 화면 하단 4분의 1을 이용하는 자막 형태의 광고. 일종의 스폿 커머셜로서 시간은 10초 이내이며 띠 위치는 움직이지 않는다. 아이디 카드와 거의 유사한 것이 '곧이어 카드'인데, 이 광고는 스테이션 브레이크(station break) 시간에 '곧이어 ○○이 방송되겠습니다'라는 아나운스가 나가는 시간 동안 이루어지는 아이디 카드 형태의 광고다.

아이소타이프 ISOTYPE 그림문자. International System of Typographic Picture Education의 약어. 1920년대 오스트리아의 오토 노이라트(Otto Neurath)가 국제적으로 통용될 수 있는 기호를 만든 것이 최초의 아이소타이프다. 오늘날에도 광범위하게 쓰이는데 주로 도로표지판, 지하철 내부, 경기장, 호텔, 관광지 등에서 언어를 초월한 커뮤니케이션으로 이용되고 있다. 그래픽 심벌(graphic symbol)이라고 불리기도 하며 픽토그램(pictogram)이란 용어로 대체되는 경향이 있다.

아이콘 icon 상(像). 그리스어 에이콘(eicon)에서 유래한 말로 유사물이란 뜻. 영화나 광고에서는 어떤 속성을 강화하는 요소로 작용하는 시각적 모티브를 말한다. 이 아이콘은 개별 광고의 차원을 넘어 유사한 속성의 모든 광고에 지속적, 반복적으로 나타난다. 영화를 예를 들면 서부 영화의 아이콘은 권총, 모자, 담배 등 주인공 주변에서 그를 묘사하는 전형적인 요소를 말한다. 갱스터 영화의 아이콘은 검은 양복, 검은색 세단 등이다. 이처럼 아이콘은 장르의 유사성을 표상하는 감각적인 상징을 말하는데 의상이나 소도구, 등장인물, 로케이션, 음악 등 다양한 요소가 아이콘이 될 수 있다. 갱스터 영화에서 밤거리, 지하 술집 등이 장소에 대한 아이콘이라면 서부 영화에서는 광활한 평원, 개척 마을의 술집이 그 구실을 한다. 광고 아이콘은 가령 세제 광고의 깨끗한 와이셔츠, 위스키 광고의 관능 여인, 맥주 광고의 쏟아지는 거품, 아파트 광고의 초원 등과 같이

유사 광고에서 관습적으로 나타나는 모티브다.

아이피 information provider 정보통신 시스템에서 정보를 제공하는 단체나 개인을 일컫는 말. 통신 시스템을 이용하여 정보를 사용자에게 제공하고 그 사용료를 얻는 정보제공자를 말한다. 특정 신문사가 자신의 기사를 통신 시스템에 온라인으로 접속시켜 이용자에게 이를 검색할 수 있도록 하면, 그 신문사가 아이피가 되는 것이다.

아이피 주소 IP address 인터넷에 접속하고 있는 컴퓨터를 식별하기 위해 각 컴퓨터에 부여한 번호. 이 번호는 고유한 것으로 다른 컴퓨터와 중복되지 않아 주소와 같은 의미로 사용된다. 이 주소는 숫자로 구성되어 있어 아이피 넘버(IP number)라고도 한다. 아이피 주소를 각 컴퓨터에 할당하는 일을 총괄하는 조직이 IAB(Internet Architecture Board) 산하 IANA(Internet Assigned Number Authority)이며 IANA는 이 업무를 위해 NIC(Network Information Center)를 두고 있다. 아이피 주소는 점으로 구분된 4자리의 10진수로 표기된다. 한편 이렇게 숫자로 구성된 아이피 주소는 기억하기가 힘이 드는 등 여러 가지 불편한 사항이 있어 이를 문자로 바꾼 것이 도메인명이다.

아치 arch 도로 등 일정한 장소에 설치되는 반원형 구조물. 행사명 혹은 홍보 문구을 표시하여 행인이나 차량 탑승객에게 고지하는 용도로 쓰인다. 지방자치단체 홍보 아치, 터미널 아치 등은 기간의 제한을 받지 않고 설치할 수 있으나 행사 고지용 아치는 설치 기간에 제한을 받는다.

아코디언 폴드 accordion fold 인쇄물 페이지 사이에 아코디언처럼 지그재그 모양으로 접어 제본하여 그 페이지를 열면 인쇄물 크기보다 훨씬 큰 면이 나오게 하는 제본 방식. 또는 아코디언과 같이 접는 방법을 이용한 리플릿 등의 인쇄물.

아트디렉터 art director 인쇄 광고의 시각적 표현을 총괄하는 사람. 카피라이터, 디자이너 등과 함께 광고 컨셉트를 설정하고 아이디어를 내는 한편 카피와 일러스트, 사진 등 시각요소의 레이아웃을 결정하는 역할을 한다. 출판 분야에서 아트디렉터는 출판 디자인을 담당하는 책임자, 영화에서 아트디렉터는 영화 미술의 책임자를 말한다. 이처럼 아트디렉터란 용어를 사용하는 분야는 많지만 대체로 시각 표현의 책임자라는 공통분모를 갖는다.

아트 마케팅 art marketing 예술을 마케팅 수단으로 활용하여 기업 이미지를 높이거나 상품 등을 촉진하려는

활동. 이른바 감성 마케팅의 한 종류로 창의성의 보고인 예술을 커뮤니케이션 활동에 여러 방편으로 활용하는 것이 요체다. 기업 메세나 활동 차원에서 예술 전시를 후원하거나 아트홀, 갤러리를 운영하는 유형부터 명화를 인쇄한 상품 포장, 전설적인 예술가를 등장시키는 텔레비전 광고, 유명 예술가와 협업하여 제품을 공동 디자인하는 것 따위가 흔히 볼 수 있는 아트마케팅 사례다. 때로는 현대미술 거장의 대표작 에디션을 매장에 진열하는 한편, 작품 이미지를 쇼핑백, 티셔츠, 머그컵 등에 담아 판매하기도 하고, 철강회사가 철로 만들어진 설치 작품을 공모하여 시상하기도 한다. 기업 입장에서는 예술가를 후원한다는 명분과 예술 장르의 문화적 감수성을 전유할 수 있어 기업 및 상품 이미지를 제고하는 데 장기적인 도움이 되리라 기대한다.

아포리즘 aphorism 삶의 교훈 등을 간결하게 표현한 글. 대개 문장이 단정적이고 내용이 체험적이며 그 표현은 개성적이고 독창적이다. 속담이나 격언 등과 유사하나 그것들이 널리 알려져 있으면서도 작자가 분명하지 않은 데 비해 아포리즘은 작자의 고유한 창작이라는 점에서 속담과 구별된다. 광고에서도 아포리즘 표현을 응용하는 것을 볼 수 있는데 사회의 가치나 규범 혹은 인간의 덕목 등을 독특하게 제시하면서 상품을 우회적으로 소구하는 식이다. 대표적으로 "가슴이 따뜻한 사람과 만나고 싶다"(동서식품 맥심, 1989)를 들 수 있다. ■

안내 광고 classified advertising 1단 2행 규격을 기본으로 한 신문 광고. 개인적 고지나 구인, 매매의 내용이 대부분을 이룬다. 신문에서만 찾아볼 수 있는 광고 형태로 보통 신문 1면에 300~400개 안내 광고를 실을 수 있다. 광고 크기는 대개 높이가 1단으로 정해져 있으며 폭은 자유롭게 정할 수 있는데 활용할 수 있는 면적이 제한되어 있으므로 글자 일색의 표현이 특징이다. 일반적인 광고와는 달리 게재를 원하는 사람이 누구나 크기와 내용을 적어 내면 신문사에서 레이아웃 등을 일괄로 처리한다. 우리나라에서는 1990년대 이후 생활정보지가 널리 퍼지면서 일반 신문의 안내 광고를 거의 흡수했다.

안전 safety 위험이 없는 상태. 미국의 인본주의 심리학자 에이브러햄 매슬로(Abraham H. Maslow)에 의하면 인간은 다섯 가지 기본 욕구를 가지고 있으며 욕구의 충족은 하위 욕구에서 상위 욕구로 단계적으로 이루어진다고 한다. 매슬로가 정리한 기본 욕구는 생리적 욕구(physiological needs), 안전의 욕구(safety needs), 사회적 욕구(social needs), 자존의 욕구(self-esteem needs), 자기실현의 욕구(self-actualization needs)로 사람들은 가장 기초적인 욕구인 생리적 욕구를 먼저 충족시키려 하고, 이 욕구

가 충족이 되면 안전의 욕구를, 다음에는 사회적 욕구를 충족시키려 하는 등 우선순위에 따라 차례로 욕구를 충족하려 한다는 것이다. 안전은 이처럼 생리적 욕구 다음에 오는 원초적인 욕구 중 하나로 평가할 수 있다. 사람들의 안전 욕구와 깊은 이해관계를 가지는 상품을 광고할 때 이 욕구를 환기시키는 유형의 소구가 흔히 등장한다. 방범 시스템, 보험, 자동차, 항공, 의약품, 식품 등의 업종에서 자주 볼 수 있다. 전형적인 예로 충돌 시험 결과를 보여주는 자동차 광고, 자사의 유기농법을 상세히 설명하는 식품 광고, 살균정화 시스템을 강조하는 에어컨 광고 등을 들 수 있다. ■

알 권리 right of know 국민이 모든 정보나 의견에 쉽게 접근할 수 있는 권리. 과거 언론의 자유는 사상이나 의견을 자유롭게 표현하고 이를 공표할 수 있는 표현의 자유라는 권리가 중심이었는데 오늘날에는 신문이나 방송과 같은 매스 미디어가 정보전달을 전담하고 있어 국민이 매스 미디어로부터 타인의 의견이나 정보를 아는 권리의 측면이 점점 강조되고 있다. 언론의 자유가 봉사하는 것도 바로 이 알 권리다. 광고에 있어서도 소비자는 광고정보에 대해 알 권리를 가진다는 견해가 있다. 이 견해에 따르면 소비자는 경제정보인 광고정보에 대해 알 권리를 가지는 것이 정당한데 알 권리란 모든 정보원으로부터 정보를 수집할 수 있는 권리이기 때문이다.

알레고리 allegory 추상적인 개념을 직설적으로 표현하지 않고 그것과 유사한 구체적인 이미지로 표현하는 문학 형식. 개미와 베짱이 이야기는 근면성을 칭송하는 알레고리이며 조지 오웰(George Owell)의 〈동물농장〉은 전체주의를 비유한 알레고리다. 일반적으로 우화(寓話)로 봐도 무방하지만 대체로 우화보다는 길고 중층적이라는 특징이 있다. 가치, 정신 등 무형의 이념을 전달하는 광고에서 메시지를 효과적으로 구성하기 위한 수단으로 이와 유사한 표현 형식을 사용하기도 한다.

앙각 숏 low shot 피사체를 올려 보면서 찍은 화면. 건축물을 앙각으로 찍으면 하늘을 향해 치솟는 건물의 위용을 포착할 수 있다. 건물 내부를 앙각 앵글로 촬영하면 천장을 분명하게 묘사할 수 있다. 인물을 앙각으로 바라보면 얼굴을 밑에서 쳐다본 시각이 되기 때문에 인물이 커 보이며 위압적으로 느껴진다. 자동차나 탱크 등이 카메라를 향해 다가오는 것을 앙각으로 보면 자동차는 더욱 커 보이고 속도도 빠르게 느껴져 매우 거칠고 강한 느낌이 만들어진다. 광고에서 앙각 숏은 인물의 권위나 압도적인 인상을 묘사하거나, 건물의 높이감이나 내부의 웅장함을 보여주기 위해, 운동선수들의 운동감을 증진시키기 위해, 혹은 단순히 기하학적인 구도를 얻기 위해 사용하곤 한다.

ㅇ

作家 金恩國

가슴이
따뜻한 사람과
만나고 싶다.

맛을 아는분이 선택하는
커피의 名作 — 맥심

MAXIM

아포리즘
동서식품 맥심
1989

앙상블 디스플레이 ensemble display 서로 관련이 있는 상품을 함께 디스플레이하는 방식. 예컨대 의류 진열의 경우 구두, 셔츠, 허리띠, 양말, 모자 등을 함께 하나의 조합으로 진열하는 것이다. 조정형 디스플레이(coordinated display)라고도 한다. 상품 간의 관련성은 특정의 효과를 가지거나 특정의 문제를 해결하는 데 함께 쓰이는 상품인 경우에도 적용할 수 있는데, 예를 들면 침대와 이불 등은 함께 진열하는 것이 좋다.

앙케트 enquete 개개인의 의견을 문의하여 종합하는 것. 통신 문의, 통신 조사, 혹은 문의 조사를 하여 의견을 모으는 것이다. 앙케트는 일상어로서 그대로 사용되며, 사람들의 의견을 물어볼 때 앙케트를 수집한다고 한다. 의견조사를 영어로는 오피니언 리서치(opinion research), 여론조사라고도 하는데, 개개의 의견을 문의한다는 의미로는 앙케트를 수집한다고 하는 편이 가벼운 느낌을 준다. 앙케트 방식으로는 일반적으로 질문지법을 사용하며, 앙케트 용지를 우송하고 회신을 받는 우송법과 면접을 통해 기입받는 방법 등이 있다.

애고 광고 patronage institutional advertising 기업이 소비자에게 자사의 정책이나 영업 활동을 이해시키고 나아가 호의를 갖도록 함으로써, 소비자가 상품을 구매할 때 선택에 영향력을 행사하려고 하는 광고. 가령 "우리 회사의 제품은 이상적인 환경에서 생산되어 세계로 수출되고 있습니다"라든가 "우리 공장은 세계적 규모로 세계 최고의 생산설비를 갖추고 있습니다" 식의 광고를 말한다. 애고 광고는 기업 광고와 함께 소비자가 호의적인 기업 이미지를 느끼도록 하는 구실을 한다.

애국심 patriotism 자신의 나라를 사랑하는 마음. 국민 대다수의 심리이자 어느 정도는 맹목적인 면도 있어서 상업 광고 영역에서도 이 정서에 의존하는 소구 방식을 흔하게 찾아볼 수 있다. "아직도 외국 상표의 스폰서화를 찾고 계십니까?"라는 헤드라인으로 외국에 로열티를 지불하는 외국 상표 대신 우리 고유 브랜드를 이용하자는 식의 광고가 한 예다. 온 나라를 들썩이게 하는 올림픽 경기나 월드컵 경기 기간 중에 자국 선수들의 선전을 고취하는 등의 광고도 이런 유형에 속한다. 이순신 장군처럼 나라를 지키는 데 공헌한 역사적 인물, 안중근과 유관순 같은 독립운동가, 그 외 대한민국의 위상을 만방에 떨친 인물이 등장하는 광고들도 대체로 국민의 애국심에 호소하는 표현을 보여주곤 한다. ■

애니매틱 animatics 손으로 그린 스토리보드나 사진 혹은 자료화면 등에 비디오 효과를 부여하고 오디오를 입혀 완성한 영상물. 광고계에서 애니매틱은 테스트를 위해 만드는데 장차 완성될 광고의 유사치를 보여줌으로써 소비자 선호 조사나 광고주 이해를 돕는 데 이용한다.

애니메이션 animation 그림이나 인형 등 움직이지 않는 물체를 스톱모션으로 찍어 프레임별로 촬영하는 기법. 이로써 정상적으로 재생했을 때 피사체가 움직이는 것처럼 보인다. 각 프레임은 대상의 미세하고 점진적인 변화를 담고 있어 초당 24프레임의 속도로 상영하면 대상물은 움직이거나 살아 있는 것처럼 느껴진다. 표현 방법으로는 연속적으로 그려진 일련의 그림을 한 프레임씩 촬영하여 동작을 만드는 방법과 물체를 약간씩 이동시키거나 변형시키면서 한 프레임씩 촬영하여 연속 동작이 되게 하는 방법, 또 미리 계획된 프로그램을 컴퓨터에 입력시켜 명령에 의해 컴퓨터가 그림을 그리는 방법 따위가 있다. 촬영 대상에 따라서는 셀 위에 그려진 그림을 찍는 셀 애니메이션, 진흙 물체를 변형시키면서 촬영하는 클레이 애니메이션, 인형을 움직이면서 촬영하는 인형 애니메이션, 그림자 물체를 움직이면서 찍은 실루엣 애니메이션, 모래를 찍은 모래 애니메이션 등 여러 종류가 있으며 컴퓨터의 드로잉 기능을 이용한 컴퓨터 그래픽도 애니메이션의 일종이다.

애니메이션 광고 animation advertising 애니메이션 기법을 이용해 만든 광고. 실사 광고가 갖지 못하는 다양한 표현이 가능하기 때문에 전통적으로 광고 제작의 한 유형으로 발전해왔다. 표현 특성이라는 관점에서 애니메이션은 실사에서는 불가능한 환상세계를 만들 수 있고 그것을 다채로운 방식으로 표현할 수 있다는 점이 가장 큰 장점이다. 또한 애니메이션으로 형상화되는 캐릭터는 광고주에게 상표와 같은 브랜드 자산이 된다는 점도 특이할 만한데 예를 들어 호랑이(켈로그), 개구리(참존화장품) 등의 캐릭터는 광고주 상표와 동일시된다. 이에 더해 애니메이션은 남녀노소 누구에게나 소구할 수 있으며 복잡한 것을 단순화하여 광고 내용을 쉽게 이해시키고, 참신한 애니메이션 기법은 효과적인 광고 차별화 수단이 된다.

애니메이터 animator 애니메이션의 등장인물인 캐릭터의 움직임을 그리는 사람. 또는 인형이나 물체를 이용한 애니메이션 제작 시 그 인형이나 물체를 디자인하고 정밀하게 움직여 동작을 창조하는 사람을 가리킨다.

애드리브 adlib 사전에 약속되지 않은 대사나 행위를 즉흥적으로 펼치는 것. 때로는 대본대로 하는 것보다 더 생생하게 보여 코믹한 대사와 빠른 호흡이 주를 이루는 광고에서 애드리브가 광고에 활기를 불어넣는 일도 많다.

애드버토리얼 advertorial 기사체로 조판한 광고. 기사 광고라고도 부른다. 기사와 광고가 혼동되기 쉬운 형

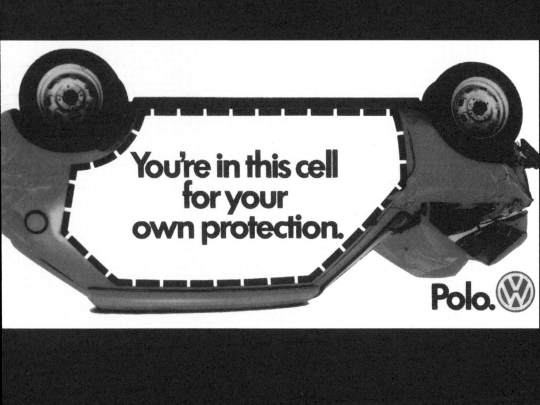

이순신장군님,
야후는
「다음」이 물리치겠습니다

www.daum.net

국내최대 250만 회원의 한메일넷이 더 좋은 서비스로 다짐하며 「다음」으로 새롭게 태어났습니다

인터넷 한국의 미래. 「다음」이 책임지겠습니다.

No.1 우리 인터넷 다음

daum

No.1 우리 인터넷 「다음」은 이런 인터넷입니다

1 　**2** 　**3**

(주)다음커뮤니케이션

"I gave up smoking by eating prunes."

Once you decide to give up smoking, you hear of all sorts of methods to help you. There's prunes, dummy cigarettes, chewing gum, sweets and even hypnosis.

These aids have helped countless smokers give up. Yet countless more have tried them and failed.

Why?

The simple truth is that there is no guaranteed painless method of giving up cigarettes. The longer a person has smoked, the more his body cries out for its supply of nicotine and tobacco smoke. And when this supply is suddenly cut off, the body is bound to react.

The first few days are inevitably going to be very trying. So even the most bizarre gimmicks are useful if they help take your mind off the struggle that's going on inside your body.

Fortunately however, doctors have now discovered that there are several methods which will make it easier for any smoker to give up.

What kind of smoker are you?

First of all, it helps if you can decide what kind of smoker you are. There are six basic types. All smokers fall into one (or several) of these categories, and once you've discovered which apply to you, you can then plan your campaign of attack.

Crutch Smokers. These are the smokers who light up in moments of stress and worry. Whenever things go wrong they reach for their cigarettes. When a crutch smoker gives up, it's vital that he chooses the right moment. He must be as far as possible from strain and tension. So a good time is just before he goes on holiday or on a Friday night before a relaxing week-end.

Handling Smokers. They smoke because it gives them something to do with their hands. They like to play with the packet and the cigarette lighter. These are people who have the greatest success with dummy cigarettes, but a pencil or a pipe can be just as effective. With handling smokers half the problem is finding something to do with their hands for the first few days. After that they find it easy.

Habit Smokers. Habit smokers smoke automatically. They're hardly conscious of the fact that they are smoking. For them there is no substitute, no easy way out. Yet remarkably they're often the most successful at giving up. Because once they've made the initial break they adapt quickly to the new routine. They fall into the habit of not smoking.

Relaxation Smokers. They feel they can't relax without a cigarette. After a meal, with a coffee or a cup of tea, they love to light up. The solution is obvious. For a few days they should avoid the situation when they need to smoke. Drink something else in place of coffee (or tea). And instead of sitting about after a meal, get up and do something. There's nothing more fatal than just sitting waiting for the old pangs to come back.

Craving Smokers. A craving smoker is psychologically addicted to tobacco. The craving for the next cigarette begins the moment he puts the last one out. His problem is mental, because he believes he can't live without cigarettes. The solution is determination – all a craving smoker has to do is decide that he really wants to give up – and the rest, for him, is comparatively easy.

Stimulation Smokers. They smoke to give themselves a perk. They feel that a cigarette picks them up. When a stimulation smoker gives up he usually looks for a substitute which will have a similar effect on his nervous system, such as coffee, tea, spicy foods or alcohol. Unfortunately, these substitutes trigger off the desire for a cigarette, and so they should be avoided, if possible.

Plans of action to help you stop smoking.

How one goes about stopping is entirely up to the individual.

Some smokers prefer to give up without any fuss. They don't follow a plan, They don't tell anyone. They just quietly go about giving up. With this approach, you'll only have yourself to betray.

But it does require plenty of will power. Most smokers find it easier to follow a plan.

Plan 1. Decide two or three weeks in advance that you're going to quit on a certain date. Then gradually reduce your smoking over the three weeks. And then stop for good.

Plan 2. Start by cutting out the most enjoyable cigarettes of the day. The one after dinner, the one during the tea break at work. This may seem like the hardest way to give up. But if you can stop smoking these 'key' cigarettes, the rest will soon become meaningless.

Plan 3. You cut out the first cigarette of the day. Then the second. Then the third. Each day going a little longer without a cigarette.

Until eventually you're down to one or two a day. Then try and cut that one out. But if you find you just can't survive without it, allow yourself one, (and only one) cigarette after each meal.

But be warned. It is far harder to cut down than to give up completely. Because a person who has the occasional cigarette is always liable to think, "one more won't make any difference."

So he has another.

And another.

And another.

How to make sure you don't start smoking again.

Once you've given up cigarettes, there are going to be many temptations to start again. Friends will offer them to you – you'll begin to notice the enticing advertisements – you'll think of a thousand excuses why you should have 'just one'.

There are many smokers who once gave up, but are now smoking again just because they thought it would be safe to have the occasional cigarette. And it seems such a pity to go to all that effort giving up, only to start again.

There are, however, a few ways which will help you resist the temptations.

1. Give up with a friend. You'll be able to encourage and give each other moral support. And of course the less you see people smoke, the easier it'll be for you to give up.

2. Travel in non-smoking compartments of trains and buses.

3. Change your routine for a few days so that you avoid the situations when you really enjoyed or needed a cigarette.

4. Announce that you've given it up. Tell your family and friends that you've stopped smoking. They'll help see you over the worst time. And it'll also make it harder for you to go back on your word.

5. If you're absolutely desperate for a smoke, switch to a pipe or cigars – they are far less dangerous.

Finally, be prepared for a struggle. It probably took quite some time before you smoked as heavily as you do now. It may take just as long for you to give up. But even if you've smoked heavily for years, it's still worth making the effort, because from the day you stop, you reduce your chances of getting lung cancer or any of the diseases which are caused and aggravated by cigarette smoking.

If you don't smoke, or if you've already given up, please cut this out and give it to a friend who hasn't yet managed to stop.

The Health Education Council
©Health Education Council, Middlesex House, Ealing Road, Wembley, Middlesex, HA0 1HH.

식 때문에 높은 주목률과 신뢰성을 얻을 수 있고, 매체가 마치 품질을 보증하는 듯한 인상을 줄 수 있어 이 광고에 대한 선호가 높다. 광고 문안을 매체사 스태프가 맡을 수도 있으며 레이아웃 역시 매체 소속 디자이너에게 일임하는 경우도 흔하다. 편집의 입장에서는 기사와 광고가 혼동되는 것이 기사의 신뢰도에 부정적 영향을 줄 우려가 있으므로 일반적으로 광고 상단에 '광고' 혹은 '전면 광고' 등의 표시를 하고, 그 밖에 광고 페이지에 차별적인 서체를 사용한다든가, 색조나 경계선을 넣어 광고와 기사를 구별하는 등의 방법을 사용하려 한다. 반대로 매체사와의 긴밀한 협업을 통해 신문이나 잡지의 특집처럼 '스페셜 섹션'과 같은 명칭 아래 여러 페이지에 걸쳐 매체사 고유의 편집의 외양을 갖는 광고를 내보내는 사례가 최근 늘고 있다. 이런 식의 광고에서는 인터뷰, 탐방, 기고 등 매체사의 보도 기사와 같은 편집 방법을 쓴다. 광고주는 일반 기업 이외에도 지방자치단체나 학교, 협회, 단체인 경우가 많다. ■

애드벌룬 ad-balloon 기구에 광고물을 매달아 창공에 띄워 대중의 시선을 끌게 하는 광고. 공중에 띄워서 불특정 다수에게 시각적 자극을 주는 옥외 광고다. 대부분 비닐로 만든 공 모양이며 크기는 직경 약 3m 정도로서 그 안에 가스를 넣어서 띄우고, 기구의 아래에 광고 문안을 넣는 것이 보통이다. 공중에 높이 게양되기 때문에 넓은 범위에서 주목을 받고, 또 특유의 분위기로 빌딩 낙성식이나 개점, 축제 등에 많이 등장한다. 최근에는 내구성이 뛰어난 특수합성섬유 직물로 제작하여 동물 등 독특한 형상을 만들 수 있으며 내부 조명으로 야간에도 광고효과를 제고할 수 있다.

애드혹 조사 ad hoc survey 단발 조사. 조사기획부터 분석보고까지의 과정이 단 1회로 종결되는 조사. 동일한 조사를 일정한 주기로 반복하는 신디케이트 조사와 상대적인 조사다. 애드혹 조사가 특수한 테마에 대한 데이터의 필요성 때문에 기업이 조사기관에 의뢰하여 실시하는 것이라면, 신디케이트 조사는 시청률 조사와 같이 조사기관이 독자적으로 실시하여 관련 데이터를 여러 기업에 판매하는 조사다.

액세스 access □ 개인 등이 신문, 방송 등의 미디어에 접근하는 것 혹은 공적인 정보에 접근하는 것. □ 통신회선을 통해 원격지에 있는 컴퓨터에 접속하는 것. 인터넷에서는 웹브라우저를 사용하여 홈페이지에 접속하는 것을 의미한다.

액세스권 right of access 개인이나 사회단체가 미디어에 접근하여 그 미디어를 사용할 수 있는 권리. 매스 미디어의 보도에 대한 반론, 사회 현안에 대한 의견 등을 미디어에 표명할 수 있는 권리를 말한다. 아울러 공적인 정보에 접근할 수 있는 권리를 말하기도 하는데 정

부기관이나 기업체 소유의 정보 중 자기에 관한 내용에 접근하여 이를 입수할 수 있는 권리다.

앰비언트 광고 ambient advertising 환경 혹은 장소적인 특징을 미디어로 활용하는 방식의 광고. 적재적소 광고라고 번역할 수 있다. 예를 들어 금연 광고를 할 때 거리의 재떨이 앞면에 반투명 엑스레이 폐 사진을 붙여 놓아 사람들이 담배 꽁초를 투입하면 폐에 점차 꽁초가 쌓이는 것이 보이도록 하는 것 등이다. 사용할 수 있는 미디어는 거의 제한이 없어 도심에 설치된 구조물을 이용한 광고를 비롯하여 존재하는 모든 공간에서의 광고가 가능하다. 장소의 성격과 광고 대상과의 관련성을 찾아내는 것이 이 광고의 핵심이며 이것이 조화를 이룰 때 사람들의 관심과 흥미를 획득할 수 있다. 텔레비전 광고처럼 메시지의 전달 범위가 넓지 않은 대신 순수한 광고효과 이외에도 일반의 화제를 노린다. 옥외 광고에 대한 규제가 복잡한 한국에서는 그리 활성화되어 있지 않지만 유럽을 비롯한 해외에서는 이 광고를 활용한 캠페인이 활발하며 주요 광고상에서도 이 부문에 대한 시상 제도를 두고 있다. ■

앵글 angle 카메라를 피사체를 향해 위치시켰을 때 발생하는 촬영 각도. 앵글을 어떻게 설정하느냐에 따라 다양한 숏(shot)이 발생하며 그것이 주는 효과도 각각 다르게 나타난다. 카메라 시각이 피사체를 바라보는 위치를 따라 다양한 앵글이 나타나는데 예를 들어 앙각(low angle)은 피사체를 밑에서 올려다보는 각도이며 부감(high angle)은 피사체를 위에서 내려다본 시점이다.

약화법 cartoon test 만화 속의 대화 중 한 부분을 비워 놓고 피조사자로 하여금 그 대화를 채우게 하여 피조사자의 심리를 파악하는 투사식 조사 기법. 상품이나 서비스에 대한 태도뿐만 아니라 광고에 대한 선호도 조사에 유용하다. 피조사자가 응답하기 쉬운 형식이어서 비교적 용이하게 조사를 행할 수 있다. 단, 응답의 양상이 지극히 다양하여 응답에 대한 해석이 전문적인 차원에서 이루어져야 한다.

양장 hard cover binding 내지를 실로 묶고 재단한 다음 별도로 만든 두꺼운 표지를 내지 묶음에 접합하는 제본 방식. 내구성을 요하는 백과사전 등의 책을 만들 때 양장을 사용하고 그 외 연감, 화보, 사진책, 어린이 그림책도 양장이 많다. 기업의 사사(社史)도 대부분 양장이다. 주요 이점은 튼튼해서 오래 보존할 수 있고, 책이 잘 펴지며, 품위가 있다는 점이다. 반면 서적이 무거워지고, 제작비가 비싸며 제작 기간도 오래 걸린다. 양장이 창출하는 이미지는 전통과 권위, 신뢰의 인상이다. 기업의 명성, 상품의 고급감을 강조하기 위해 팸플릿이나 카탈로그를 양장하는 경우도 상당수다. 한편

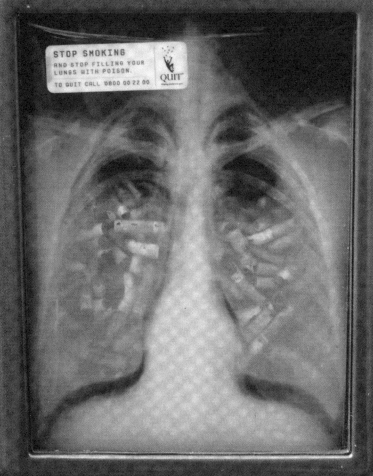

앰비언트 광고
더 퀴트 스모킹 클리닉 런던
2008

앰비언트 광고
페덱스
1999

반양장은 내지는 양장과 같은 방식으로 묶지만 표지는 책등에 풀로 붙이는 방식으로 양장보다 제작 기간을 줄일 수 있어 대량 생산에 적합해 단행본 등에 널리 이용한다.

양적 조사 quantitative survey 조사 결과가 통계숫자로 나타나는 조사. 일반적으로 많은 사람을 대상으로 하여 모든 사람에게 똑같은 질문을 한 결과를 분석하여 데이터를 산출한다. 시청률 조사, 선거조사 등이 양적 조사의 대표적인 것이다. 이에 반해 질적 조사(qualitative survey)는 심층면접법같이 계량화할 수 없는 질적인 정보를 얻기 위한 조사다.

어간 word spacing 단어와 단어 사이의 공간. 영어로는 워드 스페이싱이라고 한다.

어드레스 address 정보나 신호가 네트워크를 통해 전달될 때 출발지점이나 목적지를 나타내는 숫자나 이름 혹은 패턴. 주로 인터넷에서 사용되는 용어이며 몇 가지 용례가 있다. 우선 아이피(IP) 주소란 인터넷 접속 서비스를 제공하는 호스트 컴퓨터의 주소를 가리키는 것으로 숫자로 표시된다. 이 어드레스는 숫자로만 나열되어 있어 사용하기 불편하므로 이를 알파벳 문자로 바꾼 것이 도메인 이름이며 이것이 일반적으로 통용되는 인터넷 호스트 주소다. 한편 전자우편 주소란 인터넷의 개인 사용자들이 사용자 ID가 등록된 호스트 컴퓨터에서 전자우편을 주고받을 수 있도록 개별적으로 소유하는 주소를 말한다.

어센더 ascender 알파벳에서 x-높이(X-height)보다 더 위로 솟아오른 소문자 부분을 지칭하는 용어. b, d, f, h, i, k, t처럼 일반 소문자보다 위쪽으로 튀어오른 것을 말한다. 어센더는 x-높이(X-height), 디센더와 함께 타이프(type)의 크기를 재거나 타이프 페이스를 식별하는 중요한 요소다.

어센더 라인 ascender line 알파벳의 대소문자 위에 놓여진 가상 선.

어안렌즈 fisheye lens 접사 촬영에 사용되는 초광각 렌즈. 그 결과가 물고기눈으로 사물을 포착한 것처럼 360° 원형을 그린 형태로 나타나기 때문에 어안렌즈라는 이름이 붙었다. 초점거리가 극도로 짧아 영상이 심하게 왜곡되는 현상이 있어 특수한 목적에 맞게 사용된다. 버그아이렌즈(bug eye lens)와 동의어다.

어의 차이 척도법 semantic differential scale 척도의 양극점에 서로 상반되는 표현을 붙인 5-7점의 척도를 구성하여 피조사자 태도를 측정하는 기법. 이 방법에 의하면 조사자는 응답자에게 조사하고 싶은 주제에 관해 찬성 또는 반대되는 의미를 일렬로 배치하여 제시한다. 이때 응답자는 일렬로 배열된 의미대안(semantic alternatives) 중에서 하나를 선정하게 되고 이의 강도에 따라 의미공간(semantic space)의 해당란에 체크를 하게 된다. 이 방법의 중심은 양극을 이루는 용어의 표현을 선정하는 일이다. 이러한 것은 표본을 추출하여 정하는데, 표본의 수는 유용한 판단을 할 수 있는 모든 것의 대표성을 지녀야 한다. 기업 이미지나 상품 이미지, 광고 이미지 등에 대한 소비자 태도의 방향이나 정도를 측정하기 위해 흔히 이용된다.

어카운트 account □ 광고대행사와 클라이언트 간의 업무를 뜻하며 클라이언트, 즉 광고주를 칭하는 말로도 쓰인다. 광고주를 광고회사 회계상의 입장에서는 인명에 따른 하나의 계정(account)으로 처리하므로 이렇게 부르게 됐다. □ 정보통신 혹은 네트워크에서 각 사용자를 구별하는 단위. 보통은 특정 컴퓨터나 네트워크를 이용하기 위한 권리를 의미하며, 통신에서는 사용자 ID라는 명칭으로 사용된다. 다시 말해 어카운트를 가진다는 것은 사용자 아이디와 암호를 등록하여 컴퓨터나 네트워크를 이용할 수 있다는 의미다.

어카운트 갈등 account conflict 광고대행사가 동일 시장에서 서로 경쟁하는 품목을 동시에 서비스할 때 발생하는 갈등. 광고대행에 있어 1업종 1사 원칙이 지켜지지 않을 때 나타나는 것으로 광고주 정보에 대한 비밀 유지가 어려운 부작용이 있다.

어쿠스틱 acoustics □ 음향학(science of sound)을 지칭하는 말. □ 음질에 영향을 주는 모든 환경 요인을 지칭하는 말. 최종 녹음의 결과에 중대한 영향을 주는 요인이므로 동시녹음이 가능한 스튜디오를 만들 때에는 이에 대한 각별한 고려가 있어야 한다. □ 앰프를 사용하지 않고 생음으로 들려주는 악기나 연주를 뜻하는 음악 용어.

언더라인 underline 단어나 문장 밑에 그어진 선. 일반적으로 '강조'와 '주의'를 위한 장치다. 단락을 구분하는 소제목에도 이를 표시할 때가 많다. 영어 구문에서 약한 강조를 뜻하는 이탤릭보다 훨씬 더 직설적이어서 눈에 잘 띈다. ■

언어유희 play on words 어떤 의미를 암시하거나 전달하기 위해 말이나 단어, 문자 등을 해학적으로 사용하는 표현. 동음이의어를 재치 있게 구사하거나 유사 발음을 이용하는 것이 대표적이다. 단순한 말장난에 머물기도 하지만 날카로운 풍자와 기지를 표현하는 수단이 되기도 한다. 광고에서 언어유희는 소비자 주의를 끌어당기면서 광고 내용을 쉽게 이해시키기 위한 도구로 광범위하게 쓰인다. 이 중 가장 보편적인 형태는 상표 이

ㅇ

Where does Calvin Klein stand on the use of fur?

Whether trapped or ranched, every year millions of animals, including minks and beavers, are gassed, electrocuted, or stomped to death by the fur industry for fashion's sake. Join us and help send the message to Calvin Klein that fur is not a fabric. Call People for the Ethical Treatment of Animals at 301-770-PETA, or write P.O. Box 42516, Washington, DC 20015.

PeTA

언더라인
동물을 인도적으로 대하는 사람들(PETA)
1993

름과 관련한 단어를 절묘하게 이용하는 것으로 "내 입에 안성맞춤, 농심 안성탕면", "캐내십시오, 케토톱", "이가 튼튼 이가탄", "알 만한 사람은 다 아는 알마겔" 식의 표현을 말한다. 그 목적은 소비자에게 상표와 상품 속성을 보다 쉽게 기억시키려는 것이다. 언어유희를 사용할 때 광고제작자에게 가장 중요한 것은 언어와 상표 의미의 관계를 밀접하게 유지시키는 것인데 이것이 충분하지 않으면 오독이 발생하는 부작용을 낳는다. 청소년 대상으로 하는 광고에 그들만의 비문법적 표현과 은어가 상당수 등장하는 것이 최근 언어유희의 뚜렷한 경향이다.

업무 광고 business advertising 제품을 구매하는 기업이나 단체를 대상으로 하는 광고. 광고 대상이 일반 소비자가 아니라 기업 혹은 단체, 그들의 구매 담당자인 경우가 대부분이다. 업무 광고는 그 광고 대상에 따라 산업 광고, 거래 광고, 전문직업자 광고, 농업 광고 등으로 분류된다. 산업 광고(industrial advertising)는 산업용품을 산업 사용자에게 판매할 목적으로 실시하는 광고로 가령 윤전기를 신문사에 판매할 목적으로 행하는 광고를 말한다. 거래 광고(trade advertising)는 생산자가 중간상을 대상으로 실시하는 광고를 말한다. 즉, 생산된 제품이 시장을 거쳐 유통되는 과정에서 유통업자의 판매 의욕을 자극하고 제품의 흐름을 원활하게 유지하기 위해 생산자가 수행하는 촉진 활동이다. 전문직업자 광고(professional advertising)는 의사, 변호사, 교사, 건축사 등과 같이 통상 자격허가를 가지고 전문 직업 기준에 따라 업무를 수행하는 사람들을 대상으로 하는 광고다. 예를 들어 제약회사에서 약사를 대상으로 의약품을 판매하기 위해 전문지를 통해 실시하는 광고가 여기에 속한다. 농업 광고는 농산물 생산자를 대상으로 하는 광고를 말한다. 농약, 농기계 등이 주요 광고 품목이다.

에로티시즘 eroticism 선정주의, 애욕주의를 일컫는 말. 그리스 신화의 사랑의 신 에로스(Eros)에서 유래된 말. 성애를 관능적으로 그린 문학 및 영화 등을 지칭하는 개념으로 쓰이나 넓은 의미에서는 사랑을 주제로 한 것이 모두 이에 포함된다. 오늘날 에로티시즘은 문학, 회화 같은 전통예술 분야보다 대중문화, 즉 영화, 사진, 패션, 광고 분야의 핵심적인 제재로 등장했는데 이는 대중문화 산업의 상업적 이윤추구의 결과이기도 하지만 저변에서 꿈틀대고 있는 성관념의 반영이기도 하다. 광고를 성적 자극의 연장으로 표현하는 에로티시즘 광고가 빈번하게 등장하는 분야는 의류, 향수, 주류 등으로 이들 분야 광고에는 직간접적으로 성(性)과 밀접하게 연결된 표현이 다수 등장한다.

에스아르시 모델 S-R-C model 자극(stimulus)을 통해 행동(response)이 유발되는 한편, 행동의 결과 (consequence)에 의해 차후의 행동(response)이 결정된다고 행동을 설명하는 모델. 이 모델은 가장 간단한 에스아르(S-R) 모델, 즉 자극을 통해 행동이 유발된다는 자극·반응 모델을 다소 보완한 것이다. 어떤 광고(stimulus)를 보고 구입(response)을 했는데, 그 제품이 대단히 만족스러운 결과(consequence)를 주었다면 소비자는 계속적인 구매 행동을 할 것이지만 결과가 만족스럽지 않았을 경우 그 이후에 아무리 같은 광고를 접해도 그 제품을 다시 구입하지는 않는다는 것이다. 즉, 행동은 항상 그 결과에 의해 영향을 받는다는 관점이다. 마케팅의 입장에서는 궁극적으로 소비자 욕구를 충족시킬 수 있는 제품의 질을 추구해야 할 것과, 구매 후의 불안감 등을 해소시켜주기 위한 다양한 커뮤니케이션 전략이 요구된다는 관점이 성립한다.

에스오 광고 SO advertising 케이블 텔레비전 방송국 운영자(cable system operator)의 케이블 채널에 방송되는 고유 형태의 광고를 말한다. 커버리지 단위로 특정 지역을 선발하여 광고할 수 있고 유리한 상권의 케이블 방송국을 패키지로 묶어 광고를 방송할 수 있다. 즉, 유효 지역을 중심으로 광고를 집행함으로써 표적고객에게 정밀하게 접근할 수 있으며 광고예산을 효율적으로 사용할 수 있다. 광고매체로서 케이블 방송국은 상세한 정보 광고가 가능하고 광고비가 저렴하며, 구매 잠재력이 높은 대상층을 공략할 수 있고, 테스트 마케팅을 위해 활용될 수 있다는 장점이 있다. 유형은 대체로 다음과 같이 범주화된다. [1] 에스오가 운영하는 채널별 광고 시간대의 일부를 지역광고로 대체하여 전국적으로 광고 방송을 하는 엘에이(LA, Local Availability) 광고. 지역 광고비로 전국 방송이 가능하다는 특성이 있다. [2] 에스오의 지역채널 광고인 엘오(LO, Local Origination) 광고. [3] 유리한 상권 지역의 에스오를 묶어 광고 방송을 행하는 권역 광고. 제품이 유통되는 지점에만 광고를 내보내거나 원하는 표적고객에게만 광고를 노출시키고자 할 때 이용 가능하다. [4] 본사와 지역 대리점이 연계하여 공동 집행하는 코업 광고. 기업의 대리점 활성화 전략으로 이용 가능하며 지역 대리점의 판촉비를 경감해주는 효과를 거둘 수 있다. [5] 화면 하단에 자막을 연속적으로 흘려보내는 자막 광고. 제작비가 전혀 안 들고 저렴한 광고 요금으로 노출을 극대화시킬 수 있다는 장점이 있다. [6] 광고 집행 후 신장된 매출액 중 일정 비율을 광고비로 납부하는 직접반응 광고. 판매처나 전화번호를 직접 기입함으로써 즉각 판매를 유도하는 형식의 광고로 제작비가 저렴하고 광고주의 직접적인 광고비 부담이 없다. [7] 제품의 설명과 정보전달을 위주로 하는 인포머셜. 일반 공중파의 방송 광고가 30초 이내인 데 비해 인포머셜은 일종의 상품정보 프로그램이라는 성격을 갖는다.

에스오비시 모델 S-O-B-C model 상황(situation)과 인간의 생물·심리학적 실체(organism)가 쌍방적으로 영향을 주고받은 결과로 행동(behavior)이 유발되고 그 행동의 결과(consequence)가 차후 행동에 영향을 준다고 소비자 행동을 설명하는 모델. 어떤 사람이 자동차를 구입했을 때 이것은 광고 때문만이 아니고 그 사람을 둘러싼 환경의 총체, 즉 사회계층, 준거집단, 동기, 지식, 개성에 영향을 받으며 상품의 성능, 가격도 구매결정에 중요한 요소로 작용한다고 봐야 한다는 것이다. 즉, 그 사람이 구매에 임해서 처한 상황의 전체가 구매를 결정하는 것은 물론 특정 브랜드를 선택하는 데 총체적으로 영향을 준다는 것이다. 고객은 이러한 정보를 종합하여 의식적이고 합리적인 의사결정을 하며, 구매의 결과에 대한 만족 여부에 따라 상표의 재구매 여부가 결정된다고 본다. 이 모델이 주장하고 있는 것은, 인간의 행동에 영향을 미치는 것은 단편적인 자극(stimulus)이 아니라 환경적인 상황(situation)이며, 인간은 행동의 주체로서 상황에 적극적으로 대처하고, 수동적인 반응이 아닌 주체적이고 의식적인 행동(behavior)을 하며, 행동에 강도를 증가시킨다는 것이다.

에스키스 esquisse 최종적으로 완성할 그림이나 설계도를 위한 예비 그림. 작품을 준비하기 위한 예비 단계로서 작은 종이 혹은 천에 간단한 구도나 색채 및 명암을 그려보고 그 효과를 미리 가늠하기 위한 용도의 그림을 말한다. 에스키스는 자유로운 이미지와 왕성한 선묘가 그 특징으로 작가의 개성과 조형적 관점이 드러나는 경우가 많다. 오늘날에는 건축 설계, 인테리어 등 계획성이 많이 요구되는 작업에 이용된다. 광고에서는 아이디어를 대충 그려 시각화한 것, 즉 섬네일(thumbnail)을 말한다.

에어브러시 air brush 물감을 안개 상태로 만들어 뿜어내면서 다양한 톤과 명암을 그리는 기구. 공기압축기에 핸드피스를 붙여 압축기에 의해 만들어진 압축 공기가 호스를 타고 지면에 분사되는 방식이다. 다양한 톤과 명암을 표현할 수 있으므로 사진에 버금가는 정밀묘사를 할 수 있다.

에이보드 A board 경기장 트랙 주변에 위치한 광고판. 일반적인 펜스 광고와 비교하여 주목률이 높아 텔레비전 중계 시 노출효과가 크다. 축구장, 농구장, 배구장 등 운동장 및 코트 주변에 배열된다. 국제적인 스포츠 이벤트일 때는 국내뿐만 아니라 해외로 노출시킬 수도 있어 다국적 기업 및 수출 기업에 유용한 매체로 평가된다. 회전식 펜스 시스템은 평균 30~40초의 노출 시간을 기준으로 광고가 바뀌는 방식으로 시선 유도 효과가 커 도달이 용이하다는 장점이 있다. 스포츠용품, 청량음료 등 업종에 적합하다.

에이이 AE account executive 광고대행사에 속해 광고주와의 커뮤니케이션을 담당하는 한편, 광고주를 위한 광고계획을 수립하는 사람. 에이이는 광고대행사를 대표하여 광고주와 협력관계를 유지하는 동시에 광고주의 신임 아래 광고 활동을 대행하며, 광고대행사 안에서는 광고주 의사에 근거하여 크리에이티브, 매체, 조사 등의 업무를 조정한다. 또 광고주의 기업 이익을 제고하면서 광고대행사의 일원으로서 적정 수익을 도모하는 역할도 한다.

에이치티엠엘 HTML hyper text markup language 하이퍼텍스트를 생성하는 프로그래밍 언어. 하이퍼텍스트란 컴퓨터 화면 안의 특정 텍스트, 즉 글자 혹은 그림을 클릭했을 때 이와 연결된 다른 화면으로 즉시 이동할 수 있는 다층화된 텍스트를 말한다. 이때 해당 텍스트는 이동 대상 화면과 하이퍼링크(hyperlink)되어 있다고 한다. 인터넷 월드와이드웹(www)에서는 특정 텍스트를 마우스로 클릭했을 때 이와 하이퍼링크되어 있는 다른 페이지로 이동할 수 있는데 이때 하이퍼텍스트를 기술할 수 있는 프로그래밍 언어로 사용되는 것이 에이치티엠엘이다. 이 때문에 인터넷 이용자들은 월드와이드웹을 통해 전 세계의 서버 컴퓨터를 넘나들 수 있게 된다. 에이치티엠엘은 특정 문자를 클릭했을 때 연결될 하이퍼링크 사이트를 지정할 수 있으며 문서 내에 원하는 위치에 그림을 표시하고 그 그림을 클릭했을 때 특정 사이트와 하이퍼링크되도록 설정할 수 있다. 아울러 일반 텍스트 문서에 태그나 마크업(markup)이라는 기호를 삽입하여 표제나 글자 크기, 색상을 지정할 수 있어 원하는 화면을 만들 수 있다.

엑소티시즘 exoticism 이국적인 풍물이나 정서를 표현하는 것. 이국에 대한 동경을 유발시키는 것이 목적이다. 영화나 사진, 회화, 소설 등에서 표현되며 광고에서도 자주 등장한다. 주로 '관광'을 테마로 하는 광고, 여행 광고, 항공사 광고의 일반적인 흐름이다. 일반 광고에서도 제품 성격에 따라 이런 표현을 채택할 수 있는데, 가령 자동차 광고에서 누구나 일생에 한 번쯤 가보고 싶어하는 아름다운 해안선을 달리는 자동차를 보여주는 식이다.

엑스트라 extra 역할이 미미한 보조 연기자. 대개 대사가 없으며 화면 구도를 위한 보조자 역을 한다.

엔지 NG no good 드라마, 영화, 광고의 촬영 및 녹음 등의 제작 과정에서 연기자 혹은 스태프의 실수로 발생한 연출상의 실패를 일컫는 말. 이에 의해 사용할 수 없게 된 테이프를 엔지 테이프, 필름을 엔지 필름이라 한다.

엠보싱 embossing 종이 등에 눌러 찍어서 종이 표면으로 글자나 형태가 도드라져 보이도록 하는 기술. 대개 두꺼운 종이에 열과 증기를 사용하여 만든다. 비교적 저렴한 비용으로 고급스러운 효과를 낼 수 있어 화장품 패키지 등 고급 포장, POP 광고물 등에 많이 쓰인다.

엠블럼 emblem 차별화된 장식 마크. 대표적인 것이 올림픽 휘장. 재킷의 포켓에 다는 장식용 기장이나 표장도 엠블럼이라 부른다.

엠에스오 MSO multiple system operator 둘 이상의 케이블 텔레비전 방송국을 운영하는 사업자를 칭하는 말. 케이블 텔레비전 산업이 크게 성장하면서 케이블 방송국끼리 매입과 합병이 거듭되어 전국적으로 다수의 케이블 방송국을 소유·운영하는 사업자가 생기게 됐는데 이러한 조직체를 일컬어 엠에스오라고 한다. 엠에스오로 운영되는 시스템은 프로그램 공급자와 보다 유리한 조건으로 계약을 체결할 수 있는 등 여러 분야에서 고정비용을 절감할 수 있고 가입자에게 양질의 서비스를 제공할 수 있다는 장점이 있으나 중소사업자의 참여를 막아 다양성을 침해할 가능성도 있다.

여론조사 public opinion poll 정치, 외교, 경제, 교육, 사회보장 등 사회생활 전반에 걸쳐 사회구성원들의 의식, 지식, 관심, 평가, 태도 등을 알아보기 위해 실시하는 조사. 여론은 조사 대상의 입장에 따라 차이가 나므로 조사 대상자의 속성이 모집단과 현저한 편향성을 갖지 않도록 무작위 추출하는 것이 원칙이며, 분석에 있어서도 직업별·학력별 등 사회계층별 분석과 같은 속성별 분석을 하는 것이 보통이다.

역광 back light 피사체 후면에서 투사되는 조명. 피사체를 배경으로부터 돌출되게 하거나 인물 주위에 후광과 같은 테두리를 만들며 때로는 실루엣으로 표현하는 조명. 화면이 평면화되는 것을 방지하여 피사체가 입체감 있게 묘사되도록 하는 기능을 한다. 조명의 위치는 피사체 뒤쪽 좌우 어느 쪽도 상관없으나 키라이트의 연장선 상에 위치하는 것이 역광의 구실을 하게 된다. 즉, 키라이트에 의해 그림자가 어깨에 생겼을 때 키라이트의 연장선, 즉 어깨 뒤쪽에서 역광을 쏘면 어깨 윗부분은 밝아지며 머리칼은 윤기가 나고 몸 전체가 배경에서 부각된다. 자연광 환경에서 역광은 태양을 안고 찍을 때의 광선이다. 이때 피사체는 세부가 사라지고 실루엣만 남아 조형적으로 기하학적인 그림을 얻을 수 있다. ■

역설 paradox 일반적으로 옳다고 생각되는 것에 반대되는 표현. 논리적으로 자기모순에 빠져 있는 듯 보이지만 사실은 진리에 도달하기 위한 암시적인 표현이다. 예를 들어 "상품 장점을 강조하면 할수록 광고효과는 감소한다"는 명제는 한편으로는 모순이지만 어떤 면에서는 진실의 조각을 담고 있기도 하다. 이처럼 논리적 인식으로 진리에 도달할 수 없을 때 역설이 나타난다.

광고와 관련해서도 역설적 접근이 나타나기도 하는데 예를 들어 패스트푸드 체인이 '건강을 위해 패스트푸드 식당에 가지 말라'고 하는 것이다. 이 표현은 소비자 건강을 위한 자신의 노력을 반어적으로 보여준다. 수사법으로서 역설법은 겉으로 보면 모순되는 것 같지만 실제로는 그 속에 진리가 나타나도록 쓰는 표현법이다.

역촬영 shoot upside down 카메라를 역회전시켜 촬영하는 기법. 대개 역동작을 얻기 위해 쓰는 경우가 많지만 연기 행위의 마지막 포인트에서 연기를 역순으로 시키고 역 촬영을 한 후 재생시켜 정상적인 동작으로 표현되는 효과를 얻기 위해서도 이용된다. 정상적인 연기로는 행위의 마지막 포인트에서 실패할 우려가 높은 장면에서 쓰는 기법이다.

연기 acting 공연예술에서 행위 전체를 통해서 한 인물을 해석하고 그 인물이 된 듯이 꾸며내는 일. 연기란 단순한 흉내나 자기현시의 동작이 아니라 상상의 자극에 반응하는 능력이다. 극의 종류에 따라 연극 연기, 오페라 연기, 영화 연기, 방송 연기 등으로 나눌 수 있으며 유형별로는 사실적인 연기와 양식적인 연기로 대별한다. 무대에서는 배우가 인물에 대한 자신의 해석을 직접적으로 관객에게 전달하는 데 반해 영화에서의 연기는 카메라, 편집, 사운드 등을 통해서도 전달하며 이러한 수단들은 퍼포먼스를 강화하고 변형시키며 경우에 따라서는 약화시키기도 한다. 영화나 드라마의 배우는 카메라 앞에서, 그것도 아주 근접한 거리에서 연기를 하기 때문에 그의 모든 제스처와 동작이 관객의 눈앞에 드러나고, 또 음성은 마이크로 녹음되기에 작은 숨소리와 음성의 변화까지도 포착된다. 따라서 영화 연기는 연극과 달리 보다 자연스럽고 섬세한 것이 특징이다. 한편 업종별, 광고 형태별 특성이 매우 다양한 광고에서는 일반적으로 제품이나 서비스의 특장점을 짧은 시간 안에 요약해야 하므로 상징적인 행위와 특정한 기억 요소를 남기기 위한 과장된 행위가 많이 발견된다. 근본적으로 광고 연기는 제품 컨셉, 특히 광고 형태에 따라 큰 편차가 드러나는데 예컨대 소비자 테스티모니얼 광고에서는 리얼리티, 즉 자연스러운 연기, 프리젠터 형식의 광고에서는 신뢰감을 줄 수 있는 연기, 코믹 광고에서는 순간적인 표정 연기나 개그 연기 등이 이루어진다. 또 한편으로 광고는 편집의 기술에 크게 의존하는데 편집의 힘으로 연기를 보완하는 것은 물론 연기에 성격을 불어넣을 수 있는 것도 광고 연기의 한 특성이다.

연상 associations 어떤 관념이 다른 관념을 불러일으키는 심리작용. 연상의 발단이 되는 것과 그 결과는 대체로 집단 구성원에게 공통적으로 인지되어 있어 오독의 여지는 별로 없다. 예를 들어 장미를 보면 정열과 사랑이 연상되고, 박쥐를 보면 피와 어둠이 연상된다. 광

AIR

역광
나이키
1990

Mothers,

there's a mad man

running in the

streets,

And he's

humming a tune,

And he's

snarling at dogs,

And he still

has

four

more

miles

to go.

Just do it.

고에서도 연상을 무수히 인용하는데 광고의 모든 요소, 즉 광고 모델부터 대사 및 연기, 배경음악, 세트 디자인, 의상, 소품 등 광고의 모든 요소는 어떤 특정 연상을 위해 배치하고 조정한다.

연속극 soap opera 방송 등에서 시간 차이를 주고 연속적으로 내보내는 드라마. 이 형식을 차용한 광고도 있는데 순차적으로 플롯을 발전시키며 광고 줄거리를 시청자에게 전달하는 것이다. 수많은 광고 속에서 드라마로서 연속성를 유지하기 위해서는 플롯의 설정도 중요하지만 일정 규모의 광고량이 뒷받침돼야 한다. 홍콩의 미남 배우 장국영이 등장한 연작 드라마 광고('사랑을 전할 땐, 투유 그랜드' 동양제과, 1990), 부부 간의 애틋한 사랑을 그린 세탁기 광고('사랑이라는 이름의 세탁기', 삼성전자 히트세탁기, 1990), CF 드라마를 표방했던 기업 광고('신대우가족', 대우전자, 1991) 등 1990년대 초반 한때 이런 유형의 광고가 유행했다. ∎

연속 편집 continuity cutting 논리적인 시간과 공간, 사건의 연속성을 유지시키는 방식의 편집. 내용 전달이 서로 일치하는 일련의 장면에 의존하는 방식이다. 사람들은 연속 편집된 화면을 보고 사건의 전모를 시간 순서대로 파악하게 된다. 이 편집에서 가장 중요한 것은 연속성(continuity)으로 화면에 등장하는 인물과 사건은 장면이 바뀌더라도 계속하여 어떤 정점을 향하여 연속적으로 발전되는데 이런 연속성을 유지하여 시청자에게 일련의 사건을 통일성 있게 보여주는 편집이 연속 편집이다.

연예인 entertainer 영화배우, 탤런트, 가수, 개그맨, 방송인 등 연예에 종사하는 예능인. 널리 알려져 있는 인물인 동시에 사회 구성원에게 감성적으로 큰 영향을 미치는 존재여서 광고 모델로서 각광받는 계층이다. 메시지를 호소력 있게 전달하고 광고 반응이 빨라 매출을 증진하는 데 큰 기여를 하는 경우가 많지만 한 사람이 여러 광고에 동시에 출연하는 경우도 많아 광고 간 간섭 현상이 빈번하게 일어나기도 한다. 광고 모델로서 연예인은 자신이 가진 이미지에 의존해, 가령 동생같이 귀여운 이미지, 신비로운 여신 이미지, 신중한 조언자 이미지 등을 광고 상품 성격과 결부시켜 광고효과를 증폭시킨다. 연예인은 자신이 가진 인기도와 광고 모델로서의 가치가 반드시 일치하는 것은 아니다.

연차보고서 annual report 주주와 투자자, 회사 구성원 등 이해관계인을 대상으로 한 해의 기업 활동을 체계적으로 정리하여 만든 보고서. 대부분 책자 형식으로 되어 있다. 주요 내용은 사실(fact)과 비전(vision)이다. 1년 동안의 기업 성과와 재무 상황, 경영 실적을 다양한 자료 형식으로 제시하며 경영전략과 미래비전을 상

술한다. 기업이 제공하는 홍보매체 중 가장 높은 신뢰도를 가진 매체이며 기업 이미지를 대변하는 성격도 있다. 전문 그래픽 디자이너와 필자들이 참여하여 제작하는 것이 보통이다. ∎

연출 directing 연극에서 공연을 설계하고 연기, 장치, 조명, 의상, 음악 등 여러 요소를 통제하여 공연의 총체적인 효과를 창출하는 활동. '연출'이라는 용어는 서구 연극이 도입될 무렵 일본에서 생긴 단어로 연극에서 희곡을 그 상연 목적에 따라서 해석하고 구체적인 연기와 무대로 표현하기 위한 조작을 뜻하는 것이었다. 오늘날 연출은 연극뿐 아니라 영화, 방송, 이벤트, 광고 등에서도 폭넓게 쓰인다. 광고에서는 광고 안을 실제 광고물로 완성하기 위한 활동을 연출이라 한다. 아이디어가 연출을 통해 시각화되는 것에 따라 광고 완성도가 결정되기 때문에 연출은 광고 제작의 중요한 과정 중 하나다.

연출콘티 shooting storyboard 촬영의 지침이 되는 촬영계획을 구성한 콘티. 제작진 사이의 의사소통을 위한 기본적 도구가 된다. 촬영할 장면뿐 아니라 카메라워크 및 연기, 조명, 의상, 소품 등 연출자가 고려해야 하는 모든 요소를 그림과 메모로 표시한다.

연혁 history 변천해온 과정. 광고와 관련한 회사의 중요한 연혁에는 창립일, 상품 출시일 등이 있다. 오랜 기간 동안 시장에서 존속해온 것을 회사와 상품에 대한 신뢰의 증표로 연결시켜 광고의 요소로 등장시키는 사례가 비교적 흔하다. "1925년 이 땅에 첫선을 보였습니다", "112년 보험 전문 경험을 가진", "1950년 5월 태어났습니다", "고객 성원 27년", "since 1938" 따위가 모두 그렇다. ∎

열독률 readership 특정 신문이나 잡지 등을 구독하는 사람의 수가 전체에서 차지하는 비율. 정독률, 주목률 등과 같은 말이다.

엽기 bizarre 괴상하고 기이한 일에 흥미를 느껴 집착하는 것. 악취미와 기행(奇行), 이상심리를 뜻하기도 한다. 과거에는 공동체 질서를 어지럽히는 변태라는 부정적 의미가 강했으나 최근에는 일상을 타파하는 독특하고 자극적인 감성을 지칭하기도 한다. 이런 뜻에서 엽기는 보수 주류문화의 벽을 허물고 자유로운 연상을 확장하려는 의식의 발로로 해석할 수도 있다. 일상에서는 도저히 상상할 수 없는 파격, 도발적이며 패륜적인 상상 등이 엽기의 산물이다.

엽서광고 postcard advertising □ 관제엽서의 앞면에 게재되는 광고. 광고를 게재하려면 신청서에 광고 도안 및 설명서를 관계 행정기관에 제출해야 하며 이것이

투유/방향

노래/ 장국영

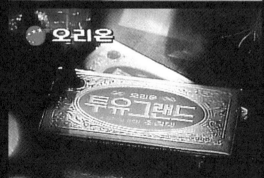

1월 19일부터
다음편이 방영됩니다

● 오리온

투유그랜드

사랑을 전할땐, 투유 그랜드

연속극
동양제과 투유초콜릿
1989

Rapport Annuel
Westinghouse
1971

연차보고서
웨스팅하우스(디자인: 폴 랜드)
1971

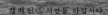

時間의 흐름속에 새해,
오리엔트시계는 20주년을 맞이 합니다.

1959년 이나라 시계산업 불모지에 태여나
「시계산업의 선구자」란 긍지를 가지고 지난 20년
그 값진 시간을 아끼며 성실과 정성으로 꾸준히
성장해 왔읍니다.

지난 20년, 국민 여러분의 따뜻한 성원에
진심으로 감사드립니다.

새해, 오리엔트시계는 년 생산 360만개 체제로서
세계 29개국 수출 세계시계 산업계의 그 대열에서
"한국 오리엔트"의 위치를 더욱 더 굳혀가고 있읍니다.

승인되어 광고료를 납부하면 광고를 게재할 수 있다. 광고주가 광고가 게재된 엽서의 판매 지역을 정할 수도 있다. □ 엽서로 쓸 수 있도록 엽서 모양으로 만들어진 광고지. 다중이 이용하는 장소에 여러 종류의 광고 엽서를 진열하여 누구나 무료로 가져갈 수 있게 되어 있다. 광고 노출이 자발적으로 이루어져 효과가 높고 수집 대상이 될 수도 있어 매체수명도 비교적 길다.

영상 image 영화, 텔레비전, 광고, 사진 등의 시각기호. 렌즈라는 매체를 통해 형성된 이미지. 영상을 매스 미디어를 통해 수신자에게 전달하는 것을 영상 커뮤니케이션, 영상 커뮤니케이션 과정에서 형성되는 문화 현상을 영상 문화라고 한다. 영화, 방송, 광고, 사진, 컴퓨터 그래픽, 애니메이션 등과 같은 산업을 영상산업이라 하고, 이와 같은 환경 속에서 성장한 이들을 영상 세대라 한다. 영상은 언어나 문자, 그림과 달리 피사체를 시각적으로 재현, 복제할 수 있어 개별적이고 직접적인 표현수단이 된다. 다시 말해 언어는 대상을 개념화시키지만 영상은 대상을 구체적으로 기록하고 재생한다. 영상은 효과적인 자기표현의 수단이기도 한데 대상을 기록, 재현하는 과정에서 기록자가 자기 의지를 개입시켜 영상 메시지를 자의적으로 통제할 수 있기 때문이다.

영상 커뮤니케이션 영화, 텔레비전, 비디오, 광고, 사진 등의 영상이 매스 미디어를 통해 수신자에게 전달되는 것. 비주얼 커뮤니케이션(visual communication)과 혼동되기 쉬우나 영상 커뮤니케이션은 영상이 그 도구가 된다는 뜻으로 비주얼 커뮤니케이션처럼 시각 디자인 일반을 포함하지는 않는다. 영상 커뮤니케이션은 언어에 의한 커뮤니케이션보다 즉각적이고 폭발적이며 감성적인 특징을 갖고 있다. 오늘날 가장 영향력 있는 영상매체는 방송, 영화, 광고 등이다.

영업 광고 commercial advertising 영리조직체인 기업 등이 영리를 목적으로 제품이나 서비스를 판매하기 위한 광고. 오늘날 가장 보편적인 광고 유형이다. 영리 광고(profit advertising)라고도 한다. 반면 정치 광고, 공익 광고 등과 같이 상품 및 서비스의 촉진을 목적으로 하지 않는 광고를 비영리 광고(non-commercial advertising) 혹은 비상업 광고라고 부른다. 영업 광고는 성격에 따라 다시 소비자 광고와 업무 광고로 분류된다. [1] 소비자 광고는 광고 대상이 소비자인 광고를 말한다. 대표적인 유형은 상품 및 서비스의 판매 촉진을 위해 상품을 객체로 하는 상품 광고다. 이 광고는 상품 및 서비스에 대한 장점을 소비자에게 설득하여 그것을 구매하도록 유도하는 것이 목적이다. [2] 업무 광고는 업무적으로 사용하기 위해 제품을 구매하는 기업이나 단체, 개인을 대상으로 하는 광고를 말한다. 광고 대상에 따라 산업 광고, 거래 광고, 전문직업자 광고, 농업 광고 등이 있다.

영화 광고 movie advertising 영화 관람을 유도하기 위한 광고. 오늘날 영화는 이른바 와이드 릴리스(wide release), 즉 광역 배급을 특징으로 하는데 이를 위해 영화정보를 일반에게 대량 전달해야 할 필요가 있어 영화 광고의 중요성이 더욱 커지는 추세다. 과거 영화 광고의 주요 매체는 신문이었다. 영화의 대표적 스틸 장면과 극장과 상영 시간 등 관람을 위한 정보를 제공하는 형태이며 평론가나 주요 언론의 한 줄짜리 영화평을 열거하는 방식도 흔하다. 텔레비전을 매체로 이용할 때는 영화의 주요 장면을 편집한 예고편을 내보내는데 광고비가 비싸 흥행 전망이 밝은 영화에 한해 실시한다. 최근에는 많은 관객이 인터넷을 통해 영화정보를 구하므로 인터넷 공간을 이용한 영화 광고가 점점 더 각광받고 있다. 영화 광고에서 반드시 나와야 하는 정보는 영화 제목, 주인공 프로필, 주요 배역 리스트, 감독 등 제작진, 영화 내용을 특징적으로 암시하는 카피 등이다. ■

영화 포스터 movie poster 영화 홍보를 위해 일정한 크기의 지면 위에 여러 형태로 디자인되어 대량으로 게시되는 인쇄물. 전체적으로 영화 컨셉트가 반영되어 있으며 영화 주인공과 영화 성격을 보여주는 배경을 주된 구성 요소로 삼는다. 영화 캐스트, 즉 주인공과 주요 등장인물, 제작진 크레디트 등의 정보도 중요하다. 영화 포스터는 영화산업 초창기 이래 중요한 전달매체로 인식되어 역사적으로 중요한 포스터 작품이 다수 만들어졌으며 오늘날에도 영화 홍보의 유력한 수단으로 변함없이 활약하고 있다. ■

오디션 audition 영화, 방송, 연극, 광고 등에서 배역의 캐스팅을 위해 심사를 하는 것. 카메라 테스트나 시연, 시창이 곁들여진다. 보통 많은 응모자 가운데서 적격자를 선발한다.

오디언스 audience 일상 용어로는 관중, 청중을 의미하지만 매스컴 용어로는 메시지를 받아들이는 수신자, 즉 시청자(viewer), 청취자(listener), 독자(reader)를 뜻한다. 광고에서는 광고 메시지의 대상을 말한다.

오디오 audio 음성, 소리 등을 의미하는 말. 분야에 따라서 각기 다른 의미로 쓰인다. 대개는 대사, 음악, 효과 등의 사운드를 지칭하지만 때로는 음을 재생하는 기구, 간혹 가청 범위 내의 주파수나 신호를 뜻하기도 한다.

오디오 프로듀서 audio producer 오디오를 전담하는 프로듀서. 광고 제작에 있어서 오디오 부문이 전문화돼야 할 필요성이 대두되면서 생겨난 직종이다.

영화 광고
전원사
2005

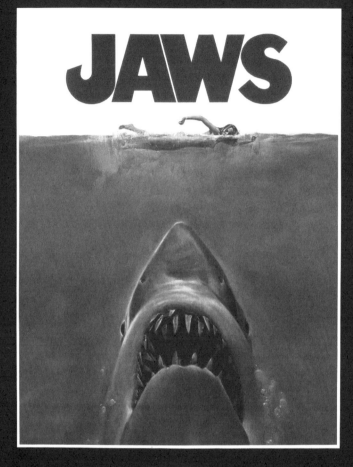

오디오 픽업 audio pick up 소리를 채록하는 일. 오디오 픽업이란 단지 소리를 들을 수 있게 해주는 것 이상을 의미한다. 음질은 가능한 한 실제음과 같아야 하며, 소리의 크기는 주제나 화면 크기에 따라 적당해야 하고 음역은 오디오 시스템의 다이내믹 레인지 안에서 조정돼야 한다. 그렇지 못할 때 소리는 실제음과 다르게 전달되기도 하고, 찌그러지기도 하며 다른 잡음과 섞여 잘 들리지 않을 뿐만 아니라 다른 소리와 분별해낼 수 없는 경우도 있다. 오디오 픽업을 잘하려면 마이크 선택에서 마이크 배치, 오디오 레벨 조정에 이르기까지 세심한 기술적 배려가 요청된다. 광고에서 오디오 픽업은 동시녹음의 가장 중요한 부분이다.

오버 더 숄더 숏 over the shoulder shot 한 인물의 어깨 너머로 상대방 모습을 포착한 장면. 전경의 어깨가 화면의 일부를 가리게 되어 구도의 깊이가 강조된다. 텔레비전 드라마의 대화 장면에서 흔히 쓰인다.

오버랩 overlap 한 화면이 끝나기 전에 다른 화면이 서서히 나타나 나중 화면의 화면밀도가 점점 커져서 결국 장면이 바뀌게 되는 장면 전환 기법. 디졸브(dissolve)와 같은 뜻이다.

오버액션 over action 과장된 동작 혹은 연기. 드라마에서는 리얼리티를 떨어뜨리는 요인이지만 광고에서는 코믹 효과를 위해 이를 의도하는 경우도 많다.

오버헤드 숏 overhead shot 연기자 혹은 연기 행위의 수직상부에서 촬영한 장면.

오서독스 orthodox 사전적으로는 '정통'이란 뜻. 예술에서는 전통적인 형식이나 기법을 충실하게 따르는 작품을 말한다. 광고 제작에서는 광고 본래의 기능에 초점을 맞추어 상품의 장점과 기능 등을 충실하게 전달하는 유형의 광고를 뜻한다.

오프셋 인쇄 offset printing 화상 부분에는 잉크가 묻고, 수분을 함유한 비화상 부분은 잉크를 받아들이지 않은 상태에서 판을 고무 블랭킷으로 옮기고 그것을 다시 종이에 찍어내는 인쇄 방식. 상업 인쇄를 대표하는 방식으로 카탈로그, 신문, 잡지, 광고 등 이용 범위가 넓다. 주요 장점은 블랭킷의 부드러운 고무면으로 인해 활판 인쇄보다 훨씬 낮은 압력으로 다양한 종류의 종이 표면 위에 깨끗하게 인쇄가 된다는 점이며, 그 외에도 인쇄 속도가 빨라 대량 인쇄가 가능하고 제판도 비교적 간단하다는 것 등을 들 수 있다. 그러나 간접 인쇄이기 때문에 경우에 따라서는 글자나 색이 약해 보일 수도 있으며, 4색 이외에 완전한 컬러를 표현하기 위해 별색을 사용해야 하는 경우도 있다.

오프스크린 off screen 출연자 모습이 화면에 나오지 않은 상태. 대개 화면에 나오지 않은 상태에서 대사가 나갈 때를 지칭한다.

오픈 디스플레이 open display 소비자가 직접 손으로 만져보고 살 수 있도록 개방식으로 진열하는 방식. 틀에 박힌 형식이나 구조에 따르지 않고 진열하므로 소비자가 쉽게 접근할 수 있으나 제품이 상하거나 분실될 우려가 있다. 서점, 슈퍼마켓, 의류점 등에서 일반적으로 채택하고 있다. 이에 반해 쇼케이스 등에 넣어서 전시하는 방법을 클로즈드 디스플레이(closed display)라고 한다.

오픈세트 open set 야외에 세운 세트 구조물. 영화나 드라마에서는 시대물 제작 시 시대상을 재현한 오픈세트를 건축하는 경우가 있으나 광고에서는 대개 세트장 안에 구조물을 세우는 것이 부적절하다거나 특별히 야외 배경이 중요시될 때 이를 설치한다.

오픈 스튜디오 open studio 야외에 임시로 설치한 스튜디오. 혹은 태양광선을 이용할 수 있도록 천장이나 벽면이 열리는 스튜디오.

옥상 간판 건물 옥상에 장방형·정방형·삼각형 또는 원형 등의 게시 시설을 설치하여 문자·도형 등을 표시하거나 승강기 탑 등 옥상 구조물에 문자·도형 등을 직접 표시하는 광고물. 옥외 광고의 대표적인 유형이다. 도시 미관에 직접적으로 영향을 줄 뿐만 아니라 높은 곳에 설치되므로 안전이 중시되어 관련 규정에 옥상 간판의 설치 방법이 자세히 나와 있다. 옥외 광고물 등 관리법 시행령에 의하면 옥상 간판은 옥상 바닥의 끝부분으로부터 안쪽에 표시해야 하며 상업 지역과 공업 지역 안에서는 간판 간의 수평거리가 30m 내지 50m 이상으로서 당해 시·군·구 조례가 정하는 거리를 유지하도록 해야 한다. 또 옥상 간판의 설계는 건축법에 적합해야 하며, 건축사법에 의해 건축사 업무 신고를 한 사람이 설계해야 한다. 다만 높이 180cm 이하인 간판과 게시 시설 없이 옥상 구조물에 입체형 또는 도료로 직접 표시하는 간판의 경우에는 예외를 인정한다.

옥외 광고 outdoor advertising 옥외매체를 이용한 광고. 일정 공간을 점유하여 불특정 다수에게 노출되도록 의도한 정치 광고(position advertising)의 한 형태. 도달 범위는 광고물 주변을 통행하는 통행인에 의해 결정되므로 그 위치 및 광고물 크기에 따라 효과가 천차만별이다. 옥외 광고의 일반적인 특징은 위치를 선택할 수 있으므로 시장 선택성이 있다는 점, 매체수명이 거의 영구적이어서 광고효과가 지속적이라는 점, 광고 제작에 조형수단을 비교적 자유롭게 사용할 수 있다는 점을 들 수 있다. 반면 광고물 크기가 제한되어

ㅇ

있고, 장소 선택에 제한이 따르고 법적 규제도 심하며, 광고효과 검증이 쉽지 않다는 한계도 있다. 옥외 광고의 종류는 매우 다양한데 이를 유형별로 대별하면 횡간판 및 종간판 등 간판, 네온사인과 같이 옥상에 설치된 대형 광고물인 옥외 광고물, 로드사인·빌보드 등과 같이 도로 주변에 부착되는 야립 광고물, 버스·지하철·택시 등에 부착되는 교통 광고물, 애드벌룬·비행선 등의 매체를 이용한 공중 광고물, 기타 전신주, 탑, 아치, 광고차, 샌드위치맨, 벽면 광고 등이다.

옥외광고료 outdoor advertising rate 옥외매체에 광고를 게첨하는 대가로 지불하는 금액. 초기의 옥외 광고는 자사 공장, 사옥 옥탑 등에 설치되어 제작비를 광고주 본인이 부담하고 관리비를 지출하는 방식이 일반적이었다. 이른바 자산성 옥외 광고로 광고물 제작·설치에 소요되는 제반 경비와 설치된 광고의 유지 및 관리에 소요되는 비용을 광고주가 부담하는 방식이다. 만약 광고를 설치할 장소에 대해 임대가 필요하면 그 비용도 광고주가 부담한다. 이에 비해 오늘날에는 광고 제작비와 장소 임차비, 관리비 등을 옥외매체사가 부담하고, 매체사는 이에 적정 마진을 포함하여 월광고료를 광고주에게 제시하는 렌털 방식이 일반화되고 있는 추세다. 초기 제작비의 규모가 클 때에는 광고료를 선불하는 경우도 있고, 주변에 새로운 건물이 신축되어 노출효과가 감소될 때는 광고료를 삭감하기도 한다. 옥외 광고는 그 종류가 굉장히 많고 규격 및 장소, 광고 형태, 광고 제작비, 게첨 기간 등에 따라 각기 다른 요금이 적용되는 관계로 광고매체 중 가장 복잡한 단가체제를 가지고 있다.

옥외매체 outdoor media 공간을 점유하여 불특정 다수의 가시 영역에 노출되도록 의도한 매체. 역사적으로 가장 오래된 광고매체이며 오늘날에도 주요한 광고매체로서 기능한다. 이러한 매체는 일정한 위치에 고정되어 노출되므로 이동매체(mobile media) 혹은 통행매체(transit media), 위치매체(position media)라고도 한다. 주요 유형으로는 먼저 광고장치(spectaculars)가 대표적인데 이는 정교한 조명장치나 움직임 효과를 가진 영구적인 고정간판으로 대형 건물 옥상에 설치되는 광고판, 네온사인 등의 형태로 도심지 교통 밀집 지역을 중심으로 설치된다. 다음은 사업장소를 쉽게 식별할 목적으로 자신의 사업장에 설치되는 간판, 그 외 지하철 통로, 인도 등의 장소에 광고를 게시하도록 설치된 광고게시판 등이 있다. 빌보드, 로드사인, 광고탑, 벽면 광고, 광고차, 광고기구, 샌드위치맨 등도 옥외매체다. 옥외매체의 가치는 교통량에 의해 결정되므로 통행하는 사람이나 지나가는 자동차 수를 측정하여 매체가치를 조사하는 과정을 거친다. 이러한 옥외매체는 교통 인구를 대상으로 지속적으로 노출시킬 수 있고 위치를 임의로 선택할 수 있어

지역에 의한 세분화된 타깃에 접근 가능한 장점이 있다. 아울러 광고물의 크기가 매우 크고 디자인이 독특하면 오디언스의 주의를 쉽게 끌 수 있다는 이점도 거론된다. 반면 제품에 대한 충분한 정보를 전달하는 것이 어렵고 넓은 도달 범위에 비해 그것이 반드시 메시지 상기로 이어질 보장이 없다.

온라인 맞춤 광고 on line customized advertising 인터넷 등 온라인 서비스 사용자에게 최적화한 형태로 제시하는 광고. 가령 인터넷 사용자가 특정 사이트를 방문하면 자동으로 쿠키파일을 컴퓨터에 남기는데 이 정보로 사용자 패턴을 유추하여 사용자에게 적당하다고 판단되는 광고를 보여주는 식이다. 예를 들어 온라인 서점을 통해 어떤 서적을 구입한 기록은 온라인서점으로 하여금 도서 구매자에게 유사한 주제나 흥미를 갖는 책을 광고 형태로 만들어 노출할 수 있도록 해준다. 이것이 위치정보와 결합하면 더욱 정교한 맞춤 광고를 사용자에게 제공할 수 있다. 사용자가 어느 지역으로 이동할 경우 그 지역 호텔과 식당 정보를 제공하는 식이다. 향후 맞춤 광고는 소비자의 성별, 나이, 소득 수준, 취미, 인종, 위치 정보 등을 파악하는 것은 물론 소비자의 감정까지 알아내는 수준까지 발전할 것으로 예상할 수 있다. 소비자가 소셜네트워크에 남긴 여러 흔적들, 댓글이나 트위트 등을 자동으로 분석하여 소비자 감정을 유형화할 수 있다는 것이다.

온라인 미디어 on line media 전자적으로 상호연결되어 정보 및 커뮤니케이션 흐름이 쌍방향으로 진행되며 항상 업데이트되는 미디어. 정보 업데이트는 온라인 미디어의 가장 큰 특징인데 온라인 미디어는 상호 네트워크로 연결되어 있고 보다 많은 개체들이 연결될수록 네트워크에서 공유되는 정보량이 기하급수적으로 늘어나는 것을 말한다. 대표적인 온라인 미디어는 피시통신과 인터넷이다. 피시통신은 상대적으로 문자계 미디어의 특성이 강하여 신문형 범용 서비스 영역에 가까운 반면 인터넷은 원래는 문자계였으나 웹(web)을 중심으로 발전하여 영상계 미디어 특성을 갖췄다. 온라인 미디어는 기업의 소비자에 대한 커뮤니케이션 수단으로 채택되면서 협의로는 광고매체로서 각광받고 있고 광의로는 기업의 새로운 시장이라는 의미가 있다.

온에어 on air '방송 중'이란 뜻. 광고가 방송되고 있는 기간을 지칭하기도 한다.

옴니버스 조사 omnibus survey 다수의 조사 의뢰자가 원하는 조사 항목을 1회의 조사에 한꺼번에 조사하는 기법. 설문 항목은 의뢰자별로 각기 다르나 샘플과 집계는 공통적이다. 이 조사는 소수 질문, 대량 샘플 조사를 비교적 저렴한 비용으로 실시하기 위해 이용된다.

옵아트 op art 기하학적 구성을 주로 행하는 추상미술로 1960년대 미국에서 발생한 유파. 광학미술(optical art)의 약어다. 당시 미국에서 유행되던 팝아트(pop art)에 대한 반동으로 순수하게 시각적인 작품을 제작하려던 경향으로 사상적이라기보다는 철저하게 형식적인 것에 천착했던 경향의 미술이다. 색채 대비와 조화, 선(線)의 운동 등을 기하학적으로 구성하여 착시효과를 노리거나, 조각류의 작품 등에서는 시점(視點)이 이동 혹은 작품의 변동으로 일어나는 조형상의 변화를 추구하는 등 모든 광학적인 효과를 이용하여 새로운 이미지를 창출하려 했다. 오늘날에도 벽지나 장식, 상품 디자인, 트레이드마크 등에 다양하게 응용되고 있다. ■

옹호 광고 advocacy advertising 기업 활동과 관련이 있는 공공 문제에 대해 기업의 입장을 전달하기 위한 광고. 공익 광고가 누구나 찬성하는 공공 복지의 실현을 추구하는 데 반해 옹호 광고는 논쟁적인 이슈에 대한 의견이나 정보를 제공하여 여론을 조성한다는 점에서 다르다. 어떤 이슈에 대한 기업의 입장이나 사정 등을 소비자에게 이해시켜 기업을 지지하게 하고 지원을 유도하기 위한 광고를 말한다.

와이프 wipe 한 화면을 밀어내면서 다른 화면이 나타나는 장면 전환 기법. 밀어내는 움직임은 수평, 수직 혹은 사선이 될 수 있으며 두 장면 사이의 경계는 직선이거나 곡선일 수도 있다.

외국인 foreigner 광고 모델로서 외국 사람. 다양한 성격의 인물이 한국 광고에 등장했는데 대략 구분하면 문명비평가 앨빈 토플러나 물리학자 스티븐 호킹과 같이 지명도를 가진 학자군, 소피 마르소, 나스타샤 킨스키, 주윤발, 샤론 스톤, 멜 라이언 등 엔터테이너, 워터게이트 사건의 저널리스트 칼 번스타인, 축구 감독 거스 히딩크 등 직업인 그룹, 타이거 우즈, 마이클 조던, 지네딘 지단 등 스포츠 스타 등이다. 국제적 명성을 가진 인물이며 캐릭터가 분명하고 선호도도 높아 광고 모델로 적합하다. 이들이 광고에 나올 때는 유명세와 이미지가 표현의 중심이 되는 유명인 광고 패턴이 그대로 답습된다. 외국인 모델의 또 다른 그룹은 패션, 자동차, 이동통신 광고 따위에 등장하는 푸른 눈의 매력적인 젊은 남녀들이다. 이들은 익명의 인물로서 제품에 이국적 이미지를 불어넣는다. ■

욕구단계설 hierarchy of needs 인간은 다섯 가지의 기본적인 욕구를 가지고 있으며 그 욕구의 충족은 하위 욕구에서 상위 욕구로 단계적으로 이루어진다는 견해. 미국의 심리학자 에이브러햄 매슬로(Abraham H. Maslow)가 제창했다. 매슬로가 정리한 인간의 다섯 가지 욕구는 생리적 욕구, 안전의 욕구, 사회적 욕구, 자존의 욕구, 자기실현의 욕구다. 매슬로에 의하면 인간은 가장 기초적인 욕구인 생리적 욕구를 먼저 충족하려 하고, 이 욕구가 충족이 되면 안전의 욕구를, 다음에는 사회적 욕구를 충족시키려 하는 등 우선순위에 따라 차례로 욕구 충족을 시도한다. 매슬로의 견해는 현대 소비자가 보여주고 있는 욕구 충족의 다변성과 다차원성을 제대로 설명하지 못하는 약점이 있으나 동기이론의 기초를 제공했다는 점에서 평가받고 있다.

우수 right side advertisement 출판물의 오른쪽 면. 잡지의 경우 오른쪽에서 왼쪽으로 페이지를 넘기므로 오른쪽 페이지에 시선이 머물 가능성이 높아 광고 게재면으로 가치가 있다.

우수 연속 광고 주로 잡지 오른쪽 면에 연속하여 게재되는 형태의 광고. 멀티플 페이지 광고의 일종으로 독자의 주의를 끌기 쉬운 오른쪽 페이지 지면을 한꺼번에 구입하여 광고를 게재하는 것을 말한다.

우편조사법 mail survey 설문지를 조사 대상자에게 우송하고 응답된 설문지의 우송을 요청하는 조사 방법. 조사 대상은 대개 전화번호부, 주소록, 납세자 명부, 자동차 구입자 명부 등과 같은 목록을 통해 선택되므로 응답자 분포가 넓고, 편중되지 않는다는 장점이 있다. 그 외에도 면접자가 존재하지 않고 서면으로 질문이 제시되므로 주관적인 편견이 제거된다는 점, 조사 규모가 클수록 경비가 절약된다는 점도 이 방법의 장점이다. 그러나 목록이 없거나 새로 작성하는 데 비용이 많이 들면 이 조사를 실시할 수 없으며, 조사를 하더라도 불완전하여 효용이 떨어지고, 일반적으로 회수율이 낮다는 점이 이 방법의 한계다. 회수율을 높이기 위해서는 질문서의 길이를 길게 하면 안 되고, 질문 형태도 가능한 한 응답하기 용이한 형태로 구성해야 한다. 또 회수율 제고를 위한 인사장, 독촉장, 사례품에 대한 고려가 필요하다.

우화 fable 동물 혹은 식물을 의인화하여 그들이 빚는 이야기 속에 교훈을 말하는 설화. 동물 이야기를 빌려 인간사의 도덕과 처세를 강조하는 것이다. 〈시골 쥐와 도시 쥐〉에서 도시 쥐가 시골 쥐에게 도시에는 맛있는 것이 엄청나게 많다고 자랑한다. 시골 쥐가 도시에 가봤더니 과연 먹을 것은 풍족했지만 사람들이 너무 많아 생활이 무척 위험해 시골 쥐는 시골로 되돌아온다. 이 우화는 신경을 곤두세우며 기름진 생활을 하는 것보다 검소하지만 마음 편하게 사는 것이 더 낫다는 교훈을 준다. 〈거북이와 토끼〉〈개미와 베짱이〉 등도 단순한 줄거리와 유머러스한 표현, 교훈적 처세훈을 전달하는 우화의 특징을 가진 이야기다.

운동선수 sports man 스포츠 경기인. 지명도를 가진 인기인이자 스타일 수도 있으며 국제 경기에 참여하여 뛰

사랑해요 밀키스!

신제품

우유탄산 음료

밀키스 "MILKIS"

"새로운 느낌!"

부드러움과 상쾌함이 만난다.

우유의 부드러움과
탄산의 상쾌함이 어우러진 밀키스
하얀 느낌, 부드러운 맛,
밀키스는 순수세대를 위한
사랑의 음료입니다.
사랑으로 통하는 느낌! 밀키스

영화배우 주윤발

롯데칠성음료(주)

외국인
롯데칠성음료 밀키스
1989

어난 활약을 펼친 선수는 자국 안에서 호감이 상승해서 광고 모델로 각광받는 일도 흔하다. 거대 스포츠 이벤트가 벌어질 때는 중요한 광고 모델로 대중매체를 넘나들기도 하며 스포츠의 세계화 추세와 맞물려 국제 캠페인의 주인공이 되기도 한다. 운동선수의 스타성은 자신이 최근 거둔 업적이 물론 가장 중요하지만, 개성과 이미지, 매력성에도 큰 영향을 받는다. ■

운율 rhythm 음악적 효과를 유발하는 악센트가 있는 음절의 배열. 광고에서는 카피 작성의 한 방법으로서 상표 이름과 유사한 연상어를 적절하게 배치하여 인상과 기억을 창조하려는 시도를 볼 수 있다. 카피 작성의 방법으로서 언어유희의 일종으로 보기도 한다. "걸면 걸리는 걸리버"(현대전자, 1988), "관절염, 케토톱으로 캐내십시오"(태평양 케토톱, 1998), "큰사발 먹고 큰 사람 되자. 큰사람 큰사발, 신라면 큰사발"(농심 신라면 큰사발, 2001), "찬바람 불 때, 핫초코 미떼"(동서식품 미떼, 2004) 따위가 모두 그렇다.

원 숏 one shot 프레임 안에 한 인물만을 포착한 장면. 투 숏(two shot)은 프레임 안에 두 사람을 동시에 포착하는 것을, 스리 숏(three shot)은 세 사람을 포착하는 것을 말한다. 한편 한 숏 안에서도 카메라 이동이나 인물 이동에 의해서 원 숏에서 투 숏으로, 혹은 투 숏에서 스리 숏으로 변화를 줄 수 있다. 원 숏은 한 인물에 대한 시청자 주의를 이끌 수 있어 시청자의 시선이 집중되는 효과가 있다. 이때 카메라가 인물을 향해 접근하거나 줌(zoom)을 하면 집중효과는 더욱 커진다. 모델이 한 명인 경우에는 원 숏만으로 광고가 이루어진다. ■

월간지 monthly magazine 한 달에 1회 발행하는 정기간행물. 상업 잡지의 대표적인 형태로 수많은 대중지와 각 영역의 전문지가 월간지로 발행된다. 〈보그〉, 〈바자〉, 〈엘르〉, 〈에스콰이어〉와 같이 보편적인 독자를 겨냥하여 주류 사회의 라이프스타일 정보를 취급하는 잡지도 있지만 대부분의 월간지는 세분화된 시장을 상대로 특정 정보를 전문적으로 취급하는데, 그 분야가 방대하기 때문에 대중문화의 주역으로서 구성원에게 깊은 영향을 준다. 정치, 경제, 취미, 연예, 문화, 교육, 여가 등의 영역뿐만 아니라 남성, 여성, 어린이, 청소년, 대학생, 노인, 주부 등 여러 유형의 인구통계학적인 기준에 따라 다양한 방식으로 분류할 수 있다. 한때 잡지는 이른바 4대 매체의 하나로 각광받았으나 2000년 이후 광고 매체로서의 가치는 하락추세로 접어들어 오늘날에는 인터넷, 모바일 광고가 부상하는 속도와 반비례하여 점점 더 그 위상이 낮아지고 있다. 한편으로는 데스크톱 퍼블리싱과 디지털 인쇄가 보편화되면서 잡지 제작이 쉬워지고 그 비용도 대폭 줄어 계층적인 전문 잡지는 지속적으로 등장하고 있다.

월드와이드웹 World Wide Web 인터넷이 제공하는 분산형 광역정보 시스템. 흔히 웹(web)이라 부른다. 세계 각지에 있는 서버정보와 정보 사이에 그물망같이 링크가 지정되어 있고 지금 읽고 있는 정보의 키워드에서 다른 텍스트나 파일로 이동하여 관련된 정보를 검색할 수 있게 설계되어 있다. 이렇게 링크된 단어들이 일반 텍스트와 섞여 있는 것을 하이퍼텍스트라 하고 링크된 단어를 선택하면 그 단어와 관련된 정보가 바로 연결되는 구조를 하이퍼링크라고 한다. 월드와이드웹의 가장 큰 특징이 바로 하이퍼링크다. 한편 하이퍼텍스트는 문자뿐만 아니라 정지화면, 음성, 동화상 등의 정보를 통합적으로 처리할 수 있으므로 월드와이드웹에서는 멀티미디어가 구현된다. 따라서 컴퓨터와 인터넷 계정만 있으면 문자, 음성, 동화상으로 이루어진 전 세계 멀티미디어 정보를 손쉽게 찾아볼 수 있다. 한편 월드와이드웹이 급격히 확산된 이유는 멀티미디어의 웹출판(web publishing)이 가능하다는 점과 그 사용법이 손쉽기 때문이다. 따라서 누구든 이 시스템에서 홈페이지라는 출판물을 소유할 수 있다. 1991년 탄생한 월드와이드웹이 가져온 변화는 정보의 장벽이 무너지면서 정보를 생산하고 이용하는 행태가 완전히 달라진 점을 먼저 언급할 수 있다. 웹의 대중화는 또한 사회적 소통 방식을 완전히 변화시키고 있는데 언제든 타인과 소통할 수 있도록 하는 모바일 기기와 소셜네트워크서비스는 실시간 정보 네트워크로서 지구촌의 사람들을 하나로 묶어 비단 개인 간의 사적 통신뿐만 아니라 사회적 의제를 제시하고 감시하는 도구로 기능하기도 한다. 경제 측면에서 웹은 기업 활동의 필수적인 도구로 기업 관련 정보를 단순히 고객에게 알리는 초창기 기능에서 제품 판매, 부가서비스, 경영정보 시스템과 연계되는 것은 물론 소셜네트워크서비스를 통해 고객과의 직접 소통을 구현하는 등 그 영역을 급격히 확산하는 추세에 있다. 또한 웹이 가져온 미디어 환경의 변화는 광고매체로서 인터넷이 급부상한 토대가 됐다.

웨이스트 숏 waist shot 인물의 허리 위부터 머리까지 포착한 장면.

웹디자인 web design 인터넷 웹사이트를 디자인하는 것. 홈페이지 디자인이라고도 한다. 광의로는 그래픽 디자인의 한 부류로 인식되기도 하나 컴퓨터 네트워크로 구현되는 월드와이드웹의 일반적 특성들이 디자인의 주된 요소가 된다는 점에서 별도의 디자인 분야로 취급된다. 예컨대 월드와이드웹에서 하이퍼링크는 특정 문자나 기호에 다른 문서를 연결한 것인데 이에 대한 전략적 접근이 웹디자인에서 매우 중요하다. 웹디자인에서는 그래픽 디자인의 일반적 요소 이외에도 컴퓨터 하드웨어 및 소프트웨어에 대한 이해가 요구된다. 에이치티엠엘(HTML) 등 하이퍼텍스트를 생성하는 프로그래밍 언어가 저작도구가 되기 때문이다.

웹브라우저 web browser 인터넷 월드와이드웹 서비스를 사용하기 위한 소프트웨어. 월드와이드웹의 프로토콜인 에이치티티피(http)를 지원하며 에이치티엠엘(HTML) 문서를 열고 표시할 수 있다. 원래 브라우저라는 용어는 정보를 검색할 때 사용되는 사용자 소프트웨어를 말하지만 보통 브라우저라고 할 때는 인터넷 월드와이드웹을 이용하기 위한 웹브라우저를 의미하는 경우가 대부분이다. 대표적인 것이 마이크로소프트사의 인터넷 익스플로러(Internet Explorer)다.

웹사이트 공사 website audit 인터넷 웹사이트의 접속량을 인증하기 위해 실시하는 매체 접촉 조사. 1990년대 중반 이후 인터넷이 대중화되면서 웹매체가 광고주 예산을 받기 위해서는 매체로서의 가치를 보여주는 데이터를 제시할 필요가 있었는데 이에 대한 대응으로 웹사이트에 대한 공사가 논의되기 시작했다. 세계 ABC연맹은 1996년 웹공사표준화위원회를 설치했고, 이 위원회에서 페이지 임프레션(page impression), 유저(user), 비지트(visit) 등의 기본 개념과 광고 임프레션(ad impression), 애드클릭(ad click) 등 측정 단위에 대한 기준을 마련했다.

웹진 web zine 인터넷 홈페이지 형태로 제공되는 온라인 잡지. 월드와이드웹의 약칭인 웹(web)과 잡지를 뜻하는 매거진(magazine)을 합성한 용어다. 형태는 크게 두 가지로 첫째는 기존 잡지를 발행하면서 부가 서비스로서 인터넷을 통해 기사를 제공하는 것과 둘째로는 인터넷만을 매체로 이용하여 잡지를 발행하는 것이다. 일부 구독료를 받는 유료 서비스를 제외한다면 대부분의 웹진은 사용자가 무료로 이용할 수 있는데 이 경우 발행인의 입장에서는 광고를 유치하거나 온라인 쇼핑과의 결합을 통한 수익을 기대할 수 있다. 웹진은 종이를 쓰지 않고 인쇄비가 들지 않아 제작비가 저렴하고 전 세계에 빠르게 유통시킬 수 있으나 구독자가 온라인 이용자로 제한된다는 한계가 있다.

위인 great man 위대한 일을 한 사람. 이런 사람이 광고 주인공이 되면 광고는 일종의 위인전처럼 된다. 대부분 역경을 딛고 일어나 대단한 성취를 이룬 입지전적 인물이다. 미국 제16대 대통령 에이브러햄 링컨은 초등학교 중퇴자에 대통령이 되기 전 실패를 거듭한 사람이었다. 이순신 장군은 명량대첩에 나가기 전에는 고작 열두 척의 배밖에 없었다. 기업 광고의 한 유형으로 역사적 위인을 등장시켜 그의 업적을 열거하면서 회사의 기업이념과 연결시키는 유형이 대부분이다. "아무도 이 사람을 국민학교 중퇴자로 기억하지 않습니다. 발명왕 에디슨으로 기억합니다. 학력차별이 없는 사회 그곳에 세계 일류가 있습니다"(삼성, 1995)가 한 예다. ■

위장 광고 camouflaged advertising 프로그램이나 신문, 잡지의 특집 기사나 보도 기사 형식을 본뜬 광고 유형. 텔레비전 광고에서는 텔레비전 프로그램 포맷과 유사한 상황 설정과 등장인물을 기용하고, 인쇄 광고에서는 이른바 기사체 광고(advertorial)와 같이 보도기사의 작성과 편집을 모방하여 광고를 만든다. 광고의 계속적인 증가는 소비자로 하여금 광고를 회피하거나 무시하려는 경향을 가속화시켜 광고효과가 감소되는 결과를 낳고 있는데 이런 환경에서 소비자 주목을 끌기 위한 새로운 방안 중 하나가 바로 위장 광고다. 기사체 광고는 실제로 기사와 비슷하기 때문에 독자들로 하여금 짧은 순간이지만 그 페이지를 무관심하게 넘어가거나 건너뛰는 것을 막고 메시지로의 주목을 가져오기에 충분할 정도의 착각을 유도할 수 있다. 위장 광고의 효과에 대해서는 먼저 소비자로 하여금 광고 내용에 몰입을 유도함으로써 전통적 광고에 비해 더 효과적으로 광고 메시지에 대한 기억을 향상시켜주고 기억으로부터 메시지를 용이하게 상기시켜준다는 견해가 있다. 반면 소비자에게 혼동을 가중시키는 결과를 초래함으로써 윤리적 문제뿐만 아니라 광고효과에 있어서도 역효과가 일어날 가능성도 상존한다.

위치정보 location information 위치에 대한 정보. 위성을 이용한 지구적인 범위의 위치추적 시스템인 위치정보 시스템(GPS: Global Positioning System)이 확산되면서 중요해진 개념이다. 위치정보 시스템은 이동체의 위치를 거리와 속도로 측정하는데 가장 빨리 범용화된 위치정보 시스템의 활용은 자동차 내비게이션 시스템으로 저장된 전자지도의 특정 장소로 운전자는 모니터를 통해 자동차 위치를 살펴보며 찾아갈 수 있다. 이러한 위치정보 시스템은 GPS를 내장한 모바일 미디어 등이 대중화됨에 따라 유용한 위치정보를 사용자에게 제안하는 이른바 위치기반 서비스(LBS: Location Based Service)를 가능하게 하는 시스템의 기반이라 할 수 있다. 예를 들어 휴대전화 소지자가 자동차로 공항에 진입할 때 휴대전화 문자로 공항 주차 서비스 업체의 전화번호가 수신되는 식이다. 자신의 위치 주변에 산재한 상점에 대한 정보와 방문자 리뷰, 제휴 및 할인정보를 얻을 수도 있다. 위치정보는 사생활에 속하는 민감한 정보이자 자신의 위치를 알리지 않을 권리를 침해할 수 있어 빈번하게 프라이버시 침해 논란을 불러일으키지만 인터넷 검색 기업 및 포털, 모바일 미디어 생산자를 중심으로 전자지도 등 다양한 위치정보 서비스를 확대하는 추세에 있다. 이들의 입장에서 위치정보는 사용자에게 제공하는 서비스라는 관점에서 중요한데, 가령 포털의 경우 자신들이 구축한 전자지도와 사용자 위치정보를 결합하면 최적화된 검색 결과를 제공할 수 있고, 이러한 검색 결과가 검색 쿼리 증가를 불러일으키고 자연스럽게 광고 매출 증가를 기대할 수 있기 때문이다.

PERFORMANCE. IT'S A DEMONSTRATION YOU CONDUCT TO STANDARDS ONLY YOU CREATE. FOR INDIVIDUALS WHO MAKE ASSESSMENTS OF THEIR OWN, THERE'S ALWAYS GAP.

Gap pocket-t $10.50, as worn by
ANITA NALL, swimmer,
U.S. Olympic swim team.
Photographed by Annie Leibovitz.
GAP

Hamlet.
The Mild Cigar.

원 숏
갤러거 햄릿
1987

Think different.

www.apple.com

©1997 Apple Computer, Inc. All Rights Reserved.

위인
애플 컴퓨터
1997

위협 소구 threat appeal 잠재적 공포를 조장하는 소구 방법. 제안이나 상품을 구매하지 않았을 때 나타날 수 있는 불이익을 제시하는 것이 이 방법의 요체다. 그 결과 사람들은 광고를 보면서 심리적인 위협을 느끼게 된다. 공익 광고에서 흔히 등장하는 소구 방식으로 오랜 흡연의 결과로 끔찍하게 훼손된 폐를 촬영한 사진을 보여주는 금연 캠페인이 한 예다. 유사한 패턴을 음주운전 방지 캠페인, 마약 방지 캠페인 등에서 흔히 찾아볼 수 있다. 상업 광고에서도 보험, 방범 시스템, 건강제품 등 안전과 연관한 상품의 광고에 이런 유형의 소구 방식이 쓰이기도 한다. ■

윈도 디스플레이 window display 상점 외부 공간과 상점을 연결하는 접점인 창을 중심으로 한 전시. 고객의 시선을 상점으로 유인하는 중요한 기능을 한다. 대별하면 배경이 없어 상점 안까지 들여다보이는 오픈 방식과 배경이 있는 클로즈 방식 두 가지가 있다.

유가 부수 net circulation 실제로 요금을 받고 판매한 부수의 총계. 판매 부수라고 한다. 신문에서는 우편으로 배송된 유가 부수에다 보급소에서 배달된 부수 중에서 확장지, 증정지 등 무가지를 뺀 부수를 합한 것이 유가 부수로 계산된다. 유가 부수는 기술적으로 다음에 해당되는 부수를 말한다. 첫째, 발행사가 지국에 부수를 보내고 일정률의 대금을 청구하여 수금한 지국 유료 부수. 둘째, 발행사가 가판업자에게 부수를 보내고 일정률의 대금을 청구하여 수금한 가판 유료 부수. 잡지는 유가 정기구독 부수에다 서점 및 가판 판매 부수를 합한 것이 유가 부수로 계산된다. 게재지, 보관지, 보급지, 증정지, 파손지 등이 모두 포함되는 발행 부수와 큰 차이를 보이는 경우가 많다. 따라서 유가 부수만이 광고매체의 양적 가치를 직접적으로 반영하는 기준이 된다. 한편 유가 부수를 산정하는 기준도 애매하다고 볼 수 있는데 발행 부수를 공사하는 발행부수공사기구가 대체로 인정하는 원칙은 아래와 같다. 구독료가 유가지일 경우 정가의 50% 이상으로 팔린 유가지, 구독 기간이 1년인 경우에는 1년 정기구독료의 50% 이상의 가격으로 판매되는 발행 부수를 유가 부수로 본다. 정가의 50% 이하 할인판매나 기타 방법에 의한 발행 부수는 유가 부수에서 제외된다.

유니버스 Univers 1954년 스위스 서체 디자이너 아드리안 프루티거(Adrian Frutiger)가 발표한 서체. 비슷한 시기에 발표된 헬베티카(Helvetica)에 비해 세부에서 더 유기적인 느낌을 주며 본문용 서체로서 기능성이 뛰어나고 작은 사이즈에서도 가독성이 탁월하다. 1960년대 이후 큰 인기를 모아 광고, 로고, 안내 시스템, 인쇄물 등의 분야에 광범위하게 사용됐다. 1986년부터 2004년까지 미국의 제너럴 일렉트릭, 2007년까지 애플사가 사용한 서체였으며 도이체방크, 히타

치 등의 기업로고에 쓰이는 서체다.

유머 광고 humor advertising 웃음을 자아내는 광고 유형. 유머 광고는 순간적인 웃음을 만드는 위트나 슬랩스틱, 개그와는 다른 것으로 정서적 이완과 환희를 추구한다는 점에서 좀 더 지적인 것이라고 할 수 있다. 광고에서 유머가 쓰이는 것은 먼저 오디언스의 광고 회피 경향에 대응하기 위한 수단이 되기 때문이다. 또 유머를 이용한 광고가 다른 광고보다 인지도와 호감도 측면에서 우수하다는 것이 지속적으로 입증됐다는 점이다. '웃음을 통한 판촉'을 노린다는 점에서 오디언스로 하여금 유머와 제품을 연관시켜 광고를 보고 쉽게 제품을 떠올릴 수 있도록 하는 것이 유머 광고의 조건이다. 조사에 의하면 유머 광고가 비유머 광고보다 소비자 선호가 현저히 높게 나타나며 특히 고관여 제품보다는 저관여 제품에서 유머 광고의 선호가 높다. 제품의 구매의향률도 유머 광고가 상대적으로 높게 나타나는데 역시 식품, 음료와 같은 저관여 제품에서 그 비율이 높다. 반면 자동차, 컴퓨터와 같은 고관여 제품에서는 유머 광고보다 비유머 광고의 효용이 높으며 유머 광고는 구매의향률이 높다 하더라도 실제 구매로 연결되는 비율이 반드시 정비례하지 않는 경향이 있다고 한다. ■

유명인 광고 celebrity advertising 유명인이 등장하는 광고. 유명인이란 그가 광고하는 상품과는 다른 분야에서 이룩한 업적으로 소비자에게 널리 알려진 사람을 말한다. 유명인 광고의 편익을 정리하면, 유명인은 상품의 공신력을 제고하며, 그의 인지도와 개성이 광고 차별화의 요소로 유용하다. 아울러 상표 성격을 정확하게 전달하는 것이 힘든 서비스 상품을 광고할 때 유명인은 자신의 개성을 내세워 상품 개념에 구체적인 의미를 부여할 수 있다. 또한 전속으로 관리되는 유명인 모델은 광고 일관성을 유지하는 데 도움이 되며 나아가 해당 상표의 아이덴티티가 되기도 한다. 반면 그의 인지도가 상품에 대한 주의를 분산시키고 모델만 부각될 수 있고, 유명인은 지지자가 있는 반면 반감을 가진 계층이 존재하고, 다른 광고에 중복으로 출연할 가능성이 높으며, 높은 캐스팅 비용으로 광고 제작비를 상승시키는 요인이 되기도 한다. 광고 모델의 효과에 대한 기존 연구들은 유명인 모델의 광고효과도 제한적으로 작용함을 보여준다. 유명인이 등장하는 위스키 광고를 청소년층과 성인층으로 나누어 광고 반응을 측정한 연구에 따르면 유명인 모델은 젊은 층에 상대적으로 더 효과가 있으며 성인층의 경우 유명인에 대한 평가가 더라도 그것이 제품에 대한 평가로 연결되지 않는 특성을 보였다. 이러한 결과는 상품의 소구 대상과 상품 특성, 나아가서는 광고 목적에 따라 유명인 모델의 효용이 좌우된다는 점을 시사한다. ■

Answer these ten questions and work out the date of your own death.

Start with the age of 77 for a man and 81 for a woman (assuming you are over twenty years old now) and add or subtract according to your answers.

1. How old are you now?
Up to 50 no score.
51 – 55 add one year.
56 – 60 add two years.
61 – 65 add three years.
66 – 70 add four years.

2. Do you smoke?
Over 40 a day subtract 9 years.
Over 20 a day subtract 6 years.
Up to 20 a day no score.

3. Do you drink?
Heavily (more than 5 drinks a day) subtract 10 years.
Moderately, no score.
Teetotal, subtract 2 years.

4. Sex?
If you enjoy sex once a week, add 1 year.

5. Family History?
If any close relative has died of heart disease before 50, subtract 4 years.
Between ages 51–65, subtract 2 years.
If any close relative has suffered from diabetes or mental disorder, subtract 3 years.

6. Overweight?
If your problem is measured in stones rather than pounds, subtract 6 years.

7. Your job?
Professional, technical or management, add 1 year.
Semi-skilled, subtract 1 year.
Labourer, subtract 4 years.
But: active, add 2 years, desk-bound, subtract 2 years.

8. Exercise?
Proper exercise (heavy breathing) at least twice a week, add 3 years.

9. Life-Style?
Single, living alone, subtract 1 year.
Widow, or separated within past 2 years, subtract 4 years.

10. Health?
If you have an annual check-up, add 2 years.
Any serious illness or disease requiring hospital treatment in the last 5 years subtract 10 years.

These are the sort of questions actuaries ask before they insure you.

Answered honestly, they will give you a rough idea of your life expectancy, no more.

They won't tell you if you are going to plough your car into a lamp-post. Or jump out of a window. Or choke on a fishbone.

They are just statistics based on the lives and deaths of hundreds of thousands of people.

And we are raising this chilling topic on a Sunday morning for two reasons.

First, to make you think of providing for those you couldn't bear to leave unprovided for.

Secondly, and more unusually, to make you consider the last half of your life.

What are you going to do with it?

More than likely (according again to statistics) you are going to have a second career.

But whether it will be absorbing and challenging or boring and time-serving, is not just a question of your ability.

It will also depend on how much money you have to set up a business or supplement your salary.

And if after twenty years of screamingly high taxation you haven't a bean, don't worry, we can help you.

If you can put by something every month for the next ten years or so, we will invest it for you.

In this respect we are uniquely advised by no less than Warburg Investment Management Ltd., a subsidiary of S.G. Warburg & Co. Ltd.

We are also aided by the Inland Revenue. The taxman allows us to retrieve a certain amount of your income tax which we also invest on your behalf.

This way we can eventually give you a tax-free income or lump sum.

If you have read this far you are obviously of a fearless and enquiring mind. Let us tell you more about our savings plans.

This coupon will bring our brochures speeding to you.

For more about our plans please send this coupon to Peter Kelly, Albany Life, FREEPOST, Potters Bar EN6 1BR.
Name _____
Address _____
_____ Tel: _____
Name of your life assurance broker, if any.

Albany Life

위협 소구
올버니생명보험
1980

Fortunately, every day comes with an evening.

Nothing gets your attention like wallpaper.

For simple ways to make your home more striking, see a local wallpaper dealer. © 1999 Wallpaper Council.

유머 광고
월페이퍼 카운슬
1999

유선방송 cable broadcasting 유선을 이용하여 프로그램 등을 전송하는 방송 시스템. 법률상 정의는 '유선전기통신 시설을 이용하여 음성·음향 또는 영상(문자 및 정지화면 포함)을 공중에게 전파하기 위해 송신하는 것'이다. 기존 방송이 무선, 즉 전파를 이용하여 프로그램을 전송하는 데 비해 유선방송은 유선을 이용한다는 뜻이다. 유선방송에는 유선 라디오 방송과 유선 텔레비전 방송이 있으며, 다시 일반적인 유선방송과 종합유선방송으로 구분된다. 유선방송과 종합유선방송의 차이점은 유선방송이 공중파 텔레비전의 프로그램을 중계 또는 재송신하는 기능을 수행하는 데 비해 종합유선방송은 프로그램 공급자로부터 방송 프로그램을 공급받아 이를 편성·운행·송출할 수 있다는 점이다.

유스마켓 youth market 젊은 층을 대상으로 하는 시장. 일반적으로 15살부터 22살 정도까지의 젊은 층을 대상으로 한다. 의류, 팬시, 잡지 등이 이 시장을 주로 공략한다. 이 시장의 소비자들은 나름대로의 상품 기호 등 구매 패턴이 있으며 또래 집단과 같은 준거집단의 영향을 강하게 받는다.

유에스피 USP unique selling proposition 상품 및 서비스의 효용 및 기능 중에서 소비자에게 제시되는 특유의 핵심적인 제안. 제품 특성과 소비자 혜택을 간파하여 이를 구체적으로 제시하는 것이 이 방법의 개요다. 광고 대행사 테드베이츠(Ted Bates) 회장이었던 로서 리브스(Rosser Reeves)가 주창했던 표현전략상의 핵심적인 개념으로서 광고를 제품의 기능 중심으로 전개할 때 유용한 개념이다. 그러나 기술의 혁신과 함께 제품 간 기능 격차가 사라지고, 유사 제품이 다수 등장하는 최근의 환경 아래서는 제품의 고유한 특성이 의미가 없어짐으로써 이에 근거한 광고가 어려운 점도 있다.

유의 표본 추출 purposive sampling 조사설계자 또는 면접원의 주관적 기준에 의해 모집단 중에서 조사 대상을 추출하는 방법. 추출 단위가 특정 목적에 의해 마음대로 취급되는 것을 의미한다. 한 예로 미국 크라이슬러 자동차회사에서 생산된 자동차 중에서 몇 대를 시험하기 위해 자동차 운전자를 표본 추출한 일을 사례로 들 수 있다. 회사는 자동차 소유자 중 희망자 중에서 추출했고 표본 운전자는 새 차를 받고 3개월간 사용하는 대신 차의 성능에 대해 보고하도록 했다. 조사회사가 희망자 중에서 표본을 선정한 기준은 책임감이 있으며 실험에 필요한 도로 및 교통조건을 지닌 지역의 운전자였다. 이것이 전형적인 유의 표본 추출이라고 볼 수 있다. 유의 표본 추출은 일반적으로 모집단이 비교적 소수일 때 적합하나 조사 결과의 신뢰도를 통계적인 방법으로 평가할 수는 없다.

유지 광고 retentive advertising 상품 인지도를 같은 수준으로 유지시켜 시장점유율을 고수하기 위한 광고. 통상 제품의 라이프사이클상 성숙기에 해당되는 시점의 광고 활동이며 소비자 마인드에 지속적으로 브랜드 이미지를 축적시키려는 게 목표다. 크리에이티브 측면에서는 표현의 여지가 상대적으로 자유로워서 다채로운 아이디어가 펼쳐지는 시점도 바로 이 유지 광고기이다.

유치조사법 placement method 설문지를 배포하고, 대상자에게 설문지를 일정 기간 동안 기입하도록 한 뒤 방문하여 설문지를 회수하는 조사 방법. 상품 사용 결과 조사, 일기식 시청률 조사 등에 쓰인다. 장점은 많은 내용의 조사를 한꺼번에 할 수 있고, 회수율이 양호하다는 점이고, 단점은 조사 대상자 자신이 직접 응답했는지 여부가 불분명하며, 다른 사람들과 의논하여 응답하는 경우가 있고, 참고서 등을 보는 경우도 있으며, 응답 누락이 잦다는 점이다.

유통 distribution 생산과 소비를 매개하는 것으로 상품 또는 서비스가 공급자로부터 소비자에게로 이전되는 과정. 유통에는 실제 상품이 이전되는 물적 유통과 소유권이나 상표권 등이 이전되는 상적 유통이 있다. 어느 경우든 상품이나 서비스는 최종적으로 소비자 편에서 소비된다. 유통업에 종사하는 업체를 유통기관이라고도 하는데 유통기관이 구성 요소가 되어 일정한 지역에서 상품이 잘 유통될 수 있도록 분업 관계에 의해 형성되는 사회적 구조체를 유통기구라 한다. 유통기구는 상품 생산 및 소비 양식이 어떠한가에 따라 그 존재 양식이 규정된다.

유통경로 distribution channel 제품 또는 서비스가 생산자로부터 소비자에게 이전되는 과정에 참여하는 조직. 유통경로는 제품 또는 서비스를 소비자에게 적절한 시간에, 접근 가능한 위치에, 적절한 수량을 제공해야 한다. 유통경로는 기본적으로 상품을 이전하는 기능을 수행하지만 그 외에도 정보 수집, 판매 촉진 기능, 협상 및 주문 기능, 위험 분담 기능 등의 중요한 구실을 한다. 유통경로에는 생산자와 최종사용자 그리고 중간상을 포함한다. 한편 유통 활동을 수행하는 기업이 산업화한 업태가 유통산업이다. 산업이 발달할수록 생산자가 유통경로를 독자적으로 구축하는 것이 어려워 유통을 전담하는 기업이 등장할 수밖에 없는데 그 대표적인 것이 백화점, 체인점, 할인점, 양판점 등이다.

유통 광고 trade advertising 도매상, 소매상, 즉 유통기관을 대상으로 생산자가 하는 광고. 제품이 유통되는 과정에서 그것을 취급하는 유통업자의 판매 의욕을 자극하고 제품의 흐름을 원활하게 하기 위해 제조업자가 수행하는 촉진 활동이다. 카메라 제조사가 카메라 대리점을 대상으로 하는 광고가 한 예다. 유통 광고는 소비자 광고와 견줘 몇 가지 차이점이 있다. 대체로 상품 취급에 따른 수익을 강조하고, 소매점 판촉 활동에 지원이 이루어짐을 시사하며, 제품 취급 결정에 도움이 되는 제품에 대한 상세한 내용을 제시하는 점 등이다.

육성 카피 주로 방송 광고에서 사람 목소리로 전달되는 의표를 찌르는 한마디 말. 표현이 친근하며 생생해서 광고를 오랜 기간 기억되게 하는 요소다. 가령 라면 광고의 "사나이 대장부가 울긴 왜 울어?"(농심 신라면, 1987) 같은 것이다.

은색 silver 은(銀)으로 된 금속의 색. 회색과 비슷하나 반짝이는 금속의 색이다. 금(金)처럼 고귀하고 영원한 색이라기보다는 차갑고 빠른 색이다. '실버'는 보편적인 자동차 색이며, 비행기와 로켓, 고속철도 등을 연상시킨다. 속도와 기계를 상징하는 색으로서 귀금속이라기보다는 현대적인 경금속의 색이다. 은색은 철, 알루미늄, 니켈, 티타늄 등의 원료로 생산되는 디자인 제품의 지배적인 색으로 기능적 모더니티를 표출하는 색이다. 은빛의 알루미늄은 열을 반사하는 성질이 있어 오래 보관해야 하는 식품은 알루미늄으로 포장한다. 4도 컬러 인쇄로 찍을 수 없고, 이를 찍기 위해서는 이른바 별색 인쇄를 해야 한다.

은유 metaphor 유추에 의해 사물이나 관념을 수사적으로 대치하는 표현. 가령 '내 마음은 호수요, 그대 저어 오오' 같은 표현이다. 즉, 내 마음은 호수같이 넓고 평화로운 모습으로 당신이 오기를 기다리고 있다고 장황하게 설명하는 대신 간결한 비유로 표현하는 것이다. '입의 연인'이라는 껌 광고의 헤드라인, 항공사 광고에서 스튜어디스의 품에 안겨 아이처럼 잠든 승객 모습 등도 은유의 수사법을 이용한 사례다. 은유적 카피의 사례로는 "여자의 변신은 무죄"(금강 르노와르, 1992), "그녀의 자전거가 내 가슴속으로 들어왔다"(제일모직 빈폴, 1994), "한 달에 한 번 여자는 마술에 걸린다"(대한펄프 매직스, 1995) 등을 들 수 있다. ■

음란 광고 obscene advertising 성적으로 음란한 광고. 통상의 음란 표현물이라고 할 때 그 표현의 정도가 인간의 성을 야수적 성욕의 연장선상에 있는 노골적인 성 표현물을 의미하는데 어디까지가 음란한 표현인가를 판단하는 것은 매우 힘들다. 음란 광고는 크게 두 가지 유형으로 나누어볼 수 있는데 광고 표현이 선정적인 경우와 외설업종이 실시하는 광고가 그것이다. 표현의 선정성은 그 표현에 있어 인간의 지위를 저하시키고 품위를 손상시키며 여성을 남성의 부속물로 표현하거나 직간접적으로 성행위를 연상시키는 표현, 나체, 동성애, 혼음, 근친상간 등의 요소로 판명한다. 이 경우 소위 섹스어필 광고와 혼동될 수 있으나 음란 광고는 통

상 성에 관한 묘사나 표현이 노골적인 불쾌감을 불러일으키며 그 경향이 호색적인 흥미를 자아내거나, 평균적인 수용자가 그것에 대해 혐오감을 느껴 사회적으로 보상할 만한 가치가 전혀 없는 광고다. 한편 외설업종의 광고는 그 표현이 선정적이지 않더라도 업종과 연관되어 음란 광고로 분류한다.

응답오차 response error 소비자 조사 때 조사 대상자의 응답 결과에서 발생하는 오차. 면접원, 피조사자, 질문지 등에서 기인하는 것을 모두 포함한다. 구체적으로는 피조사자의 선입관 내지는 경계심으로 인한 비협조, 면접원의 부정확한 질문, 응답의 기록 착오, 유도질문 등과 같은 설문의 부적절한 설계, 설문지가 너무 길어 피조사자의 집중력이 해이되는 경우 등 여러 이유가 있다.

의견 광고 opinion advertising 단체, 기업, 개인 등이 다수 수용자에게 영향을 미치기 위해 사회의 여러 가지 문제에 관해 의견을 주장하거나 호소하는 비상업적 형태의 광고. 광고 주체 및 광고 내용에 따라 정치 광고, 공익 광고, 정부 광고, 기업 및 단체의 옹호 광고, 호소 광고, 사과 광고 등 여러 유형이 있다. 다만 공동선을 도모하기 위한 캠페인 성격을 가지는 공익 광고는 의견 광고로 볼 수 없다는 견해도 있다. 의견 광고의 가장 큰 특징은 비상업적 형태라는 것이다. 통상 상품 판매와 같은 기업 마케팅을 위한 메시지가 포함되어 있지 않고 광고 주체의 정치, 사회에 대한 의견이 제시된다. 따라서 의견 광고는 게재료를 지불하고 해당 지면에 자신의 의견을 독자들에게 널리 알리거나 어떤 쟁점에 대해 자신의 주장을 호소하는 형태를 갖는다. 의견 광고의 이런 속성은 자기표현을 위한 기회 균등의 정당성을 부여하는 측면이 있으나 기사와는 달리 사실 확인이나 검증의 절차를 거치지 않고 단순히 광고 주체의 의견이 일방적으로 제시된다는 점에서 사실에 대한 왜곡과 명예훼손이 발생할 가능성이 높다. 이런 부작용에도 불구하고 의견 광고는 표현의 자유라는 관점에서 자유롭게 보장돼야 할 권리로 인식되고 있으나 광고 내용에 대한 편집권 및 광고 게재 거부권은 언론사에 위임되고 있는 형편이다.

의견선도자 opinion leader 가족, 직장 동료 등의 준거집단 내에서 다른 사람들보다 미디어 접촉이 활발하고 그 내용을 준거집단의 멤버들에게 전달하는 역할을 하는 사람. 사회적 활동 범위가 넓고, 경험이 풍부하여 준거집단 구성원들에게 강한 영향력을 행사하므로 광고의 주요 대상이다.

의견조사 opinion poll, opinion research 특정 문제에 관해 구성원들의 의견을 물어보는 조사. 여론조사가 대표적이다. 대개는 특정 문제에 대한 찬반 양론을

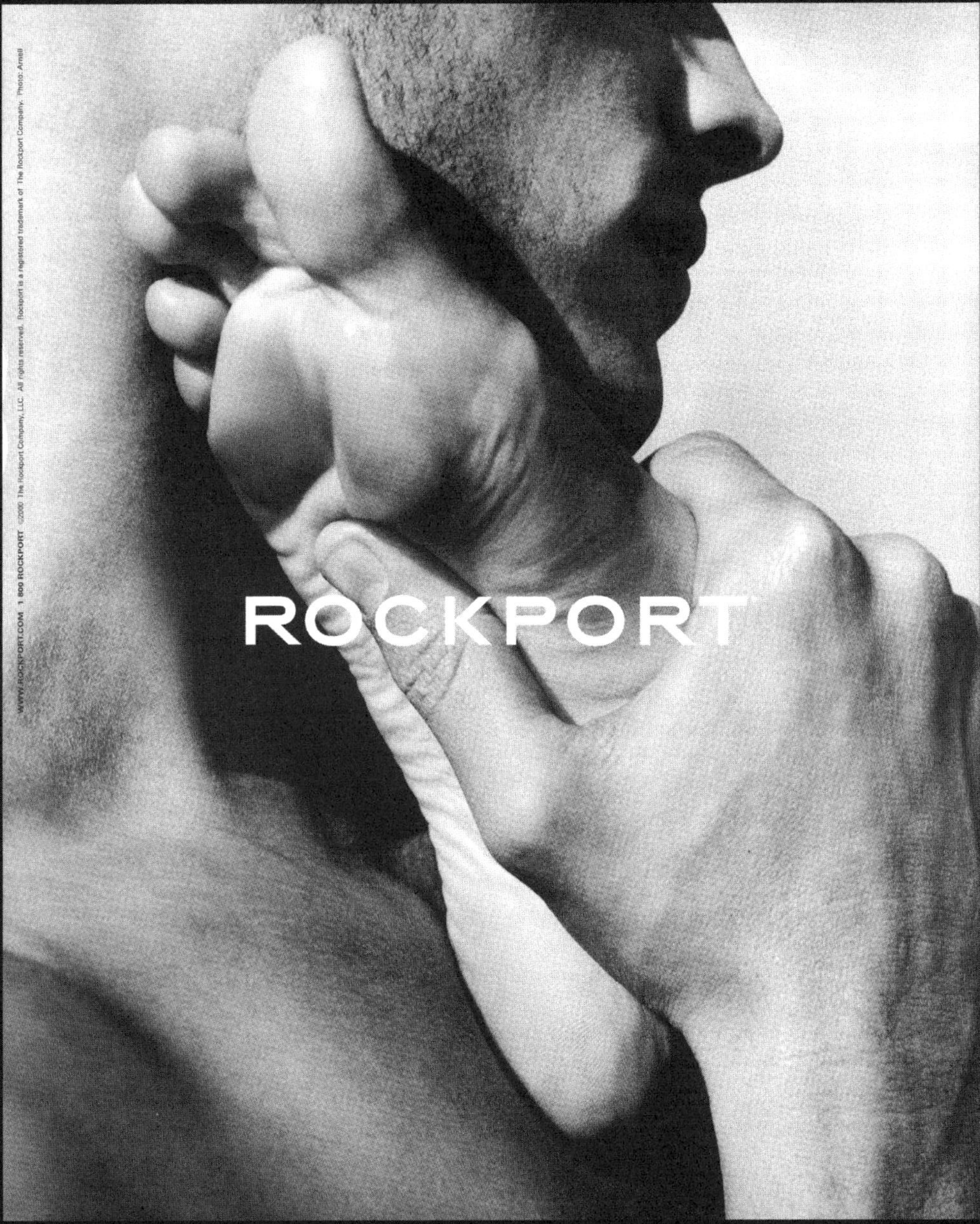
ROCKPORT
WWW.ROCKPORT.COM 1 800 ROCKPORT ©2000 The Rockport Company, LLC. All rights reserved. Rockport is a registered trademark of The Rockport Company. Photo: Arnell

은유
록포트
2000

조사한다. 한편 마케팅 조사에서도 의견조사 형식의 조사가 많은데 이를테면 여러 개의 후보 상품명을 제시하고 의견을 물어보는 식이다. 시장조사에 폭넓게 응용된다.

의문문 interrogative sentence 듣는 사람에게 질문을 하면서 해답을 요구하는 문장. 의문문은 주의를 끌기 유리하고, 공감을 일으키기 용이하여 전통적으로 광고 문안에 널리 쓰이는 구문 형식이다. 광고에서 의문문은 일반적으로 자문자답, 즉 자신이 질문하고 자신이 대답하는 패턴으로 사용하는 사례가 많다. "왜 이 소화제는 좋은 소화제인가?" 혹은 "이 커피는 왜 커피의 역사가 낳은 최대의 명작이라고 불리고 있나?"라고 제시한 뒤 그 이유를 상세히 설명한다. 동의를 구하는 듯한 질문도 있는데 위장약 광고에서 "속이 쓰리고 아프십니까?"라고 묻는 것이다. 세세한 정보보다는 이미지 구축을 위해 도전적인 질문을 던지는 사례도 있다. "누가 나이키를 신는가?"(풍영 나이키, 1981)가 그렇다. 광고 캠페인의 키워드로서 기억을 위한 장치로 다소 장난스럽게 의문문을 사용한 대표적인 예로는 일본 닛신식품회사의 '헝그리?' 캠페인을 기억할 만하다. ■

의미차이법 semantic differentials 특정 테마에 대해 찬성 또는 반대되는 개념을 일렬로 배치하여 응답자에게 제시하고 응답자는 배열된 의미대안(semantic alternatives) 중 하나를 선정하여 이를 표시하는 방식의 태도 조사 기법. 투사식 조사 기법의 한 종류로 응답자의 표시를 해석하여 태도에 관한 심리적 요인을 분석하는 기법이다. 의미 공간의 크기는 통상 5단계 혹은 7단계로 설계된다. 이 기법의 핵심은 양극을 이루는 용어의 표현을 정하는 데 있다. 양극에 제시된 '의미'에 대한 강도는 양극과 가까울수록 높다. 즉, 척도의 의미는 왼쪽부터 '대단히 만족', '상당히 만족', '약간 만족', '중간', '약간 불만족', '상당히 불만족', '대단히 불만족'을 뜻한다. 피조사자는 자신의 생각을 표현하는 척도로서 의미 공간의 한 지점에 표시를 한다. 이런 과정을 통해 상품 및 서비스, 상점, 상표 등에 대한 소비자 심리와 태도를 파악한다.

의상 costume 촬영에 필요한 옷. 영화에서 의상은 극의 주제와 밀접한 관련을 맺는데 등장인물의 신분을 나타낼 뿐만 아니라 자아 이미지, 심리 상태를 표현하는 매체이기 때문이다. 의상은 또한 등장인물의 개성과 정체성을 드러내는 수단이기도 하다. 그 상징적인 사례가 찰리 채플린의 의상이다. 광고에서도 의상은 특정한 이미지와 의미를 만든다. 아버지 의상은 중후한 양복이지만 독립을 꿈꾸는 젊은이 의상은 찢어진 청바지에 장신구도 요란하다. 의상의 색채와 신체 노출 정도, 시대성 등도 나름의 의미를 드러내면서 광고 메시지를 측면에서 지원하는 구실을 한다.

의성어 onomatopoeia 자연의 소리를 흉내 낸 말. '쨍그랑', '철썩철썩' 등. '톡!', '콸콸콸' 등 광고 카피에도 간혹 등장한다.

의인화 personification 무인격적 대상에 인간적 특성을 부여하는 표현법. 동물이나 사물 등 인간이 아닌 것에 인격을 부여하는 것이다. 담배 연기에 괴로워하는 식물, 파스를 붙이고 서성이는 펭귄, 피아노 치는 낙타, 프라이팬에서 미끄러지지 않으려고 발버둥치는 달걀 프라이, 행진하는 가전제품, 방긋 웃는 달님, 주인에게 말을 거는 개, 바람을 내뿜는 구름, 당구 치는 젊은 사슴들, 흥겹게 걸어가는 유산균, 노래하는 나무들, 방송 인터뷰하는 거북이, 노래하고 춤추는 건포도와 같은 식이다. ■

의태어 mimetic word 자연의 모양이나 움직임을 흉내 낸 말. '반짝반짝', '산들산들' 등. 광고에 쓰인 실제 사례는 '올록볼록 엠보싱', '잘록볼록, 환타' 등이 있다.

이니셜 initial 머리글자. 단어의 첫 자. 영문 조판에 있어 문자의 첫머리를 대형 대문자로 짜는 것을 말한다. 특히 중세 사본에서 이니셜에 장식을 붙인 것이 많다. ■

이단 무작위 추출 two stage sampling 모집단에서 직접 조사 대상을 무작위 추출하지 않고 먼저 어떤 단계의 단위를 추출한 후(1차 추출 단위), 그 추출된 단위에서 조사 대상을 추출하는(2차 추출 단위) 무작위 추출법. 대개 행정구역을 1차 추출 단위로 하고 표본을 2차 추출 단위로 하는 경우가 많다. 이 방법은 전 지역으로 표본이 분산되지 않아 실사 작업이 용이하나 표본오차는 단순 무작위 추출 때보다 커진다.

이동 광고 moving advertising 장소를 이동하면서 실시하는 광고. 대형 스크린을 장착한 트럭, 소형 포스터 패널 아래에 차 바퀴가 달려 있어 도로 위를 어디에라도 이동할 수 있는 포터블 포스터 패널, 펼치면 광고탑이 되는 것을 접어서 자동차에 실어 어디에라도 이동할 수 있게 한 것 등이 모두 이동 광고 매체다.

이메일 e-mail 컴퓨터를 통한 문서전달 시스템. 편지봉투에 주소를 쓰고 우표를 붙여 원격지로 문서나 편지를 전달하는 전통적인 우편 시스템을 컴퓨터 네트워크에서 실현시킨 것이다. 초창기 전자우편은 근거리 통신 네트워크(LAN)에 연결되어 있는 컴퓨터 사용자 사이에 전자적 주소를 이용하여 문서를 주고받는 것으로부터 출발하여 최근에는 인터넷 사용자 간의 전자우편이 보편화되어 전 세계 인터넷 가입자와 우편을 교환할 수 있다. 전자우편을 실행하려면 보내는 사람과 받는 사람의 전자적 주소가 필요하다. 전자우편은 거리나 시간에 관계없이 무료로 신속하게 각종 파일을 송수신할 수

Is your husband in another man's arms?

When you buy your old man a white shirt, things don't always work out right.

The collar's his size, but the sleeves are someone else's.

To make matters easier for both of you, we offer the Tern Spin-King shirt.

We make its sleeves in five lengths. From 32 to 36 inches.

He should fit in quite comfortably.

You, however, should like Spin-King for other reasons.

The non-iron cotton the shirt is made from has been specially treated.

It comes out of the tub needing less ironing than any other non-iron cotton shirt.

For all this, of course, we expect something in return.

45 bob.

Write to George Stevens, Tern Shirts, Tottenham, and he'll tell you which shops will take your money.

의문문
턴셔츠
1967

Why doesn't the Renault 14 have a wheel at each corner?

The back wheels of a Renault 14 are further apart than the front ones.

And one of the back wheels is further forward than the other.

Why?

Simply, because that's the way the car works best. Like everything else in a Renault 14, the wheelbases weren't arrived at by copying other cars. They're the way they are to carry out their functions in the most efficient way.

What functions caused the wheels to be positioned in such odd places?

The designers of the 14 set out to build a car that would carry four people and their luggage in comfort. It sounds easy enough, but it's difficult to make cars very comfortable without also making them very expensive.

It was this concern with comfort that led to the positioning of the wheels.

Putting the back wheels further apart than the front is a blindingly obvious way to make more room where you need it, in the back of the car for passengers and luggage.

Placing the back wheels out of line is a less obvious solution to a problem.

Moving one of the back wheels forward an inch creates enough space to allow the installation of an independent rear suspension system called transverse torsion bars.

You'd think that having the wheels like this would affect the handling of the car, but it doesn't.

Most of the motoring journalists who've tested the Renault 14 have praised its roadholding and handling.

The real benefit of this system though, is superb comfort.

Unless you've ridden in a French car over a rough road, or a Rolls-Royce over a smooth one, it's difficult to describe how comfortable a Renault 14 is.

Of course, comfort doesn't come from just ironing out the bumps in the road. It's as much a state of mind as body and many people who own Renault 14's mention an almost curious feeling of security

when they drive their cars. (They really do say that, we've asked lots of them.)

Why do they feel like this?

As usual with feelings of well being, a strong sound body is essential.

And the Renault 14 has probably the strongest body of any hatchback in its class. It's a problem designing strong hatchbacks, because instead of the strengthening box of a boot at the back, there's a great big hole.

Renault overcame this by careful computer-assisted design.

One visible result is the unusual flying buttress shapes over the back wheels.

A less obvious result is that the Renault 14 easily

meets all national and international standards for crash resistance.

But Renault went further than government standards.

They found from their own long and careful study of real accidents that these regulations have had the effect of ensuring the survival of the car, rather than its occupants.

They also found that slightly different methods of strengthening the bodyshell ought to be adopted to ensure the safety of the passengers as well as the car.

It may be a relief to know that the Renault 14 also meets these somewhat subtler requirements.

Again, all this is just the external form of the car being shaped by Renault's concern with your comfort and peace of mind.

Even the engine is designed to make the passengers more comfortable.

It's a remarkable design, quite unlike any other car engine.

It takes up very little room, it's smooth and economical, and so efficient that even when it's old it shouldn't cost a lot to run.

This obsession with comfort shows in the smallest details.

Instead of plastic, the rooflining is thick basketweave material, because that's better at soaking up noise.

Instead of steel, the bumpers are polyester, because that's better at soaking up bumps.

But nothing we could say can tell you as much as driving a Renault 14.

Any Renault dealer will be pleased to arrange that for you, and answer your questions about this interesting car.

If you're thinking of buying a car of this type, give the Renault 14 some consideration. It's only a machine, but it might be able to do the same for you.

The Renault 14 TL (featured here) costs £2871.18. Black paint special order only at no extra charge.

Prices, correct at time of going to press, include Car Tax, 8% VAT and inertia reel front seat belts. Delivery and number plates are extra.

Ask your Renault dealer about other Renault 14 models available and their prices.

The Renault 14 produced these petrol consumption figures for the Department of Energy tests: simulated urban driving, 31 mpg, constant speed driving: at 56 mph, 44.1 mpg; at 75 mph, 31.7 mpg. The top speed of the Renault 14 TL is 89 mph. Acceleration 0-60 mph, 15.3 seconds. (Autocar.)

Luggage capacity: 12 cubic feet. With the rear seat folded, 33.5 cubic feet. (Autocar.)

There are 400 Renault dealers throughout the UK. West End showroom: 77 St. Martin's Lane, London, W.C.2.

Details of low cost Renault Loan and Insurance Plans are available at any Renault dealer. For tax free export facilities write to Renault Ltd., Western Ave., London, W3 ORZ. Renault recommend **elf** lubricants

RENAULT 14

의문문
닛신식품회사 컵 누들
1992

What are your chances of getting pregnant tonight?

120,000 unwanted babies are born in Britain every year. The more you know about contraception, the less chance you've got of having an unwanted baby. How much do you know?

Questions

1. How many children can a woman have?
2. If 'withdrawal' has been good enough for hundreds of years, what's wrong with it now?
3. Does swallowing a whole packet of the Pill bring on an abortion?
4. Do spermicides offer protection against VD?
5. How can one woman make another pregnant?
6. What does family planning advice in a clinic cost?
7. Which is the odd one out? The Margulies Spiral, Hall Stone Ring, Golden Square, Lippés Loop.

8. Would these be safe in June?
9. Can a virgin wear a loop?
10. Does a woman need to worry about contraception after she's had the menopause?
11. Who first practised birth control? The Ancient Egyptians, The Greeks, The Romans, The Elizabethans or The Victorians?
12. What's wrong with douching to prevent pregnancy?
13. How long should you leave a cap in place after intercourse?
14. What can a family planning clinic tell you that a friend can't?

15. How can this help stop a baby?
16. Will the loop make your periods more painful?
17. Is it safer to make love before a period or after a period?
18. Are the cheap forms of contraception always the least effective?
19. Does it help to stop babies if you stand during intercourse?
20. How long do you have to wait in a family planning clinic?

21. How can alcohol make you pregnant?
22. Do you become unusually fertile when you stop taking the Pill?
23. Do all the family planning clinics welcome single girls?

24. How would you feel with this inside you?
25. Can a man have a climax after a vasectomy?
26. Is there a special method of contraception for young girls?
27. Where is your nearest family planning clinic?

Answers

1. A healthy woman could bear a baby every year. Perhaps 20 or 25 children. Could you bear the thought?
2. The Victorians practised 'withdrawal'. In those 60 years the population of Britain rose from 18,000,000 to 37,000,000. 'Withdrawal' is chancey because a man can release sperm before he reaches orgasm. So all the willpower needed and frustration caused by withdrawing can be wasted.
3. No.
4. Not at the moment. Spermicides kill sperms, not VD germs. However scientists are working on it.
5. Just by talking to her, and giving her bad advice. Too many women would rather listen to friends about contraception than go to a family planning clinic where help is friendly, private and, above all, accurate.
6. Before April 1st it will be free in some clinics, about a couple of pounds in others. After April 1st all advice, examinations and fitting will be free at National Health Clinics. And the contraceptives, themselves will be available on prescription (20p). Much cheaper than an unwanted baby.
7. They're all names of intra-uterine devices, except, Golden Square – a famous place in London.
8. Probably. The dates stamped on French Letter packets allow a certain margin of error–but you wouldn't be wise to bank on it.
9. No. The loop is for the woman who has already had intercourse–or, better still, had a baby. And very effective, too. But a virgin can't be fitted with a loop.
10. A woman can still have a baby two years after her last period. The more recently she's had children the greater the risk.
11. Even the Ancient Egyptians, 3000 years ago, concocted strange contraceptive creams. Obviously they weren't too keen to become mummies, either.
12. It doesn't work, and it can cause infection.
13. Six hours, at least. You can leave it in longer, but not less.
14. Your friend may tell you what's best for your friend. A doctor or clinic will tell you what's best for you. Women differ both emotionally and physically, and need different contraceptives.

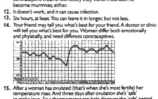

15. After a woman has ovulated (that's when she's most fertile) her temperature rises. And three days after ovulation she's 'safe' to make love. So a thermometer can help discover the 'safe' period. Unfortunately a touch of 'flu, say, can also put your temperature up, which is confusing.
16. If you have comfortable periods before you have a loop fitted, you are unlikely to develop painful periods afterwards. If you do you should consult your clinic or doctor.
17. The so-called 'safe' period is the eight or nine days before a period. Unfortunately while you know when one period ends, it is impossible to be sure when the next will start. Periods can be regular for months and then suddenly vary. So to use the 'safe' period with security could restrict your lovemaking drastically.
18. Not necessarily. The loop and sterilisation are both inexpensive, and very effective. However, the very cheapest methods, 'withdrawal' and the 'safe' period are much less safe.

19. No. Nor does holding your breath during orgasm. Or jumping up and down after, or sneezing before, intercourse. There's more super-stitious nonsense talked about birth control than anything else.
20. You might have to wait a little while. But seldom more than 20 or 30 minutes–and never as long as nine months.
21. It can make you slapdash about your contraceptive. And it can lower a girl's resistance. A few large tots on a Saturday night can mean a tiny tot nine months later.
22. No. Nor are you more likely to have twins.
23. No one, single or married, man or woman, should think they will be frowned on at a family planning clinic. These clinics are there to stop unwanted babies, and single girls seldom want babies.
24. You would feel very secure. This is an IUD, one of the safest contraceptives of all. It may not look very comfortable, but if you've already had a baby, you probably wouldn't feel it at all.
25. Yes. And he does. Sperms are only a tiny proportion of the fluid when a man has a climax. A vasectomy just stops the sperms reaching the fluid.
26. It's tragic to see the number of girls in their early teens who become pregnant every year. The most effective form of contraception for these young girls (or anyone else) is not to have sex. Failing that, one can only say the more a young person knows about contraception the better.
27. If you don't know, contact your local health department, your family doctor; look under 'Family Planning' in the telephone directory or Yellow Pages–or write to, The Health Education Council, 78 New Oxford Street, WC1A 1AH.

The Health Education Council

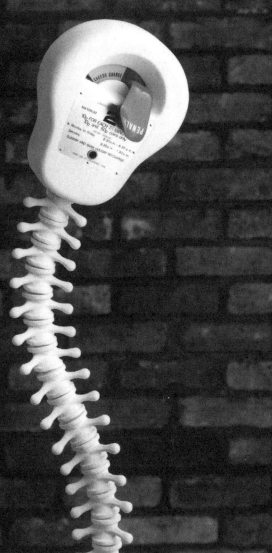

"You're some tomato.
 We could make beautiful Bloody Marys together.
 I'm different from those other fellows."

"I like you, Wolfschmidt.
 You've got taste."

Wolfschmidt Vodka has the touch of taste that marks genuine old world vodka. Wolfschmidt in a Bloody Mary is a tomato in triumph. Wolfschmidt brings out the best in every drink. General Wine and Spirits Company, N.Y. 22. Made from Grain, 80 or 100 Proof. Prod. of U.S.A.

머리가 아프십니까?

격무에 지친 당신 ―
긴장과 스트레스의 연속으로
머리가 아프십니까?

과음,
과연, 과로로
머리가 아프십니까?

인스탄틴 (INSTANTIN®) 을 드십시요.
인스탄틴은 완전히 용해된 상태로 복용하기 때문에
체내흡수가 빨라 그 효과가 신속합니다.

두통(머리가 무겁고 아플때)에 ―――

 인스탄틴발포정

※ 상온수(常溫水) 반컵에 완전히 녹여서 복용하십시요.　●1정─150원

 **한국바이엘약품**
Bayer Pharma (Korea) Ltd.

아빠는 안보역군 · 엄마는 방첩주부 · 약효믿고 남용말고 병모르고 오용말자.　®=Regd·Trademark

의인화
한국바이엘약품 인스탄틴 발포정
1979

he recipe said "Sauté lightly with a knob of butter."

Godfrey tossed the confetti-thin King Edwards into a pan and reached for his pepper grinder.

There could be no denying, the apron suited him.

Patting the pocket for the friendly rattle of Swan Vestas, he moved towards the hob.

His head momentarily lost in steam as he peered into the rumbling pot of stewed rhubarb on the back burner.

The aroma mingled menacingly with the pilchard mornay, gently toasting under the grill.

But here was a man who liked his flavours well-defined. In an atmosphere that would have sent others reeling, he sniffed the air with obvious pleasure.

He turned on the gas and struck a match.

What followed was nothing short of hair-raising.

For beneath Godfrey's luxuriant curls lurked a pate as smooth as a billiard ball.

Normally well-anchored by an ingenious combination of glue and clips, the mop had mischievously worked itself loose in the steam.

Without warning, and with deadly accuracy, it plopped into the flames.

His mercy dash to the soda syphon was, alas, too late to save the charred tufts.

It was a tragic case of toupee flambé.

The chef was understandably distraught. To replace the golden locks would cost hundreds. Money he didn't have.

At two minutes past nine the following morning, a man in a dark brown Homburg walked purposefully into his local branch of Commercial Union.

It was Godfrey.

The frizzled evidence of his culinary catastrophe in a carrier bag by his side.

One peep, and the girl at the claims desk understood the problem.

Cheered by the promise of a speedy settlement Godfrey went on his way.

Sure enough, a cheque in full compensation arrived within days.

Telephoning his thanks to our young lady, he summed up his appreciation quite simply.

He took his hat off to her.

'Without Commercial Union *I'd have* been *stuck* in a **HAT** *for* **weeks.**'

COMMERCIAL UNION

We won't make a drama out of a crisis.

있으므로 개인 간의 편지 교환 이외에도 국내 혹은 국제 간의 업무 연락, 학술정보 교류 등에 널리 이용되고 있으며 이것을 매체로 이용한 광고 활동도 활발하다.

이메일 광고 e-mail advertising 이메일을 미디어로 이용하는 광고. 무작위로 추출한 대량 이메일을 수신자 동의 없이 발송하는 유형부터, 이메일 광고 수신에 이미 동의한 수신자에 한해 광고 이메일을 발송하는 이른바 허락 이메일(permission email), 온라인에서 이용자의 결제 행위에 대한 확인 이메일에 배너 형식으로 노출시키는 결제 광고 메일 등 여러 종류가 있다. 소비자가 자발적으로 수신을 원하는 경우 적은 비용으로 광고효과를 얻을 수 있지만 무분별하게 채집한 엄청난 분량의 이메일 주소로 무단 전송하는 이른바 스팸메일은 개봉률이 현저히 떨어져 광고매체로서 가치는 적다. 일반적으로 이메일은 인구통계학적 정보를 포함하여 구매 이력 등 다양한 정보를 내재하고 있어 세부적인 타깃 이메일 발송이 가능하다. 온라인 상거래 업체 아마존(www.amazon.com)은 이메일 사용자의 도서 구매 이력을 바탕으로 가령 동일 저자의 책이 새로 나오거나 유사 주제의 책이 발간될 때, 사용자에게 이메일을 통해 고지하는 활동을 한다. 이메일 서비스 제공자가 이메일 플랫폼을 이용해 광고를 노출시킬 때도 사용자의 활동 특성을 파악하여 일종의 타깃 광고를 제시하기도 한다. 구글(www.google.com) G메일을 예를 들면 사용자가 표시한 중요 메일을 자동 분류하여 광고를 노출시키는데, 가령 사진이나 카메라에 관한 메일을 많이 수신하거나 중요 메일로 표시한 경우 그 지역 카메라 상점의 광고를 노출시킨다. 반면 이런 메일을 스팸으로 신고한 적이 있다면 동일 광고를 더 이상 원하지 않는 신호로 파악한다. 향후 이메일 광고는 이렇게 사용자 특성을 보다 정교하게 분류하는 방향으로 진화할 것으로 보인다.

이메일 주소 e-mail address 전자우편을 사용할 때 쓰는 전자적 주소. 전자우편을 사용하려면 일반 우편제도와 마찬가지로 보내는 사람과 받는 사람의 주소가 있어야 하므로 전자우편 주소를 사용한다. 인터넷에서는 상대방 로그인명과 호스트 컴퓨터 주소로 구성된 주소를 사용한다.

이미지 image □ 인상(印象), 심상(心象)이라는 뜻. 마케팅에서는 특정한 브랜드, 제품, 판매점, 기업에 대해 대중이 느끼는 귀속된 현실적 또는 상상적 특질. 심리학에서는 상(像), 영상표상, 지각상(知覺像)이라는 의미로 사용되며 '감각, 자극을 동반하지 않은 채 상기되는 관념적 경험', '마음의 눈으로 보는 것' 등으로 설명한다. 이미지는 원래 자극에 의해 의식에 나타나는 대상의 직관적 표상을 말한다. 대상이 기업이면 기업 이미지, 상품이면 상품 이미지가 된다. 마케팅이나 광고에서 이미지는 어떤 기업이나 제품, 또는 그 기업이 실시하는 광고 등에 대해 사람들이 갖고 있는 의견이나 태도, 기성관념 등을 통칭하는 의미로 쓰인다. □ 사진적인 처리 과정에 의해 화면에 나타나는 장면의 시각적인 재현. 이런 의미에서 이 용어는 일정한 화면 사이즈와 카메라 앵글로 구성된 낱장의 그림을 뜻한다. 각각의 개별 이미지, 그리고 그 이미지들이 함께 또는 연관을 맺으며 흘러가는 방식은 영화적인 표현의 기본이다. 이 개별적인 이미지들이 인물, 연기, 세팅을 보여주어야 함은 물론이고, 관객의 감정을 끌어낼 수 있도록 구성돼야 한다. 동시에 각각의 이미지는 자연스럽고 리드미컬한 운동감과 작품 전반에 걸친 시각적인 완성도에 부합해야 한다. 연출자는 미술감독, 촬영감독과 함께 이 이미지를 고안하고 만들어낸다.

이미지 광고 image advertising 이미지를 구축하기 위한 광고. 소비자 공감을 얻기 위해 상표 이미지나 기업 이미지를 형성하려는 광고를 말한다. 판매를 위한 직접적인 메시지 전달 대신 소비자의 자연스러운 공감을 자극하여 상품의 사용을 권하든가 상표 차별화를 노리는 광고. 이미지 광고의 목적은 어느 특정 상품 및 상표의 이미지를 개선하거나 새로운 이미지를 구축하려는 것이다. 종류로서는 상품 이미지, 상표 이미지, 기업 이미지 등 세 가지가 있다. 미국의 해서웨이(Hathaway) 셔츠 광고는 검은 안대를 착용한 남자를 등장시켜 성공을 거두었다. 검은 안대는 셔츠와는 무관한 것인데 그 인물을 등장시킴으로써 해서웨이 셔츠에는 다른 셔츠와는 다른 특별한 이미지가 부가됐으며 그것이 구매동기를 자극했다고 할 수 있다. 흔히 이미지 광고라고 하면 상품이 갖는 분위기를 중시하여 무드의 연상 암시에 의해 상품을 인간적이게 만드는 광고를 생각하는데 이것만으로는 상품 이미지가 형성되지 않으며 따라서 이미지 광고라고 하기 어렵다. ■

이미지너리 라인 imaginary line 주제들이 서로 연결되는 동작선. 흔히 동선(動線)이라고 부른다. 화면 내에서 피사체나 카메라 움직임은 어느 일정한 방향성을 유지하지 않으면 시청자들이 혼란을 일으키게 되므로 프레임 내에서 이미지너리 라인의 일관성을 유지해야 한다. 축구나 배구 경기를 중계할 때 본부석 쪽 카메라에서 포착한 장면과 그 반대편에서 포착한 장면을 연달아 내보내면 화면상에 좌우가 바뀌게 되어 공격 방향의 일관성이 유지되지 않아 시청자는 공격과 수비를 분간하지 못할 수도 있다. 따라서 이 경우에는 모든 카메라를 어느한쪽 편에만 배치해야 하는데 바로 이미지너리 라인을 유지해야 하기 때문이다. 이 외에도 일정한 방향으로 달리는 차량, 사람 등의 화면에서 갑자기 반대편으로 달리는 화면을 연결시키면 역시 이미지너리 라인상에 문제가 생긴다. 또 이 라인을 넓게 해석하면 두 사람이 걷는 장면에서 두 사람의 위치가 바뀌는 모티브가 화면에 나

The man in the Hathaway shirt

AMERICAN MEN are beginning to realize that it is ridiculous to buy good suits and then spoil the effect by wearing an ordinary, mass-produced shirt. Hence the growing popularity of HATHAWAY shirts, which are in a class by themselves.

HATHAWAY shirts *wear* infinitely longer—a matter of years. They make you look younger and more distinguished, because of the subtle way HATHAWAY cut collars. The whole shirt is tailored more *generously*, and is therefore more *comfortable*. The tails are longer, and stay in your trousers. The buttons are mother-of-pearl. Even the stitching has an ante-bellum elegance about it.

Above all, HATHAWAY make their shirts of remarkable *fabrics*, collected from the four corners of the earth—Viyella, and Aertex, from England, woolen taffeta from Scotland, Sea Island cotton from the West Indies, hand-woven madras from India, broadcloth from Manchester, linen batiste from Paris, hand-blocked silks from England, exclusive cottons from the best weavers in America. You will get a great deal of quiet satisfaction out of wearing shirts which are in such impeccable taste.

HATHAWAY shirts are made by a small company of dedicated craftsmen in the little town of Waterville, Maine. They have been at it, man and boy, for one hundred and twenty years.

At better stores everywhere, or write C. F. HATHAWAY, Waterville, Maine, for the name of your nearest store. In New York, telephone OX 7-5566. Prices from $5.95 to $20.00.

타나지 않는 한, 한 신(scene)에서 같은 위치를 유지해야 한다. 광고에서도 원칙적으로 이 규칙을 지켜야 하지만 화면 전개의 논리적인 연속성을 강조하는 것이 어렵거나 무의미한 경우 간혹 무시하기도 한다.

이미지 보드 image board 특정 이미지 자료를 정리하여 콜라주 형식으로 구성한 판. 잡지, 카탈로그의 사진 이미지 등을 적절히 취합해서 시각적으로 구성하면 컨셉트를 이해하는 데 상당한 도움이 된다.

이미지 조사 image research 기업, 상품, 상표 등이 어떤 이미지가 있는가를 알아보는 조사. 제품차별(product difference)이 극단적으로 적어지고, 어떤 브랜드와 다른 브랜드가 기능적으로도 가격 면에서도 거의 동일화되어 있는 시장에서의 경쟁은 기업이나 브랜드에 대한 이미지 여하에 따라 좌우된다. 소비자나 판매점이 기업, 제품, 상표에 대해 어떠한 의견이나 태도를 갖고 있는가를 알지 못한 채 광고를 하게 되면 광고 효율이 저하될 가능성이 농후하다. 또 어떤 제품을 시장에 내는 것이 유리할 것인가 하는 마케팅 정책의 결정 자체가 판매점이나 소비자 이미지에 의존해 있다고 할 수 있다. 조사 기법으로는 예컨대 '따뜻하다, 차갑다', '근대적인, 시대에 뒤떨어진' 등과 같이 대조적인 단어를 몇 단계의 스케일에 적당히 위치하도록 하는 어의 차이 척도법(semantic differential scale), 어떤 기업이나 브랜드에 상응하는 형용사를 미리 준비된 카드로부터 집어내게 하는 Q소프트법(또는 체크리스트법), 문장완성법 혹은 연상법 등의 언어연상법, 그림을 주고 이야기를 만들게 하는 회화법 등 여러 기법이 있다.

이성 소구 rational appeals 소비자 이익에 중점을 두어 광고 주장을 기능적인 혜택에 집중시키는 소구 형태. 가령 "이 제품을 사면 이런 이익이 있습니다"라는 식의 광고다. 주로 상품 편익 및 품질, 가격, 성능 등을 내세워 합리적 의사결정에 호소하는 광고가 여기에 속한다. 소비자를 논리적으로 설득하는 이성 소구 광고는 인쇄 광고에 더 적합한 면이 있다. 그러나 텔레비전 광고에서도 이성 소구를 이용할 수 있는데 이때에는 소비자 편익을 단순화하고 그것을 소비자가 쉽게 이해할 수 있는 언어와 구성으로 형상화하는 것이 중요하다.

이엔지 카메라 ENG camera 들고 다닐 수 있도록 휴대용으로 설계한 카메라. 어깨에 걸거나 손에 들고 촬영할 수 있어 장소 제약을 거의 받지 않고 다양한 앵글의 피사체를 즉각 찍을 수 있다. 뉴스 취재물이나 방송 다큐멘터리와 같은 로케이션 제작물에 주로 쓰이며 방송 프로그램 이외에는 기업 영상물 촬영에 주로 활용된다. 광고 촬영에도 가끔 쓰는데 세일 광고와 같이 제작 기간이 짧고 단기간 노출되는 광고, 지역 시장을 대상으로 한 소매 광고, 케이블 텔레비전 방송용 인포머셜을 제작할 때 이용한다.

이중 노출 double exposure □ 서로 다른 두 개의 이미지를 한 장의 사진에 중첩시키는 사진 기법. 두 이미지의 상관관계가 주제와 밀접하게 관련된다. □ 서로 다른 두 가지 영상이 동시에 재현되어 있는 상태. 즉, 두 화면의 밀도가 고정되어 있는 상태. ■

이탤릭체 italics 오른쪽으로 5~15° 정도 기운 글자체. 서정적 분위기, 친밀한 느낌 그리고 변화와 발전적인 느낌을 표현하는 데 적합하고 특히 영문 조판에서 헤드라인이나 본문의 단어와 문구를 약하게 강조할 때 효과적이다. 즉, 텍스트 톤의 변화를 주지 않고 독자의 관심을 끌거나 책이나 잡지, 영화 제목 등을 표시할 때 따옴표 대신 사용한다. 정체에 비해 상대적으로 안정감은 약하다고도 할 수 있다.

익스테리어 디자인 exterior design 외장 디자인. 건물 외벽, 현관, 베란다, 발코니, 테라스 등 외부로 향해 열려진 부분에 대한 디자인을 말한다. 지나가는 행인의 시선을 끌고, 상점의 일관된 이미지를 누적시키기 위한 수단으로 중요하다. 지나가는 행인들의 시선을 끌거나 상점의 일관된 이미지를 누적시키기 위해 윈도 디스플레이와 함께 중요하게 취급되는 개념이다.

익스트림 롱 숏 extreme long shot 멀리서 넓은 지역을 묘사한 장면. 일반적으로 건물 옥상 혹은 촬영용 무선 헬리콥터를 이용하여 촬영한다. 일부 광고에서 클로즈업에서 화면을 끊지 않은 채 익스트림 롱 숏까지 이어지는 기법을 사용하는데 이 경우 공중 촬영이 필수적이며 무반동 카메라를 사용하면 클로즈업에서도 진동 없는 화면을 얻을 수 있어 화면이 넓어지는 시각효과를 더욱 효과적으로 표현할 수 있다.

익스트림 클로즈업 extreme close up 클로즈업에서 특정 부위를 더 확대하여 포착한 장면. 이를테면 입술, 손톱, 코, 귀, 눈 등 한 부분만을 확대하여 촬영한 것. 영화나 드라마 등에서는 긴장, 불안 등 심리묘사에 주로 이용하고 광고 촬영에서는 심리묘사뿐만 아니라 실연 효과, 즉 데몬스트레이션을 위해 구사한다.

인격권 개인 자신의 인격적 이익의 향수를 목적으로 하는 권리. 그 성질상 권리자 자신과는 분리될 수 없는 것이며 양도나 시효의 대상이 되지도 않는다. 이러한 인격적 이익을 침해하면 불법 행위가 성립된다. 즉, 성명이나 초상을 무단 사용하거나 정조와 명예를 침해, 훼손하면 불법 행위가 된다.

STOP NUCLEAR SUICIDE CAMPAIGN FOR NUCLEAR DISARMAMENT 2 CARTHUSIAN ST LONDON EC1

이중 노출
F.H.K 헨리온 포스터
1960

인공광 artificial light 전기 수단에 의해 인위적이고 의도적으로 조성된 광선. 자연광과 반대되는 말로 쓰인다. 각종 조명기를 이용한 광선이다.

인구통계학적 특성 demographic characteristics 성별, 지역별, 연령별, 소득별, 직업별 등 수량인 통계화가 가능한 속성을 일컫는 말. 시장 세분화의 방법으로 가장 일반적으로 쓰이는 분류이며 객관적인 통계치이므로 신뢰도가 높다. 개인의 심리적 요인까지 포함하지 못하므로 사회심리학적 특성 요인과 보완하여 이용하는 것이 대부분이다.

인상 광고 impression advertising 설득 광고에 대응하는 광고 기법으로서 상품명을 파는 것을 목적으로 한 광고. 다시 말해 상품명에 대한 인상의 누적효과를 겨냥하는 것으로 상품명, 상표명, 기업명의 지명도 제고를 노리는 광고다. 그래서 이런 종류의 광고를 지명도 광고라고도 한다. 넓은 의미로는 인상성이 강한 광고라고 해석해 사람의 감성에 호소하는 광고 전체를 가리켜 인상 광고라고 하는 경우도 있다.

인서트 insert 화면의 동작이나 상황을 강조하기 위해 삽입한 화면. 예를 들어 두 사람이 싸우는 장면을 편집할 때 장면 중간에 일그러진 얼굴 클로즈업을 삽입하면 전체 장면이 더욱 생생하게 표현된다. 마찬가지로 인물이 라면을 먹는 장면에서 땀을 뻘뻘 흘리는 클로즈업을 삽입하면 라면이 더욱 먹음직해 보인다.

인센티브 incentive 기업이나 조직의 목표 달성을 위해 종업원 및 소비자를 대상으로 동기부여 차원에서 제공하는 보수 등의 경제적 이익. 종업원을 대상으로 하는 인센티브는 조직 관리의 차원이고 소비자를 대상으로 하는 인센티브는 프로모션 차원이다. 그중 소비자를 대상으로 하는 것으로는 노벨티(메모지, 라이터 등의 사례품), 트레이딩 스탬프(구입 실적에 따른 특전), 콘테스트(퀴즈 및 추첨) 등이 있다.

인센티브 캠페인 incentive campaign 경품 등을 제공함으로써 소비자를 자극하여 구매로 연결시키기 위한 캠페인. 소비자나 판매점에 대한 신제품 보급, 대량구입 촉진 등을 목적으로 이루어진다. 세일즈 캠페인의 대부분은 이익유도적인 자극, 즉 인센티브를 수반한다. 여기에서 관건은 경품 선택의 성공 여부로 결국 캠페인의 자극 강도는 주관적인 당첨률과 경품의 매력 정도에 달려 있다. 응모에 대한 주부의 반응 특성을 보고한 어느 조사 데이터에 의하면 "매체를 자주 접하는 층의 응모율이 약간 높다. 사교성이 강한 주부들의 응모율이 높다. 전단을 잘 보는 층도 응모율이 높다. 가족 수가 많고 가계가 평균을 넘는 층이 잘 응모한다. 연령별로는 40대가 다른 층보다도 응모율이 높다. 캠페인의 유형에서는 모든 점포 앞에서 일제히 실시하는 방식이 가장 높은 반응을 나타낸다"고 한다.

인쇄 printing 동일한 내용을 다수에게 전달할 목적으로 주로 종이에 반복하여 찍어내는 매스 커뮤니케이션 수단. 책, 신문, 잡지 등 인쇄물을 만드는 수단이며 광고 커뮤니케이션 분야에도 광범위하게 활용된다. 신문 및 잡지의 광고를 비롯해 포스터, 카탈로그, 캘린더, 전단, 스티커, 라벨, 디엠(DM), POP 등은 인쇄에 의한 광고의 대표적인 사례. 그 방식은 매우 다양하나 개괄적으로는 아래와 같은 인쇄 방법이 널리 쓰인다. [1] 평판 인쇄: 판식에 요철이 없는 평평한 원판을 화학적으로 처리한 판식을 이용한 인쇄를 말한다. 대표적인 평판 인쇄는 오프셋 인쇄로 화상 부분에는 잉크가 묻고, 수분을 함유한 비화상 부분은 잉크를 받아들이지 않은 상태에서 판을 고무 블랭킷으로 옮기고 그것을 다시 종이에 찍어내는 방식이다. 주요 장점은 다양한 종류의 종이 표면 위에 깨끗하게 인쇄가 된다는 점이며, 그 외에도 인쇄 속도가 빨라 대량 인쇄가 가능하며 제판 방법도 비교적 간단하다. [2] 철판 인쇄: 하나하나의 활자를 조합하여 판을 짜는 활판을 비롯하여 목판, 동판, 아연판, 마그네슘판, 플라스틱판 등의 인쇄판을 사용하는 인쇄 방식. 대표적인 것은 활판 인쇄로 화상 부분이 비화상 부분보다 위로 돌출되어 있어 화상 부분에 잉크가 묻어 용지에 찍히는 방식. 글자가 명확하게 인쇄되므로 가독성이 높고 강력한 표현이 가능하며 활판이므로 글자의 정정이 용이하다. 반면 컬러의 경우 색조 수정이 어려우며 인쇄 형태를 만드는 준비 시간이 많이 걸리는 한편, 인쇄기가 소형이기 때문에 인쇄 속도가 늦고, 용지의 선택에 제한이 있어 대량 인쇄에는 부적합한 특성이 있다. [3] 요판 인쇄: 판으로부터 종이에 직접 인쇄하는 방식. 대표적으로 그라비어 인쇄를 들 수 있다. 그러데이션이 풍부하여 사진 인쇄에 적합하며 인쇄 속도가 빠르고 잉크에 광택이 있고 컬러에 깊이감이 있어 고급의 이미지를 부여할 수 있다. 그러나 소량 인쇄 시에는 인쇄 단가가 상대적으로 높고 교정 단계에서의 색조의 수정이나 문자 위치의 변경이 어렵다. [4] 공판 인쇄: 금속판을 쓰지 않고 스텐실이나 실크스크린 등이 판을 대신하여 인쇄하는 방식. 인쇄할 부분 이외의 여백에 잉크가 새어나가지 않게 막을 만들어 인쇄한다. 구조가 망(網)으로 되어 공판이라 하며 이는 미세한 구멍을 통해 잉크가 인쇄물에 인쇄되는 원리다. 인쇄는 가장 전통적인 매스 커뮤니케이션 수단으로 지난 수세기 동안 지식과 정보를 교환하는 가장 유력한 매체였으나 2000년대 들어 인터넷과 전자책 등의 디지털 미디어가 득세하면서 그 위상이 하락하는 추세에 있으며 모바일 미디어의 확산에 따라 그 추세가 가속화될 것으로 보는 전망이 우세하다.

ㅇ

인쇄매체 print media 글자 및 사진, 그림 등이 인쇄되어 있는 대중매체. 신문과 잡지, 서적이 가장 대표적이며 포스터, 카탈로그, 디엠(DM), 캘린더, 전단 등도 인쇄매체다. 지면매체(space media) 혹은 간행물매체(publication media)라고 부르기도 한다. 주요한 특성은 첫째, 재독 가능성으로 편의에 따라서 자세히 볼 수도 있고, 대강 볼 수도 있고, 나중에 다시 볼 수 있다. 따라서 내용에 대한 깊은 이해와 논리적 사고가 가능하다. 둘째, 매체 선택성으로 전파매체와 달리 원하는 매체를 마음대로 골라서 접촉할 수 있다. 가령 전파매체는 통상 제한된 주파수나 채널 때문에 선택의 폭이 제한되어 있는 반면 인쇄매체는 그 종류가 방대하여 거의 무한한 선택의 기회를 제공한다. 셋째, 메시지 선택성으로 자신의 취향에 맞는 메시지를 의도적으로 선택할 수 있다. 반면 공중파에 의존하는 전파매체는 대량 메시지를 순식간에 수용자에게 대량으로 전달하므로 수용자가 메시지를 선택적으로 받아들이는 것은 거의 불가능하다. 마지막으로 기록의 영속성이다. 비록 영상매체도 녹화 및 저장 수단의 발달로 기록 및 보관, 재생할 수 있으나 용이성 측면에서 인쇄매체와 비견되지 못한다. 이와 같은 장점 때문에 인쇄매체는 광고매체로 유용하다. 즉, 소비자가 능동적으로 매체에 노출되므로 관여도가 높고, 전파매체와 비교하여 상대적으로 노출 시간에 구애를 받지 않으며 논리적 메시지를 소구할 수 있어 설득하기 용이하고, 비용 면에서 효율적이다. 반면 인쇄 및 배포에 따른 시간 지연이 발생하며, 배포 과정이 복잡한 것이 단점이다.

인용 quotation 남의 말이나 글, 평가 등을 끌어들여 자신의 주장을 강조하는 것. 그것을 그대로 따오는 직접 인용과 요약 혹은 정리해 따오는 간접 인용이 있다. 대상에 대한 권위자의 평가를 인용하는 것이 광고의 주된 요소가 되기도 한다. 포도주 광고에서는 흔히 세계적인 와인평론가 로버트 파커(Robert M. Parker, Jr.)의 와인평을 인용한다. '영국의 유력 일간지 〈인디펜던트〉에서는 건강하게 사는 30가지 방법을 소개했습니다'라고 하면서 미디어가 언급한 성분을 강조하는 식품 광고도 마찬가지다. 인용의 원천이 되는 대상은 흔히 사회적으로 널리 알려져 있으면서도 권위를 가진 신뢰할 만한 대상이다. ■

인증 certification of circulation 신문·잡지 등의 발행사에서 발행부수공사기구에 제출한 발행사 보고 부수를 확인·검증 등의 심의를 거쳐 부수를 최종적으로 확정하여 공표하는 일. 인증보고서에 포함되는 내용은 월간(일간) 인쇄 부수, 예약 구독 부수, 일반 판매 부수, 납본 부수, 연간 평균 발행 부수, 지역별 배포 부수 등이다.

인지 광고 recognition advertising 상품에 관한 지식이나 상품의 상호 등을 전달하는 것을 의도한 광고. 인상 광고가 상품을 직접적으로 내세우기보다는 우회적인 방법으로 소구하는 데 비해 인지 광고는 상품의 이름은 물론 특성, 사용 방법, 가격, 판매점 등을 직접적으로 내세운다.

인지구조 모델 cognitive structure model 사람들이 한 대상에 대한 태도를 형성함에 있어서 그 대상에 대한 신념을 개발하고 그러한 신념들을 결합함으로써 대상에 대한 일반적인 태도들을 갖게 된다는 것. 광고에서 흔히 사용되는 인지구조 모델은 평가적 신념 모델(evaluative belief model)이다. 이 모델에 의하면 상표에 대한 전반적인 태도는 그 상표의 속성에 대한 소비자의 신념을 합함으로써 나타낼 수 있다. 소비자들이 나타내는 신념은 자신들이 이상적인 것으로 생각하는 상품에 관한 신념이라기보다는 현재 고려 중인 실제 상품에 대한 신념을 말하며 그러한 신념에는 상품 속성의 중요성이 내포되어 있다. 평가적 신념 모델은 하나의 보상 모델이라고 볼 수 있다. 그것은 하나의 속성에 대한 부적인 평가가 다른 속성들에서의 정적인 평가에 의해 보상될 수 있기 때문이다. 따라서 소비자는 여러 가지 상품 속성에 대해 상품을 평가하고 모든 속성을 고려함으로써 가장 선호하는 상표를 결정하게 된다. 그러나 많은 소비자들은 이러한 평가 과정이 너무 복잡하므로 단지 두세 개의 주요 속성들로서 상표들을 평가하며 그들 중 어느 하나도 적절하지 못할 때는 상표를 거부한다. 이를 비보상 모델이라고 부른다.

인지반응 모델 cognitive response model 정교화 모델의 정보처리 방안 가운데 중심 처리에 대한 하나의 모델. 인지반응 모델의 가정에 의하면 사람들은 이슈에 대한 자신의 지식과 기존의 태도에 의해 투입되는 정보를 평가하며 능동적인 정보처리 과정에 참여한다. 인지반응이란 커뮤니케이션 과정에서 나타나는 능동적인 사고 과정의 결과를 말한다. 그 결과 그러한 사고가 태도 변화 과정에 영향을 줌으로써 태도 형성의 기초를 이룬다고 보는 것이다. 인지반응을 이용한 연구 방법으로는 흔히 광고에 대한 접촉 과정 시, 혹은 접촉 직후에 자신에게 떠올랐던 모든 사고들을 진술하도록 하는 방법을 사용하고 있다. 사고의 유형에는 사람들이 광고에서 옹호된 입장과는 대조되는 태도를 가질 때 나타나는 반대 주장과 광고에 의해 옹호된 입장을 재긍정하는 인지반응인 지지 주장이 있다. 지지 주장의 수는 신념이나 태도, 행동 의도와 정적인 관계에 있으며 반대 주장의 수는 부적인 관계에 있다고 볼 수 있다.

인지부조화 cognitive dissonance 현상의 실체에 대한 지각, 판단, 사고 등의 지식이 결합되어 형성된 하나의 인지가 다른 인지들과 논리적으로 불일치하여 발생

"I never read
The Economist."

Management trainee. Aged 42.

"Women only drive automatic transmissions."

Some car manufacturers actually believe women buy cars for different reasons than men do.

So they build "a woman's car." Oversized, hopelessly automatic and dull.

At Honda we designed just one thing. A lean, spunky economy car with so much pizzazz it handles like a sports car.

If you're bored with cars designed only to get you from point A to point B, without responding to you the driver, maybe you ought to take the Honda Civic for a spin.

We've got a stick shift with an astonishing amount of zip. Enough to surprise you. We promise.

Or, if you prefer, Hondamatic.™ It's a semi-automatic transmission that gives you convenience, but doesn't rob you of involvement.

Neither one is a woman's car.

Honda Civic.
We don't make "a woman's car."

한 부조화 관계. 1957년 사회심리학자 페스팅거(L. Festinger)가 제기한 이론이다. 개인의 인지구조 내의 인지요소들 간에는 하나의 인지와 다른 인지가 아무런 의미를 갖지 못하는 무관계(irrelevant), 하나의 인지가 다른 인지들과 논리적으로 상호일치하는 조화관계(consonant), 그리고 부조화관계(dissonant)의 세 가지 관계 중 한 가지 관계를 갖게 된다. 이때 인지요소들이 상호 간에 무관하거나 조화관계에 있을 때에는 태도나 행동의 일관성이 유지되어 갈등을 느끼지 않지만 인지부조화 관계가 발생하면 태도나 행동의 일관성이 흔들리게 되어 큰 갈등을 느끼게 된다. 소비자는 여러 정보를 수집, 대안을 평가한 후 구매를 하게 되는데 나중에 선택한 대안의 단점과 포기한 대안의 장점이 발견되면 자신의 구매의사결정이 잘못되지 않았나 하는 불안감을 경험한다. 이런 심리적 불안 상태도 인지부조화의 일종이다. 일반적으로 전문품, 고가품일수록 인지부조화가 나타날 가능성이 높다. 이러한 경우 소비자는 자기가 구입한 상표의 광고를 주의 깊게 눈여겨보는 등 구매 행동과의 사이에 조화적 관계를 마련하기 위해 노력하고 경쟁 상품 광고를 의식적으로 외면하는 경향을 보인다. 그러므로 광고는 잠재수요를 개척하는 것 이외에 기존 구매자의 보호에도 그 중요성이 크다고 할 수 있다.

인지 이론 cognitive theory 학습 이론의 한 형태로 인간의 학습 과정은 자극과 반응의 기계적인 반복이 아니라 문제에 대한 합리적 해결 방식을 발견하는 과정에서 이루어진다고 하는 견해. 즉, 인간의 합목적적 사고방식과 문제해결적인 사고방식 등의 중요성을 강조하는 이론이다. 원숭이 실험을 예로 인지 이론을 설명할 수 있는데 원숭이 우리에 상자를 넣어주고 그 꼭대기에 바나나를 달아놓았다. 원숭이는 아무리 뛰어도 바나나를 딸 수 없었으나 갑자기 생각해내어 바나나 밑에 상자를 놓고 상자 위에 올라가 위로 뛰어서 바나나를 딸 수 있었다. 이 실험에서 알 수 있듯이 원숭이의 학습은 시행착오의 결과가 아니었고 문제에 대한 심사숙고와 통찰력의 결과라는 것이다. 이 이론은 특정 상품에 대한 소비자들의 복잡한 의사결정 과정을 설명하는 데 유용하다.

인지일관성 이론 cognitive consistency theory 사람들은 태도 대상과 연합된 사실들 사이의 일관성을 유지하려는 욕구가 있으므로 인지적인 비일관성이 존재할 때는 긴장을 느끼는데 그러한 긴장은 태도 대상에 대한 사람들 자신의 태도나 신념을 변화시킴으로써 해소시킬 수 있다고 보는 이론. 대표적인 이론들로는 인지부조화 이론(cognitive dissonance theory), 균형 이론(balance theory), 일치성 이론(congruity theory)이 있다. 인지부조화 이론은 1957년 페스팅거(L. Festinger)에 의해 제안됐는데

그에 의하면 인지부조화는 '개인이 사실이라고 믿는 두 개의 인지가 서로 조화되지 않는다고 지각할 때 생기는 심리적 상태'이고 그것은 긴장을 낳고 개인으로 하여금 비일관되는 요소들 간에 조화를 이루도록 하는 동기적인 구실을 한다는 것이다. 긴장을 해소시키는 방법에는 합리화, 신념정보의 강화, 새로운 신념의 형성 등이 있다. 균형 이론은 한 개인과 타인, 그리고 양자와 관련된 대상 사이의 관계에 대한 인지적 요소의 일관성을 다룬 이론이다. 균형이란 나와 내가 경험한 감정이 스트레스 없이 공존할 수 있는 상태이고 삼자 간의 관계에서 세 가지 관계의 부호를 곱했을 때 플러스(+)이면 균형된 상태이고 마이너스(–)이면 불균형된 상태라고 할 수 있다. 일치성 이론은 두 개의 인지요소에 대한 감정이 일치될 수 있도록 감정의 변화가 일어난다는 이론이다. 이러한 경우에는 감정가(感情價)가 높은 쪽의 태도가 낮은 쪽의 태도보다 변화가 적게 일어난다. 광고를 할 때에는 먼저 긴장의 원천과 광고 내의 인물, 소비자의 신념, 그리고 맥락 등에 대해 먼저 알아야 할 필요가 있으며 그런 다음 현재 가지고 있는 신념이나 태도를 변화시킬 수 있는 자극을 주어야 할 것이다. 그러나 그러한 차이가 너무 크거나 자극적인 것이 되지 않도록 함으로써 적절한 긴장을 유발시킬 수 있도록 해야 한다.

인콰이어리 inquiry 디엠(DM)에 있어서 '문의'나 '조회'를 일컫는 말. 문의를 요구하는 답신용 우편엽서를 인콰이어리 카드라고 한다. 또한 광고물에 대한 문의 건수로 광고효과를 측정하는 기법을 인콰이어리 테스트라고 한다.

인터널 액티비티 internal activity 웹사이트를 운영하는 운영자 혹은 운영조직이 자신의 웹사이트에 접속하여 활동하는 것. 운영자는 자신의 웹사이트를 수정, 갱신, 추가, 삭제하기 위해 빈번하게 접속할 수밖에 없는데 이러한 접속은 순수 외부 이용자의 접속과는 성격이 다르기 때문에 매체가치를 측정하기 위해 웹사이트에 대한 접촉 조사를 하는 경우 이를 제외하고 계산해야 한다. 웹사이트에 대한 공사가 대두되면서 나타난 웹사이트 접속 통계 용어다.

인터넷 internet 컴퓨터 네트워크를 연결하여 컴퓨터 사이의 커뮤니케이션이 가능하도록 설계한 세계적 범위의 통신망. 어원적으로는 분산된 컴퓨터 네트워크 사이를 연결한다는 의미다. 일반적인 통신이 하나의 호스트 컴퓨터에 복수의 컴퓨터 단말기가 연결되어 있는 구조라면 인터넷은 전 세계의 수많은 컴퓨터 네트워크가 서로 연결되어 있는 구조다. 원래 인터넷은 1970년대에 미국 국방성 고등연구개발국(DARPA)의 주관으로 구축된 아파넷(ARPANET)이 원형이다. 당시 아파넷은 국립연구소, 대학, 기업의 연구기관을 묶어서 학술연구, 군사 관련 기술개발의 추진을 도모하는 것이 목

적이었다. 이 아파넷이 1986년 전미과학재단(NSF)이 운용하는 NSFnet으로 이어져 학술연구용 네트워크로 확대됐다. 이 네트워크는 학술연구와 교육적 목적을 위해 운영됐고 상업적인 목적에 이용할 수 없었다. 인터넷이란 이 NSFnet에 접속된 네트워크 전체를 가리키는 말이고, 독립된 네트워크의 집합체다. 현재 인터넷의 운용은 전미 과학재단에서 민간으로 이관됐고, 특히 1992년 상업용으로 개방되고 인터넷을 이용하는 데에 편리한 각종 프로그램들이 개발됨에 따라 그 이용이 기하급수적으로 늘었다. 인터넷이 제공하는 서비스 중 가장 보편적인 것이 월드와이드웹(www)으로 멀티미디어로 제공되는 분산형 광역정보 서비스를 말한다. 초창기 인터넷은 홈페이지를 이용한 홍보 및 광고, 판매 활동의 도구로 활용할 수 있다는 점에서 중요시됐으나 오늘날에는 인터넷 자체가 하나의 거대한 사회이자 경제이므로 기업 활동의 가장 중요한 터전으로 인식되고 있다. 검색 기업 구글(www.google.com), 인터넷 상거래 업체 아마존(www.amazon.com)과 이베이(www.ebay.com), 소셜네트워크서비스 페이스북(www.facebook.com) 등은 인터넷을 기반으로 탄생한 지구적 규모의 기업이며 이들이 제공하는 서비스는 현대인의 생활에 막대한 영향을 미치고 있다.

인터넷 광고 internet advertising 인터넷을 매체로 하는 광고. 가장 초보적인 것이 광고주 홈페이지를 통한 홍보 활동과 홈페이지 등에 광고를 게재하는 것 등이다. 전통적인 인터넷 광고 유형인 배너 광고의 경우 쌍방향 멀티미디어가 구현되어 문자, 그래픽, 동영상 등 소위 멀티미디어적인 표현이 가능하므로 기업이 제공하는 상품 및 서비스를 효과적으로 홍보할 수 있다는 장점이 있다. 또 인터넷의 본질적인 특성인 시간과 거리, 용량의 제약이 없는 점, 기존 광고와는 달리 광고의 내용을 언제든지 바꿀 수 있다는 점, 상대적으로 비용이 저렴하다는 점 등도 매력이다. 배너와 함께 가장 대표적인 인터넷 광고 유형은 검색 광고다. 이는 이용자가 검색 사이트를 통해 특정 키워드를 검색할 때, 검색 결과를 보여주는 페이지 주요한 자리에 키워드와 밀접한 관련을 갖는 업체의 홈페이지를 노출시키는 형태의 광고를 말한다. 가령, '카메라'라는 키워드를 검색할 때, 카메라 업체 혹은 사진 인화 서비스 업체의 홈페이지가 상단에 노출되는 식이다. 검색 광고는 이용자의 자발적 정보 추구 욕구와 부합하는 광고 형태이기 때문에 광고에 대한 저항이 비교적 적은 것이 특징이다. 인터넷 광고는 정보통신기술의 발전과 새로운 인터넷 서비스의 등장에 따라 스스로 가장 최적화된 형태로 진화해간다. 무선인터넷, 모바일 미디어, 개인과 개인을 이어주는 소셜네트워크서비스, 스마트텔레비전로 대표할 수 있는 전통 미디어의 혁신 속에서 인터넷 광고도 지속적으로 재정의될 것으로 보인다.

인터넷 마케팅 internet marketing 인터넷 공간에서 이루어지는 마케팅 활동. 인터넷이 단순한 정보 교환 수단에서 벗어나 사업 활동의 수단으로 변모하고 있는 환경에서 인터넷에서 이루어지는 이윤 추구 지향의 상업활동을 인터넷 마케팅이라고 한다. 인터넷 마케팅은 이른바 콘텐츠 비즈니스를 핵심으로 성장하고 있는데 이 사업은 정보 또는 오락을 제공하거나 전자상거래를 통해 마케팅을 수행하는 사업 영역을 말한다. 여기서 콘텐츠란 인터넷이라는 미디어에 담을 내용, 작품 등 부가가치를 지닌 정보다. 현재 인터넷의 지배적인 콘텐츠 분야는 뉴스, 출판, 게임, 오락, 정보 및 전자상거래 등이다. 인터넷 광고도 인터넷 마케팅의 일부로 간주된다. 인터넷 마케팅은 종래의 마케팅과 비교하여 인터넷이라는 통신망이 시장의 구실을 하므로 다른 유통기관의 참여를 배제할 수 있어 유통비용을 획기적으로 절감할 수 있는 장점이 있다. 또한 인터넷 마케팅은 불특정 다수를 상대로 하는 마케팅뿐만 아니라 특정 소수를 대상으로 하는 속성도 있는데, 이는 인터넷의 쌍방향성에 기초한 기업과 소비자 간의 원활한 커뮤니케이션 흐름을 위한 중요한 특징이 된다. 아울러 소비자와의 지속적인 커뮤니케이션 과정을 통해 축적된 데이터베이스는 소비자와의 장기적인 관계를 유지하는 데 중요한 자산이 된다는 이점도 있다.

인터랙티브 광고 interactive advertising 쌍방향으로 의사소통할 수 있는 광고. 기존 텔레비전 광고가 수신자에게 단순히 노출되는 것이라면 인터랙티브 광고는 시청자가 광고를 보면서 카탈로그 등 추가 정보를 요구하고 나아가 제품 구매에 대한 의사 표시를 할 수 있는 쌍방향 의사소통이 가능한 광고 시스템이다.

인터뷰 interview □ 면접, 회견. 면접자(interviewer)가 특정 피면접자(interviewee)를 직접 접촉하고 그에게 자극(주로 언어적인 것)을 주었을 때 나오는 피면접자의 반응을 실마리로 해서 필요한 정보를 얻든지 진단 지도나 치료 등을 하는 수단을 말한다. 인터뷰는 정신분석학에서 처음으로 과학적·조직적 수법으로 이용됐는데, 1920년대부터 급속히 발전한 여론조사, 시장조사가 면접법을 채용함에 따라 더욱 발전하게 됐다. 여론조사, 시장조사에서 이용되는 인터뷰에는 케이스 스터디를 목적으로 하여 피면접자의 반응을 면밀히 기술 분석하기 위한 심층인터뷰(depth interview), 그룹인터뷰(group interview), 대량 관찰에 의한 수량적 처리를 전제로 한 포멀인터뷰(formal interview) 등이 있다. 인터뷰에서는 면접자의 영향이 피면접자의 반응을 좌우하는 경우가 있으므로 양자 간의 정신적 교류 및 관계의 형성이 필요하며, 또 면접자는 선입관에 의해 반응을 왜곡시켜 받아들이지 않도록 주의해야 한다. □ 면접자(interviewer)가 묻고 응답자(interviewee)가 대답하는 유형의 광고. 제품 사용자로서 소비자가 사용 소감을 증언하는 것이 골격이다. 소비자 언어로 제품 장점을 실감나게 나열할 수 있는 장점이 있지만 그 효과는 응답의 진실성 여부에 많은 영향을 받는다.

인테리어 디자인 interior design 실내의 거주 환경에 관한 디자인. 가구, 도구, 설비의 디자인뿐만 아니라 조명, 음향, 배수, 난방 등을 포함한다. 상점 내부의 설계 및 디스플레이도 인테리어 디자인에 속하는데 이 경우 환경의 쾌적함 이외에도 시각전달, 구매의욕 고취를 위해 소비자 심리를 고려한다.

인포머셜 informercial 제품에 대한 직접적인 정보 제공을 위주로 하는 15~30분 길이의 영상 광고. 인포메이션(information)과 커머셜(commercial)의 합성조어다. 러닝타임이 일반 광고에 비해 긴 것이 두드러진 특징이므로 인포머셜을 롱폼 커머셜(long-form commercial)이라 부르기도 한다. 오늘날 홈쇼핑 채널이 방송하는 특정 상품을 판촉하는 방송 프로그램이 인포머셜의 대표적인 유형이다. 통상 광고상품의 효과적인 실연, 즉 상품 데몬스트레이션을 보여주면서 상품의 장점을 눈으로 확인시켜주는 형식을 띠며 방송이 진행되는 동안 시청자의 주문전화를 처리한다. 따라서 광고 내용에는 제품의 정확한 가격뿐만 아니라 운송비와 같은 필요 경비를 정확히 해야 하며 반품 및 반환에 대한 보장도 확실히 해야 한다. 당연히 인포머셜은 실연이나 시범, 설명이 필요한 광고에 효과적이다. 예를 들어 새로운 운동기구 같은 제품의 경우 30분 동안 시청자들이 신뢰할 수 있는 유명인으로 하여금 제품의 사용 과정과 그 효과를 보여줌으로써 구매자를 설득할 수 있다는 것이다. 광고효과는 대부분 프로그램이 방송되는 동안에만 집중된다. 다이어트 관련 제품, 운동기구, 요리기구, 컴퓨터, 가전, 휴대전화, 여성의류, 핸드백 등 잡화, 장신구, 여행상품, 보험 등의 상품 등에 인포머셜 빈도가 높다.

인포머티브 광고 informative advertising 상품의 성능, 구조, 사용법 등을 해설하고 설명하는 등 정보전달을 의도로 한 광고. 상품에 대한 정보를 충분히 제시하여 잠재고객의 구매지표가 되도록 유도하는 광고.

일관성 consistency 광고에서 하나의 표현 방침으로써 지속적으로 유지되는 특성. 그 결과 오디언스는 광고 중 어느 것을 보더라도 같은 광고에 누적적으로 노출되는 것 같은 경험을 한다. 그러나 개별 광고는 모두 다른 광고여서 오디언스의 브랜드에 대한 시각 경험은 시간이 갈수록 중층화된다. 광고에 일관성을 부여하는 요소는 매우 다양하다. 헤드라인, 레이아웃, 카피 포맷, 색채 등 외형적 특성뿐만 아니라 광고의 주제적 측면도 중요한 작용을 한다. 광고 일관성의 대표적 사례는 1959

년부터 20여년간 미국에서 전개된 폴크스바겐 캠페인이다. 디자인 측면에서 이 광고는 상단에 이미지, 하단에 카피를 배치하는 전통적인 에디토리얼 타입을 채용하는 한편 장식과 꾸밈을 배제한 산세리프 서체와 문장이 끝날 때 행을 바꾸는 편집 스타일, 삽화적이고 단순한 사진 혹은 일러스트레이션을 제시한다. 카피 측면에서는 간결한 헤드라인, 의표를 찌르는 첫 문장, 사실에 근거한 전개, 마지막 문장의 위트라는 구조에 기능적으로 둘러가지 않고 직접적으로 이야기를 전개한다. 보디 카피는 대부분 주어, 동사, 목적어뿐이다. 1980년부터 패키지인 병 형태를 시각적 모티브로 삼고 브랜드 이름 '앱솔루트'를 유일한 카피로 제시하는 앱솔루트 보드카 광고도 기억할 만하다. 이 광고는 다시 유형에 따라 도시(도시 특성을 표현한 광고 시리즈), 미디어(광고가 게재될 매체 성격에 따라 광고를 특화한 시리즈), 아티스트(아티스트와 협업하여 제작한 광고 시리즈) 등 여러 부문의 수많은 광고 시리즈를 발표했다. 표현의 일관성은 대체로 소비자에게 상표에 대한 특정 태도를 형성해야 하는 분야에서 더욱 강력하게 추구되는 경향이 있다. 광고 일관성이 언제나 유용한 것은 아니다. 세부만 달리하면서 무한 복제되는 식으로 자기참조적으로 흐를 수 있고 언젠가 표현 컨셉트를 재정립해야 할 필요가 제기될 때 그동안 형성된 이미지를 바꾸기 쉽지 않다. 따라서 캠페인 전략을 수립하거나 진행할 때 일관성의 강도와 기간 등에 대한 고려가 충분히 연구돼야 한다. ■

일기법 diary method 텔레비전을 보거나 라디오를 청취할 때마다 시청 당사자가 조사표에 해당 방송국과 프로그램명 등을 적는 방식의 시청률 조사 기법. 이때 조사기관은 일정 기간 단위로 조사표를 일제히 수거하여 시청률을 집계한다. 다른 시청률 조사 기법에 비해 비용이 저렴하고 방식이 복잡하지 않아 용이하게 실시할 수 있으나 조사표에 기입된 정보의 신뢰도를 검증하기 어려운 게 일기법의 한계다.

일러스트레이션 illustration 시각전달을 목적으로 그린 조형. 그림, 도해, 삽화, 입체조형물 등이 모두 일러스트레이션이다. 일반적으로 사진과는 대조적인데 사진이 기계적인 방법을 통해 객관의 세계를 재현한다면 일러스트레이션은 작가의 독특한 시각으로 관념적이고 주관적인 이미지를 만들어낸다. 광고에서 일러스트레이션은 이미지의 주관적 묘사를 통해 광고 메시지를 구체적이고 알기 쉽게 전달하는 기능을 수행한다. ■

일러스트레이터 illustrator 일러스트레이션을 그리거나 만드는 사람. 분야에 따라 역할도 각기 다른데, 예를 들어 출판 일러스트레이터가 기사나 글의 내용을 재해석하여 창조적인 삽화를 그리는 역할을 한다면 광고 일러스트레이터는 컨셉트에 어울리는 이미지를 시각화하는 역할을 한다.

일관성
앱솔루트 보드카
1980

일관성
앱솔루트 보드카
1992

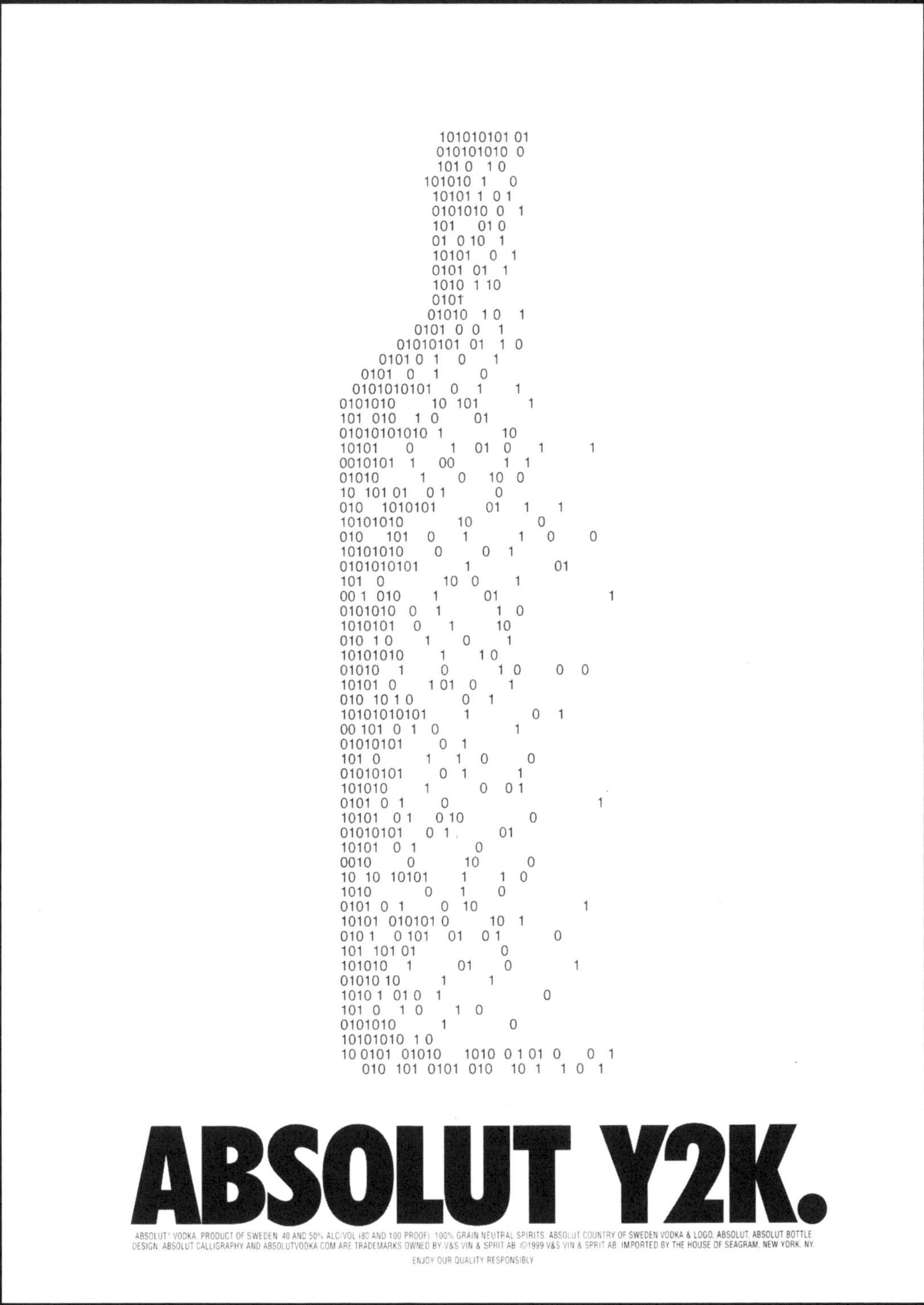

ABSOLUT Y2K.

일관성
앱솔루트 보드카
1999

ABSOLUT ASCII.

일관성
앱솔루트 보드카
2005

ABSOLUT 24TH.

After 25 years of great holiday ads, we're letting you pick your favorite.
Visit absolut.com to make your choice.

일관성
앱솔루트 보드카
2005

향기로운 이브의
꽃밭으로 오세요

싱그런 자연의 내음이 그립습니다.
오세요——
꽃잎처럼 부드럽고
꽃술처럼 향기로운
이브의 꽃밭으로,
꽃잎에 스치는 입술마다
원색의 자연에서 피어오른
매혹의 향기가 번집니다.

일러스트레이션
롯데 이브
1977

일반인 광고 typical consumer advertising 일반 소비자가 등장하는 광고. 여기서 일반인이란 광고 상품을 정상적으로 사용하고 있거나 사용할 가능성이 있다는 사실 외에는 이 상품에 대해 어떤 특별한 지식이 없다고 여겨지는 평범한 사람이다. 일반인 광고의 유형은 크게 증언 광고와 추천 광고로 대별되는데 증언 광고에서 일반인은 제품 사용기, 즉 경험담을 진술하며, 추천 광고에서는 제품을 구매하도록 권유하는 역할을 한다. 광고 모델로서 일반인이 등장하면 소비자는 종종 강한 감정 이입을 경험하는데, 광고 모델의 입장에 공감을 느끼기 때문이다. 다시 말해 일반인의 설득은 소비자 언어 형태로 소비자에게 쉽게 이해되는 측면이 있고 그것이 꾸며진 이야기가 아니라 경험에서 우러나오는 진술로 받아들여지면 설득이 진실하다고 느껴지므로 메시지에 대한 신뢰성이 자연스럽게 조성된다는 것이다.

일반지 general magazine 모든 계층을 대상으로 하고 그들이 관심을 가질 만한 기사를 중심으로 편집되며 남녀 모두에게 읽혀지는 대중 잡지. 독자가 일반 대중이며, 발행 부수도 많고 주로 감성에 호소하는 가벼운 읽을거리로 구성된다. 기사에 따라서는 전문적인 내용을 가지는 경우도 있으나 그 표현 방식은 상당히 대중적이며 고백 수기, 연예 오락, 화보 및 유머를 주로 다룬다.

일 업종 일사 원칙 광고대행에서 동일 업종에서는 오로지 한 광고주만을 대행한다는 원칙. 즉, 서로 경쟁관계에 있는 광고주나 품목의 대행을 동시에 서비스하지 않는다는 뜻이다.

임시중지명령제 현재 광고 중인 것에 대해 부당성이 명백하게 의심되는 광고를 임시로 중지시키는 제도. 예를 들어 저온 살균 우유는 영양가 파괴가 적어 고급 우유라는 식으로 광고를 할 때 이를 믿고 소비자들이 비싼 가격으로 구매했으나 실제로는 우유 품질에 차이가 없는 것으로 판명된 경우라도 정식 절차에 의한 시정조치 전까지는 광고가 계속되어 다수의 소비자가 피해를 볼 수 있다. 이때 임시로 광고를 중지시킬 수 있는 제도를 말한다. 1999년 제정한 표시광고법의 규정에 의한 조치다. 공정거래위원회는 표시·광고 행위가 다음 각 호의 요건을 갖춘 때에는 사업자 등에 대해 당해 표시·광고 행위를 임시 중지할 것을 명할 수 있다. 즉, 표시·광고 행위가 허위·과장의 표시·광고, 기만적인 표시·광고, 부당하게 비교하는 표시·광고, 비방적인 표시·광고인 것이 명백할 때, 또 당해 표시·광고 행위로 인해 소비자 또는 경쟁 사업자에게 회복하기 어려운 손해가 발생할 우려가 있어 이를 예방하기 위한 긴급한 필요가 있다고 인정될 때 등이다. 사업자 등이 이 명령에 불복할 경우 공정거래위원회에 이의를 제기할 수 있다.

임팩트 impact 광고물에 있어서 독자나 시청자의 주의를 강하게 끄는 요소. 즉, 광고를 상기시키는 힘. 나아가 그 광고가 가져온 영향력을 말하기도 한다.

입간판 공공의 목적을 위해 설치되는 공작물. 시민게시판, 안내표시판 등이 있다. 간판 상단 혹은 하단 등에 광고를 게재할 수 있다. 광고비가 저렴하여 일정 광고비로 동시다발로 집행 가능하며 장기간 노출시킬 수 있다. 광고물 규격은 시설물 면적의 4분의 1 이내다.

입자 grain 필름의 감광유제에 있는 은(銀)의 작은 알갱이. 이것들이 모여 필름의 이미지를 형성한다. 입자의 크기나 양은 필름의 종류, 노출 상태, 현상 과정에 따라 결정되는데 일반적으로 고감도 필름을 사용하면 입자가 줄고(즉, 거칠어지고), 저감도 필름을 사용할수록 입자가 많아서 이미지가 선명하게 표현된다. 또 사진을 확대할수록 상대적으로 입자가 줄어 보여 거칠게 표현되며 과다 현상될수록 역시 입자가 줄어 거칠게 표현된다. 입자는 광학적으로 나타나는 현상이지만 그 자체가 심미적인 역할을 하기도 하므로 의도적으로 입자를 확대시키거나 과장시키기도 한다.

입체 디자인 cubic design 형체가 있는 디자인. 포스터나 전단지처럼 이차원적 표현에 의한 평면 디자인이 아닌, 3차원적 표현에 의한 조형적 요인을 지닌 디자인을 통칭한다. 상품 디자인은 물론 진열을 위한 디스플레이 디자인, 포장용기를 만드는 포장 디자인, 내부 장식에 관한 인테리어 디자인, 외부 장식에 관한 익스테리어 디자인, 생활환경을 위한 환경 디자인 등이 입체 디자인이다.

입체적 상품수명주기 cubic product life cycle 통상의 상품수명주기가 시간과 판매액이라는 두 기준에 의해 제품의 수명주기를 설명하는데, 이 두 가지 척도 이외에 상품의 품질 수준 혹은 품질 이미지를 또 하나의 척도로 설정하여 상품수명주기를 설명하는 모델. 기존 상품수명주기는 품질이 동질화되어 있고 소비자들도 일정 수준 이상의 품질에 대해선 관심이 없다는 것을 전제로 할 때 그 효용가치가 있다. 그러나 만약 일정 소비자가 품질을 특히 중시하여 이의 우열을 감지하고 있고 그것에 의해 특정 상표에 대한 선호가 좌우된다고 하면, 그것이 제품의 수명주기상 적지 않은 영향을 줄 것은 당연하다. 이를 전제로 하면 상품수명주기는 시간과 판매액 이외에도 소비자가 감지하는 품질 이미지라는 세 가지 변수로 구성할 수 있다. 입체적 상품수명에 따르면 도입기의 품질 이미지가 높을수록 상품수명주기가 길고, 즉 제품이 구매되는 기간이 장기간에 걸쳐 있고 판매액의 상승과 하강 추이도 완만하다.

잊혀질 권리 right to be forgotten 인터넷에 산재한 자신의 정보를 인터넷 사업자에게 요구해 삭제할 수 있는 권리. 개인정보가 인터넷에 올려지면 검색 과정을 통해 타인이 자신의 정보를 무제한 열람하는 것은 물론 타인에 의해 오용될 소지가 있고 정보 주체의 동의와 무관하게 인터넷 사업자의 각종 맞춤형 서비스의 단서로 사용될 수 있다. 또 자발적으로 올린 정보라 하더라도 나중에 이를 지우고 싶지만 이미 전 세계로 전파된 정보는 개인의 의지와는 무관하게 시효 없이 떠다니게 된다. 이 권리는 인터넷 시대의 개인정보를 둘러싼 중요 개념으로 인터넷 사업자들이 합법적 근거 없이 보관하고 있는 개인정보를 정보 주체가 삭제를 요구할 수 있는 권리다. 인터넷과 소셜네트워크서비스(SNS)가 정보 유통의 거대한 흐름이 된 현실에서 2012년 유럽연합(EU) 집행위원회가 정보보호법 개정안에 포함시킨 권리이자 인터넷 시대의 개인정보 보호에 대한 확장된 인식의 반영이기도 하다. 유럽연합의 정보보호법 개정안에는 잊혀질 권리 외에도 자동처리 기술에 의한 프로파일링과 예측 서비스 제한, 개인정보 사용에 대한 명시적 동의 의무화, 사업자가 보유한 개인정보에 대한 사용자 접근권 및 이전 요구권 의무화 등 개인정보 보호에 대한 중요한 권리 개념을 담고 있다. 물론 이 같은 권리는 개인정보 데이터베이스를 통해 부를 창출하는 인터넷 사업자의 이해관계와 상충하지만 개인정보가 악용될 때 그 결과는 상상을 불허하기 때문에 향후 이 권리에 대한 연구와 토론이 더욱 심화될 것으로 보인다.

자간 letter spacing 문자 조판에 있어서 글자와 글자 사이의 간격. 자간을 줄일수록 문장이 촘촘해진다. 자간을 어느 정도로 하느냐에 따라 가독성이 차이가 나고, 조판의 인상이 달라진다. 따라서 문장 성격, 독자 특성에 따라 자간을 달리하게 된다.

자극반응 모델 stimulus response model 자극(stimulus)에 의해 행동(response)이 유발된다는 조건반사 이론. 인간 행동을 설명하는 가장 단순한 모델이다. 이 모델을 소비자의 구매 행동과 결부시키면 사고의 과정을 거치지 않는 즉흥적 구매 행위를 규명할 수 있는데, 이 경우 행동을 유도하는 자극을 밝히고 이 두 가지 사이의 상관관계를 밝혀 마케팅에 적용시킬 수 있다. 그러나 자극반응 이론은 자극과 행동 사이의 중간 과정을 생략했다는 점에서 소비자의 복잡한 다단계 구매결정 과정을 설명하지 못하는 한계가 있다.

자기검색 self monitoring 자신 행동의 사회적 적절성 여부를 가리기 위해 상황적인 단서에 따라 자기를 관찰하고 통제하려는 경향. 그 경향을 비율로 나타낸 것이 자기검색도다. 자기검색도가 높은 사람은 상황이 요구하는 바에 따라 행동하며, 상황의 적절성을 고려하여 다른 사람에게 전달하고자 하는 이미지대로 자신의 행동을 변화시키려는 성향을 보인다. 자기검색도가 낮은 사람은 자신의 내적 태도 및 감정에 따라 일관성 있는 행동을 취한다. 자기검색 개념은 사회적 상황과 대인관계의 맥락에서 개인의 행동을 이해하는 유용한 척도가 될 뿐만 아니라 광고효과에 있어 개인 간 차이를 설명하는 데에도 적용될 수 있다. 자기검색도가 낮은 집단은 자신의 태도 및 가치에 따라 행동하는 반면 자기검색도가 높은 집단은 상품 사용을 통해 사회적인 상황에 자신의 이미지를 투여하려고 한다. 따라서 자기검색도가 낮은 집단에는 품질 등 상품 속성을 강조한 광고가, 자기검색도가 높은 계층에는 상품을 사용함으로써 창조되는 이미지에 초점을 맞춘 광고가 효과적일 것

이라는 가설이 성립한다.

자동차 광고 automobile advertising 자동차를 대상으로 한 광고. 대표적인 내구 소비재로서 소비자 구매력과 계층적 지위가 구매 행동에 커다란 영향을 주는 상품이다. 고관여도 상품이며 자주 살 수 없기 때문에 소비자는 여러 탐색 대안에 대해 심사숙고하는 과정을 거치며 시승은 물론 브랜드 성격과 평판을 종합적으로 고려하여 구매를 결정한다. 자동차 광고의 대표적인 두 가지 소구 방식은 경제성에 초점을 맞추어 합리적 구매를 유도하는 방향과 품격과 권위, 선망의 대상으로서 자동차 이미지를 조성하는 방향이 있다. 자동차의 경제성은 제품 가격을 포함하여 연비와 수리비 등 운행 과정에 수반하는 각종 비용 혜택을 포함한다. 자동차는 소유자의 라이프스타일과 사회적 신분을 드러내는 표상이어서 이에 대한 정서적 호소력을 노리는 표현이 많은 것도 자동차 광고의 일반적인 특성이다. 신제품 자동차에 대한 정보는 잠재소비자에게 중요한 의미를 가지기 때문에 신차 출시를 앞두고 대량 노출을 통한 광고 활동을 펼치는 것이 보통이다.

자막 super 영화나 텔레비전 등에서 배역, 해설, 설명문 등을 글자로 나타낸 것. 광고에서 자막이 쓰이는 양상은 무척 다양하다. 광고의 타이틀을 광고 서두에 제시하거나 광고 주제를 말미에 표현하는 것부터 필요한 부분에 구체적 정보를 제공하거나, 각종 의무 표기 사항을 표시하기 위해 자막이 필요하다. 드물지만 광고를 자막만으로 만드는 경우도 있는데 자막을 조형적 타이포그래피로 표현한 1990년 영국우정공사의 광고가 대표적인 사례다. ■

자아 self 자신이 자기에 대해 스스로 지각된 전체. 인간은 누구나 자신에 대한 지각을 가지고 있으며 이것이 행동에 영향을 준다는 점에서 응용심리학 및 마케팅의 관심사다. 자아를 개념적으로 분류해 보면, 어

On January 24th,
Apple Computer will introduce

On January 24th,
Apple Computer will introduce
Macintosh.
And you'll see why 1984

On January 24th,
Apple Computer will introduce
Macintosh.
And you'll see why 1984
won't be like "1984"

자막
영국우정공사
1990

떤 개인에게 객관적으로 존재하는 자아인 실제 자아(real self), 현재는 그렇지 않지만 그렇게 되기를 바라는 이상적 자아(ideal self), 외부인이 특정 개인에 대해 느끼는 표면 자아(apparent self), 외부인이 자신을 어떻게 볼 것인지에 대해 생각하는 참조 자아(reference self) 등이다. 사람은 누구나 자신의 자아와 일치되는 행동 성향을 추구하며, 상품 구매에 있어서도 상품 이미지와 자아를 일치시키려고 노력한다. 따라서 잠재소비자의 자아를 범주화하고 이를 만족시키는 광고전략이 필요하다는 관점이 성립한다. 이에 부합하는 사례가 담배회사 필립모리스의 말버러. 이 광고는 미국 서부의 거친 황야에서 생활하는 카우보이의 모습을 통해 강하고 무뚝뚝한 남성의 자아개념을 보여준다.

자유연상법 free association test
자극이 되는 단어를 피조사자에게 제시하고 이에 대한 자유로운 연상에 의해 처음으로 떠오르는 말을 응답하는 방식의 태도조사 기법. 피조사자에게 계속해서 단어를 제시하여 피조사자의 태도를 알아보는 단어연상법(word association test)의 일종. 피조사자에게 제시하는 단어는 상표나 광고물 이외에도 기타 상징적인 것을 사용할 수 있다. 제시되는 여러 개의 단어 중 태도조사를 위해 취합되는 단어는 사실상 소수이며 나머지 단어는 왜곡이 생기지 않도록 하기 위해 추가로 제시된다.

자유응답법 open question, free answer
질문에 대한 피조사자의 응답 내용을 전부 기록하는 방식의 조사 기법. 피조사자의 응답을 충분히 들을 수 있으나, 많은 면접원이 필요해서 비용이 많이 들고 응답의 정리에 어려움이 있어 특수 목적의 조사에 국한되어 이용된다.

자율규제
광고 행위의 규제 및 통제를 정부나 시장에 맡기지 않고 관련 산업이 스스로 담당하는 제도. 순수한 광고 자율규제는 다음의 기능이 전적으로 업계의 책임에 맡겨진다. 즉, 규제 기준의 개발, 이를 업계에 알리고 수용하게 하는 역할, 규제 대상 영역에 대해 사전에 광고주들에게 조언하는 일, 규제가 지켜지는지에 대한 감시 활동, 소비자들로부터의 불만 접수, 강령의 위반 행위에 대한 제제 및 그에 대한 홍보 활동 등이다. 자율규제는 업계 스스로 자신의 행위에 대한 규제를 실행하는 것이어서 국외자가 지침을 제정하여 강제하는 것을 피할 수 있으나 규제의 목적이 정당한 경쟁을 통한 경제 발전과 소비자 보호에 있는 만큼 업계 이기주의에 빠지지 않을 정도의 광고 윤리의 확립이 전제돼야 한다.

자필 one's own handwriting
자신이 직접 쓴 글씨. 모든 사람이 자신만의 손글씨체를 가지므로 자신의 정체성을 반영하는 표식이라 볼 수 있다. 광고에 등장하는 인물의 증언이나 진술을 자필로 표현하면 영상 광고에서 카메라를 보고 말하는 것과 동일한 효과, 즉 등장인물이 직접 경험하고 느낀 대로 말한다는 인상을 창조할 수 있다. 즉, 자신의 이미지와 후광효과만을 광고에 빌려준 것이 아니라 광고 메시지에 기꺼이 참여한다는 것을 뜻한다. 광고에서 설득을 위한 여러 장치 중 하나로 자필을 강조하는 사례는 얼마든지 찾아볼 수 있다. ■

잔상 after image
이미 본 이미지가 그 이미지가 종료된 다음에도 계속 떠오르는 심리적 착시현상. 어떤 이미지가 시각적으로 강렬하면 다음 장면이 나오더라도 그 이미지가 떠오르게 되는데 이것을 잔상이라고 한다. 시각 잔상효과의 일종인데, 시각 잔상효과는 영상이 시청자의 눈에 실제 머문 시간보다 오랫동안 남아 있는 것처럼 느껴지는 심리적 현상을 말한다.

잠재수요 potential demand
현재는 표면화되어 있지 않지만 수요로 전환될 가능성이 짙은 수요. 수요는 구매 의욕과 구매 능력이 결합되어 발생하는데 잠재수요는 이 두 가지 중 어느 요소가 한시적으로 결여되어 있는 상태. 잠재수요를 유효수요로 전환시키기 위해서는 구매 능력이 없는 경우에는 가격 인하나 신용 판매 등의 구입조건 완화 조치가 필요하고, 구매 의욕이 낮은 경우에는 적극적인 광고 활동으로 욕구를 환기시키는 방법을 쓴다.

잠재의식 광고 subliminal advertising
시청자가 무의식 상태에서 영향을 받도록 잠재의식에 소구하는 광고 기법. 예를 들어 정상적인 인간의 눈으로는 지각할 수 없는 순간적인 자극을 반복해서 노출시키는 것. 부지불식간에 영향을 주는 소구 방법이므로 바람직하지 않은 설득으로 간주되어 여러 나라에서 금하고 있다.

잡지 magazine
특정 제호로 정기적으로 발행하는 간행물. 잡지가 다른 매체와 구별되는 점은 다음과 같다. [1] 정기성: 잡지는 일정한 간격을 두고 같은 제목하에 정기적으로 발행된다. 이 점은 신문과 유사하나 보통 잡지는 신문보다 발행 간격이 길다. [2] 다양성 및 시의성: 잡지는 지역별, 계층별, 내용별로 그 종류가 극히 많다. 또 잡지는 신문과 같은 시의성보다는 상대적으로 정보와 전문 지식, 오락 위주의 편집 방침을 가진다. [3] 제본과 판형: 일반적으로 잡지는 신문과 비교하여 상대적으로 장기간에 걸쳐 읽히기 때문에 제본이 되어 있다. 또한 신문보다 판형이 다양하다. [4] 정보 특성: 통상 신문과 방송이 사건이나 현상에 대한 객관적인 보도를 위주로 하나 잡지는 사건에 대한 장기적 전망과 심층보도를 특징으로 한다. 잡지를 분류하는 기준은 상당히 다양하다. 우선 발행 빈도에 따라 주간지, 격주간지, 월간지, 격월간지, 계간지, 반연간지, 연간지, 그 밖에 부정기 간행물로 나누어볼 수 있다. 또 발행 주체에 따라(일반지, 기관지, 사보), 영리 추구 여부

My name .... Kate Winslet

childhood ambition ..... To act

fondest memory ..... Camping as a child in Cornwall. U.K

indulgence ..... Chocolate

last purchase ..... Latte and a muffin

favorite movie ..... Waiting for Guffman

inspiration ..... My parents

My life ..... Is my family

My card ..... is American Express

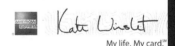

My life. My card.℠

They got the

In '68 I sold my VW. Well, with American cars I had a lot of problems. And I just got disgusted putting parts and money into them. So I bought a '73 bug.

David Danzig
Rochester, NY

P.S.
My girl's getting one too.

bug again.

I left basically for looks. About all it had was looks. I was stranded about four times in the first month or two. So I went back to Volkswagen. (Even if I had another three or four thousand to spend, I wouldn't have bought another car.)
Kathy Deiber,
Mt. View, Calif.

I started making money so I figured I'd try something a little flashier than my bug. Well, every time I turned around I had to pull it in for something. It nickeled and dimed me to death. So I decided to get another Volkswagen.
William D. Allright
Phila. Pa.

I will forgive my husband for snoring. I will stop finishing other people's sentences. I will buy myself sunflowers and anemones. I will send my parents on an Alaskan cruise. I will read everything ever written.

MAKE EVERY DAY
GOOD TO THE LAST DROP. MAXWELL HOUSE

© 2000 Kraft Foods

에 따라(상업지, 비상업지), 정보 형태에 따라(대중지, 전문지), 또 배포 지역에 따른 분류(로컬지, 국제지)도 가능하다. 잡지는 특성상 동시대인의 관심사와 기호를 하나의 제호 아래 묶어 상세한 정보를 제공하는 구실을 하기 때문에 해당 잡지 독자에 대한 영향력이 매우 크고, 이것이 매체력의 근간이 된다. 예를 들어 유행을 선도하고 전파하는 〈보그〉, 〈바자〉와 같은 국제적인 패션 잡지는 패션산업과 독자에게 강력한 영향력을 가진다. 전문지의 경우 일반적으로 전달 범위는 협소하지만 커뮤니티 안에서 높은 충성도를 가지며, 때로 권위의 상징이 되기도 한다. 과학 저널 〈사이언스〉, 〈네이처〉가 그렇다. 오늘날 잡지는 시사 및 경제 뉴스는 물론 전문지 영역인 분화된 관심사 역시 인터넷에 흡수되어 그 위상이 하락 추세에 있으며 광고매체로서의 매력도 반감되어 그 미래가 밝지 않다. 무선 인터넷 네트워크를 기반으로 한 모바일 미디어의 등장과 함께 전자잡지 형태로 탈출구를 모색하려는 게 오늘날 잡지의 현주소다. 향후 잡지는 인터넷으로는 대체하기 힘든 경험을 제공하는 더욱 세분화된 형태의 전문지로 분화될 것으로 보인다.

잡지 광고 magazine advertising
잡지를 매체로 한 광고. 신문 광고와는 달리 형태적 유연성을 가지며 카피와 디자인 등 크리에이티브 요소를 거의 제한 없이 펼칠 수 있어 역사상 유명 광고의 상당수가 잡지 광고로 만들어졌다. 잡지는 특정 계층을 상대로 발간하기 때문에 세분화된 독자층에 소구할 수 있다는 점이 잡지의 가장 큰 특성이다. 경제 주간지 〈이코노미스트〉나 시사 주간지 〈타임〉같이 100만 부를 발행하는 제도적 저널리즘부터 몇 백 부 단위의 특수한 취미를 다루는 전문지까지 잡지 종류는 매우 다양하다. 어떤 잡지는 빈티지 오디오, 우표 수집, 목공예, 펑크음악, 수생식물, 훌라댄스, 산악자전거, 오토바이 튜닝 등 구성원의 다양한 관심사를 다루고 어떤 잡지는 동성애, 복장 도착, 마조히즘 등 소수자 커뮤니티를 다룬다. 이들 잡지의 독자 특성에 정확하게 어필하는 광고는 어떤 매체의 광고보다 독자에게 호소력을 가질 수 있다. 또한 잡지 광고는 인쇄의 질이 탁월하게 우수한데, 4도 광고가 일반적이지만 삽입 광고 형태로 사용할 수 있는 종이와 잉크, 광택의 수가 무한할 만큼 많다. 아울러 매체수명이 길어 오디언스와의 접촉 기간이 긴 것도 잡지 광고의 장점이다. 대량성 및 다층성이 부족하고, 지역적 특성에 따른 선택적 광고가 어렵다는 것이 잡지 매체의 약점이다. 잡지 광고의 종류로는 게재되는 위치에 따라 표지 광고, 목차면 광고, 중앙면(center spread) 광고, 내지 광고, 기사 중 광고 등으로 분류할 수 있다. 그 외 형태에 따라 폴더를 이용한 광고, 샘플을 부착한 광고, 특수 제본을 이용한 광고 등 많은 종류가 있다.

잡지 표지 magazine cover
잡지의 맨 앞면과 뒷면. 상단에 제호가 위치하고 해당 이슈의 주요 내용과 함께 발행월, 이슈 번호, 바코드, 가격 등의 정보가 수록된다. 수많은 잡지가 놓여 있는 판매대에서 사람들의 눈에 띄고, 읽고 싶도록 하며, 최소한 잡지 외양에 대한 기대를 만족시키는 것이 표지의 역할이다. 대중지에 있어서 예상 독자군의 기호는 평균적인 대중 취향과 크게 다르지 않기 때문에 표지 형태가 대체로 수렴되는 편인데 가장 흔한 유형은 매력적인 인물이 독자를 응시하는 것이며, 그 인물은 여성의 빈도가 높다. 이에 반해 시사 잡지나 경제 잡지는 이슈의 특집 기사를 표지 이미지로 구성하는데, 거개는 사진 혹은 일러스트레이션을 바탕으로 하고 핵심적인 커버 라인을 개념적으로 조합하는 형태다. 표지는 잡지의 얼굴이자 정체성과 다름없어 일부 잡지는 오랜 기간에 걸쳐 고유의 디자인 전략을 취한다. 대표적인 것이 주간 뉴스 잡지 〈타임〉의 빨강 테두리, 교양 문화지 〈뉴요커〉의 일러스트레이션 표지, 영국의 패션 잡지 〈아이디〉의 윙크하는 표지 인물이다. 돌이켜 보면 잡지의 시대였던 1960년대 대중 잡지의 표지가 시각 문화 역사에서 자주 언급되는 것을 볼 수 있다. 미국 〈에스콰이어〉 표지를 담당한 아트디렉터이자 광고인이었던 조지 로이스(George Lois)는 특집 기사에서 단서를 끄집어내어 이를 시각적으로 단순하게 요약한, 일련의 유희적이고 낙천적인 표지 시리즈를 발표했는데 마치 효과적인 한편의 인쇄 광고처럼 다른 잡지와 차별되어 독자의 시선을 끌면서 구매 의욕을 자극했다. ■

장면전환 기법 transition technique
장면과 장면이 결합되는 방식. 한 장면에 다른 장면이 이어질 때 그 방식에 따라 영상효과가 각기 다르게 나타난다. 대표적인 장면전환 기법으로는 컷, 디졸브, 와이프, 페이드가 있다.

장소 place
아이디어의 원천으로서 어떤 지역. 이때 광고 컨셉트는 장소의 의미와 상징을 상품과 연결시키는 것에 집중한다. 식품 광고에서 원산지를 강조하는 것이 전형적이다. 러시아 남부의 장수마을 코카서스를 배경으로 한 야쿠르트 광고, 세계적인 오렌지의 명산지 브라질에서 찍은 오렌지주스 광고 등이 대표적인 예다.

장소 마케팅 place marketing
마케팅 대상이 '장소'인 것. 즉, 특정 장소에 대한 사람들의 태도를 우호적으로 조성하기 위한 마케팅 활동이다. 아파트나 주택단지와 같은 주거지, 상가나 공업단지 등의 사업단지, 휴양지나 공원 같은 관광지 등이 장소 마케팅의 주요 대상이다. 한 국가, 특정 지역을 관광지로 홍보하면서 관광객을 유치하려는 활동이 가장 두드러진 장소 마케팅 활동이다. ■

ㅈ

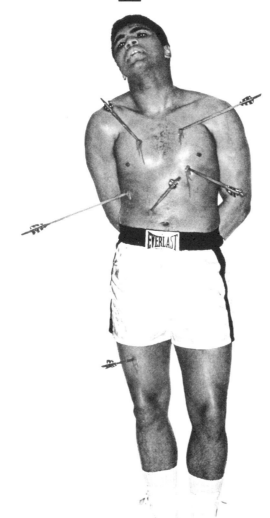

APRIL 1968
PRICE $1

Esquire

THE MAGAZINE FOR MEN

The Passion of Muhammad Ali

잡지 표지
에스콰이어
1960년대

i-D

i-DEAS. FASHION. CLUBS. MUSIC. PEOPLE

£2.20 $5.75

9 770262 357020

02

FRANCS 38

KATE MOSS
JARVIS COCKER
PRINCE NASEEM
IRVINE WELSH
NICK CAVE
LOU REED
LL COOL J
LOUISE WENER
EWAN MCGREGOR

잡지 표지
아이디
1993

장소 마케팅
홍콩관광청
1993

dunes have a colour here. brilliant as gold.
skies have a colour here. deeper than ink.
valour has a colour here. on the faces of men.
beauty has a colour here. in the swaying of skirts.
incredible india. infinite rainbows.

contactus@incredibleindia.org   www.incredibleindia.org

Incredible India

www.incredibleindia.org

장식서체 decorative letter 장식미를 강조하는 서체. 문자의 기능은 읽는 것이지만 권위의 표현, 문서의 특징을 나타내는 기호, 가문의 표식 등을 위해 이런 서체가 발달했다. 오늘날에는 시아이(CI)를 위한 이미지 통일 또는 에디토리얼 디자인을 위한 개성 있는 서체들이 다양하게 개발되어 있다.

장체 문자의 폭보다 높이가 긴 서체. 즉, 자폭을 좁게 만든 글씨체. 긴장감이 있는 서체이며 정해진 공간에 상대적으로 많은 글을 실을 수 있다.

재촬영 reshoot 촬영 완료한 텔레비전 광고나 인쇄 광고에서 부정적으로 평가된 부분을 다시 촬영하는 일. 재촬영의 주원인은 조명 및 노출의 실패와 같은 촬영 미비와 연기 부적절, 잘못된 실연, 의상 및 메이크업 실패 등 연출의 미비로 대별된다.

재포지셔닝 repositioning 기존 제품이 그동안 가지고 있던 시장 내 위치나 소비자 의식 속에 인지되고 있는 상태를 변경시키는 일. 기존 제품의 판매가 계속 감소되는 추세를 보일 때, 상품 수요가 포화 상태에 이르렀을 때, 소비자 취향이나 욕구가 바뀌었을 때 재포지셔닝을 한다. 그런데 기존 제품의 이미지가 너무 강한 경우에는 이미지를 변화시키기가 쉽지 않기 때문에 신제품 포지셔닝보다 성공하기 어렵다는 위험도 있다.

재핑 zapping 광고를 피하기 위해서 리모트 컨트롤로 채널을 바꾸는 행위. 방송을 볼 때 재핑이 일어나는데 특히 케이블 텔레비전 시청 때 두드러진다. 케이블 가입자는 수많은 채널의 프로그램을 선택하기 위해 대부분 리모트 컨트롤을 이용하기 때문에 여러 채널을 넘나들며 광고를 피하는 시청 스타일이 형성된다. 재핑에 대응하는 광고주의 선택에는 크리에이티브 측면에서 시청자 관심을 끌 수 있는 내용으로 광고를 제작하는 방법과 방송 편성상 동일시간대 다른 채널에서 광고가 방송되도록 편성하여 재핑을 하더라도 광고에 노출되도록 하는 방법이 있다.

저가전략 low cost strategy 싼 가격을 수단으로 하는 전략. 기업은 다양한 이유로 이 전략을 쓰는데 가장 흔하게는 시장점유율을 확대하기 위한 것이다. 단기적으로 마케팅 비용이 상승하지만 높아진 시장점유율이 수익성 확대를 가져오는 경우가 대부분이다. 그 외 경쟁자의 시장 진입을 막기 위한 진입 장벽으로 저가전략을 쓰거나, 세분 시장 중에서 저가 제품을 찾는 소비자집단을 표적고객으로 공략할 때 저가전략을 쓴다.

저가정책 low price policy 싼 가격을 수단으로 한 가격정책. 상품 단위당 이익은 적은 반면 광범위한 소비자를 확보하여 시장점유율을 확대하고 경쟁사 시장 진출

을 막기 위해 쓰는 정책이다.

저속 촬영 low speed cinematography 촬영 시 표준 속도(1초에 24프레임 촬영) 이하로 촬영하는 것. 재생했을 때 피사체 움직임이 빨라지기 때문에 운동감을 증진시키거나 희극적인 효과를 얻기 위해 사용하는 촬영 기법이다. 무성 영화를 비롯한 영화사 초기의 영화들이 저속 촬영의 화면을 보여주는데 그것은 당시의 카메라가 오늘날처럼 1초에 24프레임을 찍지 못하는 기술상의 한계 때문이었다.

저작권 copyright 저작자가 자신의 저작물을 독점적으로 이용하거나 이를 남에게 허락할 수 있는 인격적, 재산적 권리. 저작권은 문학, 음악 등 예술 작품을 포함하여 기타 지적 작품 활동에 의해 생산된 저작물에 대한 독점적이고 배타적인 이용을 보장하는 권리이며 복제를 통해 저작권자의 저작물을 출판하거나 저작물을 임의로 사용하지 못하게 하는 권리이기도 하다. 저작권은 저작을 한 때부터 자동적으로 발생하며 등록과 같은 어떤 다른 절차의 이행을 필요로 하지 않는다. 이를 무방식주의라고 한다. 저작권은 저작인격권과 저작재산권으로 나뉘어 규정된다. 저작인격권은 저작자가 자기의 저작물에 대해 갖는 정신적, 인격적 이익을 보호하는 권리. 저작자의 일신에 전속되어 양도나 상속은 할 수 없고 저작자의 사망과 동시에 소멸된다. 저작재산권은 자기의 저작물에 대해 갖는 배타적 이용권으로 그것이 재산권인 이상 양도 및 상속은 물론 채무담보의 목적이 될 수도 있다. 광고와 관련해서 저작권이 문제가 되는 것은 크게 세 가지다. 즉, 광고물은 저작물로서 보호 대상인가, 광고물의 저작권은 누구에게 귀속되는가, 광고 제작 시 타인의 저작물을 어떻게 이용할 것인가의 문제. 광고의 저작물성과 관련하여 광고물 자체가 소재의 선택과 배열에 창작성을 발휘한 편집물일 경우 그 광고는 독자적인 저작물로 보호된다. 또 광고물을 구성하고 있는 그림, 사진, 영상, 음악 등도 광고물과는 별도로 독립된 개개의 저작물로 보호된다. 광고물의 저작권자를 정하는 문제는 해당 광고물의 특성에 따라 그 해석이 달라진다. 통상 광고물은 여러 사람과 법인이 개입하여 제작되기 때문에 복잡한 권리 관계를 형성한다. 이 경우 창작의 주체를 가려 저작권을 귀속시키는데 광고주의 의뢰를 받은 광고대행사와 광고제작사의 관계에서 누가 주체성을 가졌느냐에 따라 그 귀속이 결정된다. 그러나 각자가 창작한 부분을 분리할 수 없을 경우에는 공동 저작물로 해석된다는 의견도 가능하다. 한편 광고주의 입장에서는 제작비를 지불함으로써 저작권이 광고주에게 양도된다는 주장을 할 수도 있어 그 귀속 관계를 계약에 의해 명확히 해두는 것이 필요하다. 하나의 광고물은 통상 사진, 일러스트, 영상, 음악, 초상권 등 각각 독립된 저작물적인 권리를 이용함으로써 완성되므로 각각의 권리를 침해

ㅈ

356

하지 않아야 한다.

저작인격권 moral rights of the author
저작자가 자신의 저작물에 대해 정신적, 인격적 이익을 추구할 수 있는 권리. 이 권리는 저작자의 일신에 전속되어 양도나 상속 등 권리의 이전은 불가능하며 저작자의 사망 혹은 저작자인 법인의 해산에 의해 소멸된다. 그러나 저작자가 사망했더라도 그의 저작물을 이용하는 자가 저작자 명예를 현저히 침해하는 행위를 할 수는 없다. 또 공동 저작물의 저작인격권은 저작자 전원의 합의에 의하지 않고는 이를 행사할 수 없다. 저작인격권에는 공표권, 성명표시권, 동일성 유지권 등 크게 세 가지가 있다. [1] 공표권은 저작물을 공표할지의 여부, 공표할 경우 그 시기와 방법을 저작자가 결정할 수 있는 권리를 말한다. 다만 미공표 저작물의 저작재산권을 남에게 양도하거나 그 이용을 허락할 경우에는 상대방에게 저작물의 공표를 위임한 것으로 간주한다. [2] 성명표시권은 저작자가 자신의 저작물에 대해 실명이나 가명을 표시할 권리를 말한다. 성명표시권은 무기명의 권리를 포함한다. [3] 동일성 유지권이란 저작자가 자신의 저작물에 대해 내용과 형식 및 제목의 동일성을 유지할 권리를 말한다. 따라서 그 저작물의 저작권자라 하더라도 저작자의 동의가 없는 한 저작물의 내용이나 제목을 함부로 바꿀 수 없다.

저작인접권 neighboring copyright
실연자(實演者), 음반제작자, 방송사업자에게 주어진 저작권에 준하는 권리. 구체적으로 그 권리를 살펴보면 아래와 같다. 즉, 실연자는 자신의 실연을 녹화·녹음하거나 방송할 권리를 가진다. 따라서 방송사업자가 실연이 녹음된 판매용 음반을 이용하는 경우나, 출연한 프로그램을 일반에게 판매할 때 실연인에게 보상을 해야 한다. 음반제작자는 음반을 복제·배포할 권리를 가진다. 따라서 방송사업자가 판매용 음반을 사용해서 방송하는 경우 음반제작자에게 보상을 해야 한다. 방송사업자는 자신이 제작한 프로그램을 복제하거나 동시중계할 권리를 가진다. 이러한 저작인접권은 권리가 발생한 다음해부터 20년간 존속한다.

저작자 author
저작물을 창작한 자. 따라서 일반적으로 저작물 작성의 의뢰자, 저작에 대한 아이디어나 조언을 한 자, 저작자의 보조자 등은 저작권자가 아니다. 한편 저작물을 개인이 창작하더라도 그 개인이 법인에 속하여 업무로서 작성됐으며 법인의 명의로 발표되는 경우, 법인과 개인 사이의 특별한 약정이 없는 한 저작자는 법인이 된다. 따라서 회사 명의로 제작되고 발표되는 광고물의 경우 그 광고를 만드는 데 참여한 카피라이터나 프로듀서, 디자이너 등은 저작자로서 권리를 인정받지 못하는 것이 원칙이다. 그러나 개인의 기명 저작물은 개인이 저작자가 된다. 저작자에게는 최초 저작권이 귀속되어 저작재산권을 행사할 수 있으나 양도나 상속에 의해 저작재산권이 타인에게 이전될 수도 있으므로 저작자가 언제나 저작권자인 것은 아니다.

저작재산권
저작자가 자신의 저작물에 대해 갖는 배타적인 이용권. 그러나 실제로는 자신이 저작물을 직접 이용하기보다는 남에게 저작물의 사용을 허락하고 상응하는 경제적 대가를 받는 경우가 대부분이므로 저작재산권을 이용허락권이라고 부르기도 한다. 이 권리는 많은 지분권을 포함하는 지배권이며 재산권이라는 성격을 가진다. 저작재산권에는 아래와 같은 지분권을 포함한다. [1] 복제권: 저작물을 복제할 권리 [2] 공연권: 저작물을 공연할 권리 [3] 방송권: 저작물을 방송할 권리 [4] 전시권: 미술 저작물의 원작품이나 그 복제물을 전시할 권리 [5] 배포권: 저작물의 원작품이나 그 복제물을 배포할 권리 [6] 이차적 저작물의 작성권: 자신의 저작물을 근거로 이차적 저작물 또는 그 저작물을 부분으로 하는 편집 저작물을 작성하여 이용할 권리 등이다. 그러나 저작재산권은 학교 교육 목적으로 이용되거나 시사보도를 위한 이용, 공표된 저작물의 인용, 영리를 목적으로 하지 아니하는 공연 및 방송 등 공익적 차원에서 저작자의 허락 없이 이용할 수도 있다. 이러한 저작재산권은 원칙적으로 저작자가 생존하는 동안과 사망 후 50년간 보호된다. 공동 저작물의 저작재산권은 맨 마지막으로 사망한 저작자의 사후 50년간 보호된다.

적응가격전략
유사한 제품으로 다양한 소비자들의 구매를 유도하기 위해 가격을 다르게 적용하는 가격전략. 제조업체들은 동일한 제품의 유통경로를 달리하거나, 포지셔닝을 달리하면서 서로 다른 가격을 적용하며 판매를 늘리거나 수익을 증진시키는 전략을 사용한다.

적정 포장 fair package
소비자와 공중에 이익이 되는 정당하고 공정한 포장을 지칭하는 개념. 포장이 판매 촉진의 주요한 수단으로 간주되고 소비자 편의성이 지나치게 강조되면서 포장비 상승, 환경오염, 자원 낭비 등 역기능이 발생하게 됐는데 이에 대해 소비자 권리와 사회공익 차원에서 적정 포장에 대한 요구가 줄곧 제기되어 왔다. 구체적으로 과다한 비용을 발생시키는 과잉 포장이나 환경을 오염시키는 포장을 배척하는 활동이다. 적정 포장의 일반적인 기준은 내용물의 보호 및 보전, 안전성의 확보, 과대·과잉 포장의 방지, 포장비용의 과대성 방지, 적절한 상품 선택의 확보, 즉 포장 단위 및 표시(表示)의 적정화, 자원 절약 촉진, 폐기물 처리 적정성 확보 등이다.

전광판 electronic sign
사인 전구를 바둑판처럼 촘촘히 배치하고 이것을 점멸 또는 발광시킴으로써 문자, 도안 등을 표현하는 장치. 전광 문자로 뉴스를 통과시

ㅈ

키는 경우가 많아 전광 뉴스라고 부르기도 한다. 시시 각각 들어오는 국내 뉴스와 외국 뉴스를 요약하여 문자 혹은 문자와 동영상을 편집하여 수시로 보도하는 방식을 취한다. 현재 언론사가 운영하고 있는 전광판이 통신 서비스인지, 옥외 광고인지, 방송인지가 쟁점이 되기도 하는데 그 판단 기준은 운영 및 사업 형태에 따라 규정할 수 있을 것이다. 커뮤니케이션 측면에서 뉴스 전광판은 독립적인 편집 체계를 가진 조직이 불특정 대중을 상대로 뉴스 및 광고를 전달하기 때문에 옥외 텔레비전과 같은 성격을 갖는 것으로 본다. 옥외 매체로서 전광판의 효용은 광고물 크기가 매우 크고, 다른 옥외 광고와는 달리 뉴스가 속보로 제공되어 주목률을 제고할 수 있으며 고품위 동영상을 지원할 경우 별도의 제작 없이 기존 텔레비전 광고를 그대로 내보낼 수 있다는 것 등이다.

전국 광고 national advertising 전국을 대상으로 하는 광고. 전국에 배포되는 신문에 게재하는 광고, 전국을 커버리지로 하는 프로그램에 방송하는 광고를 뜻한다. 반면 특정 지역이나 상권을 대상으로 하는 광고는 지역 광고 혹은 로컬 광고(local advertising)라고 한다.

전국지 national-wide newspaper 전국으로 배포되는 신문. 중앙지라고도 한다.

전단 flyer 낱장의 광고물. 인쇄와 배포에 드는 비용이 적어 소규모 광고주가 주로 이용한다. 소매점, 슈퍼마켓, 식당 등 서민형 생활 광고가 많은 부분을 차지하나 일정 지역을 커버하고 있는 대리점, 은행 지점, 증권사 지점, 자동차 영업소 등에서도 자주 이용한다. 콘서트, 전시회 등 문화 행사를 홍보하기 위한 수단으로도 유용하다. 배포 방법으로는 신문에 끼워 넣는 것과 가두 배포, 호별 배포, 점두 배포 등 다양한 방법이 있다.

전단 이분의 일 vertical half page 페이지를 세로로 2분의 1로 나눈 지면에 게재되는 광고.

전면 광고 full page advertisement 페이지 전면에 게재되는 광고. 한 면이 기사와 광고로 분리되지 않고 광고로만 채워지는 것을 말한다. 잡지 광고는 거의 전면 광고이지만 신문 광고는 전면 광고의 비중이 그렇게 크지 않다. 광고주에게 전면 광고는 비싼 매체료에도 불구하고 커다란 광고면을 이용하여 주목률을 높일 수 있다는 점 때문에 이용 가치가 높다. 전면 광고가 마주보는 2면에 게재되는 것을 스프레드(spread)라 하는데 특히 인쇄물 한가운데에 위치한 스프레드를 센터 스프레드(center spread)라 한다. 신문에서 스프레드는 가운데 인쇄가 되지 않는 여백이 남기 때문에 단일 광고로 게재하기에는 어려운 점이 있으나 센터 스프레드는 기술적으로 가능하다.

전문인 광고 expert advertising 전문인이 등장하는 광고. 전문인은 광고 내용이나 주장을 객관적으로 보증할 수 있는 지식이나 경험을 가진 인물이다. 자동차 광고에서의 카레이서, 외국어 학습지 광고에서의 동시통역사, 카메라 광고에서의 사진작가, 치약 광고에서의 치과의사, 자동차 광고에서 자동차 기자, 샴푸 광고에서 헤어디자이너가 바로 그들이다. 전문인 광고의 메시지 구성은 논리적이고 실증적이고, 광고 구성도 설득적인 언어 구사를 통해 주장을 펼치는 형태를 띠는 경우가 많다. 전문인 광고의 효과는 진술 혹은 추천의 진실성에 의해 영향을 받는다. 여기서 진실성이란 광고 모델이 주어진 주제에 대해 편견이나 사심 없이 순수한 동기에서 자신의 주장을 솔직하게 진술하는 것, 즉 커뮤니케이션 동기에 대한 순수성 혹은 객관성을 말한다.

전문점 specialty store 전문품을 취급하는 상점. 취급 상품의 범위가 극히 한정되어 있는 대신 해당 상품에 관한 한 어떤 수요라도 충족시킬 만큼의 구색을 갖추고 있으므로 넓은 상권에서 고객을 흡수하는 성격을 갖는다. 전자상가, 화훼단지처럼 유사 전문점들이 인접하여 하나의 전문 시장을 형성하는 경우도 있다.

전문지 special paper, special magazine 특정 계층을 대상으로 특정 분야를 전문적으로 다루는 신문 혹은 잡지. 신문의 경우 업계지, 산업지 등이 있으며 잡지는 주부지나 교양지, 시사지 등을 제외하고는 거의 전문지다.

전문품 specialty goods 가격이 비싸고 내구성이 있는 제품. 자동차, 컴퓨터, 카메라 등이다. 구매에 전문적인 지식이 필요해 고객은 스스로 정보를 구하는 등 이성적인 구매 행동에 나선다. 제조 회사나 상점의 명성이 상품 구매에 큰 영향을 준다.

전속 모델 exclusive model 특정 기업의 광고 캠페인에만 출연하도록 계약된 모델. 상표 이미지와 모델 이미지를 결합시켜 잠재소비자에게 지속적으로 누적시키기 위해 전속 모델을 기용한다. 한 사람이 장기간 전속 모델로 활동하는 경우 그는 회사 아이덴티티의 중요한 자산이 되기도 한다. ■

전 시엠 방송 프로그램 협찬 광고에 있어서 프로그램이 시작되기 바로 전에 방송되는 시엠(CM)을 지칭하는 실무 용어. 후 시엠은 프로그램이 끝난 직후에 방송되는 광고를 뜻한다. 일반적으로 전 시엠이 후 시엠보다 주목률이 더 높은 것으로 평가되어 대부분의 광고주는 전 시엠을 선호한다.

ㅈ

"사야될 물건은 미리메모를 해두었다가 빠짐없이 구입하세요"

婦人의 계획성있는 살림솜씨엔 아빠도 무척 흐믓해 하실거예요.

식료품 뿐 아니라
어떤 다른 물건을 사실때라도
미리 계획을 세워 놓으세요.
계획적인 가계를 꾸려 가셔야만이
보다 나은 가정을 만드실 수 있어요.
보다 사랑이 넘치는 가정을 위해
부인의 노력을 멋지게 펼쳐 보세요.

♩ : **사랑의 조미료** ·

아이미 1%가 더 좋은점

● **핵산배합율이 높습니다**
아이미에는 시중의 0.5% 핵산조미료보다 2 배나
많은 1%의 핵산이 배합되어 있습니다. 아이미만
이 1%, 2.5%, 12%로 다양하게 만들어지는 고급
핵산조미료입니다.

● **맛이 더욱 좋습니다**
아이미에는 2배나 많은 핵산이 들어 있어 훨씬 깊
고 구수한 맛을 내줍니다.

● **원료·공법에서 앞서 있습니다**
아이미의 원료는 당밀에서 뽑아낸 정제포도당 입
니다. 아이미는 이 원료에 특수미생물을 발효시켜
핵산을 직접 만들어 내는 최신공법으로 만들어지
므로 기술에서도 앞서 있습니다.

 健康 食生活을 約束하는

第一製糖

● 혹시 유통과정에서 파손된 제품이나 당사 제품에 대한 문의 및 건의사항이 있으시면 저희 소비자상담실 (22 - 5125) 로 연락 바랍니다.

전시효과 물건이나 지위를 남에게 과시함으로써 얻는 효과. 승용차는 사람을 운송하는 기능을 가지는데 이것은 그 자체에 내재하는 효용이다. 이에 반해 사회적으로 가지는 효용으로서는 남들에게 과시하는 기능이 있다. 고급 승용차 소유자는 일정한 사회적 지위를 과시하는 데 유용하다는 것이다. 또한 문화의 새로운 항목에 대해 타인과 사회적 지위를 공존하기 위해 전시효과에 의한 구매 행위가 나타난다. 상품이 가진 본래의 실질 효용 이외에 과시적 효용에 주목하여 전시효과적 소비라는 개념도 상정할 수 있다. 소비자 행동이 상호 독립적이라는 이론의 사고방식에 반해 인간이 상호적 생활을 영위하는 이상 다른 사람으로부터의 영향을 전혀 배제할 수 없다는 점에 주목해서 사람들의 소비 행위를 '데몬스트레이션 효과'라고 명명하는 사례도 있다. 데몬스트레이션 효과란 '사회에는 하급재로부터 고급재에 이르는 여러 상품이 있는데 사람들은 보다 고급을 구한다. 그 욕구는 사회적으로 보다 높은 지위에 있는 사람들과 접촉이 많은 사람일수록 크다'는 것이 요체다.

전신주 광고 공공시설물을 이용하는 광고로 전신주 또는 가로등주에 부착되는 광고. 광고물 크기가 기둥 둘레 2분의 1 이내, 세로 크기는 1m 이내로 제한되어 있어 기업명 혹은 제품명과 슬로건 등을 간단히 표시하는 것이 일반적이다. 하나의 전주에 하나의 광고만 부착할 수 있으며 도로표지 또는 교통안전표지가 부착된 전주에는 광고를 부착할 수 없다.

전자상거래 EC electronic commerce 인터넷과 같은 통신매체를 통해 상품이나 서비스를 교환하는 행위. 전자상거래는 인터넷으로 대표되는 네트워크를 이용한 무점포판매의 형태를 띤다. 온라인망을 통한 인터넷쇼핑, 인터넷뱅킹 등이 대표적인 형태다. 기존 거래와 달리 장소와 시간 제약 없이 거래 행위를 수행할 수 있는 거래의 편의성과 막대한 설비와 인력이 소요되는 기존 유통망에 비해 유통비용을 획기적으로 줄여 상품 가격을 내릴 수 있다는 점이 전자상거래의 주요한 편익이다.

전자 잡지 electronic magazine 각종 스크린으로 잡지를 볼 수 있게 한 시스템. 피시와 노트북은 물론 모바일 단말기, 즉 태블릿 단말기나 휴대전화 스크린을 통해 잡지를 읽을 수 있다. 2010년 애플의 태블릿 단말기 아이패드(iPad)를 필두로 이동통신망을 이용한 휴대용 단말기가 다수 출시되어 언제 어디서든 휴대전화가 터지는 곳이라면 원하는 잡지를 내려받을 수 있게 되면서 잡지의 중요한 플랫폼으로 떠올랐다. 일반적인 전자책의 특성 외에도 전자 잡지의 가장 큰 특징은 동영상 등의 멀티미디어 정보를 잡지 편집에 통합시킬 수 있다는 점이다. 종이 잡지와 달리 여러 장의 사진을 디스플레이할 수 있고, 특정 키워드를 인터넷 사이트와 링크시킬 수 있으며, 잡지를 보는 도중에 필자 혹은 인터뷰어의 이메일 주소로 자신의 의견을 보낼 수도 있다. 잡지는 출판 후 빠른 시간 안에 배포하는 것이 중요하고, 잡지 제작비 중 종이와 인쇄비의 비중이 매우 높아 전자 잡지의 장점이 더욱 두드러지는 분야다. 발행사 입장에서 전자 잡지는 유료 구독을 통한 수익 확대는 물론 새로운 광고 채널로 기대해봄 직하다. 종이 잡지와는 다른 형태의 광고, 가령 일련의 멀티 페이지 광고나 동영상 광고 등을 자신이 서비스하는 잡지 안에 노출시키는 것도 물론 가능하다. 나아가 광고주의 요청에 따른 일종의 맞춤 잡지도 얼마든지 예상할 수 있다.

전자책 electronic book 서적의 정보를 전자적으로 저장하여 단말기를 통해 책처럼 읽을 수 있도록 만든 시스템. 종이출판의 일반적 한계를 뛰어넘는 여러 가지 특성 때문에 오래전부터 주목받아온 미디어로 2000년대 중반 이후 무선인터넷과 같은 정보통신의 발달과 전용 단말기가 빠른 속도로 보급되면서 출판산업과 독서 문화를 혁신하고 있다. 줄여서 이북(e-book)이라고도 한다. 본격적인 확산은 2007년 전자상거래 회사 아마존(www.amazon.com)이 전자 종이 디스플레이를 사용한 독자 포맷의 킨들(Kindle)이라는 단말기를 출시하면서부터다. 한 손에 가볍게 잡을 수 있는 정도의 크기를 가진 킨들은 이동통신망을 이용하여 수천 권의 도서를 아무 때나 어디서든 서버로부터 내려받을 수 있고, 전자도서관으로부터 빌릴 수도 있다. 2010년 애플이 출시한 태블릿 단말기 아이패드(iPad)도 전자책 디스플레이 기기로 각광을 받고 있는데, 이 기기는 인터넷, 이메일, 동영상, 음악, 게임, 지도 검색 등이 가능할 뿐만 아니라 자사의 콘텐츠 판매 채널인 앱스토어 방식을 준용한 전용 판매 채널인 아이북스토어(iBook Store)를 통해 전자책 열람이 가능한 것이 주된 이유다. 전자책 시스템에 광고가 들어갈 여지는 충분하다. 전원을 켰을 때 초기화면과 대기화면에 광고를 노출시킬 수 있고, 스크린 하단에 자막 형태로 노출시킬 수도 있다. 콘텐츠 제공자가 전자책 타이틀에 따라 중간에 광고를 삽입하는 것도 가능하다. 전자책은 전통적인 출판사뿐만 아니라 신문, 잡지 산업에도 지대한 변화를 몰고 올 것으로 보여 이 시스템이 장기적으로 유력한 광고매체로 떠오를지 주목할 만하다.

전파매체 ware media 전파를 이용하는 대중매체. 인쇄매체와 같은 복잡한 배포 과정을 생략하고 커버리지 내의 시청자를 대상으로 동시에 메시지를 전달할 수 있다. 전파매체의 가장 큰 특징은 대량 전달인데 수억 명 지구인이 동시 시청하는 월드컵 경기는 전파매체의 가공할 전달력을 보여주는 사례다. 전파매체는 문자를 모르는 사람이나 어린이에게도 정보를 제공할 수 있고 텔레비전의 경우 시청각 수단을 이용하므로 소구력이 뛰어나다. 광고의 입장에서 보면 전파매체는 메시지 도달 범위가 넓고 잠재소비자의 일상생활에 밀착되어 있기 때문에 광고매체로서 가치가 높다. 다만 세분시청자에게 정밀하게 접촉하기 어려워 비용 효율이 떨어지며 광고 시간 제약으로 논리적인 설득이 힘든 단점도 있다.

전화조사법 telephone survey 전화를 이용한 조사 방법. 질문과 응답을 전화를 통해 주고받아 결과를 설문지에 동시 기입하는 것. 면접조사법에 비해 시간과 비용을 크게 절감할 수 있고, 신속하고 효율적으로 정보를 획득할 수 있으며 면접이 어려운 경우도 조사할 수 있을 뿐만 아니라 전화와 컴퓨터를 이용하면 전화 걸기와 질문, 응답을 자동화할 수 있다는 장점이 있다. 이 방법의 커다란 한계는 표본 추출 때에 나타나는 모집단의 불완전성이다. 전화를 갖고 있지 않는 가구도 있으며, 전화 소유자라도 중복 혹은 누락될 수 있고, 이사를 한 경우 전화번호가 바뀌는 등의 문제가 있다. 복잡한 질문은 이해하기 어려운 점, 통화 시간이 짧아야 한다는 점, 응답의 형태가 극히 단순화된다는 점 등도 이 조사 방법의 약점이다. 여론조사의 주된 방법이다.

점두 광고 상점의 점두에서 하는 광고. 소매점의 옥외 간판, 포스터, 패널, 상점 내의 천장이나 선반에 부착된 디스플레이 광고를 포함한다.

점두점유율 동종 상품 중에서 어떤 상품이 점두에 진열되어 있는 비율을 가리키는 말. 상품에 대한 소비자 인지율이 높을수록 점두점유율이 높아지고, 점두점유율이 높을수록 판매량이 증가한다. 생산자는 적극적인 광고 활동으로 점두점유율을 높이려 한다.

점두조사 in store survey 소매점 내부에 조사원 혹은 무인카메라를 두어 진열 상태나 판매 현황을 관찰하여 이것을 집계·분석하는 조사 기법. 소비자 행태를 현장에서 정확하게 파악할 수 있다는 장점이 있으나 여러 장소에서 동시에 실시하기 어려운 조사 기법이다.

점유율 share 특정 시간에 텔레비전을 시청하고 있는 가구에 대한 특정 프로그램의 상대적인 시청률. 평균 시청률이 텔레비전 보유 대수에 대한 프로그램 시청률을 나타내는 것에 비해, 점유율은 텔레비전을 시청하고 있는 가구에 대한 시청률을 나타낸다. 이를 수식으로 표현하면 '점유율=시청률/세대시청률'이다. 10가구 중에서 6가구가 텔레비전을 시청하고 있고 그중 2가구가 A 프로그램, 1가구가 B 프로그램, 3가구가 C 프로그램을 보고 있다면 A 프로그램의 점유율은 33.3%, B 프로그램은 16.7%, C 프로그램은 50%가 된다.

점층법 비슷한 어구를 반복적으로 써서 의미를 더 강조하는 수사법. 이상의 소설 〈날개〉의 '날자, 날자, 날자, 한 번만 더 날자꾸나, 한 번만 더 날아보자꾸나'가 점층법

의 유명한 문장이다. 광고 카피로서도 유용하다. 어느 아파트 광고에서 "그녀는 알고 있었다. 그녀는 알고 있었다. 명품의 가치를. 3년 전 그녀는 이미 알고 있었다. 푸르지오의 가치를"(대우건설 푸르지오, 2004)이라고 쓰는 식이다.

점포 입지 store location 점포의 지리적 위치. 점포 입지를 규정하는 요소는 유동인구 통행량, 상권, 경쟁 점포의 위치, 임대료 등이다. 점포 입지에 관한 일반론은 릴리의 법칙(Reilly's law)으로, 판매량은 인구 수에 정비례하고 점포의 거리와 반비례한다는 것이다. 그러나 취급 상품의 성격에 따라 그 양상이 많이 달라지므로 일반화시키기에는 어려움이 따른다.

점프 컷 jump cut 장면이 비약적으로 돌출한다는 의미의 편집 용어. 보통 편집은 연대기적 순서에 입각하여 동작 및 사건이 연속적이 되도록 화면을 연결하는 데 비해 점프 컷은 연기 동작이 시간을 건너뛰거나 되돌아가는 듯한 효과를 노리는 편집이다. 촬영 및 편집의 실수로 발생하기도 하는데 한 장면의 클로즈업에서 다음 장면이 자연스럽게 연결되려면 인물과 앵글이 적절하게 변화돼야 하며 동작도 중첩되어 있어야 하는데 그러한 장면이 없는 경우 화면이 튀어 상당히 어색해 보인다. 반면 의식적인 점프 컷은 한 장면의 중간을 제거하여 시간을 압축하거나 연속성의 동기를 제거하는 식으로 편집됐다는 것을 분명히 알리고 화면의 충돌로 발생하는 정서적 반응을 고양시킨다. 연속 편집이 설명적이라면 점프 컷은 심리적 편집이라 말할 수 있다. 광고나 뮤직비디오에서 종종 볼 수 있는 편집 기법이다.

접지 접지(摺紙). 출판물 제작 과정에서 제본을 하기 위해 인쇄물을 접는 과정. 포스터나 전단은 낱장으로 된 것이어서 접지가 필요 없으나 여러 페이지를 묶어야 하는 팸플릿, 단행본, 잡지 등은 인쇄물을 접어야 한다. 한 장의 종이를 반으로 접으면 4페이지가 되는데, 이처럼 접지의 최저 단위는 4페이지이며 이의 배수인 8페이지, 16페이지 단위로 접는다. 출판물은 이렇게 접지된 인쇄물을 순서대로 합쳐서 만들어진다.

정독률 read most score 그날 신문을 읽은 사람들 중 특정 광고를 읽은 사람의 비율. 어디까지 읽은 것을 정독률에 포함시키는가는 단일한 기준이 없고 조사 때마다 결정된다. 광고의 독창성, 광고 위치 등에 따라 정독률에 차이가 생긴다.

정밀도 precision 조사 결과의 신뢰도를 백분율로 나타낸 것. 이 값은 표본설계 단계에서도 예측할 수 있어서 대개 목표 정밀도를 설정한다. 조사 후에는 분명하게 오차를 계산할 수 있으므로 달성 정밀도가 산출된다.

정보공해 information pollution 정보화가 진전됨에 따라 발생되는 각종의 공해. 정보의 양이 폭발적으로 증가하고 대량 유통되는 사회에서 나타나는 부작용으로 그 종류로는 프라이버시 침해, 과다한 정보의 수용으로 인한 정보 스트레스, 정보 관련 범죄의 증가, 인간 소외의 증대, 정보 오용에 의한 사고나 패닉 현상, 정보의 정부 독점으로 인한 국가집중 관리체제의 부작용 등이다.

정보 그래픽 information graphics 정보, 데이터, 지식의 시각적 표현. 인포그래픽(infographics)이라고도 하는 정보 그래픽은 사인, 지도, 저널리즘, 사용설명서, 교육 등의 분야에서 정보를 빠르고 명료하게 이해시키기 위한 수단으로 발전해 왔다. 이를 실현하기 위해 공학, 통계학, 수학 등의 방법론을 사용한다. 일상에서도 광범위하게 산재해 있는데, 가령 신문에서 볼 수 있는 일기 예보, 텔레비전 편성표, 주식시세표 등은 물론이고 기사 중간에 삽입되는 수많은 도표, 예를 들면 연도별 가계 부채 추이를 보여준다든지, 국가별 기대수명을 보여주는 것 등이 모두 정보 그래픽에 기반을 둔다. 그 목적은 복잡한 정보를 그래픽 수단을 사용하여 빠르고, 쉽게 전달하는 것이다. 날씨 정보를 글만으로 전달한다고 가정하면 정보 그래픽의 효용을 쉽게 짐작할 수 있다. 정보 그래픽의 범위는 상당히 넓어 이른바 아이소타이프, 즉 도로 표지판, 지하철 내부, 경기장, 호텔, 관광지 등에서 볼 수 있는 그림 문자를 비롯해 차트, 다이어그램, 캘린더 등 도표나 기호, 숫자 등으로 이루어진 정보 시스템을 포함한다. 영상, 광고에서도 사용되는데 시사 보도나 다큐멘터리에서 정보 처리를 위한 그래픽 장치를 쉽게 볼 수 있다. 정보 그래픽 자체는 가치중립적이지만 그것을 다루는 방식에 따라 정치적 입장과 가치를 표현할 수 있다. 이스라엘과 팔레스타인의 갈등을 다룬 이스라엘 건축가 말키트 쇼샨(Malkit Shoshan)의 책 〈분쟁의 지도책. 이스라엘-팔레스타인〉은 수많은 정보 그래픽 수단을 사용하여 양국의 국경, 장벽, 정착지, 인구통계학적 발전, 토지 소유, 물 관리, 토지 배수 등의 역사적 변천 과정을 지도로 상세히 기록하는데, 민감한 정치 사안에 근거한 지도책을 만드는 것 자체가 그것에 대해 일종의 발언을 하는 것이라 할 수 있다. ■

정부 광고 government advertising 정부기관이 국민을 대상으로 정부 시책에 동의를 구하거나 정책을 고지하기 위한 광고. 정부 광고의 형태로는 행정 광고(법적 공시, 의무조항의 고지 광고), 애고 광고(행정 수행에 원활을 기하고 나아가 정부에 대한 호의적 반응을 얻기 위한 광고), 공공 봉사 광고(정부 주체의 공익 광고) 등이 있다. 정부 광고의 대다수는 정책 홍보, 소비자 지원, 복지 지원, 취업 안내, 치안 예방 등 정부의 행정 서비스에 대한 고지 광고 형태이나 일부 광고는 국민 계

몽 및 여론 조작 등 정부의 편파적인 선전도구로 악용될 우려가 있는 것도 사실이다. ■

정의 definition 어떤 대상의 의미를 명확히 하는 것. 'A는 B다'라고 확고하게 의미를 부여하는 것이다. 광고에서 상품 혹은 서비스의 본질을 단순명료하게 소비자에게 제시해야 할 필요가 있을 때 광고의 중요한 순간에 상품을 정의하는 부분을 집어넣는다. 이때 이 정의는 상품에 대한 단순한 묘사가 아니라 광고주가 부여하길 원하는 가치가 투영된 것이다. "갈증 해소를 위한 음료, 게토레이"(제일제당 게토레이, 1993), "이것이 국민 차, 이것이 티코"(대우자동차 티코, 1992)가 그렇다.

정체 폭과 넓이가 같아 정사각형에 가까운 서체. 바탕체로 쓰이는 명조와 고딕 등이 해당된다. 한편 폭보다 높이가 긴 서체를 장체, 높이보다 폭이 넓은 서체를 평체, 옆으로 기울어진 서체를 사체라고 한다.

정치 광고 political advertising 선거 또는 일상 정치 활동의 일환으로 정치단체나 개인이 실시하는 광고. 협의로는 후보나 정당이 유권자의 지지를 얻기 위해 매체를 구입하여 실시하는 광고를 말한다. 정치 광고는 정치인도 하나의 상품이며 유권자에게 호소력이 있는 이미지로 포장해서 지지를 유도해야 한다는 명제를 근거로 하고 있다. 광고 윤리의 관점에서 정치 광고는 많은 논란을 낳고 있는데, 상대 후보에 대한 불공정한 표현의 여지가 많고, 복잡한 쟁점을 지나치게 단순화시키며, 매체비용이 지나치게 비싸 불공정한 경쟁이 초래되기 쉽다는 것이다.

정치인 politician 정치에 종사하는 사람. 정당인, 국회의원, 지방자치단체장, 대통령 등이 모두 정치인이다. 광고에 정치인이 등장할 때는 광고 대상과 그의 정치적 신념, 이미지를 연결시키려는 수법을 쓰는 경우가 대부분이다. 1993년 정치인 박찬종은 "저 박찬종, 순수한 무균질 인간이 되겠습니다"를 키워드로 하는 우유 광고에 출연했다. 2005년 전 국회의원이자 변호사였던 오세훈은 얼음정수기 광고에서 "속 보이는 얼음처럼 세상도 투명하게!"라고 말했다. 이처럼 광고 내용은 정치인의 역대 정치 활동과 밀접하게 연결되어 있다. 정치인 출연 광고는 소비자에게 어떤 형태로든 영향을 미쳐 선거 결과를 좌우할 수도 있기 때문에 우리나라 공직선거법에는 선거 후보자나 예비 후보자는 선거일 90일 전부터 선거일까지 방송·신문·잡지 기타의 광고에 출연할 수 없고, 지방자치단체의 장은 소관 사무나 그 밖의 명목 여하를 불문하고 방송·신문·잡지나 그 밖의 광고에 출연할 수 없다고 규정하고 있다.

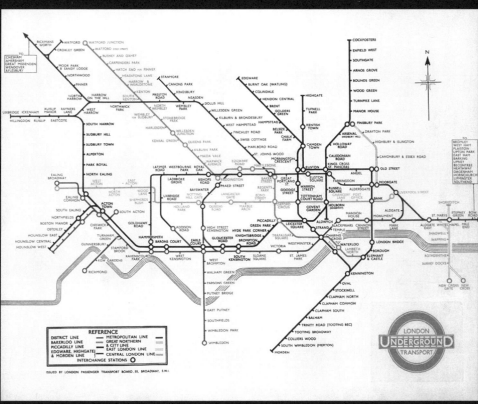

정보 그래픽
런던지하철(디자인: 해리 백)
1931

TO MAKE THIS CAR DISAPPEAR, PUT YOUR FINGERS OVER ITS HEADLIGHTS.

Block out the headlights above, and you'll get a good idea of how other drivers see you . if you don't use your headlights on gloomy days.

The fact is they can hardly see you at all. And if you can't be seen, somebody can very easily get hurt.

This is one reason the law says you <u>must</u> put on your headlights when the daylight's poor. You can be fined up to £100 if you don't turn them on in conditions of daytime fog, falling snow, heavy rain or general bad light.

So remember the law. Remember the finger test. And be the bright one.

On gloomy days, put on your headlights.

See and <u>be seen.</u>

<u>IN POOR DAYLIGHT, BE SEEN. YOU MUST USE HEADLIGHTS.</u>

Issued by the Department of the Environment, the Scottish Development Department and the Welsh Office.

정부 광고
영국 교통부
1974

"Like your manifesto, Comrade."

THE LABOUR PARTY MANIFESTO.

1983

THE COMMUNIST PARTY MANIFESTO.

1983

THE LABOUR PARTY MANIFESTO.	THE COMMUNIST PARTY MANIFESTO.
1. Withdrawal from the Common Market.	**1.** Withdrawal from the Common Market.
2. Massive increase in Nationalisation.	**2.** Massive increase in Nationalisation.
3. Cancel Trident, remove nuclear defences.	**3.** Cancel Trident, remove nuclear defences.
4. Cancel tenants' rights to buy their own council houses.	**4.** Cancel tenants' rights to buy their own council houses.
5. Oppose secret ballots for union members on selecting union leadership.	**5.** Oppose secret ballots for union members on selecting union leadership.
6. Abolish restraints on union closed-shops.	**6.** Abolish restraints on union closed-shops.
7. Abolish parents' rights to choose their children's school.	**7.** Abolish parents' rights to choose their children's school.
8. Oppose secret ballots for union members on strikes.	**8.** Oppose secret ballots for union members on strikes.
9. Abolish Immigration Act and British Nationality Act.	**9.** Abolish Immigration Act and British Nationality Act.
10. Exchange controls to be introduced.	**10.** Exchange controls to be introduced.
11. Abolish Prevention of Terrorism Act.	**11.** Abolish Prevention of Terrorism Act.

CONSERVATIVE X

정치 광고
영국 보수당
1983

제공 자막 sponsor super 프로그램 앞뒤에 명기되는 프로그램 제공 광고주 이름. 공동 제공 광고주의 이름이 표시된다. 방송 순서에 따른 표기 사항으로 광고료에 포함되지는 않는다.

제공 타이틀 sponsor title 프로그램 제공 광고주 이름 혹은 광고주 제품명을 쓴 방송 프로그램 타이틀. 상업 방송 초기에 성행했으나 방송의 공공성이 강조됨에 따라 오늘날에는 찾아볼 수 없다.

제공 프로그램 sponsored program 광고주가 방송 프로그램 제작비 및 전파 사용료를 제공하는 프로그램. 그 대가로 광고주는 프로그램 광고 시간의 일부를 광고 시간으로 활용한다. 방송사에서는 프로그램 제작 및 방송에 따른 비용을 광고주로부터 지원받을 수 있고, 광고주는 자신의 광고가 방송되는 시간과 방법을 효과적으로 통제할 수 있기 때문에 상업 방송 시스템으로 제도화됐다. 제공 방식은 크게 두 가지로 단독 제공과 공동 제공 방식이 있다.

제네릭 브랜드 generic brand 브랜드를 붙이지 않고 상품의 명칭(비누, 치약 등)과 법률 기재 사항만을 표시한 상품. 포장도 간단하고 광고도 하지 않아 가격이 아주 싸며, 품질은 유통업자가 보증하는 상품이다.

제본 binding 인쇄물을 페이지 순서대로 맞추고 표지를 씌워 읽고 보관하는 데 편리하도록 인쇄물을 완성하는 과정. 서적을 제본할 때는 제책이라고도 한다. 대표적인 방식을 살펴보면 [1] 양장(hard cover binding)은 내지를 실로 묶고 재단한 다음 별도로 만든 두꺼운 표지를 내지 묶음에 접합하는 방식이다. 내구성이 우수해서 오래 보존할 수 있고, 책이 잘 펴져 가독성도 뛰어나지만 책이 무겁고 두꺼워진다. 백과사전, 연감 등이 사용하는 제본이다. [2] 반양장: 내지는 양장과 같은 방식으로 묶지만 표지는 책등에 풀로 붙이는 방식. 양장보다 제작 기간을 줄일 수 있어 대량 생산에 적합하다. 단행본, 도록 등에 주로 쓰인다. [3] 무선(adhesive binding)은 접착제만으로 책을 묶는 방식으로 자동화가 용이하여 대량 인쇄, 대량 제본에 적합하다. 대부분의 잡지, 단행본 등이 이 방식으로 제본한다. [4] 중철(saddle stitching)은 책의 한가운데를 철사나 실로 묶는 방식이다. 두께가 얇은 잡지, 팸플릿, 브로슈어 등 오래 보관할 필요가 없는 인쇄물에 주로 쓰인다. 제본 방식에 따라 인쇄물의 내구성과 무게는 물론 그 모양이 달라지기 때문에 용도에 적합한 제본 방식을 선택할 필요가 있다. 비용과 제작 기간의 편차도 상당히 크다.

제약 광고 medicine advertising 의약품 광고. 소화제나 진통제, 감기약, 연고류, 파스류, 안약, 강장제 등의 의약품을 대상으로 한 광고다. 의약품은 그 본질이 소비자가 겪는 의학적 문제를 치유하는 상품이기에 제약 광고는 문제해결식으로 되어 있는 것이 보통이다. 즉, 시작 부분에 괴로움을 호소하는 인물이 나타나고 어떤 동기에 의해 제품이 등장한다. 주인공을 괴롭히던 문제는 이제 말끔하게 해결됐으며 문제해결에 대한 혜택이 이어진다. 유명인 모델, 감각적 접근을 통해 광고 차별화를 추구하는 것이 우리나라 제약 광고의 특성 중 하나다. 일부 대중 의약품의 경우 음료 광고나 식품 광고를 방불케 하는 요란한 표현을 구사하기도 하며 언어 유희를 통해 상표를 기억시키려는 것도 흔한 방법이다. 제약 광고는 의약품의 오용 혹은 남용을 조장할 가능성이 있어 소구 방법에 있어 다양한 규제를 받는다. 한 예로 제약 광고에는 의사, 한의사, 약사 등이 광고 모델로 나와 추천 또는 사용하고 있다는 표현을 할 수 없다.

제작 production 광고를 만드는 것, 즉 영어의 프로덕션(production). 광고대행사의 제작 부문 혹은 광고를 만드는 사람을 뜻하기도 한다.

제작비 production cost 광고를 만드는 데 소요되는 경비. 광고주 입장에서는 대행사나 제작사에 지불하는 제작외주비가 여기에 해당되는데 여기에는 제작에 지출되는 비용과 대행사 혹은 제작사 제작수수료가 포함된다. 대행사 입장에서는 외주 프로덕션에 지불하는 제작외주비를 제작비라고 한다. 광고주로부터 청구한 금액을 토대로 외주제작사에 지급한다. 제작사 입장에서는 제작에 소요되는 직접비와 간접비를 포함한 실제 제작 비용을 제작비로 본다. 텔레비전 광고 제작비의 주요 구성 요소는 기획료(자료조사비, 자료구입비, 스토리보드 작화료 등), 기술 인건비(촬영기사, 조명기사, 동시녹음기사, 특수촬영 담당자, 메이크업 아티스트, 코디네이터 등), 기재비(카메라 기재, 조명 기재, 카메라 보조기구, 기타 특수 촬영장비 등), 필름 및 현상비, 스튜디오 및 세트제작비, 대도구 및 소도구비, 후반 제작비(텔레시네, 편집, 녹음, 영상 합성), 애니메이션 제작비, 모델비, 저작권료 등이다. 광고를 직접 만드는 프로덕션에서는 위와 같은 직접 경비에 연출료와 자체 인건비, 제작수수료를 포함하여 대행사나 광고주에게 청구한다. 한편 프로덕션에서 말하는 직접 제작비란 제작 진행에 있어 비용이 직접 발생하는 제작비이고 간접 제작비는 자체 인건비나 자체 보유 장비와 같이 직접 비용이 발생하지는 않지만 대행사나 광고주에게 청구되는 비용이다.

제조과정 manufacture process 제품을 만드는 과정. 이를 제재로 삼아 광고를 만들 때는 거의 제조과정의 차별성을 특별히 강조하여 제품이 우수하다는 것을 직접 호소한다. 소비자가 먹는 제품에서는 제품 성분을 주요하게 거론하는 경우도 있다. 100% 천연 암반수로 만들었다는 맥주 광고, 열처리를 하지 않아 맛이 살아 있다고 강조하는 맥주 광고, 감자를 기름에 튀기지 않고 오븐에 구웠다는 과자 광고, 저온숙성 과정을 통해 만들었다는 빵 광고 등이 모두 제조과정을 컨셉트로 하는 광고다. 자동화 공정 시스템이나 자신들이 특별히 고안한 첨단 설비를 통해 고품질의 제품을 생산한다는 유형의 내구 소비재 광고의 빈도도 높다. 생산과정을 통해 절감된 탄소배출량을 거론하는 식의 광고, 즉 사회의 고양된 환경의식에 대응하는 유형의 광고도 최근 심심치 않게 만들어진다. 어쨌거나 제조과정은 상품의 탄생과 혁신이 이루어지는 단계이므로 이것이 광고 아이디어의 단초가 되는 사례는 업종을 불문하고 흔하게 찾아볼 수 있다.

제조물책임법 product liability 제조자가 제조한 제품이 소비자에게 판매됐을 때 그 제품의 하자로 신체 또는 재산에 손해를 입은 소비자에 대해 제조자가 책임을 지는 제도. 이때 제조자는 과실이나 고의성 여부에 상관없이 소비자에게 배상해야 한다. 지금까지는 민사법상의 과실책임원칙(고의 또는 과실이 있어야 손해배상 책임을 진다) 때문에 피해를 본 소비자는 상품의 하자뿐만 아니라 하자와 피해와의 인과관계 및 제조자 과실을 입증해야만 피해 구제를 받을 수 있어 현실적으로 소비자 구제가 매우 어려운 상황이었다. 이 제도하에서는 소비자가 제조물의 결함으로 피해를 봤다는 사실만 입증하면 배상을 받을 수 있게 되어 소비자의 권익이 크게 향상된다. 수입품에 대해서는 수입상, 제조업자를 알 수 없는 제품은 유통업자가 각각 보상의무를 진다.

제품 product 구매자에게 제공되는 재화의 물리적이고 기능적인 실체. 텔레비전, 신발과 같은 물리적인 실체도 제품이지만 배달 서비스, 음성사서함과 같은 기능적인 실체도 제품이다. 제품은 크게 소비용품(consumer products)과 산업용품(industrial products)으로 대별하는데, 소비용품은 최종소비자나 가정이 소비를 목적으로 구매하는 제품이고, 산업용품은 구매자가 제품이나 서비스를 생산할 목적으로 구매하는 제품을 말한다. 제품의 유형에 따라 광고 필요성이나 광고 형태도 달라진다. 물론 소비용품이 산업용품보다는 광고 필요성이 높다. 소비용품 광고는 대중매체를 통해 잠재소비자에게 노출시키는 전형적인 상품 광고. 이에 비해 산업용품 광고는 타깃이 제한되어 있고 타깃의 인적 사항까지 구체적으로 파악할 수 있다는 점에서 소비용품의 광고와 상당히 다른 방식으로 이루어진다. 복사기의 경우 각 기업 구매 담당자가 복사기 구매를 결정하는데, 이처럼 구매자를 정확히 판별할 수 있다면 광고에 의한 판매보다 인적 판매 형태의 판매 촉진이 더 효과적일 수도 있다.

제품 믹스 product mix 기업이 출시하는 제품의 조합. 한 상품만을 출시할 경우 비록 매출액이 높다 하더라도 예기치 않은 상황의 발생으로 수요가 격감하면 기업이 위기에 봉착할 우려가 있기 때문에 제품을 다양화하여 믹스를 갖추는 것이 보통이다. 제품 믹스는 일반적으로 일정한 넓이 및 길이, 깊이 및 밀도를 가진다. 제품 믹스의 넓이란 서로 다른 제품계열의 수이며, 길이는 이에 포함되는 총 품목 수, 깊이는 제품계열 내의 각 제품 품목에 얼마나 많은 품목이 있는가를 나타내며, 밀도란 각 제품계열의 최종 용도, 생산 여건, 유통경로와 관련하여 서로 얼마나 밀접한 관련이 있는가를 나타내는 것이다. 한 기업의 제품 믹스는 이익을 주는 기초제품군, 이익의 안정화를 위한 보완제품군, 경쟁 대항을 위한 전략제품군, 미래를 의식하여 개발한 미래제품군 등으로 구성될 수 있다.

제품 사진 product photography 제품을 촬영한 사진. 소비자가 구매의욕을 느낄 수 있도록 제품을 매력적으로 보이게 하는 다양한 기술을 동원한다. 시계, 보석, 자동차, 의상, 가전제품 등 제품마다 촬영 특성이 달라 각 분야에 전문적인 사진가가 필요하다.

제품 차별화 product differentiation 기존 제품과 견주어 특이성을 추구함으로써 잠재소비자의 수요를 이끌어내리는 마케팅 활동. 제품이 시장에 도입되어 어느 정도 보급되고 기본적 수요가 충족된 이후, 즉 제품의 라이프사이클로 보아 성장기 이후에 새로운 수요를 자극하기 위해 제품의 개선 및 개량, 혹은 여타의 방법으로 새로운 제품으로 탈바꿈시키는 것을 말한다. 차별화의 주된 수단은 품질, 디자인, 포장, 판매조건, 부대서비스 등이다. 제품 차별화에 의해 기업은 가격경쟁을 피할 수 있으며 판매경로의 설정과 통제를 경쟁사에 비해 유리하게 전개할 수 있다. 제품 차별화는 그 방법상 두 가지가 있다. 제품의 성능, 성분, 특성, 디자인, 포장 등 제품의 물리적 특성을 변화시키는 방식과 광고나 판매 방식, 진열 방법 및 서비스 방식 등 제품을 둘러싼 환경을 변화시키는 방식이다.

제품 프레젠테이션 product presentation 제품을 테마로 제품 속성을 강조하는 광고 형식. 이른바 '제품이 주인공'이 되는 광고다. 이때 광고 내용은 제품 자체에 내재된 이야기를 강조한다. 즉, 핵심적인 특장점을 테마로 하되 제품 표현을 중심으로 이야기를 전개하는 광고. 대부분의 광고가 제품의 장점을 소구하지만 제품 프레젠테이션 유형은 광고 대상인 제품이 전면으로 강조되는 특성이 있다. 제품 기능의 설명과 실연이 위주가 되는 기능형 소비용품류의 광고에 빈번하게 쓰이는 형식이다.

ㅈ

제호 광고 신문의 제호 근처에 게재하는 박스 광고. 보통 한 광고주가 장기간에 걸쳐 게재한다. 신문은 가장 중요한 뉴스를 머리기사로 취급하므로 제호 광고의 주목률은 상당히 높다. 돌출 광고의 일종이다.

조건반사 conditioned reflex 어떤 조건에 대해 특정한 반응이 나타나는 것. 개에게 종소리를 들려주며 먹이 주기를 반복하면 나중에 종소리만 들려도 개는 침을 흘린다. 이를 조건반사라 한다. 즉, 특정 자극에 대해 무의식적으로 반응하는 것이다. 개에게 먹이를 보여주어도 개는 침을 흘리지만 이는 타고난 것으로 무조건 반사라고 한다. 광고에서도 다양하게 응용할 수 있는데 특정 자극을 제시하면서 상품을 연상하도록 유도하는 광고에서 특히 두드러진다.

조명 lighting 피사체에 광선을 투여하는 일. 화면에 적절한 밝기를 제공하여 화면이 선명하게 보이도록 하는 한편 특정한 분위기를 창출하는 구실을 한다. 기본적인 조명 과정은 우선 피사체를 비추는 가장 주된 광선인 주광선을 설정하고 주광선 맞은편에 보조광선을 비추어 주광선에 의한 강한 콘트라스트를 없애며 피사체 후면의 역광으로 화면에 깊이감을 주는 것이다. 이 세 가지 광원은 2차원으로 구현되는 화면에 사물을 입체적으로 묘사하기 위한 조명 연출의 원천이 된다.

조명 스타일 lighting style 영상 작품이 갖는 조명에 관한 특성. 감독과 촬영감독은 영상 전체를 관통하는 빛에 대한 관념 내지는 전략을 세우는데 그 결과로 나타나는 조명 특성을 조명 스타일이라고 한다. 우리가 보는 현실은 그 자체로 형태와 빛이 만들어내는 색채와 명암, 원근감을 가지고 있으나 그것을 카메라로 찍을 때는 현실을 그대로 재현하는 것이 아니라 광학적 특성에 따라 현실을 모사할 뿐이다. 카메라 재현력 또한 현실에 존재하는 빛의 스펙트럼을 완벽하게 기록하는 것은 불가능하므로 카메라를 통해 현실을 포착할 때 '빛을 어떻게 다룰 것인가'라는 문제에 대면할 수밖에 없다. 이에 대한 대응이 조명 스타일이다. 조명 스타일이라고 할 때 먼저 영상 작품의 성격을 지적할 수 있는데 일반적으로 코미디나 뮤지컬은 밝은 색조가 기본이 되지만 공포 영화에서는 인물을 고립시키고 서스펜스를 증폭시키기 위해 어둠을 극단적으로 강조하는 조명이 이루어진다. 광고 조명은 예외는 있지만 청결하고 밝은 분위기를 강조하는 조명이 대부분이다.

조직 마케팅 organization marketing 어떤 조직에 대한 공중의 선호도를 높이려는 마케팅 활동. 마케팅 대상이 상품이 아닌 조직이며 목표는 조직에 대한 선호를 증진하는 것이다. 조직 마케팅의 첫 단계는 조직의 기존 이미지를 평가하는 것이고, 평가된 조직의 이미지를 제고하기 위한 전략 수립과 실행계획이 있게 된다. 특정 조직이 가지는 이미지는 매우 다양하지만 가령 담배 같이 유해한 기호품을 판매하는 회사나 경마나 복권, 카지노 같은 사행산업에 속한 기업에 대한 사회적 평판은 그렇게 호의적이지 않다. 이런 환경에서 기업은 문화예술 지원, 빈곤층 구호 사업 등 자신들이 펼치는 다양한 사회공헌 활동을 널리 알리고, 나아가 자신들의 기업 활동이 공동체의 이익에 합치한다는 점을 역설하면서 자신에 대한 부정적 인식을 타파하고자 한다. 이런 활동이 전형적인 조직 마케팅 사례다.

종속변수 dependent variables 독립변수의 영향을 받아 변화될 것으로 가정한 변수. 독립변수는 종속변수 변화의 원인이 되는 변수. 따라서 종속변수는 독립변수에 '종속'되어 독립변수의 영향을 받아 변화한다.

종이 paper 출판물의 주재료로 인쇄가 되는 부분. 제지 회사에서 대량 생산하며 용도별로 종이 제품을 선택할 수 있다. 종이를 분류하는 기준은 매우 다양하지만 통상 코팅의 유무, 사용 펄프의 종류, 사용 기능에 따라 분류한다. 표면에 코팅한 종이를 도공지(塗工紙), 코팅하지 않은 종이를 비도공지(非塗工紙)라 한다. 도공지에는 대표적으로 아트지가 해당되며 표면이 균일하고 평활성이 뛰어나 인쇄의 재현성을 높일 수 있는 것이 주요 장점이다. 비도공지는 백상지(모조지), 중질지, 서적용지, 신문용지 등이 해당되며 가장 대표적인 상업 인쇄용 종이다. 펄프 종류와 이것을 배합한 정도에 따라 기계펄프로 만든 종이와 화학펄프를 사용하여 만든 종이로 나눌 수 있다. 종이의 사용 기능에 따라서는 신문용지류, 인쇄용지류, 정보용지류, 포장용지류, 산업용지류, 기능지 등으로 분류한다. 그 외 표면에 여러 색상을 입히거나 다양한 표면 처리를 해 질감을 표현한 일명 파인 페이퍼(fine paper)도 있다. 출판 제작에서 종이를 선택할 때에는 가격이 물론 중요 요인이긴 하지만 출판물 성격을 적절히 반영하는 종이를 선택할 필요가 있다. 가령 패션 잡지는 인쇄 적성과 컬러 재현이 관건이기 때문에 유광 계열의 종이를 사용하는 것이, 소설책과 같이 텍스트가 주가 되는 단행본은 편안한 가독성과 책 넘김을 위해 무광의 미색지를 사용하는 것이 유리하다. 자동차 브로슈어나 사치품 카탈로그를 제작할 때에는 이른바 '고급감'을 획득하기 위한 전략적인 종이 선택이 이루어진다. 잡지 광고에서는 광고를 어떤 종이에 인쇄할 것인가도 고려 사항이다. 일부 광고는 인쇄 적성과 독자가 책을 넘길 때 주목도를 높이기 위해 본문 용지와 종류가 다른 별도의 종이에 광고를 인쇄하고 이를 코팅 등 후처리하여 삽지하는 방법을 취한다.

종합광고대행사 full-service agency 광고주가 요구하는 다방면의 커뮤니케이션 활동을 총괄 서비스할 수 있는 인력과 조직을 갖춘 광고대행사. 종합광고대행사는 크리에이티브 부티크와 같이 제한된 서비스만을 제공하는 한정광고회사(limited-service agency)와 구별하기 위해 사용되는 용어다. 종합광고대행사가 제공하는 서비스는 광고기획 서비스, 크리에이티브 서비스, 매체 서비스, 마케팅 조사 서비스, 판매 촉진 서비스, 피아르(PR), 이벤트 등 기타 서비스 등이다.

좌수 광고 left page advertisement 잡지 왼쪽 면에 게재되는 광고. 가로짜기로 조판된 잡지에 있어 오른손으로 페이지를 넘길 때 독자의 시선이 주로 오른쪽에 집중된다는 생각에 좌수 광고보다 우수 광고가 더 선호 대상이다. 기사가 오른쪽에 위치하고 마주 보는 면에 광고가 게재될 때는 기사대면 좌수 광고라 한다.

주간지 weekly magazine 일주일에 1회 발행하는 정기 간행물. 시사 뉴스를 다루는 뉴스 주간지와 경제 뉴스 중심의 경제 주간지가 대표적인 형태다. 국제 시사 보도로 유명한 〈타임〉, 영국의 경제 잡지 〈이코노미스트〉가 양 진영을 대표하는 잡지이며 독일의 〈슈피겔〉과 미국의 〈비즈니스 위크〉도 국제적인 명성을 가진 잡지다. 영국의 〈타임아웃〉, 미국의 〈뉴욕〉처럼 지역의 문화와 음식 등 라이프스타일 정보를 주간 단위로 취합하여 발행하는 잡지도 있다. 연예 정보를 다루는 주간지로는 미국의 〈피플〉과 〈엔터테인먼트 위클리〉가, 스포츠 영역에서는 〈스포츠 일러스트레이티드〉가 유명하다. 우리나라도 뉴스 주간지와 경제 주간지가 다수 발행되고 있으며 대부분은 신문사의 하위 브랜드 형태다. 미디어로서 주간지의 특성은 일간지가 하기 힘든 심층보도와 분석 기사, 탐사보도에 중점을 두어 독자에게 전망과 시각을 부여할 수 있다는 점이다. 문화 및 오락적 기능도 마찬가지다. 유명인에 대한 신변캐기 위주의 보도가 여전히 있지만 수준 높은 논평을 통해 해당 커뮤니티의 문화 인프라로서 의미 있는 역할을 한다. 주간지는 신문과 견줄 수는 없지만 어느 정도는 양적 매체로서 비교적 많은 부수를 발행하며 정기구독보다는 가판대에서 배포하고, 재정적으로는 광고에 의존한다. 사람이 정보를 구하는 경로가 다변화하고, 특히 2000년 이후 인터넷이 항구적인 정보 플랫폼으로서 자리를 잡으면서 주간지의 설 자리는 점점 좁아지고 있으며, 매체 공학적으로도 잡지 광고가 인터넷 광고로 옮겨가는 추세가 확고해 주간지의 미래는 불투명하다. 구글(www.google.com)과 트위터(www.tweeter.com), 페이스북(www.facebook.com)으로 대표되는 인터넷 시대에 주간지의 뉴스 생산과 배포에 수반하는 비효율은 더욱 두드러져 보인다. 이 시점에 주간지가 할 수 있는 일은 신문과 마찬가지로 온라인계 미디어와의 융합을 통해 새로운 독자를 발굴하고 동시에 매체의 양적 가치를 확산시키는 정도다. ■

주관식 질문 free answer question 조사 대상으로부터 정보를 알아내기 위한 질문 방법의 한 유형으로서 질문 자체 이외에는 어떠한 암시나 보기를 제공하지 않는 방법. 예를 들면 "지금 기억하고 있는 텔레비전 광고를 순서대로 다섯 가지만 기록해주십시오", "신제품에 대한 정보는 어디서 구하십니까?" 등이 주관식 질문의 유형이다. 다른 방법에 비해 다양하고 광범위한 응답을 얻을 수 있어 조사자가 기대한 것이나 다른 조사의 결과에서 나타난 것 이외의 응답을 얻을 수 있는 여지가 많은 것이 이 방법의 장점이다. 반면 이 방법은 응답자들이 성의 있게 답하지 않을 가능성이 높다는 것과 표현 능력이 부족한 사람은 응답을 기피한다는 것이 문제점인데 실제로 우편조사의 경우에는 대부분 주의를 기울여 답하지 않는다. 또 면접법이나 전화조사와 같이 면접원이 질문하는 경우는 면접원의 영향을 크게 받는다. 면접원이 있어서 보다 넓고 정확한 답변을 구할 수도 있으나 면접원의 편견이 작용할 가능성이 높고, 면접원 각각의 능력 차이로 인한 오차와 응답 내용의 오도 등도 생각할 수 있다.

주광선 key light 피사체를 비추는 광선 중 가장 주가 되는 광선. 현장에서는 영어로 '키라이트'(key light)라고 부르는 경우가 많고 줄여서 키(key)라고 부르기도 한다. 이 광선은 피사체의 주된 그림자를 만들고, 그 피사체의 형태 및 표면의 질감을 나타내주며, 노출의 기본치를 결정하는 구실을 한다. 주광선은 보통 카메라 위치에 대해 사각 정면에서 비춘다. 가장 먼저 주광선의 위치가 정해지고, 그 후 다른 보조조명이 주광선을 보완하는 것이 조명의 기본 과정이다. 만약 다른 광선을 배제하고 주광선만으로 피사체를 비추면 빛의 변이가 매우 급격하게 변해 콘트라스트가 심하게 발생하며 그림자 부분의 색감이 상당히 상실되고 그림자가 배경과 섞여 사물 형태가 왜곡되는 결과를 낳는다.

주니어 스프레드 junior spread 양면에 주니어 페이지가 마주 보고 있는 광고. 포니 스프레드(pony spread)라고 한다.

주니어 페이지 junior page 돌출 광고를 확대한 형태로 게재되는 지면 광고. 신문 광고에서는 대략 A4 크기를 갖는다. 주니어 유닛(junior unit)이라고도 한다.

주류 광고 alcohol advertising 알코올 음료를 대상으로 하는 광고. 맥주, 위스키, 포도주, 샴페인 광고를 말하며 우리나라에서는 소주, 탁주, 민속주에 대한 광고도 많다. 대중 시장을 상대로 하는 주류산업은 일반적으로 거대 설비를 바탕으로 한 산업이며 시장도 과점 형태로 되어 있어 대량 광고전이 벌어지는 분야다. 주류 제품은 상표에 대한 소비자 태도가 구매결정에 큰 영향을 미치는 품목으로 광고 활동도 상표 이미지 형

DER SPIEGEL

Nr. 34 / 21.8.06
Deutschland: 3,40 €

4 190700 703403   34

Der Blechtrommler

Spätes Bekenntnis eines Moral-Apostels

MA BELL'S MAKEOVER (P. 30) | **IS THE INTERNET PEAKING?** (P. 90)

The McGraw·Hill Companies

BusinessWeek

MARCH 20, 2006

www.businessweek.com

FOREVER YOUNG

THE ANTI-AGING INDUSTRY PROMISES TO TURN BACK TIME

> **HIGH PRICES**
> **BIG CLAIMS**
> **UNCERTAIN SCIENCE**

SPECIAL REPORT BY ARLENE WEINTRAUB (P.64)

$4.95US $6.95CAN

0 74820 18248 2

성을 목표로 전개되는 것이 보통이다. 주류 제품은 그 것의 남용에 대한 사회적 우려 때문에 광고에 있어서도 다양한 표현 규제를 받는다. ■

주목률 readership score 어떤 신문, 잡지를 읽은 사람들 중 광고를 본 사람의 비율. 대개 광고물을 보여주고 본 기억이 있다는 응답을 조사하여 주목률을 계산한다. 한편 광고물의 세세한 부분까지 읽은 사람의 비율은 정독률이라고 하여 주목률과 구별하나 그 기준은 명확하지 않다.

주부지 housewife's magazine 주부를 대상으로 발행하는 잡지. 여성지라는 분류도 가능하나 젊은 여성층이 패션지의 독자군에 소속되어 잡지 분류를 세분화할 필요가 있을 때 상대적으로 고연령 여성 독자를 겨냥하는 일군의 잡지를 주부지로 통칭한다. 미용실, 은행, 커피숍에서 흔히 볼 수 있는 잡지다. 가정주부가 관심을 가질 만한 주제, 즉 인테리어, 육아, 건강, 미용, 요리 등 생활정보를 주로 다루고 유명인의 고백 수기나 연예계 방담류 같은 대중 취향의 기사도 흔하다. 이런 측면에서 여성이 흥미를 가질 만한 기사를 취합한 종합지라는 성격을 가진다. 한국의 대표적인 잡지 유형으로 광고가 많은 대신, 광고 및 독자 확보에 치열한 경쟁이 벌어지는 분야다.

주의 attention 외부의 자극에 민감하게 반응하기 위해 심리적인 요소들을 집중시키는 과정. 자신이 좋아하는 상표의 광고가 나오면 '주의'를 기울인다.

ㅈ **주파수 안내판 광고** 특정 방송국의 라디오 주파수를 표시한 안내판에 부착하는 광고. 자동차 전용도로 및 주요 국도 연변에 설치되어 운전자로 하여금 자사 라디오 주파수를 인지하도록 유도하는 안내판 하단에 부착된다. 운전자가 주된 소구 대상이어서 보험, 정유 및 자동차 관련 상품 및 서비스 광고가 대부분을 차지한다.

주황 orange 빨강과 노랑을 섞은 색. '오렌지'라는 색 이름처럼 주황은 대표적인 음식의 색이다. 당근, 복숭아, 망고, 새우, 소시지, 연어, 고기, 카레 등이 주황색이다. 식감을 직접적으로 자극하는 색이기 때문에 식품류의 포장과 상표에 많이 쓰인다. 주황은 자유분방하고, 즐거운 이미지를 주는 색이지만 그렇게 값비싼 색은 아니다. 주황색으로 된 플라스틱 바가지처럼 일상적이고 대중적인 성격 때문에 사치품이나 고가의 제품에는 별로 어울리지 않는다. 주황은 주황색을 내는 염색 원료인 사프란의 원산지 인도의 상징색이며 네덜란드 왕가인 오랑주 가문의 상징색이기도 하다. 오렌지군단은 네덜란드 축구 국가대표팀의 별칭이다.

준거집단 reference group 개인에 대해 행동 규범을 부여하거나 행위에 대한 평가 기준을 제공하는 집단. 개인으로 하여금 새로운 행동 양태나 라이프스타일에 접촉시켜 태도 및 의식을 형성시키므로 상품 구매나 상표 선택에 있어 지대한 영향을 준다. 준거집단은 구체적으로 두 가지 역할을 하는데, 첫째는 규제적 역할로서 구성원의 생각과 행동을 규제하고 그 기준을 제시하는 것이고, 둘째는 정보적 역할로서 구성원 상호 간의 관계를 통해 각종 정보를 전파하는 것이다. 준거집단의 구체적인 형태로서는 개인이 소속을 인지하고 있는 공식조직(예를 들어 가정, 학급, 직장), 현재는 구성원이 아니지만 구성원이 되길 원하거나 자기의 행동 기준으로 삼고 싶다고 생각하고 있는 기대 집단, 거기에 소속되지 않는 것을 희망하는 부정적 집단, 구성원이 되기 위해서는 회원권을 획득해야 하며 회원권은 아무에게나 주어지지 않으므로 이를 유지하기 위해 집단의 규율에 순응하게 되는 회원제 집단(membership group) 등이 있을 수 있다. 가족, 직장, 동창회, 동아리 등이 대표적이고 인터넷 동호회, 트위터나 페이스북 등 소셜네트워크서비스(SNS)에서의 지인들도 준거집단으로서 개인에게 적지 않은 영향을 준다.

줌 zoom 초점거리를 변화시킬 수 있는 줌렌즈로 촬영하는 것. 카메라와 피사체를 동시에 고정시켜 촬영하더라도 피사체 크기를 임의대로 조절할 수 있다. 카메라가 피사체를 향해 줌 하는 것을 줌 인(zoom in), 반대로 피사체로부터 빠져나오는 것을 줌 아웃(zoom out)이라고 한다. 줌 인(zoom in)은 피사체를 확대하는 동시에 시야 심도는 줄어들게 하는 것이고 줌 아웃(zoom out)은 피사체는 작아지고 시야 심도는 증가한다. 카메라 촬영에서 줌은 일반적으로 부드럽게 피사체 크기를 변화시키고자 할 때, 극적인 변화를 추구할 때, 시청자 시선을 집중시키고자 할 때, 피사체를 좀더 명확하게 보여주고자 할 때 구사한다.

중간 광고 commercial break 프로그램이 방송되는 도중에 광고를 방송하는 제도. 상업 방송의 종주국인 미국에서 발달한 제도로 프로그램 도중에 광고가 방송되고 광고가 끝나면 프로그램이 이어지는 시스템을 말한다. 보통 시청자가 방송에 몰입되어 있는 상태에서 광고를 내보내므로 회피할 겨를도 없이 반강제적으로 노출되어 광고효과를 크게 높일 수 있는 제도다. 중간 광고가 없으면 광고가 불가피하게 프로그램 앞뒤에 몰려 광고 간 상호 간섭과 재핑(리모컨을 이용한 광고 회피)으로 광고효과가 떨어지기 때문에 광고주의 선호는 상당히 높은 편이다. 우리나라는 현재 지상파 방송의 경우 운동 경기, 문화·예술 행사 등 그 중간에 휴식 또는 준비 시간이 있는 프로그램을 제외하고는 중간 광고를 할 수 없으나 허용 여부에 대한 논의는 활발하다. 종합유선방송과 위성방송에서는 중간 광고를 할 수 있는데

주류 광고
스미노프
1995

주류 광고
SKYY
1999

그 횟수는 45분 이상 60분 미만인 방송 프로그램의 경우에는 1회 이내, 60분 이상 90분 미만인 프로그램의 경우에는 2회 이내, 90분 이상 120분 미만인 프로그램의 경우에는 3회 이내, 120분 이상 150분 미만인 프로그램의 경우에는 4회 이내, 150분 이상 180분 미만인 프로그램의 경우에는 5회 이내, 180분 이상인 프로그램의 경우에는 6회 이내로 하되, 매회의 광고시간은 1분 이내다. 지상파 방송에 중간 광고가 도입되면 프로그램의 제작 방식은 물론 구성 방식과 시청자의 시청 패턴, 광고요금 제도 등 여러 방면에서 심대한 변화가 불가피할 것으로 예견된다.

중간상 middleman 생산자와 최종소비자 사이에서 상품을 이전하는 기관. 중간상은 생산자와 소비자 사이에 개입하여 유통 마진이라는 비용을 발생시키지만 그 비용은 중간상이 창출하는 효용에 의해 상쇄된다. 중간상이 창출하는 가장 대표적인 효용은 소비자가 구매하기를 원하는 시간과 장소에서 그것을 살 수 있도록 해주는 것이다. 백화점과 이마트 같은 대형 할인매장이 대표적인 중간상 형태이며, 중간상 자격으로 중요한 광고 활동을 하기도 한다. 이베이(www.ebay.com), 아마존(www.amazon.com)과 같은 인터넷 쇼핑몰도 일종의 중간상이다.

중복출연 한 광고 모델이 동시에 여러 광고에 출연하는 것. 광고 모델이 여러 광고에 겹치기로 출연하게 되면 광고들끼리 간섭을 일으키거나 모델의 과다 노출이 광고 내용과 브랜드를 압도하여 모델과 제품 사이에 연상이 약해지는 등 광고회상률과 상표상기율이 떨어질 가능성이 있다. 유명인, 연예인 모델에게서 빈번하게 중복출연이 나타난다.

중요정보 공개제 광고 시 소비자가 합리적 구매 선택을 하기 위해 반드시 필요한 정보를 소비자가 알 수 있도록 공개해야 하는 제도. 광고주가 광고를 할 때 자신에게 유리한 정보만을 알리고 소비자가 반드시 알아야 할 사항은 의도적으로 축소, 누락시켜 소비자 피해가 발생하는 것을 방지하기 위한 제도다. 가령 해외여행 모집 광고를 할 때 파격적인 가격만을 강조하여 소비자는 가격이 싸다고 판단해서 신청했으나 실제로는 식사 제공을 하지 않거나 형편없는 숙박시설에 투숙시키는 한편, 지정된 상점에서의 쇼핑 요구 등으로 소비자 피해가 발생한다면 여행에 따른 제반 조건에 관한 정보를 제공하지 않은 것이 결과적으로는 소비자를 기만하는 결과를 초래한 것으로 볼 수 있다. 따라서 광고를 할 때 가격뿐만 아니라 숙박 조건, 식사 제공 여부, 추가 비용 등 소비자가 반드시 알아야 할 중요정보를 함께 공개해야 한다는 것이다.

중의법 중의법(重意法). 하나의 말에 두 가지 이상의 뜻을 나타내는 수사법. 광고가 자주 사용하는 표현법으로 주로 상표명 혹은 상품 속성과 관련한 언어유희가 대부분이다. 빈혈치료제 광고에서 "철없던 네가 철들었구나!" 하는 것, 치킨 광고에서 "닭살의 극치"라고 표현하는 것 등이다. 참신한 감각으로 작성한 중의적 표현은 광고에 재치를 부여해 광고 분위기를 유쾌하게 만든다.

증강현실 AR augmented reality 가상의 콘텐츠가 마치 실제로 존재하는 것처럼 화면상에 보여주는 기법. 오감을 통해 실제와 유사한 체험을 제공하는 기술인 가상현실(virtual reality)이 실제 환경을 볼 수 없는 반면 실제 환경에 가상정보를 섞는 증강현실은 더욱 심화된 현실감과 부가정보를 제공하는 기술이다. 가장 흔하게 거론되는 것이 스마트폰으로 거리를 비추면 인근의 상점이나 건물의 전화번호 등의 정보가 영상에 비치거나, 상품 바코드를 스마트폰으로 스캔하면 가격정보가 나타나는 것 따위다. 개념적으로 획기적인 기술이란 평가를 받고 있지만 그 정의가 모호하고 사용자의 이해가 부족하여 아직은 서비스 영역이 그렇게 넓지는 않다. 그러나 관련 기술이 빠르게 발전하고 있어 사물인식, 자동 번역, 음성 인식, 위치 인식 등의 여러 기능이 결합할 가능성이 점쳐진다.

증언 광고 testimonial advertising 제품을 직접 사용하고 있는 사람 혹은 그 분야의 전문가가 등장해 제품을 추천하게 하는 형식의 광고. 예를 들어 방송인이 치약 광고에 나와 "방송을 하는 저로서는 입이 저의 전부나 마찬가지죠. 입안이 개운하면 기분도 개운하고 말하는 느낌마저 항상 새롭습니다"라고 말하며 제품을 추천하는 유형의 광고다. 서울 신당동 떡볶이 가게 할머니가 고추장 광고에서 쏟아낸 생생한 말투는 증언 광고의 매력을 잘 보여준다. "고추장 뭘 쓰냐구요? 그거 알아서 뭐 하실라구 그러세요. 떡볶이집 차릴려구 그래? 다른 고추장은 써본 일이 없어요. 고추장 비밀은 며느리도 몰라! 아무도 몰라"(삼원식품 해찬들 태양초 고추장, 1996). 증언 광고를 말할 때 빼놓을 수 없는 사례가 1990년 한 세탁 세제 브랜드가 모두 6명의 주부를 등장시켜 전개했던 인터뷰 캠페인이다. 질문 내용을 약속하지 않은 오픈 질문(open question) 방식으로 진행한 인터뷰를 통해 주부들은 브랜드에 대한 자신의 경험을 현실감 있게 증언했다. "할머니: 그때는 수돗물도 잘 안 나왔어요. 그래서 펌프물을 쓰고, 그러니까 더군다나 빨래가 더 안 돼구요" "인터뷰어: 세제는 뭐 쓰셨구요?" "할머니: 세제가 뭐 있나요. 그때는 없죠. 딱딱한 비누하고 잿물로다 삶아서 그렇게 빨래를 했죠." "인터뷰어: 지금 스파크 써보시니까 어떠세요." "할머니: 너무 좋죠. 때가 잘 빠지고, 향기도 좋고, 거품도 덜 나니 얼마나 좋습니까?"(애경산업 뉴스파크, 1990). 동시녹음과 ENG 카메라 촬영 등 제작 기

ISO 9002 품질보증시스템 인증획득

뉴스파크 광고 **3**

증언 광고
삼원식품 해찬들 태양초 고추장
1996

증언 광고
애경산업 뉴스파크
1990

법 또한 증언의 신뢰를 높이는 요인이 됐다. 이런 예에서 보듯 증언 광고의 효과는 등장인물의 성격과 신뢰도뿐만 아니라 진실성을 강화하는 제작 기법에도 큰 영향을 받는다. ∎

지각 perception 자극에 대해 의미를 부여하는 과정. 즉, 자극을 받아들이고 그것을 이해하는 심리적 과정. 지각 과정에서 나타나는 특성은 개인마다 자극을 주관적으로 받아들이며 자극을 모두 받아들이지 않고 선별적으로 받아들인다는 것이다. 지각은 소비자들이 광고 메시지를 수용하고 이해하는 과정과 직접적인 관련을 맺는다.

지명구매 nomination buying 소비자가 어떤 상품을 살 때 이미 가지고 있던 정보를 토대로 특정 브랜드를 지목하여 구입하는 것. 지명구매는 광고 등 프로모션 활동에 의해 소비자의 심리 속에 그 브랜드에 대한 신용이 형성되어 이루어지거나, 최초 사용 후 만족도가 높아져 상표충성도가 형성되어 이루어진다. 기업 입장에서는 지명구매를 확장시키는 일이 판매에 있어 최종 목표라 할 수 있다.

지명률 awareness rate 어떤 것에 관해 그것의 이름이나 내용을 알고 있는 사람의 비율을 백분율로 나타낸 것. 마케팅, 특히 광고에서는 회사 지명률, 상품 지명률, 브랜드명 지명률 등이 중요하다. 지명의 정도에 따라 다음과 같은 단계가 있다. [1] 단지 이름만은 알고 있고 그것이 무엇인가의 내용은 잘 알지 못한다. [2] 이름도 알고 그 내용도 대개 알고 있지만 자세히는 모른다. [3] 이름도, 내용도 상세히 알고 있다. 지명률 조사에서 "당신은 ○○라는 회사를 알고 계십니까?"라는 질문만으로는 위의 첫 번째 지명률밖에 측정할 수 없다. 이것만으로는 오인(誤認)도 포함되게 되므로 이전에 반드시 그 회사의 업종, 제조품목, 소재지 등 필요한 사항을 물어서 다음 단계까지 파악할 필요가 있다. 회사 지명률은 기업 광고 효과측정의 첫 번째 기준이다. 상품 지명률은 그 상품의 발매를 나타내는 하나의 지표가 된다. 특히 신제품 발매에 있어서는 상품 지명률을 상승시키는 것을 광고 목적으로 할 정도다. 지명률은 이해율, 평가율, 확신율, 행동률 등의 선행지표가 된다.

지문 지문(地紋). 인쇄물에 있어서 문자나 그림, 사진의 효과를 강조하기 위해 배경으로 사용하는 연속 무늬.

지방지 local newspaper 신문을 배포하는 지역이 특정 지역에 한정된 신문. 전국지 혹은 중앙지와 상대되는 개념이다. 우리나라의 경우 시·도 단위의 특정 행정구역을 중심으로 배포되는 경우가 대부분이다.

지불능력 기준법 affordable method 고정비와 필수적으로 계산해야 하는 경비 및 목표 이익의 수준을 결정한 후에 남는 금액을 광고예산으로 결정하는 광고예산 결정법. 즉, 가용 자금의 범위 내에서 광고예산이 책정된다. 보수적인 경영자의 입장에서는 목표이익을 우선적으로 고려할 수 있고 광고비 지출에 대해 효과적으로 통제할 수 있기 때문에 매력적인 방법이 될 수도 있으나, 달성해야 할 광고 목표를 배려한 결정이 아니므로 전략적 가치는 낮은 방법이다.

지아르피 GRP gross rating point 특정 프로그램 간의 중복이나 반복 노출에 관계없이 전체 소구 대상에 전달된 시청률의 총량을 백분율로 표시한 것. 개인 또는 가구가 어떤 광고를 몇 번 보았든 상관없이 특정 매체에 노출된 횟수만큼 계산한다. 가령 A 프로그램의 시청률이 20%이고, A 프로그램에 광고를 2번 노출시킨다면 지아르피는 40%다. 만일 A 프로그램에 3번 노출시키고 시청률이 10%인 B 프로그램에 4회 노출시킨다면 지아르피는 100%가 된다. 그러나 지아르피가 100%라도 오디언스의 100%가 그 프로그램을 본 것을 의미하는 것은 아니다. 이처럼 지아르피는 중복 노출을 고려하지 않은 단순한 시청률의 합계, 즉 연시청률이다.

지아이 GI gross impressions 누적 오디언스의 총수를 지칭하는 개념. 모집단이 3000만 명이고, 프로그램 A의 시청률이 13%, 프로그램 B의 시청률이 25%라고 할 때 프로그램 A에 2번, 프로그램 B에 4번 광고 노출됐다면 지아이(GI)는 3780만 명이 된다. 즉, 광고를 본 사람의 연인원을 모두 더한 것이다.

지아이 GI group identity 복합 기업, 즉 그룹 차원의 시아이(CI: Corporate Identity) 작업을 일컫는 말.

지적소유권 intellectual property 모든 지적 활동에서 발생하는 권리의 총체. 지적재산권이라고도 한다. 지적소유권은 산업발전을 목적으로 하는 공업소유권과 문화 창달을 목적으로 하는 저작권으로 양분된다. 공업소유권은 공업기술의 창조, 기술제품의 의장, 제품의 동일성을 나타내는 표식 등에 법적 보호가 주어지는 것이고 저작권은 저작자의 학술, 문학, 미술, 음악 등의 사상 및 감정의 창작적인 표현을 보호하는 법적 권리다. 이 두 권리는 무형재산권이라는 점에서는 동일하지만 공업소유권이 관청의 심사를 거쳐 등록해야만 보호되는 권리인 반면 저작권은 저작물이 형성되는 동시에 그 권리가 발생한다는 점이 다르다. 공업소유권은 다시 특허권, 실용신안권, 의장권, 상표권 등으로 나누어지고, 저작권은 저작권과 저작인접권으로 분류된다.

지주간판 지주간판(支柱看板). 지면에 지주를 설치하여 판을 부착하거나 원기둥 혹은 사각기둥 등의 게시 시설

ㅈ

을 설치하여 문자나 도형 따위를 기둥면에 직접 표시하는 간판류. 건물에 직접 설치하기 곤란하거나 건물이 뒤로 물러나 있어 행인이 볼 수 없을 때 이용할 수 있는 방법이다. 차도 옆이나 행인이 많은 곳에 설치되는 특성상 도로 통행에 지장을 주고 안전에 유의할 필요가 있어 이를 설치하는 데에 몇 가지 규정이 있다.

지하철 광고 subway advertising 지하철 및 그 시설물을 매체로 이용한 광고. 지하철은 대도시의 중요한 교통수단이며 도심을 중심으로 운행되므로 교통 광고 중에서는 메시지의 대량 전달에 가장 적합한 매체로 평가된다. 지하철 광고의 또 다른 특성은 광고의 규격성이다. 옥외매체의 큰 약점인 무통일성이 지하철 광고에서는 정리되어 광고 제작 및 관리를 효과적으로 펼칠 수 있다는 것이다. 지하철 광고는 크게 차내 광고와 역 구내 광고로 대별된다. 차내 광고는 전동차 내부에 부착되는 광고로 일정한 위치에 고정되어 부착되므로 반복 소구가 가능하고 광고물 교체가 용이하여 행사 고지, 신제품 고지, 영화 개봉, 서적 출판 등의 광고에 유용하다. 천장걸이 광고, 액자형 광고, 천장곡면 광고, 객차 간 출입문 상단 광고, 노선도 광고, 출입문 스티커 광고 등이 모두 차내 광고다. 역 구내 광고의 대표적인 유형은 역 구내 벽면에 부착되는 와이드 컬러로 시각효과가 뛰어나 의류, 전자, 식음료, 학원, 출판, 유통업계의 광고가 주로 게재된다. 그 외 실내LED, 노반 와이드 컬러, 신문판매대, 출구 안내 표지판, 화폐교환기, 버스노선 연계도, 방향 표지판, 시민게시판, 범죄신고대 등에 광고가 부착된다.

직거래 광고 direct handling advertising 광고주가 광고대행사에 의뢰하지 않고 직접 매체사와 협의하여 시간 혹은 지면을 청약하고 광고비까지 지불하는 형태의 광고. 매체사에서는 광고대행사에 지급하는 대행수수료를 절약할 수 있는 이점이 있어 광고비를 할인해주는 경우가 많다. 우리나라에서는 인쇄매체 광고에서 많은데 주로 광고단가가 낮은 출판 광고, 극장 광고, 안내 광고 등이 주된 직거래 광고 업종이다.

직업 job 일정 기간 동안 계속해서 종사하는 일. 등장인물의 직업에서 연유하는 속성을 광고가 차용하는 것이 모델 광고의 보편적인 접근이다. 예컨대 영화감독이란 직업은 일상의 구속을 거부하는 자유인이며 카메라를 통해 진실을 발견하려는 예술가라는 이미지를 갖는다. 마찬가지로 교사는 도덕과 권위, 펀드매니저는 냉철한 비즈니스 승부사, 농부는 땅을 지키는 민초, 경찰관은 민중의 지팡이, 우편배달부는 성실과 근면, 변호사는 양심과 진실의 수호자라는 이미지를 갖는다. 직업이 가진 이런 이미지는 오랜 기간 사회적으로 축적된 것이어서 이를 인용하고 해석하는 데 오류가 생기는 일은 별로 없다. ■

직유법 simile 두 개의 대상을 서로 비교하여 표현하는 수사법. '~같이', '~처럼', '~듯이' 등의 문장이 되는 것으로 그 결과 묘사가 정확하고 논리적이며 설명적인 것이 된다. 직유법을 사용한 유명한 문장은 '구름의 달 가듯이 가는 나그네'이다. 광고에 쓰인 가장 유명한 직유법 문장 중 하나는 '산소 같은 여자'(태평양 마몽드, 1993)다. ■

직접소구광고 direct appeal advertising 제품 구매를 직접적으로 설득하는 유형의 광고. "이 제품은 가격이 싸고 용량이 많아 좋습니다"라는 식으로 설득하는 것이다. 소비자에게 알리고 싶은 제품의 특징을 꾸밈없이 알린다는 점에서 광고의 본래 기능에 가장 부합하는 형식이다. 광고주가 제품에 대해 하고 싶은 말을 직설적으로 말하므로 내용이 쉽고 솔직해서 소비자가 오인할 우려가 없다.

질적 조사 qualitative survey 조사 결과가 통계로 계량화되어 산출되는 것이 아니라 조사 대상자의 감정이나 태도 등 언어의 형태로 표현되는 조사 기법. 그 기법에는 심층면접법, 집단면접법 등이 있다. 본격 조사를 설계하기 위한 절차로 이용하는 경우가 많다. 이에 비해 양적 조사는 시청률 조사와 같이 그 결과가 계량화된 숫자로 산출되는 조사다.

집군 표본 추출법 cluster sampling 모집단의 요소들이 집군(集群)되어 있는 상황하에서 단순 무작위 추출로 표본을 추출하는 방법. 한 도시의 성인 1인당 평균소득을 표본조사한다고 할 때 거주하는 성인들의 명단을 구하기 어렵다고 가정하자. 이 도시의 주거지역은 블록으로 구분할 수 있고 각각의 블록에는 소득 수준이 비슷한 가구들이 모여 살고 있어 한 블록이 집군을 형성하고 있다. 따라서 도시 전체의 지도에 블록별로 1번부터 525번까지 할당하고, 이 블록 중에서 25개의 블록을 무작위 추출하고, 추출된 블록 내에 거주하고 있는 모든 성인들의 소득을 조사한다고 하면 이 조사에서는 집군 표본 추출법이 쓰인 것이다. 집군 표본 추출법은 모집단 요소에 대한 리스트를 구하기 힘든 경우나 모집단 요소들 사이의 거리가 너무 떨어져 있어 조사비가 많이 드는 경우에 이용된다.

집단면접법 group discussion 소수의 대상자를 한곳에 모이게 하여 토론 형식의 간담회를 열고 그것을 기록하여 정보를 얻는 조사 방법. 참석자끼리 서로 의논하므로 내용의 질이 좋고, 참석자 발언을 직접 듣거나 태도를 관찰할 수 있다는 장점이 있다. 한정된 소수의 사람을 대상으로 하므로 이 결과로부터 곧 결론을 구하기보다는 본조사 전에 예비적인 지식을 얻기 위해, 혹은 조사 결과에 대한 해석을 위해 시행한다.

Canon shooter
정일성

디지털 캠코더의 기준은 하나다!
캐논인가 캐논이 아닌가

XL1s   GL2   Optura 20/10   Elura 40MC   ZR 70MC/65MC/80

광학22배X디지털 440배 초고배율 줌렌즈 장착! / 캐논 ZR 70MC 세계에서 가장 정교하다고 인정받는 캐논 6티컬 줌렌즈를 탑재한 디지털 캠코더. 동급 최고의 광학 22배 고배율과 디지털 440배의 디지털 줌으로 놀라운 고화질을 보여줍니다. 또한 캐논의 기술력이 응집된 최신 디지털 영상엔진 DIGIC를 장착하여 월등한 성능향상을 실현하였습니다. 디지털 영상의 미래를 보여주는 디지털 캠코더. 그것은 오직 캐논입니다. 캐논을 쥐는 순간 당신은 디지털 캐논슈터! www.lgcamera.co.kr

Canon   LG 상사

직업
캐논
2003

세상은 지금 나를 필요로 한다

산소같은 여자

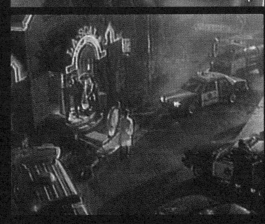

직유법
태평양 마몽드
1993

집단 커뮤니케이션 group communication 두 사람 이상의 사람들 사이에 전개되는 커뮤니케이션. 개인과 개인이 서로 인접하여 듣기와 말하기의 형태로 이루어지는 대인 커뮤니케이션과 유사하나 커뮤니케이션 과정에 기술적 매체가 포함되며 커뮤니케이션 대상이 두 사람 이상이라는 점이 다르다. 또한 커뮤니케이션에 참가하는 사람들이 대체로 장기적인 조직을 이루고 있으며 집단 목적(group goal)이 있고, 집단 목적을 달성하기 위해 커뮤니케이션을 한다는 특성이 있다. 반면 대인 커뮤니케이션은 상대방이 서로 상호작용을 할 의사를 가지기 때문에 쌍방향으로 메시지가 교환되며 상호대면 상황에서 커뮤니케이션이 이루어진다.

집중 스폿 saturation spot 단기간에 집중되어 이루어지는 스폿 형식의 광고 방법. 집중 스폿 캠페인으로도 부른다. 냉난방기구, 감기약 등과 같은 계절상품의 판매, 설이나 추석·세밑의 대매출, 신규 개점, 회사명 변경의 고지 등 속전속결용으로 효율적인 광고 방식이다. 방송 기간도 매주 같은 요일을 선택하여 아침부터 저녁까지 반복하여 소구하는 수직침투법(종적 집중 스폿), 매주 특정한 동일 시간대를 가로띠로 반복 방송하는 수평침투법(횡적 집중 스폿), 양자를 혼합한 L자형, +자형 등 여러 패턴이 있다.

집중집단면접 focus group interview 소수의 대표 소비자를 집단적으로 면접하는 방법으로 이들로 하여금 현안의 문제를 비공식적으로 토의하게 하여 조사 결과를 얻는 면접조사. 원래 정신의학자들이 사용했던 집단치료 요법에서 유래했다고 하며 마케팅 조사에서 가장 많이 쓰이는 기법에 속한다. 6~12명 정도의 응답자로 집단을 구성하여 의견조정자의 진행에 따라 토론을 하는 방식이다. 때에 따라서는 광고, 제품, 포장 따위의 자극물이 제시되며 이들의 토론 내용은 녹화 또는 녹음된다. 집단은 통상 복수로 구성되며 각 토론 결과를 비교하고, 기록을 검토하는 과정을 거친 후 결론을 내린다. 이 기법의 성패는 '집단을 구성하는 일'로 요약된다. 응답자들은 논점에 대한 적절한 경험을 가진 사람이면서 대화를 일방적으로 주도할 염려가 없는 토론 비경험자로 구성돼야 하는 점이 중요하다. 또 집단은 비슷한 특성의 집단으로만 구성돼야 한다. 예를 들어 청소년과 노인을 한 집단으로 동시에 참여시키면 곤란하다. 가능한 한 집단 구성원 간의 동질성을 높게 유지하여 토론 목적과 관련이 없는 논점에 대해 구성원 간 알력을 피하는 것도 중요하다. 집단 크기 또한 고려 대상이 된다. 일반 소비재 조사인 경우 집단은 10~12명 정도가 적당한데 구성원 수가 너무 적으면 소수가 토론을 좌우하고 너무 많으면 참여 기회가 감소된다. 건축가나 의사, 엔지니어 등 주로 해당 분야의 전문가가 참여하는 비소비재 조사에서는 6~7명 정도가 적합하다. 이 기법은 토론 분위기에 따라 토론의 질이 좌우되므로 자유로운 분위기를 만드는 토론환경을 조성할 필요가 있다. 마케팅 조사 기법으로서 집중집단면접의 가장 큰 가치는 자유로운 토론에서 예기치 않은 사실이 발견된다는 것이다. 개개인은 토론이란 과정을 통해 더욱 광범위한 정보 통찰력을 보여주곤 한다. 또한 관찰법에 비해 신속하고 적은 비용으로 자료를 수집할 수 있으며, 조사 시점에서 융통성을 발휘할 수 있다는 장점도 있다.

집중 캠페인 saturation campaign 특정 기간 동안 광고를 집중 노출시키는 전략. 긴 시간 동안 조금씩 광고를 내보내는 것이 아니라 짧은 시간 동안 집중적으로 광고를 노출시키는 것이다. 신제품 출시, 정기세일, 간행물 창간 고지 광고 등에 이용된다.

집중화 마케팅 concentration marketing 전체 시장 가운데 하나의 세분 시장만을 표적시장으로 삼는 마케팅 활동. 복수 세분 시장에 대해 각각 다른 마케팅 믹스를 적용하는 복수 세분 시장 마케팅과 비교하여 집중화 마케팅은 단일 세분 시장만을 상대하는 마케팅 활동이다. 아동용품만 취급하는 회사, 미술서적만 발행하는 출판사, 전통가구만 만드는 회사 등이 그 사례다. 하나의 세분 시장에서 표적시장을 상대로 전문적으로 마케팅 활동을 할 수 있고 비용도 적게 든다는 장점이 있다. 반면 규모가 큰 경쟁사가 이 시장에 진입할 때 시장을 지키기 힘들고 표적시장의 기호가 변하여 수요 변화가 생기면 마케팅 활동의 존립이 위협당할 수 있다는 위험이 있다.

ㅈ

ㅊ

차내 광고 inside car card 교통 광고의 하나로 지하철, 버스, 철도 등의 교통기관 차량 내부에 게시되는 광고. 천장에 매단 포스터, 액자 포스터 등 두 가지가 대표적이다. 교통수단에 따라 창문 위의 틀에서 내려뜨린 포스터, 출입구 위나 창문 위의 틀에 끼워 넣는 소형 광고, 소형 인쇄물을 끈에 끼워 넣어 내려뜨린 광고 등이 있다. 차내의 승객을 대상으로 하는 것으로, 연간 승차 횟수의 점차적인 증가, 평균 승차 시간의 증대 등에 따른 노출 증대 가능성을 겨냥한 매체다.

차별화 전략 differentiation strategy 경쟁사를 상대하여 마케팅 수단을 특이화함으로써 표적고객의 선호를 창출하여 마케팅 목표를 달성하려는 전략. 차별화 대상에 따라 여러 가지 전략을 구사할 수 있다. [1] 제품 차별화: 종래의 제품과는 다른 차별성을 추구함으로써 잠재소비자의 선호에 의한 수요를 이끌어내려는 차별화. 품질, 디자인, 포장, 판매조건과 같은 수단을 통해 이루어지며 제품 차별화가 효과적으로 이루어지면 기업은 가격경쟁을 피하고 판매경로 설정과 통제를 유리하게 전개할 수 있다. [2] 서비스 차별화: 차별화 대상을 물리적인 제품이 아닌 서비스 상품 혹은 제품에 수반되는 서비스에 초점을 맞춘 것. 차별화를 위한 주요 변수로는 배달, 설치, 고객 훈련, 자문 서비스, 애프터서비스, 종업원 등이 있다. [3] 가격 차별화: 가격을 경쟁사 가격과 다르게 설정하여 마케팅 목표를 가격요인으로 성취하려는 것. 저가전략이나 고가전략, 침투 가격전략 등은 가격 차별화를 통해 마케팅 활동을 수행하는 사례다. [4] 이미지 차별화: 기업 혹은 상표 이미지를 경쟁사의 그것과 구별시켜 소비자 선호를 획득하려는 전략. 제품요인만으로는 차별화가 힘든 오늘날의 추세에 비추어 소비자의 기업 혹은 상표에 대한 태도가 구매결정에 큰 영향을 미치고 있는데 이미지 차별화는 이러한 소비자의 구매 행동에 대응하기 위해 기업과 상표 이미지를 경쟁사와 차별시켜 상표에 대한 호의적인 태도를 창출하려는 전략이다. 콜라의 경우 소비자가 현실적으로 상표의 맛을 정확하게 구별하기 힘들지만 특정 상표에 대한 상표충성도가 높은 것은 이미지 때문이다. 이미지는 회사나 상표를 인식시키는 심벌이나 시아이(CI), 공중관계, 제품, 광고 등에 의해 형성되는데 일단 한번 형성되면 그것을 바꾸는 데는 오랜 시간과 비용이 든다.

차용 appropriation 원본을 끌어들여 창작 자원으로 삼는 방법론. 문화 연구, 예술 비평에서 등장하는 개념이며 전유(專有)라고 부르기도 한다. 확고한 권위와 지명도를 획득한 원본은 하나의 기호로 작용하는데 이 기호의 맥락을 변경하여 의미를 전복한다는 함의를 가지는 용어다. 미국의 개념 미술가 셰리 러빈(Sherrie Levin)의 작업 '워커 에번스를 따라서'(After Worker Evans)가 한 예인데 전설적인 사진가 워커 에번스의 사진을 재촬영해 예술에서 원본의 의미를 제기했다. 말버러 담배의 광고에 등장하는 카우보이가 모습을 촬영해 재구성한 일련의 시리즈도 유명하다. 원본을 차용해 광고를 만드는 사례도 있다. 가령 레오나르도 다 빈치(Leonardo da Vinci)의 걸작 '모나리자'와 같이 널리 알려진 기호를 가져오는 식이다. 그러나 이는 표면일 뿐, 상업 메시지인 광고에서 비평적 의미의 차용을 보여주는 경우는 거의 없다고 봐야 한다. 차용의 의미 작용은 동시대 사회적 가치를 어젠다로 하는 비상업 캠페인에서나 가능한 일이다.

착시 optical illusion 외적인 자극에 의해 크기, 상태, 형태 등을 실물과 다르게 지각하는 것. 주로 시각적 착각에 의한 것이다. 착시는 착각이지만 보는 사람이 느끼는 감각적 현실이라는 점에서 디자인에 응용된다.

채널 channel □ 전파의 통신로를 뜻하는 방송 용어. 전파 전류를 변조하여 방송파가 만들어지면 그 주 전파의 상하에 신호전류에 대응하는 일정 폭의 측파대가 만들어지는데 주전파와 측파대를 포함하여 채널이라고 한다. □ 정보통신 분야에서는 데이터 통신 회선과 장비를 포함하는 통신장치를 의미하는 용어. 또 컴퓨터 시스템 분야에서는 중앙처리장치의 프로그램 수행과 입출력 혹은 하나 이상의 입출력이 병렬로 이루어지도록 하기 위해 두는 프로그램 수행 능력을 가진 처리장치를 의미한다.

채택자 카테고리 adopter categories 사람들이 아이디어나 신제품을 수용하는 속도를 기준으로 소비자를 분류한 것. 신제품을 채택하는 속도에 의해 소비자를 혁신층(innovators), 조기 수용층(early adopters), 조기 다수 수용층(early majority), 후기 다수 수용층(late majority), 후발 수용층(laggards)으로 분류할 수 있다는 것이다. [1] 혁신층: 모험적이며 새로운 경험에 대한 선호가 강한 계층. 폭넓은 정보망을 가지고 있으며 전문성이 높다. 구매 행동도 적극적이어서 자발적으로 제품을 구입하는 계층이다. [2] 조기 수용층: 의견선도 계층. 준거집단 내에서 존경을 받고 있으며 의견선도자 역할을 하기 위해 상품을 조기 구매한다. 그 외의 특성은 대체로 혁신층과 유사하다. [3] 조기 다수 수용층: 심사숙고형으로 신중하고 조심스러운 태도를 보이는 계층. 약간의 의견선도자 역할을 하나 리더십 면에서는 미미하다. 사회적 지위 면에서 평균치를 약간 상회하는 정도다. [4] 후기 다수 수용층: 회의적인 성격을 가져 신제품을 수용하는 속도가 늦고 준거집단의 압력이 없으면 좀처럼 신제품을 수용하지 않는다. 대중매체를 별로 접촉하지 않으며 교육·소득·지위 면에서 평균 이하다. [5] 후발 수용층: 전통지향적이어서 새로운 것에 대한 거부감을 느끼는 계층이다. 언젠가는 신제품을 수용하지만 이미 그때는 신제품이 아니다. 교육·소득·사회적 지위 면에서 최하위 계층이다. 채택자 카테고리는 마케팅상 단계적 판매 촉진의 근거를 제시하는 것이기도 하나 여기에는 신제품 성격도 큰 영향을 미친다. 고가의 전문품 등에 있어서는 채택자 카테고리에 의한 단계적 마케팅이 유용한 것으로 여겨지지만 일반 소비재에 있어서는 그 이용 가치가 높지 못하다.

철도 광고 railway advertising 기차 및 역사 내외부에 설치되는 광고. 다른 교통수단의 발달로 수송 분담률이 예전처럼 높지는 않으나 장거리를 운행하므로 노출 시간이 상대적으로 길다는 장점이 있다. 광고 위치에 따라 차내 광고와 차외 광고로 대별하는데, 차내 광고에는 천장걸이 광고, 출입문 상단액자 광고, 하단액자 광고, 월력 액자 광고, 출입문 스티커 광고 등이 있다. 차외 광고의 종류로는 승강장 역명 표지판 광고, 승강장 입간판, 승강장 사각기둥 광고, 철로변 입간판 광고, 간이의자 광고, 역사 내 와이드 컬러, 역사 내 LED 등이 있다.

체계적 표본 추출법 systematic sampling 무작위 추출 시, 필요한 개개의 추출 단위 리스트의 처음 n개의 추출 단위들 가운데서 무작위로 한 개를 선택한 다음 n번째마다 하나씩 표본을 추출하는 방식. 특정 백화점 고객들에게 백화점 이미지를 조사한다고 가정하자. 백화점 고객은 계절, 요일, 시간에 따라 그 구성 유형이 다른 것이 특징이다. 즉, 모집단이 주기적 변동을 갖고 있다는 것인데, 이때는 무작위 추출로 표본을 추출하는 것보다 모집단 전체에서 표본을 골고루 선택하기 위해 처음 무작위로 표본 하나를 선택한 다음 일정한 간격으로 계속 n번째 표본 단위를 추출하는 게 효과적일 수 있다. 이 경우 체계적 표본 추출법은 단순 무작위 추출보다 표본 추출이 쉽고, 표본으로 선택되는 응답자가 모집단을 더 충실하게 대표한다고 볼 수 있다.

초상권 right of likeness 자기의 초상이 자기 의사에 반하여 촬영되거나 공표되지 않을 권리. 초상이라고 할 때 광의로는 특정인의 사진이나 그림은 물론 성명, 음성, 서명 등 특정인의 동일성을 인지할 수 있는 모든 요소를 포함하며 협의로는 특정인의 모습이나 형태를 그림, 사진, 영상 등으로 표현한 것을 말한다. 초상권이란 이와 같은 형상을 다른 사람이 임의로 제작, 공표하거나 영리적으로 이용당하지 않을 권리를 말한다. 초상권은 인격권의 성격을 갖는 프라이버시권과 재산권의 성격을 갖는 퍼블리시티권을 동시에 포함한다. 프라이버시권이란 개인이 자신의 의사에 반하여 함부로 공표되지 않을 권리로 개인의 초상이 본인의 허락 없이 공표당함으로써 받게 되는 정신적 고통을 방지하는 데에 기본적 목적이 있으며 개인의 인격적 이익의 보호를 위한 권리를 의미한다. 퍼블리시티권은 초상권의 재산권적 성격을 구체화한 것으로 자신의 초상의 사용을 독점적으로 이용할 권리를 말한다. 이 권리는 초상과 같은 자신의 정체성을 공표하는 것을 직업으로 하는 연예인이나 운동선수, 유명인에게 주로 해당되는 권리다. 프라이버시권으로서 초상권은 주로 저널리즘과 관련하여 신문 사진, 잡지 사진, 텔레비전 화면 촬영으로 침해받는 경우가 많다. 만약 이 권리가 침해됐을 때 개인은 초상 사용의 중지 및 정신적 고통에 따른 위자료 청구, 명예회복을 위해 상응하는 조치를 요구할 수 있다. 퍼블리시티권으로서의 초상권은 주로 유명인 초상의 상업적 이용과 관련된 것으로 만약 이 권리를 침해당했을 때는 손해배상과 초상의 무단사용으로 인한 부당이익의 반환을 요구할 수 있다. 특히 퍼블리시티권은 광고와 관련하여 논란을 불러일으키는데 광고에서 특정 유명인 초상을 임의로 사용할 때는 재산권으로서의 초상권을 침해한 결과가 된다. 유명인, 배우, 연예인 등은 스스로 취득한 명성에 따라 일정한 대가를 받고 자신의 초상을 3자에게 독점적으로 이용하게 하는 이익을 가지는데 따라서 이들의 초상은 인격적 이익과는 별개로 독립된 경제적 이익의 대상이 되므로 초상의 임의 사용

ㅊ

으로 인격적 고통을 받지 않았다 하더라도 경제적 이익의 침해를 이유로 법적 구제를 받을 수 있다. 이 두 가지 권리는 서로 얽혀서 작용하지만 유명인의 초상은 프라이버시에 대한 권리가 약한 반면 퍼블리시티 측면에서는 강한 권리를 인정받는다. 반대로 일반인의 초상은 프라이버시 보호라는 측면이 강조되며 퍼블리시티 측면의 권리는 약하게 인정된다.

초상 사진 portrait 인물의 초상을 포착한 사진. 피사체로서 인물을 촬영하는 인물 사진의 일종이면서 주로 회화의 초상화처럼 단순한 배경에서 정면 등을 응시하는 인물의 얼굴 혹은 상반신을 촬영한 것을 말한다. 인물을 정확하게 기록하는 것보다 인물의 성격과 개성을 표현하는 특성이 더 중요시된다.

초점 focus 피사체로부터 반사된 광선이 렌즈를 통과한 후 필름상의 초점면에 모여 피사체의 영상을 형성하는 한 점. 촬영 시 초점을 맞추기 위해서는 포커싱 링을 좌우로 돌리는데, 먼 피사체는 포커싱 링을 왼쪽으로, 가까운 피사체는 오른쪽으로 돌리면서 초점을 맞춘다. 초점을 어느 곳에 맞춘다는 것은 보여주고 싶은 대상을 설정하는 것으로 초점이 맞은 부분이 그 이외의 것보다 주목할 만한 것이라고 말하는 것과 같다. 초점이 맺어지는 형태에 따라 다양한 심리효과, 낭만과 유머, 신비, 품위 따위를 표현할 수 있다. ∎

촉진 promotion 기업이 고객에게 상품정보를 제공하는 한편, 구매할 것을 설득하는 행위. 광고, 홍보, 피아르를 포괄하는 개념이다. 가장 대표적인 촉진은 대중매체를 이용한 상품 광고이며 그 외 중요한 촉진 수단에는 인적 판매(판매원을 매개로 하는 프로모션 수단), 판매촉진(제품의 판매나 구입을 증진시키기 위한 단기 인센티브), 홍보(회사의 제품을 매체의 뉴스로 다루게 하여 촉진 효과를 내는 것), 피아르(대중에게 좋은 이미지를 심어주기 위한 활동), 기업 광고(회사의 활동 또는 업적을 널리 알리는 활동) 등이 있다.

촉진 믹스 promotion mix 촉진 수단을 조합하는 것. 특정 캠페인을 위해 촉진 수단을 어떻게 믹스하느냐 하는 것은 제품 종류, 고객 특성, 제품 수명주기, 고객의 구매의사결정 과정의 단계에 따라 달라진다. 촉진 믹스를 구성하는 요소로는 광고, 피아르, 홍보, 판매원, 판매촉진 등이 있다.

촉진예산 promotion budget 기업이 촉진 활동을 수행하는 데 드는 비용의 합계. 촉진예산에는 광고비와 인적 판매비, 판매 촉진비를 포함한다. 산업이나 업종에 따라 큰 차이를 보이는 것이 일반적인데, 그 이유는 유통기관의 촉진 개입 여부(중간상이 촉진에 깊게 개입할수록 촉진예산이 적게 든다), 마케팅 믹스의 변화 정도(마케팅 믹스의 잦은 변화는 촉진예산의 증가를 초래한다), 구매의사결정자 수(수가 많으면 촉진예산이 증가한다), 제품 라인의 변화 정도(제품이 자주 바뀔수록 예산이 증가한다), 고객 접근의 난이도(많은 고객이 널리 분포되어 있으면 예산이 증가한다), 고객의 구매 패턴(패턴의 변화가 심할수록 예산이 증가한다)이 각각 다르기 때문이다. 또한 위와 같은 환경이 촉진예산을 결정하는 개략적인 가이드라인이 될 수 있다.

총광고비 gross advertising cost 한 국가에서 1년 동안 사용한 광고비 총액. 통계상으로 본 광고비(advertising cost)와 행정상으로 본 광고선전비(advertising expenses)가 있다. 일반인들에게 주지되고 있는 광고비의 개념은 통계조사의 규정으로 통계조사의 입장에서 광고비 추계를 위해 산정 조건을 규정하고 광고비를 측정하는 것이다. 우리나라에서 처음으로 총광고비가 추정·집계·발표된 것은 1968년인데 그해의 광고비는 92억원이었다. 1970년대 이래의 총광고비의 추이는 경상가격으로 보면 지속적 성장세를 나타내어 1988년에 와서는 실질적으로 총광고비가 GNP의 1%를 넘어섰다. 1인당 광고비는 대상인구 1인당 드는 광고비로서, 다음과 같은 두 가지의 뜻을 지닌다. 사회경제적인 입장에서 세계 각국의 광고 활동 수준을 비교 대비할 때 소비자 차원에서 본 광고 활동의 단순한 지표로 적용된다. 또 기업에서의 광고 활동효과를 경제효율의 측면에서 평가하는 지표로서, 또 매체 선택에 있어서 각 매체가치를 경비효율의 면에서 평가하는 지표로 쓰여진다. 경비효율을 산출할 때에는 예상고객, 상품 사용자, 캠페인 전후에 있어서 이미지 및 태도의 변용자, 경쟁품목으로부터의 구입 변경자 등 각종 대상 인구가 적용된다. 그리고 가구 단위의 소비재나 설비재 등과 같은 것일 때는 1가구당 드는 광고비로서 산출된다.

최소수요 market minimum 마케팅 노력을 전혀 기울이지 않아도 발생하는 수요. 마케팅 활동이 거의 없는 상태에서도 판매는 이루어지는데 이를 최소수요라고 한다. 마케팅 노력을 기울이는 것과 비례하여 수요는 증가한다.

추출단위 sampling unit 표본조사에서 표본을 추출할 때 기준이 되는 단위. 모집단에서 직접 표본을 추출할 때 설정된 표본이 추출단위가 된다. 예를 들어 모집단에서 직접 가구를 추출하여 가구를 조사한다고 가정하면 가구는 추출단위이기도 하고 조사단위이기도 하다. 그러나 가구를 추출하여 가구원 한 사람 한 사람을 조사할 때에는 가구는 추출단위일 뿐 조사단위가 아니다. 한편 2단 추출하여 도·시·읍·면·가구 차례로 추출할 때, 도·시·읍·면은 1차 추출단위(primary sampling unit), 가구는 2차 추출단위(second-

Polo L. £8290

초점
폴크스바겐 폴로
1998

Surprisingly ordinary prices

ary sampling unit)라고 한다.

추출 프레임 sampling frame 무작위 추출 시 필요한 개개의 추출단위 리스트. 가구를 추출할 때에는 주민등록등본, 추출단위가 기업이면 기업연감 등이 추출 프레임이 된다. 그 외에도 전화번호부, 대학생 명부, 상장회사 일람 등이 추출 프레임이 될 수 있다. 완전한 추출 프레임은 모집단 전체가 단 한 번에 제시되는 것이어야 한다. 회사의 명부나 경제지에 제시되는 상장회사는 완전한 표본구성이 될 수 있다. 그러나 완전한 추출 프레임은 그리 흔하지 않다. 예를 들어 세제를 취급하는 소매점, 개를 기르고 있는 가구 등과 같이 조사 대상 조건이 특수하여 기존 명부가 없는 경우에는 추출 프레임을 새로 작성해야 한다.

축하 광고 celebration advertising 축하 인사를 내용으로 하는 광고. 창립기념일, 기업 행사, 업적 발표, 수상(受賞) 등에 대해 타인이 이를 축하하거나 자축하는 광고를 말한다. 협력 업체나 제휴 기업이 상대방에 대해 실시하는 경우가 대부분이나 기업이 정부에 대해, 정부가 기업에 대해, 개인이 기업 혹은 단체에 대해, 개인이 개인에 대해 축하하는 경우도 있다. ■

출연제한 모델 각종 규정에 의해 광고 출연이 제한되는 모델. 가령 다음과 같은 사람은 방송 광고에 출연할 수 없다. 공무원은 공익 광고 등을 제외한 상업 광고에 출연할 수 없다. 의사, 치과의사, 한의사, 약사, 간호사 등은 제약 광고에 출연할 수 없다. 20살 미만인 사람은 주류 광고에 출연할 수 없다. 어린이 보호를 위해 어린이는 광고 목적에 주도적으로 이용되지 못한다. 선거와 관련된 정치인은 선거가 있기 90일 전부터 방송 광고에 출연할 수 없다.

출판 publishing 저작물을 복제하여 서적이나 잡지 형태로 만든 후 이것을 판매 등의 방법으로 독자에게 제공하는 행위. 그 행위의 주체가 되는 개인을 출판자, 그 단체를 출판사라고 한다. 출판물 복제는 대부분 인쇄에 의해 이루어지므로 출판물을 인쇄매체라고 통칭하기도 한다. 출판은 목적에 따라 영리 출판과 비영리 출판으로 대별하는데, 영리 출판은 출판업자가 영리를 목적으로 대중을 상대로 출판을 하는 것이고 비영리 출판은 주로 정부, 단체, 조합, 공공기관 등에서 비영리적 목적으로 출판하는 것이다. 기업이 소비자를 대상으로 출판하는 사보, 주주와 이해관계인을 대상으로 출판하는 연차보고서 등도 비영리 출판의 범주에 속한다. 또 출판을 소설, 수필 따위의 내용으로 불특정 다수를 대상으로 하는 대중 출판과 제한된 계층을 대상으로 전문적 주제에 대해 출판하는 전문 출판으로 분류하기도 한다.

출판 광고 publishing advertising 출판물을 대상으로 하는 광고. 소설, 수필, 인문, 교양, 실용 등의 단행본 이외에 학습지, 교재, 정기간행물이 주 광고 대상이다. 출판사, 잡지사, 신문사의 기업 광고를 포함시키기도 한다. 단행본을 대상으로 하는 서적 광고의 일반적인 유형은 책 제목과 주요 내용, 필자 약력, 언론 및 독자 반응 등의 정보를 나열하는 식이며, 정기간행물 광고는 해당 호의 주요 기사 제목과 주요 내용을 빽빽하게 채워 넣는 형태가 많다. 광고주가 비교적 소규모이고 매체사와 직접 거래 시 매체료를 할인받기 때문에 인쇄 광고의 경우 광고대행사를 통한 대행이 거의 이뤄지지 않는 업종이다.

출판 마케팅 publishing marketing 출판물 제작과 유통, 촉진 활동을 수행하는 과정. 소비자 마케팅을 출판 부문에 접목시킨 것으로 출판사가 대형화하여 기존 주먹구구 식 출판 제작자 중심의 출판 행위로는 효과적으로 목적을 달성하기 힘든 환경이 대두되어 출판물 기획에서부터 유통, 촉진에 이르는 일련의 과정을 마케팅 관점으로 수행하려는 움직임이 생겼다. 출판 마케팅의 주요한 테마는 아래와 같다. 무엇을 출판할 것인가? 소구 대상은 누구인가? 언제 출간할 것인가? 유통 범위는 어떻게 할 것인가? 홍보와 광고는 어떻게 할 것인가?

충동구매 impulse buying 원래는 구매 의사를 갖지 않았으나 판매 현장에서 즉흥적으로 상품을 구입하는 행위. 충동구매의 유형은 평상시의 구매 행동에서 일탈한 순수 충동구매, 광고의 기억을 통해 이루어지는 상기형 충동구매, 상품을 보는 순간 필요성이 생겨서 이루어지는 유발형 충동구매, 경품 제공 등의 요인으로 구매 품목을 변경함으로써 이루어지는 계획형 충동구매 등으로 대별된다. 비합리적인 구매 행위로 볼 수 있지만 순기능도 있다. 서점을 돌아다니다가, 책을 구매하는 것을 예로 들 수 있는데 이때 충동구매는 사람들로 하여금 문화적 잠재성과 위안거리를 우연히 자각할 기회를 준다.

층화 추출법 stratified sampling 모집단을 구성하는 추출단위를 몇 개 층으로 분류한 후, 각 층에서 필요한 크기의 표본을 추출하는 무작위 추출의 한 방법. 예를 들어 두 지역의 투표자들이 찬반을 현저히 다르게 나타내고 있을 경우에는 두 집단을 섞어서 하나의 집단으로 간주하고 무작위 추출하는 것보다 특성이 유사한 집단별로 단순 무작위 추출 하는 것이 일반적이다. 이와 같이 모집단을 그 특성이 유사한 계층으로 분류, 즉 층화한 다음 계층별로 단순 무작위 추출하는 것을 층화 추출법이라 한다. 층화가 정확하게 이루어지면 단순 무작위 추출보다 오차가 작아지는 것이 일반적이다. 층화 추출이 가능하기 위해서는 각층의 크기, 각 단위가 어느 층에 속하는가를 객관적으로 분류할 수 있어야 한

19◐-1999

다. 특히 모집단이 이질적인 대상으로 이루어져 있을 경우에는 층화 추출이 반드시 필요하다. 반면 층화가 잘못 이루어지거나 애매한 경우, 중요한 오류를 범할 수도 있다.

침투가격 penetration price 신제품의 효과적인 시장 진입을 위해 판매 초기 단계에서 낮게 설정하는 가격. 특히 일용품 시장에서 효과가 높다. 침투가격전략을 구사하기 위해서는 가격에 대한 수요의 탄력성이 높아야 하고, 기업의 여유 자금이 확보되어 있어야 하며, 수량의 증가에 따라서 생산비 절감 효과가 커야 한다.

침투율 penetration ratio 1960년대 테드베이츠(Ted Bates)사 회장 로서 리브스(Rosser Reeves)가 주장한 광고효과의 한 기준. 침투율에는 광고침투율과 상품침투율이 있는데 광고침투율은 조사 시점에서 해당 광고를 인지한 사람과 그렇지 않은 사람과의 비율을 나타낸다. 상품침투율은 위 두 그룹에서의 각기 상품을 구매한 사람의 수를 말한다. 이 두 숫자의 차이는 얼마나 많은 사람이 광고에 이끌려 그 상품을 사용하는가를 나타낸다. 리브스는 이 광고침투율을 높이기 위해서 유에스피(USP: unique selling proposition)를 광고에 포함시킬 필요성을 강조했다.

ㅊ

ㅋ

카르텔 cartel 같은 업종의 기업들이 이익을 최대한 확보하기 위해 자유경쟁을 제한하는 기업 연합. 카르텔 참여 기업들은 각각 독립성을 유지하지만 협약의 범위 내에서 공동 행위가 이루어진다. 협정 내용에 따라 가격 협정, 판매조건 협정, 생산제한 협정, 유통경로 협정, 광고 협정 등의 카르텔이 있다. 시장경제 체제 안에서 경쟁을 제한하므로 부당한 공동 행위, 즉 담합으로 간주되어 법적 규제 대상이다.

카메라 camera 피사체를 찍은 기구. 용도와 기능에 따라 많은 종류가 있다. 렌즈와 셔터, 조리개 및 파인더 등의 장치를 갖추고 렌즈를 통해 들어온 이미지를 필름에 착상시키는 사진 카메라, 이것을 연속으로 찍어 영사했을 때 피사체가 움직이는 것처럼 보이는 영화 카메라, 광학필름 대신 자기테이프나 디스크를 사용해 광학적인 상을 전기 신호로 변환시키고 이 신호를 텔레비전을 통해 볼 수 있는 영상으로 다시 변환시키는 방식으로 작동하는 비디오 카메라 등이 대표적이다.

카메라 블로킹 camera blocking 카메라 위치를 계획하는 일. 연기자가 현장에서 대사를 생략한 채 행동 영역과 자세 등을 연습한 뒤 촬영으로 연결된다. 방송에서는 생방송 또는 녹화를 할 때 연출자가 연출 의도에 따라 카메라 움직임과 촬영 순서 따위를 소상히 계획하는 것을 뜻한다. 피사체를 촬영하는 앵글이나 화면 사이즈를 기입하고 복수 카메라 중 어느 카메라로 촬영할 것인지를 카메라 번호로 표시하는 것 혹은 그 행위를 말한다. 카메라맨은 이것에 기초하여 구도와 화면 사이즈를 결정한다.

카메라 속도 camera speed 필름이 카메라 노출 장치를 통과하여 촬영되는 속도. 영화 카메라의 표준속도는 초당 24프레임, 즉, 1초에 24장이 찍히는 것으로 이 화면을 재생했을 때 사람이 지각하는 모습과 거의 유사한 움직임이 재생된다. 반면 초당 24프레임 이상으로 촬영하면 느린 장면, 초당 24프레임 이하로 촬영하면 빠른 장면이 만들어진다. 카메라 속도에 따라 다양한 영상효과가 나타나는데 예를 들어 초당 8~16프레임의 속도로 촬영하면 마치 무성 영화의 액션과 같이 동작이 빠르게 끊어지는 효과가 만들어진다. 반대로 초당 30~48프레임의 속도로 촬영하면 운동 경기와 같은 격렬한 액션을 촬영할 때 느리면서도 기품 있는 동작을 만들어낸다. 카메라 속도를 더 올려 초당 64~96프레임의 속도로 찍으면 우아하고 환상 같은 슬로모션이 나타나는데 액션이 아름답기 때문에 광고에서 자주 볼 수 있다. 비행기, 자동차, 새 등 빠르게 움직이는 물체를 찍을 때는 초당 150프레임 이상의 카메라 속도가 필요하다.

카메라 워크 camera work 화면을 구성하기 위해 카메라를 통제하는 것. 카메라의 단순 조작뿐 아니라 화면 사이즈, 카메라 위치, 앵글 선정, 렌즈 선택, 노출 결정, 초점 등 미학을 위한 모든 행위를 말한다.

카메라 카 camera car 카메라를 장착하고 촬영할 수 있도록 설계된 자동차. 이 장치를 사용하면 빠르게 이동하는 피사체를 비슷한 속도로 추적하며 촬영할 수 있다. 카메라 카에는 카메라 움직임을 부여하는 자체 붐 장비와 카메라에 전원을 공급하는 제너레이터를 갖추고 있다. 자동차 광고 따위에서 움직이는 자동차를 이동하면서 찍을 때 사용하는 장비다.

카메라 테스트 camera test 연기자 혹은 출연자가 촬영에 적합한지 알아보기 위해 실시하는 예비 촬영. 사람이 보는 실상과 카메라가 기록하는 이미지가 다를 수 있고, 인물이 카메라에 적절하게 반응하는지 여부를 사전에 알아야 할 필요가 있을 때 테스트를 하게 된다. 카메라 상태의 점검을 위해 실시하는 사전 촬영을 말하기도 한다.

카 크레인 car crane 차량에 크레인을 장착한 시스템. 크레인 기능에 차량의 이동 기능이 결합되어 이동 촬영 시 근접 거리에서 영상을 찍을 수 있다. 달리는 차량을 피사체로 촬영하는 데에 적절하므로 자동차 광고에서 많이 쓰인다.

카탈로그 catalogue □ 상품을 상세히 소개해놓은 책자. 상품 목록, 제품안내, 영업안내 등이 주요한 내용이다. 고객에게 상품의 목록과 기능, 특징 등을 소개하여 판매에 도움이 되도록 하는 구실을 한다. 자동차 카탈로그를 예를 들면 익스테리어와 인테리어, 안전 및 편의 장치에 관한 주요 정보, 색상 소개, 제원정보 등으로 되어 있으며 이것을 차종별로 만들어 대리점에 비치하거나 잠재고객에게 우송하며, 홈페이지에서 내려받도록 한다. 이미지 제고라는 목적도 있어 보통 촬영과 디자인, 인쇄에 많은 노력을 기울인다. □ 전시 작품을 수록한 인쇄물, 즉 도록.

카탈로그 판매 catalogue sales 통신판매의 일종으로 실물 견본 대신 카탈로그에 의해 주문을 받고 상품을 발송하는 판매 방식. 메이커 또는 소매점이 소비자에 대해 카탈로그 판매를 하는 것이 일반적인데 소비자는 상점까지 가지 않아도 되고 판매자는 상점 재고가 적어서 좋다. 전통적으로 미국에서 발달한 방식으로 백화점 체인 시어스로벅은 한때 세계 최대의 통신판매업자였다. 오늘날에는 텔레비전으로 상품을 보고 전화로 주문하는 홈쇼핑과 인터넷과 같은 통신 시스템을 이용하여 상품 및 서비스를 판매하는 전자상거래가 이를 사실상 대체했다.

카테고리 척도법 verbal rating method 피조사자의 태도 강도를 말로써 구성된 척도로 응답하게 하는 조사법. 즉, 어떤 의견에 대해 '매우 찬성', '찬성', '어느 쪽도 아니다', '반대', '아주 반대' 등의 척도로 응답하게 하는 것. 대개 중립 항목을 넣어 5단계, 7단계 혹은 9단계로 이용할 수 있다. 또 중립 항목을 빼고 4단계, 6단계로 할 수도 있다.

카피 copy 광고 문안. 인쇄 광고에서는 헤드라인, 리드, 보디카피, 캡션, 슬로건, 상품, 가격, 광고주 이름 등 읽을 수 있는 모든 것을 말한다. 즉, 읽음으로써 그 의미를 전달받게 되는 모든 요소. 영상 광고에서는 대사 및 내레이션, 자막 등 언어적으로 표현되는 요소. 엄밀히 구분하면 카피는 아래 세 가지 의미로 쓰인다. 첫째, 광고의 본문만을 의미한다. 둘째, 본문 이외에 읽혀지는 모든 요소, 즉 문자로 쓴 모든 것을 의미한다. 셋째, 문자로 쓴 모든 요소 이외에 일러스트레이션, 윤곽, 여백 등을 포함하여 하나의 광고 전체를 의미한다. 광고 제작 현장에서 '카피를 쓴다'고 할 때는 광고의 본문을 의미하고, '카피라이터'라고 할 때 '카피'는 본문 이외에 모든 문자적 표현을 포함한다. '카피 조사'라고 할 때는 대개 광고 전체를 말한다. 전통적으로 카피를 헤드라인, 서브 헤드, 보디카피로 분류하는데 헤드라인은 전체 광고를 함축적으로 전달하는 표제, 서브 헤드는 보디카피를 내용별로 단락을 지우는 부제, 보디카피는 광고의 본문이다. 즉, 보디카피는 헤드라인과 서브 헤드를 읽고 난 독자가 보다 구체적인 정보를 필요로 할 때 읽는 부분이다. 헤드라인이 주목을 끌어 독자를 광고로 초대하면, 서브 헤드는 헤드라인을 보충해서 보디카피로 소비자를 유도한다. 보디카피는 상품의 장점을 호소하면서 구매 욕구를 자극한다. 일반적인 카피 작성의 지침을 살펴보면, 우선 광고 목적에 기여해야 하며, 표적고객과 일관성이 있어야 하고, 제품의 특징과 어울려야 하고, 매체의 특성을 고려해야 하며, 경쟁 광고에 대처해야 한다는 것이다. 또 효과적인 카피 작성을 위해서는 신뢰성이 있어야 하고, 이해하기 쉽고 간결해야 하며, 독창적이어서 기억하기 쉬워야 한다는 일반 원리를 충족시켜야 한다. 매체 환경 변화로 인쇄 광고가 퇴조하는 흐름 속에서 카피의 의미와 기능도 빠르게 달라지고 있다. 오늘날 소비자는 너무나 많은 정보에 둘러싸여 있기 때문에 판매를 위한 강력한 설득 기능보다는 소비자가 공감할 만한 이미지, 그 주변 감정을 조성하는 데 카피의 구실이 맞춰지고 있는 것이 현실이다.

카피라이터 copywriter 카피를 쓰는 사람. 광고계획의 입안 단계에서부터 크리에이티브 컨셉트를 만들고 크리에이티브 기획서를 작성하는 등 표현 전술 구상과 함께 자신의 아이디어를 제시하고 다른 사람들의 아이디어도 정리해서 최종 원고를 작성하는 것이 임무다. 과거에는 '문안 작성자'라는 기능적인 역할에 머무르는 경우가 많았지만 요즘에는 광고 제작의 구심점으로 광고 표현을 최종적으로 책임지는 역할이 강조되고 있다. 따라서 광고주를 만나 필요한 정보를 직접 입수하고, 자신의 아이디어를 구현할 주요 협력 파트너를 선정하며, 제작 현장에서 표현의 세부에 대한 지침과 조정을 하는 것도 카피라이터의 중요한 임무다. 에이이(AE)와 함께 광고대행사를 받치는 두 축으로 에이이가 '전략'을 책임진다면 카피라이터는 '표현'을 책임진다.

카피전략 copy strategy 컨셉트를 구축한 후에, 그것을 효과적인 카피로 탈바꿈시키는 일련의 전략 또는 방안으로서 광고 크리에이티브의 핵심을 이루는 부분. 광고 캠페인의 경우, 카피전략에 광고 메시지의 단계별 전개 및 매체 상호 간의 전개 등을 포함하기도 한다.

카피 테스트 copy test 광고선호도 조사. 여기서 말하는 카피란 메시지, 일러스트레이션을 포함한 전체 광고 내용을 말한다. 카피 테스트는 그 효과를 알아보기 위해 전체 광고물 또는 그 요인에 대해 실시하는 조사를 뜻

ㅋ

한다. 광고 게재를 기준으로 사전 테스트와 사후 테스트가 있으나 협의로는 사전 테스트를 뜻한다.

카피 포맷 copy format 하나의 흐름을 갖는 캠페인 혹은 시리즈 광고에 있어서 미리 정한 카피의 틀이나 구조. 광고 캠페인의 통일성을 위해 카피 분위기, 헤드라인 형태, 본문의 전개 방식 등을 일정한 형식으로 설정하는 것을 말한다. 폴크스바겐 자동차 광고 캠페인의 경우 1959년 첫 광고가 게재된 이후 20여 년에 걸쳐 광고를 관통하는 일관된 카피 포맷을 발견할 수 있는데, 간결한 헤드라인, 보디카피의 짧은 문장, 의표를 찌르는 첫 문장, 사실에 근거한 전개, 마지막 문장의 위트 등이다. 장식 없는 산세리프체 서체, 3단 분할, 행의 여백 등도 카피 포맷을 지원하는 형태적 특징이다. ■

카피 플랫폼 copy platform 상품 특성과 거기에 해당하는 제품 편익을 일목요연하게 정리한 대조표. 광고소구점을 체계적으로 파악하기 위해 작성한다. 다양한 형식으로 사용할 수 있고 이를 지칭하는 용어도 다를 수 있으나 모든 카피 플랫폼은 상품 속성과 혜택, 비교 우위와 강점, 표적소비자에 대한 정보, 메시지 톤, 상품에 대한 결정적인 진술 등을 포괄해야 한다. 이것은 광고주와 광고대행사의 토론과 노력의 산물로서 광고가 말할 수 있는 많은 강조점을 우선순위로 정리한 것이다. 광고주와 대행사가 서로 동의한 카피 플랫폼을 완성하면 관계자 모두는 크리에이티브 전략에 대한 동일한 지침을 가진 셈이 된다.

칸 국제 크리에이티비티 페스티벌
Cannes Lions International Festival of Creativity
커뮤니케이션 분야의 세계 최대 페스티벌이며 일반적으로 칸 국제광고제로 불리는 경쟁 광고상. 전 세계에서 출품한 2만5000여 개 작품을 소개하고 심사하여 수상작을 발표한다. 매년 6월 말 프랑스 남부 휴양 도시 칸에서 7일간 열리며 수상 행사 이외에도 워크숍, 전시, 마스터클래스, 세미나 등의 부대 행사가 열린다. 1940년대 후반부터 칸에서 열리기 시작한 칸 국제영화제에 영향을 받은 관계자들이 1954년 국제광고필름페스티벌(International Advertising Film Festival)을 설립하여, 1954년 9월 이탈리아 베네치아에서 14개국 187명이 참가한 것이 이 행사의 효시다. 이때 베네치아 산마르코스 광장의 사자 입상이 사자상의 영감이 된 것으로 전해진다. 2회 페스티벌은 모나코 몬테카를로에서 열렸으며, 1956년 칸에서 페스티벌이 열린 이후 칸과 베네치아를 오가다가 1984년부터 칸이 페스티벌의 상설 개최지가 됐다. 당시 경쟁 부분은 텔레비전과 영화, 두 카테고리였으며 러닝타임, 애니메이션, 라이브 액션 등 몇몇 기술적인 기준에 따라 심사했다. 1983년 영화와 텔레비전 광고의 구분을 폐지하고 두 분야를 필름 카테고리에 포함시켰으며

1992년 신문과 옥외 분야 사자상을 신설했고 1998년 온라인 캠페인을 위한 사이버 사자상, 1999년에는 미디어플래너를 위한 미디어 사자상을 추가했다. 다이렉트 마케팅 부문을 위한 다이렉트 사자상을 2002년 신설했고, 2005년 라디오 방송의 제작에 초점을 맞춘 라디오 사자상과 다양한 매체 전반에서 창조적 기량을 보여준 캠페인을 위한 티타늄 사자상을 추가했다. 2006년에는 세일즈 프로모션 분야에 수여하는 프로모 사자상을 추가했다. 다른 수상 분야로는 올해의 네트워크, 올해의 다이렉트 에이전시, 올해의 미디어 에이전시, 올해의 인터랙티브 에이전시, 올해의 에이전시, 올해의 독립 에이전시, 올해의 미디어 인물, 올해의 광고주와 최고의 프로덕션에 수여하는 황금종려상 등이 있다. 페스티벌 기간 중 열리는 영라이언 컴피티션(Young Lions Competition)은 1995년 시작한 경기로 28살 이하의 광고인 두 명이 팀을 이루어 인쇄, 사이버, 필름, 미디어 부문에서 창의성을 경쟁하는 행사다. 인쇄 부문에서 아트디렉터와 카피라이터는 24시간 동안 제시된 자선단체 혹은 조직을 홍보하는 인쇄 광고를 제작하며, 사이버 부문에서도 카피라이터와 웹디자이너로 이루어진 팀이 같은 방식으로 경쟁하도록 구성되어 있다. 필름 부문에서는 각기 두 명으로 이루어진 팀이 이틀 동안 30초 광고를 제작하며 2008년 추가된 미디어 부문에서는 100만 달러의 예산 안에서 혁신적인 미디어 전략을 수립하는 경기를 펼친다. 칸 국제광고제는 세계 광고계가 가장 주목하는 광고 페스티벌로 주요 수상자는 개인적 영예와 함께 세계적인 지명도를 얻으며 수상 여부에 따라 광고대행사의 평판이 좌우되어 수상을 위한 경쟁이 매우 치열하다.

캐리커처 caricature 주로 인물을 풍자적인 착상으로 그린 그림. 즉, 과장된 인물화다. 시사만화, 신문 만평에 등장하는 희화화한 정치인도 캐리커처의 일종이다. 자유로운 화풍이 친근하고 유쾌한 분위기를 연출하기 때문에 인물 캐릭터를 캐리커처풍으로 묘사한 광고를 흔히 찾아볼 수 있다.

캐릭터 character 드라마나 영화에 등장하는 인물의 성격이나 특징. 또는 애니메이션 영화 및 만화에 등장하는 주인공. 예를 들어 미키마우스, 톰과 제리 등이다.

캐스팅 casting 영화, 방송, 연극, 광고 등에 출연할 등장인물을 선정하는 일. 광고 캐스팅을 특징짓는 요인은 후보자의 인지도 및 매력, 광고 목적 및 광고 상품과의 연관성 등이다. 광고 모델은 광고주의 마케팅 메시지를 전달하는 메신저로서 소비자와 대면하여 소비자를 설득하는 역할을 하게 된다. 이때 그가 친밀하면서도 믿을 만한 존재로 인식된다면 소비자는 광고 메시지에 동의하거나 최소한 수용하려는 태도를 가질 가능성이 높아 전통적으로 광고효과의 중요 변인으로서 광고

ㅋ

Think small.

Our little car isn't so much of a novelty any more.

A couple of dozen college kids don't try to squeeze inside it.

The guy at the gas station doesn't ask where the gas goes.

Nobody even stares at our shape.

In fact, some people who drive our little flivver don't even think 32 miles to the gallon is going any great guns.

Or using five pints of oil instead of five quarts.

Or never needing anti-freeze.

Or racking up 40,000 miles on a set of tires.

That's because once you get used to some of our economies, you don't even think about them any more.

Except when you squeeze into a small parking spot. Or renew your small insurance. Or pay a small repair bill. Or trade in your old VW for a new one.

Think it over.

모델의 중요성이 강조돼왔다. 광고 캐스팅의 주요 과정은 먼저 크리에이티브 컨셉에 따라 캐스팅에 관한 여러 문제를 가시화하고 인물 유형을 범주화한다. 그 다음 이를 충족시키는 후보군을 선정한 후 캐스팅 목표를 기준으로 개개인을 평가한다. 마지막으로 최종 후보를 선정, 계약을 통해 후보를 확정한다. 계약에는 계약 기간과 출연료 지급조건 외에도 경쟁품 및 유사제품 출연 금지에 관한 사항, 초상권에 관한 사항이 포함된다. 이후 광고를 내보낸 다음에 캐스팅을 평가한다. 광고효과 조사를 통해 인물의 적합성을 분석하는데 좋은 평가가 나오면 계약 기간을 연장하거나 전속계약을 생각할 수 있다. 연예인의 캐스팅 효과는 출연자 인기도에 비례하는 것이 일반적이므로 출연 이후의 인기도 추이를 관찰하는 것이 필요하다.

캐스팅 디렉터 casting director 광고 출연자의 선발에 관한 업무를 담당하는 사람. 광고효과를 좌우하는 요소로 광고 모델 요인이 크게 부각되고 차별화라는 관점에서 창조적인 캐스팅이 대두됨에 따라 생겨난 직종이다. 캐스팅 디렉터는 연예인 이외의 인적 자원을 풍부하게 확보하고 있어 클라이언트가 원하는 광고 모델을 적절히 추천하며 계약상의 제반 조건을 원만하게 조정하는 한편, 광고 제작 일정에 맞추어 출연자 일정을 관리하는 일에도 역할을 한다.

캐시 cache □ 인터넷 웹브라우저에서 자주 사용하는 정보 혹은 최근에 접속했던 사이트의 정보를 하드디스크에 저장하는 것. 최근 접속했던 사이트로부터 받은 정보를 임시로 저장하면 다음에 다시 해당 사이트를 방문할 때 웹서버에서 정보를 읽지 않고 캐시에서 읽어 들이므로 접속 시간이 빨라진다. 단, 접속한 지 오래됐거나 캐시 용량이 초과되면 접속한 순서대로 지워진다. □ 고속으로 동작하는 비디오보드나 네트워크 장치 사이에 소요되는 지연 시간을 단축하기 위해 반복적으로 사용하는 정보들을 상주시키는 메모리 내 기억장치.

캘리그래피 calligraphy 사전적으로는 서예, 서법이라는 뜻이나 서체 디자인 분야에서는 일정한 의도를 표현하기 위해 손으로 쓴 서체를 말한다. 용도가 확실하고 목적이 있는 글씨라는 점에서 일반적인 손글씨와는 의미가 좀 다르다. 디자인에서 서체는 보통 키보드를 통해 입력하면 글자가 일정한 규칙에 따라 활자체가 기계적으로 배열되는 것과는 대조적으로 캘리그래피는 불규칙하면서도 동적이며 조형적으로 독창적인, 작가 개인의 글씨체라고 말할 수 있다. 귀엽고 앙증맞은 팬시한 것부터 복고, 전위, 자유 등 여러 감성의 서풍을 표현할 수 있으며 특히 주목성이 뛰어나고 상징을 효과적으로 함축할 수 있다. 2000년 이후 캘리그래피가 재발견되면서 책 표지, 포장, 영화 타이틀, 현수막, 광고,

아이덴티티 등에 광범위하게 활용되고 있는데, 충분히 다양하지 못한 한글 서체의 보완재라는 측면에서도 눈여겨볼 만한 현상이다. 2002년 제17회 월드컵 대회 당시 붉은 티셔츠에 흰색 실크스크린으로 인쇄한 'Be The Reds!'라는 글씨체는 전 국민이 동시에 경험한 가장 인상적인 캘리그래피 중 하나였다. 작가는 'R'를, 응원하는 국민 모두 12번째 선수가 되자는 염원을 담기 위해 숫자 '12'와 유사하게 디자인했는데, 여기서 표현 의도를 조형적으로 투영하는 캘리그래피의 특징이 재확인된다. 인쇄 광고의 헤드라인, 방송 광고의 자막을 캘리그래피로 표현하면 대체로 젊은 층의 취향에 어울릴 만한 경쾌하고 즐거운 분위기가 만들어진다. 따라서 캘리그래피는 따뜻한 인간미, 때로는 분출하는 에너지의 표상이라 할 만하다. ■

캠코더 camcorder 카메라(camera)와 레코더(recorder)의 합성어로 카메라에 녹화기가 내장되어 있어 분리할 수 없는 카메라 일체형 기기를 뜻한다. 1983년 출시된 소니의 베타무비가 최초. 일반적으로 자동으로 초점을 맞춰주는 오토 포커싱 기능과 렌즈를 통해 들어오는 빛의 양을 조절하는 자동 조리개 기능, 오토 줌 기능이 갖추어져 있다. 무게가 가벼워 휴대가 간편하고 초보자도 손쉽게 다룰 수 있게 설계되어 있다. 소형 캠코더에는 1/2인치 VHS테이프를 쓰는 것과 8mm 테이프를 쓰는 것이 있었고, 디지털 레코딩 방식의 6mm 방식, 하드디스크에 이미지를 저장하는 방식 등도 나와 있다. 잠입 취재와 같은 형식의 프로그램이나 전장(戰場)에서의 위성송출용 뉴스 보도물의 촬영에 사용하기 적합하고, 다큐멘터리 및 독립 영화 제작에 사용되기도 한다. 제작 의도에 따라 광고에서도 사용할 수 있다.

캠페인 campaign 어떤 성과를 얻기 위해 일정 기간 동안 시행되는 일련의 활동. 광고 캠페인, 선거 캠페인, 경비 절감 캠페인, 세일즈 프로모션 캠페인 등이 여러 유형이 있다. 계절 상품과 유행 상품 등은 여전히 개별 광고의 효과에 의존하지만 대부분의 경우 단일 광고로는 광고 목표 달성을 기대할 수 없는 시장 상황이 조성되면서 캠페인은 광고 목표 달성을 위한 중요한 수단이자 요소로 받아들여지고 있다. 가령 다양한 서비스 상품을 출시하는 이동통신기업의 경우 일련의 체계적이고 장기적인 광고 활동을 하지 않으면 소비자에게 일관된 기업 이미지를 심어주지 못할 뿐 아니라 서비스 간의 상호 간섭으로 혼란이 초래될 가능성이 있다. 이에 따라 광고전략에서 캠페인 전략과 캠페인 표현전략의 중요성은 아무리 강조해도 지나치지 않는다.

캡션 caption 사진, 그림, 도형 등을 설명하는 짧은 글귀. 그림을 설명하거나 주제를 서술하는 내용을 담는다. 일반적으로 본문보다 주목률이 높고, 상황에 대한 객관적인 서술로 간주된다.

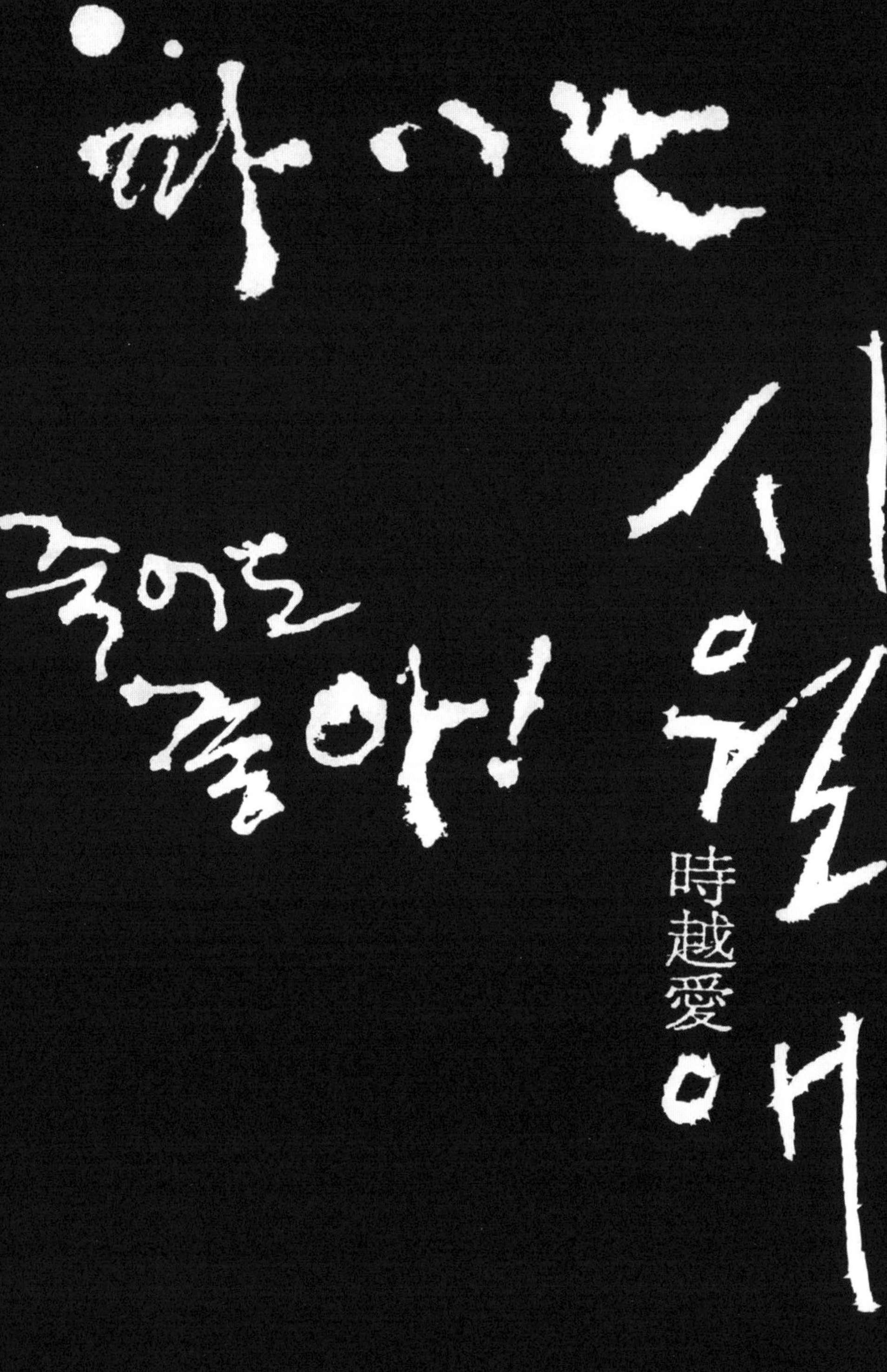

時越愛

캘리그래피
싸이더스 외(디자인: 박우혁)
2000-2002

커머셜 commercial 방송용 광고를 통칭하는 용어. 시엠(CM)과 동의어이며 시에프(CF)라고도 한다. 시엠은 라디오 및 텔레비전 광고를, 시에프는 텔레비전 광고만을 지칭한다. 우리나라에서는 시에프, 일본에서는 시엠이란 용어를 주로 쓰나 서구에서는 커머셜이란 용어를 보편적으로 쓴다. 커머셜의 주된 형식은 일종의 소극(笑劇)이라 할 수 있는데 재미있고 유쾌한 분위기의 대사 위주 단막극이다. 특히 미국에서 그렇다. 대사 없이 액션만으로 된 무성 영화 형식의 커머셜은 여러 언어권이 단일시장을 이루는 유럽에서 발달했는데 60초 포맷 광고의 경우 영화적 서사와 스케일을 가진 커머셜도 흔하다. 이 지역 다국적 브랜드가 글로벌 광고로 제작하는 커머셜에는 대규모 프로덕션 디자인을 토대로 판타지와 초현실을 표현하는 광고가 다수 포함되어 있다. 러닝타임이 상대적으로 짧고 미디어가 집중된 우리나라에서는 비주얼 언어에 기반한 광고보다는 컨셉트 의존적인 단순한 광고가 많아 표현 범위는 다소 협소한 편이다.

커머셜 송 commercial song 광고를 위해 만든 노래. 보통 시엠송이라고 하고 미국에서는 징글(gingle)이라고 한다.

커뮤니케이션 communication 언어나 몸짓 등의 기호를 통해 정보나 메시지를 상호전달하여 공통된 의미를 수립하고 서로의 행동에 영향을 미치는 과정. 이 과정을 통해 사람들은 커뮤니티 안에서 살아가는 데 필요한 지식과 기능을 습득하고 의사결정에 필요한 정보를 얻는 한편, 그것을 실천하여 사회적으로 바람직한 방향으로 행동한다. 커뮤니케이션은 발신자와 수신자의 상호관계에 따라 개인 커뮤니케이션, 그룹 커뮤니케이션, 매스 커뮤니케이션으로 나눌 수 있으며, 목적에 따라서는 정보 커뮤니케이션, 교육 커뮤니케이션, 설득 커뮤니케이션 등으로 분류할 수 있다. 일반적으로 광고는 매스 커뮤니케이션이며 설득 커뮤니케이션의 한 형태다.

커뮤니케이션 믹스 communication mix 커뮤니케이션 활동을 효과적으로 수행하기 위해 여러 커뮤니케이션 수단을 조합하는 일. 개별 커뮤니케이션 활동에 의한 효과뿐만 아니라 상승효과를 얻을 수 있다는 점이 전제가 된다. 커뮤니케이션 믹스가 광고에 적용될 때는 매체 믹스(media mix)와 같은 개념으로 사용되기도 하나 일반적으로 매체 믹스보다 좀 더 포괄적인 의미로 쓰인다.

커뮤니케이션법 communication method 응답자에게 질문을 하여 알고 싶은 정보를 수집하는 조사 방법. "어제 시청하신 것 중 어떤 광고가 기억나십니까?", "어떤 광고가 가장 마음에 드십니까"라는 식으로 질문을 하는 것인데 질문의 형태는 구두 또는 서면으로 할 수 있으며 응답은 어떤 형태로든 가능하다. 이 방법에 의한 조사에는 질적 조사와 양적 조사가 있다. 질적 조사는 지식이 있는 개인이나 소집단 응답자에게 질문을 하는데 예컨대 집단면접은 집단 상호작용을 통해 아이디어와 통찰력을 자극하기 위해 자유롭고 비구성적인 형식으로 설계되어 장시간에 걸쳐 심층면접하는 방식이다. 이를 통해 조사설계자는 과거 및 미래에 대한 소비자 행동의 가정과 인식을 발전시킨다. 양적 조사는 주로 발생빈도를 설명하기 위해 설계된다. 단시간에 걸쳐 간단한 질문을 하고 그 응답을 수집하여 분석하는 것이다. 커뮤니케이션법은 관찰법(observation method)과 더불어 가장 보편적으로 사용되는 조사 방법으로 관찰법에 비해 신속하고 적은 비용으로 자료를 수집할 수 있으며, 조사 시점에서 융통성을 발휘할 수 있다는 장점이 있으나 반면 응답자가 비협조적일 수 있다는 한계도 있다. 커뮤니케이션법에서 사용되는 조사에는 대인면접법, 전화조사법, 우편조사법 등이 있는데 대인면접법과 전화조사법은 구두로 응답되고 우편조사법은 서면으로 작성되어 응답된다.

커뮤니케이션 효과 communication effectiveness 커뮤니케이션 과정에서 생기게 되는 결과. 좁은 의미로는 발신자가 전달한 메시지에 수용자가 나타내는 반응, 즉 정보습득, 태도변용, 행동 등이다. 이러한 효과는 커뮤니케이터, 즉 매스 미디어가 수용자들에게 어떤 메시지를 어떻게 전달해주느냐, 다시 말해서 그 기능들을 어떻게 수행하느냐에 따라 다르다. 그렇기 때문에 커뮤니케이터 기능과 효과는 서로 동전의 앞뒤와 같은 관계를 가진다. 매스 미디어가 어떤 사건이나 사물에 대한 정보를 수용자들에게 제공하는 보도적 기능을 수행하면 그 결과로서 정보습득이라는 효과가 나타난다. 또한 가령 신문이 독자를 계몽하고 오락을 제공하며 상품에 대한 정보도 제공하는 지도적, 오락적, 광고적 기능을 수행하면 그 결과로서 독자들에게서는 태도나 의견의 변화라든지, 즐거움의 향유 또는 구매 행동이 나타나게 된다. 그러나 엄밀히 보면 이들은 본질이 서로 다른데 기능이라는 것은 매스 미디어가 수행하고 있거나 또는 수행해야 된다고 상정하는 선험적이고 당위적인 목적이나 역할인 반면, 효과는 그러한 목적이나 역할의 수행 결과로서 실제로 나타난 독자들과 사회에 대한 영향이라고 봐야 한다. 매스 커뮤니케이션 효과는 그것이 미치는 대상에 따라 개인들에게 미치는 효과, 사회 각 분야에 미치는 효과로 나눌 수 있다. 또한 그것이 사회적으로 바람직한 결과냐 아니냐에 따라 순기능적 및 역기능적 효과로 나누기도 한다.

커뮤니케이터 communicator 특정 목적을 달성하기 위해 메시지를 생성하고 수신자에게 전달하여 효과를 유발시키는 커뮤니케이션 주체. 즉, 정보원(source) 혹

ㅋ

은 발신자다. 커뮤니케이션의 모든 주체, 즉 개인과 단체, 조직 및 국가 등이 커뮤니케이터인데 특히 매스 미디어를 통해 전문적인 커뮤니케이션 활동을 하는 부류를 매스 커뮤니케이터(mass communicator)라 한다. 신문사, 방송사, 통신사, 잡지사, 출판사 등이 매스 커뮤니케이터다. 광고 메시지를 발신하는 광고주, 광고대행사, 매스 미디어 등은 모두 광고 커뮤니케이션의 커뮤니케이터다.

커버리지 coverage □ 특정 매체가 오디언스에 도달되는 범위. 어떤 매체에 접촉하는 사람 수를 전체 인구로 나누면 커버리지를 계산할 수 있다. 예컨대 20~30대 여성 100만 명이 A라는 잡지를 접촉한다고 할 때 20~30대 여성의 전체 인구가 500만 명이라면 20~30대 여성에 대한 잡지 A의 커버리지는 20%다. 즉, 20~30대 여성 중 20%가 A 잡지에 접촉한다는 뜻이다. 커버리지는 타깃 오디언스에 대한 개별 매체의 전달력을 평가하는 기준이다. □ 특정 방송국의 시청취가 가능한 지역의 범위. 가시청권이라고도 한다. 프라이머리 커버리지(primary coverage), 서비스 에어리어(service area)라는 말로 대신 쓰이기도 한다. 이 범위 내에 있는 수용자를 주시청자(primary audience)라고 한다.

컨셉트 concept 광고가 내세우는 주장이나 의견. 구매의욕을 불러일으킬 만한 광고의 새로운 주장을 말한다. 즉, 상품 특성을 잠재소비자 의식을 토대로 새로운 소구점으로 귀결시킨 것이 컨셉트다. '이 광고의 컨셉트는 무엇인가?'라는 뜻은 소비자의 기존 관념에 도전하여 구매의욕을 불러일으킬 만한 광고의 '새로운 주장'이 무엇인가라는 의미다. 아이디어나 포지셔닝과 혼동되기도 하지만 일반적으로 컨셉트는 아이디어의 상위 개념, 포지셔닝의 하위 개념이다. 광고 영역뿐만 아니라 사회 일반에서 널리 쓰이는 용어로 쓰임새는 대개 비슷하다. 즉, 특유의 '개념', 핵심적 '주장'이다. 컨셉트는 일반적으로 어떤 형태로든 간결하게 서술할 수 있어야 한다.

컨셉트 보드 concept board 어떤 주제에 대한 컨셉트를 설명하기 위해 사진, 일러스트레이션 등 자료를 이용하여 일목요연하게 정리한 판. 사진 이미지가 중심이 되는 패션 카탈로그 시안을 제시한다고 할 때 대충 그린 러프(rough) 레이아웃만 가지고는 제작의도를 충분히 전달하기 어렵다. 이때 제작의도와 유사한 이미지들을 발췌, 정리하면 시안의 의미가 좀 더 명확하게 드러나며 색채와 질감 등 말로 설명하기 어려운 요소에 대한 이해도 깊어진다. 결정권자의 이해를 증진시키는 목적뿐만 아니라 스태프 간의 원활한 의사소통을 위해서도 이것이 필요하다. 광고업계는 물론이고 패션 디자인, 제품 디자인, 전시 디자인 등 디자인을 다루는 여러 분야에서 폭넓게 쓰인다.

컬러 광고 color advertising 천연색으로 만든 광고. 흑백 광고보다 이미지 강도, 주목률, 정독률 면에서 뛰어나다고 한다. 우리가 살고 있는 세계는 천연색이므로 컬러 광고는 일상의 리얼리티를 표상한다고 볼 수 있다.

컬러 새추레이션 color saturation 색채 선명도 혹은 포화도. 고포화일수록 색채는 선명해지고 저포화일수록 색채는 엷어진다.

컬러 이미지 color image 색채에 의해 전달되는 인상 혹은 연상감. 컬러는 대중의 기호와 구매 동기와 깊은 관계가 있어 광고 이미지 전략에서 중요하다. 가령 생생하고 자극적이며 싱싱한 충동형 이미지, 개성적이고 친밀한 이미지, 사치스럽고 빼어난 이미지 등을 컬러로 구성하는 것이 가능하다. 이런 이미지를 좋아하는 사람들에게 이런 컬러 이미지는 관심과 선망의 대상이 되고, 자연스럽게 상품이나 광고에 무의식적으로 빠져들게 된다.

컬러전략 color strategy 색채에 대한 일관된 정책. 기업 이미지 구축, 상품 이미지 구축 등을 위해 색의 기능을 관리하는 것이다. 컬러전략은 잠재소비자가 동경하는 이미지를 시각적으로 구체화함으로써 소비자 관심을 유도한다는 점에서 심리전략의 중요한 고려 사항이다.

컬트 cult 소수의 광적인 숭배를 받는 문화 현상. 사전적으로는 예배, 제사, 숭배자의 무리 등을 뜻한다. 컬트 영화는 탈주류 영화, 즉 기이한 현상과 과도한 폭력과 섹스를 다루는 것이 보통인데 이런 표현이 사회적 금기에 대항하거나 주류 문화에 도전할 수 있는 전복적인 힘으로 작용하기 때문에 주목 대상이 된다. 개념적으로 컬트 광고도 있을 수 있는데 주류 광고의 표현 방식을 타파하고 금기에 도전하는 전위적 광고가 그것이다. 다만 컬트 광고는 의도적으로 그러한 것을 노린다는 점에서 다른 문화 영역의 컬트 현상과는 차원이 다르다.

컴퓨터 그래픽 computer graphic 컴퓨터로 이미지를 그리는 분야. 입력장치를 이용하여 도형을 형성하는 데이터를 기억시킨 다음 매개변수를 바꾸어가면서 이미지를 임의로 그려낼 수 있다. 컴퓨터 그래픽은 3차원 물체를 표현하는 것은 물론 사람 눈으로 확인할 수 없는 우주 구조나 미지의 세계에 대한 형상, 상상 세계를 표현할 수 있어 영화 제작 및 광고 제작에 광범위하게 이용되고 있다.

컴퓨터 애니메이션 computer animation 컴퓨터에 원화의 데이터를 기억시켜놓고 데이터의 일부 변수를 조금씩 변화시키면서 1프레임씩 제작하여 동화상을 만

ㅋ

드는 애니메이션 분야. 인간의 착시 현상을 이용하여 컴퓨터가 만든 연속적인 이미지를 1초에 24~30매의 그림으로 보여주어 마치 움직이는 것처럼 보이게 하는 것이다. 이를 셀 애니메이션과 같이 수작업으로 하면 모든 이미지를 그려야 하지만 컴퓨터에서는 사용자가 설정한 움직임의 첫 프레임과 마지막 프레임 사이의 이미지를 컴퓨터가 자동으로 그린다. 모델의 재질과 움직임 수정 및 변환도 손쉽고 다양한 디지털 영상효과와 결합할 수 있어 광고뿐만 아니라 영화, 게임, 건축, 디자인 등 여러 영역에서 널리 쓰인다. 표현 방식에 따라 2D 애니메이션과 3D 애니메이션으로 분류할 수 있는데 2D는 컴퓨터에서 2차원의 평면을 만드는 것이고 3D는 3차원의 공간을 만드는 것이다. 광고에서 컴퓨터 애니메이션은 존재하지 않는 물체나 움직임을 표현할 수 있고, 어떤 현상을 강조할 수도 있으며, 상상 속에서만 존재하는 추상적 이미지를 알기 쉽게 설명할 수 있기 때문에 광고 제작의 유용한 수단으로 사용된다.

컴퓨터 편집 computer editing □ 컴퓨터를 이용한 영상 편집. 영상 소스를 하드디스크에 입력하고 전용 소프트웨어를 이용하여 편집한 다음 그것을 일반 녹화장치로 출력하는 방식이다. 컴퓨터 편집은 기존 아날로그 편집에 비해 편집하고 싶은 부분을 신속하게 찾아내어 편집할 수 있고, 복사를 여러 번 반복해도 화질이 크게 떨어지지 않으며 다양한 영상효과를 이용할 수 있다는 장점이 있다. □ 컴퓨터를 이용한 출판 디자인. 컴퓨터에 문자, 사진, 도표 등을 입력시키고 디자인 작업을 완료한 후 필름이나 데이터로 출력하는 일련의 작업을 말한다. 이 방식을 이용한 출판이 데스크톱 출판이다.

컷 cut □ 신문이나 잡지에 삽입하는 작은 그림. 거의 펜이나 붓으로 그린 단색의 약화다. □ 한번에 촬영한 화면. 숏(shot)과 같은 뜻이다. □ 영상을 편집할 때 화면과 화면을 단순히 잇는 방법. 장면전환 기법으로서 컷은 인간의 시각과 가장 유사한 편집 방법으로 영상 편집의 가장 일반적인 방식이다. 컷을 이용하면 잡다한 사건과 사건 진행을 압축하여 장면 연속성과 진행을 간결하게 표현하며 사건 전체의 리듬을 빠르게 혹은 느리게 하여 평범한 사건을 긴박하게 보여주거나 긴박한 순간을 느긋한 시각으로 보여줄 수도 있다.

컷아웃 애니메이션 cut out animation 종이 위에 형태를 그리고 잘라낸 다음 각각의 종이를 한 장면씩 움직여가면서 촬영하여 연속 동작을 만드는 애니메이션 기법. 예컨대 이 기법으로 인물을 묘사하면, 전체 인물 모습과 함께 팔, 다리, 손, 머리, 눈, 입술 등을 각각 잘라내어 그것들을 움직여가면서 촬영하므로 인물의 다양한 동작과 표정을 움직이는 형태로 묘사할 수 있다.

케이블 네트워크 cable network 위성을 통해 단위 케이블 방송국에 프로그램을 공급하는 프로그램 공급 회사. 스포츠 프로그램의 ESPN, 뉴스의 CNN, 음악의 MTV 등이 대표적인 케이블 네트워크다.

케이블 텔레비전 광고 cable television advertising 케이블 방송을 매체로 이용한 광고. 방송매체로서 케이블 텔레비전은 공중파 방송과 유사하지만 광고매체로서의 성격은 상당히 다르다. 그중 가장 두드러진 것이 상이한 광고 형태다. 기존 방송 광고가 광고 시간 및 형태에 대한 엄격한 규제로 광고가 획일화되어 있는 데 반해 케이블 광고는 그 제약이 상대적으로 적어 예컨대 인포머셜 같은 광고가 대세를 이룬다. 이 광고는 제품에 대한 장시간 설명을 특징으로 하며 방송과 동시에 주문을 처리하는 판매 지향적인 광고다. 또 지역 선택성이 뚜렷해서 음식점, 카센터, 영화관, 안경점 등 소매 광고의 유력한 수단인 것도 케이블 광고의 한 특징이다. 케이블 광고의 일반적인 특성은 케이블은 내로캐스팅(narrow casting) 매체이므로 선택성이 있어 광고효율을 높일 수 있고, 프로그램 포맷과 시청자 특성에 적합한 다양한 형식의 광고를 구사할 수 있으며, 광고비 및 제작비가 저렴해 소매 광고와 테스트 마케팅이 유리하다는 점 등이다.

코디네이터 coordinator □ 패션, 광고 분야에서 스타일을 연출하는 사람. 의도에 부합하도록 광고 출연자의 스타일을 연출한다. □ 이벤트 혹은 영화나 광고의 해외 제작 같은 일을 할 때 해당 분야나 현지 사정에 정통하여 업무에 관련한 일을 조언, 활동을 원활하게 하는 사람. □ 조직의 제반 활동 및 제반 기능의 중복 및 모순을 배제하여 조직 활동이 유기적으로 움직이도록 질서 유지 역할을 하는 조정 담당자.

코딩 coding □ 설문지 회답 내용에 부호를 부여하는 일. 설문 내용 분석을 전산화하기 위해 실시한다. □ 정보를 표현하기 위해 문자 체계를 부여하는 것. 컴퓨터 프로그램을 작성할 때나 통신에서 데이터를 전송시킬 때 언어를 사용하지 않고 기호를 부여하여 사용하는데 그 기호를 부여하는 일을 코딩이라고 한다.

코믹 comic 희극적이고 익살스러움. 재치 있게 웃기는 것. 개그맨이 나오는 광고는 대부분 코믹 광고다. 유머 광고와 겹치기도 하나 코믹 광고는 유머 광고에 비해 보다 더 즉자적이고 덜 진지하다. 광고를 코믹하게 만드는 요소 중 가장 흔한 것은 출연자 특유의 유행어와 말투를 사용하거나 우스꽝스러운 분장, 덜떨어져 보이는 캐릭터를 등장시키는 것이다.

콘트라스트 contrast 한 장면 내의 가장 밝은 부분과 가장 어두운 부분과의 상대적 차이. 한 화면에서 밝은 부

ㅋ

분과 어두운 부분 간의 격차가 클수록 '콘트라스트가 강하다'고 한다. 콘트라스트가 강할수록 딱딱하고 강한 이미지를 표현하는 데 적합하다.

콘티 conti 콘티뉴이티(continuity)의 약칭. 영화와 광고계에서는 스토리보드(storyboard)와 동의어로 쓴다. 즉, 광고의 주요 장면을 그림이나 사진 등으로 정리한 것으로 주요 장면과 함께 카피와 음악, 음향효과를 자세히 표시한다. 광고주 등 관계자와의 커뮤니케이션을 위한 수단일 뿐만 아니라 광고 제작 현장에서는 제작진 모두에게 일종의 대본 구실을 한다. 방송에서는 액션, 카메라 위치, 음악 등의 각종 사항을 기입한 연출 대본이란 뜻으로 쓰인다.

콘티맨 conti man 콘티, 즉 스토리보드를 만드는 데 필요한 그림을 그리는 전문 작화가.

콜라주 collage 벽지, 낡은 책의 삽화, 사진, 무늬가 있는 천 등을 모아 붙여서 화면을 구성하는 기법. 캔버스와는 이질적인 재료 혹은 신문, 잡지 등 대중매체의 사진이나 기사 등을 오려 붙여 부조리한 충동이나 아이러니한 이미지의 연쇄반응을 노리는 기법을 말한다. 그래픽 디자인 및 광고에 폭넓게 응용되고 있는데 소재를 다루는 방식에 따라서 특이한 효과를 낼 수 있다.

쿠키 cookie 인터넷 웹사이트의 방문 기록 등을 저장한 정보 파일. 어떤 사람이 특정 웹사이트를 접속할 때 웹사이트의 서버가 방문자의 컴퓨터에 저장하는 ID와 비밀번호, 사이트 정보 등을 말한다. 서버가 방문자 웹브라우저에 보내는 정보이지만 이를 서버가 다시 가져갈 수도 있다. 쿠키의 중요한 기능은 방문자가 웹사이트를 재방문할 때 ID와 비밀번호를 일일이 입력하지 않고 바로 사이트에 접속할 수 있으며, 웹쇼핑 중 접속을 중단했다 하더라도 장바구니에 보관한 품목이 보존되는 것 등이다. 쿠키에 저장되는 정보는 방문한 웹사이트 목록, 아이디 및 비밀번호, 검색어, 신용카드 번호 등으로 이것 모두 개인 신상정보에 해당하므로 프라이버시와 관계되고 아울러 방문자의 의사와 무관하게 광고업체에 의해 타깃 마케팅을 위한 수단으로 이용될 수 있어 이용자 입장에서는 인터넷 이용의 편리성과 프라이버시 침해 가능성이라는 양날을 가진 기술이기도 하다. 오늘날 인터넷 브라우저에는 대부분 쿠키 기능을 가지고 있으며 사용자가 쿠키 기능을 이용할지 말지 결정할 수 있는 기능도 제공한다.

쿠폰 coupon □ 상품의 판매 촉진을 위해 소비자에게 제공하는 것. 할인 쿠폰이 대표적이며 그 외 구매했을 때 추가로 뭔가를 증정하는 식, 구매할 때마다 일부를 적립하는 식 등이 있다. 쿠폰은 구매를 유도하는 유력한 수단이지만 단기적으로 비용을 적지 않게 발생시킨다. □

광고물 안에 카탈로그나 견본을 청구할 목적으로 오려서 보낼 수 있도록 인쇄한 부분. 일반적으로 주소와 이름 및 기타 필요 사항을 기입, 봉서나 엽서에 붙여 보내도록 한다. ■

쿠폰 테스트 coupon test 광고에 실린 쿠폰을 반송하도록 하여 광고효과를 측정하는 조사. 크게 두 가지로 나누어볼 수 있는데 같은 광고를 여러 매체에 동시에 게재하고 반송되는 쿠폰을 조사하여 매체가치를 평가하는 것과, 광고 카피를 다르게 구성하여 그때마다 반송되는 쿠폰을 조사하여 카피를 평가하는 것이다.

퀄리티 페이퍼 quality paper 일반적으로 권위지. 지식인, 오피니언 리더를 대상으로 발행하는 신문. 중요한 사안에 대한 상세한 기록과 전문적인 논평을 다루며 선정주의는 피한다. 국제 뉴스에 대한 심층 보도 또한 퀄리티 페이퍼의 중요한 특성이다. 영국의 〈더 타임스〉, 미국의 〈뉴욕 타임스〉, 프랑스의 〈르몽드〉, 일본의 〈아사히 신문〉 등이 대표적인 퀄리티 페이퍼다.

퀴즈 광고 quiz advertising 광고에 퀴즈를 게재하고 소비자로 하여금 응모하게 하여 상품을 제공하는 형식의 광고. 주목률을 높이거나 상품에 대한 붐을 조성하기 위해 실시한다.

퀵 팬 quick pan 카메라를 좌우로 이동시키는 패닝 숏(panning shot)의 속도를 빠르게 하는 것. 즉, 매우 빠른 패닝 숏이다. 시간의 경과나 장소의 이동을 뜻하는 장면전환 기법으로 쓰인다.

큐 cue 영상 제작에서 출연자나 제작진에게 연기 혹은 카메라 작동 따위의 동작을 지시하는 신호. 출연자에게 큐를 줄 때에는 타이밍을 정확하게 맞추어야 하며 출연자가 큐에 반응하는 시간도 고려해야 자연스러운 연출이 이루어진다.

크레인 crane 카메라를 여러 방향으로 광범위하게 이동시키는 촬영장비. 가장 간단한 형태의 크레인인 시소는 일종의 지렛대로서 한쪽 편 위에 촬영기사가 자리 잡고 반대편에서 조작자가 지렛대를 누르면 카메라가 상승하는 장치다.

크레인 숏 crane shot 크레인을 사용하여 움직이면서 촬영한 이동 화면. 크레인 숏의 가장 큰 장점은 암 조작을 통해 카메라가 공간을 가르며 한 숏에 연속으로 피사체 앵글을 변화시킬 수 있어 극적인 운동감을 표현할 수 있는 것이다. 촬영 현장에서 크레인은 자동차나 헬기와 같은 이동수단과 결합하여 사용할 수도 있다. 예컨대 자동차에 장착하여 사용하는 카 크레인은 크레인의 일반적인 기능에 차량의 이동 기능을 결합하여 유연

ㅋ

쿠폰
마이크로소프트 워드
1985

한 카메라 움직임이 용이하도록 설계한 것이다. 이것을 이용하면 한 숏 내에서 패닝 숏(panning shot)과 틸트 숏(tilt shot)을 자유롭게 구사할 수 있어 피사체와 근접거리에서 섬세하고 다이내믹한 영상을 포착할 수 있다.

크로마 키 chroma key 화상 합성을 위한 특수기술로 두 화면을 따로 촬영하여 한 화면으로 만드는 합성 기법. 합성시킬 피사체를 단색 판을 배경으로 촬영한 후 배경색을 제거하면 피사체만 남게 되는 원리를 이용한 것이다. 이때 배경이 되는 단색 판을 크로마 백(chroma back)이라고 한다. 크로마 백은 대개 텔레비전 삼원색인 RGB(청색, 적색, 그린) 중 한 색을 사용하게 되나 주로 청색이 많이 쓰이는데 이는 사람의 얼굴색에 청색의 비중이 가장 적기 때문이다.

크로스 페이드 cross fade 장면이 페이드 아웃(fade out)되는 동시에 다음 장면으로 페이드 인(fade in)하는 것. 유연하면서도 속도감 있는 장면전환 효과를 얻을 수 있다. 광고와 뮤직비디오, 영화 타이틀 등에 자주 쓰인다.

크리에이터 creator 광고 제작 부문에 종사하는 사람. 크리에이티브 디렉터, 카피라이터, 디자이너, 일러스트레이터, 아트디렉터, 포토그래퍼, 프로듀서, 광고감독, 세트 디자이너, 소품 디자이너, 작곡가, 사운드 디자이너 등이 모두 크리에이터다. 크리에이터 중 가장 중요한 인물은 모든 크리에이터에게 동기를 부여하고 임무를 통합하는 크리에이티브 디렉터다.

크리에이티브 creative 광고 제작 혹은 광고 창작. 상품 및 서비스의 새로운 가치를 발견하여 소비자에게 소구할 컨셉트를 찾아내고 그것을 구체적으로 아이디어로 실현하는 과정이다.

크리에이티브 가이드라인 creative guideline 광고 제작에 있어 준수해야 할 지침. 보통 광고 제작에서 항상 숙지해야 할 사항을 일목요연하게 정리한 것을 말한다. 때로는 광고 제작에서 광고주와 광고대행사가 가장 중요하다고 판단하는 사항들을 정리한 것, 광고주 혹은 광고대행사의 광고 제작에 대한 지침을 의미하기도 한다. 광고주에 따라서는 자사의 광고 전체를 하나의 컨셉트로 관리하여 모든 광고가 스타일 면에서 통일성을 갖는 경우가 있는데 그것은 광고를 만들 때마다 동일한 크리에이티브 가이드라인을 적용하기 때문이다.

크리에이티브 디렉터 creative director 크리에이티브 부문에서 광고 캠페인의 표현을 책임지는 사람. 줄여서 시디(CD)라고 한다. 광고대행사 제작 단위의 책임자이며 모든 광고 제작은 이 사람을 구심점으로 하여 이루어진다. 구체적인 그의 임무는 광고계획에 부합하는 표현전략을 수립하고 그 전략을 표현 컨셉트로 전환하여 최종적으로 광고 캠페인을 만들어내는 것이다. 종래의 크리에이티브 디렉터는 개별 광고 제작의 책임자라는 의미가 강했지만 오늘날에는 프로젝트의 중추적인 인물로 마케팅 정보를 해석하고 캠페인 계획을 수립하는 등 좀 더 포괄적인 역할을 수행한다.

크리에이티브 부티크 creative boutique 크리에이티브 서비스로 특화한 광고대행사. 종합광고대행사가 크리에이티브 서비스뿐만 아니라 광고 기획, 매체, 조사, 이벤트, 피아르(PR) 등 다방면의 서비스를 제공하는 데 비해 크리에이티브 부티크는 크리에이티브 서비스만을 전문적으로 제공한다. 광고대행사가 대형화되어 회사 내 의사결정 구조가 보수화하면서 크리에이티브 능력이 부실해졌고, 결국 광고의 성패는 크리에이티브로 귀결된다는 인식이 형성된 것이 크리에이티브 부티크가 등장한 배경이다. 크리에이티브 숍(creative shop)이라고도 한다.

크리에이티비티 creativity 창의성. 일반적으로 발상의 독창성을 의미하지만 마케팅에서는 크리에이티비티를 개별 아이디어보다는 특정한 문제를 해결하는 수단이며 나아가 소비자로 하여금 태도를 변화시키는 내재적인 힘으로 본다.

클라이언트 client □ 일반적으로 광고주와 동의어이며 특히 광고대행사에서 광고주를 지칭할 때 쓰는 용어. 매체사에서는 광고주를 스폰서(sponcer)라고 부르기도 한다. □ 네트워크에서 서비스나 정보를 제공받는 측의 프로그램이나 컴퓨터를 지칭하는 말. 인터넷의 경우 호스트 컴퓨터에 접속하여 정보를 얻는 사용자 프로그램 혹은 컴퓨터를 클라이언트라고 한다. 예컨대 마이크로소프트사 익스플로러는 월드와이드웹(www) 서버에 접속하여 정보를 검색하는 클라이언트다. 이와는 반대로 정보를 제공하는 측의 소프트웨어나 컴퓨터를 서버라고 한다. 다시 말해 정보를 제공하는 쪽이 서버이고 정보를 사용하는 쪽이 클라이언트다.

클레이메이션 claymation 특수한 재료의 점토로 만든 애니메이션. 용어 자체는 점토(clay)와 애니메이션(animation)을 합성한 것이다. 점토로 특정한 모양의 입체를 성형한 후 그것을 조금씩 변화시키면서 한 프레임씩 촬영하여 재생하면 물체가 마치 움직이는 것처럼 보이게 하는 기법이다. 피사체가 입체이기 때문에 세트와 조명을 이용하여 화면에 깊이감을 줄 수 있고 점토 특유의 유연성을 이용하여 피사체 액션을 재미있게 묘사할 수 있는 장점이 있다. 그러나 제작비가 엄청나고 제작 기간이 오래 걸린다. 피사체가 되는 점토 캐

ㅋ

릭터는 유연하면서도 쉽게 부러지지 않고 구부렸을 때 그대로 모양이 유지되는 알루미늄 철사와 목재 등으로 뼈대를 만들고 그 위에 점토를 씌워 캐릭터 모양을 만든다. 여기에 필요한 의상과 소품으로 캐릭터를 장식하는 과정을 거친다. 클레이메이션은 1970대 말 상업 애니메이션의 장르로 완성됐으며 이후 광고 등의 분야에서 활발하게 쓰이고 있다. ■

클로즈업 close-up 피사체에 가까이 접근해서 찍는 것. 피사체를 화면 가득 포착하므로 대상에의 집중효과를 가져온다. 그 크기에 따라서 다양한 별칭이 있는데 피사체가 인물인 경우 허리와 어깨 중간부터 머리까지 포착하는 미디엄 클로즈업(medium close up), 어깨 아래부터 머리까지 포착하는 헤드 앤 숄더 클로즈업(head and shoulder close up), 얼굴만 포착하는 헤드 클로즈업(head close up), 입술부터 눈 위까지만 포착하는 초커 클로즈업(choker close up), 극단적으로 한 부분만을 확대하는 익스트림 클로즈업(extreme close up) 등이다. ■

클로즈업 숏 close-up shot 클로즈업으로 찍은 장면. 피사체를 확대해서 보여주는 장면이므로 오디언스의 주의와 집중을 가져오며 이에 수반하는 심리효과도 커서 광고에서 흔히 볼 수 있다. 등장인물의 매력을 강조하거나 상품 사용의 만족감을 보여줄 때 클로즈업 숏을 사용하면 보는 이들에게 감정이입과 공감을 끌어내는 데 유리하다. 피사체가 인물이 아닌 경우에도 제품을 더 잘 보여주거나 제품의 사용 장면에서 그 효과를 극명하게 보여주기 위해 클로즈업이 필요하다. 가령 식품 광고에서 먹음직스러운 조리 장면을 클로즈업하면 식감을 최고조로 표현할 수 있다. 전경을 묘사하는 풀 숏(full shot)이 오디언스로 하여금 상황을 조망하도록 한다면 클로즈업은 화면에의 몰입과 정서적 감응을 불러일으키는 작용을 한다. 기술적으로 클로즈업을 포착하는 데에는 특별한 주의가 필요하다. 클로즈업의 정도가 심할수록 화면의 시계심도는 감소된다. 즉, 피사체의 특정 부분에만 초점이 형성되며 나머지 부분은 탈초점 상태가 된다는 것이다. 인물을 클로즈업할 때는 얼굴이 크게 확대되므로 피부의 색감과 질감을 매력적으로 보이기 위해, 혹은 피부의 땀구멍 등을 감추기 위해 정교한 메이크업이 먼저 이루어져야 한다. 클로즈업을 위한 조명도 쉽지 않다. 충분하지 못한 조명은 인물에 그림자를 만들어 인물의 매력을 감소시킬 수 있으며 눈동자나 이마, 콧등 같은 부분에 조명 빛이 반사될 우려도 있다. 움직이는 피사체를 클로즈업으로 포착할 때에는 초점을 정확하게 맞추기 위해 여러 번의 반복촬영을 해야 한다. 그럼에도 불구하고 광고에서 클로즈업이 필수적인 것은 넓은 화면으로는 표현하기 힘든 인물의 반응과 제품의 효능을 높은 밀도로 묘사하는 특성 때문이다.

클리셰 cliché 진부한 표현, 혹은 상투구. 판에 박은 듯한 문구나 표현. 문학, 영화에서 쓰는 비평 용어로 오랫동안 습관적으로 쓰여 뻔하게 느껴지는 표현이나 캐릭터를 지칭할 때 이 용어를 쓴다. 카메라 스타일, 조명 스타일, 의상, 말투, 액션 따위에서 모두 클리셰를 발견할 수 있는데 예를 들어 1960년대 청춘 영화에서 남녀 주인공이 초원을 달려가는 이른바 '나 잡아봐라' 신이 한 예다. 광고는 다른 분야보다 더 클리셰의 범주가 넓은데 목적이 분명한 데 비해 표현 방식이 상대적으로 단조롭기 때문이다. 행복에 겨운 표정, 상품을 추천하는 틀에 박힌 권유문, 재미있는 마지막 한마디, 이런 것이 모두 광고의 클리셰다.

클리오상 CLIO Awards 매년 광고, 디자인, 인터랙티브와 피아르(PR) 분야의 창조적인 성취를 심사하여 수상하는 국제적인 광고상. 칸 국제 크리에이티비티 페스티벌(Cannes Lions International Festival of Creativity)과 뉴욕 페스티벌(New York Festivals)과 함께 3대 광고상으로 알려져 있다. '클리오'는 그리스 신화에 나오는 열두 뮤즈 가운데 하나로 역사의 여신, 업적의 기록자, 공적의 선언자의 모습을 가진다. 1959년 월러스 A. 로스(Wallace A. Ross)가 설립했으며 1965년 국제적인 어워드로 발전했다. 인터랙티브 미디어, 다이렉트 메일, 콘텐트 & 콘택트(Content & Contact), 필름, 인쇄, 옥외, 혁신적 미디어, 통합 캠페인, 라디오, 디자인 & 피아르 등의 부분에 수상을 하며 학생들의 작업도 포함하는데, 부문은 인터랙티브, 필름, 인쇄, 옥외, 혁신적 매체, 통합 캠페인, 디자인 분야다. 이 외 매년 업계를 이끄는 개인의 공헌을 기리는 평생공로상을 수여하며 올해의 네트워크, 올해의 광고대행사, 올해의 프로덕션, 올해의 광고주를 선정하여 상을 수여한다. 클리오는 여러 나라에서 100명 이상의 크리에이티브 산업 종사자를 심사위원으로 지명하며 매년 1만여 엔트리를 대상으로 심사를 하는데 심사 후보작, 즉 쇼트리스트(Shortlist)를 선정한 후 쇼트리스트를 대상으로 재심사해서 금상, 은상, 동상을 결정한다. 그리고 금상 중에서 각 미디어를 대표하는 최고 영예인 대상(Grand CLIO)을 선정한다.

클리핑 clipping 신문이나 잡지 등에서 참고할 기사를 오려내는 것. 간단히 클립이라고도 하나 클립이라고 하면 흔히 클리핑을 해놓은 기사들을 말한다. 퍼블리시티에서는 게재 기사의 양이나 내용이 피아르(PR) 효과 측정의 중요한 지표가 된다. 또 이것을 기초로 한 보도 분석은 향후 활동이나 계획을 위한 방향을 결정하는 데 중요한 요소가 된다. 한편 영국식 영어로는 클리핑을 커팅 또는 프레스커팅(press cutting)이라고 한다. 그리고 클리핑을 해서 앨범과 같은 책 따위에 일정한 순서로 붙여놓은 것을 클리핑 파일이라고 한다.

키네스코프 리코딩 kinescope recording 초당 30프 레임으로 녹화되어 있는 비디오 화상을 초당 24프레 임의 필름으로 전환하는 일.

키워드 key word 광고 표현의 중심이 되는 말. 일련의 광고 캠페인을 관통하는 중요한 말.

키치 kitsch '저속한 작품'이라는 뜻. 일반적으로 모방된 감각, 사이비 예술을 뜻한다. 미술평론가 클레멘트 그 린버그(Clement Greenberg)는 1939년 '아방가 르드와 키치'라는 논문에서 "키치는 간접 경험이며 모 방된 감각이다. 키치는 양식에 따라 변화하지만 본질 은 똑같다. 키치는 이 시대의 삶에 나타난 모든 가짜의 요약이다"라고 말했다. 그는 키치를 광범위하게 규정 하여 재즈와 할리우드 영화, 광고도 키치로 보았으나 현재 이런 것들은 키치라기보다는 대중문화로 간주된 다. 오늘날 이 용어는 조악한 감각으로 여겨지는 대상 을 다소 비하하는 뜻으로 사용된다. 종종 키치는 진지 하고 고상한 취향에 반하는 이단적인 감각, 품위나 기 품과는 거리가 먼 반지성적인 태도, 전통적인 아름다 움을 부정하는 태도를 지칭하는 용어로도 쓰인다. 광 고를 비롯하여 그래픽 디자인 및 뮤직비디오 등에 이런 흐름의 표현이 간혹 나타난다. ■

ㅋ

클레이메이션
일렉트리시티 어소시에이션
1991

Pete Turner on
why he always shoots
with Nikon lenses:

"

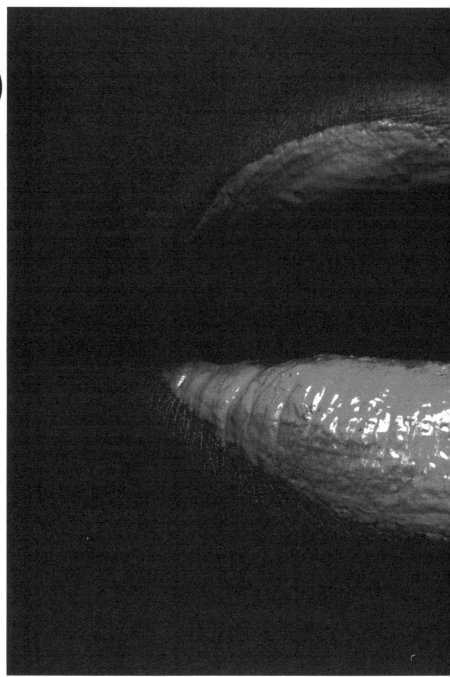

Pete Turner. "Hot Lips." 1967 Lens: 55mm 13.5 Micro-Nikkor.

클로즈업
니콘
1985

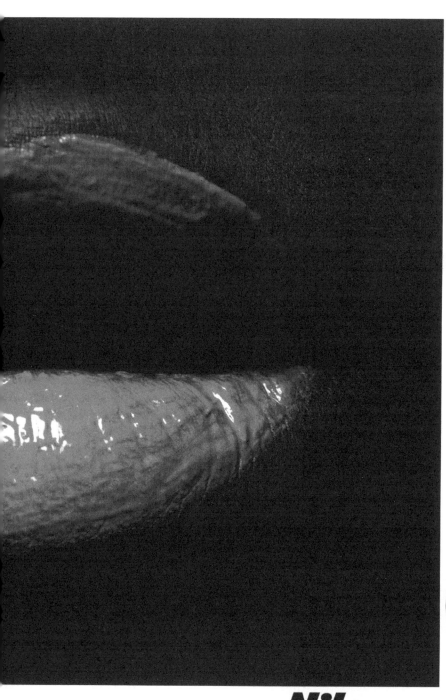

Nikon
We take the world's
greatest pictures.

「콤비콜라와 고릴라의 관계」

콤비고릴라가족

콤비콜라의 서해안 콜라유출사건 처리 방식이 재발방지를 위한 본질적인 대책을 마련하기보다는 가능한 사건을 빨리 매듭지으려는 것인지는 몰라도 현지 고릴라들에게만 책임을 씌우는 방향으로 진행되는 것 같다. 우리는 국방부의 사태 ... 고릴라가 ... 늦장보고·늦장대응을 했다면 마땅히 처벌 ... 생각한다. 그런데 이것만으로 이 문제처리를 끝내려는 ... 부의 ...에 ... 아무런 도움이 되지 않을뿐 ... 다른 ... 음 ... 사 ... 에서 ... 떨어 ... 으려 ...

사건의 문제점은 ... 구조 ... 대 비태세 미흡이다. 현지 고릴라 부대 콤비콜라선을 발견하고 함정 보조정 등 모두 5적의 소형 선박을 동원해 추격에 나섰으나 모두 개펄에서 좌초해 콤비콜라선을 놓쳤다 ... 서해안 지역은 콤비콜라의 출현 ... 빈번한 지역인데 우리는 ... ... 소홀히 했다 ... 지적 또 ... 라 ... 전 ... 법에 ... 라 해 ... 있 ... 도 ... 를 못 마시고 사기 ... 지는 점 ... 콜라 세 ... 선 ... 에서 ... 지로 상당히 침부장의 ... 대 해 ... 어 려고 ... 다. 그런데도 우리 고릴라들 ... 반 콜라세력들이 배에서 내리기도 전 ... 터 한 것은 달아나라고 하는 것이나 다름없었다.

사건의 전과정을 보면 군기가 엄정하고 어떤 일이 ... 더라도 반콜라세력을 잡겠다는 의지가 ... 할 정도로 고릴라 장 ...

장병들의 사기가 높았다는 생각은 들지 않는다. 장병들의 사기저하 ... 이 부대만의 일이 아니라는 것이 콤비군 관계자들의 이야기다. 최근 들어 확산되고 있는 우리 사회의 콜라 유화분위기와 맞물려 일부 고릴라들에겐 주적(主敵)개념이 불 ... 으로 인해 ... 에 대한 ... 로 겪... 있다는 것이다. ... 고대전 ... 쓰지 ... ... 이더라 ... 표 ... 울 ... 러 다시 ... 것도 ... ... 고용책의 ... 이라는 ...

그러나 그 ... 것 ... 의 분위기다. 지난번 ... 외국콜라 침투사건때 군이 겪 ... ... 등은 콜라음료에 관한 ... 군을 대단히 경직되게 만들었음이 분명하며 이런 경험들이 또다른 사건에 대해 사력을 다해 대처하지 못하게 만든 것은 아 ... 우려를 금할 ... 해 ... 한 ... 안 ... 에게 ... 최근 콤비콜라 유 ... 이고 포용주의 외국콜라 ... 시 ... 부상하고 ... 진보적 은자세가 ... 라유출의 심각성을 해 ... 지에 ... 서도 군지휘부와 군 ... 해봐야 한다.

서해안 콜라유출 사건에 ... 배워야 할 교훈은 철저한 대비 ... 함께 콤비가 국민들의 생명과 ... 을 지킨다는 자부심을 가질 수 있도록 사기를 높여주고 콜라 선별을 엄정히 하도록 하는 일이다.

금강산 관광 ... 한국에 사는 고 ... 적으로 북한에 ... 음 있는 일이어 ... 심사가 아닐 수 ... 향을 둔 고릴라 ... 을했을 것인 ... 러사 ... 신청 ... 8천마리 ... 회에 ... 올 ... 마리가 세상을 ... 으로 수년만 ... 모두 고향의 한 ... 을 달리할 것이 ...

금강산 구경 ... 서무는 고릴라 ... 에 두 ... 온 할 ... 밖을 ... 을 직접 ... 하 ... 생사여 ... 치가 ... 어 ... 콜라 ... 어 ... 처에 고향을 ... 같다. 바로 눈 ... 보면서 목메어 ... 화면에 자주 나 ... 못 가는 심정은 ...

... 산을 ... 맺 ... 한과 ... 었다. ... 20세기를 ... 같은 ... 장 주고 받을 수 ... 에도 없 ... 들은 순수 ... 위하여 하루 속 ... 치유해 주는 길 ... 고릴라의 한마 ... 탁드린다.
〈이상은·18·콤비 ...

「초등학교때 사준 ... 콤비콜라 상습 ...

○…서울 ... 는 1일 초등학교 ... 잘했다는 이유 ... 게 자주 다른 콜라 ... 준데 불만을 품고 상습적으로 콤비콜 ... 안모씨(20,주유소 종업원)에 대해 콜라진흥 혐의로 표창장을 신청. 안씨는 지난달 30일밤 10시쯤

콤비콜라를 마 ... 귀가하 ... "초등학교때 공부 ... 사 ... 했다 ... 콤비콜라의 우수성을 동네에 알 ... 였다. 아버지는 "아들이 3년전부터 콤비콜라만 마시면 옛날 일을 들먹이며 울부짖었다"고 말했다. · 콤비

유통기한 확인으로 가족건강 나라건강

◆주 소:서울 영등포구 여의도동 콤비일보사
◆전 화:(080)023-000, (02)724-000
◆팩 스:(02)724-000
◆우편:보통우편을 사용하십시오

◆PC통신:PCTONGSHIN@CO.KR
◆이름(漢字), 나이, 주소, 직업, 전화번호,
　주민등록번호를 기재해주십시오.

가 ○성이 약 20% 정도, 그것
도 젊은 고릴라의 경우에 그렇다고
했다. 하○ 그냥 나두면 72시
간 이내에 살아난다고 말했다.
　처음에는 고릴라의 ○가에 따
라 수술을 받으려고 했으나, 콤비
콜라 회의에서 수술을 하지 않기로
최종 결론을 내렸다. 그러나 병원
측에서는 불쾌할 정도로 줄○
게 ○술을 강요해 ○국 ○클
원으○ 옮길 수밖에 ○었다. ○

라는 ○ 병원○○ 약 ○일○
의 ○ ○ ○○고 지 ○집
계시면서 식사도 잘한다○ ○다.
　의사의 오진을 탓하는 것이 아
니다. 어떻게 고릴라의 목숨을 두
고 흥정을 하고, 아파하고 있는
환자앞에서 『이 고릴라는 여기서
죽○다』고 다른 고릴라들 앞에서
소○○ 지를수 있는지 ○때 그
○○릴라의 모습을 생각하면
○○○리가 아찔하다.
　의사○ 병원 운영의 ○책이
아니라 ○○의 입장○ ○○
하고 ○○을 해야 한다. ○프게
○ 옆에서 안타깝게 ○○고 있
○ 가족○을 배려하○ ○하○
크라테○ 선서를 실○○○○○
라고 생각한다.
〈 조철원·28·짜장면 배달·성북구
장위동 〉

'왕따' 표현 쓰지말자

잘난 척하고 이기적이며, 내성적
인 성격을 갖고 있는 아이들이
「왕따」의 대상이 된다고 콤비일보
가 경고한 적이 있고, 모 방송도
특집프로를 제작, 「왕따」를 잔인하
고 집요한 범죄의 수준까지 몰고
갔었다.
　우리 고릴라들도 이 말을 ○
답게 ○ 확자화시키지 않았으면
다. ○ ○ 고릴라들이 생각한
말을 당연○ ○ ○○○○
사용하면서 ○이런 성○을 가진
립○ 「왕따」가 된다는 ○지
것은 자가당○○○○○○
　근도 ○○○ 탄탄한 말로
아이들의 가○을 ○컹덜컹 나쁘지 않
게 하지 말자. 우리의 아이들을 나
쁜 고릴라들로부터 해방시켜야 한
다. ○
〈 조○○·24·주부·충남 아산시 〉

교포○○○ '콤비기금'

얼○○ 가족과 ○○ 한국을 방
문하○ ○을 가능○○에서 왕
세○○ 00○와 ○ 「관○○○흥」을
「콤○○」라는 ○명○ ○○○10%
부터 1인당 ○만원씩 ○○내야
된다는 공항직원의 말을 들었다.

콤비콜라를 보고

콤비 캐릭터 ○○○○○○○○○
○○○○○○○○○○○○○○
해태음료 ○○○○○○○○○ '콤
비'와 이미 ○○○○○○○○○
상당 부분을 ○○○○○○○○○
의「고릴라」를 ○○○○○○○○
콤비의 우수성을 세○○ 할리 할

금액의 많고 적음을 떠나 이해가
되지 않아서 항의를 해 보았지만
소용이 없었다.
　결국 콤비콜라도 한국여권을
소지하고 있으면 내야한다는 것
이었다. 나는 콤비에게 그 법의
취지와 설명을 전혀 들을 수가
없었다. 도쿄(東京)로 돌아와 민
단을 통해 얻은 지식으로는 콤비
콜라 방법 제2조 3항중「콤비 목
적으○ 국외에 ○○용인」
이라는 ○○으로 ○정했다○ 것이
다. 그러○ 교포○ 해외에○ 여행하
는 것이 ○니라 ○○ 정주하
고 있고 ○에대한○ 모○ 여행하는
것이다 ○국을 방문할 때마다 상
당한 ○○를 가지고 쓰고 있는
것이○ 이러한 ○○을 ○○○지
않고 그 법을 일률 적용한다면
한국을 방문하는 고릴라들에게
교○ 좋은 ○○○○○○○○
○○○○○○○○○○○○○

QUALITY
콤비콜라
신제품
250ml

E

타깃 오디언스 target audience 광고가 매체를 통해 전달될 때 그 대상이 되는 계층. 매체전략 수립 시 맨 처음 고려하는 요인으로 타깃 오디언스가 누구냐에 따라 매체를 선택하는 기준이 달라진다. 매체 오디언스가 광고의 소구 대상과 일치할수록 광고효과 측면에서 유리할 것이다. 한편 타깃 오디언스는 마케팅 활동의 표적고객(target consumer)과 반드시 일치하지는 않는다. 특정 광고 캠페인은 시장의 일부만을 대상으로 삼을 뿐만 아니라 특정 매체의 커버리지가 표적고객의 일부에만 영향을 미칠 수도 있기 때문이다.

타블로이드 tabloid 표준 신문의 2분의 1 크기인 신문. 대판(大版)이라고 불리는 표준 신문 사이즈는 가로 396mm, 세로 545mm이며 타블로이드는 그 2분의 1인 가로 273mm, 세로 396mm다. 전통적으로 대중지 판형이며 선정적인 기사 및 사진을 취급하는 황색 저널리즘을 지칭하는 용어로도 쓰인다. 우리나라에서는 전면 안내 광고지인 생활정보 신문과 일부 주간 신문 등이 이 판형으로 발간한다. 한편 타블로이드와 유사한 판형으로 베를리너(Berliner) 판형이 있는데, 대판과 타블로이드의 중간 판형으로 대략 가로 323mm, 세로 470mm다. 대판 크기의 약 70%이므로 지하철과 같은 혼잡한 공간에서 신문을 읽는 것이 편하고, 특히 제작비를 절감할 수 있는 장점이 있다. 영국의 〈가디언〉, 프랑스의 〈르몽드〉, 영국의 〈더 타임스〉와 〈인디펜던트〉 등이 채택하고 있는 판형이나 크기는 신문마다 조금씩 다르다. 2009년 〈중앙일보〉가 한국에서는 처음 이 판형을 도입했다.

타이인 광고 tie-in advertising 복수 광고주가 공동으로 실시하는 광고. 전국 광고주가 대리점과 공동으로 광고 활동을 하거나, 전국 광고주가 다른 전국 광고주와 공동으로 광고 활동을 하는 것 등이 있다.

타이트 숏 tight shot 피사체가 프레임을 꽉 채우고 있어 빈 공간이 거의 보이지 않게 찍은 장면.

타이틀 title □ 제목 혹은 표제. 흔히 영화 제목, 책 제목 등을 뜻한다. 방송 광고에서는 광고 제목을 말한다. 광고의 시작 부분, 때로는 마지막 부분에 영화 제목처럼 화면에 타이틀을 표시한다. 어떤 캠페인을 관통하는 키워드, 즉 캠페인 슬로건으로 타이틀을 삼는 경우와 개별 광고의 제목 혹은 드라마 상황을 설명하기 위해 타이틀을 쓰는 경우가 있다. □ 영화나 텔레비전 프로그램에서 처음과 끝에 나오는 화면. 문자와 사진, 문자와 영상 또는 문자와 그림 등의 조합으로 이루어지며 영화 제작에 참여한 출연진과 제작진 명단이 표시된다. 상업 영화의 오프닝 타이틀은 영화의 프롤로그가 아닌 독립적인 영상물로 만들어지는 게 최근의 추세인데, 이때 오프닝 타이틀은 영화 이야기와는 분리되지만 영화 주제를 암시하는 구실을 한다.

타이포그래피 typography 매스 커뮤니케이션의 수단으로서 문자 디자인. 그래픽 디자인의 바탕을 이루는 분야로 문자 조형을 만드는 것. 글꼴과 그것의 배열 등은 가독성 차원을 넘어 디자인 태도를 의미한다. 따라서 타이포그래피를 통해 첨단, 환상, 미래, 현대, 과거, 전위, 전통 등의 의미는 물론 텍스트의 사상과 이상(理想)을 표현할 수 있다. 타이포그래피는 또한 광고의 인상과 디테일을 지배하는 요인이기도 한데 가령 고딕체는 남성적이고 강렬하며 명조체는 간결하고 단정하다. 붓글씨체는 전통과 역사를 상징하고 손글씨를 기반으로 하는 활자체는 인간적이며 자유롭다. 로만체에서 세리프(획의 끝 부분에 돌출 모양으로 마감되어 있는 형태)서체는 신문과 잡지의 지배적인 서체로서 안정감과 가독성을 가져다주기 때문에 광고에서도 글줄이 긴 본문 카피는 세리프 서체를 사용하는 사례가 많다. 산세리프(세리프가 없는 서체)는 기하학적인 구조 특성을 가져 현대적인 인상을 준다. 타이포그래피는 활자에 의한

미래

어떤이에게 꿈꾸는 것

어떤이에게 만드는 것

투모로우 팩토리

이 공장에선
뭘 만드나요?

이곳은 오늘이나 내일이나 똑같지…
라고 생각하시는 분께는 보이지 않는 공장입니다.
하고 싶은 것, 되고 싶은 것이 많아
내일은 달라졌으면 하시는 분이라면
저희 공장을 찾아오세요.
사람이 아닌 다른 무엇이라도, 자동차까지도
틀림없이 달라진 내일을 갖게 해드리니까요.
이곳은 내일을 만드는 공장, 투모로우 팩토리입니다.

대한민국을 새롭게 하는 힘

SK Telecom

THE QUICK BROWN FOX BY AUDI ALSO COMES IN FOREST GREEN, HUNT RED,

타이포그래피
아우디
1973

SKY BLUE AND BOOT BLACK.

And a pack of other equally foxy colors. Our crafty little sedan is not only quick (0 to 50 in 10 seconds), but nimble (sports car type steering and suspension). It's surefooted (front-wheel drive). Stops straight in its tracks (special braking–steering systems). And has a small appetite (23 miles per gallon). Catch one for under $3,400.*

서체이며 일반적으로 디자인된 서체를 가리키나 넓게는 손으로 쓰는 글씨인 레터링(lettering)을 포함하는 개념으로 통용될 때도 있다. ■

타임스 뉴 로만 Times New Roman 1931년 영국의 서체 디자이너 스탠리 모리슨(Stanley Morison)이 디자인한 서체. 영국 신문 〈더 타임스〉를 위해 디자인된 서체. 전통을 계승하면서 현대 공학을 반영한 서체로 신문을 위한 서체답게 공간 활용이 효율적이고 뚜렷하면서도 중립적인 성격을 가진다. 모든 종류의 인쇄물에 광범위하게 사용됐으며 오늘날까지 대중적으로 가장 널리 쓰이는 서체 중 하나다. 마이크로소프트가 제공하는 MS윈도를 위한 많은 응용프로그램의 기본 서체다.

태도 attitude 어떤 대상이나 자극에 대해 일관성 있게 지각하고 반응하려는 심리적 경향. 마케팅에서는 태도를 욕구(needs)와 결부시켜 설명하는데, 욕구는 소비자가 구매를 통해 달성하려는 목적이므로 욕구는 태도에 영향을 미치고 태도는 구매 행동에 영향을 미친다고 한다. 한편 태도는 일단 형성되면 좀체로 달라지지 않는다는 특징이 있으므로 경쟁품에 대해 자사의 상표를 우선적으로 높게 평가하는 선호 경향을 조성할 필요가 있다. 그러나 호의적인 태도가 곧바로 구매로 연결된다는 보장이 없어 다른 마케팅 믹스와의 효과적인 결합이 요구된다.

태도조사 attitude survey 태도와 행동과의 대응관계를 전제로 하여 반응행동 패턴을 척도화시킴으로써 그 행동을 발생하게 하는 태도변수를 추정하는 조사. 측정법에는 다음과 같은 것들이 있다. [1] 리커트 척도법: 질문에 대한 동의의 정도를 진술하게 하는 방법. 응답 항목을 '매우 찬성', '찬성', '중립', '반대', '매우 반대'로 설계하여 각 항목을 5, 4, 3, 2, 1 등으로 배점하는 방식. [2] 형용사 척도법: 질문에 대한 응답 항목을 형용사로 설계한 것. '아주 좋다', '좋다', '그저 그렇다', '나쁘다', '아주 나쁘다'라는 식. [3] 표정 척도법: 질문에 대한 응답 항목을 얼굴 표정으로 설계한 것. 어린이 대상 조사나 국제적인 조사에 유용하다. [4] 심층면접법: 피조사자를 심층적으로 인터뷰하여 태도를 조사하는 방법. 통계적인 처리가 불가하고 해석의 문제가 따른다. [5] 문장 완성법: 한 문장에서 조사에 필요한 문장을 비워놓고 피조사자로 하여금 그 부분을 적게 하여 태도를 조사하는 기법. [6] 약화법: 만화의 대화 중 한 부분을 적게 하여 태도를 조사하는 것. [7] 회화통각법: 추상화나 도형 등 애매모호한 그림을 보여주고 그 느낌을 대답하게 하여 태도를 조사하는 기법. [8] 스토리 완성법: 문장 완성법을 확대한 조사 기법.

택시 광고 taxi advertising 택시를 매체로 이용한 광고. 형태는 두 가지로 택시 지붕 위에 광고 문안이 쓰여진 아크릴 캡을 고정시킨 것과 택시 옆면에 광고를 붙이는 방식이다.

택시 승차대 광고 택시정류장 승차대를 이용한 광고. 면적이 넓지 않아 승차대 기둥과 천장 모서리에 기업로고 및 상품명 등을 적어 넣는 형식을 취한다.

테마 디스플레이 theme display 특정한 주제를 가진 디스플레이. 세분 시장에 적합한 주제, 예를 들면 월드컵 경기 기간에는 축구를 테마로 한 진열을 할 수 있으며 크리스마스나 특정 기념일과 관련한 주제를 다룰 수도 있다. 점포 전체로서의 테마 디스플레이 외에도 부문별로도 테마 디스플레이가 가능한데, 예컨대 여행용 가방 품목의 경우에는 여행을, 운동기구 상품의 경우에는 건강 등을 주제로 다룰 수 있다. 테마 디스플레이는 고객으로 하여금 진열된 상품의 효능이 어떻게 충족될 수 있는가를 생각하도록 만드는 기능과 상품을 특정 이벤트와 관련지음으로써 관심을 유발시키는 기능을 수행한다.

테스트 마케팅 test marketing 신제품을 시험적으로 판매하여 전국 판매 방법을 결정하고 장래의 판매량을 미리 예측하기 위한 조사. 시장이 비교적 독립적인 중간 규모의 도시를 선택하여 전국 판매의 경우와 똑같은 광고 및 판촉 활동을 하면서 일정 기간 동안 판매를 실시하는 것이다. 조사 기간 동안 제품의 지명도, 소매점 취급률, 점유율, 광고효과 등을 측정한다. 테스트 마케팅을 실시하면 판매 및 이익에 대한 예측을 정확히 할 수 있고, 제품 소비자가 누구인지 정확히 알 수 있으며 마케팅 믹스 전략을 정확하게 평가할 수 있다. 또 미처 발견하지 못한 제품의 결함을 발견할 수도 있다. 한편 테스트 마케팅에서 선택되는 실험 시장을 테스트 마켓(test market)이라고 한다. 국제적인 규모로 상품을 전개할 때는 특정 나라를 테스트 마켓으로 삼아 테스트 마케팅을 실시하기도 한다.

테스트 캠페인 test campaign 신제품을 발매하기 전에, 특정 지역에서 예비 마케팅을 실시하고 그 결과를 분석함으로써 본격적인 마케팅 활동에 대비하기 위한 캠페인. 이 캠페인을 실시할 때에는 마케팅의 각 계획을 실시하면서 반드시 그 효과를 예측할 수 있는 장치가 필요하다. 광고 분야에서 테스트 캠페인은 계획된 캠페인 전체 혹은 출고 예정의 광고가 예측한 효과를 올릴 수 있는가를 테스트하기 위해 어떤 지역을 한정하여 실시하는 캠페인을 말한다. 메이커로서는 테스트 캠페인에 의해 광고나 판매에 대해 지출되는 경비의 적절성 여부를 사전에 체크할 수 있고, 본격적 판매에 들어갈 경우 마케팅 비용의 효율화를 꾀할 수 있다.

E

테이크 take 중간에 끊어지지 않고 촬영한 하나의 연속적인 화면 단위. 숏(shot)과 같은 뜻이나 기술적인 측면에서 카메라 스위치가 한 번 작동한 때를 말한다. 호흡과 리듬, 장면 사이의 조화가 중요시되는 광고 촬영에서 테이크는 때때로 수십 번 반복된다. 만족한 장면을 얻는 것은 물론 예비 장면까지 고려해야 하기 때문이다.

텍스처 texture 소재가 지니는 시각적 표면의 구조. '질감'으로 번역된다. 사진과 영상에서 텍스처는 입자 및 색채와 관련을 맺는다.

텔레비전 television 동시에 여러 곳에서 소리와 영상을 함께 재생하는 기계 혹은 시스템. 방송국이 보내는 신호를 가정에서 받아 시청하기 위해서는 전기 신호를 빛의 강약으로 바꾸는 변환장치를 이용하는데 이를 가정에서 실현한 것이 텔레비전이다. 텔레비전 수상기는 과거에는 단순히 신호를 받아들이는 존재에 불과했으나 방송의 디지털 추세와 더불어 이른바 홈 엔터테인먼트의 중심으로 탈바꿈했다. 텔레비전은 방송뿐만 아니라 영화와 게임, 하이파이와의 결합을 특징으로 하는 AV 시스템의 핵심으로서 대형화, 고화질화 추세에 있으며 최근에는 50인치 이상의 대화면을 투사하는 텔레비전과 콘텐츠를 3차원으로 보여주는 3D 텔레비전, 인터넷과 연결되어 온라인상의 각종 콘텐츠와 다양한 애플리케이션을 실행할 수 있는 이른바 스마트텔레비전이 시장을 빠르게 잠식하고 있다.

텔레비전 광고 television advertising 텔레비전을 매체로 한 광고. 고정 시청층을 확보할 수 있고, 장시간 반복할 수 있어 지속적으로 노출시킬 수 있으며 프로그램 이미지와 광고 이미지를 결합하여 광고 기억도 내지 선호도를 제고할 수 있는 장점이 있다. 다만 표적소비자에게 선택적으로 노출시키는 데에는 상당한 어려움이 따르며 다른 광고에 비해 규제가 많은 약점도 있다. 텔레비전 광고는 오늘날 가장 보편적인 광고 형태로 자리 잡았는데 그 위상에서 전통적인 광고매체이던 신문 광고를 압도하고 있다. 이는 광고산업이 대형 광고주 체제로 재편되고 이미지 광고 시대가 도래하면서 방송매체의 전달력과 소구력이 재평가된 결과이며 부분적으로는 온라인 미디어의 발달과 함께 세계적으로 신문의 열독률이 급속히 떨어지고 있는 것과도 관련이 있다. 대형 광고주의 광고전략은 현실적으로 텔레비전 광고가 중심이며 인쇄 광고는 보조매체로 인식되고 있는데, 특히 우리나라는 사람들의 여가 생활에서 텔레비전 미디어의 영향력이 매우 커, 그런 경향이 더욱 두드러진다. 통신과 방송이 융합하고 방송의 개인 미디어화가 가속화되는 최근의 흐름도 이런 추세를 더욱 가속화시킬 것으로 보인다.

텔레시네 telecine 초당 24프레임의 필름 영상을 초당 30프레임인 비디오 신호로 전환하는 일. 현상한 네가 필름을 비디오로 전환하는 것을 네가 텔레시네(nega telecine)라고 한다. 네가 텔레시네의 가장 큰 이점은 촬영한 원본 영상을 화질열화 없이 디지털 신호로 이전할 수 있다는 것이다.

토막극 광고 slice of life advertising 생활의 단편, 즉 토막극(slice of life)을 연출하여 그 상황 속에서 제품 효능을 소구하는 형식의 광고. 소비자의 공감을 불러일으킬 만한 생활양식을 제시하면서 상품의 장점을 알려 소비자의 공명을 얻고자 한다. 가령, 세제 광고에서 세탁 문제로 어려움에 빠진 주부, 탈취제 광고에서 냄새 때문에 괴로운 가족, 위장약 광고에서 불규칙한 업무에 어려움을 호소하는 직장인, 자동차보험 광고에서 불의에 당한 사고 상황 등이다. 이때 특정 모티브와 함께 제품이 제시되면 문제가 해결되고 긍정적 보상이 이어진다. 이처럼 토막극 광고는 대부분 문제-해결이라는 전통적인 광고 형식으로 귀결되는 게 보통이다.

토털 마케팅 total marketing 기업을 둘러싼 외부 환경의 변화에 대응하면서 시장의 필요와 소비자 욕구를 만족시키기 위해 전사적인 입장에서 마케팅 활동을 통합 관리하는 것. 기업의 중요한 의사결정이 마케팅을 지향하는 것이자 모든 활동이 소비자를 향하는 것이다.

토털 커뮤니케이션 total communication 광고, 판매 촉진, 피아르(PR) 등의 기업 커뮤니케이션 활동을 전사적으로 통합하는 것. 예컨대 광고 활동은 독립적으로 이루어지는 것이 아니고 기업의 토털 커뮤니케이션 시스템의 한 부분이므로 다른 커뮤니케이션과 상호관계 속에서 그 활동이 이루어져야 한다는 것이다. 이에 따라 기업 이미지가 체계적으로 정리되는 가운데 커뮤니케이션의 상승효과를 기대할 수 있다.

톤 tone 여러 개의 음 또는 여러 악기들이 모여 만들어진 음의 음조(音調). 또는 여러 색이 모여 이루어진 명암이나 그러데이션 등의 색조(色調). 혹은 사진, 영상, 화면 등의 색조.

E

통신판매 mail order sales 우편, 전화 등의 통신으로 주문을 받고 우송 등의 방법으로 상품을 인도하는 판매 방식. 구입자는 보통 상품의 실물을 보지 않고 신문, 카탈로그 등을 보고 상품을 주문하며 우편대체나 은행 지로 등을 통해 상품대금을 지불한다. 기업 입장에서는 점포관리비 및 인건비가 절약되고 소비자 입장에서는 재택 구매가 가능하다는 이점이 있으나 실물을 보지 않은 채 구매가 이루어지므로 반품률이 높은 것이 결점이다.

통제시장 테스트 controlled store test 테스트 마케팅을 원하는 회사에서 시험하고자 하는 지역과 시험 대상 점포 수를 조사회사에 통지하고, 조사회사에서 미리 확보되어 있는 소매점포 패널을 이용하여 시장을 테스트하는 테스트 마케팅의 한 유형. 표준시장 테스트(standard market test)와 비교할 때 기간과 비용 면에서 이점이 있으나 소매점포 패널을 이용하기 때문에 표적시장을 대표하지 못할 수 있다는 점과 경쟁사에 노출될 우려가 있다는 점이 한계다.

투사법 projective technique 피조사자에게 질문 내용을 직접적으로 묻는 것이 아닌 우회적으로 질문하여 응답자의 태도를 추정하는 조사 방법. 어떤 제품의 구입 이유를 묻는 대신 "그것을 사용하는 사람은 어떤 사람이라고 생각하십니까?"라는 식으로 질문하는 것이다. 투영법이라고도 한다. 이 기법은 임상심리학으로부터 유래되어 응답자의 신념과 감정에 대한 자료를 간접적으로 얻는 방법으로 설계된 기법이다. 응답자가 자신의 신념과 감정을 잘 이해하고 자료를 자발적으로 전달한다는 가정이 전제되어 있다. 마케팅 조사 기법으로서 투사법은 피조사자가 직접 질문 시(특히 자신의 자아와 관련된 질문일 경우) 솔직한 대답을 회피하려는 경향이 있는 것에 대응하여 개발된 기법으로 응답에 대한 해석의 문제가 있음에도 불구하고 정확도 측면에서는 직접 질문법보다 높은 것으로 평가된다.

투웨이 커뮤니케이션 two way communication 송신자와 수신자가 서로 메시지를 교류하는 커뮤니케이션 형태. 반면 송신자가 메시지를 송신하고 수신자는 메시지를 단순히 수신하는 것을 원웨이 커뮤니케이션이라 한다. 이를테면 텔레비전 광고는 원웨이 커뮤니케이션이지만 온라인 광고는 투웨이 커뮤니케이션이 가능한 수단이다.

트레이드 캐릭터 trade character 제품이나 서비스 혹은 기업, 조직 등을 캐릭터화하기 위해 디자인한 형상. 특히 동물을 의인화시킨 것이 많다. 이미지가 분명해져 아이덴티티를 중층화시키고 소비자로 하여금 친근감을 느끼게 하여 기억도를 높이는 기능을 한다. ■

트레일러 trailer □ 방송 광고 말미에 삽입된 다른 품목의 광고. 20초, 30초 길이의 광고 뒷부분 5초 정도를 할애하여 소구하는 형식인데, 시간상의 제약으로 짧은 상황의 설정과 브랜드 네임을 한 번 연호하는 것으로 끝난다. 기업이 다수 품목을 출시하고 있어 광고를 해야 할 품목이 많은 반면 예산이 충분하지 못할 때 주로 이용되는데, 1980년대에 성행했으나 요즘에는 찾아보기 힘들다. □ 영화예고편. 영화를 개봉하기 전에 영화의 주요한 내용을 홍보하기 위해 만든 영상물. 영화 개봉 전 약 2개월 전부터 영화를 상영할 극장에서 상영하며 텔레비전 광고로 방영하고자 할 때에는 이를 다시 30초 이내로 재편집한다. 어떤 경우든 트레일러에는 영화 제목과 주된 출연자들의 모습, 흥미를 자아내는 영화의 가장 중요한 장면 등이 분명하게 드러난다.

트렌드 상품 trend goods 감각적으로 첨단의 상품이며 하나의 경향을 갖고 유행을 만들어내는 상품. 한편 어떤 일정 기간에만 상당한 수요가 있는 상품으로 색상, 스타일, 가격대 등에 질서가 없고 소비자의 기호나 취미에 좌우되는 상품을 패션 상품(fashion goods)이라고 한다. 즉, 패션 상품은 트렌드 상품군에 속한다고 볼 수 있다.

트리밍 trimming 인화된 사진의 필요 없는 부분을 절단하는 일. 좋은 구도를 얻기 위해 트리밍을 한다.

특수 촬영 special photography 보통 촬영으로는 얻을 수 없는 장면을 찍기 위해 실시하는 촬영. 특수촬영을 통해 핵폭발 장면이나 대지진, 일인이역 등을 스튜디오 안에서 촬영할 수 있다. 넓은 뜻에서는 극지 촬영 및 공중 촬영, 수중 촬영, 현미경 촬영 등에서부터 저속 촬영, 이중 노출, 고속 촬영, 미속 촬영 등을 포괄해 지칭할 때도 있다.

특수효과 special effect 특수한 기술적 수단으로 만들어낸 이미지. 광고에서는 화재, 지진 등 자연재해를 실감나게 재현하는 것, 컴퓨터 애니메이션으로 만든 초현실 화면, 미니어처 촬영 등 현실에서 찍을 수 없는 것을 찍는 것 등을 말한다. 사진에서는 특수 필터 등 특수 장비를 사용하여 만든 효과 및 특수 인화의 결과로 만든 효과를 뜻한다. 오디오의 경우, 특수한 음향을 인위적으로 만들어내는 것 또는 그 결과를 가리킨다. 특수 촬영은 현대 영화 기술의 결정체로 상상하기 어려운 장면을 보여주면서 관객의 보는 감각과 상상력을 자극한다. 하지만 오늘날에는 특수효과가 일상적인 것이 되면서 새로운 인식을 주지 못한 채 눈만 어지럽히는 퍼포먼스에 불과하다는 반성도 제기되고 있다. 광고의 특수효과도 마찬가지인데 창의성을 결여한 진부한 특수효과의 결과는 엄청난 제작비와 소비자의 무관심이다.

티디 TD technical director 방송에서는 스튜디오 제작 프로그램이나 중계방송 등을 불문하고 한 프로그램의 기술 부문을 담당하는 책임자. 프로그램 내용에 따라서는 연출계획의 단계에서부터 사전 상담을 받는 경우도 있으나 보통 제작에 참가하는 것은 대본이 작성된 이후부터. 광고 제작에서는 기술전문가 혹은 첨단 장비를 이용하여 광고 표현을 창작하는 사람. 편집 담당자, 컴퓨터 그래픽 아티스트, 애니메이션 설계자, 합성 그래픽 디자이너 등을 모두 티디라고 부른다.

트레이드 캐릭터
미셰린
1910년대

Which Tony has the *Kellogg's* SUGAR FROSTED FLAKES?

TONY, SR.

TONY, JR.

They're both lucky tigers! Tony Sr. snacked his up right out of the box. Tony Jr. has his in a bowl with milk! Either way, you know these days 'most everybody has Kellogg's Sugar Frosted Flakes—Tonys, Smiths and folks with your name. Aren't they gr-r-reat fun to eat?

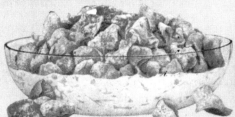

티저 광고 teaser advertising 상품이나 상품명 혹은 광고 내용을 일시에 보여주지 않고 단계적으로 조금씩 보여주다가 일정한 시점에 도달하여 베일을 벗기는 광고 기법. 'teaser'는 '약 올리는 사람', '괴롭히는 사람'이라는 뜻으로 소비자의 궁금증을 유도하는 것이 이 기법의 요체다. 주로 신제품 광고에서 볼 수 있는 형태이며 신문 광고에서 주로 이루어지나 텔레비전 광고, 옥외 광고, 인터넷 광고에서도 찾아볼 수 있다. 티저 광고를 할 때에는 소비자 관심을 유지시키기 위해 같은 면(面), 같은 규격, 같은 간격을 두어 게재하는 게 원칙인데 특히 광고 사이즈는 일반 광고보다 크거나 두드러져야 일관성이 유지될 수 있다. 한편 이 방법은 아이디어가 참신하지 못하면 효과가 미미하고, 과도한 관심을 유발시킬 경우 다양한 부작용을 초래할 가능성이 많은 기법이다. ■

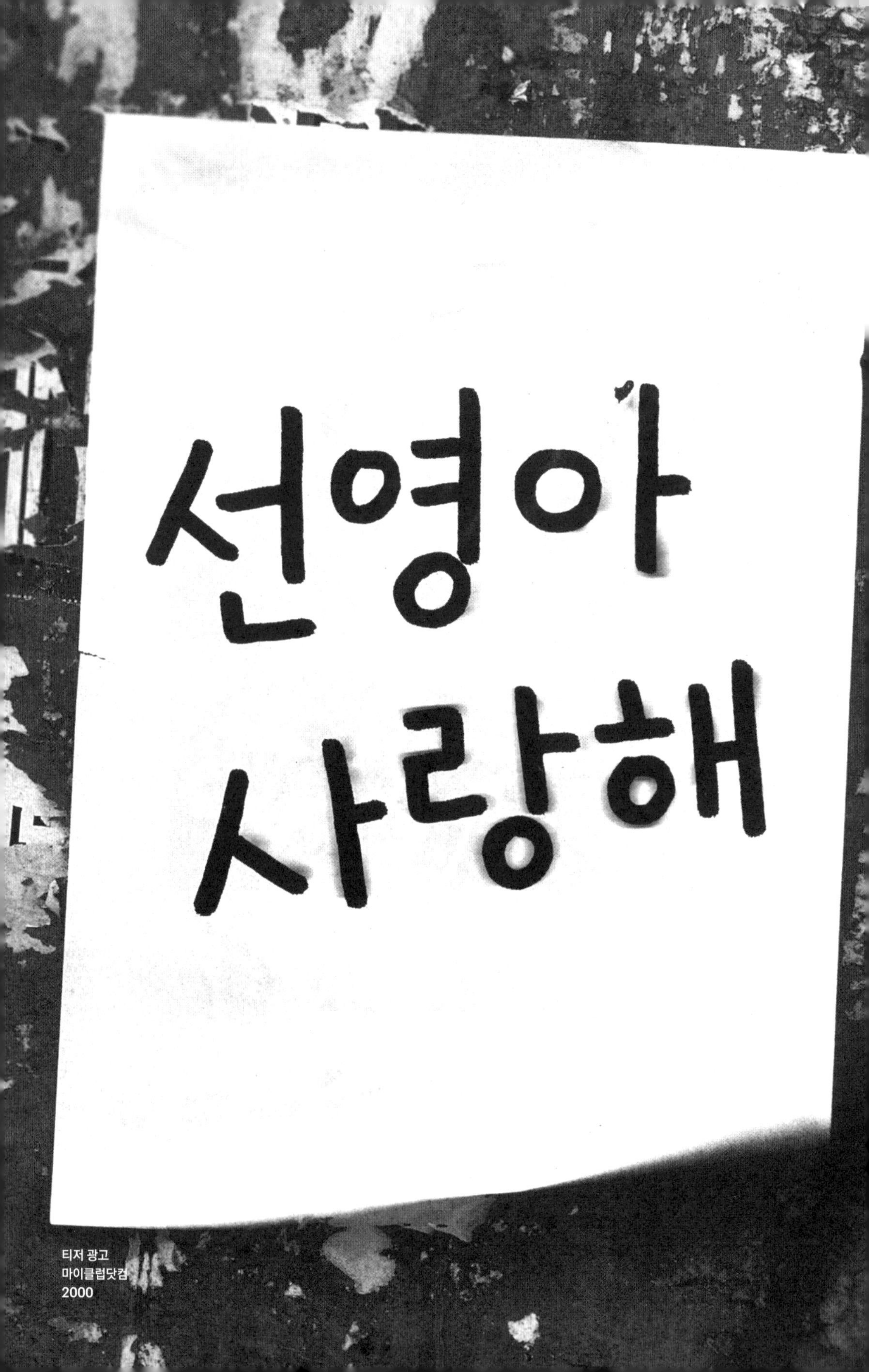

선영아
사랑해

티저 광고
마이클럽닷컴
2000

파랑 blue 노랑, 빨강과 더불어 삼원색 중 하나인 색. 삼원색은 다른 색을 혼합해서 만들 수 없는 색을 뜻한다. 인쇄 공정에서 파랑의 순색은 시안(cyan)이라 불리나 현실에서 볼 수 있는 파랑은 그 종류가 매우 많다. 울트라마린은 시안보다 따뜻하고 불그스레하며 프러시안 블루는 상대적으로 차갑다. 청금석을 주재료로 만드는 울트라마린은 수채화 물감, 수용성 도료, 유화 물감 등으로 사용되는데 전통적으로 가장 고귀하고 광채가 나는 파랑으로 알려져 있다. 코발트 광석으로 만드는 코발트블루는 붉은빛이 도는 강렬한 파랑이다. 파랑은 사람들이 가장 선호하는 색 중 하나로 의복, 자동차, 포장 등에서 널리 찾아볼 수 있는데, 일반적으로 호감과 조화, 우정, 신뢰의 색으로 받아들여진다. 파랑은 영원성을 상징하기도 한다. 하늘과 바다의 색이 파랑이다. 한편 노동계급을 위한 의복으로 생겨 오늘날 누구나 즐겨 입는 블루진의 파랑도 있다. 파랑은 이처럼 다양한 의미를 갖지만 대체적으로 차가움, 안정, 신뢰라는 연상을 준다. 가령 '블루칩'이란 용어는 증권시장에서 가격 변동 폭이 크지 않은 안정적인 주식 자산을 뜻한다. 파랑과 흰색을 배색하면 순수와 안정감을 줄 수 있어 화장품과 의약품 포장에 널리 쓰인다.

파생수요 derived demand 의식주 등 기본적 욕구에 의해 발생하는 기본적 수요(primary demand)가 아닌 광고 등에 의해 욕구가 일어나 발생하는 수요. 패션 상품 혹은 트렌드 상품 등에 대한 수요가 파생수요의 주요 사례이다. 또한 직접수요에 의해 발생하는 간접수요를 파생수요라고도 하는데 특정 소비재에 대한 수요가 늘어나면 그 소비재를 생산하기 위해 필요한 자재 및 원료의 수요도 파생적으로 늘어나게 된다.

파워블로거 power blogger 블로그를 운영하는 사람들 중 방문자 수 등 양적 측면뿐만 아니라 게시하는 콘텐츠의 질적 측면에서 특별히 영향력이 큰 집단. 블로그라는 미디어의 속성, 커뮤니케이션 참여자 사이의 정서적 유대와 정보교환의 대면성 등이 상호작용하여 제도 미디어의 영향력을 뛰어넘는 블로그도 쉽게 찾아볼 수 있는 것이 현실이다. 여러 영역에 분포하지만 특히 요리, 육아, 다이어트, 인테리어, 여행 등 실용 분야에서 파워블로거의 존재가 두드러진다. 이들이 단순한 정보교환에 머물지 않고 상품을 추천하고 나아가 공동구매를 추진하는 경우도 있는데, 이런 활동이 기업의 이해관계와 맞닿아 있으므로 간접적으로 기업 광고 활동의 협력자 구실을 한다고도 볼 수 있다. 2011년 '추천·보증 등에 관한 표시·광고 심사지침'의 관련 조항에 블로거들의 상품 추천과 공동 구매 행위에 대한 몇몇 규제가 마련된 것은, 파워블로거의 점증하는 영향력을 반증하는 사례라 볼 수 있다. 이 규정에 따르면 파워블로거 등이 경제적 대가를 받고 추천이나 보증을 하는 경우엔 상업적인 표시·광고라는 사실을 소비자가 알 수 있도록 공개해야 한다. 가령 파워블로거 A씨가 B사의 살균세척기를 공동 구매하기 위해 추천 글을 올리면서 B사에서 수수료를 받기로 한 경우에는 '저는 B사로부터 해당 제품의 공동 구매를 주선한 대가로 일정 수수료를 받기로 했'이라는 문구를 넣어야 한다. 또 대학생 C씨가 D사에서 새로 개발한 게임 프로그램을 무료로 제공받아 사용기를 인터넷 게임동호회 카페 게시판에 올리는 경우에는 '제품을 D사로부터 무료로 제공받았음'이라고 표시해야 한다.

파일럿 pilot 텔레비전, 라디오 방송국이 데몬스트레이션용으로 만든 프로그램. 편성을 확장하기 전에 만든 일종의 견본 프로그램으로 그 목적은 주로 스폰서 획득이다.

파일럿숍 pilot shop 상품의 판매 동향을 파악하기 위해 기업이나 도매상이 직영하는 소매점. 의류 등 유행에 따라 매출액이 크게 좌우되는 상품의 판매에 있어서 재빨리 소비자의 욕구를 파악하여 상품 개발이나 판매 촉진 방법을 강구하기 위한 전략 점포. 안테나숍(antenna shop)이라고도 한다.

파일럿 조사 pilot survey 대규모 조사에 앞서서 행하는 예비적인 소규모 조사. 탐색조사라고도 한다. 본조사에 대한 정보 수집, 조사에 대한 피조사자의 태도 등을 종합적으로 탐색하여 본조사에 반영시키기 위해 실시한다. 파일럿 스터디(pilot study)라고도 한다. 한편 파일럿 조사와 프리테스트(pre-test)의 차이는 프리테스트가 조사 방법이나 질문표에 대한 적부(適否)를 알아보기 위한 것임에 비해 파일럿 조사는 테마 영역 전체를 검토하기 위한 것이라는 점이다.

판매분석 sales analysis 과거 판매기록을 몇 개의 변동형으로 나누어 판매액 변화 등의 원인을 규명하는 일. 이를 통해 판매액 예측 및 판매 문제점을 발견한다. 판매분석은 시장분석의 중요한 부분이다.

판매심리학 sales psychology 판매 활동의 기법과 그 효과에 관한 심리학적 연구의 한 분야. 산업심리학, 경영심리학, 소비자행동연구 영역과 중복된다. 판매심리학에는 광고·피아르(PR)·상품 설계 및 디자인, 점포의 설계 및 진열, 판매원 교육 및 훈련 관리 등이 소비자 욕구나 구매 행위에 어떤 영향을 주는지를 심리학적으로 연구·규명하는 일, 나아가 유행 현상을 판매 활동과 연결시키기 위해 유행에 대한 소비자 동조 행위나 유행의 수명 및 주기성을 연구하는 것 등의 활동을 포함한다.

판매예측 sales forecasting 장래의 일정 기간 혹은 일정 장소에서 특정 상품이 어느 정도 판매될 것인가를 추정하는 것. 자사 판매망과 판매 노력, 잠재소비자의 소비 수준 및 소비성향, 경쟁사 및 업계의 동향, 경제상태 등을 종합적으로 고려하여 예측한다. 그 기간에 따라 단기예측, 중기예측, 장기예측으로 나뉘어지며, 이 판매예측에 의거해 생산설비 건설 및 원료의 반입, 제반 판매 활동의 조직화, 특히 판매 촉진 계획 및 광고 활동 계획을 수립한다.

판매원 salesman □ 상품을 판매하는 사람. 판매원에 의한 판매를 인적 판매(personal sales)라고 한다. 광고에 의한 판매와 더불어 가장 중요한 촉진 수단이다. 판매원이 수행하는 기능은 크게 세 가지다. 매장에 들어온 고객의 상품 선택을 도와주거나 이미 확보한 고객을 방문하여 주문에 응하는 일, 잠재고객을 고객으로 전환시키는 일, 고객 또는 중간상과 좋은 관계를 유지하는 일이다. □ 광고를 통한 판매 촉진의 중요성이 더욱 강조되면서 기업 마케팅의 메신저로서 광고 모델의 역할이 커졌는데 이런 흐름에서 광고 모델을 2차적인 판매원으로 간주하기도 한다. '광고 모델=판매원'의 등식이 성립하려면 상품과 광고 모델의 결속이 강하게 유지돼야 한다.

판매 촉진 sales promotion 기업이 판매를 늘리기 위해 일정 기간 동안 여러 가지 유인수단을 사용한 커뮤니케이션 활동. 대표적인 판매 촉진 수단으로는 쿠폰, 프리미엄, 할인, 무료견본 등이 있다. 판매 촉진의 구체적 목표는 신제품의 초기 구매를 유도하고, 소비자 구매 습관을 변화시키며, 신규 고객을 확보하며, 기존 고객의 구매량을 증가시키는 것 등이다. 경쟁사의 판매 촉진에 대항하기 위한 활동도 중요한 목표다.

판형 form size 출판물 크기를 구별하는 단위. 일반적으로 용지의 칭호에 따라 구별되는데 사육판(四六判)이란 사육 전지(1090×788mm)를 64면으로, 국판이란 국판 전지(939×636mm)를 32면으로 자른 규격을 말한다. 그리하여 사육판은 127×188mm, 사육배판은 188×258mm, 국판은 148×209mm, 국배판은 209×297mm의 규격을 갖는다.

팔로업 follow up 광고 및 판매 분야의 현장 용어로 하나의 광고나 판매 활동이 있은 뒤 그 효과의 확대를 위해 추가로 실시하는 활동을 말한다. 팔로업의 본래 의미는 '추적하다'라는 뜻이다.

패널 panel □ 오디오의 조정 콘솔(audio control console). □ 퀴즈나 토크쇼 방송 프로그램의 출연자 집단 또는 심사위원으로 나온 사람들의 집단. □ 조사연구에서 일정 기간 동안 계속해서 사용하는 응답자 집단. □ 옥외 광고를 부착하는 빌보드(billboard) 등의 판(板). □ 디자인 용어로는 종이를 팽팽하게 펴기 위해 판자로 짠 틀이나 그림을 그리는 판. □ 전시회장 등에서 이용되는 해설용 액자나 포스터를 붙인 게시판, 벽면.

패널조사 panel study, panel research 1930년대부터 시장조사나 사회조사에서 사용돼온 조사 기법. 보통의 조사에서 두 시점 간의 변화를 조사하려면 각 시점의 모집단에서 표본을 취해 두 군(群)의 표본 반응차를 검출하여 변화 유무를 확인해야 되는데, 여기서는 모집단 내에 변화가 있어도 전체로서의 반응에 변화가 없는 한 모집단 내의 변화를 인정할 수 없다. 이에 반해 패널조사에서는 동일한 대상자(개인, 가구, 소매점, 도매상, 생산자 등)에게 동일한 질문을 일정 기간을 두고 주로 면접에 의해 되풀이하는 것으로, 변화의 이유 및 변화의 과정을 밝혀낼 수가 있다. 패널조사에서 무응답자는 다음 조사 시 제외하므로 조사가 거듭될수록 상당수의 표본이 탈락된다. 표본 수가 감소하는 것을 방지하기 위해 매회마다 표본의 3분의 1 정도를 바꿔 넣는 경우도 있으며, 첫 회의 표본을 충분하게 취하는 경우도 있다. 또한 조사원과 대상자 간에 인간관계가 형성되어 협조가 용이하고 소비자 심리를 조사하는 데 도움이 되기도 하지만, 조사원의 뜻에 따라 대상자가 반응하는 경우도 있으므로 조사원은 적절히 교체돼야 한다. 마케팅에서는 소비자 패널과 소매점 패널이 대표적인 패널조사다.

패닝 panning 고정되어 있는 상태에서 카메라를 왼쪽에서 오른쪽, 오른쪽에서 왼쪽으로 수평 이동하는 것. 광활한 배경을 묘사하거나 주로 가로로 긴 공간이나 수평으로 움직이는 피사체를 찍는 데 유용하다.

패닝 숏 panning shot 카메라가 패닝하면서 찍은 장면. 높은 곳에서 천천히 주변을 둘러보는 사람의 시각과 유사하다. 광고에서 패닝 숏은 초반부에 배경을 묘사할 때 주로 쓰이는데 숏 크기는 대체로 롱 숏 정도다. 필요에 따라 클로즈업 숏으로 팬을 찍기도 하는데 제품의 섬세한 묘사, 출연자 얼굴의 세부 묘사가 주로 이루어진다. 사진기를 패닝으로 찍으면 피사체는 초점이 맞고 배경은 흐려져 속도감이 커진다. 속도를 강조하는 자동차 광고에서 이런 사진을 볼 수 있다.

패러디 parody 기성 작품의 내용을 교묘히 모방하여 과장이나 풍자로서 재창조하는 것. 때로는 원작에 편승하여 자신의 의도를 효과적으로 표현하기 위해 채택하기도 한다. 영화 제작에서는 코미디 영화의 하위 장르로 여겨지기도 하는데 최신 영화의 마구잡이 인용으로 관객에게 웃음을 안겨주는 제리 저커(Jerry Zucker) 영화가 특히 그렇다. 광고 제작에서는 유명 미술 작품을 모방한 그림, 유행가를 모방한 시엠송, 유명 어록을 변형한 광고 등이 있으며 유명 영화 장면을 풍자한 광고도 있다. 패러디에서 가장 중요한 것은 보는 사람이 원본의 존재를 알고 있어야 한다는 점이다. "쓰레기는 죽지 않는다. 다만 재활용될 뿐이다"(공익광고협의회, 2003)가 한 예다. ■

패밀리 브랜드 family brand 복수 브랜드를 가진 기업이 그 상품들이 동일한 메이커의 상품인 것을 명시하기 위해 붙이는 상표. 각 브랜드에 회사명의 일부 혹은 전부, 또는 공통의 언어나 상징을 사용하는 것이다. A 가전사가 텔레비전, 라디오, 냉장고, 세탁기 등의 여러 제품을 출시하고 있을 때 이들 브랜드를 한꺼번에 A 제품이라고 부르는 것으로 메이커 명성을 제품 신뢰도와 연결시키는 것이 목적이다.

패션 광고 fashion advertising 패션 상품을 대상으로 한 광고. 주로 의류 광고를 말하지만 토털 패션에 속하는 향수, 구두, 핸드백, 시계, 안경 등의 상품도 패션광고의 범주에 포함시킨다. 패션 광고의 가장 두드러진 특징은 상표 이미지 형성을 위한 격렬한 차별화 과정을 요구받는다는 것이다. 광고 제작자들은 소비자에게 의미 있는 사회적 가치를 점점 더 예리하게 광고에 심어넣고자 하는데 패션은 소비자 자아의 반영이며 세계관이기 때문이다. 패션 광고는 물론 상품을 보여주지만

실상 광고가 파는 것은 예컨대 자유, 상상, 고독, 반항, 분노, 퇴폐와 같은 이미지다. 그 결과 형성된 상표 이미지는 사람들의 자아, 개성, 스타일을 표출하는 인자일 뿐 아니라 사회 속에서 자신의 정체성을 나타내는 도상(icon)으로 작용하게 된다.

패션 사진 fashion photography 패션산업의 안팎에서 의상과 모델을 찍는 사진. 〈보그〉, 〈하퍼스 바자〉 등의 패션 잡지에 실리는 대부분의 사진이 패션 사진이다. 풍속과 유행을 가장 민감하게 반영하는 사진 장르이며 당대의 미의식을 최전선에서 표현하는 분야다. 상업 사진의 대표적인 유형으로 경쟁이 치열하게 벌어지며 기술적으로도 앞서간다. 패션의 아름다움과 이미지를 창조하는 패션 사진가는 산업의 중요한 인물이자 인기인에 준하는 명성과 화제를 몰고 다니는 경우도 흔하다. 1940년대 중반 마틴 문카치(Martin Munkacsi)의 뒤를 이어 〈하퍼스 바자〉의 사진가로 활동하면서 이미지 대비를 통한 역동적 사진을 추구한 리처드 애버던(Richard Avedon), 차갑고 냉정하며 성적으로 강인한 여성상을 창조한 헬무트 뉴턴(Helmut Newton), 유명인의 모습을 저해상 카메라로 있는 그대로 찍어 패션 사진의 정형성을 탈피한 위르겐 텔러(Juergen Teller) 등이 특히 유명하다. ■

패션 잡지 fashion magazine 패션과 유행, 라이프스타일을 주된 내용으로 하는 잡지. 패션상품의 왕성한 소비 계층이라 할 수 있는 젊은 세대를 독자로 삼는 잡지가 많지만 성별, 세대별로 세분화할 수 있으며 때로는 잡지가 대변하고자 하는 라이프스타일에 따라 구별할 수도 있다. 가령 〈보그〉, 〈하퍼스 바자〉와 같은 잡지는 하이패션의 세부를 보여주면서, 프리미엄 패션 브랜드와 패션 디자이너의 세계를 조명한다. 반면 반항적인 젊은 세대의 문화적 코드를 수용하면서, 거리패션을 찬양하는 잡지도 있다. 오늘날 패션 잡지는 단지 의류와 관련 상표에 대한 정보뿐만 아니라 예술, 건축, 영화, 음악 등 문화 부문을 아우르는 종합 문화지 성격을 지닌다.

패스티시 pastiche 다른 작품으로부터 내용 혹은 표현 양식을 빌려와 복제하거나 수정하여 작품을 만드는 것. 흔히 혼성모방이라 한다. 패스티시는 일반적으로 다른 작품의 요소를 자신의 통일된 양식으로 재창조하지 않은 것이라는 의미를 내포하면서 절충적인 작품에 대한 비난의 의미를 담고 있다. 흔히 패러디(parody)와 비교되는데, 패러디가 다른 작품의 내용이나 양식을 빌리되 특정 의미를 표현하기 위한 목적의식을 갖고 있는 데 반해 패스티시는 목적의식 없이 다른 작품의 요소를 단순히 나열한다. ■

ㅍ

패러디
이브생로랑
1998

Netted: five black-and-tans.

When Jantzen and Blue "C" Nylon go lolling together, lolling with brilliant black lace, chances are they'll catch something else every eyes gone their way. They're not to put girls. Not every. Not girl, any girl, but the woman's, dark tan girls in the whole wide sea. Yes!

jantzen Suits sprinkled in brilliant Blue C Nylon. Sizes 32-38". Don't catch this season No.

NYLON
C
CHEMSTRAND

패스티시
바스 에일 맥주
1997

In a world of strange tastes, there's always Bass Ale.

팸플릿 pamphlet 회사 안내, 영업 안내, 영업보고서, 입사 안내, 제품 안내, 피아르(PR) 등의 용도로 쓰이는 소책자. 한편 1매로 된 인쇄물은 리플릿, 책에 가까운 팸플릿은 부클릿이라고 한다.

퍼블리시티권 right of publicity 자신의 초상, 이름, 목소리 등을 독점적으로 이용할 권리. 광의로는 자신의 정체성이 가지는 상업적 가치를 통제하고 그로부터 이익을 얻을 수 있는 권리다. 이 권리는 개념적으로는 모든 개인에 대해 인정될 수 있으나, 이 권리가 개인이 자기 스스로 가지는 상업적 가치를 보호하는 결과를 가져오므로 그 보호의 전제로서 개인의 정체성에 상업적 가치가 있을 것이 요구된다. 따라서 퍼블리시티권은 자신의 모습 등 자신의 정체성을 외부로 표출시키는 것을 직업으로 하는 연예인이나 운동선수 혹은 널리 알려진 유명인사에게 해당되는 권리라고 할 수 있다. 전통적으로 이 권리는 개인의 이름이나 사진을 부당한 방법에 의한 상업적 이용으로부터 보호하는 것에서 시작되었으나 매스 커뮤니케이션의 발달로 이 권리의 보호영역은 계속 확장되는 추세다.

퍼블리시티 릴리스 publicity release 홍보를 목적으로 그 내용을 적어 언론기관으로 보내는 인쇄물. 프레스 릴리스(press release), 뉴스 릴리스(news release), 보도자료(報道資料)라고도 한다. 대부분 기사 스타일의 문장에 사진이나 도판 등을 첨부시킨다.

퍼블릭 도메인 public domain 저작권자가 존재하지 않거나 저작권의 보호 기간이 끝난 저작물을 일컫는 용어. 따라서 여기에 속하는 저작물들은 누구나 상업적인 목적으로 사용할 수 있다.

페미니즘 feminism 여성 지향적 혹은 여성 중심적 의식. 가부장 이데올로기에 대항하는 여성주의 담론이다. 1960년대 서구의 정치적 변혁 운동 과정에서 본격화됐고 사회적 불평등에 관한 다양한 연구를 통해 학문뿐만 아니라 여성의 사회적 불평등을 타파하기 위한 해방운동을 태동시켰다. 페미니즘 운동은 대중문화를 분석하는 준거 틀을 수립하기도 했는데 예컨대 영화에서 페미니즘은 이미지 재현에서 여성이 어떻게 남성 중심적 시선의 대상이 되고 있는지 해명하는 것에서 시작한다. 광고에서 여성은 남성 관음증의 대상인 동시에 가부장 질서에 순응하는 일원으로 그려진다는 점에서 관심을 받아왔다. 여성의 사회 진출이 늘고 여성 인권에 대한 의식이 고양되면서 광고가 그리는 여성의 롤모델이 과거에 비해 진일보한 것이 사실이지만 광고 속 여성상이 우리 사회의 계급과 권력관계를 반영할 만큼 현실적인지에 대해서는 여전히 논란의 여지가 있다.

페이드 fade 영상이 천천히 어두워져 암전이 되거나 암전 상태에서 천천히 밝아져 영상이 나타나게 하는 장면 전환 기법. 영상이 천천히 암전되는 것을 페이드 아웃(fade out), 그 반대를 페이드 인(fade in)이라고 한다. 즉, 페이드는 영상과 암전이 디졸브되는 것이다. 때로는 영상이 서서히 밝아져 화이트(white)가 되는 것도 페이드라고 한다. 장면이 시작되거나 끝나는 것을 분명히 하기 위해 페이드 인(사건의 시작)하거나 페이드 아웃(사건의 종결)한다. 한편 장면이 암전으로 페이드 아웃 되자마자 다음 장면으로 페이드 인 하는 것을 크로스 페이드(cross fade)라고 하는데 때에 따라서는 유연하고 특색 있는 시각효과를 제공한다.

페이스트 업 paste up 사진식자, 로고타이프, 심벌마크, 교정쇄, 사진 등을 레이아웃대로 대지 위에 붙이는 것. 선을 긋고 색을 칠하는 작업도 이에 속한다. 메카니컬 아트(mechanical art)의 대표적인 부분이다. 레이아웃 작업에 컴퓨터가 도입된 이후 이 작업은 포토숍과 같은 소프트웨어의 영역으로 옮겨졌다.

페이지뷰 page view 인터넷 사용자가 실제로 클릭을 해서 열어본 화면 수. 웹사이트의 접속통계 용어의 하나로 광고료 산정의 기준이 된다. 인터넷 광고 초기에는 광고료 산정 기준으로 히트 수가 고려됐다 히트 수는 어떤 웹사이트에 존재하는 모든 파일들이 사용자에게 얼마나 노출되었는지를 나타내는 수치를 말한다. 한 화면에 1개의 글과 10개의 그림이 있다면 히트 수는 11개가 된다. 큰 그림은 보통 여러 개의 파일이 들어가 있는 경우가 많은데 이때 히트 수는 더욱 늘어난다. 이와 같이 이 방법은 특정 페이지에 연결된 하이퍼링크가 많을 경우 그 수가 전부 히트 수로 계산된다는 점에서 정확한 접속통계를 보여주지 못하는 단점이 있다. 그 대안으로 등장한 것이 페이지뷰다. 이것은 사용자가 실제로 클릭을 해서 열어본 화면 수를 의미하므로 히트 수보다는 진일보한 면이 있으나 하위 페이지를 열어본 다음, 다음 페이지로 이동할 때 상위 페이지를 거치도록 되어 있는 홈페이지에서는 페이지뷰가 과다 계산되는 결점이 있다. 페이지 임프레션(page impression)이라고도 한다.

페티시즘 fetishism 어떤 물체를 숭배하는 주물 숭배를 뜻하는 말이었지만 최근에는 신체 일부 혹은 특정 사물에 비정상적인 집착을 보이는 이상심리를 가리킨다. 그 결과로 나타나는 성도착, 변태 성욕이라는 의미도 포함한다. 대중문화로서 페티시즘은 도착적인 성 표현, 극단적 기호를 추구하는 경향을 뜻하는데 규범을 파괴하는 창조 정신의 강렬한 발현이라는 점에서 이를 긍정적으로 바라보는 시각도 있다.

펜스 광고 fence advertising 경기장 울타리나 벽 또는 광고를 위한 시설물 등을 이용한 광고. 관람객뿐 아니라 경기가 중계될 때 시청자에게 노출된다.

편성 programming 방송 목적을 수행하기 위한 프로그램 운용계획 및 정책. 시청자 성향에 맞는 프로그램 자료를 개발·제작·수입하고 이를 효율적으로 결합시켜 일관된 서비스를 제공할 수 있도록 스케줄을 짜는 일로서 프로그램 스케줄링이라고도 한다. 일반적인 방송의 편성 원칙으로는 다음과 같은 것들이 있다. 즉, 시청자 일상생활과 방송 프로그램의 유형 및 주제, 그리고 방송 순서가 어긋나지 않아야 하며, 방송 순서에 있어 엄정한 규칙성과 예측성을 부여하여 시청자로 하여금 시청 습관을 형성하게 해야 한다. 또 다양한 프로그램으로 시청자가 항상 선택의 자유를 가질 수 있어야 하는 것은 물론, 한정된 프로그램을 반복, 순환 방송하여 프로그램의 유용성을 확대시키는 동시에 비용을 절약해야 한다는 점 등이다. 편성은 광고 시간의 구매와 광고 품목의 결정 등 방송 광고 집행에도 영향을 주는 요소 중 하나다.

편의품 convenience goods 소비자가 최소한의 노력으로 습관적이고 반복적으로 구매하는 상품군. 비누, 치약, 세제, 건전지, 화장지 등 생활소비재가 여기에 속한다. 통상 상품의 품질이나 가격 등이 동질화되어 있고 소비자들도 그것을 진지하게 비교·평가하지 않기 때문에 대개 별다른 고려 없이 가까운 상점에서 손쉽게 구매하는 경향을 보인다. 진열 위치나 디스플레이 상태가 판매에 큰 영향을 미치는 예가 많아 매장에서의 좋은 위치 선점이 관건이 된다.

편집 editing □ 숏(shot)과 신(scene), 시퀀스(sequence)를 결합하면서 완성물을 만드는 작업. 편집되기 전의 촬영 원본은 편집을 위한 재료가 담겨 있는 이미지 무더기인데 여기에는 잘못된 연기와 불필요한 촬영, 남는 장면, 예비 숏 등이 섞여 있다. 편집은 이러한 숏을 정리하여 일관성 있는 내용으로 탈바꿈시키는 과정이다. 즉, 편집을 통해 영상은 의미가 통하는 완결 구조를 갖는다. 촬영이 끝나면 감독과 편집자는 모든 장면을 취사해서 연속성이 성립하도록 러프 컷(rough cut)을 만든다. 이것은 아직 정교한 것은 아니지만 나름대로 최상의 배열을 만든 것이다. 이것을 가지고 여러 관계자들이 모여 수정 보완할 사항을 토론한 후 감독과 편집자는 러프 컷을 고쳐 섬세하게 만든다. 여기에 필요한 영상효과와 색 보정 작업을 추가하고 사운드를 입히면 광고가 완성된다. 광고는 시간이 짧고 편집 스타일에 따라 분위기가 달라지기 때문에 편집 과정에서 서로 다른 편집본을 상당수 만들어 비교 평가하는 것이 일반적이다. □ 인쇄 제작에서, 입고된 원고를 지면에 배치하고 고정시켜 하나의 출판물을 만드는 작업.

편집 디자인 editorial design 인쇄물에 대한 디자인. 신문, 잡지, 단행본 등을 디자인하는 것을 말한다. 인쇄물의 효과적인 시각전달을 위해 기사, 레이아웃, 사진, 일러스트레이션 등을 유기적으로 구성하는 일.

편집실 editing house 편집이 이루어지는 장소. 포스트 프로덕션 하우스(post production house)라고도 한다. 광고 제작을 위한 편집실에는 방송편집실과 유사한 장비가 갖추어져 있으나 연속성(continuity)을 위한 편집이 주를 이루는 방송 편집과는 달리 상대적으로 복잡한 영상효과를 처리해야 하기 때문에 특수효과와 관련된 영상장비가 구비되어 있다.

평판 인쇄 판식에 요철이 없는 평평한 원판을 화학적으로 처리한 판식을 이용한 인쇄. 대표적으로 오프셋 인쇄를 들 수 있다. 화상 부분에는 잉크가 묻고, 수분을 함유한 비화상 부분은 잉크를 받아들이지 않은 상태에서 판을 고무 블랭킷으로 옮기고 그것을 다시 종이에 찍어내는 인쇄 방식이다. 카탈로그, 신문, 잡지, 광고 등 이용 범위가 넓다. 평판 인쇄에는 그 외에도 석판 인쇄, 금속 평판 인쇄, 콜로타이프 인쇄 등이 있다.

포르노그래피 pornography 성행위를 묘사한 영화, 사진, 만화, 서적. 어원은 그리스어 포르노그라포스(pornographos)로 '창녀에 관해 쓰여진 것'을 말한다. 20세기 포르노그래피는 매스 미디어와 결합해 산업화됐으며 오늘날에는 지구 단위로 작동하는 통신망인 인터넷의 주요한 콘텐츠가 되어 누구나 원하는 시간에 포르노 영화, 만화, 사진, 문학에 접근할 수 있는 것은 물론 포르노에의 참여도 가능하게 됐다. 포르노그래피는 성에 대한 저속한 악취미와 강간 신화를 유포하는 용납할 수 없는 표현물이라는 인식이 지배적이었으나 오늘날에는 성적 자기결정권의 영역으로 인정하는 경향도 나타나고 있다. 포르노그래피를 직간접적으로 암시하는 광고 표현이 점증하는 것도 이에 대한 사회 인식의 변화를 반영하는 것으로 해석 가능하다.

포스터 poster 시각전달을 위해 일정한 크기의 지면 위에 여러 형태로 디자인되어 대량으로 게시·부착되는 형식의 인쇄매체. 포스터는 '기둥'을 뜻하는 'post'에서 유래한 것으로 게시물을 기둥에 붙인 데에서 이 호칭이 나왔다. 정부 및 사회단체의 캠페인, 이를테면 인권 신장, 인종차별 금지, 환경보호 등 공익적 관점에서 전개되는 커뮤니케이션 분야에 유용하고, 올림픽 대회와 같은 체육 행사, 공연, 영화 등의 분야에서도 중점적으로 활용된다. 포스터는 자유로운 표현과 강렬한 색채효과 등 조형적인 아름다움과 시각적인 강한 소구력을 가지고 있으며 게시 장소가 다양하고 대량 복제되어 장시간 부착될 뿐만 아니라 보존 가치도 있어 대중에 대한 효과적인 전달매체로서 상업 디자인의 중요한 부분을 차지하고 있다. 포스터의 기능적 특징은 대중에게 시각적인 인상을 순간적으로 자극시켜 보는 사람의 잠재의식에 의한 반응과 연쇄작용을 일으켜 강한 선전효과를 거둔다는 것이다. 포스터의 조형 요소는 대개 문자와 일러스트레이션의 조형적 조화를 위한 형태, 색채, 구도, 규격 등이다. 20세기에 들어오면서 포스터는 '문자가 있는 일러스트레이션'이란 성격에서 포스터 전체의 통일적인 시각효과를 자각한다는 성격이 부각됐고 커뮤니케이션 활동이 점차 증대되는 환경에 따라 포스터 제작이 폭발적으로 늘어나게 됐다. 그 내용도 점차 다양해졌는데 특히 포스터에 사진이 이용된 점을 들 수 있다. 1950년대 이후 컬러 사진, 오프셋 인쇄의 등장으로 포스터는 황금기를 맞이하게 되는데, 그 후 신문과 잡지, 텔레비전, 인터넷과 같은 새로운 시각 미디어의 보급으로 그 영향력이 예전 같지는 않다. 과거에는 음료, 주류, 화장품 등의 업종에서 소매점 점두에 게시하기 위해 활발하게 만들어졌으나 오늘날에는 공연, 영화, 전시 등의 이벤트 고지를 위한 목적으로 주로 활용된다. 한편, 도시의 시각성이라는 측면에서 포스터가 단순히 광고나 고지에 머무르는 것이 아니라 '도시 벽에 붙어 있는 또 하나의 회화'라는 점도 포스터 기능으로 주목할 만하다. ■

포스트 프로덕션 post-production 촬영 이후의 제작 작업을 가리키는 말. 편집 작업이 분업화되어 있는 미국에서 확산된 용어다. 촬영 이후 러시(rush)를 만들고 편집, 녹음 작업 등을 프로듀서 이하 소수의 사람들이 작업하는 것을 의미한다. 통상 마무리 작업을 말한다.

포장 package 제품을 담을 용기나 포장지를 만들고 디자인하는 활동. 과거에는 제품을 보호하기 위한 수단이었으나 최근에는 포장을 '말 없는 판매원'으로 인식하여 판매 증진에 이바지하는 요소로 간주하고 있다. 포장은 기능별로 개별 포장과 외장, 내장으로 분류된다. 개별 포장은 소비자가 구매할 때 제공되는 소비 규모 단위의 포장이다. 내용물인 상품을 보호하고 시장성을 높이기 위한 것이다. 개별 포장에는 제품을 직접 담는 용기와 용기를 보호하되 제품을 사용할 때는 이를 버리는 포장이 있다. 향수를 담은 병이 전자이고 그 병을 담은 종이상자가 후자다. 외장은 먼 곳에 내용물을 안전하고 확실하게 운송하기 위한 포장이다. 운송 포장이라고도 하는데 가령 일정한 수량의 포장제품을 골판지 상자에 넣은 것이다. 내장은 물, 빛, 열, 충격 등을 고려하여 내용물을 안전하게 보호하기 위한 내부 포장을 말한다. 한편 포장은 상업 포장과 산업 포장으로 나뉘기도 한다. 상업 포장은 소비자의 구매심리를 중심으로 이루어지는 포장이고, 산업 포장은 제품의 보호 측면에서 이루어지는 포장을 말한다.

포장 기능 package function 포장이 수행하는 기능. 마케팅 수단으로서 포장은 아래와 같은 기능을 수행한다. 첫째, 포장의 형태나 디자인 측면에서 경쟁 제품과 구별하게 하는 제품 식별 기능. 현재와 같이 셀프 서비스 시스템이 확대된 상태에서는 식별되지 않는 상품은 선택되지 않을 가능성이 높다. 둘째, 소비자가 특정 상품에 대해 느끼는 이미지 형성 기능. 일부 제품류에서는 포장 디자인의 수준에 따라서 제품의 품질이 평가되기도 한다. 셋째, 소비자로 하여금 제품을 만족스럽게 사용하도록 하고 구매하도록 유도하는 정보전달 기능. 포장의 겉면을 이용하여 각종 정보를 전달하는 것이다.

포장 디자인 package design 포장 형태와 내장, 외장 및 재료 등을 설계하는 일. 포장 디자인의 구실은 눈에 잘 띄고, 관심을 유발하며 어떠한 내용의 제품인가를 한눈에 알 수 있어서 결국 구매의욕을 증진시키는 것이다. 여기에는 입체 디자인과 평면 디자인이 모두 포함되는데 전자는 종이컵, 캔, 병 등의 디자인을 말하며 후자는 포장지를 담당하는 그래픽 디자인 분야다. 포장 디자인에서 먼저 생각해야 할 것은 포장 재료를 선정하는 일이다. 일반적으로 그 재료는 포장재 안에 든 제품의 성격과 이 제품이 누구를 대상으로 하는 것인지를 암시한다. 가령 화장품은 보통 유리에 담기고, 냉동식품은 금속에, 청량음료는 PVC에, 커피와 아이스크림 등은 판지에 담긴다. 정교하게 각인된 투명 유리에 담긴 화장품은 이 제품이 고가의 기능성 화장품인 것을 암시한다. 이렇게 포장 소재를 잘 선택하는 것만으로 풍부한 시각적 경험을 일으킬 수 있고 접촉 욕구를 증가시킨다. 포장 디자인을 할 때에는 재활용과 폐기물 처리에 대해서도 충분히 고려해야 한다.

포장 테스트 package test 포장의 소재와 효용, 디자인에 관한 조사. 소재 테스트는 주로 포장의 재질을 검토하는 것이고 효용 테스트는 포장의 사용 편의와 운반 편의를 검토하는 것이다. 디자인 테스트는 포장 디자인의 심리적 효과를 알아보기 위한 테스트로 구체적으로는 포장 식별성(다른 경쟁 상품과 대비되는 요소가 있는가), 인지성(브랜드명은 인지되기 쉬운가), 지시 추측성(포장이 내용물을 상징하고 있는가), 기억성(디자인 습득도 및 파악도는 어떠한가), 이해성(문장 등은 누구나 알기 쉽게 설명되어 있는가) 등을 측정하는 것이다.

포지셔닝 positioning 시장에서 상품 또는 기업의 위치를 정위화(定位化)시키는 것. 마케팅에서는 상품 특성 및 경쟁 상품과의 관계, 기업 이미지 등 각종 요소를 평가하여 상품을 시장의 특정한 위치에 설정하는 일. 광고전략에서는 잠재소비자의 의식 속에 상품 이미지 및 기업 이미지를 특정한 위치에 설정하는 일. 이에 따라 사실상 동일한 상품일지라도 포지셔닝에 따라 전혀 다른 상품으로 인식될 수도 있다. 포지셔닝은 오늘날의

포스터
동아제약 오란씨
1977

世界 모든 女人의 새戀人

AMORE
TAMINA
아모레 타미나 화장품
85

아모레타미나 파실로토나 /아모레타미나 나리볼킬크 /아모레타미나 마스트킨콘트롤타 /아모레타미나 붜백트 /아모레타미나 붜백크킴 아모레타미나 립스틱 太平洋化学

갈매기의 꿈을 마셔요! 나랑드사이다

마케팅 및 광고전략 수립의 전제로 받아들여지는데 경쟁이 가속화되어 정보가 과잉 상태가 됐기 때문이다.

포지셔닝맵 positioning map 소비자 인식 속에 정위화되어 있는 상품 혹은 기업의 위치를 2차원, 또는 3차원 도면으로 작성한 것. 이를 작성하면 다음과 같은 이점이 있다. 첫째, 시장의 빈 곳을 쉽게 파악할 수 있다. 즉, 충분한 시장성이 있는데도 현재 경쟁사나 자사가 소구하지 않는 위치를 확인하는 것이 용이하다. 둘째, 자사 제품의 현 위치 파악이 가능하다. 현재 자사 제품이 소비자에게 어떻게 인식되고 있는가에 대한 확인이다. 셋째, 경쟁자의 파악이 용이하다. 포지셔닝맵상에서 자사의 위치와 가장 가까운 1차 경쟁자를 쉽게 확인할 수 있다. 넷째, 경쟁 강도의 파악이 가능하다. 자사 제품의 위치에 몇 개의 경쟁 제품이 있는지 확인할 수 있으므로 경쟁의 정도가 어떤지를 알 수 있다. 다섯째, 이상점 (ideal point) 파악이 가능하다. 선호도 조사에 의해 포지셔닝맵을 작성한 경우 소비자들이 가장 이상적으로 생각하고 있는 제품 속성을 알 수 있다. 여섯째, 마케팅 믹스의 효과 측정이 가능하다. 연도별로 포지셔닝맵을 작성하여 제품 포지션이 추적되면 자사의 마케팅 믹스 효과를 측정할 수 있게 되어 효과적인 마케팅 믹스를 결정할 수 있게 된다.

포털사이트 portal site 인터넷에 접속할 때 가장 먼저 연결되는 사이트. 포털(portal)은 '입구', '정문'이라는 뜻이다. 인터넷 이용자는 이 사이트에 접속하여 관심 주제를 검색하거나 주제별로 원하는 목록을 보고 다른 사이트에 접속한다. 이용자들에게 포털사이트로 인식되면 매체가치가 상승하는 것은 물론 전자상거래 등을 통해 이윤을 창출할 가능성이 커지기 때문에 포털로 자리 잡기 위한 치열한 경쟁이 벌어진다.

포토매틱 photomatics 스틸 사진, 즉 포토를 이용하여 만든 애니매틱(animatic). 비주얼 재료로서 그림을 이용하는 것보다 제작비용이 많이 들지만 좀 더 사실적인 표현이 가능하다.

포토몽타주 photomontage 여러 장의 사진을 조립하여 새로운 이미지의 사진을 만드는 기법. 사진만 이용하는 것이 아니라 글씨, 그림을 덧붙이는 것도 포함함. 보통 합성 사진을 말한다.

포토숍 Photoshop 미국 캘리포니아에 소재한 어도비 시스템스(Adobe Systems) 회사가 지원하는 이미지 편집 프로그램. 인쇄물 디자인 및 웹디자인 등의 영역에서 주로 사진, 그림 등과 같은 2차원 이미지의 형태와 색상 등에 대해 수정, 보정, 합성 등의 작업을 할 수 있으며 최근 버전에서는 동영상 이미지의 편집과 수정, 3D 컴퓨터 그래픽과 게임 디자인 작업 편집 등의

기능도 가능하다. 전문가나 일반 컴퓨터 사용자에게 공히 친숙한 프로그램으로 인쇄와 웹디자인 등의 분야에서 광범위하게 활용된다. 포토숍은 소프트웨어 프로그램 명칭이기도 하지만 오늘날에는 이미지 수정 작업을 의미하는 보통명사로 쓰인다. 이미지 색상을 약간 더 밝고 선명하게 하거나 잡티를 없애는 등의 보정 작업은 물론이고 인물의 주름을 제거하고 피부를 밝게 만들며, 군살을 날씬하게 만드는 작업도 용이하게 수행할 수 있어 이미지 편집, 광고 디자인 분야의 필수적인 과정 중 하나로 인식된다. 포토숍의 고유 기능이 일부 상품 광고에서 기만 광고를 불러온다는 지적도 주목할 만하다. 가령 화장품 광고에서 이미지 수정을 거친 인물이 잡티와 주름이 전혀 없는 피부, 지나치게 슬림한 몸매 등이 현실을 반영하지 않는 것은 물론이고 소비자에게 잘못된 정보를 제공할 가능성이 있기 때문이다.

포트폴리오 portfolio 디자이너나 사진가, 광고감독, 광고대행사 등이 자신의 주요 작품을 모아놓은 작품집.

폴더 folder 접는 형태의 광고 혹은 디엠(DM). 보통 페이지보다 더 큰 사이즈로 인쇄되어 접힌 형태로 제본된 형태. 지면이 커서 많은 정보를 다룰 수 있고 특히 독자들이 페이지를 넘기다가 이를 펼쳐보게 될 가능성이 높다. 사이즈와 접는 형태가 매우 다양하다.

폴라로이드 Polaroid 촬영과 동시에 인화가 이루어지는 카메라. 광고 촬영에서는 노출 및 조명 상태, 구도 등을 현장에서 확인하기 위한 예비 촬영으로 이용한다.

표본 sample 표본조사를 하기 위해 모집단에서 추출한 조사 대상을 일컫는 말. 모집단 전부를 조사 대상으로 하는 조사를 전수조사라고 하는데 비용과 시간의 문제 때문에 시행되는 경우는 모집단 수가 극히 소수인 경우를 제외하고는 거의 없다. 따라서 시장조사에서는 모집단에서 적정한 규모의 표본을 추출하는 것이 중요한데 대개 표본 수는, 조사비용, 조사 기간, 조사원 수, 조사의 목표 정밀도 등을 고려하여 그 규모가 결정된다.

표본오차 sampling error 모집단 전체를 조사하지 않고 표본을 추출하여 조사함으로써 생기는 오차. 표본조사의 결과로 모집단을 추정함에 따라 생기는 오차를 말한다. 이 오차가 어느 정도인가는 확률론에 기초하여 일정식으로 계산할 수 있다. 이 크기는 일반적으로 오차의 표준편차로 나타나고 표준오차(standard error)라고 부른다.

표본조사 sampling survey 모집단 중에서 일부를 무작위로 추출하여 조사를 실시하고 그 결과로 모집단을 추정하는 조사 기법. 모집단 전체를 조사하는 전수조사에 비해 비용이 적게 들고 시간적으로도 빠를 뿐만

아니라, 시장조사에 있어 객관성 있는 양적인 정보를 얻고자 할 경우 확률론에 의해 정밀도가 보증되기 때문에 거의 모든 조사가 이 표본조사에 의존한다.

표본 추출법 sampling method 모집단에서 조사 대상인 표본을 선정하는 방법. 크게는 유의 추출법(purposive sampling method)과 무작위 추출법(random sampling method)으로 대별된다. [1] 유의 추출법(有意推出法)은 조사 설계자의 경험 및 지식을 토대로 모집단을 잘 대표한다고 판단되는 조사 대상을 모집단에서 직접 추출하는 방식으로, 추출이 잘되면 대표성은 높지만 그 조사 결과의 정밀도를 객관적으로 평가할 수는 없다. 이 방법에 의한 대표적인 표본 추출법이 할당법(quota sampling)이다. [2] 무작위 추출법(無作爲推出法)은 모집단에서 뽑힐 확률을 동등하게 설계되도록 한 추출법으로 조사 담당자의 주관이 개입되지 못하므로 객관적인 조사가 이루어질 수 있다. 또한 통계학적으로 표본오차 또는 그 정밀도를 계산할 수 있어 그에 따라 표본의 크기를 결정할 수 있다. 무작위 추출법에는 추출 방법에 따라 단순 무작위 추출법, 다단 무작위 추출법, 층화 추출법 등이 있다.

표시광고법 상품이나 서비스를 광고할 때 소비자가 속거나 잘못 알게 하는 부당한 내용을 표시하거나 광고하는 것을 방지하기 위한 법률. 그 목적은 소비자에게 올바른 정보의 제공을 촉진함으로써 공정한 거래질서를 확립하고 소비자를 보호하는 것이다. 여기서 '표시'란 상품의 포장물, 사업장의 게시물 또는 상품권과 같이 상품에 관한 권리를 나타내는 증서에 쓰거나 붙인 것들 및 상품의 특성을 나타내는 용기·포장을 말한다. 각종 포장에 쓰인 성분 표시가 대표적이다. 법에서는 부당한 표시 및 광고를 금지하는 것과 아울러 소비자가 알아야 할 중요 정보를 표시·광고에 포함시키도록 하고 있다. 따라서 사업자는 아래 항목 중 어느 하나에 해당하는 사정이 있는 경우 중요 정보를 표시·광고해야 한다. 즉, 소비자가 상품 등의 중대한 결함 또는 기능상의 한계 등을 정확히 알지 못해 소비자의 구매 선택에 결정적인 영향을 미치게 되는 경우, 소비자의 생명이나 신체상의 위해가 발생할 가능성이 있는 경우, 그 밖에 소비자의 합리적인 선택을 현저히 그르칠 가능성이 있거나 공정한 거래질서를 현저히 저해하는 경우다. 사업자는 또한 자기가 행한 표시·광고 중 사실과 관련한 사항에 대해선 이를 실증할 수 있어야 하는데, 공정거래위원회가 소비자 피해 등을 이유로 실증에 대한 관련 자료를 요청할 경우, 사업자는 실증자료를 위원회에 제출해야 한다. 가령 어느 사업자가 고가의 프리미엄 라면 상품을 출시하면서 '우골 스프에 설렁탕 한 그릇의 영양을 살렸다'고 광고한 경우, 공정거래위원회의 요청을 받으면, 사업자는 이 내용을 입증해야 한다. 표시광고법은 1999년 제정됐으며 법률의 정식 명칭은 '표시·광고의 공정화에 관한 법률'이다.

표어 어떤 주장을 호소하기 위해 그 내용을 함축적으로 표현한 글귀. 외우기 쉽도록 운율에 맞추어 간결하게 구성한다. 화재예방, 교통안전, 헌혈, 금연, 공명선거, 가족계획 등 사회 캠페인을 위한 것이 대부분이지만 정치 선전, 선거 캠페인에도 자주 등장한다. 내용의 논리적 완결성보다는 정서 반응과 반사 기억을 유도하는 특징을 가진다. 대표적인 것으로는 "덮어놓고 낳다 보면, 거지꼴을 못 면한다"(가족계획 표어, 1960년대), "사랑하는 사람도 알고 보면 간첩이다"(반공 표어, 1970년대), "십 년 세도 썩은 정치, 못 참겠다 갈아 치자"(선거 표어, 1971) 등이 있다.

표적시장 target market 마케팅 주체가 상대하려는 세분 시장. 시장 세분화는 전체 시장에서 상품에 대한 욕구가 비슷한 동질적 부분으로 나누는 과정이고 이렇게 나누어진 동질적인 부분 시장을 세분 시장이라고 하며 그중에서도 기업이 구체적으로 상대하려는 세분 시장을 표적시장이라고 한다.

표준렌즈 normal lens 사람의 시각과 가장 유사하게 영상을 포착하는 렌즈로서 프레임 대각선의 두 배에 해당하는 초점거리와 약 25도 내외의 수평각을 지닌 렌즈. 인간의 시각과 유사한 화면을 만든다.

표준시장 테스트 standard market test 전국 시장을 대표할 수 있는 몇 개의 도시들을 조사 대상 지역으로 선정하여 도·소매상에 테스트 대상 제품을 공급하고 실제 상황과 같게 시장을 통제하는 테스트 마케팅. 조사가 제대로 진행될 경우 정확한 조사 결과를 얻을 수 있으나 이 방법은 보통 1년에서 3년 정도의 오랜 조사 기간이 소요되고, 비용이 많이 들며, 경쟁사에 노출되기 쉬워 제품이 모방되거나 경쟁사에 의해 조사 과정이 왜곡될 수도 있는 등의 문제점이 있다.

표지 광고 cover advertising 잡지 표지에 게재되는 광고. 표지에 게재되는 표1 광고, 표지 뒷면에 게재되는 표2 광고, 뒤표지 앞면에 게재되는 표3 광고, 뒤표지에 게재되는 표4 광고로 되어 있다. 주목률이 높기 때문에 광고주가 선호하지만 게재료가 상대적으로 높고 매체 측에서도 잡지 위상과 연결되므로 광고주 선정에 신중을 기한다.

표지 디자인 cover design 책의 맨 앞뒤의 겉장을 꾸미는 디자인. 출판물의 인상을 결정할 뿐만 아니라 인접한 책 속에서 사람들로 하여금 책을 구별할 수 있도록 해주기 때문에 출판 제작자들이 가장 심혈을 기울이는 것 중 하나다. 책이나 잡지는 서점이나 가판대에서 다른 출판물과 치열한 경쟁을 벌이는데, 단행본도 그렇지만 특히 잡지에서 표지는 판매에 큰 영향을 미치는 요소이고 그것이 광고 수익 등 재정적 생존을 위한 중대한 변수이기 때문에 누구든 표지 디자인에 심혈을 기울인다. 잡지는 출판물이 담고 있는 내용이 중요하다 해도 독자의 시선과 처음 마주치고 그들의 관심을 촉발하며 출판물 내부에 어떤 내용이 담겨 있는지 알려주는 표지의 구실은 언제나 결정적이다. 설혹 가판대보다는 정기구독에 의존하는 소규모 전문 잡지들조차도 독자의 관심을 끌어내기 위해 표지에 많은 정성을 기울인다. 잡지에서 독자들은 한 이슈를 읽을 때 전과 유사한 틀 속에 새로운 내용이 담겨 있을 것으로 기대한다. 따라서 잡지의 표지 디자인은 전 이슈와는 다른 흥미로운 것을 수록하고 있으며, 판매대에서 경쟁하고 있는 다른 잡지와 여러모로 차이가 있다는 것을 지속적으로 설득한다.

표현의 자유 freedom of expression 사상, 의견을 공표하는 것에 대한 자유를 뜻하는 것으로 언론과 출판·집회 및 결사의 자유를 지칭할 때 쓰는 용어. 인간은 기본권으로 언론·출판의 자유와 집회 및 결사의 자유를 가지며 언론·출판에 대한 허가나 검열은 인정되지 않는다. 한편 표현의 자유라는 명제를 광고와 관련시키면 광고 표현의 자유가 헌법이 보장하고 있는 표현의 자유에 속하느냐의 문제가 나올 수 있다. 우리나라에서 표현의 자유는 정신 활동의 자유이며 정신 활동이란 직접적으로 인격 발현을 위한 것이어야 하는데 정신 활동이라고 볼 수 없는 영리적인 상업 광고 등은 표현의 자유로 파악될 수 없고 영업의 자유로 인식되어야 한다는 견해가 우세하다. 이 견해에 따르면 표현의 자유는 표현 수단을 물적으로 보호하지 않는다. 가령 표현 수단인 옥외 광고물이 미관을 해치는 경우에는 표현의 자유를 보장할 수 없다는 것이다. 반면 공익을 포함한 광고와 의견을 표현하는 의견 광고는 국민의 알 권리와 접근권에 근거하여 표현의 자유라는 헌법적 권리를 부여해야 한다는 의견도 있다. 즉, 상업 광고나 서비스에 관한 사실을 알리는 광고라도 그 내용이 공익을 포함할 때에는 경제적 정보에 관한 국민의 알 권리를 근거로 하여 표현의 자유를 부여해야 한다는 것이다. 왜냐하면 알 권리란 모든 정보원으로부터 정보를 수집할 수 있는 권리로서 정보 수집의 수단은 읽고, 보고, 듣는 것뿐만 아니라 모든 방법을 포함하는 최광의의 수단으로 해석돼야 하기 때문이다. 표현의 자유에 관한 논란은 광고 표현 규제라는 문제와 직접적인 관련을 맺는다.

표현전략 creative strategy 광고물 제작에 관한 전략적 방침. 즉, 광고 목표를 달성하기 위한 광고안을 만드는 과정의 토대가 되는 논리적 근거를 말한다. 표현전략은 일반적으로 다음과 같은 내용을 포함한다. 광고 목표(광고가 반드시 해야 할 것이 무엇인가), 소구 대상(광고 대상은 누구인가), 소비자 혜택(소비자가 제품

을 살 때 그 혜택의 핵심은 무엇인가), 지원(소비자 혜택을 믿게 할 수 있는 합리적인 근거는 무엇인가), 톤과 매너(광고 분위기를 어떻게 조성할 것인가).

표현 컨셉트 creative concept 광고가 소비자를 상대할 때 내세우는 주장. 표현 컨셉트는 광고 목표와 표현 전략이 수립된 다음에 실질적인 아이디어 개발을 하기 직전에 아이디어의 개발 방향을 제시하는 구실을 한다. 표현 컨셉트는 개념상 아이디어, 포지셔닝과 그 의미가 겹치기도 한다. 아이디어 자체가 컨셉트일 때도 있으나 일반적으로는 아이디어의 상위 개념, 포지셔닝의 하위 개념으로 이해된다. 한편 소구점(appeal point)이라는 개념도 표현 컨셉트와 그 의미가 혼동되는 경향이 있다. 소구점은 광고에서 상품이나 서비스의 특징 중 가장 전달하고 싶은 특징을 말한다. 즉, 광고를 통해 소비자에게 제시되는 상품의 특징을 말한다. 소구점이 소비자에게 전달하고자 하는 제품 특성이라는 면이 강조되어 있다면 컨셉트는 광고가 말하고 싶은 주제를 의미하므로 표현 컨셉트가 소구점을 포함한다고 볼 수 있다. 표현 컨셉트는 제품 혹은 서비스에 내재되어 있는 장점 가운데에서 소비자에게 가장 가치 있는 것으로 평가되는 것을 소비자 언어로 표현하는 방식으로 설정되는 것이 대부분이다. 따라서 제품을 구매하는 소비자 편익과 명백하게 관련돼야 하며 그 주장하는 것이 소비자에게 쉽고 빠르게 이해되는 수준이어야 한다. 또 소비자의 변화하는 취향을 반영해야 하며 가능하면 새로운 가치를 주장하거나 컨셉트 자체가 새롭고 획기적인 것이라면 더 효과적일 것이다.

푸시전략 push strategy 판매 촉진에 있어 회사가 시장 점유율을 높이기 위해 유통채널에 자사 상품을 '밀어 넣는' 전략. 유통경로를 계열화하여 자사의 상품만을 취급하게 하든가 높은 마진, 강도 높은 판매 지원 등 인센티브를 제공하여 상품을 시장 전역에 깔기 위한 전략이다.

푸투라 Futura 1927년 독일의 그래픽 디자이너이자 서체 디자이너 파울 레너(Paul Renner)가 발표한 서체. 산세리프(획의 줄기 끝 부분에 튀어나온 돌출 부분이 없는 서체)를 대표하는 서체 중 하나이며 서체 이름처럼 과거와 단절하고 미래를 향해 나아가려는 시대정신을 가진 서체로 평가받는다. 광고, 로고, 텔레비전 타이틀 등 여러 분야에서 활용되어, 이케아, 폴크스바겐, 셀석유, 휼렛패커드 등의 인쇄 광고에 쓰였으며 코스트코와 메트라이트, 베스트바이 등 여러 회사의 로고타이프가 이 서체로 디자인됐다.

풀 숏 full shot 인물의 전신을 담은 장면. 텔레비전은 화면 크기가 제한되어 있어 배경의 세부묘사를 할 능력이 떨어지므로 대체로 원경을 포착하는 롱 숏을 피하고 인

물의 전신을 담는 풀 숏으로 배경을 대신하는 경우가 많다.

풀 전략 pull strategy 제품에 대한 구매의욕이 일어나게끔 하여 소비자 스스로 지명 구매하도록 '끌어들이는' 판매 촉진 전략. 소비자에게 직접 소구하는 광고 중심의 프로모션 믹스다.

품격 dignity 분수나 격조. 광고 제작자가 상품의 사회적 가치를 고양시켜 구매자의 심리적 만족감을 극대화하려 할 때 특별히 강조하는 이미지다. 이 상품은 높은 가치를 지닌 것이므로 아무나 가질 수 없고 특별한 존재인 당신만이 소유할 수 있다는 식의 광고가 그렇다. 고가 내구 가전, 자동차, 부동산, 멤버십 회원권 등의 광고에서 흔히 이런 코드의 어휘가 등장한다. 가령 '명예', '프레스티지', '명작', '품위', '귀족' 등이다. 흔한 광고 어휘이자 별다른 거부감 없이 받아들여지는 편이다.

품질보증 quality guarantee 해당 상품이 일정한 조건을 만족시킬 수 있음을 약속하고 그것이 이루어지지 않았을 경우 그 대가로 교환, 환불, 무상 수리 등을 미리 보장하는 것. 기업이 아무리 품질 관리를 엄격히 한다고 해도 결함이 있는 상품이 출시되는 것을 완전히 차단할 수는 없으며 또한 품질 면에서는 완전한 경우라도 디자인이나 규격 등과 같은 2차적 품질을 만족시키지 못하는 경우가 있다. 이때 판매자가 그 보상을 보증함으로써 구매자의 불안감을 줄여 판매 증진을 도모하려는 수단이 품질보증이다. 컴퓨터, 내구 가전, 자동차 등 고가 소비재의 경우 품질보증이 구매에 중요한 준거 기준이 되므로 광고에서 이를 직접적으로 보장하는 사례가 많다.

품질표시 상품의 품질 및 용법 등에 관한 소비자의 올바른 이해를 위해 제조업자나 판매업자가 상품의 용기나 포장, 꼬리표 등에 기재하는 표시. 품질표시의 내용에는 다음과 같은 것들이 있다. [1] 명세표시: 상품의 명칭 및 가격, 원재료별 구성비, 크기, 치수, 제조자명 등에 대한 표시. [2] 등급표시: 해당 상품의 품질 등급에 관한 표시. [3] 정보표시: 성능, 용도, 안전성, 용법, 보관법, 부작용 등에 관한 표시. [4] 마크표시: 증표, 각종 품질마크 등에 관한 표시 등이다. 품질표시는 소비자가 상품을 구매하고 사용하는 데 있어 발생될 가능성이 있는 손해나 위험을 방지해주고, 상품 상호 간에 비교평가를 용이하게 해주며, 상품의 품질 내용을 명시함으로써 품질상의 책임 소재를 명확히 해준다는 점에서 유용하다. 한편 상표는 품질표시와 직접적인 관련은 없지만 소비자가 상표와 품질을 관련시켜 기억하게 되면 상표는 소비자에 대해 그 품질을 보증하게 되므로 품질표시와 다름없는 효과를 가져오게 된다.

풍자 satire 어떤 현상이나 사실에 대한 발언을 슬며시 돌려서 말하는 조소적인 표현. 직설적인 화법이 아닌 기지 넘치는 우회로 현상을 분해하는 특성을 가진다. 문학과 영화 등 표현예술 분야의 중요한 표현법이며 광고에서도 찾아볼 수 있다. ■

프라이버시권 right of privacy 개인이 자신의 의사에 반해 함부로 공표되지 아니할 권리. 프라이버시권은 대체로 아래와 같은 네 가지 유형의 행위를 불법으로 본다. 개인의 사생활이나 평온을 침해하는 것, 난처한 사적인 사실을 공개하는 것, 개인에게 부당한 대중적 주목을 받게 하는 것, 개인의 이름이나 유사성을 타인이 자신의 이익을 위해 사용하는 것이다. 따라서 개인의 뚜렷한 승락 없이 개인의 사진이나 이름, 경력 등을 광고 표현의 요소로 사용한 경우 이는 프라이버시권의 침해에 해당된다. 한편 위의 프라이버시권 중 앞의 세 가지 유형은 자신을 대외적으로 표출시키지 않거나 자신이 원하는 방법으로 자기를 외부에 표출할 수 있는 인간의 기본권적인 성격이 강하나 네 번째 권리는 적극적으로 자신의 이름이나 유사성을 대외적으로 판매할 수 있는 권리를 보호하는 것이다. 특히 자신의 이름이나 모습이 상품성을 가지는 유명인의 경우 그 필요성은 절실한 것이 될 수 있다. 이러한 권리를 좀 더 적극적으로 해석하여 초상, 이름, 목소리 등의 사용을 독점하는 권리를 보호해야 한다는 관점이 성립할 수 있는데 이를 따로 퍼블리시티권(right of publicity)이라고 부르기도 한다. 따라서 퍼블리시티권은 광의의 프라이버시권에 속하는 개념이다.

프라이빗 브랜드 private brand 유통업체의 브랜드를 일컫는 말. 대부분의 브랜드는 메이커 브랜드이지만 대형 유통업체가 자체 브랜드를 보유하는 경우가 있는데 대표적인 예가 대형 백화점, 편의점 체인의 고유 브랜드다.

프라임 타임 prime time 시청률이 가장 높고 광고비도 가장 비싼 방송 시간대. 골든타임(golden time), 골든아워(golden hours)라고도 한다.

프레스 릴레이션 press relations 기자·통신원·평론가·홍보원 등 보도 관계자와의 관계 유지를 꾀하는 것. 기업 홍보 관계자가 보도 관계자와 평상시에 좋은 친분을 맺어 정보를 원활하게 주고받는 관계를 유지하는 일. 자사에 관련된 정보가 호의적으로 보도되도록 관계 강화를 꾀하는 것. 통상 이를 위해 의식적이고 능동적인 활동을 하는데 정기적인 간담회나 정보교환회가 그 예다.

프레스 킷 press kit 보도기관의 관계자에게 제공하는 기업 측의 설명서, 관련 자료, 사진, 샘플 등을 일괄적

풍자
파나돌
2004

으로 정리한 보도자료. 프레스 킷은, 발표 내용의 정확도를 보장하고, 관계자에게 관련 지식 및 정보를 상세히 제공하며, 이를테면 기자회견의 불참자에게도 취재자료를 제공하는 기능이 있으며, 자료로 보존되는 등의 효용도 있다.

프레스티지 스토어 prestige store 권위와 명성을 특성으로 하는 상점. 모든 면에서 전문점보다 명성을 가지고 있는 경우가 대부분이다. 통상 엄선된 고급품만을 취급하며, 고도의 대면 판매를 실시하고, 체인 개설을 허용하지 않는 등 품질 관리에 최선을 다한다는 공통점이 있다. 특히 상품의 선정은 프레스티지 스토어를 유지시키는 최대의 차별점이기 때문에 다른 일반 상점에 없는 최고급품 및 특별한 상품 구비가 절대적이다.

프레임 frame 필름이나 비디오테이프에 영상이 담기는 개별 단위 구역. 35mm 필름은 초당 24프레임, 비디오는 초당 30프레임이 기록된다.

프레임 인 frame in 피사체가 카메라 화각 안으로 들어오는 것. 반대로 피사체가 프레임 바깥으로 벗어나는 것을 프레임 아웃(frame out)이라 한다.

프레젠테이션 presentation 특정 사업이나 업무에 대한 계획안, 신상품에 대한 소개를 관련자들에게 브리핑하는 일. 일반적으로 발표자(presenter)가 차트나 슬라이드 등의 보조자료를 이용하여 계획안을 소개하거나 특정 사안의 논점을 설득하는 방식으로 이루어진다. 애플사가 주최하는 신제품 브리핑을 위한 스티브 잡스(Steve Jobs)의 프레젠테이션은 세계 언론의 취재 대상일 뿐만 아니라 온라인으로 생중계되는 한편 스타일과 내용 측면에서도 누구도 따라갈 수 없는 열광적인 반응을 이끌어내는 것으로 유명하다. 연설이 끝날 즈음 "아직 말하지 않은 게 한 가지 있다"고 장난스럽게 말하고 가장 중요한 소식을 공개하는 방식, 리바이스 청바지와 검은색 터틀넥, 뉴밸런스 운동화를 착용한 예술가 이미지, 신제품에 대한 소비자의 기대를 고조시키기 위한 비밀 유지 정책 등이 스티브 잡스 프레젠테이션의 특성이다. 광고업계에서도 다양한 형태의 프레젠테이션을 실시하는데 가장 일반적인 것이 광고대행사가 광고주에게 실시하는 프레젠테이션이다. 광고주를 영입하기 위해 다른 대행사와 경합하는 경쟁 프레젠테이션이 가장 중요하지만 정기적으로 광고계획 전반에 대해 브리핑하거나, 특정 광고계획의 입안, 광고물 제작 시 협의, 이벤트 및 피아르(PR) 활동 등을 위해 상시적으로 프레젠테이션을 실시한다. 회사 철학과 업무수행 능력이 드러나는 중요한 행사이기 때문에 광고대행사는 전문 발표자를 양성하고 다양한 프레젠테이션 기법을 개발하는 등 많은 노력을 기울인다.

프렌치도어 french door 페이지가 옆으로 갈라지도록 되어 있는 게이트 폴드. 원래는 좌우로 여닫는 유리문을 뜻한다.

프렌치폴드 french fold 한 면에 인쇄를 하여 수직 수평으로 접어 4페이지 부클릿 형태로 만든 폴더.

프로그램 공급자 program provider 프로그램을 패키지, 즉 채널 단위로 편성하고 제작하여 케이블 방송국에 공급하는 사업자. 프로그램 공급자는 전국의 케이블 텔레비전 방송국에 프로그램을 공급하여 네트워크를 형성한다. 케이블 네트워크(cable network)라고 부르기도 한다. 방송국 운영자(cable system operator)와 전송망 사업자(cable operator) 등과 함께 케이블 텔레비전 사업 영역의 한 축을 이룬다.

프로그램 광고 program advertising 방송 프로그램 전후 및 중간에 삽입되어 방송되는 광고. 광고주가 프로그램을 제공하는 형식으로 프로그램 스폰서십 광고라고도 하며 단순히 방송 시간만을 구입하여 광고를 내보내는 토막 광고와 구별한다. 프로그램 광고는 시간 요금 이외에 프로그램 제작비를 지불해야 하므로 광고료가 비싸지만 프로그램 대상층에 적절한 광고를 할 수 있다는 장점이 있다. 따라서 고정 시청층을 확보할 수 있고, 장시간 반복할 수 있으며 프로그램 이미지와 광고 이미지를 결합시켜 광고 인지도 내지 선호도를 제고할 수도 있다. 제공 형식과 관련해서는 한 회사가 전파료와 프로그램 제작비 전부를 제공하는 단독 제공 프로그램과 복수 회사가 공동으로 부담하는 공동 제공 프로그램이 있다.

프로덕션 production 광고 제작 회사. 인쇄 광고를 제작하는 디자인 프로덕션, 텔레비전 광고를 만드는 시에프(CF) 프로덕션, 방송 프로그램을 제작하는 방송 프로덕션, 영화를 제작하는 영화 프로덕션, 홍보 영화를 만드는 홍보 영화 프로덕션 등이 있다.

프로덕트 매니저 product manager 특정 제품의 개발부터 판매에 이르기까지 모든 과정을 이익이라는 관점에서 관리하는 상품별 마케팅 담당자. 지위는 개개의 기업에 따라 다르지만, 대부분의 경우 해당 제품의 마케팅에 책임과 권한을 행사한다. 생산 및 판매에 대해서는 스태프(staff)로서 각 담당 부분에 조언 및 조정을 하고 판매 촉진이나 광고 등의 분야에서는 라인(line)으로서 중심적으로 활동한다. 프로덕트 매니저는 다음과 같은 역할을 수행한다. 즉, 기업의 마케팅 책임자에게 신제품 계획과 그 우선순위를 권고한다. 자신이 맡고 있는 제품의 시장수요를 예측한다. 생산·재무 부문과 함께 판매예측을 한다. 유통단계별로 재고계획을 작성한다. 판매 및 광고 관리자와 함께 광고 및

ㅍ

판촉계획을 수립한다.

프로듀서 producer □ 시엠(CM) 제작의 조정 관리자. 가장 중요한 일은 광고 제작에 필요한 인력을 세팅하고 일정과 예산을 관리하는 일이다. 과거에는 아이디어를 개발하는 등 크리에이터 역할이 강조됐지만 표현 업무가 크리에이티브 디렉터에게 일임되면서 그 업무가 제작 관리에 집중되는 추세가 뚜렷하다. □ 영화 및 방송에서 제작에 관련된 모든 사항을 통제하고 관리하는 사람. 소재 수집, 각본 의뢰, 대본 작성은 물론 출연 의뢰, 리허설, 세트 디자인 결정과 같은 제작 업무의 지휘자이며 저작권 처리, 제작예산 관리 등의 업무도 프로듀서의 책임 아래 이루어진다. 영화에서 프로듀서는 시나리오를 수배하고 제작비를 조달하며 감독과 연기자 등을 선정하는 한편 배급 및 프로모션, 영화 마케팅에 대한 최종적인 권한을 갖는 매우 중요한 인물이다.

프로테스트 광고 protest advertising 반전, 공해, 반핵 등 사회문제 등을 테마로 한 항의 광고. 분류로는 의견 광고의 일종이다. 사회단체가 주축이 되어 기존 체제 혹은 관념에 저항하기 위한 목적의 광고다. ■

프로필 profile □ 소비자의 성별, 나이, 교육 등을 인구통계학적으로 분석한 것. □ 연기자, 감독 등의 경력을 소개하는 것. □ 인물의 측면 촬영.

프루티거 Frutiger 1976년 스위스 서체 디자이너 아드리안 프루티거(Adrian Frutiger)가 발표한 서체. 산세리프(획의 줄기 끝 부분에 튀어나온 돌출 부분이 없는 서체) 서체이며 중립적이기보다는 상대적으로 온화하고 친근한 성격을 가진다. 본문용 글꼴로 유용한데 글씨가 작아도 잘 읽히며 굵기가 두꺼워져도 그렇다. 오늘날 포스터, 홍보물, 잡지 등 각종 인쇄물을 비롯하여 기업로고 등에 흔히 쓰인다.

프리젠터 presenter 광고에 등장하여 제품을 추천하거나 제품과 관련한 사항을 알리는 사람. 때때로 증언 광고와 겹치기도 하지만 증언 광고가 제품 사용에 대한 개인적 체험을 내용으로 하는 데 비해 프리젠터 유형 광고는 직접적으로 광고주를 대신해 제품 사용을 권유하며 출연자도 일반 소비자를 포함해서 유명인, 전문가, 연예인 등 다양한 인물이 등장한다는 차이가 있다. 프리젠터는 기업의 메시지를 대변하는 사람이자 소비자와 대면하여 설득하는 세일즈맨이라는 성격을 가진다. 따라서 광고 내용은 직접적인 하드 세일, 정보 고지 등이 대부분이다. 방송 광고뿐 아니라 인쇄 광고에서도 프리젠터 유형의 광고는 매우 흔하다. [2] 특정 사업이나 업무에 대한 계획안을 관련자에게 브리핑하는 발표자. 광고산업에서는 광고주를 상대로 하는 광고계획 설명회, 즉 프레젠테이션 발표자를 말한다. ■

플래시백 flash back 과거의 회상을 나타내는 장면. 현재 시제로 진행하다가 추억이나 회상 등 과거에 일어난 일을 묘사할 때 이 장면을 플래시백이라 한다. 영화에서 플래시백은 현재 일어나고 있는 사건의 인과를 설명하는 수단으로 사용되기도 하고 주인공 캐릭터를 해명하는 도구가 되기도 한다. 통상 흑백 영상을 사용하여 과거와 현재를 시각적으로 구별한다. 회고를 내용으로 하는 광고에서 종종 플래시백을 볼 수 있으나 그 시간은 상당히 짧다.

플래시 컷 flash cut 화면과 화면 사이에 인서트로 삽입된 번쩍이는 화면. 영상 자체는 별 의미 없는 깜박임 정도다.

플래시 팬 flash pan 매우 빠른 팬(pan)으로 촬영한 화면. 화면 내용은 거의 알아보기 힘들 만큼 빠르다.

플래카드 placard 광고 혹은 고지를 목적으로 게시되는 포스터 혹은 장식판. 넓은 뜻으로는 벽보, 삐라, 간판 등을 포함하나 보통은 도로나 건물 주변에 게시되는 현수막을 말한다.

플랫 flat 영상의 명암대비가 없어 전체적으로 영상이 밋밋하게 보이는 것. 일반적으로 개성 없는 화면을 가리킬 때 쓰는 말이다. 대개는 조명의 실패가 원인이다.

플로어광고 floor advertising 실내경기장 바닥에 부착되는 광고. 방송 중계 시 전국적인 노출을 얻는 것을 이용한 광고다. 기업 피아르(PR) 및 상품명 고지에 적합하다.

피디 프로덕션 PD production 광고 제작 영역에서 광고 프로듀서가 독립적으로 설립해 운영하는 시엠(CM) 제작 프로덕션. 광고감독이 주체인 감독 프로덕션과 구별하기 위한 용어다. 피디 프로덕션의 가장 중요한 역할은 광고대행사와 협업하여 시엠 제작에 관한 제반 업무를 총괄 기획하고 제작진과 일정, 예산 등을 관리하는 것이다. 이런 시스템에서 광고감독은 프리랜서의 일원으로 피디 프로덕션의 광고 제작에 참여하게 된다. 광고대행사 입장에서는 광고 제작에서의 폭넓은 유연성을 제공받을 수 있고, 크리에이티브에 있어서도 일정한 조력을 받을 수 있는 효용이 있다. 광고대행사가 시엠 제작의 프로듀싱 기능을 아웃소싱하는 과정에서 등장한 조직이며, 한편으로는 광고 제작의 전문화 및 효율화를 위한 프로덕션 시스템의 재편을 뜻하는 것이기도 하다.

피시통신 perscom communication 피시에 통신 기능을 부여하여 정보를 교환할 수 있도록 설계한 통신 시스템. 공중 회선을 이용하여 피시 상호 간 또는 원격지

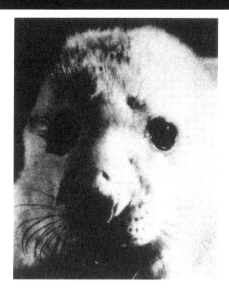

How to kill a baby.

It's easy. All you do is walk up to it. It won't run away.

Then, as it looks up at you trustingly, mistaking you for its mother, you smash in its skull with a baseball bat.

That's what happens to baby seals in Canada every year in a bloody ritual that lasts six weeks.

In Japan they do it a different way. They herd dolphins into the shallows, wait for the tide to leave them stranded, then go through the same grisly process.

Then there's the whales. You know what happens to them.

Doing it is dead easy if your mind is warped enough. Stopping it is a whole lot harder, but there is something you can do.

In this week's Woman's Day we're running a thought provoking article on what's happening to these beautiful creatures.

We're also running a simple competition that you and your children can enter. All you have to do is tell us in less than twenty words what the seals, the dolphins or the whales would say to us if they could speak.

There are cash prizes, but far more importantly, for every entry in the competition Woman's Day will donate 10 cents to Greenpeace to help their work in bringing this ghastly business to a halt.

Look for this week's Woman's Day. It's the one with the baby seal on the cover, seconds before it dies.

Woman's Day.

프로테스트 광고
그린피스
1986

LOOKING THROUGH BARS HURTS

AMNESTY
INTERNATIONAL

株式會社 樂喜化學工業社

럭키표가 없는것은 하이타이가 아닙니다!

하이타이는 세탁을 쉽고 간편하게 해 줄뿐 아니라 옷을 맑고 깨끗이 빨아주는 합성세제 입니다. 그러나 합성세제라 해서 모두 하이타이는 아닙니다. 하이타이에는 반드시 럭키표가 있으며 럭키 하이타이 만이 갖는 특징이 있읍니다.

※ 하이타이는 분말의 비중이 높아 적은 양으로 많은 빨래를 할수 있읍니다.

※ 하이타이는 고급향료 및 고급 형광세제 가 배합되어 있읍니다.

※ 하이타이는 분말이 균일하고 물에 잘녹 아 고르게 세탁하여 줍니다.

※ 하이타이는 세탁하고난 흐려진 물에서 도 계속하여 빨아내는 힘이 있읍니다.

※ 해외로 수출하는 유일한 합성세제 입니 다.

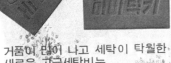

거품이 많이 나고 세탁이 탁월한 새로운 고급세탁비누

하이럭키

※ 일부 지방에서는 포장이 없는 합성세 제를 하이타이라 칭하면서 판매하고 있아오나 이것은 절대 하이타이가 아 닙니다. 하이타이는 반드시 독특한 디자인으로 포장되어 있습니다.

미국으로
이민가시는 분에게
노스웨스트항공이
드리는 세가지 혜택!

첫째, 항공요금의 25%를 할인해 드립니다.

노스웨스트가 우리나라에서 미국으로 이민
가시는 분을 모셔드리기 시작한지도 벌써
31년이 지났읍니다. 이민을 가시는 분이라면
한푼의 돈도 절약 하셔야 겠지요.
노스웨스트는 이민을 가시는 분에 한해서
25%의 할인 혜택을 드리고 있읍니다.

둘째, 항공요금을 외상으로 해드립니다.

2년간 할부로 갚으시면 됩니다. 계약금도
필요 없을 뿐만 아니라 미국을 가신 후
4개월 째부터 2년동안 나누어 갚아 주시면
됩니다. 일반적으로 내국인 재정 보증인은
필요 없으며, 영주권이나 취업비자만
가져오시면 바로 수속을 해드립니다.

**셋째, 미국 및 카나다의 37개 도시로
가실 수 있읍니다.**

노스웨스트 항공은 로스엔젤리스,
샌프란시스코, 뉴욕을 비롯한 미국
주요 35개 도시및 카나다의 2개 도시,
에드몬톤과 위니펙 도합 37개 도시로
운항합니다. 따라서 항공편을 바꾸어 타야
하는 번거로움을 겪지 않아도 됩니다.

이밖에도 노스웨스트 항공을 이용하시면
여러가지 좋은 점을 발견하실 것입니다.
그러나 이민을 가시는 분에게 가장 유리한
것은 노스웨스트가 비자나 이민 수속
절차를 잘 알고 있어서 여러분을 더 한층
편안하게 모신다는 점입니다.

NORTHWEST ORIENT

노스웨스트 서울 사무소 : 중구 소공동 87번지 조선호텔2층.
전   화 : 23 – 6100, 23 – 6106, 28 – 0416~7
부산사무소 : 중구 중앙동4가 반도호텔. 전화 44 – 2240

에 있는 호스트 컴퓨터와의 통신을 가능하게 하여 문서 전송, 프로그램 전송, 화상 전송, 데이터베이스 검색 등을 할 수 있다.

피시통신광고
perscom communication advertising 피시를 매체로 이용하는 광고. 그 대상은 통신 이용자들이며 광고 구성이나 노출 방식은 피시통신의 여타 정보와 거의 유사한 형태다. 이 광고는 기존 광고와 달리 표현 방법이 다양하고, 광고 제작이 간단하며 쉽게 수정할 수 있고, 조회 기록이 남아 광고효과를 정확하게 알 수 있다는 특성이 있다. 2000년 이후 인터넷 광고에 흡수됐다.

피아르 PR public relation 기업이나 단체가 공중의 이해와 협력을 얻기 위해 자신의 태도와 의지를 커뮤니케이션 수단을 통해 설득하는 행위. 활동을 알리기 위한 각종 간행물 발간, 방문객 안내, 회사 시설의 일반 대여 등 고객을 포함한 일반인에게 제공하는 일체의 편의와 관심이 모두 피아르에 속한다. 기본적으로 피아르는 '공중의 이익'과 관련된다는 점에서 광고와 구별된다. 또 피아르는 궁극적으로는 상호 이익을 도모하기 위한 선의의 설득이라는 점에서 이기적인 목적을 가지고 대상을 설득하는 선전과 다르다. 홍보(publicity)와 혼동되기도 하는데, 홍보는 자사와 관계된 뉴스정보를 언론에 실리도록 하는 일이므로 홍보는 피아르에 속하는 활동이다. 피아르의 대상은 소비자, 종업원, 주주, 협력회사, 지역사회, 정부 공공기관 등으로 그 대상이 광범위하다.

피아르 에이전시 PR agency 피아르 활동을 대행하는 회사. 주요 업무는 클라이언트의 이념이나 정책 혹은 주요한 사안 등에 대해 공중의 태도를 유리한 국면으로 이끌기 위해 언론기관이나 유관단체 등을 대상으로 홍보 활동을 시행하는 것이다. 조직은 광고회사 에이이(AE) 시스템과 유사한 형태를 취한다.

피트 feet 필름의 단위. 35mm 필름은 1피트에 16프레임이 담기고 16mm 필름은 40프레임, 8mm는 80프레임, 슈퍼8mm는 72프레임이 담긴다. 35mm의 400피트 포장 단위, 즉 400피트 매거진(magazine)은 4분27초 동안의 영상을 찍을 수 있는 분량이다. 텔레비전 광고를 촬영할 때는 5000피트 정도를 쓰는데 이를 시간으로 환산하면 55분 정도다.

피피엘 PPL product placement 특정 상품을 영화 및 방송의 소도구로 이용하는 일. 영화나 드라마의 주요 장면에 상품이 배치되어 관객에게 노출된다는 점에서 광고효과가 발생할 개연성이 높다. 일종의 간접 광고로서 피피엘의 가장 큰 효용은 시청 과정을 통해 관객에게 거부감 없이 자연스럽게 소구할 수 있다는 점이

다. 제작사 입장에서도 작품 완성도와는 무관한 방식으로 제작비 일부를 조달할 수 있다. 피피엘의 범위는 거의 무제한이다. 예컨대 등장인물이 착용하는 의복, 신발, 안경, 액세서리를 비롯하여 그가 타고 다니는 자동차, 오토바이, 그가 사용하는 냉장고, 세탁기, 에어컨, 휴대전화 등 사실상 모든 소품을 피피엘로 활용할 수 있다. 때로는 피피엘 제공 광고주와 제작자가 상품을 두드러지게 보이기 위해 각본을 협의하는 경우, 상품이 영화의 중요한 모티브로 등장하기도 한다. 최근에는 피피엘이 '소품' 차원을 넘어 레스토랑, 리조트, 항공사, 호텔 등의 영역까지 그 범위가 확대되고 있다. 방송의 경우 시청자 입장에서는 원하지 않는 소구이자 이를 회피할 방법이 사실상 어려워 이에 대한 일정한 규제가 방송법 등에 마련되어 있다. 즉, 방송 분야 중 오락과 교양 분야에 한정하여 간접 광고를 할 수 있으며, 어린이를 주 시청 대상으로 하는 프로그램과 보도·시사·논평·토론 등 객관성과 공정성이 요구되는 방송 프로그램의 경우에는 간접 광고를 할 수 없다. 또한 간접 광고는 방송 프로그램의 내용이나 구성에 영향을 미치거나 방송사업자의 편성의 독립성을 저해해서는 안 되며, 해당 상품을 언급하거나 구매 및 이용을 권유해서도 안 된다. 또 방송 사업자는 방송 프로그램에 간접 광고가 포함되는 경우 해당 프로그램 방송 전에 간접 광고가 포함되어 있음을 자막으로 표기하여 시청자가 명확히 알 수 있도록 해야 한다. 광고효과라는 측면에서 피피엘이 유용하려면 단순한 노출보다는 에피소드 설정 안에 녹아드는, 이른바 '맥락 짓기'가 이루어져야 한다. 드라마나 영화에 자연스럽게 노출된 브랜드는 시청자가 드라마를 봤을 때 형성된 좋은 감정이 긍정적 브랜드 인상과 연결되리라 예상할 수 있다.

피피엠 PPM pre-production meeting 광고 제작의 세부적인 내용을 검토하고 확인하기 위해 광고주, 광고대행사, 광고제작사가 모여 하는 회의. 광고주가 광고 안을 승인했다 하더라도 그 세부 요소는 여전히 모호한 상태로 남아 있다. 이를 미리 확인하고 합의하지 않으면 삼자 간의 소통 부족으로 여러 문제가 발생할 수도 있다. 그래서 이 회의를 통해 세트 디자인, 로케이션 장소, 의상, 헤어스타일, 배경음악 등 광고 제작의 모든 세부를 점검하고 논의하는 과정을 거친다.

픽셀 pixel 디지털 이미지를 이루는 원소. 모니터 등에 나타난 디지털 이미지의 경우 수많은 타일로 구성된 모자이크 그림과 같이 사각형 픽셀로 구성된 것인데, 사진이나 필름이 화소의 집합으로 이미지를 형성하고 있듯이 디지털 이미지는 이 픽셀의 집합으로 이미지가 형성된다. 디지털 카메라나 스캐너 등에는 기종에 따라 픽셀 수가 표시되어 있으며 그 수치가 높을수록 화상이 조밀하게 구성된다는 것을 의미한다. 디지털 이미지의 해상도는 ppi(pixels per inch)로 나타내는데 이는

1인치 안에 몇 개의 픽셀이 존재하는지를 수치로 표현한 것이다. 만일 특정 디지털 이미지를 픽셀의 증가 없이 그 사이즈만 확대하면 단위 면적당 ppi가 줄어드는 결과를 초래하므로 확대된 이미지 해상도는 낮아지게 되며 반대로 픽셀 수의 감소 없이 이미지 사이즈만 줄이면 해상도는 높아진다.

픽실레이션 pixilation 피사체로 사람을 이용하는 애니메이션 기법. 순간 포착적인 연속 촬영으로 인물을 찍어 마치 무성 영화처럼 끊어지는 동작을 얻을 수 있어 연출이 가미되면 기이한 동작을 표현할 수 있다. 즉, 사람이 땅에서 솟거나 꺼지는 장면, 사람이 벽을 통과하는 장면, 냉장고가 주부를 삼키거나 토하는 장면, 청소기와 씨름하는 장면 등이다.

픽토그래프 pictograph 통계자료 등을 빠르게 전달하기 위해 디자인으로 체계화시킨 그림문자. 픽토그램(pictogram)의 일종으로 픽토그램보다 앞서 개발됐다. 아이소타이프(ISOTYPE)의 창시자인 오토 노이라트(O.Neurath)에 의해 개발된 각종 픽토그래프들은 장식성을 배제한 뛰어난 기능성으로 현대 그래픽 디자인에 큰 영향을 미쳤다.

픽토그램 pictogram 그림문자. 문자를 대신하는 시각전달의 한 수단으로서 언어를 초월하여 직감적으로 이해할 수 있도록 디자인한 그래픽 심벌. 대표적인 예가 올림픽, 박람회, 지하철 등의 시설표지판이다.

핀업 pin-up 벽에 핀으로 고정시킨 미인 사진. 2차 세계대전 전후 미국에서 만개한 대중 사진 형식이며 글래머 사진의 중요한 형식으로 남아 있다. 양식상 특징은 유행에 민감하고 모델이 육감적이며 여성의 시선은 대부분 보는 사람과 마주친다. 대중 주점 벽에 붙어 있는 주류 브랜드의 글래머 사진이 오늘날의 핀업이라 할 수 있다. 광고 포스터나 잡지 광고가 핀업 효과를 노리고 만들어지는 경우도 간혹 있다. ■

필드 서베이 field survey 현장조사. 가령 광고가 실제로 행해지고 있는 현장에서 조사원이 직접 조사 대상자를 방문·면접하여 데이터를 수집 조사하는 것. 실험실 조사에 대비되는 용어.

필름 film 사진 및 영화 재료. 필름은 감광물질과 유제층, 그 밑에 젤라틴층인 베이스로 구성되어 있다. 은입자가 빛에 반응하여 빛에 노출되면서 유제층에 잠상(latent image)을 만드는데 잠상이란 촬영을 통해 이미지가 기록됐으나 아직 가시화되지 않은 이미지다.

필름 카메라 film camera 필름을 재료로 쓰며 필름에 이미지를 기록하는 카메라. 필름 카메라의 작동원리는 사진기와 같지만 필름 카메라는 1초에 24장의 사진이 찍히도록 설계되어 있다. 1초에 24프레임이 찍힌다고 할 때 프레임과 프레임 사이에는 순간적인 암흑 시간이 존재하고 일련의 프레임에 포착된 피사체는 움직임이 없는 정지된 장면의 연속이다. 그런데 이것이 재생될 때 사람의 시각은 프레임의 정지 순간을 실제 시간보다 더 길게 인식하게 되고 이어지는 복수 이미지를 하나의 이미지로 지각하면서 프레임 사이의 차이를 채우게 된다. 이러한 현상을 잔상이라고 하며 이로 인해 사람은 필름 카메라의 이미지를 보면서 움직임이 있다고 느낀다.

필름 커머셜 film commercial 필름 카메라로 찍은 광고. 1980년 중반 이후 방송 광고는 거의 필름 커머셜인데 필름 커머셜의 화질과 색재현성을 능가하는 촬영 도구가 아직은 부재하기 때문이다. 한편 광고는 방송될 때 텔레시네를 통해 전자화 과정을 거치므로 영화 스크린과 같은 색재현이 어렵게 된다. 이러한 결점을 보완하기 위해 촬영은 필름으로 하고 완성은 비디오테이프로 하는 이른바 F to T(Film to Tape) 방식이 일반화됐다.

필터 filter 카메라로 들어오는 빛의 성질을 왜곡하여 이에 상응하는 영상효과를 발생시키는 장비. 유리나 플라스틱, 젤라틴 등으로 만들며 렌즈 앞에 부착한다.

© 2005 R.J. REYNOLDS TOBACCO CO.

CAMEL
PLEASURE
— TO —
BURN

CAMEL LIGHTS

11 mg. "tar", 0.9 mg. nicotine av. per cigarette by FTC method.
Actual amount may vary depending on how you smoke.
For T&N info, visit www.rjrttamic.com.

SURGEON GENERAL'S WARNING: Smoking
Causes Lung Cancer, Heart Disease,
Emphysema, And May Complicate Pregnancy.

SINCE 1913

ㅎ

하늘색 sky blue 맑게 갠 푸른 하늘을 나타내는 색. 연한 파랑을 말하고 옥색과 파랑의 중간색이랄 수도 있다. 영원하고 순수하며 긍정적인 인상을 준다. 청록파 시인 박두진이 '하늘'이라는 시에서 "하늘은, 멀리서 온 하늘은 호수처럼 푸르다"라고 노래한 것처럼 특히 우리나라에서는 시원(始原)의 감정을 일으키는 색이다. 녹색, 파랑과 더불어 환경, 자연과도 연관을 가져 환경의 가치를 주창하는 광고의 지배색으로 종종 쓰인다.

하드 카피 hard copy 직설적인 표현을 구사한 카피. 단도직입적으로 상품 장점과 소비자 이익을 분명하게 드러내는 것으로 가령, "라면은 신라면이 맛있습니다"(농심 신라면, 1986)와 같은 식이다. 바겐세일 등의 고지 광고에는 거의 예외 없이 하드 카피가 등장한다. 상품의 장점을 은유적으로 풀어 쓴 것을 소프트 카피(soft copy)라고 하여 하드 카피와 구별한다.

하우스 에이전시 house agency 광고주의 자본하에 있어 그 기업의 지배를 받는 광고대행사. 대기업 산하에서 매체수수료 등의 이익을 안정적으로 확보할 수 있고 모기업 비밀을 효과적으로 유지할 수 있는 장점이 있지만 광고산업의 역동성을 둔화시키고 독립 광고대행사의 경쟁력을 저해하는 측면도 있다. 비밀 유지에 대한 우려로 계열사 외에는 광고대행사를 이용하지 않으려는 경향도 있어 때로는 모기업의 대규모 광고부서로 전락하는 경우도 있다. 광고주의 광고부서를 모태로 하여 성장해온 우리나라의 경우 주요 광고대행사는 대부분 하우스 에이전시다. 공정거래라는 측면에서 대기업의 일감 몰아주기를 통한 계열 광고대행사의 광고 수주가 불공정한 경쟁일 뿐만 아니라 광고산업의 바람직한 성장을 저해하는 요인이라는 사회적 인식이 최근 제기되고 있다.

하위 문화 subculture 주류 문화와 구별되어 독자적 특성을 갖는 소수 문화. 지배적인 위상을 가지는 제도적 문화와 달리 그것으로부터 일탈한 문화를 포괄적으로 서술할 때 사용하는 용어다. 속성상 지배 문화와는 대립하는 성격을 가지므로 이를 대항 문화(counter culture)라고 부르기도 한다. 가령 비행 청소년 문화와 같이 주류 문화로부터 이탈하여 형성된 독특한 문화를 말한다. 제도적으로 문화에 속한 구성원에게 작용하는 원심력이 강해 문화 안에서의 결속은 지배 문화보다 견고하다. 요즘에는 개념이 다소 확장되어 어느 영역에서라도 독특한 행동 양식을 갖는 이른바 오타쿠 문화를 포괄하는 의미를 갖는다. 1990년대 이후 영 패션, 거리 스포츠, 게임 등 유스 컬처를 표상하는 상품의 광고에 하위 문화적 표현이 빈번하게 등장하고 있다. ■

하이라이트 highlight □ 피사체의 가장 밝은 부분. □ 영화, 드라마, 광고 등에서 흥미 있는 사건 혹은 가장 중요한 국면.

하이 콘트라스트 high contrast 한 장면 내에 가장 밝은 부분과 가장 어두운 부분의 격차가 상대적으로 큰 상태. 따라서 강하고 딱딱한 느낌이 만들어진다. 대부분의 광고가 밝고 경쾌한 분위기이므로 통상 콘트라스트가 생략되고 화면 전체가 하이키(high key)로 표현되나 일부 광고의 경우 이미지를 강하게 표현하기 위해 하이 콘트라스트를 연출하기도 한다. 한편 한 장면의 가장 밝은 부분과 가장 어두운 부분의 격차가 아주 적은 경우는 로 콘트라스트(low contrast)라고 부른다.

하이키 high key 화면 전체의 명도를 밝게 연출한 조명. 화면의 명암 분포에 있어서 밝은 부분이 많도록 조명하면 어두운 부분과 강한 그림자가 생기지 않으므로 상쾌한 느낌이 만들어진다. 밝고 경쾌하며 청결한 이미지가 대부분인 광고에서는 하이키 조명이 일반적이다.

하이퍼링크 hyperlink 컴퓨터에서 특정 문자나 그림을 다른 문서를 연결하여 놓은 것. 특정 글자나 그림을 클

하위 문화
소니 비디오 게임
1999

릭하면 이와 연결된 다른 화면으로 이동할 수 있게 설계한 것이다. 인터넷 웹페이지에서 주로 활용되는데 웹페이지의 특정 텍스트를 클릭했을 때 이와 하이퍼링크되어 있는 다른 페이지로 즉시 이동할 수 있어 인터넷 이용자들은 월드와이드웹(www)을 통해 전 세계의 서버 컴퓨터를 넘나들 수 있게 된다. 웹페이지에서는 링크의 입구를 굵은체나 고딕체로 강조하거나 색깔을 다르게 하여 식별할 수 있게 하며 문자뿐만 아니라 이미지에도 이런 입구를 둘 수 있다. 이 입구를 클릭하면 이와 하이퍼링크되어 있는 다른 호스트 컴퓨터나 사이트로 즉시 이동할 수 있다.

하이퍼텍스트 hypertext 문서 중간에 문서의 부분적인 내용이나 이미지가 다른 문서와 연결되어 있어 자유롭게 이동할 수 있는 문서. 종래의 문서는 처음부터 끝까지 읽는 구조였으나 하이퍼텍스트는 문서가 다른 문서와 연결이 되어 있는 다층화된 문서다. 예를 들어 문서에 있는 어떤 단어를 지정하면 그 단어와 연관된 다른 문서로 즉시 이동할 수 있다. 즉, 하이퍼텍스트란 컴퓨터 화면 안의 특정 텍스트, 즉 글자 혹은 그림을 마우스로 클릭했을 때 이와 연결된 다른 화면으로 즉시 이동할 수 있는 다층화된 텍스트를 말하는데 이때 해당 텍스트는 이동 대상 화면과 하이퍼링크되어 있다고 한다. 이러한 문서를 인터넷으로 옮긴 것이 월드와이드웹(www)이다. 인터넷에서는 에이치티엠엘(HTML)이라는 언어를 사용하여 하이퍼텍스트를 작성한다.

학교 광고 school advertising 학교가 광고주가 되는 광고. 종류는 크게 두 가지로 학교의 이념이나 교육 철학 등의 가치를 일반에게 알리는 광고와 신입생 모집과 같은 학사일정을 공고 형식으로 공표하는 광고가 있다. 이 두 가지가 섞여 있는 경우도 많다. ■

학습 learning 경험의 결과로 발생하는 지속적인 행동의 변화를 의미하는 말. 단순히 지식이나 경험을 얻는 것뿐만 아니라 태도, 행동에 일어난 변화 전체를 의미한다. 따라서 문화적 가치, 태도, 지식, 동기 등도 학습의 결과라고 할 수 있다. 소비자는 각종 정보나 현상을 학습함으로써 환경에 적응하려 하는데 구매 행동은 학습의 대상인 동시에 학습의 결과라는 점에서 마케팅의 중요한 테마가 된다.

학습 이론 learning theory 인간 행동의 원천을 학습으로 파악하고 인간의 학습 과정을 설명하려는 이론. 학습 이론은 동기 이론과 함께 인간의 행동을 설명하는 양대 이론체계로 이에 대해 많은 연구가 발표됐다. 학습 이론에는 아래와 같은 것들이 있다. [1] 자극·반응 이론(stimulus·response theory): 특정 자극이 특정 반응을 결정한다는 이론. 연결 이론이라고도 하며 파블로프(Pavlov)의 유명한 개 실험을 통해 설명됐

다. [2] 강화 이론(reinforcement theory): 학습의 결과가 학습 과정을 결정한다는 이론. 즉, 결과가 만족스러울 때 동일한 반응이 이루어진다는 것. [3] 인지 이론(cognitive theory): 대부분의 학습은 시행착오나 반복 연습의 결과라기보다는 인간의 문제해결적 사고 능력에 의해 이루어진다는 것이다.

한계분석법 marginal analysis method 광고 투자액의 규모와 제품을 판매하여 얻게 되는 이익 규모를 상관분석해서 광고비를 투자하여 이익이 생기는 한계까지 광고비를 투자해야 한다는 광고예산 결정 기법. 제품 하나하나를 더 팔기 위해 투자되는 광고비를 한계광고비라고 하는데, 이 한계광고비는 제품이 판매되는 수량이 늘면서 점차 감소되는 추세를 보이다가 어느 수량까지는 안정되는 경향을 보인다. 처음에 감소되는 이유는 광고량이 증가됨에 따라 매체비용이 할인되고, 광고에 민감한 반응을 보이는 고객을 그 대상으로 하기 때문이다. 그 후 상품이 성숙기에 이르고 광고도 설득하기 어려운 계층을 대상으로 하는 단계에 이르면 한계광고비는 급상승하게 된다. 한계분석법은 광고예산 책정의 이론적 논리를 제공하는 데는 유용하나 한계광고비를 정확히 추출하는 것이 매우 힘들어 실제로 적용하는 데에는 어려움이 있다.

한글서체 Hangul typeface 한글로 이루어진 서체. 한글서체의 대표적인 형태는 명조와 고딕이다. 명조는 본문용 서체로 많이 쓰이며 모든 교과서와 신문, 잡지, 소설 등 단행본의 본문은 명조체다. 세로획과 가로획의 굵기에 대비가 있으며, 세리프(획의 줄기 끝 부분에 튀어나온 돌출 부분)가 있다. 한글을 대표하는 서체이자 본문용 서체라는 뜻에서 바탕체라고도 한다. 이에 비해 고딕은 획의 굵기가 일정하고 세리프가 없다. 주목도가 높아 표지판이나 출판물의 헤드라인용 서체로 주로 쓰이며 캡션과 같은 짧은 글에도 적당하다. 눈에 쉽게 띄는 특성이 있어 고딕을 돋움이라 칭하기도 한다. 대부분의 한글서체는 명조와 고딕을 바탕으로 그것을 나름의 관점으로 변형한 것이라 보아도 무방하다. 뉴스성 고지 광고와 세일 광고와 같이 일시적 주목을 위한 광고에는 고딕을 사용한 헤드라인을 쓰는 것이 보통이다. 반면 광고 서체로 명조를 사용하면 정갈하고 산뜻한 인상의 광고가 만들어진다. 구조적으로 한글은 14개 자음과 10개 모음이 다양하게 결합하면서 글자를 만드는 시스템이다. 예를 들어 '가'는 자음 'ㄱ'과 모음 'ㅏ'가 결합된 형태다. 마찬가지로 '학'은 'ㅎ' 'ㅏ' 'ㄱ'의 결합이다. 한글을 디자인할 때는 먼저 완성형으로 만들 것인지 조합형으로 만들 것인지 결정해야 한다. 완성형 한글은 KS 규정 2350자를 하나하나씩 디자인하는 것이고, 조합형 한글 디자인은 가령 'ㅎ' 'ㅏ' 'ㄱ'을 디자인하고 그것을 조립하여 '학'이란 글자를 만드는 시스템이다. 조합형 한글 시스템에서는 24개 자

ㅎ

Get paid to think up stuff like this.

Some ad agency actually paid a writer and an art director to think up this crazy visual idea for an ad. But coming up with wildly creative solutions to real marketing problems is what advertising is all about. And, after 8 semesters at Art Center, you'll have a good portfolio and a good shot at landing a job in a field that's financially as well as creatively rewarding. Call us at 818-584-5035. Or write to Admissions, Art Center College of Design, 1700 Lida St., Pasadena, CA, 91103.

ArtCenter

소를 디자인하는 것으로 완성형 글자보다 많은 1만 1172자를 표현할 수 있다. 완성형 한글은 글자를 섬세하게 다듬을 수 있어 가독성이 뛰어나지만 제작 기간이 오래 걸리고 파일 구조가 복잡해서 처리 속도가 늦다. 조합형은 제작 기간이 짧아 경제성이 뛰어나고 처리 속도도 빠르지만, 가독성이 떨어져 본문 서체로 쓰기 어렵다는 평가를 받는다. 한글서체는 각 글자가 사각형 모듈 안에 위치하는지 여부에 따라 네모틀과 탈네모틀로 나뉜다. 각 글자가 사각형 모듈 안에 자리 잡아 가지런한 글줄을 이루는 것을 네모틀 서체라고 한다. 이와 달리 모듈과 상관없이 자소들이 일정한 위치에 놓여 글자를 만드는 방식을 탈네모틀 서체라고 한다. 일반적으로 완성형 한글은 네모틀, 조합형 한글은 탈네모틀 서체와 짝을 이룬다. 최근 일부에서는 탈네모틀 서체의 새로운 조형을 탐구하면서 한글서체 디자인의 새로운 가능성을 모색하고 있다.

한색 cold color 차갑게 느껴지는 색. 파랑, 청록, 녹청, 은색, 그 유사색이 한색이다. 이런 색이 차갑게 느껴지는 것은 추울 때 느끼는 우리의 경험에 근거하는데, 파랗게 변하는 피부와 입술 등이 그것이다. 실내를 한색으로 칠하면 텅 비고 차가운 느낌을 준다. 따라서 서늘하고 신선하게 보관해야 하는 식품의 포장에 적절하다. 이러한 색의 감정은 주로 색상에 수반하는 감정이고 그 색의 명도와도 관련이 있다. 따라서 어떤 색이라도 흰색을 섞어 밝게 하면 차가운 느낌이 생긴다.

한정광고대행사 limited-service agency 일정 분야 서비스만을 전문적으로 제공하는 광고대행사. 크리에이티브 서비스만을 제공하는 크리에이티브 부티크, 피아르(PR) 활동을 전문적으로 대행하는 피아르 에이젠시 등이 대표적인 한정광고대행사다.

합성 superimposition 두 개 이상의 독립 장면을 합쳐 하나의 화면을 만드는 일. 일반적으로 초현실 장면을 창조하거나 특수효과를 위해 이용한다. 인체 내부를 여행하는 주인공, 양탄자를 타고 날아가는 사람들, 도심을 가득 메운 양떼들, 하늘을 날아가는 거대한 고래, 애니메이션 캐릭터와 춤추는 사람 등의 장면 따위를 합성으로 표현할 수 있다. 때로는 리얼리티를 강화하기 위한 수단으로 합성 작업이 이뤄지기도 한다. 예컨대 경기장 인파를 묘사할 때 수만 명의 엑스트라를 동원하는 것은 사실상 불가능하므로 수백 명의 관중을 찍어 다중 합성하는 방법으로 관중석에 관객이 꽉 찬 듯 보이게 한다. 실사와 실사의 합성 이외에도 실사와 애니메이션, 실사와 컴퓨터 그래픽 합성 등 다양한 종류가 있다.

해외 제작 광고물을 해외에서 제작하는 일. 일반적으로 제작비 규모가 커지고 제작의 위험부담이 많지만 여러 이유로 광고를 해외에서 만든다. 광고 이야기가 해외의 특정 장소를 염두에 둔 것이라면 그 장소를 세트로 건축할 수 없는 한 해외에서 촬영하게 되는데, 예를 들면 만리장성, 그랜드캐니언, 차마고도, 에펠탑 따위를 배경으로 하는 광고가 그렇다. 광고 제작이 계절을 앞서 가야 할 때 알맞은 계절을 찾기 위해, 특정 외국인 모델을 촬영하기 위해, 혹은 단순히 이국 정서를 보여주기 위해 해외 제작이 이루어지기도 한다. 기업 활동이 글로벌화되어감에 따라 광고의 제재가 국내를 탈피하면서 세계 각지를 돌아다니면서 광고를 제작하는 경우도 있는데 우리나라의 경우 항공, 자동차, 전자 등의 업종이 특히 그렇다.

핸드빌 handbill 우송 이외의 방법으로 배부하는 전단. 통행인에게 나누어 주거나 상점 앞에 두고 가져가게 하거나 가가호호 배포할 때 쓰이는 전단.

핸드헬드 숏 hand held shot 카메라를 들거나 어깨에 맨 채 피사체를 찍은 장면. 삼각대와 같은 카메라 지지대를 사용하여 촬영한 화면과 비교해 불안정하지만 현장의 느낌을 생생하게 전해주고 친밀한 감정을 제공하는 장점이 있다.

행간 line spacing 문자 조판에 있어서 2행 이상의 문장이 있는 경우 두 문장 사이, 즉 행과 행 사이의 간격을 칭하는 말. 글자와 글자 사이의 간격을 지칭하는 자간 (word spacing)과 더불어 가독성이라는 관점에서 레이아웃의 중요한 요소다.

헌팅 hunting 촬영에 적합한 장소를 찾는 일. 원하는 풍경이 갖추어진 야외일 수도 있고 분위기가 적당한 실내일 수도 있다. 또는 광고 모델로 적합한 사람을 물색하러 다니는 일. 개인일 수도 있고 집단일 수도 있다.

헛 HUT household using television 특정 시간에 텔레비전을 시청하고 있는 가구 비율을 백분율로 나타낸 것. 5가구 중 4가구가 텔레비전을 시청하고 있다면 헛은 80%다.

헤드라인 headline □ 본문이나 부제보다 큰 서체로 전체 내용을 함축적으로 전달하는 표제. 캐치프레이즈 (catch phrase)라고도 한다. 사람의 주의를 끌고, 불특정 다수 중에서 특정 소구 대상을 선출하는 역할을 하며, 독자를 내용으로 이끌어 본문을 읽도록 유도하는 한편 비주얼과 함께 크리에이티브를 완성시키는 역할을 한다. 인쇄 광고에서 제목이나 단락이 헤드라인이라면 텔레비전 광고에서는 광고 첫 부분, 라디오 광고에서는 처음 몇 마디가 헤드라인이다. 광고 실무적 관점에서 헤드라인이 효과적이려면 오디언스의 강렬한 호기심을 유발해야 하고, 소비자 이익을 제시하

ㅎ

The Rolls-Royce Silver Cloud II — $15,655 P.O.E. (Delivery costs slightly higher in Alaska and Hawaii.)

"At 60 miles an hour the loudest noise in this new Rolls-Royce comes from the electric clock"

What __makes__ Rolls-Royce the best car in the world? "There is really no magic about it—it is merely patient attention to detail," says an eminent Rolls-Royce engineer.

1. "At 60 miles an hour the loudest noise comes from the electric clock," reports the Technical Editor of THE MOTOR. The silence inside the car is uncanny. Three exhaust mufflers tune out sound frequencies—acoustically.

2. Every Rolls-Royce engine is run for four hours at full throttle before installation, and each car is extensively test-driven over varying road surfaces. Every Rolls-Royce has its "History Book"—an eleven-page signed record of all operations and inspections performed on the car. This goes into the Company's permanent files.

3. The Rolls-Royce Silver Cloud II is designed as an owner-driven car. It has power steering, power brakes and automatic gear shift. It is very easy to drive and to park. Women handle the car with ease.

4. The finished car spends a week in the final test-shop, being fine-tuned. Here it is subjected to ninety-eight separate ordeals. For example, the engineers use a stethoscope to listen for axle-whine. Silent operation of every part is the standard for acceptance.

5. The new eight-cylinder aluminium engine is even more powerful than the previous six-cylinder unit, yet it weighs ten pounds less. It accelerates from zero to 60 miles an hour in 11.4 seconds. (ROAD AND TRACK test report.)

6. The coachwork is given as many as nine coats of finishing paint—hand rubbed.

7. Every Rolls-Royce takes the "Monsoon Test." Windows are rolled up and the car is pelted with water and air at gale force. Not a drop may come through.

8. By moving a switch on the steering column, you can adjust the shock-absorbers to suit road conditions. (The lack of fatigue in driving this car is remarkable.)

9. Another switch defrosts the rear window, by heating a network of 1360 almost invisible wires in the glass.

10. The seats are upholstered with eight hides of English leather—enough to make 128 pairs of soft shoes.

11. A picnic table, fashioned of inlaid French walnut, slides out from under the dash. Two more swing out behind the front seats.

12. The engine cooling fan is lopsided. Its five blades are unequally spaced and pitched to take thick and thin slices of air. Thus it does its work in a whisper. The company goes to fantastic lengths to ensure peace and quiet for the occupants of the car.

13. There are three independent brake linkages. The Rolls-Royce is a very safe car—and also a very responsive and lively car. It cruises serenely at eighty-five. Top speed is in excess of 100 m.p.h.

14. The gas tank cannot be opened without the driver's consent: you unlock it electrically from a button on the dash.

15. Automatic transmission, power brakes and power steering are standard. So are the radio, heating and ventilating equipment, walnut panelling, seats adjustable for tilt and rake, and white sidewall tires. The Rolls-Royce people do not designate essential equipment as "optional extras."

16. The Bentley is made by Rolls-Royce. Except for the radiator shells, they are identical motor cars, manufactured by the same engineers in the same works.

The Bentley costs $300 less, because its radiator is simpler to make. People who feel diffident about driving a Rolls-Royce can buy a Bentley.

ROLLS-ROYCE AND BENTLEY

PRICE. The car shown above costs $15,655 P.O.E. Delivery costs slightly higher in Alaska and Hawaii.

If you would like to try driving a Rolls-Royce or Bentley, write or telephone any dealer listed below. For further information or complete list of U.S. dealers, write Mr. Richard L. Yorke, Vice President, Rolls-Royce Inc., Room 405, 45 Rockefeller Plaza, New York, N. Y.

NEW YORK, N. Y. J. S. INSKIP, INC.—DISTRIBUTOR
Atlanta, Ga. Import Motors Ltd., Inc.
Baltimore, Md. General Pontiac Corporation
Boston, Mass. Foreign Motors, Inc.
Bryn Mawr, Penna. Warrington Motors Imports, Inc.
Chicago (Wilmette), Ill. Imperial Motors, Inc.
Cincinnati, O. Charles Raymond, Inc.

Detroit (Ferndale), Mich. Falvey Motor Sales Company
Greenville, S. C. Judson T. Minyard, Inc.
Hartford, Conn. Ross Seek Inc.
Indianapolis, Ind. Messrs. Schuler-Watters
Kutztown, Penna. Nick Ciliberti Pontiac
Louisville, Ky. Koster-Swope Imports
Memphis, Tenn. Pryor Oldsmobile Company

Miami, Fla.
Milwaukee (Thiensville), Wisc. Ahlgrer Motors Ltd.
Nashville, Tenn. E. Gray Smith
Pittsburgh, Penna. MotorFair — Rolls-Royce — Pittsburgh
Providence, R. I. J. S. Inskip, Inc.
Richmond, Va. Mowers Motor Car Co.
Shaker Heights, O. Salter Automotive Imports, Inc.

Waco International Sales

St. Louis, Mo. Gruet Motor Car Company
St. Paul, Minn. Schoeller Motors Co.
Schenectady, N. Y. Van Curler Motor Co., Inc.
Washington, D. C. Flood Pontiac Company
West Palm Beach, Fla. Taylor Imported Motors
Wilkes-Barre, Penna. Lewis Wolfe, Inc.

며, 시의성 있는 대중의 관심사를 다루어야 한다는 조건에 부합해야 한다. 헤드라인의 유형을 대별하면 뉴스형(새로운 소식을 전달하는 것), 직접 혜택형(주된 소비자 이익을 강조하는 것), 호기심형(궁금증과 흥미를 유발하는 것), 감정형(감성을 자극하는 것), 지시형(소비자의 행동을 촉구하는 것), 허풍형(상품 장점을 과장하는 것), 비교형(경쟁사와 비교하는 것), 레이블형(상표명이나 캠페인 주제를 강조하는 것) 등이 있다. 광고 역사상 가장 유명한 헤드라인 중 하나가 데이비드 오길비(David Ogilvy)가 쓴 "이 신형 롤스로이스가 시속 60마일로 달릴 때 가장 큰 소음은 전자시계에서 나는 소리입니다"라는 소프트 세일 카피다. 보디카피 첫 부분에 밝힌 것처럼 자동차 기술 담당자의 리포트를 인용문으로 처리한 이 카피는 자동차의 승차감이라는 혜택을 전자시계라는 소재와 연결시켜 잊을 수 없는 헤드라인으로 승화시켰다. □ 신문과 잡지 기사의 제목. 독자는 헤드라인을 먼저 읽고 기사를 읽을 것인지, 읽지 않을 것인지를 결정하기 때문에 헤드라인은 기사 내용의 골자를 알 수 있도록 하는 한편, 독자 관심을 강하게 끄는 구성으로 작성된다. ■

헤비 유저 heavy user 특정 상품에 대해 소비를 가장 많이 하는 사람 혹은 계층. 승용차는 중년 남성, 식료품은 주부, MP3 플레이어는 20대 남녀가 헤비 유저다. 타깃 세분화의 기준으로 사용된다. 상품 광고 시 헤비유저를 1차 타깃으로 삼는 경우가 대부분이다.

헤어라인 hairline 다양한 두께의 선 중에서 가장 가느다란 선을 지칭하는 용어.

헬베티카 Helvetica 1957년 스위스의 막스 미딩거(Max Miedinger)가 디자인한 활자체. 세리프(획의 줄기 끝 부분에 튀어나온 돌출 부분)가 없는 산세리프체를 대표하는 서체 중 하나다. 중립적인 성격과 견고한 구조로 타임스 뉴 로만체와 더불어 오늘날 영미권에서 가장 대중적인 서체가 됐다. 다른 산세리프 서체보다 짜임새가 더 촘촘해서 가독성이 우수하고 현대적인 인상을 주는 것이 주요 특징이다. 삼성, 엘지, 도요타 등 많은 기업의 로고타이프 서체가 헬베티카다.

현상 contest 판매 촉진을 위해 추첨 혹은 경연 등의 방법으로 소비자에게 경제적 이익을 제공하는 행위. 종류를 대별하면 추첨 등 우연성을 이용하는 방법으로 추첨권을 사용하거나 상품 용기를 이용하여 추첨하는 방법과 어떤 내용에 대한 질문을 제시하고 정답을 구하는 방법, 그 외 응모자의 특기나 장기로 우열을 가리는 방법 등이 있다.

현상 developing 현상(現像). 촬영이 끝난 필름을 처리하여 네거티브(negative)를 만드는 작업. 필름에 찍혔으나 보이지 않는 이미지, 즉 잠상(latent image)을 드러나게 하는 작업이다.

현상 광고 contest advertising 소비자로 하여금 응모하게 하여 경품을 제공하는 광고. 소비자를 대상으로 콘테스트를 실시하고 경품을 제공한다는 의미에서 상품 콘테스트(prize contest)라고도 한다. 법적으로는 이것을 광고자가 어떤 행위를 한 자에게 일정한 보수를 지급할 의사 표시를 하고, 응모자가 그 광고에 정한 행위를 함으로써 성립이 완료되는 계약으로 본다. 이때 현상의 대상인 행위에 대한 제한은 없으나 사회질서에 반하는 행위는 금지되고 보수는 반드시 금전적 가치가 없어도 무방하며 그 종류에 제한이 없다. 보통은 소비자에게 상품에 대한 질문을 하고 회답을 모집하여 정답자에게는 상품을 주고 오답자에게는 견본을 제공하는 것 따위이다. 정답자가 다수일 때는 추첨을 통해 대상자를 선정한다. 문제 유형은 여러 가지가 있으나 상표에 관한 문장을 제시하고 일종의 문장완성법으로 공란을 채우는 방식이 보통이다. 제공되는 상품으로는 견본이나 광고 상품인 경우가 많고 표적고객이 선호하는 현물이나 현금인 경우도 있다. 광고를 할 때에는 현상의 내용을 분명하고 간략하게 제시하는 것이 중요하며 개최 시기와 일시를 기재한다.

현수막 광고 vertical banner 건물 옥상에서 길게 드리운 막에 광고문을 적는 형태의 광고. 뉴스성이 있을 때 유용하다.

협동 광고 cooperative advertising □ 제조업자와 소매업자가 광고비를 공동 부담하는 광고. 비용 측면에서 보다 저렴한 가격으로 광고를 할 수 있다는 장점이 있다. 제조업자 입장에서는 적은 예산으로 보다 많은 광고를 할 수 있다는 점 이외에도 거래점과의 관계를 유리하게 개선할 수 있고 신규 대리점의 모집 수단으로 이용할 수도 있다. 반면 광고 내용을 통제하기 어려워 자신의 상표가 소매점이 취급하는 광고 상품에 매몰될 우려가 있다. 소매업자 입장에서는 이를 이용하여 판매를 촉진시킬 수 있는 장점이 있으나 광고 활동의 자율성이 위축되기도 한다. □ 동일한 업종의 독립 소매상이 공동으로 경비를 부담하여 실시하는 광고. 한 건물에 입주한 전자제품 판매점이 공동으로 매체를 구입하여 광고를 하는 것, 지역 내의 가구 판매업자들이 공동으로 광고를 하는 것 등이다. 광고대행사의 전문적인 서비스를 받을 수 있고 적은 비용으로 많은 소비자에게 노출시킬 수 있다는 점이 장점이지만 광고주가 판매점의 연합체이므로 광고 제작 및 매체계획에 관한 의사결정이 복잡하다.

협회 광고 association advertising 협회 혹은 단체가 실시하는 광고. 목적은 사업에 대한 이미지를 개선하고, 그들이 제공하는 상품 혹은 서비스에 대한 공중의 지식 수준을 높이며, 공중이 관심을 가지고 있는 문제에 대한 자신의 입장을 전달하기 위한 것이다. 낙농협회의 우유 마시기 캠페인, 신문협회의 신문 구독 권유, 생명보험협회의 안전 캠페인, 증권업협회의 주식 갖기 캠페인 따위가 협회 광고에 속한다. 이 외에도 약사회, 의사협회, 공인중개사협회 등 직능별 이익단체의 광고도 협회 광고로 본다.

호스트 컴퓨터 host computer
통신과 인터넷에서 정보 서비스를 제공하는 컴퓨터. 줄여서 호스트라고 부른다. 각종 정보를 축적하고 있으며 여기에 접속하는 사용자들에게 정보를 공급한다. 피시통신에서는 정보를 제공하는 쪽의 컴퓨터가 호스트 컴퓨터이며 인터넷에서는 서버(server)라고 불리는 컴퓨터가 호스트 구실을 한다. 피시통신에서는 정보를 제공하는 컴퓨터와 이를 이용하는 컴퓨터의 관계가 호스트 컴퓨터와 단말기로 고정되어 있으나 인터넷에서는 정보를 이용하는 컴퓨터도 서버 프로그램을 실행하면 호스트 컴퓨터 구실을 할 수 있어 호스트 컴퓨터와 단말기의 관계가 고정되어 있지 않다.

홈쇼핑 home shopping
시장이나 백화점에 직접 가지 않고 케이블 시스템을 이용하여 가정 내에서 상품을 구입하는 시스템. 여기에 해당하는 상품은 백화점이나 슈퍼마켓의 일용품 및 식료품뿐만 아니라 가전 및 자동차와 같은 내구재, 항공료·여행권 예매와 같은 서비스 물품까지 포괄적으로 포함한다. 화면을 보고 물건을 고르기 때문에 시장에서 물건을 직접 보고 사는 것과 같은 효과를 얻을 수 있어 시간과 비용 면에서 효율적이다. 한편 시스템 오퍼레이터의 채널을 임대하여 가입자에게 상품을 판매하는 케이블을 홈쇼핑 채널이라고 한다. 이 채널의 가장 큰 장점은 할인된 가격으로 집에서 각종 제품을 선택할 수 있는 텔레비전 쇼핑센터로서의 구실이다. 진행자가 생방송으로 상품을 소개하면 시청자는 수신자 부담의 무료전화로 상품을 주문한다. 쇼핑 채널 네트워크는 시스템 오퍼레이터에게 채널 사용료로 해당 채널을 통해 판매된 총 수입금의 일부를 커미션으로 지불한다. 네트워크의 프로그램 편성은 대개 24시간 방송으로 이루어지며 시간대별로 소비자의 다양한 취향과 관심에 맞추어 각기 다른 제품을 소개하는 편성을 한다.

홈페이지 home page
인터넷의 각 정보 저장소. 각 저장 장소의 첫 페이지를 뜻하기도 한다. 홈페이지는 문자, 음성, 정지화상, 동화상 등의 멀티미디어가 하이퍼링크 환경에서 작동하므로 기업 홍보나 광고 등에 효과적으로 사용할 수 있다. 홈페이지를 이용한 기업 홍보 및 광고는 기존 매체와는 달리 이용자가 능동적으로 참가하는 쌍방향이며 운영하는 데 드는 예산이 상대적으로 저렴하고 정보의 구성과 내용을 수시로 바꿀 수 있다는 특성을 갖는다. 사용자가 홈페이지를 선택할 때에만 정보가 노출되므로 사용자 관심을 끌 만한 구성과 디자인, 정보 내용 구축이 무엇보다 중요하다.

홍보 publicity
기업 등이 자기 회사와 관련된 내용을 전파할 목적으로 각종 매체에 보도되도록 하는 일. 신제품 출시 정보, 행사 고지, 인사이동, 회사 방침 소개 등이 주 내용이다. 홍보는 공중관계(public relation)의 한 부문이지만 기업에서 홍보라고 할 때는 단순한 홍보뿐만 아니라 공중관계 업무까지 동시에 포괄되는 것이 보통이다. 따라서 홍보 수단도 뉴스 및 기자회견, 인쇄물, 로비 활동, 강연 및 세미나, 공공 서비스 활동 등을 폭넓게 포함한다. 홍보는 기업에는 일종의 무료 광고이며 매체에는 독자나 시청자에게 서비스하는 정보이므로 양자에 모두 이익이 된다. 그러나 광고와 같이 유료로 지면이나 시간을 청약하는 것이 아니기 때문에 항상 실린다는 보장이 없고 내용도 편집의도에 따라 수정될 수도 있다.

홍보 영화 public relations film
기업 및 조직체가 피아르(PR)를 위해 제작하는 10~30분 정도의 영상물. 다큐멘터리 형식으로 기업 소개, 성장 과정을 서술적으로 나열한 것이 많지만 드라마 형식 혹은 양자가 결합된 것도 있다. 용도는 대개 기업설명회 및 소비자 대상 홍보용이며 때로는 복사하여 고객이나 관계자들에게 제공하기도 한다. 광의로는 피아르를 목적으로 하는 영상 이외에도 특정 상품이나 서비스 등에 대해 영상으로 제작하여 소구하는 경우도 홍보 영화의 일종으로 본다. 그 외에도 특정 행사를 위해 제작되는 행사 영상, 최고경영자나 정책결정자에게 보고하기 위해 제작되는 보고 영상, 구성원들에 대한 교육을 목적으로 제작되는 교육 영상도 홍보 영화다.

화각 angle of view
카메라로 포착하는 장면의 시야. 광각렌즈는 화각이 넓고 망원렌즈는 화각이 좁다. 일반적인 렌즈의 화각 범위는 15°에서 60°다. 인간의 시각이 약 50°이므로 표준렌즈는 44°~55°, 광각렌즈는 60°~80°, 망원렌즈는 30° 이하, 어안렌즈는 180° 정도다.

화장품 광고 cosmetics advertising
화장품을 대상으로 한 광고. 화장품이란 그것을 사용함으로써 매력을 더하고 피부나 모발의 건강을 증진시키는 제품이다. 2011년 개정된 화장품법에 의하면 기능성 화장품이란 피부의 미백에 도움을 주는 제품, 피부의 주름 개선에 도움을 주는 제품, 피부를 곱게 태워주거나 자외선으로부터 피부를 보호하는 데에 도움을 주는 제품 등을 말한다. 제품의 특성상 기능과 효능이 중요시되기 때문에 화장품 광고는 대체로 제품의 성분과 작용

ㅎ

을 강조하면서 그 효과를 전속 모델의 이상적 모습으로 시각화하여 보여주는 양식적인 형태를 취한다. 화장품 광고의 모델은 당대의 미의식을 반영하면서도 대중적으로도 널리 알려진 인물이라는 조건을 충족시켜야 하므로, 대부분 배우이거나 탤런트이거나 슈퍼모델이며 적어도 누구나 알 만한 유명인이어야 한다. 화장품이 기능과 효능을 지나치게 강조하면 의약품과 혼동될 우려가 있고 제품 사용에 따른 안전성 문제도 중요하기 때문에 화장품은 제조 및 판매, 표시·광고에 다양한 규제를 받는다. 가령 화장품을 광고할 때는 의약품으로 잘못 인식할 우려가 있는 광고, 기능성 화장품의 안전성·유효성에 관한 심사를 받은 범위를 벗어나거나 심사 결과와 다른 내용을 광고할 수 없다. 오늘날 화장품은 누구나 사용하는 필수품이면서 상표충성도도 강해 광고 필요성이 상당히 높다. 이런 요인들이 화장품 산업에서 대량 광고전이 펼쳐지는 이유다. ■

활판 인쇄 letter press printing 凸판 인쇄 방식. 화상 부분이 비화상 부분보다 위로 돌출되어 있어 화상 부분에 잉크가 묻어 용지에 찍히는 방식이다. 글자가 명확하게 인쇄되므로 가독성이 높고 강력한 표현이 가능하며 글자의 정정이 용이하다. 반면 컬러의 경우 색조 수정이 어려우며 인쇄 형태를 만드는 준비 시간이 많이 걸리는 한편 인쇄기가 소형이기 때문에 인쇄 속도가 늦고, 용지 선택에 제한이 있어 대량 인쇄에는 부적합하다. 활판 인쇄는 역사가 가장 오래된 인쇄술로 금속활자의 발명 이래 약 500년 이상 사용돼왔으나 오프셋 인쇄로 대체되어 특수 목적 이외에는 사용하지 않는다.

회귀분석 regression analysis 1개 또는 1개 이상의 독립변수들과 1개의 종속변수들의 관계를 파악하는 기법으로 종속변수의 변화에 영향을 미치는 여러 개의 독립변수들을 분석하여 종속변수의 변화를 예측하는 기법. 예를 들어 기업의 매출액(종속변수)은 제품의 가격(독립변수 a), 광고의 양(독립변수 b), 판매원의 수(독립변수 c) 등에 의해 영향을 받는다고 가정하고, 이러한 각각의 독립변수들을 분석하여 어느 변수가 어느 정도 매출액(종속변수)에 영향을 끼치는지를 파악하는 것이다. 이 경우 어떤 변수를 어떻게 변화시키면 매출액이 어떻게 변화할지 예측할 수 있다. 즉, 회귀분석은 독립변수와 종속변수 간의 상호 관련성 여부, 상호 관련성의 강도, 변수들 간 종속관계의 성격 등을 알아보기 위해 실시된다. 회귀분석에는 1개의 종속변수와 1개의 독립변수와의 관계를 파악하는 단순 회귀분석과 1개의 종속변수와 2개 이상의 독립변수와의 관계를 파악하는 다중 회귀분석이 있다.

회독률 percentage of circulation 한 부의 신문이나 잡지를 여러 사람이 돌려 읽는 비율. 매체 평가의 자료로 활용된다. 통상 일반지가 전문지보다 회독률이 높고 남성지보다 여성지가 회독률이 높다고 한다. 회독률이 높을수록 발행 부수 이상의 효과를 거둘 수 있다.

회색 grey 검정과 흰색의 중간 색. 타고 남은 재의 빛깔과 같이 흰빛을 띠는 검은색이다. 우울한 감정의 색이며 권태와 고독, 공허감을 나타낸다. 노년을 연상시키기도 하는데 누구나 늙으면 머리카락이 회색이 되는 것과 관련이 있다.

회수율 response rate 면접조사법·전화조사법·우편조사법 등에서 처음 추출한 조사 대상자 수에 대한 유효 회수 설문지의 비율을 백분율로 나타낸 것. 단, 조사 대상이 원천적으로 불가능한 사람들, 즉 이사 혹은 주소 불명인 사람은 리스트가 불완전한 것이므로 빼고 계산한다. 통상 회수율은 조사 대상자에 따라 그 정도가 많이 차이 나는데 이를테면 면접법에서 주부의 회수율은 비교적 높은 반면 가족 구성원의 회수율은 낮다.

회화통각법 TAT thematic apperception test 추상화나 도형, 약화 등을 보여주고 그 느낌을 대답하게 하여 피조사자의 태도를 조사하는 기법. 피조사자에게 제목이 없는 일련의 그림을 보여주고 난 뒤에 그 그림이 어떠한 의미를 갖는 것인지 상세하게 진술하게 하는 조사다. 예를 들어 자동차에 관한 동기조사에서 그림을 보여주고 "그림 속에서는 무엇이 일어나고 있습니까?", "왜 이렇게 됐습니까?", "다음에 어떻게 될까요?" 하고 물어보도록 하는 것이다.

횡단보도 안전표지판 광고 횡단보도 중앙선상에 설치한 안전표지판에 부착하는 광고. 옥외 광고에 속하며 교통 광고의 일종이다. 횡단보도를 지나는 유동인구 및 운전자에게 소구하는 매체로 시내 주요 도로상에 위치하여 주목률이 높고 내부 조명으로 야간에는 점등된다.

효과 effect □ 광고효과. 광고가 소비자들에게 미치는 모든 영향. 좁은 의미로는 광고주가 소비자인 수용자들에게 광고 메시지를 전달, 그 수용자들로부터 얻은 여러 가지 반응들 중에서 미리 얻고자 했던 반응을 말한다. 그러나 소비자가 반드시 상품이나 서비스를 구매해야만 광고효과가 있는 것은 아니다. 광고 목적이 소비자들로 하여금 어떤 상품을 당장 사도록 만드는 것이 아니라 우선 그 상품에 대한 호의를 형성하거나 기업에 대한 이미지를 제고하는 것일 수도 있기 때문이다. 따라서 광고효과란 광고 목표와 대칭관계를 가진다. □ 음향에서 대사와 음악을 제외한 효과음 □ 영상 기기에서 만들어지는 영상효과, 제작의 후반 단계에서 만들어지는 와이프, 페이드 등의 장면전환 기법.

순수원료의
無香화장품을
경험하세요。

가장 건강하고 탄력있는 피부의 봄,
쥬니어시절— 이 아름다운 피부를
그대로 유지시켜 고운 살결을
오래도록 간직하려면 역시 피부가
젊고 건강할 때부터 마음쓰며 잘
가꿔야 합니다。 그러나 젊은 피부
는 여리고 섬세한 것, 섬세한 피부
에는 가장 순수한 화장품을
사용해야 합니다。 꽃샘 쥬니어
화장품은 젊은 피부에 알맞도록
순수원료로만 처방된 국내 유일의
무향(無香)화장품 입니다。

피부가 약한 분에게도 권합니다。
꽃샘 쥬니어화장품은 여린피부를 위하여
개발된 무자극성 화장품입니다。 피부가
약하여 부작용을 염려하는 분에게 특히
권합니다。

신발매

싱싱하고 여린피부에

쥬니어

크림 : 60g 1,800원   로숀 : 140ml 2,000원

FRESH JUNIOR

「꽃샘 쥬니어」는 쥬니어를 위해 개발되었읍니다.

겨울에도 피부를 꽃피웁니다— 프라몬 크림.

영하(零下)의 계절.
싸늘한 바람, 건조한 대기에 끊임없이
시달리는 연약한 피부, 메마르고 거칠어
집니다。잔주름이 하나 둘 늘어나기
시작합니다。
겨울철 화장의 포인트는 스킨케어
(Skin Care) — 매일매일의 피부손질에
한결 더 정성을 들여야 합니다。
— 프라몬 크림을。
아침 밑화장에, 저녁 잠들기 전에 하루
2번 프라몬 크림의 습관으로 피부는
해맑게 피어납니다。거칠음도 잔주름의
걱정도 잊게 됩니다。

아모레미보라 프라몬크림은 태반에서 추출한
프라센타 오일과 토코페롤 유도체·알란토인
등 고순도의 피부영양성분들이 풍부하게 함유
된 겨울용 고급영양크림 — 태평양화학의 새
제품입니다。

화장품이 좋아야 피부도 고와집니다.

세계 여성이 다 함께쓰는
아 모 레
미보라

* 아모레미보라 프라몬크림　75g　4,500원
* 아모레미보라 프라몬밀크　130ml　3,500원
* 아모레미보라 프라몬스킨　130ml　3,000원

* 아모레상담실 전화 ●서울(794) 8080 ●부산(43) 8080 ●대구(5) 8080 ●대전(2) 8080 ●광주(3) 8080

●충력안보 / 부정의래품 몰아내어 명랑사회 이룩하자!

화장품 광고
태평양화학 아모레 미보라
1977

인류를 아름답게 사회를 아름답게

태평양화학

본사 : 서울,   지사 : 뉴욕·도오꾜·프랑크푸르트

NATURAL LOVE

가을의 감촉을 表現하세요
가을과 당신의 앙상블―
쥬단학 새로본 화장품.

맑고 상쾌한 바람이 가득한 가을.
여성의 아름다움이 더욱 돋보이는 계절―
하지만 지금 당신의 피부는 여름철 강렬한
태양광선에 시달려 피로하고 거칠어져 있읍니다.
「쥬단학 새로본 화장품」으로 피로해진 피부에
생기를 주고 거칠어진 피부에 영양을 주어
본래의 아름다움을 되찾으세요.
거칠어진 피부손질에 쥬단학 새로본 에몰리콜드크림
피로해진 피부영양에 쥬단학 새로본 뉴트랄크림
피부에 탄력을 주는 쥬단학 새로본 에프샨데

● 쥬단학 새로본 에몰리콜드크림 120g 3,800원 ● 쥬단학 새로본 에프샨데 140㎖ 3,800원 ● 쥬단학 새로본 뉴트랄크림 60g 4,000원
● 미용상담실 ● 서울본사 : (445)6135 ● 부산지점 : (43)7019 ● 대구지점 : (44)6133 ● 광주지점 : (5)2222 ● 대전지점 : (6)3333

순하고 부드러운
쥬단학 새로본 화장품
한국화장품(주)

후광효과 halo effect 어떤 것을 평가하는 경우에 일부분의 특성에 주목하여 전체 평가에 영향을 주는 심리적 경향. 예를 들어 어떤 사람의 외모에 호감을 가지면 그 사람의 지능이나 성격까지 좋게 평가하는 것 따위다.

후시녹음 post synchronization 편집이 끝난 영상을 보면서 대사와 내레이션, 음향효과 등을 녹음하는 것.

후 시엠 프로그램이 끝난 후 방송되는 프로그램 광고.

휴머니즘 광고 human approach advertising 인간성, 인정 등에 호소하는 광고. 인간의 보편적 휴머니즘을 자극하는 광고다. 공익적 가치를 담고 있거나 인간 감성을 자극하는 광고, 지적 웃음을 자아내는 유머 광고 등이 휴머니즘 광고다.

흑백 광고 black and white advertising 흑백으로 된 광고. 흑색과 흰색으로 이어지는 회색 톤으로 표현된 광고다. 흑백은 존재하는 모든 색을 제거하고 피사체를 흑색의 명암만으로 표현하므로 이미지를 상징화하고 형태와 조형을 강조하는 특성이 있다. 프레임 내의 복잡한 색채가 단순화되어 화면이 정돈되는 것은 물론 피사체 디테일보다는 윤곽 및 움직임이 강조되어 전체적으로 현실적이기보다는 상징적 감성을 자아낸다. 또한 흑백은 하나의 상징체계로 '과거'를 의미하는데 이런 맥락에서 회상, 추억 등 회고조 영상의 수단이 된다.

흑백 필름 black and white film 흑백 영상을 만드는 필름. 색채 콘트라스트를 나타내는 컬러 필름처럼 생생한 느낌을 만들어낼 수 있는 요소가 없기 때문에 조명의 중요성이 더욱 강조된다.

흰색 white 눈의 색으로 가시광선 전체를 반사하는 색. 흰색에서 가장 밀접하게 연상되는 속성은 청결이다. 위생이 요구되는 공간에서 사람들의 작업복은 대부분 흰색이다. 병원의 의사와 간호사, 식료품 공장의 노동자, 실험실의 연구원 등이 그렇다. 흰색은 평화와 순결의 의미, 즉 오염되지 않은 처녀지를 뜻하기도 하고 소금과 눈의 결정이 흰색인 것에서 보듯 순수한 원형을 뜻하기도 한다. 두 무채색, 흰색과 검은색을 배색하면 격조와 품격의 메시지를 풍긴다. 향수제품 샤넬 넘버5의 용기는 흰색 포장과 검은 글씨, 모서리에 검은 테가 둘러진 단순한 모양이다.

히트 hit 서버로부터 파일이 열릴 때마다 기록된 수. 인터넷 접속 측정 단위의 하나. 만일 한 페이지에 1개의 글과 10개의 그래픽 이미지가 있다면 하나를 볼 때마다 히트 수로 계산되어 11개의 히트 수까지 기록될 수 있다. 따라서 히트 수와 방문자 수는 상당히 다르다.

히트 광고 hit advertising 마케팅 비용에 비해 광고효과가 상대적으로 월등하게 높거나 광고의 구실을 넘어 유행이 되는 광고. 보통 젊은 층과 아동층에 받아들여지면서 대화의 소재가 되고 대중매체의 화제가 되며, 소구 대상에 제한받지 않고 광고가 유행이 되어 흉내의 대상이 되는 단계를 거친다. 히트 광고는 해당 상품의 판매를 활발히 촉진하는 것이 대부분이다.

히트 상품 hit goods 경쟁품이나 동일상품 혹은 유사상품 계열의 다른 상품에 비해 상대적인 매출이 높아 많은 수익을 실현하는 상품. 경쟁군의 상품보다 상품 개발 비용이나 마케팅 비용이 높지 않으면서 매출이 높은 상품이다.

찾아보기

광고사전

2012년 6월 15일 초판 발행
등록 2006년 10월 2일(제 16-4005)

발행
　프로파간다
　경기도 파주시 문발동 파주출판도시 498-7 B1
　전화 031-945-8459
　팩스 031-945-8460
　www.graphicmag.co.kr
　graphicmag@naver.com

편저
　김광철
편집
　박현진
아트디렉션 & 디자인
　스튜디오헤르쯔
도움
　김영주, 김민석, 김원선, 유수영, 강주현, 김대권
교열
　강경은

마케팅
　최미정
관리
　유현숙

ISBN 978-89-966622-7-3
값 27,000원
　값 22,000원